国家卫生健康委员 ～规划教材

全国高等职业教育教材

供康复治疗技术专业用

常见疾病康复

第3版

主 编　张绍岚　王红星

副主编　蒋宗伦　王　颖　刘红旗

编 者（以姓氏笔画为序）

马洪朝　赣南卫生健康职业学院
马雪真　大庆医学高等专科学校
王　颖　菏泽家政职业学院
王红星　东南大学附属中大医院
刘　瑾　黑龙江护理高等专科学校
刘红旗　盐城市第一人民医院
许梦雅　郑州大学第二附属医院
张体鹏　郑州澍青医学高等专科学校
张绍岚　江苏医药职业学院
周蜜娟　自贡市第一人民医院
郭　慧　苏州卫生职业技术学院
郭洁梅　福建卫生职业技术学院
陶　萍　金华职业技术学院
蒋宗伦　重庆城市管理职业学院
蒋竞杭　永州职业技术学院

人民卫生出版社

图书在版编目（CIP）数据

常见疾病康复/张绍岚，王红星主编 . —3 版 . —
北京：人民卫生出版社，2019
ISBN 978-7-117-28075-4

Ⅰ.①常… Ⅱ.①张…②王… Ⅲ.①常见病 – 康复
医学 – 高等职业教育 – 教材 Ⅳ.①R49

中国版本图书馆 CIP 数据核字（2019）第 064599 号

人卫智网	www.ipmph.com	医学教育、学术、考试、健康，
		购书智慧智能综合服务平台
人卫官网	www.pmph.com	人卫官方资讯发布平台

常见疾病康复
第 3 版

主　　编：张绍岚　王红星
出版发行：人民卫生出版社（中继线 010-59780011）
地　　址：北京市朝阳区潘家园南里 19 号
邮　　编：100021
E - mail：pmph @ pmph.com
购书热线：010-59787592　010-59787584　010-65264830
印　　刷：人卫印务（北京）有限公司
经　　销：新华书店
开　　本：850×1168　1/16　印张：34　插页：8
字　　数：1076 千字
版　　次：2010 年 6 月第 1 版　　2019 年 5 月第 3 版
　　　　　2025 年 5 月第 3 版第 11 次印刷（总第 25 次印刷）
标准书号：ISBN 978-7-117-28075-4
定　　价：85.00 元

打击盗版举报电话：010-59787491　E-mail：WQ @ pmph.com
（凡属印装质量问题请与本社市场营销中心联系退换）

《"健康中国 2030"规划纲要》指出："加强康复、老年病、长期护理、慢性病管理、安宁疗护等接续性医疗机构建设"，"加大养老护理员、康复治疗师、心理咨询师等健康人才培养培训力度"。近年康复治疗技术专业和康复治疗师职业显示了强劲的发展势头和成长的活力，反映了医疗和康复领域对专业人才培养及人力资源的迫切需要。为了认真贯彻落实党的二十大精神，更好地服务康复专业教育的发展，提升康复人才培养水平，人民卫生出版社在教育部、国家卫生健康委员会的领导下，在全国卫生职业教育教学指导委员会的支持下，成立了第二届全国高等职业教育康复治疗技术专业教育教材建设评审委员会，并启动了第三轮全国高等职业教育康复治疗技术专业规划教材的修订工作。

全国高等职业教育康复治疗技术专业规划教材第一轮 8 种于 2010 年出版，第二轮主教材 17 种于 2014 年出版。教材自出版以来，在全国各院校的支持与呵护下，得到了广泛的认可与使用。本轮教材修订经过认真的调研与论证，在坚持传承与创新的基础上，积极开展教材的立体化建设，力争突出实用性，体现高职康复教育特色：

1. **注重培育康复理念** 现代康复的核心思想是全面康复、整体康复。整套教材在编写中以建立康复服务核心职业能力为中心，注重学生康复专业技能与综合素质均衡发展，使其掌握康复治疗技术的特点，增强实践操作能力和思维能力，能够适应康复治疗专业的工作需要。

2. **不断提升教材品质** 编写遵循"三基"、"五性"、"三特定"的原则，坚持高质量医药卫生教材的一贯品质。旨在体现专业价值的同时，内容和工作岗位需求紧密衔接，并在教材中加强对学生人文素质的培养。本轮教材修订精益求精，适应需求，突出专业特色，注重整体优化，力争打造我国康复治疗技术专业的精品教材。

3. **紧密围绕教学标准** 紧紧围绕高等职业教育康复治疗技术专业的教学标准，结合临床需求，以岗位为导向，以就业为目标，以技能为核心，以服务为宗旨，力图充分体现职业教育特色。坚持理论与实践相结合，实践内容并入主教材中，注重提高学生的职业素养和实践技能，更好地为教学服务。

4. **积极推进融合创新** 通过二维码实现教材内容与线上数字内容融合对接，让学习方式多样化、学习内容形象化、学习过程人性化、学习体验真实化。为学习理解、巩固知识提供了全新的途径与独特的体验，体现了以学生为中心的教材开发和建设理念。

本轮教材共 17 种，均为国家卫生健康委员会"十三五"规划教材。

教材目录

第二届全国高等职业教育康复治疗技术专业教育教材建设评审委员会名单

顾　问　励建安　燕铁斌

主任委员　陈健尔　乔学斌　王左生　杨　晋

委　员　（按姓氏笔画排序）

马　金　王玉龙　王俊华　王晓臣

江钟立　李　渤　杨　毅　肖晓鸿

闵水平　张绍岚　张维杰　罗治安

周郁秋　周菊芝　胡忠亚　章　荣

章　稼　蓝　巍　窦天舒　薛秀琍

秘　书　薛秀琍　许贵强

数字内容编者名单

主　编　张绍岚　刘红旗

编　者（以姓氏笔画为序）

马洪朝　赣南卫生健康职业学院

马雪真　大庆医学高等专科学校

王　颖　菏泽家政职业学院

王红星　东南大学附属中大医院

刘　瑾　黑龙江护理高等专科学校

刘红旗　盐城市第一人民医院

许梦雅　郑州大学第二附属医院

张体鹏　郑州澍青医学高等专科学校

张绍岚　江苏医药职业学院

周蜜娟　自贡市第一人民医院

郭　慧　苏州卫生职业技术学院

郭洁梅　福建卫生职业技术学院

陶　萍　金华职业技术学院

蒋宗伦　重庆城市管理职业学院

蒋竞杭　永州职业技术学院

张绍岚 教授、主任医师。任江苏医药职业学院康复医学院院长,江苏省高等学校教学名师,全国卫生职业教育教学指导委员会康复治疗类专指委委员及秘书长、全国民政职业教育教学指导委员会康复专指委常委、中国康复医学会康复医学教育专委会常委、中国康复医学会康复治疗技术教育学组副组长等。从事卫生职业教育30年,先后执教康复治疗技术专业《疾病康复》《康复功能评定》等课程,主持教育部职业教育康复治疗技术专业资源库核心课程资源建设。主笔完成《高等职业学校康复治疗技术专业教学标准》修订和《高等职业学校康复治疗技术专业实训教学条件建设标准》制订工作。主编全国高职高专规划教材7部,国家职业教育"十二五"规划教材1部、江苏省高等学校精品教材1部;发表论文40余篇。主持省市级课题13项,获江苏省高等教育教学成果二等奖1项、盐城市科技进步奖二等奖1项、中国职教学会卫生教育专业委员会教育教学成果一等奖1项。

寄语:

康复医学是现代医学体系重要的组成部分,是促进健康服务业与落实全国卫生服务体系规划纲要的重要内容,康复治疗师是构成我国康复医学专业队伍的主要力量。希望同学们坚定信念、刻苦钻研,为祖国康复医学事业奋斗终生。

主编简介与寄语

王红星 博士,硕士生导师,主任医师。任东南大学附属中大医院康复医学科主任,中国康复医学会康复医学教育专委会副主任委员兼康复医师教育学组副组长、中国康复医学会电诊断专委会副主任委员等。曾先后留学美国华盛顿大学及印第安纳大学。任教15年,担任临床医学、康复治疗学、护理学等专业的《康复临床学》《康复医学》《康复评定学》《运动学》《运动疗法学》等课程教学。主持及参与国家自然科学及省市级课题10余项,中国-挪威国际合作教育课题1项。发表SCI论文及中文核心期刊20余篇,主编或参编专著及教材十余部。获得中华医学会科技奖三等奖、省卫生厅医学新技术引进奖一等奖、省医学科技奖二等奖、国家级教学成果奖二等奖各1项。

寄语:

《"健康中国2030"规划纲要》中提出全民健康是建设健康中国的根本,这一宏伟目标的实现需要进一步落实"防、治、康"三结合,需要广泛传播康复理念,需要将康复技术服务于全民健康。希望同学们努力学习、刻苦钻研,在康复医学的知识海洋里吸取知识,提高技能,早日投身到康复医学事业中,为健康中国贡献力量。

前 言

为了认真落实党的二十大精神和《国务院关于加快发展现代职业教育的决定》中有关职业教育发展的精神，全面落实《国家中长期教育改革和发展规划纲要(2010—2020)》《国务院办公厅关于深化医教协同进一步推进医学教育改革与发展的意见》和《"健康中国 2030" 规划纲要》等文件精神，不断适应我国健康事业与职业教育的发展需求，更好地服务康复治疗技术专业教育的发展，在第二届全国高等职业院校康复治疗技术专业教材建设评审委员会指导下，于 2017 年正式启动了第三轮全国高等职业院校康复治疗技术专业规划教材的修订工作。此次修订紧紧围绕最新《高等职业学校康复治疗技术专业教学标准》，以岗位为导向，以就业为目标，以技能为核心，以服务为宗旨，力图打造康复治疗技术专业的精品教材。

《常见疾病康复》于 2010 年首次出版，2014 年进行第一次修订，前两版教材在我国高职高专康复治疗技术专业教育中得到了广泛使用并受到充分肯定。本次教材修订经过编写团队一年多的努力，第 3 版终于和大家见面了。本次修订对教材内容进行了大幅度删减和补充，删除了与其他教材重复的内容和陈旧知识；增加了疾病康复的临床思维方式及工作流程、疾病康复的学习方法、脊柱侧弯康复、外科急性感染康复、周围血管和淋巴管疾病康复等前沿及实战的内容，使教材内容与职业资格考试要求充分对接，体现创新性和专业特色。

本次修订坚持传承与创新。在理论知识的深度和广度、技能培养的要求和时间安排上充分体现了高职教育的特点。在编写过程中充分考虑目前我国康复治疗技术专业实践的特点，紧扣最新专业教学标准，坚持教材立体化建设方向，配套了更多的网络增值服务内容，增加了教学大纲(参考)，将实践内容纳入主教材，章首增设了病例导学，章末配以本章小结，围绕教材形成便捷的学习资源；可以通过手机扫描随文二维码，将纸质教材与数字资源联系起来，注重提高学生的职业素养和实践技能，更好地为教学服务。

本教材主要适用于高等职业教育院校康复治疗技术专业学生，同时也可作为康复医学工作者的参考用书。

本教材在编写过程中借鉴了很多康复医学界前辈和同行的学术成果，也得到各编者所在单位的大力支持。谨此一并表示衷心的感谢！

由于编者水平有限，本书还有些许不足和缺陷，望广大读者和专家批评指正。

张绍岚　王红星
2023 年 10 月

教学大纲
(参考)

目　录

第一篇　导　论

第二篇　神经系统疾病康复

第三篇　骨骼肌肉病损康复

第四篇　心肺和代谢疾病康复

第五篇　外科相关疾病康复

第六篇　儿童疾病康复

第七篇 恶性肿瘤康复

第八篇　继发疾病与并发症康复

第一篇 导 论

第一章　常见疾病康复概述

第一节　基 本 概 念

一、定义

疾病康复(disease rehabilitation)是以针对临床各专科常见疾病和损伤所致的功能障碍为中心,以残疾预防为宗旨、以康复评定为依据、以康复治疗为手段,改善和消除常见疾病及损伤引起的身体功能和结构障碍、提高患者的独立生活能力和生活质量、促进患者的社会参与能力、使其早日回归社会为目标的一门学科,是康复医学的重要组成部分。

在现代医学体系中,保健、预防、治疗、康复都是必要的组成部分,它们相互联系形成一个统一体。康复医学是针对功能障碍的学科,是一个不断发展的新兴学科。早期欧美国家有人认为康复是临床治疗的延续,认为如果患者剩余的功能得不到很好地康复训练,就不能很好地生活和工作,也就意味着医疗工作并没有结束。20世纪80年代以来,欧洲许多学者主张康复医学与临床治疗学应相互渗透、紧密结合。在实践中,康复医学与临床治疗学相互渗透有以下几种形式:①利用临床治疗手段矫治或预防残疾(如小儿麻痹后遗症矫治手术);②把康复护理列为临床常规护理内容之一,以利于患者

1

身心功能障碍的防治;③从临床治疗处理的早期就引入康复治疗,康复医生及治疗师参与临床治疗计划。康复医学不仅是临床治疗的延续,而应与临床治疗学并进,应该从临床治疗的第一阶段就开始进行。在伤病的抢救期后,应立即得到康复医学专科医师的诊治,及时地实施物理治疗、作业治疗、言语治疗、康复护理和康复辅具等多种综合的康复治疗技术,以获得最大程度的功能恢复。

二、主要适应证

长期以来疾病康复最常见和最重要的适应证是神经系统疾病和骨关节肌肉疾病,但随着儿科疾病康复、老年病康复、心血管疾病康复、呼吸系统疾病康复、肿瘤康复和慢性疼痛康复的逐步开展,疾病康复的适应证愈来愈多。目前,疾病康复的主要适应证见表1-1。

表 1-1 疾病康复的主要适应证

1. 神经系统疾病	3. 心血管及呼吸系统疾病
脑血管病(偏瘫及其他残疾)	高血压病
颅脑损伤	冠心病(急性心肌梗死后、冠状动脉旁路移植术后)
儿童脑性瘫痪	周围血管疾病
脊髓损伤(截瘫、四肢瘫及其他残疾)	慢性阻塞性肺疾病
周围神经病损	4. 感官及智力障碍
帕金森病	儿童听力及语言障碍
阿尔茨海默病	白内障
2. 骨关节肌肉疾病和伤残	智力障碍、精神发育迟滞
骨折后及骨关节其他手术后	儿童孤独症(自闭症)
截肢后	5. 精神病
颈肩腰腿痛	精神分裂症
关节炎、关节置换术后	精神神经症
运动损伤、手外伤	6. 其他
骨质疏松症	烧伤
脊柱畸形	恶性肿瘤
进行性肌萎缩	慢性疼痛

第二节 疾病康复的内容与目标

一、疾病康复的内容

随着康复医学的不断发展,且与临床治疗学的密切结合,在开展多个临床领域专科康复的工作中发展了新的知识和技术,逐步形成了疾病康复的一些分支,如神经科康复、骨科康复、心脏康复、肺科康复、风湿科康复、职业性伤病康复、儿科康复、老年病康复、肿瘤康复以及精神科康复等。本教材根据高等职业院校康复治疗技术专业的培养目标,主要介绍以下内容:神经系统疾病康复、骨骼肌肉病损康复、心肺和代谢疾病康复、外科相关疾病康复、儿童疾病康复、恶性肿瘤康复、继发疾病与并发症康复(慢性疼痛的康复、痉挛的康复、挛缩的康复、压疮的康复、神经源性膀胱和直肠功能障碍康复及盆底功能障碍性疾病的康复)。

二、疾病康复的目标

疾病康复的最终目标是使病、伤、残患者通过功能的改善和/或环境条件的改善而能重返社会,成为对社会有用的成员,重新参加社会生活,履行社会职责。有能力参加社会生活,是人类健康的重要标志之一。人们为了能参加社会生活和履行社会职责,需具备以下6方面的基本能力:

1. 意识清楚,有辨人、辨时、辨向的能力。

2. 个人生活能自理。

3. 可以行动(步行、利用轮椅、乘坐交通工具)。

4. 可进行家务劳动或消遣性作业。

5. 可进行社交活动。

6. 有就业能力,以求经济上能自给。

康复医学工作就是为了帮助患者恢复以上能力,促使患者重新回归社会。

三、疾病康复常采用的策略

疾病康复对功能活动的要求最重要的是独立性和适应性,即能独立地完成必需的功能活动,同时还能适应环境。进行经过调整的功能活动,或表现出适应性的行为,这也是疾病康复进行功能训练和代偿要求达到的目标。为保存和改善功能,疾病康复常采用以下的策略:

(一) 预防和矫正继发性功能障碍

1. 对瘫痪肢体做被动的关节活动以预防关节挛缩。

2. 对痉挛性肢体肌肉的挛缩进行伸展性体操练习以对抗挛缩。

3. 对皮肤失去知觉的骨性突起部位,定期除去重力压迫(转变体位),以预防压疮。

4. 对保留导尿管的患者进行细致的膀胱护理和注意卫生措施,以预防膀胱结石形成、输尿管反流和/或肾盂肾炎。

(二) 加强健康器官的补偿功能

增强未受病变影响的器官和系统的功能,充分发挥其补偿作用。如:

1. 对偏瘫患者,采用渐进性抗阻练习以增强健侧肢体的肌力;对截瘫患者,训练其上肢,以便在转移身体时能起代偿作用予以支持。

2. 对严重失聪(耳聋)的患者,用唇读或语读(即用眼观察说话者的口形变化以推知说话内容)的方式进行语言交流。

(三) 用代偿补偿方法提高罹患系统的功能

1. 用助听器以部分地补偿听力丧失。

2. 对急性心肌梗死恢复期患者,进行治疗性的运动锻炼以提高其心脏工作能力。

3. 对力量减退的肌肉给予渐进性的抗阻运动训练以提高其肌力。

(四) 用适应性器械装置增进功能

1. 喉切除术后用电子喉以发声。

2. 使用手杖、腋杖和/或矫形支具以帮助步行。

3. 不能步行者给予轮椅并进行使用训练。

4. 给截肢者配戴假肢,使下肢截肢者能步行、上肢截肢者能做上肢功能活动。

(五) 调整生活和职业环境以利残余功能的发挥和适应残疾情况

1. 对不能上下楼者移居到底层房子。

2. 对使用轮椅者加宽浴室过道,以利于轮椅通行。

3. 对站立及步行能力减退者,建议改做坐位职业。

4. 训练家庭成员以帮助患者培养和巩固适宜行为,避免强化病态行为。

(六) 应用心理技术以改进患者的行为表现及提高学习效果

1. 对记忆力差的患者加强重复训练和口头教导的方法,帮助其掌握新的活动技巧。

2. 对有言语沟通障碍者,用示范和手势教导新技巧。

3. 对有精神紧张的患者,用松弛疗法或结合游戏、轻松的社交活动进行新技巧的学习。

4. 对残疾性质和程度相同的患者,采用小组集体治疗方法,促进心理 - 社会能力的恢复。

第三节 疾病康复的作用和地位

一、康复医学与相关学科的关系

世界卫生组织（WHO）将预防、治疗、康复、保健并列，作为人类医疗卫生事业体系中四个组成部分。这四个部分的内容在本质上是有所不同的，不能用医学的一个方面取代其他方面；但是，它们又是紧密联系、不可分割的。良好的临床治疗能为康复治疗创造有利的前提条件并取得良好的康复效果；而良好的康复治疗，也能使临床治疗效果充分体现出来，达到功能恢复的最高水平，确实提高患者的生活质量。因此，康复医学应当与其他临床学科紧密地合作，并且只要患者的病情稳定，康复治疗就应尽早地介入。康复医学与临床治疗学的区别见表1-2。

表 1-2 康复医学与临床治疗学的区别

区别点	康复医学	临床治疗学
治疗对象	功能障碍（病残的个体）	疾病（患病的个体）
治疗目的	以改善、代偿、替代的途径来提高功能，提高生活质量，回归社会	消除病因，逆转疾病的病理和病理生理过程
诊断方式	功能评定（按ICF分类）	疾病诊断（按ICD-10分类）
治疗方法	主动康复训练为主（物理治疗、作业治疗、言语治疗、假肢-矫形器治疗、心理治疗），辅以必要的药物手术	被动临床治疗为主（药物、手术治疗），辅以其他治疗
护理方式	自我护理和协同护理	替代护理
专业人员	康复小组（康复医师、康复治疗师、康复护士、康复工程人员、心理治疗师）	临床医疗小组（临床各科医生、护士、医技人员等）
患者地位	主动参与治疗	被动接受治疗
家属介入	需要家属直接介入	一般不需要家属直接介入

二、康复医学的特点

（一）功能取向

康复医学是一个跨器官系统、跨年龄性别的学科，它不以疾病为中心，不以器官为目标，而以功能为基础，以功能为中心，面向各种功能障碍患者，帮助患者改善功能（日常生活、心理、认知、社会生活），提高生活质量。因此，康复医学医师也称为"功能医师""提高生活质量的医师"。从功能取向性出发，康复治疗着眼于功能治疗，这种功能治疗主要的、大量的是使用非手术和非药物的功能评估、功能训练、功能补偿、功能增强、功能代替、功能适应等康复手段和方法，如运动治疗、作业治疗、言语治疗、假肢及矫形器装备、心理及行为治疗等。

（二）跨科干预

康复治疗的各种干预由有关康复的学科进行跨科性合作，协同完成。各学科不仅要发挥本学科的技术专长，而且在完成同一任务时，要求学科之间围绕一个共同目标——患者功能最大限度的恢复，而相互配合、沟通、协调地完成本学科应尽的职责。患者功能康复的全过程，从功能评估、康复目标的拟订、康复训练、复查、修订方案到最后总结，都由这一协作组负责。协作组成员：由康复医师主持，康复护士、物理治疗师、作业治疗师、言语治疗师、心理治疗师、假肢矫形器师/康复工程人员和社会工作者参加，定期开会，对患者进行评估和拟订康复治疗计划，必要时请外科、神经科、中医科医师参加。

（三）社会性强

康复医学既有很强的技术性，也有很强的社会性。广义的康复不仅包括对残疾的预防和康复治疗,还包括使残疾人平等参与社会活动和融入社会。

三、疾病康复的作用和地位

(一)疾病康复的作用

1. 预防残疾　及早评定和治疗患病后的功能和能力受限,将受限的程度降到最低。
2. 治疗作用　能改善和恢复患者的身体结构与功能,同时提高或恢复患者的活动和参与能力。
3. 减副增效　避免药物副作用;节省治疗时间减轻经济负担。
4. 防治并发症　肺部感染、尿路感染、压疮、心肺功能下降、骨质疏松、关节挛缩等。

(二)疾病康复的地位

常见疾病的康复治疗在患者的整个治疗中扮演着重要角色,人们已经逐步认识到康复医学在神经系统疾病康复和骨骼肌肉病损康复领域的重要地位,但还没有意识到康复医学在其他内外科疾病治疗中的重要地位,尤其是在心肺和代谢疾病、周围血管与淋巴管疾病和恶性肿瘤等的残疾预防、疾病治疗、减副增效和预防并发症等方面的重要作用和地位。

随着康复医学理念被临床医生普遍接受,康复医学与临床医学有逐渐融合的趋势。在病、伤、残发生之前即应加强保健、注重预防,及早介入康复预防措施,防止病、伤、残的发生;病、伤、残发生之后,在临床治疗的同时,要早期开展身心康复治疗,防止病、伤、残的加重;进入恢复期后,康复医疗的任务逐渐加重,要避免或减轻残疾与后遗症;残疾出现后要加强康复治疗、功能训练,使病、伤、残者尽早恢复功能。由此可见,疾病早期康复治疗可以避免残疾发生或减轻残疾程度,改善患者生活质量,减轻家庭和社会的经济负担。因此,疾病康复应成为所有医院临床医疗计划的一个不可缺少的重要组成部分。

知识拓展

功能障碍的层面

根据 1980 年 WHO 第 1 版《国际残损、残疾和残联分类》的分类,以及 2001 年 WHO 修改为《国际功能、残疾和健康分类》(ICF),将障碍分为三个层面。

1. 功能障碍(impairment)　由疾病、外伤或发育障碍所导致的解剖、生理、心理的结构或功能的异常,为生物水平的障碍。如脑卒中后偏瘫、外伤后截肢以及继发性、失用性肌萎缩和关节萎缩等。这类障碍可以是暂时性的,也可以是永久性的。

2. 能力障碍(disability)　为个体水平障碍。分为活动受限和残疾两类。活动受限指障碍者不能按照多数人的方式完成某种活动或任务,常为功能障碍的结果。当障碍者许多功能受限并且不能胜任在家庭、社区、休闲、社会和工作活动中的角色时,活动受限就转变为残疾。残疾以个体在特定角色中的实际表现能力与社会关于"正常"的期望值或标准之间的不一致性或差距为特征。能力障碍分为躯体、精神、社会及情感障碍四类。

3. 参与障碍　又称残障(handicap),即由于功能障碍或能力障碍(活动受限或残疾),限制或阻碍个体参与社会活动、承担正常角色(如不能重返工作岗位)。它是个体的功能障碍或能力障碍在文化、社会、经济和环境方面的反映和后果,因此属于社会水平的障碍。

第二章

疾病康复的工作模式及基本原则

第一节 疾病康复的基本工作模式

康复医学是多专业、跨学科的医学学科,因此,多学科的康复治疗组工作形式是疾病康复的基本工作模式,主要包括传统医疗模式、多专业组合团队模式、专业间协作团队模式和跨专业团队模式。

一、传统医疗模式

传统医疗模式是指参与医疗的技术人员分工负责的形式,例如,医师、护士和技师分工负责特定患者的医疗,共同讨论和协商较少。这种模式源于医师治疗患者的医患模式,在病种单纯、治疗目标单一的情况下效率比较高,也可以达到较高的治疗水平。疼痛性疾病的康复一般采用这种模式,如颈、肩、腰、腿痛等。但是,大多数患者的康复治疗强调全面康复,参与人员来自多个专业、多学科。因此,传统医疗模式的应用较少。

二、多专业组合团队模式

多专业组合团队模式是自上而下地组合多个学科和专业进行诊疗的金字塔关系,是临床模式的发展,为需要常常相互交流的多专业的专业人员提供了一个沟通和协作的稳定平台(图 2-1)。相关学科包括:康复医学科或物理医学与康复科、运动医学科、骨科、神经科、心胸外科、老年医学科、心脏科、呼吸科、内分泌科、风湿科、泌尿科等。相关专业人员包括:康复医师、物理治疗师、作业治疗师、言语治疗师、假肢师 / 矫形器师、康复护士、心理医师、社会工作者等。这种模式避免了单一学科知识狭窄的缺陷,其特点是主管人与下属人员的垂直交流,典型地维持了一种主诊医师控制的团队模式,各学科和专业之间的横向交流不充分,所有成员主要集中于各专业的特定目标,而不是项目的整体目标。这种形式只是多个学科治疗方式的集合,而不是融合。

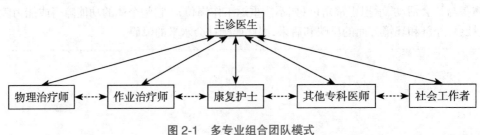

图 2-1 多专业组合团队模式

三、专业间协作团队模式

专业间协作团队模式是组合模式的发展,是强调多种专业和职业技术人员知识和技能融合的形式(图 2-2)。专业间协作团队模式和多专业组合团队模式的工作方式不同,协作团队模式强调横向平等的充分对话和讨论,强调学科和专业之间知识与技能的融合,从而派生出新的治疗模式和效果。因此,多专业组合团队模式的表现形式是"蛋炒饭",而专业间协作团队模式的表现形式是"鸡蛋糕"。例如:对于脊髓损伤患者,通过康复医师、康复治疗师、康复护士、心理医师、骨科医师或神经外科医师、泌尿科医师、社会工作者等参加的小组会议,共同讨论、确定患者的整体治疗方案,并互相协作完成康复治疗全过程。

四、跨专业团队模式

跨专业团队模式是指医学和其他学科之间相互合作的形式。这是因为部分残疾者的康复医疗目标和手段会超越医学范畴,而需要医学以外的学科

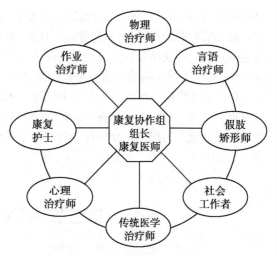

图2-2　专业间协作团队模式

参与。例如:假肢的配置不仅涉及残疾者肢体残端的处理、假肢对线、假肢步态训练等,还涉及假肢材料学和生物力学,也涉及残疾者职业训练和就业政策等。因此,全面康复需要医学与社会学、工程学、特殊教育等学科的结合和合作,这就是跨专业团队模式的基础。

第二节　基本工作模式面临的挑战

一、基本工作模式存在问题

康复治疗组模式起源于1940年,当时几乎所有的康复都是通过住院治疗,大部分医疗目标在入住康复中心前均已实现。因此,当时 Howard Rusk 称康复医学为医学的第三阶段,即康复是在临床医疗结束后才开始。而患者期待的是在康复中心住院期间实现所有的康复目标,包括就业目标。患者住院的时间通常是数月,出院计划的准备可以十分悠闲。与现在的康复医院和综合医院的康复医学科相比,过去的康复中心整体上是一种闲暇的环境。尽管处于这种低压环境,仍然存在许多问题,最显著的是治疗组成员各自为政。例如:相关成员可能启动自己设计的治疗方案,而有违于会议确定的方案;有可能根据各自专业调整治疗方案而不考虑其他成员的作用,为其他成员提供治疗记录时只包括自己专业的治疗和评估,甚至这些记录可能对治疗组其他成员毫无意义。所以,评估和治疗前有较长的时间延误,从而导致康复治疗过程拖沓。

专业间协作团队模式的发展在一定程度上加强了成员之间的交流,但是在会议上有些成员过分陈述与患者主题无关的内容,有人事先缺乏准备,因而不能有效地表达相关发现和合理建议,从而导致会议效率不高。此外,由于会议每1~2周召开一次,限制了患者治疗目标的确定,也显著延误治疗计划的调整。这些问题常使会议的时间冗长,耗资巨大,使管理者在经济上难以承受。

由于现代医院管理模式的改变,患者住院周期日趋缩短,治疗组模式的理念和实践正面临着越来越大压力。越来越多的患者在疾病急性期即开始早期康复,由临床科室转入康复医学科或康复医院。这意味着许多患者的病情相对不稳定或者属于重症,参与康复治疗的医师和护士要求有能力处理这类严重的病情。

二、面临的挑战

康复治疗组模式最重要的挑战是如何提高工作效率和质量,如何更有效地协调所有成员之间的关系。为此,国际上开始尝试在会议前明确主题,以书面和电子邮件方式表达需要交流的问题、对患者的评定结果和治疗意见,不讨论意见相同的问题,而在出现意见分歧时才展开讨论。

发展会议促进者是提高会议效率的新组织措施。会议促进者的任职主要取决于其控制会议中心

议题的能力,而不限专业。会议促进者需要事先综合参加会议的各专业人员针对患者的观察结果、治疗目标和需要的治疗,对有关问题进行比较,并把意见分歧点列入讨论议题,以便讨论时只讨论预先确定的议题。会议结束后会议促进者还需要综合讨论结果,以形成综合性治疗计划。采用这种方式可使小组会议在20min内完成复杂病例的讨论。

有些患者住院只有5~10d,例如关节置换术后而无合并症的患者。如此短暂的住院时间使传统的会议难以实施,因此,治疗组查房成为综合医院康复医学科常用的方式,治疗组查房强调讨论限制患者出院及其康复的问题。参加讨论者仅限于与康复目标直接相关的治疗人员,一般比常规查房时间多2~5min。

第三节　疾病康复的基本原则

一、结构与功能复原原则

结构与功能复原(restoration of structure and function)是指疾病与损伤一旦导致了患者的身体功能与结构的损伤,就应当首先采用医疗和康复措施,尽可能恢复患者的身体功能与结构,坚持复原的原则。复原手段包括康复医学的各种治疗措施和功能恢复训练及治疗医学中的药物和手术等。

二、代偿原则

代偿(compensation)分体内代偿和体外代偿。经医疗和康复措施后,患者身体结构与功能、活动与参与能力仍然只有部分恢复,甚至完全不能恢复者,则应坚持代偿原则,采取代偿方法。

1. 体内代偿　主要包括系统内功能重组和系统间功能重组。
2. 体外代偿　是指附加于身上的和经常与身体接触的代偿。这类代偿有人工植入耳蜗、人工喉等,经常与身体接触的有假肢、自助具、轮椅、拐杖、助行器等。

三、适应原则

适应(adaptation)包括功能适应、心理适应和环境适应。

1. 功能适应　是指医师和治疗师应当通过综合协调地应用各种康复措施使患者的功能状态恢复到极限水平,以适应其生活、学习和工作的需要。
2. 心理适应　是指医师和治疗师应当通过康复教育和心理治疗使患者以乐观和积极的心态正确面对自己目前的身体状况和功能状况,勇敢地重新回归家庭和社会。
3. 环境适应　是指改变患者以外的环境以减轻它们对残障者形成的障碍,这包括从建筑结构上建立方便残疾人在家庭和社会中活动的无障碍设施,建立保障残障者的法律,在观念上改变人们对残疾的不正确看法;在舆论上进行关心爱护和尊重残疾人的宣传等。

康复工作就是为了帮助患者上述的各项能力得到补偿或重建,促使患者重新融入社会。

四、残疾预防原则

对所有门诊和住院患者应具有高度的残疾预防意识并采取相应的康复措施早期介入。对就诊的所有门诊和住院患者在功能障碍发生前要综合协调地采取各种康复治疗措施防止残疾的发生,重点是残疾的二、三级预防。对于门诊和住院患者而言,其残损已经发生,所以首先是采取二级预防措施,防止残疾的发生和影响患者个体活动;对已经发生了残疾、活动受限的患者,应积极采取三级预防措施,防止发生残障影响患者的职业和社会生活的参与能力。

第三章　疾病康复的临床思维方式及工作流程

第一节　疾病康复的临床思维方式

在疾病康复的过程中,康复治疗师应当以《国际功能、残疾和健康分类》(International Classification of Functioning, Disability and Health, ICF)为准绳,抓住身体结构与功能、活动和参与三个重点作为临床思维的基本方式。

一、身体结构与功能

确定常见疾病与损伤导致了患者身体结构的何种异常,是明显的偏差或丧失等,身体结构主要包括各系统、器官、组织、细胞等;确定常见疾病与损伤导致了患者身体功能哪些方面的障碍或受限,身体功能包括运动功能、感觉功能、认知功能、平衡功能、语言言语功能、心理功能及各器官、组织和系统的功能等。

二、个体活动

确定身体结构与功能异常导致了患者个体哪些方面的日常生活活动受限,主要涉及日常生活活动(ADL)相关内容;患者个体日常生活活动密切相关的活动,有哪些受到身体结构与功能异常的影响,主要涉及家务和购物等。

三、社会参与

确定身体结构与功能异常和个体活动受限对患者参与工作的能力是否有影响;确定身体结构与功能异常和个体活动受限对患者参与社区活动的能力是否有影响;确定身体结构与功能异常和个体活动受限对患者参与社会交往和朋友聚会的能力是否有影响;确定身体结构与功能异常和个体活动受限对患者参与休闲娱乐是否有影响;确定身体结构与功能异常和个体活动受限对患者生活质量是否有影响。

第二节　疾病康复的工作流程

常见疾病康复的工作流程除秉承了康复医学整体特点之外,还要考虑到各科疾病的特点。首先要在充分全面了解患者病史的前提下,对患者进行全面细致地体格检查和康复评定,在评定的基础上制订合理可行的康复治疗目标,再根据康复治疗目标制订具体的康复治疗方案,并定期召开评定会以调整康复治疗方案,直至患者达到康复治疗目标,重返家庭与社会。具体工作流程为:患者入院→医生诊查处方→初期评定→初期评定会→康复治疗→中期评定→中期评定会→继续治疗→末期评定→末期评定会→回归社会。

9

一、康复病房工作流程

康复病房拥有专业化的康复团队,较强康复诊疗实力,康复对象大多是病情不稳定、功能障碍较重的患者。康复的工作流程主要包括:病史采集→建立病案→功能评定→制订计划→实施计划→评定再计划(图 3-1)。

二、康复门诊工作流程

康复门诊的康复对象大多是功能障碍一般相对较轻、病情稳定、不需住院治疗的患者,或者是住院患者好转出院后转入门诊康复的患者。门诊康复工作的流程与康复病房工作流程区别在于是否住院,其他工作相同(图 3-1)。

三、社区康复工作流程

社区康复的主要服务对象是残疾人、老年人、有功能障碍的慢性病患者、有康复需求的社区人群。社区康复工作流程大体为:建立社会化工作体系→制订工作计划→建立工作队伍→培训社区康复人员→调查社区康复资源和残疾人康复需求→组织实施→检查评估。

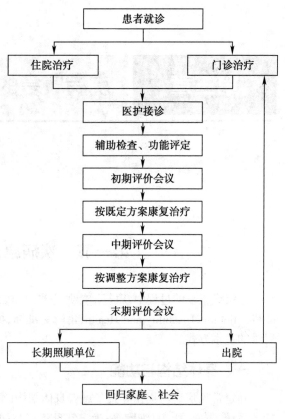

图 3-1 康复病房及康复门诊工作流程图

第三节 疾病康复的学习方法

一、前后联系融会贯通

康复医学概论、康复评定技术、物理治疗技术、作业治疗技术、言语治疗技术和康复辅具与技术等是学习常见疾病康复的基础,不同疾病和继发病症的康复是各种康复评定技术与康复治疗技术的具体应用,应加强前后联系、融会贯通。如脑卒中的康复,内容涉及康复评定、物理治疗、作业治疗、言语治疗、康复护理、心理治疗、中国传统康复等。同一种疾病的不同发展阶段,各种治疗方法所占比例是不同的,急性期以物理治疗、康复护理、心理治疗为主,恢复期则以作业治疗、言语矫治和康复辅具为主。

基础医学知识是指导常见疾病康复临床实践的科学依据。疾病康复的基础知识涉及人体解剖学、生理学、人体运动学、人体发育学等,如不了解这些基础知识,在实施康复时就难以得心应手,难以使患者在功能上得到改善和补偿。

二、自主学习强化临床

康复医学与临床医学相互渗透、相辅相成,康复评定和康复治疗贯穿在疾病防治的始终。在临床康复工作中康复医务工作者所面对的患者,其病情是千变万化的,这就要求康复医务工作者须具备一定的处理临床各科疾病的能力。如脑卒中和颅脑损伤患者需要脱水降低颅内压,就要了解降低颅内压的药物有哪些? 治疗作用和副作用等。高血压是脑卒中患者常见的危险因素,因而对高血压病常用的药物应有所了解。在学习某一疾病的康复时,也应了解某病的临床处理,以利患者的康复治疗。例如骨折患者康复,康复前常需复位固定,由于骨折部位的不同,固定方法的不同,哪些活动有利于骨折稳定,可以加快骨折愈合;哪些活动不符合力学要求,不利于骨折稳定,有可能使骨折断端移位或成直角,则应避免。

三、角色扮演相互练习

常见疾病康复是一门实践性很强的专业核心课程,是以综合的康复治疗手段恢复患者身体、精神和社会生活功能,使其活动能力达到尽可能高的水平,并由此以较好的生活质量重返社会。康复评定中的每一个评定项目需要逐项进行评测,每一次康复治疗技术需要熟练操作。在给患者应用前同学之间可以互为模特,进行角色扮演,一人扮演患者,一人扮演治疗师,反复练习常见疾病的康复评定和康复治疗的方法,通过不断的相互练习,掌握常见疾病的康复评定技能和康复治疗技能,为今后开展临床康复、社区康复、康复保健等工作打下坚实的基础。

四、充分利用数字资源

随着"互联网+"的广泛应用,高等职业学校的教学也要求建设与使用职业教育专业教学资源库。为此,2016年,教育部批准了职业教育康复治疗技术专业教学资源库立项建设项目。同时,有大量康复治疗相关的精品在线开放课程可供选择学习。因此,我们应充分利用国家职业教育康复治疗技术专业教学资源库中《常见疾病康复》课程资源、临床教学案例库及相关专业课程在线开放课程(MOOC)等数字化教学资源,拓展课外知识,激发学习兴趣,提高自主学习效率。

本篇小结

疾病康复是针对常见疾病与继发病症患者的功能障碍进行有针对性的康复评定、康复治疗及相关问题研究的学科,是康复医学的重要组成部分,包括神经系统疾病康复、骨骼肌肉病损康复、心肺和代谢疾病康复等,最终目标是使病伤残患者能重返社会,履行社会职责。疾病康复的基本工作模式是多学科的康复治疗组工作形式,主要包括传统医疗模式、多专业组合团队模式、专业间协作团队模式和跨专业团队模式等。

在常见疾病康复教学中要求学生掌握临床常见疾病临床特点、康复评定、康复治疗和健康教育,着重培养学生临床思维方式以及疾病康复工作流程的运用,为今后从事临床康复治疗工作实践打下必要的基础。

（张绍岚）

思考题

1. 什么是疾病康复?简述疾病康复的作用和地位。
2. 简述疾病康复的基本工作模式及基本原则。
3. 简述常见疾病康复时的临床思维方式和工作流程。

扫一扫,测一测

思路解析

第二篇 神经系统疾病康复

第四章 脑卒中康复

1. 掌握 脑卒中的基本概念、主要功能障碍、康复评定内容、各期主要康复治疗技术。
2. 熟悉 脑卒中康复治疗分期、各期康复治疗目标。
3. 了解 脑卒中的病因、临床表现、三级预防。
4. 具有基本临床康复思维与素养,熟悉脑卒中的影像学改变,熟练操作各种评定和康复治疗技术;具有指导患者康复训练及评估康复疗效的能力,能对患者在治疗或训练过程中出现的简单问题进行处理。
5. 能与患者及家属进行良好沟通,开展健康教育;能与相关医务人员进行专业交流与团结协作开展康复治疗工作。

病例导学

　　患者,男性,65岁,因"晨起发现头痛伴恶心、右侧肢体无力1h"入院。患者于1h前清晨起床时自诉头痛伴恶心,右侧肢体麻木、无力、不灵活,右侧面部麻木,家人发现口角歪斜,发声逐渐欠清晰,肢体无力逐渐加重,小便失禁,无呕吐,遂来就诊,轮椅推入病房。既往患高血压15年,糖尿病10年,心脏起搏器植入3年,无药物过敏史,吸烟20余年,每天1包。查体:T 36.8℃,P 68次/min,R 20次/min,BP 160/105mmHg,右侧肢体活动不能,右侧中枢性面舌瘫,言语欠清晰,小便失禁;头颅MRI示:左侧基底核区脑梗死;心电图正常,心律齐,未闻及心脏杂音。

问题与思考:

1. 脑卒中常见功能障碍有哪些? 如何评定?
2. 该患者属于康复分期的哪一期? 如何制订康复治疗方案?
3. 如何预防常见的并发症?

第一节 概　述

　　脑卒中康复是经循证医学证实的对降低致残率最有效的方法,是脑卒中组织化管理中不可或缺的关键环节。现代康复理论和实践证明,卒中后进行有效的康复能够加速康复的进程,减轻功能上的残疾。患者功能的改善又可提高患者的满意度,降低潜在的长期治疗所需的高额费用,节约社会资源。

一、基本概念及流行病学特征

(一) 基本概念

脑卒中又称脑血管意外(cerebrovascular accident,CVA)是指突然发生的,由脑血管病变所引起的局限性或全脑功能障碍,持续时间超过 24h 或引起死亡的临床症候群。临床表现为头痛、头晕、意识障碍等脑部症状和偏瘫、失语、认知障碍等功能障碍。本病具有发病率高、复发率高、致残率高和死亡率高的特点,给社会、家庭带来沉重的负担和痛苦。

(二) 流行病学特征

脑血管疾病是危害中老年人身体健康和生命的主要疾病之一。随着社会人口老龄化,发病率逐渐上升,脑卒中目前已经成为导致人类死亡的第二大原因,在我国死因顺位明显前移。我国脑卒中发病率(120~180)/10 万,患病率(400~700)/10 万,每年新发病例 >200 万,每年死亡病例 >150 万,存活者600 万~700 万,且 70% 存活者遗留有不同程度的功能障碍,其中 40% 为重度残疾,脑卒中的复发率达 40%。

二、病因及分类

(一) 病因

引起脑卒中的病因有多方面,如动脉硬化、血管炎、先天性血管病、外伤、药物、血液病及各种栓子和血流动力学改变等。根据解剖结构和发病机制,可将脑卒中的病因归为以下几类:

1. **血管壁病变** 以高血压性动脉硬化和动脉粥样硬化最常见,其次为先天性血管病(如颅内动脉瘤、血管畸形和先天性狭窄)等,血管损伤可见于颅脑损伤、颅脑手术等直接损伤及药物、毒物、恶性肿瘤等所致的血管病变等,来自心脏或大动脉的栓子阻塞脑动脉血液循环。

2. **血流动力学改变及心脏病** 如高血压、低血压或血压的急骤波动,以及心功能障碍、传导阻滞、风湿性或非风湿性心瓣膜病、心肌病及心律失常,特别是心房颤动。

3. **血液成分及血液流变学改变** 包括各种凝血机制异常及高黏血症。

4. **其他病因** 包括空气、脂肪、癌细胞和寄生虫等栓子,脑血管痉挛、外伤等。

(二) 脑卒中主要危险因素

1. **高血压病** 是最重要的和独立的脑卒中危险因素。收缩压和 / 或舒张压增高都会增加脑卒中的发生风险,且呈线性关系,并且血压与脑卒中的发病风险呈正相关。

2. **心脏病** 包括心脏瓣膜疾病、冠状动脉粥样硬化性心脏病、心肌梗死、心房颤动等均是肯定的脑卒中危险因素,有效防治这些疾病可降低脑卒中的发生率。

3. **糖尿病** 是缺血性卒中的独立危险因素,糖尿病使缺血性卒中的患病风险增加 3.6 倍,高血糖可加重卒中患者的脑损伤程度。

4. **短暂性脑缺血与脑卒中史** 短暂性脑缺血发生愈频繁,脑卒中风险愈高;有脑卒中史者脑血管病的复发率较一般人群高 4 倍。

5. **吸烟和酗酒** 吸烟可提高血浆纤维蛋白原的含量,增加血液黏度和血管壁损害;尼古丁刺激交感神经导致血管收缩、血压升高。酗酒者脑卒中的发生率是一般人群的 4~5 倍,易增加出血性脑卒中的危险。

6. **高脂血症** 易引发血液的黏稠度的增加,使脑动脉硬化速度加快。高胆固醇血症与缺血性脑卒中发生关系密切。

7. **其他脑卒中危险因素** 包括饮食不当(如盐量、肉类、动物脂肪等摄入量过高)、体力活动减少、体重超重、滥用药物、口服避孕药;此外,还有高龄、性别、种族、气候、卒中家族史等。这些危险因素有些是可以预防的,在康复工作中及时进行脑卒中三级预防知识的宣教,对可控的危险因素早期加以干预,将可降低脑卒中的发生率、致残率及死亡率。

(三) 分类

临床上将脑卒中分为两类:缺血性脑卒中(ischemic stroke)和出血性脑卒中(hemorrhagic stroke)。

1. **缺血性脑卒中** 又称脑梗死,是指脑部血液供应障碍,缺血缺氧引起的局限性脑组织或全脑的缺血性坏死或脑软化。通常因脑动脉血栓性或栓塞性闭塞所致,包括脑血栓形成、脑栓塞和腔隙性脑梗死。占全部脑卒中的 70%~80%。

2. 出血性脑卒中 是指原发于脑实质内的非外伤性脑血管出血,血肿压迫脑组织造成脑损伤。通常因高血压性小动脉硬化和破裂所致,包括脑出血、蛛网膜下腔出血等。其中脑出血约占 10%,其余是蛛网膜下腔出血。

三、主要临床表现

脑卒中通常发展迅速,其症状与受损部位、大小和性质有关,因此症状呈多样性。缺血性脑卒中通常只影响受阻塞动脉所供血的脑组织。出血性脑卒中影响局部脑组织,但由于出血及颅内压增高,也影响整个大脑,主要症状如下。

1. 缺血性脑卒中 临床上多发于 60 岁以上既往有高血压病或糖尿病等病史的人群,多在睡眠过程中或安静状态下发病。发病前多有前驱症状,起病较为缓慢,初起多以肢体麻木无力、语言不利、偏瘫、面瘫为主要表现,多无明显头痛、呕吐、意识障碍,典型者出现三偏征:一侧肢体偏瘫、偏身感觉障碍、偏盲,随着病情发展加重而出现头晕、昏迷。

2. 出血性脑卒中 临床上多发于 50~70 岁人群,冬春季发病较多,多有高血压病史。常在用力活动或情绪激动时突然发生。脑出血发病急,出血量多者常在数分至数小时内达高峰。多数病例病前无预兆,部分病例有头痛、头晕、肢体麻木等症状。重症患者发病时出现剧烈头痛,反复呕吐,血压增高,短时间内转入意识障碍,出现局灶体征、颅内高压、脑膜刺激征等。随着中枢神经的继发损伤可表现有偏瘫、感觉障碍、语言障碍、偏盲等症状。

四、常用辅助检查

(一) 心电图和血液检查

心电图为常规检查。

血液检查包括血常规、血流变、血生化(包括血脂、血糖、肾功能、电解质等)。这些检查有利于发现脑卒中的危险因素,对鉴别诊断也有价值。

(二) 影像学检查

1. 电子计算机断层扫描(CT) CT 是最方便快捷和常用的影像学检查手段,可以直观显示脑卒中的范围、部位、血管分布、有无出血、病灶的新旧等。具体表现为:

(1) 脑梗死:CT 主要表现为低密度改变,低密度影一般于发病 24h 后方能显示出来,发病后 2~15d 可见均匀片状或楔形的明显低密度灶。

(2) 脑出血:CT 可以清楚地显示出血的部位、范围及形态,血肿周围有无水肿,脑室内或蛛网膜下腔是否有血液,中线结构是否向对侧移位。脑出血的急性期血肿呈高密度改变,血肿周围的水肿带呈低密度改变。

组图:脑梗死和脑出血 CT

2. 磁共振(MRI) MRI 可以清晰显示早期缺血性脑梗死、脑干、小脑梗死、静脉窦血栓形成等,梗死灶 T1 呈低信号,T2 呈高信号,出血性梗死时 T1 加权像有高信号混杂。MRI 弥散加权成像可早期显示缺血病变(发病 2h 内),为早期治疗提供重要信息。

3. 数字减影血管造影 是脑血管病检查的金标准,可以发现血管狭窄、闭塞及其他血管病变,如动脉炎、脑底异常血管网病(烟雾病)、动脉瘤和动静脉畸形等,可以为脑卒中的血管内治疗提供依据。缺点是有创、费用高、技术条件要求高。

组图:脑梗死和脑出血 MRI

4. 三维经颅多普勒 对评估颅内外血管狭窄、闭塞、痉挛或血管侧支循环建立情况有帮助,目前也用于溶栓治疗监测。可用于高危患者筛查和定期血管病变检测,为进一步积极治疗提供依据。

五、诊断要点及临床处理

(一) 诊断要点

1. 脑梗死 多发生于中年以上患者,既往有高血压病、动脉硬化、糖尿病、高脂血症、动脉炎等病史,有频繁吸烟和饮酒史,常有短暂性脑缺血发作史。

2. **脑出血**　急性起病,病情进展迅速,迅速出现脑膜刺激征及偏瘫、失语等脑局灶体征和／或头痛、呕吐、意识障碍、颅内压增高等全脑损害的症状和体征。

辅以成像技术和血液检查可确定卒中的类型和原因。

(二)临床处理

针对脑卒中的类型、病情的严重程度和基础疾病等,尽早选用最佳治疗方案,进行超早期治疗:维持生命体征、减轻脑水肿,改善缺血脑组织的灌注,防止出血,减小梗死范围,挽救缺血半暗带;同时对症治疗,积极治疗原发病,控制脑卒中危险因素;尽早开展康复治疗,防治并发症。

六、主要功能障碍

脑卒中发生后,引起的功能障碍是多方面的,常见的功能障碍有:

(一)运动功能障碍

运动功能障碍是脑卒中后最突出的问题,脑卒中造成的运动障碍为中枢性瘫痪(多数为偏瘫),其本质是脑卒中造成上运动神经元损伤之后,高位中枢神经系统失去了对低位中枢的调节(整合)作用,低位中枢被抑制的各种原始反射再次出现。人体正常反射主要有脊髓水平、脑干水平、中脑水平及大脑皮质水平的不同层次反射,在生理状态下各种水平的反射出现与消失具有一定的时间规律性(中脑、大脑等高级水平的反射发育形成,脊髓水平和脑干水平的反射将逐渐被整合或抑制)。这种规律性在脑卒中发生后则造成高层次中枢神经系统的损害而被破坏,致使原始反射"获释"或重现,导致了正常姿势反射机制的紊乱和运动协调性异常,肌肉呈失控状态。表现为典型的痉挛模式,同时伴随共同运动、联合反应等异常运动模式的出现。

1. **典型的痉挛模式**　痉挛是上运动神经元受损后自然恢复的过程中必然出现的阶段现象,是中枢性肢体瘫痪的特征之一。患者的姿势和运动都是僵硬而典型的,上肢表现为典型的屈肌模式,下肢表现为典型的伸肌模式(表4-1)。

表4-1　典型的痉挛模式

部位	表现模式	部位	表现模式
头部	颈向患侧屈曲并旋转,面朝向健侧	手指	屈曲内收、拇指对掌、屈曲、内收
肩胛骨	回缩,肩带下降	躯干	向患侧侧屈并后旋,骨盆旋后上提
肩关节	内收、内旋	髋关节	伸展、内收、内旋
肘关节	屈曲伴前臂旋后(可有旋前)	膝关节	伸展
腕关节	屈曲、尺侧偏	足	跖屈、内翻,足趾屈曲、内收

2. **共同运动**　是指脑卒中患者期望完成患侧肢体某一关节的活动时,不能做单个关节的运动,相邻的关节甚至整个肢体都出现一种不可控制的共同运动,形成特有的、定型的活动模式,在用力活动时表现更为突出。临床上主要表现为上肢屈曲共同运动模式,下肢为伸展共同运动模式(表4-2)。

表4-2　共同运动模式

部 位		屈曲模式	伸展模式
上肢	肩胛骨	回缩、上提	伸展、前伸
	肩关节	后伸、外展、外旋	前屈、内收、内旋
	肘关节	屈曲	伸展
	前臂	旋后(有时旋前)	旋前
	腕关节	屈曲	伸展
	手指	屈曲	屈曲
	骨盆	上提、后缩	
下肢	髋关节	屈曲、外展、外旋	伸展、内收、内旋
	膝关节	屈曲	伸展
	踝关节	背曲、外翻	跖屈、内翻
	足 趾	屈曲	跖屈

3. 联合反应 偏瘫患者在进行健侧肢体的抗阻力收缩运动时,其兴奋可以波及患侧而引起患侧肢体相应部位的反射性肌张力增高,健侧抗阻运动强度越大,患侧联合反应越明显,肌张力增高程度越强,持续时间也越长。常表现为对称性和不对称性两种反应状态(表4-3)。

表4-3 联合反应的类型

类型	部位	诱发方法	患侧肢体反应
对称性联合反应(患侧所出现的运动反应与正常侧的运动类型相同)	上肢	健侧抗阻或用力屈曲	患侧屈曲
		健侧抗阻或用力伸展	患侧伸展
		健侧抗阻或用力内收	患侧内收
		健侧紧握拳	患侧抓握反应
	下肢	健侧抗阻或用力内收、外展	患侧内收或外展
非对称性联合反应(患侧所出现的运动反应与正常侧的运动类型相反)	下肢	健侧抗阻或用力屈曲	患侧伸展
		健侧抗阻或用力伸展	患侧屈曲
同侧性联合反应		患侧下肢抗阻或用力屈曲	患侧上肢屈曲

4. 步态异常 常见的脑卒中后步态有划圈步态、长短步态和膝过伸步态。常见的问题及代偿方式有以下几种。①患腿站立相:伸髋和踝背屈不够,膝关节在0°~150°的屈伸范围内缺乏控制,骨盆过度水平侧移,骨盆过度向健侧下斜和向患侧过度侧偏。②患腿摆动相:脚趾离地时膝屈曲不足,屈髋不够,足跟着地时膝关节伸展及踝背曲不够。③行走时患者缺乏各成分的顺序概念及行走的节律和时间关系。

(二)感觉功能障碍

脑卒中患者以偏身的感觉障碍为常见。其中包括一般感觉障碍,如浅感觉的痛、温、触觉;深感觉的关节位置觉、震动觉、运动觉等;复合感觉障碍,如皮肤定位感觉、两点间辨别觉、体表图形觉、实体觉和重量觉障碍;特殊感觉障碍最常见有偏盲。偏盲是因患者半侧视野缺陷导致,表现为看不到盲侧空间的物体,因此产生身体姿势异常和日常生活活动自理受限。

(三)认知功能障碍

认知是大脑对感知信息进行处理、储存、记忆和应用的过程,是脑的高级功能,它包括注意、记忆、思维等心理活动。脑卒中后可出现多种认知功能障碍,主要有:①注意障碍;②记忆障碍;③思维障碍;④失认症;⑤失用症;⑥严重者表现为痴呆,给患者日常生活和康复治疗带来极大的困难。认知功能障碍是脑卒中患者发生率较高的症状,也是致该类患者日常生活活动能力下降、工作和家庭生活严重受限的主要因素之一。

(四)言语功能障碍

主要表现有失语症和构音障碍等。

1. 失语症 失语症是因脑功能受损所致的语言能力障碍,多发生在优势半球,表现为对后天所获得的各种语言符号(听、说、读、写等)的表达及认识能力的受损或丧失。如果脑卒中病变影响大脑语言区,引起患者听、说、读、写障碍,表现为答非所问或者虽能听懂但口述和书写困难,严重者既无法听懂,也无法表达,交流十分困难,可出现失语症。脑卒中患者约有1/3伴发失语症。单纯的失语患者表现为在意识清醒、无精神障碍及严重智力障碍,无视觉和听觉缺损,无口、咽、喉等发音器官肌肉瘫痪和共济失调情况下,却听不懂别人和自己的语言,说不出自己要表达的意思,不理解也写不出病前会读、会写的字句等。脑卒中患者因高级脑功能的损害,在失语症发生的同时常合并有认知障碍、构音障碍及其他高级神经功能障碍,使得失语症更难确定。单纯的失语症主要有运动性失语、感觉性失语、传导性失语、命名性失语、经皮质性失语、完全性失语等。

知识拓展

失语症的分类

1. 运动性失语　以口语表达障碍最为突出,为典型的非流利型口语,说话语量少,每分钟讲话字数少于 50 字,表现为讲话费力、发音语调障碍、找词困难且呈"电报式语言"。

2. 感觉性失语　以口语理解严重障碍为特点,为流利型口语。患者对别人和自己讲的话均不理解,或仅理解个别词或短语;口语表达缺乏实质词,讲话时语量多,讲话不费力,发音清晰,语调正常,短语长语正常,即为流利型口语;患者滔滔不绝地说,但因较多的错语或不易被人理解的新语且缺乏实质词而表现空话连篇,难以理解,答非所问;同时存在复述和听写障碍,命名、朗读、文字理解障碍。

3. 传导性失语　主要特征是复述不成比例。患者口语清晰,自发讲话语义完整、语法结构正常,且听理解正常,但不能复述出在自发谈话时较容易说出的词或句子或以错语复述,多为语音错误,自发谈话常因找词困难和语音错误出现犹豫、中断。命名及朗读中出现明显的语音错语,伴不同程度的书写障碍。

4. 命名性失语　主要特征是命名不能,表现为选择性命名障碍。在所给的供选择的名称中能选出正确的名词。在口语表达中找词困难、缺实质词,常以描述物品功能代替说不出的词,表现出赘语和过多的空话。而患者言语理解及复述近于正常或正常。

5. 完全性失语　表现所有语言功能均有明显障碍,也称混合性失语。口语表达障碍明显,常为刻板性语言;听理解、复述、命名、阅读和书写均严重障碍,预后差。患者可逐渐学会通过非语言形式进行交流。

6. 经皮质性失语　分别有经皮质运动性失语、经皮质感觉性失语、经皮质混合性失语。

2. 构音障碍　在脑组织病损后与言语产生有关的肌肉麻痹、肌力减弱和运动不协调而引发的言语障碍。表现为患者听理解正常,能够正确选择词汇,能按语法排列词汇,但在说话中出现发音困难,说话费力,音调、音量急剧变化,吐字不清,严重者完全不能讲话或丧失发声能力。

(五) 心理障碍

抑郁症是脑卒中患者最多见的心理障碍,表现为情绪低落、对事物缺乏基本的兴趣、做事动作迟缓、长期失眠、体重下降、常伴有焦虑,各种症状常有夜晚较轻白天严重等特点。抑郁症若存在会明显影响康复的疗效。

(六) 其他障碍

脑卒中患者还可出现其他的功能障碍,如智力障碍、精神障碍、吞咽障碍以及大、小便控制障碍等。少数患者会在后期出现一些并发症,常见的并发症有肩痛、肩关节半脱位、肩手综合征、失用综合征、误用综合征、关节挛缩等。

1. 脑卒中后吞咽障碍　脑卒中患者急性期的吞咽障碍发生率为 30%~50%。正常的吞咽运动过程可分为四阶段:即准备期、口腔期、咽喉期、食管期。可在吞咽的四个过程中任意过程发生,极易发生吸入性肺炎或因进食不足出现营养不良、水电解质紊乱。当脑血管意外发生时,主要影响前两期。出现流口水、进食呛咳、误咽、口腔失用等障碍。

2. 肩痛　其原因可能是由于重力牵拉和不合理的外力牵拉而继发关节周围软组织和关节囊的紧张所致,表现为肩部疼痛、麻木感、烧灼样痛或难以忍受的感觉等,肩关节活动明显受限。

3. 肩关节半脱位　在弛缓性瘫痪期,因肌肉松弛、关节活动范围增大,肩关节失去正常的锁定机制,如果忽略了对肩关节的保护,很容易引发肩关节半脱位。其本身并无疼痛,但极易受损伤进而引起疼痛,故应高度重视。

4. 肩手综合征　其特征表现:偏瘫侧上肢肩、手疼痛、肿胀、皮肤潮红、皮温升高,手指屈曲受限,因疼痛较重且易并发挛缩,成为康复的阻碍因子,应高度重视。

5. 失用综合征　失用综合征是因长期卧床或长期的肢体制动引起失用性肌无力及肌萎缩、关节挛缩、失用性骨质疏松等。

0405

组图:肩关节半脱位

0406

图片:肩手综合征

笔记

6. 误用综合征　误用综合征是因为在治疗和护理过程中所造成的人为性损伤,主要有肌腱、韧带和肌肉的损伤,关节的变形,痉挛的加重等。

7. 关节挛缩　关节挛缩是因脑卒中患者长时间骨骼肌张力增高,受累关节不活动或活动范围小,使关节周围软组织短缩、弹性降低、关节僵硬。

七、康复预防

(一) 一级预防

主要针对无脑卒中病史但有脑卒中危险因素存在的人群。主要包括:

1. 防治高血压　应做到:①低盐低脂饮食;②禁烟限酒;③适量运动;④放松心态;⑤控制血糖和体重;⑥选择合适的降压药。

2. 防治高血脂　控制饱和脂肪酸的摄入,尽量食用不饱和脂肪酸,血脂高者可加用降脂药。

3. 防治高血糖　控制摄入体内的总热量,控制脂肪、蛋白、碳水化合物比例,调整心态,规律饮食生活,适量运动。有糖尿病家族史者,定期检查血糖。

4. 防治肥胖　增加粗纤维食物摄入,增加运动量,控制总热量。

5. 预防性用药　口服肠溶阿司匹林,每日 75~100mg,18 岁以下禁用,有出血倾向者选用其他抗血小板凝集药物。

6. 抗抑郁症　口服抗抑郁药物和心理治疗。

7. 其他　手术感染、止血药应用等,都有发生卒中的风险,需要引起重视。

(二) 二级预防

针对已有短暂性脑缺血、腔隙性脑梗死等发生的人群进行脑卒中预防。约 1/3 的短暂性脑缺血患者发展为脑梗死,腔隙性脑梗死患者多数预后良好,致残率低,但复发率高。在上述两种症候的发作期,应积极治疗;在缓解期,应查找病因,消除危险因素,防止再发。药物运用上,要加强抗血小板凝集药的运用,配合使用脑保护剂,如自由基拮抗剂、钙拮抗剂等,对有心房颤动或心脏瓣膜病患者,可选用华法林等抗凝药物预防。

(三) 三级预防

针对已发生过脑卒中的人群进行残疾、残障的预防。脑卒中发生后,应积极进行康复治疗。早期宜进行正确体位的摆放、翻身训练、关节活动度维持训练等,以预防肌肉萎缩、关节挛缩、压疮、坠积性肺炎等并发症;随着患者功能的逐步恢复,应尽早开始坐起训练、站立行走训练、平衡训练、认知训练、语言训练等,以防失用综合征。通过正确的康复治疗,使患者功能最大限度地恢复健康,重返家庭,重返社会,实现自身价值,提高生活质量。

第二节　康　复　评　定

一、神经损伤程度评定

脑卒中的发生,会因脑组织损伤部位、性质和损伤程度的不同,引发各种不同的功能障碍。康复医疗要在临床医疗诊断的同时做出相应的功能评定,以便制订出相应的康复治疗方案,规划出长期治疗目标和短期治疗目标,用以指导治疗。主要采用 1995 年全国第四次脑血管病学术会议制定的评定标准(表 4-4)。

二、功能评定

(一) 运动功能评定

运动功能障碍的主要原因如前所述,是由脑组织损伤后引发肌张力障碍、运动模式异常、运动控制障碍等因素所致。在评定中常用的评定方法有 Brunnstrom 运动恢复六阶段分期评定、上田敏偏瘫运动恢复 12 阶段评级法、Fugl-Meyer 运动评定量表、改良 Ashworth 痉挛评定量表等进行评定。在此

表 4-4 脑卒中患者临床神经功能缺陷程度评定内容和标准（1995）

评价内容	得分	评价内容	得分
Ⅰ.意识（最大刺激，最佳反应）		Ⅴ.肩、臂运动	
1.两项提问		正常	0
（1）年龄（相差 2 岁或 1 个月都算正确）		不能抵抗外力	1
（2）现在是几月份		抵抗自身重力抬臂高于肩	2
均正确	0	抵抗自身重力抬臂平肩或低于肩	3
一项正确	1	抵抗自身重力抬臂大于 45°	4
都不正确者，再作以下检查		抵抗自身重力抬臂等于或小于 45°	5
2.两项指令（可以示范）		无运动	6
（1）握拳、伸指		Ⅵ.手运动	
（2）睁眼、闭眼		正常	0
均完成	3	所有抓握均能完成，但速度和准确性比健侧差	1
完成一项	4	可作球状或圆柱状抓握，手指可作共同伸屈，但不能单独伸屈	2
都不能完成者，再作以下检查		能侧捏及松开拇指，手指有半随意的小范围的伸展	3
3.强烈局部刺激健侧肢体			
定向退让	6	可作钩状抓握，但不能释放，指不能伸	4
定向肢体回缩	7	仅有极细微的屈曲	5
肢体伸直	8	无任何运动	6
无反应	9	Ⅶ.下肢运动	
Ⅱ.水平凝视功能		正常	0
正常	0	不能充分抵抗外力	1
侧凝视动作受限	2	抬腿 45°以上，踝或趾可动	2
眼球侧凝视	4	抬腿 45°左右，踝或趾不能动	3
Ⅲ.面瘫		抬腿离床不足 45°	4
正常	0	能水平移动，不能抬离床面	5
轻瘫、可动	1	无任何运动	6
全瘫	2	Ⅷ.步行能力	
Ⅳ.言语		正常行走	0
正常	0	独立行走 5m 以上，跛行	1
交谈有一定困难，需借助表情动作表达，或言语流利，但不易听懂，错语较多	2	独立行走，需扶杖	2
		有人扶持下可以行走	3
可简单交流，但复述困难，言语多迂回，有命名障碍	5	自己站立，不能走	4
		坐不需支持，但不能站立	5
不能用言语达意	6	卧床	6

病情严重程度与总分的关系为：最高分 45 分，最低分 0 分。轻度障碍：0~15 分；中度障碍：16~30 分；重度障碍：31~45 分

重点介绍 Brunnstrom 运动恢复六阶段分期评定方法。

1. Brunnstrom 运动功能恢复评定　瑞典学者 Brunnstrom 提出了著名的偏瘫恢复六阶段理论，将中枢神经病损所致的偏瘫对运动功能的恢复过程作出了科学的总结，客观地反映了中枢性损伤偏瘫的发生、发展及肢体运动恢复的自然过程：先出现反射活动后转为随意运动；先出现粗大的运动后出现分离的、有选择的精细运动。Brunnstrom 将偏瘫运动恢复分为弛缓期（Ⅰ期）、痉挛期（Ⅱ期）、共同运动期（Ⅲ期）、部分分离运动期（Ⅳ期）、分离运动期（Ⅴ期）和正常（Ⅵ期）六个阶段（表 4-5）。

2. 运动功能评定　运动功能评定量表（Motor Assessment Scale，MAS）是由 8 个不同的运动功能项目和 1 个有关全身肌张力项目组成，每一项评定计分为 0~6 分。运动功能的测评有仰卧位翻至侧卧位、仰卧位至床边坐、坐位平衡、坐位至站位、行走、上肢功能和手的精细活动。

3. 痉挛评定　脑卒中所致的中枢神经损害为上运动神经元损伤，其运动功能障碍的发生主要是肌张力异常所致，并以痉挛性为主要特征。对严重痉挛者须进行痉挛程度的评定。目前广泛使用的

表 4-5　Brunnstrom 运动功能恢复分期

分期	运动特点	上肢	手	下肢
Ⅰ	无随意运动	无任何运动	无任何运动	无任何运动
Ⅱ	引出联合反应,共同运动	仅出现协同运动模式	仅有极细微的屈曲	仅有极少的随意运动
Ⅲ	随意出现的共同运动	可随意发起协同运动	可有钩状抓握,但不能伸指	在坐和站立位上,有髋、膝、踝的协同性屈曲
Ⅳ	共同运动模式打破,开始出现分离运动	出现脱离协同运动的活动:肩0°、肘屈 90°的条件下,前臂可旋前、旋后;肘伸直的情况下,肩可前屈 90°,手臂可触及腰骶部	能侧捏及松开拇指,手指有半随意的小范围伸展活动	坐位屈膝 90°以上,可使足向后滑动。在足跟不离地的情况下能使踝背屈
Ⅴ	肌张力逐渐恢复,有分离精细运动	出现相对独立于协同运动的活动:肘伸直时肩可外展 90°;肘伸直,肩前屈 30°~90°时,前臂可旋前和旋后;肘伸直,前臂中立位,上肢可举过头	可作球状和圆柱状抓握,手指同时伸展,但不能单独伸展	健腿站,病腿可先屈膝后伸髋;在伸膝下可作踝背屈
Ⅵ	运动接近正常水平	运动协调近于正常,手指指鼻无明显辨距不良,但速度比健侧慢(≤5s)	所有抓握均能完成,但速度和准确性比健侧差	在站立位可使髋外展到抬起该侧骨盆所能达到的范围;坐位下伸直膝可内外旋下肢,合并足内外翻

评定是改良 Ashworth 分级评定法。

4. 平衡功能的评定

(1) 三级平衡评定标准:Ⅰ级平衡,人体在各种静止姿势状态下维持重心稳定;Ⅱ级平衡,人体在不受外力干扰基础上,能够在一定的范围内进行随意运动而重心稳定;Ⅲ级平衡,人体能够在抵抗一定的外力干扰,维持各种姿势重心稳定。评定时对脑卒中患者通常选用坐位、站立位进行三级评定。

(2) Berg 平衡量表:Berg 平衡量表是评定平衡功能的标准化量表,该量表将平衡功能从易到难分为 14 项,每项分为 5 级,即 0、1、2、3、4,最高得 4 分,最低得 0 分,总积分最高为 56 分,最低分为 0 分。

5. 步态评定　偏瘫患者多表现有划圈步态、长短步态、膝过伸步态。评定时可根据医疗机构的设备条件选择相应的评定方法。常用的方法有目测观察法、足迹分析法、步态分析仪评定法等。

(二)感觉功能评定

1. 浅感觉评定　浅感觉评定主要对偏瘫侧的触觉、痛觉、温度觉、压觉分别进行评定。

2. 深感觉评定　深感觉的评定重点对偏瘫侧肢体的关节位置觉、震动觉、运动觉等进行评定。

3. 复合感觉障碍评定　复合感觉障碍评定是对皮肤定位感觉、两点间辨别觉、体表图形觉、实体觉和重量觉分别进行评定。

4. 特殊感觉障碍评定　脑卒中患者如累及内囊、大脑枕叶等部位,可导致偏盲,需对是否存在偏盲进行评定。可进行视野粗测及精确视野测定。

(三)认知功能评定

脑卒中后因大脑损害的部位、范围、性质、程度的不同,会引发形式多样、程度不一的认知功能障碍,因病理机制与颅脑损伤后认知障碍相同,故评定内容详见本教材第二章相关内容。

(四)言语功能评定

脑卒中患者言语功能障碍的筛查和评定方法参见本套教材中《言语治疗技术》的相关章节。

(五)日常生活活动能力评定

1. 日常生活活动能力(ADL)评定　脑卒中后,对于患者的 ADL 评定根据功能程度和评定的时间阶段分别采用 Barthel 指数分级法、Katz 分级法、Kenny 自理评定和 FIM 功能独立性测评进行评定。

2. 生活质量(QOL)评定　QOL 是在世界卫生组织(WHO)推荐的健康新概念的基础上创立的评

价指标。可分别进行主观的生活质量评定和相对客观的生活质量评定。可参考"生活满意指数"和"生活质量指数"量表进行评定。

(六)心理与精神功能评定

1. 抑郁的评定 优势半球前部的梗死常引发精神抑郁。可依据患者的情绪表现进行分析,客观的评定可应用汉密尔顿抑郁评定量表给予评定。

2. 痴呆筛查 是否存在痴呆会直接影响临床康复进展和康复效果。常先采用简易智能精神状态检查量表(MMSE)进行筛查。

(七)其他功能障碍评定

对脑卒中患者在临床康复中需进行综合性评定和个体性评定。除上述各项外,根据患者的个体功能情况可选择性地作吞咽功能评定、膀胱及直肠功能评定,并发障碍如肩关节半脱位、肩手综合征时,还需进行关节活动度评定、肌力评定、疼痛评定、肢体围度评定等。

三、功能预测

Brunnstrom 运动功能恢复分期、Fugl-Meyer 运动功能评定、FIM 量表和 Barthel 指数,以及反映神经功能缺损的脑卒中量表如 NIHSS 等评定结果均可预测脑卒中预后;脑卒中的患病年龄、病理情况、临床治疗、合并症程度以及康复治疗开始的早晚、康复医疗的质量、患者的康复愿望、其家庭和社会的参与程度等相关影响因素有助于脑卒中患者预后的预测,具体如下:

(一)影响脑卒中预后和康复的因素

1. 有利因素 主要有:①年轻;②轻偏瘫或运动性偏瘫、无感觉障碍或失认症、反射迅速恢复、随意运动有些恢复、能控制小便;③无言语困难;④认知功能完好或损害甚少、无抑郁、无焦虑;⑤无明显复发性疾病;⑥家庭支持。

2. 不利因素 主要有:①脑卒中复发;②年龄较大;③持续性瘫痪一个月以上和/或运动持续不能;④严重的感觉障碍;⑤完全性失语;⑥严重认知障碍或痴呆,抑郁、焦虑情绪明显;⑦长时间二便失禁;⑧缺乏家庭支持;⑨长时间昏迷或植物状态等全脑损害严重者。

(二)早期与综合康复治疗

大量的临床实践表明,规范康复治疗可以促进脑卒中患者的功能恢复,早期康复治疗可以预防并发症的发生,缩短住院时间,加快恢复,其效果也较未进行早期康复者好。大量临床数据表明:绝大多数患者运动、感觉功能恢复发生在病后第 1~3 个月,3~6 个月仍恢复较快,某些患者恢复可持续 1~2 年。大多数日常生活活动能力的恢复发生在前 3~6 个月,晚期恢复较慢。中国康复研究中心的康复资料证实:脑血管疾病发病在一个月内开始康复者,其功能提高约 48.56%,ADL 能力几乎 100% 有提高;而一个月以后开始康复的患者其功能提高均在 20% 以下,ADL 能力仅 85% 有提高。

(三)家庭与社会的参与

在脑卒中患者功能恢复的过程中,家庭成员的积极配合和社会相关因素的参与,都对其功能结局产生积极的影响。患者及其家庭康复参与的主动性越高结局越好;如缺乏主动性参与,会影响其功能恢复效果,最终导致患者生活质量的下降。

四、康复时机

循证医学研究表明,早期康复有助于改善脑卒中患者受损的功能,减轻残疾的程度,提高生存质量。为了避免过早的主动活动使得原发的神经病学疾患加重,影响受损功能的改善,通常主张在生命体征稳定 48h 后,原发神经病学疾患无加重或有改善的情况下,即可开始进行康复治疗(不要求患者完全清醒和有清楚的交流能力)。轻到中度的脑卒中患者,在发病 24h 后可以进行床边康复、早期离床的康复训练,康复训练应以循序渐进的方式进行,必要时在监护条件下进行。缺血性脑卒中患者可在病后 3~5d 开始康复治疗,出血性脑卒中患者可在病后 2 周左右开始康复治疗。对伴有严重合并症或并发症者,如血压过高、严重的精神障碍、重度感染、急性心肌梗死或心功能不全、严重肾功能损害或糖尿病酮症酸中毒等,应在治疗原发病的同时,积极治疗合并症或并发症,待患者病情稳定 48h 后方可逐步进行康复治疗。脑卒中康复是一个长期的过程,病程较长的脑卒中患者仍可从康复中受益,但效果较早期康复者差。

第三节 康 复 治 疗

脑卒中所引发的功能障碍以运动障碍为主,常伴发言语、吞咽、感觉、认知及其他多方面障碍。临床治疗的目的是在急性期抢救患者生命,逆转疾病的病理过程。而康复治疗的目的是通过神经功能重组,或采用代偿、替代的方法,同时结合环境改造,从生理、功能、心理和日常生活活动能力等方面进行干预,减轻或改善患者的障碍程度,达到增进或改善身体功能,增强活动能力,减少参与受限,提高患者参与家庭和社会生活的能力,全面提高病后的生存质量。

康复治疗基本原则:

1. 选择合适的病例和早期康复时机。

2. 康复治疗计划应建立在功能评定的基础上,由康复治疗小组共同制订,并在实施过程中酌情加以调整。

3. 康复治疗应贯穿于脑卒中治疗的全过程,做到循序渐进。

4. 综合康复治疗要与日常生活活动和健康教育相结合,并有脑卒中患者的主动参与及其家属的配合。

5. 积极防治并发症,做好脑卒中的二级预防。

脑卒中的康复治疗可根据发病时间和 Brunnstrom 偏瘫运动恢复六阶段特点分为急性期、恢复期和后遗症期。

一、急性期康复

脑卒中急性期通常是指发病后的 1~2 周,相当于 Brunnstrom 分期 I~II 期,是在神经科常规治疗的同时开展的康复治疗。此期患者多处于弛缓期(又称为软瘫期),因患者尚需安静卧床,可开始床边的训练。此期的特点:①腱反射减弱或消失;②肌张力低下;③随意运动丧失;④患侧肢体从无主动活动到肌张力开始恢复。急性期正确的康复介入能够减少并发症、提高医疗护理质量、加快卒中患者的康复速度。

(一) 康复目标

1. 防止可能引发的各种并发症 如肩痛、肩关节半脱位、肩手综合征、关节挛缩、坠积性肺炎、压疮、肢体肿胀、深静脉血栓形成等而妨碍后期的康复进程。

2. 增加对患侧的各种感觉刺激 使患者体会到正确的运动感觉并使肌张力逐渐提高,及时引导出肢体的合理随意运动。

3. 在软瘫期即开始神经生理疗法运用 有助于预防和减轻痉挛模式的出现,缩短痉挛期和共同运动期,早日进入分离运动阶段。

(二) 康复治疗

1. 正确的体位摆放(良肢位) 良肢位是指为了预防或对抗以后将会出现的痉挛模式、保护肩关节以及早期诱发分离运动而设计的一种治疗性体位,和肢体的功能位不同。床上良好的体位摆放是急性期治疗中的重要环节,可预防和减轻痉挛模式的出现;预防肩关节半脱位、肢体肿胀和软组织挛缩;促进分离运动的出现。因此自发病的第一天起即应开始正确的体位摆放,且要贯穿在偏瘫后的各个时期。具体有患侧卧位、健侧卧位、仰卧位等。

(1) 患侧卧位:是患侧在下健侧在上的侧卧位,是最有助于病情恢复的体位。该体位使患侧躯干处于伸展状态,可以减少痉挛的发生,并可增加对患侧的感觉刺激输入,又不影响健侧的正常使用。头部患侧置于高度为 10~12cm(与一侧肩膀同高)的软枕上,上颈段轻度前屈,躯干轻度后旋,后背垫靠软枕以防躯干后仰;患肩前伸(将患侧肩胛骨向前上方拉出,使肩胛骨着床负重,避免盂肱关节受压和肩胛骨后缩),上肢前伸与躯干的角度不小于 90°,肘关节伸直,前臂旋后,掌心向上,腕关节自然背伸,指关节伸展。患侧下肢髋关节略后伸,膝关节微屈,踝关节保持中立位。健侧上肢自然放置于体侧;

健侧髋、膝关节屈曲,下垫软枕支撑,以防过度压迫患肢(图4-1)。

(2) 健侧卧位:是健侧在下患侧在上的侧卧位,是患者最舒适的体位。此体位避免了患侧肩关节直接受压可能造成的损伤,并且在这一体位下便于康复操作。头部健侧置于软枕上(高度同患侧卧位),躯干与床面成直角,胸前放置一略高于躯干高度的软枕,患侧上肢充分前伸放于软枕上,将患侧肩胛骨向前上方拉出,肩关节前屈100°左右,肘伸直,腕背伸,掌指关节和各指间关节伸展;软枕长度应超过手指,以防止腕关节呈掌屈状态垂于软枕边缘,造成手部和上肢的肿胀与疼痛。患侧下肢髋、膝关节屈曲呈迈步状放置在身体前方的软枕上,踝关节保持中立位,患脚应由软枕给予良好支持,以防止踝关节悬于软枕边缘,造成足内翻下垂。健侧上肢自然舒适放置在体前;下肢轻度屈髋屈膝,自然放置(图4-2)。

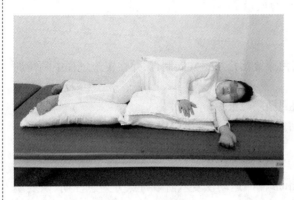

图4-1 患侧卧位

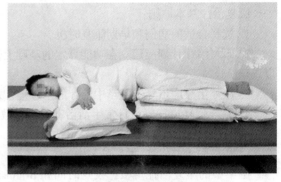

图4-2 健侧卧位

(3) 仰卧位:仰卧时,头置于枕头上呈正中位,躯干平直;患侧肩关节外展外旋30°~60°,肘关节伸直,前臂旋后,腕背屈,掌心向上,指关节伸展。肩胛骨下放置软枕使其前伸,上肢放于体侧软枕上使远端比近端略抬高利于血液回流。患侧臀部和大腿下面垫置软枕,使患侧骨盆向前向上,防止患腿外旋;膝下放置软枕使其轻度屈髋屈膝,疾病早期足底避免接触任何支撑物,预防阳性支持反射所引起的足下垂(图4-3)。

(4) 注意事项:应注意的是各种卧位在进入痉挛期后足底部避免直接接触任何支撑物,以防

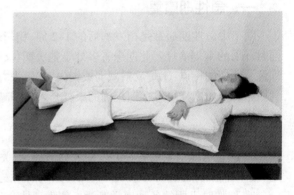

图4-3 仰卧位

加重足下垂、内翻。仰卧位受紧张性颈反射和迷路反射的影响,容易强化患者的上肢屈肌和下肢伸肌的痉挛模式,患者进入 Brunnstrom Ⅱ期以后应减少仰卧位的应用,以侧卧位为主并适时进行体位转换。

2. 患肢关节活动度维持训练 患肢关节活动度维持训练可保持关节活动度,预防关节挛缩,促进患肢血液循环,刺激本体感觉器而完成对肌肉的再教育,诱发运动感觉,促进患肢主动运动的早日出现。在正常关节活动范围内,应由小逐渐增大至全范围,活动顺序从近端大关节到远端小关节;活动速度以上肢完成一个动作3~5s,下肢5~10s为宜,每次每个关节活动5~10遍,每日2~3次,直至患肢主动运动恢复。

(1) 肩胛骨的活动:主要防止肩胛骨后缩畸形。可在俯卧位、健侧卧位、坐位进行。治疗者一手托起患侧上肢,保持肩关节外旋位,另一手固定肩胛骨的内缘与下角,双手同时用力使肩胛骨做向内、向外、上抬、下降的活动。

(2) 上肢各关节活动

1) 肩关节:脑血管疾病后在软瘫期因防护不当容易并发肩关节的半脱位,但制动过久又易引发挛缩,在必须维护肩关节活动范围的治疗中要双向防范,治疗同时注意保护关节,因此,各方位的训练范围从正常关节活动的中部1/2范围开始训练,逐渐增至关节的全范围,不可用力过大和过度活动。方

法是治疗者一手握住患者上肢做运动,另一手固定于患者肩关节予以保护,分别进行屈曲和外展、外旋和内旋的被动活动(图4-4)。

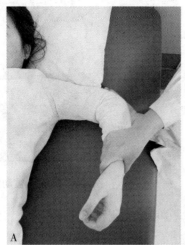

图4-4　肩关节外旋和内旋

2) 前臂旋转:前臂易出现旋前挛缩。训练时治疗者一手固定患者肘关节,另一手握住其前臂远端,缓慢地充分旋转前臂,做旋前和旋后的动作(图4-5)。

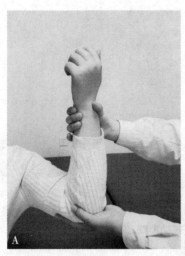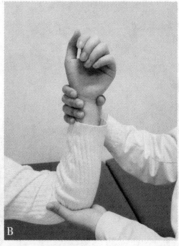

图4-5　前臂旋前、旋后

3) 腕关节:训练时治疗者一手固定前臂远端,一手握住掌骨做腕关节的桡侧偏、尺侧偏、掌屈、背伸及环绕动作。

4) 手指关节:在肌张力增高阶段,手部屈肌的张力明显高于伸肌的张力,易出现掌指关节和指间关节屈曲挛缩,拇指屈曲、内收、对掌,此期需特别注意预防,训练时应充分对腕关节、掌指关节和指间关节进行屈和伸的训练,并注重拇指外展和对掌方向的运动。

(3) 下肢各关节:维持下肢各关节功能是站立和步行的基础。做患侧下肢髋、膝、踝三个关节的全范围被动活动训练,防止因痉挛而继发关节的挛缩僵直。

1) 髋关节:保持髋关节的伸展是恢复期站立和行走的必需条件,方法是患者仰卧,治疗者用一侧手臂对患者的健侧下肢做充分地屈髋和屈膝,同时用另一侧手臂向下方按压患者的患侧膝关节,达到伸展患侧髋关节的作用(图4-6);外展内收时使患者健侧下肢维持伸展并轻度外展位,治疗者用双手

25

分别在腘窝和踝关节后方处托起患侧下肢,做外展内收运动;患侧容易发生髋关节的外旋挛缩,因此除了在仰卧位髋下和大腿下垫靠大枕预防之外,还要定时做充分的髋关节旋转被动运动,髋关节内外旋是在仰卧位将患侧髋关节屈曲,治疗者用手托起小腿分别做髋关节的内旋和外旋运动(图4-7)。

图4-6　髋关节被动伸展

2)膝关节:腘绳肌挛缩会导致伸膝障碍,所以主要做牵张腘绳肌的治疗。患者仰卧位,在双膝关节伸展的状态下,将健侧下肢充分固定后,治疗者用一手固定患侧膝部上方,另一手托住患足跟部向上抬起下肢,双手反方向用力保持膝关节伸展;或治疗者将患侧下肢小腿放于自身肩部,一手置于健侧下肢膝部向下按压予以固定,另一手固定患侧膝部保持其伸展,治疗者靠躯干前倾和上提给予牵伸(图4-8)。

3)踝关节:小腿三头肌痉挛导致踝关节跖屈是足下垂发生的主要原因。牵伸小腿三头肌能预防其发生。方法是治疗者用一手固定踝部上方,另一手握住足跟向后下方牵拉,同时用右侧前臂将足底向背屈方向运动,以达到牵伸跟腱的作用,同时牵伸足趾关节(图4-9)。

(4)注意事项:此期部分患者存在感觉障碍,所以治疗手法要轻柔、缓慢,避免用暴力;被动活动宜

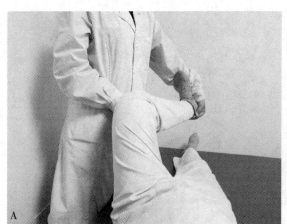

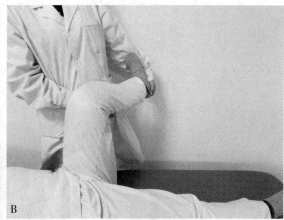

图4-7　髋关节被动内旋、外旋

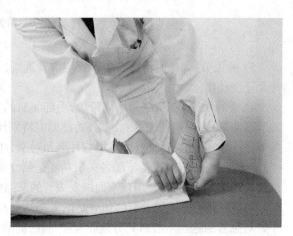

图4-8　牵伸腘绳肌

图4-9　牵伸跟腱

在无痛的范围内进行,以免造成软组织损伤。

3. 改善软瘫 为促进肌张力出现、防止肌肉萎缩,在病情允许条件下,可用本体促进疗法进行治疗,对软瘫肌群应用 Rood 技术的多感觉刺激疗法、牵拉肌肉法、轻叩肌腱或肌腹法及挤压法等。如:用软毛刷快速来回刷擦软瘫肢体的皮肤、轻触摸手和 / 或足的指和 / 或趾间背侧皮肤等;快速、轻微地牵拉肌肉;轻叩软瘫的肌腱或肌腹以及挤压肌腹等。应用 Bobath 技术的加压和负重、放置和保持、压迫性牵伸的治疗技术对软瘫肢体实施治疗。应用 Brunnstrom 技术的共同运动、联合反应、姿势反射等神经促通技术予以治疗,以提高肌张力,促进软瘫肢体肌肉的主动收缩。

4. 传统疗法 在弛缓性瘫痪阶段,肌肉失神经支配、肌肉泵作用消失、血管舒缩功能失调等原因都可引起肢体血液循环和淋巴循环减慢,易引发肢体水肿、深静脉血栓形成和失用性肌萎缩。针刺治疗通过深浅感觉刺激有利于局部肌肉的收缩和血液循环从而促进患侧肢体功能的改善。肌肉按摩可以有效地预防和减轻以上并发症的发生。方法是从肢体远端开始逐渐移向肢体近端、再从肢体近端向躯干部位做向心性按摩,动作要柔和、缓慢且有节律,略加大按摩的强度有助于肌张力的提高。

5. 物理因子治疗 功能性电刺激、肌电生物反馈、中频电疗法、药物离子导入法、中药熏蒸法和局部空气压力治疗,这些可使瘫痪肢体肌肉通过被动引发的收缩与放松逐步改善其张力。

6. 直立性低血压的适应性训练 对一般情况良好、症状较轻的患者,可以在医生的指导下尽早地进行从卧位到坐位的体位变化训练,以克服直立性低血压。利用角度可调节的病床,床头抬高从倾斜30°、维持 5min 开始,每日增加床头倾斜的角度 10°~15°,维持时间 5~15min,增加角度不增加时间、增加时间不增加角度,逐渐增加到床头抬高 80°、可维持床上坐位 30min。在此基础上逐渐增加坐位训练的次数,并开始床边和轮椅坐位训练,争取尽早离开病房到训练室训练。进入训练室之后应用电动起立床依照上述方法继续训练,使患者重获直立的感觉,为后期康复做准备。

注意事项:在训练过程中如患者出现头晕、心慌、出汗、面色苍白等直立性低血压症状,应立即将床头放平或调回原角度,待患者适应后再缓慢增加角度和时间。

二、恢复期康复

(一) 恢复早期康复

脑卒中恢复早期是指发病后的 3~4 周,相当于 Brunnstrom Ⅱ~Ⅲ 期患者,此阶段偏瘫侧逐渐进入典型的痉挛状态,上肢屈肌痉挛、下肢伸肌痉挛模式的出现将影响后期的康复效果。因此,当患者病情稳定,神经症状不再进展,可以耐受床边 90° 坐位,维持 30min 时,即可转入本阶段治疗,主要在训练室进行。

此期的特点:①腱反射亢进;②出现联合反应;③肌张力增高。此期瘫痪侧肌张力由弛缓性逐渐向痉挛性转换,突出的问题是痉挛和联合反应导致共同运动的日益加强引发异常运功模式形成,肢体运动低效、无功能;肌肉的启动顺序错误;肌肉出现同时收缩;维持躯体各种姿势的肌张力、体位反射、平衡反应和其他保护性反应的协调活动等被固定的、异常的共同运动模式所取代,如得不到科学有效的康复治疗,就会陷入恶性循环(图 4-10),严重影响康复效果,同时也是导致偏瘫症状加重的重要原因。所以,运动障碍的康复最主要的目的就是抑制痉挛和异常的运动模式,促进分离运动的恢复。

1. 康复目标
(1) 抑制痉挛、联合反应,打破共同运动模式。
(2) 易化正确的运动模式,促进分离运动尽早出现。
(3) 指导患者用患侧肢体做主动活动并与日常生活活动相结合。
(4) 配合心理疏导和对患侧各种感觉刺激,以及相关的康复治疗如吞咽功能训练、发音器官运动训练、呼吸功能训练等加快功能障碍的改善,为恢复期的进一步康复治疗奠定基础。

2. 康复治疗
(1) 抑制痉挛:随着脑卒中病情的发展进入到 Brunnstrom Ⅱ 期时,偏瘫侧肢体开始出现肌张力升高。多数以上肢屈肌痉挛、下肢伸肌痉挛最先发生。此期进行抑制痉挛的治疗是防止 Brunnstrom Ⅲ 期痉挛加重导致共同运动模式形成的最佳时机。痉挛的处理原则应该是以提高患者的功能为主要目的,治疗项目除继续急性期床上的各项治疗内容外,还包括:

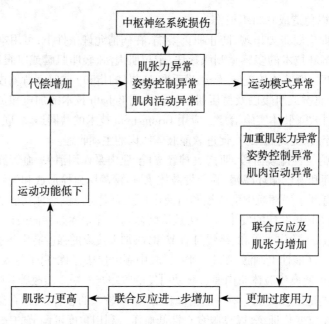

图 4-10 偏瘫导致的运动功能下降的恶性循环

1) 抑制躯干的痉挛:通过腰部的旋转能够抑制躯干肌肉的痉挛,并缓解偏瘫侧上下肢过高的肌张力。方法:使双肩与髋部相对旋转;患者主动向上抬起患侧骨盆,保持骨盆前倾以牵拉患侧躯干,即桥式运动;分别从健侧或患侧进行自仰卧位向俯卧位的主动翻身训练。

2) 抑制上肢屈肌痉挛和下肢伸肌痉挛:每日进行关节活动度维持训练是处理痉挛的最基本措施,关节活动应缓慢、稳定且达全关节范围,活动时,通过持续而缓慢的肌肉牵张,可使痉挛的肌肉张力降低。另外抗痉挛肢位的保持可使痉挛肌处于被持续静态牵张状态,肌张力降低。具体方法:①保持肩胛带前伸,肩关节外展外旋,肘关节伸展,前臂后旋,伸腕伸指,拇指外展。②手部可用分指板将手维持在腕背伸、手指相对张开的位置。③保持患侧下肢髋关节内收内旋屈曲,膝关节屈曲,踝关节 90° 背屈,趾伸展,可用软枕、砂袋或足踝矫形器维持以上姿势。

3) 神经生理疗法抑制痉挛:如 Rood 技术的持续牵拉、挤压等抑制手法;Bobath 技术的控制关键点、反射性抑制及调正反应、促进姿势反射等治疗;Brunnstrom 技术的各种反射的应用,如紧张性迷路反射(当头处在中间位时,仰卧位会使伸肌张力增加,四肢伸展容易,俯卧位会使屈肌张力增加,四肢屈曲容易);PNF 技术的对角线螺旋式运动,促进分离运动的进一步成熟和正常运动模式的重新建立等方法都可抑制痉挛,降低肌张力。

(2) 卧位运动:脑卒中导致了肌肉失控制、正常姿势反射机制紊乱和运动协调性异常,而这些功能的恢复是需要患者主动参与的再学习过程,患者主动参与程度越高,恢复越快,恢复程度越高,所以当患者神志清醒,生命体征稳定,体能有一定程度恢复后,宜尽早进行床上运动的治疗。

1) 翻身训练:翻身是预防压疮的重要措施,通过躯干的旋转和肢体的摆动可促进全身反应和肢体活动,抑制痉挛,促进平衡和协调功能恢复,对患者十分重要。开始应以被动为主,待患者掌握翻身动作要领后,在治疗师帮助下由辅助翻身过渡到主动翻身,包括向健侧翻身和向患侧翻身。①向健侧翻身:患者取仰卧位,治疗者站在患者患侧,患者取 Bobath 握手,肩关节屈曲 90°,肘关节伸展,双上肢上举;指导患者用健侧下肢将患侧下肢从腘窝下勾起呈屈膝位(如患者不能自行维持屈膝位,治疗师可在患膝给予辅助),健侧脚掌平放并支撑于床面,双腿屈曲并拢,上下肢同步进行左右摆动,由健侧带动患侧依靠惯性翻向健侧。辅助翻身是治疗者双手分别放在患侧肩胛下方和髂嵴部位,帮助患者转动肩胛和骨盆,翻身完成后取健侧卧姿。②向患侧翻身:患者卧位及上下肢开始姿势同向健侧翻身,摆动翻转时与向健侧翻身相反,左右摆动借助惯性健侧推动患侧以翻向患侧。辅助翻身时治疗者站在患侧,双手分别放在健侧肩胛下方和髂嵴部位,辅助患者翻向患侧,翻身完成后取患侧卧姿。主动翻身见图 4-11,辅助翻身见图 4-12,反复练习直至掌握。

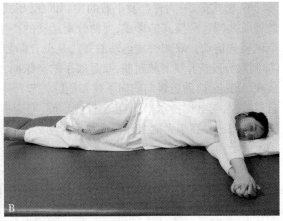

图 4-11 主动翻身

图 4-12 辅助翻身

2）患侧上肢训练：是防止肩胛骨的回缩、下降、痛肩和肩关节半脱位，维持关节的活动度及抑制痉挛的治疗。用神经促通技术训练，方法有：①Bobath 握手，用健侧上肢带动患侧上肢使肩前屈 90°、伸肘、伸腕。②保持肘关节充分伸展位，练习肩关节前屈、上举过头顶再还原运动。③在健侧上肢的带动下使双肩前平举进行屈肘和伸肘活动。④由健侧上肢带动使双肩前平举并伸肘然后双肩进行左右水平摆动以运动患侧的肩胛带。

3）患侧下肢训练：是早期防止异常步态出现的治疗。脑卒中后遗症患者步态异常的原因主要是在早期治疗中忽略了下肢异常肌张力的治疗所引发的肢体运动模式的改变。因此步行摆动相时患侧屈髋、屈膝，踝背屈均不充分，迈步时因下垂使患肢长度增加，需通过划圈或提髋方可向前方摆动，但以"划圈步态"居多；或因腘绳肌痉挛和／或挛缩，膝关节伸展受限导致长短步态。

为防范以上异常步态的发生可以做以下训练：①屈髋屈膝训练指患者仰卧，治疗师站于患者的患侧，一手自腘窝下扶持患肢膝部，另一手握持患足跟部用前臂托住患足底，同步屈曲患侧髋关节和膝关节，同时保持其足背屈外翻，注意避免下肢外旋外展。完成后使患者主动控制此姿势 10s 左右，再转为有控制地主动垂直伸展患腿。②伸髋位屈膝训练：患者俯卧，患侧下肢伸展，治疗师站于患者的患侧；治疗师一手稳定大腿远端腘窝部，另一手托起患侧足部向患者的头部方向推进，使患者在髋关节伸展状态下屈曲膝关节和踝关节。③屈踝训练：患者仰卧，患肢屈髋屈膝，治疗师一手在踝关节前方向下向后用力推压，另一手将足前部提起，使足处于背屈位，防止足跖屈。④患侧下肢控制训练：是在健腿活动时对患腿活动进行的控制，促患腿脱离共同运动模式。训练的方法是患者仰卧，双腿屈曲，足平放于床面，然后先固定健腿，活动患腿，再固定患腿，活动健腿。训练时注意稳定患腿不可外展、外旋，经过训练后可以将其控制在运动中的任一位置。

29

4）桥式运动：为骨盆及下肢的控制训练，桥式运动通过充分地伸髋位屈膝控制，以防止躯干和下肢伸肌共同运动模式的形成，促使分离运动的产生，以利于后期的步态训练，主要有双侧桥式运动和单侧桥式运动。双侧桥式运动的方法是患者仰卧，双上肢 Bobath 握手，伸肘、伸腕置于肩前屈 90°位（抑制联合反应），双下肢屈曲，双足底平踏于床面，治疗者站在患侧帮助患肢放置于屈膝位，然后一手放在患膝上，协助患者向前向下拉和压膝关节，另一手放在臀下，帮助患者提升臀部使其抬离床面，髋自然伸展，骨盆保持水平，防止向健侧后旋，即为桥式运动，通过训练使患者逐渐能主动完成。单侧桥式运动方法是在患者能主动完成双桥运动后，让患者抬起健腿，患侧下肢支撑负重将臀部抬离床面做以上的活动。

（3）卧坐转移：是指患者主动完成的从卧位转移至坐位的训练。转移时要求在侧卧的基础上，逐步转为床边坐位。开始练习该动作时，应在治疗师的帮助指导下完成。

1）从健侧位坐起：让患者在仰卧位下将健腿插入患侧小腿的下方，用健腿勾住患腿并带动患腿向健侧翻身，将躯干翻至健侧卧位，用健肘撑起躯干，再用健腿将患腿勾到床边，双足移到床沿下，用健手推床坐起（图 4-13）。辅助坐起时，治疗者用一只手在患者肩部给予向上的助力，另一手帮助患侧下肢移向床边并沿床缘垂下。注意在辅助坐起时不能牵拉患侧肩部。

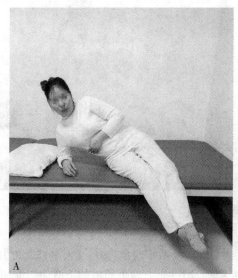

图 4-13　健侧坐起

2）从患侧位坐起：先转换成患侧卧位，让患者将健腿插入患侧小腿的下方，勾住患腿移患腿于床缘外自然下垂。指示患者在用健手支撑的同时抬起上部躯干起坐（图 4-14），或治疗者给予辅助。

（4）坐位训练：应尽早让患者坐起，防止肺部感染，改善心肺功能，增加视觉信号输入。从床上有支撑坐位开始，待患者适应后，逐渐转至端坐位和床边坐位，坐起时间逐渐延长，并开始进行无支撑坐位训练。有效的坐姿要求骨盆提供稳定的支持，躯干保持直立位，两侧对称，防止半卧位。

1）保持正确的坐姿：患者端坐，头颈保持端正直立，整个脊柱伸直，双肩水平放置，上肢可 Bobath 握手，放置于身前的小桌上，避免因重力作用造成患侧肩关节半脱位。开始适宜床上坐位，下肢放于床面，屈髋、伸膝、踝中立，即长腿坐位（膝下可垫一小软垫预防膝过伸）。逐渐转换为床边坐位，即腿放于床外，髋、膝、踝关节均屈曲 90°位，双脚平放于地面，使重心稳定。注意防止因痉挛引发的颈部侧屈、患侧肩胛后缩、躯干旋转侧弯、患髋关节外展及外旋、足内翻及下垂、两侧臀部负重不均等。

2）坐位平衡训练：患者具备坐位一级平衡后，可进行坐位姿势下躯干重心向前、后、左、右移动，治疗师应对其患者头部、肩峰、胸骨及脊柱处从各方向施加外力，诱发头部及躯干向正中线的调整反应，以改善坐位的平衡功能。治疗要循序渐进，由静态平衡过渡到自动态平衡，再训练他动态的平衡。在治疗师的辅助指导下，逐步由助力过渡到主动完成，进一步应用到日常生活活动中。

（5）坐站转移：在患者获得良好的坐位平衡功能后，进行从有帮助到无帮助的坐站转移能力训练。

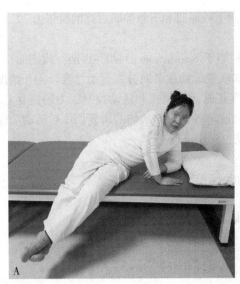

图 4-14 患侧坐起

1）辅助性站起：治疗者位于患者患侧或斜前方，患者腰部佩带护带。患者端坐，双脚平放于地面，足尖朝向前方，双手 Bobath 握手，肩充分前伸，肘关节伸展，躯干前倾，在双侧髋关节屈曲下重心前移，使头部前伸超过脚尖，同时伸髋、伸膝。治疗者用双足抵住患者患足，用双膝夹住患侧膝部，以协助患侧膝关节伸展，并在站立末期防止膝过伸。治疗者上方手握扶患侧上肢肘部以防屈曲，下方手握持腰部护带在患者伸髋伸膝的同时给予患者适当的上提辅助，直至站起。

2）主动性站起：患者取端坐位，双手 Bobath 握手，肘关节伸展，肩充分前伸，躯干前倾，两脚平放于地面，健腿在后患腿略放置于前，使健腿负重，足尖朝向正前方，髋关节屈曲，然后重心自臀部上方缓慢移至双脚上方同时伸髋、伸膝而站立。

3）由站立向坐位转换：使患者抬头，重心后移，缓慢屈髋屈膝，防止坠坐。治疗师位于患者的患侧予以辅助。

（6）站立训练：此项训练是为步行做充分的准备。正常的步行周期中，支撑相占 60%，支撑相大部分时间是单足支撑，因此训练目的为患侧下肢具备单腿完全负重的能力，且在负重状态下能完成髋膝关节的屈伸控制和重心转移。开始训练时应由治疗师在患侧给予髋、膝部的支持，酌情逐步减少支持。患者可先扶持站立或平行杠内站立，逐渐脱离支撑，重心移向患侧，训练患侧的负重能力。能独自站立后，再进行站立三级平衡训练。训练方法：

1）正确站立姿势：站立时保持颈部直立，面向正前方，躯干端正，双肩水平放置，骨盆左右水平，伸髋、伸膝、足跟着地，使重心均匀分布于双侧下肢。

2）双下肢负重站立训练：治疗师应站在患者的患侧，给予一定的帮助或辅助。要求患者站立姿势同上，治疗师给予患膝一定帮助，防止膝关节屈曲或膝过伸，要求双侧下肢同时负重或患侧为主，防止重心偏向健侧。

3）患侧下肢负重：健腿屈髋屈膝，足离地面，患腿伸直负重，其髋膝部从有支持逐步过渡到无支持。

4）健腿支撑患腿活动训练：主动抬起患肢，分别做屈髋屈膝踝中立上抬、屈髋伸膝背屈踝关节、伸髋屈膝踝跖屈抬起等下肢训练。治疗师位于患者患侧，帮助控制髋关节防止外旋、保持膝关节中立位、防止足内翻。

5）站立平衡训练：患肢能单腿完全负重后即可进行站立平衡训练。重心分别做前、后、左、右向移动，移动幅度由小逐渐增大，可应用运动训练器械和 / 或配合作业训练进行，以促进髋膝踝关节的屈伸协调；利用平衡板进行双下肢的运动训练；可利用体重计、平衡仪等生物反馈法进行训练。治疗师位于患侧给以适当的辅助，使患者逐渐达到三级平衡。

（7）物理因子治疗：应用功能性电刺激、肌电生物反馈和低中频电刺激等治疗仪，改善上肢伸肌和下肢屈肌的张力,通过反射性交互抑制的作用以抑制上肢屈肌和下肢伸肌过高的肌张力。

(二) 恢复中期康复

　　脑卒中恢复中期一般是指发病后的 4~12 周,相当于 Brunnstrom 分期Ⅲ~Ⅳ期。此期的特点:①患肢肌张力逐渐降低。②痉挛从明显到逐渐减轻。③联带运动逐渐向分离运动过渡。④开始出现选择性肌肉活动。此期患者运动功能训练的重点应放在正常运动模式和运动控制能力的恢复上,相当一部分偏瘫患者的运动障碍,与其感觉缺失有关,因此改善各种感觉功能的康复训练对运动功能恢复十分重要。认知、言语、心理、吞咽、面瘫等障碍的康复也同期进行。

　　1. 康复目标
　　(1) 抑制异常的肌张力,恢复正常的运动模式和运动控制能力。
　　(2) 加强患者的协调性和选择性随意运动。
　　(3) 结合日常生活活动进行上肢和下肢实用功能的强化训练。
　　(4) 改善各种功能障碍。

运动控制等级理论

　　运动控制等级理论认为,人对运动的控制是分层次的,即低级控制、中级控制和高级控制。低级控制指的是脑干和脊髓水平的运动控制,与生命本能相关。脑干有生命中枢,控制人的心跳和呼吸活动;脊髓控制人的本能活动和原始反射,如逃避反射等。中级控制指的是中脑水平的运动控制,具有一定的整合功能,如翻正反射。高级控制指的是大脑水平的运动控制与精细复杂动作有关。运动控制等级一般是上级中枢控制下级中枢,上级中枢对下级中枢的控制主要以抑制作用为主。

　　2. 运动障碍康复
　　(1) 继续上期的抑制痉挛、床上的桥式运动、坐位和站立位平衡训练、上肢和下肢的功能活动训练等的同时,进行步态训练、上下楼梯训练和手的功能性活动训练等,重点加强分离运动的训练。
　　(2) 坐位躯干控制训练:在坐位平衡训练的同时,通过对躯干、肢体各部位的分解训练,以抑制躯干肌和四肢相应肌群的痉挛。方法是:①脊柱屈伸运动,指患者在坐位姿势下做腰部的前屈和后伸运动。②躯干旋转运动:患者坐位,主动将头颈充分转向健侧以牵拉患侧躯干使其伸展;或使躯干主动充分向健侧旋转以抑制患侧躯干肌痉挛。③向偏瘫侧转移重心:患者端坐,双脚平放于地面,治疗者坐于患者患侧的侧后方,一手扶握患侧腋部,另一手放于患者健侧腰部,帮助患者将重心移到患侧臀部,使患者保持和控制,然后再帮助回到起始位。反复进行过渡到患者主动进行。
　　(3) 平衡训练:在坐位平衡训练的同时,还应加强侧方肘支撑训练,膝手位平衡训练,三点支撑、两点支撑和跪位平衡训练,诱发调正反应,增加躯干的主动控制能力,为后期站立与步行训练做好准备。
　　(4) 偏瘫上肢功能活动:主要目的是减轻上肢屈曲联带运动模式和促使正常的分离运动模式及早出现。训练方法有:①患肢负重训练即能够促进肩胛上提、肘伸直、腕背伸和手指伸展。患侧上肢以抗痉挛模式伸展,手掌面放在体侧稍后床面上,手指朝向外后方伸展,健侧上肢抬起,重心向患侧偏移,用患肢支撑,治疗师位于偏瘫侧指导患者移动重心压向该侧手臂。②健臂带动患臂运动:采用 Bobath 握手,伸肘伸腕,用健侧带动患侧举手过头,再屈肘触头顶,再伸肘到头顶上方,缓慢下落还原。③患侧上肢运动控制训练:使患者按照治疗者要求移动上肢并停止在一定的空间部位保持。④患肢独立运动训练:治疗师一手控制肘关节,一手控制远端关键点(拇指),辅助患侧上肢进行屈肘、伸肘、上举、触头顶,触摸对侧耳朵、同侧耳朵、自己的腰后部等部位的练习,随着患者运动感觉的改善逐渐减少辅助量,直至患者可独立完成。⑤腕指关节训练:结合前臂的活动分别进行腕关节的伸屈、尺偏、桡偏和环转活动及指关节的屈伸抓握放松活动。
　　(5) 偏瘫下肢功能活动:①训练足跟着地踝背伸。患者端坐,双膝屈曲,双脚平放地面。治疗者一手放在患膝上并用力向下压,使足跟着地,用另一手握住患侧足趾使踝充分背伸。②患肢随意运动控制训练。患者坐姿如前,治疗师指导患者慢慢屈髋抬起患腿,抬起时防止外旋外展,尽量保持踝关节背屈。

患者的控制能力改善后进一步训练膝关节的屈伸动作,最后训练患腿充分提起并交叉到健腿上。

(6) 步行训练:脑卒中患者步行时的常见问题有:患侧下肢站立相时,伸髋和踝背屈不够充分,膝关节在 0°~150° 的屈 - 伸范围内缺乏控制,骨盆水平侧移幅度过大,骨盆向健侧下斜幅度过大,患侧骨盆侧偏幅度过大;患腿摆动相时,足趾离地时膝屈曲不充分,屈髋不充分,足跟着地时膝关节伸展及踝背屈不充分;行走时所需肌肉的启动顺序和收缩时值错误。故需加强练习患侧下肢髋关节伸展状态下的膝关节屈曲;髋关节伸展、膝关节屈曲状态下的踝关节背屈和髋关节屈曲、膝关节伸展状态下的踝关节背屈等分离运动功能。方法有:

1) 步行的分解动作训练:患者站立可扶持平行杠,患侧下肢分别练习髋、膝关节伸展位背屈踝关节,髋关节伸展位膝关节屈曲,髋后伸、膝屈曲位踝关节背屈,髋屈曲、膝伸展位踝关节背屈等步行各期所需的动作训练,以防止划圈步态。治疗师对各个动作予以矫正。

2) 骨盆和肩胛带旋转训练:肩胛带的旋转可以带动上肢摆动,骨盆的旋转有助于抑制下肢痉挛,它们都对改善步行的协调性起重要作用。方法有:①肩胛带旋转训练,指在立位下,指示患者双臂交替做前后摆动;步行时指导患者上下肢左右交叉用一侧手去触碰对侧迈出的下肢大腿部。②骨盆旋转训练:治疗者位于患者后方,双手置于患者的骨盆处,在患者步行的同时,辅助骨盆旋转。

3) 主动伸髋训练:患腿支撑期为避免患腿负重时因伸髋不充分而引起代偿性膝过伸,需要练习主动选择性伸髋。如患者无法完成,治疗者双手扶持骨盆两侧向前移动以帮助伸髋。

4) 患腿摆动期训练:患腿在此期因下肢髋、膝、踝协同性伸展易发生划圈步态。训练时,在指导患者放松髋、膝的同时,治疗者可站在患者后面用手沿股骨线向前向下挤压骨盆,帮助骨盆向前下运动。

5) 平行杠内行走:患侧下肢能够适应单腿负重后,可以进行平行杠内行走,为避免患侧伸髋不充分、膝过伸或膝关节屈曲,治疗师应在患侧给予帮助指导;伴有足内翻的患者可在平行杠内加用足内翻矫正板;踝背屈不充分的患者可穿戴踝足矫形器,预防可能出现的偏瘫步态。

6) 训练时要求:患侧下肢为单足支撑相时,应保持髋膝踝的稳定、全脚掌触地、躯干直立、双肩尽量保持水平。治疗师注意矫正此时易发生的骨盆后旋和膝过伸。患侧下肢为摆动相时,治疗师注意各时段髋膝关节的屈伸控制和踝关节选择性背屈、跖屈控制,防止划圈步态的出现。步行训练在临床上要视患者的具体综合情况灵活进行。

(7) 上下阶梯训练:上下阶梯训练通过主动地屈伸髋、膝、踝关节及躯干配合的左右旋转和屈伸,有利于患者整体协调运动的改善,更有利于步行能力的提高。

1) 上楼梯:训练方法是先训练两足一阶法,能力改善后再训练一足一阶法。两足一阶法是患者面对台阶站立,健手抓扶在楼梯的扶手上,重心转移至患腿上方,然后健足踏上第一台阶,躯干前倾,健腿用力伸膝伸髋以上移身体,使重心移至健腿上方,最后再分别屈曲患侧髋、膝、踝关节以使患侧下肢上提,患足上到第一台阶以跟上健足。一足一阶法是在患者对前一种方法熟练掌握后,进一步提高重心转移和患肢支撑能力进行的训练。方法是用健足先登第一个台阶,待重心移在健腿上方后再用患足登第二个台阶,依靠患肢的主动伸髋伸膝和躯干的前倾最后将重心移至患肢上方,即双足交替登台阶法。

2) 下楼梯:同上楼梯法,先训练两足一阶法,再训练一足一阶法。两足一阶法是患者面对台阶站立,用健手抓扶楼梯扶手,用患足下第一个台阶,再移动重心于患肢上方,然后健腿跟着迈到同一个台阶,熟练后练习一足一阶法,即健足与患足交替下台阶。

总之,上下楼梯训练时须遵循健侧先上、患侧先下的原则。在上下楼梯的训练过程中,治疗师需位于患者的后方或侧方,对患肢的髋膝关节屈伸不足者进行控制,对整个过程给予辅助、指导和保护。

(8) 减重步行训练:减重步行训练是近几年受到关注的康复治疗方法之一,它主要是用吊带将患者身体悬吊,使患者步行时下肢的负重减少,步行能力提高。用于体能较低、肌力相对低下的患者早期训练。

3. 感觉障碍康复　在康复评定的基础上,感觉障碍的康复治疗应与运动康复治疗同步进行。脑卒中后恢复过程中,往往因感觉障碍显著地影响运动功能和平衡功能的恢复,同时还易造成烫伤、创伤以及感染。感觉的恢复和重建是一个缓慢的过程,需要长期反复训练。因此必须重视感觉功能的训练,将感觉训练和运动训练统一规划。

（1）感觉训练基本原则

1）向患者作好康复的宣教,取得患者的努力合作,是感觉障碍训练的重要环节。

2）同一动作或同一种刺激需要反复多次,注意不能频繁更换训练用具。

3）纠正异常肌张力使其正常化;抑制异常姿势和病理性运动模式。

4）施加感觉刺激时,必须防止由于刺激造成的痉挛加重。

5）根据患者感觉障碍的性质和程度选择适当的训练方法和训练器具,训练要循序渐进、由易到难、由简单到复杂。

6）对于感觉障碍恢复差的患者,训练患者在治疗和日常生活中,养成用视觉代偿感觉的习惯,防止造成外伤。

（2）感觉功能训练

1）偏盲训练:①让患者了解自身的缺陷,进行双侧活动的训练。②用拼版拼图进行左右注视的训练。③用文字删除法反复训练。④视野缺损范围大的患者可建议向偏盲侧转头及视觉代偿。

2）实体觉训练:让患者用触觉辨认一个物体。方法是先让患者看要辨认的物体,在其注视下治疗师将物体移动,然后再让患者先健手后患手触摸和移动此物体,反复几次后再让患者闭目进行。用这种方法让患者移动过几个物体后,把这些物体放入暗箱中,让患者用手触摸辨认出正确的物体。成功后可加入新的物品,也可以让患者看物体的图片在暗箱中找出相同的物体。

3）深感觉训练:深感觉障碍分别有位置觉障碍和运动觉障碍。在训练时必须将感觉训练和运动训练结合起来。

训练方法:①先由治疗者通过被动运动引导患者患侧做出动作并体验正确的动作。②然后指示患者用健侧去引导患侧完成这些动作。③再进一步通过双手端起较大物品的动作,间接地引导患侧上肢做出正确动作。可以运用木质的大立方体,也可以运用硬纸黏合物或泡沫塑料。总之,通过拿放不同重量的物体,调节训练的难易程度。

4. 认知障碍康复

（1）知觉障碍训练

1）失认症训练

视觉失认训练:训练患者的垂直位;反复辨认左、右方的物体;让患者说出各手指的名称;可用拼板玩具训练患者的形状失认。

单侧忽略训练:重点训练患者把注意力集中于他所忽略的一侧。方法是:站在患侧与患者说话;用色彩鲜艳的物品放在患侧提醒患者对患侧的注意等;要求患者用健手去拿患侧的物品;阅读时可在忽略侧的一端放上颜色鲜艳的尺子给以提醒等。

视觉空间失认训练:让患者自己画钟面、房屋图形等;让患者辨认、排拼、配对各种色调图片和拼版;让患者做各种日常生活活动的动作。

2）失用症训练:训练时应注意:需将一个动作先进行分解学习,逐步完成一个完整动作;先练习粗大活动,再练习精细活动。向患者发出的言语命令应清晰、缓慢、简短,并可向患者进行示范。用触觉、视觉和本体觉暗示患者。常见有意念性失用、运动失用、意念运动性失用、结构性失用、穿衣失用等,对于不同的失用症者采用不同的训练方法。

（2）认知功能康复:脑卒中后因病损部位因素,使部分患者发生认知障碍,表现记忆力减弱、执行功能障碍,严重者出现痴呆,治疗中应加以重视并合理治疗。由于痴呆时注意力下降,学习新事物困难,难以参加完整的康复训练,主要加强支持疗法,给予适当生活照顾,常与患者交谈,让患者多与社会接触,多参加社会活动等。

5. 言语障碍康复

（1）失语症康复:脑卒中早期失语症患者的康复目标主要是促进交流的恢复,帮助患者制订交流障碍的代偿方法,以及教育患者周围的人们,促使其与患者积极交流、减少对患者的孤立、满足患者的愿望和需求。

治疗方法:比较完全的失语症治疗方法有:①经典疗法或刺激疗法,为临床上常用的以改善言语功能为目的的治疗方法。本方法强调有足够的听刺激,分为直接和间接训练两种,前者针对损害的言语进行治疗,后者针对训练的内容进行相应的调整。②实用交流法:在经典疗法或刺激疗法的治疗效果不明显时,选用此方法进行训练,是通过使用言语交流和非言语交流(如书写、手语、肢体语言等)相结合,提高患者的实际交流能力。

(2) 构音障碍康复:脑卒中患者发生构音障碍常与失语症和失用症并存,对言语理解能力存在的患者有必要进行言语能力的训练。分别进行舌唇运动训练、呼吸运动训练、发音训练、辨音训练和鼻音控制等训练。严重者可用代偿性技术。如交流板沟通治疗和电子交流盘治疗。软腭麻痹出现鼻音过重者,通过软腭修复手术治疗。

6. 心理障碍康复　脑卒中患者的心理障碍常表现为抑郁症,对于此类患者心理障碍的康复应从疾病的早期与各项治疗同步进行。治疗方法主要有:

(1) 心理治疗:主要应用支持性心理疗法,通过认真倾听、耐心解释、反复指导、不断鼓励和安慰等帮助患者,使患者正确认识和对待自身的健康问题,解除顾虑,调动患者的积极性,主动配合康复治疗。同时,家属的精神支持是改善患者抑郁症的重要因素,因此要做好患者家属的思想工作,使其家属能充分地认识到抑郁症的持续对患者全面康复的严重影响,而主动协助治疗患者。

(2) 药物治疗:可选用抗抑郁药,如氟西汀、帕罗西汀、曲唑酮、米他扎平等,服用方法按临床治疗要求进行。

(3) 物理因子疗法:可使用电针疗法,常采用疏波、断续波脉冲电流,取合谷、内关、太阳、风池等穴,中等或强电流刺激,每次 15min,每日 1 次,10 次一个疗程。

7. 吞咽障碍康复　吞咽障碍的治疗与管理最终目的是使患者能够安全、充分、独立地摄取足够的营养及水分。脑卒中所致的吞咽障碍多发生在进食过程中的口腔期和咽喉期,主要由于咀嚼肌和咽喉部肌麻痹所致。吞咽障碍训练主要包括基础训练:如舌肌、唇等吞咽肌的功能训练等;摄食训练;理疗刺激,包括咽部冷刺激法、针刺疗法和低频脉冲电治疗等。训练内容包括:

(1) 功能恢复训练:①改善口面肌群运动训练。②增强舌肌运动训练。③增强吞咽反射的训练。④声带内收训练。⑤增强喉上抬训练。⑥咽收缩训练。⑦吸吮及喉抬高训练。⑧空吞咽训练等。

(2) 功能代偿技术

1) 体位改变:通过食物的自身重力进食,改变咽腔体积,促进吞咽,减少吸入。具体方法:头后仰,利于食团向后运动,容易吞咽;头前屈,可助喉上提、闭合以保护气道,防止食团误入气管;头转向吞咽功能差的一侧以利于患侧梨状窝关闭,同时屈颈以提高声门闭合功能,头侧向健侧以利于食团由健侧通过。

2) 选食与进食训练:①选择一口量。②调整食物形态。③调整食团大小与性质。④调整摄食姿势。⑤调整进食速度。⑥选用合适餐具。

8. 面瘫康复　脑卒中引起的面瘫为中枢性面瘫,常表现为病损对侧眼眶以下的面肌瘫痪,患者出现鼻唇沟变浅、口角歪斜、流涎、讲话漏风等,吹口哨或发笑时尤为明显;进食时,食物常滞留于患侧的齿颊间隙内,并常有口水自该侧淌下;耸鼻、鼓腮、示齿、努嘴等动作均不能完成。可通过面肌按摩和面肌肌力增强训练,对完全不能收缩或刚出现收缩的患侧面部肌肉进行助动训练,增强向中枢传导的肌肉运动信号,同时可强化残存的肌肉功能,使接受神经再支配的肌纤维肥大,更有利于中枢对肌肉再支配的恢复。治疗项目包括:

(1) 面肌按摩:面肌按摩能够预防肌肉萎缩,放松患侧面部肌肉,促进其张力正常化,为下一步的面肌肌力增强训练做好准备。康复方法是:患者面向镜子端坐,治疗师站于患者前方,沿面部肌肉的解剖学走向,用拇指指腹着力于皮肤上,轻柔地揉动按摩,揉动时手指应始终接触皮肤,使被按摩部位肌肉随着揉动而滑移,力度以产生温热感、平和、舒适为宜。每组肌肉按摩 5~8 次。

(2) 面肌肌力增强训练:通过强化残存肌肉功能,恢复中枢神经对面部肌肉的再支配。训练方法:练习耸鼻、鼓腮、示齿、努嘴、微笑等动作,训练时患者面向镜子端坐,治疗师将手置于指定位置给予助力,同时用另一只手抑制健侧的过度活动,所有动作均与健侧同步,每个表情动作练习 8~10 次,全部麻痹面肌做完为 1 遍;治疗师每日指导患者做 1 遍,嘱患者再对镜练习 2 遍。

(三) 恢复后期康复

脑卒中恢复后期一般是指发病后的 4~6 个月,相当于 BrunstromⅤ~Ⅵ期的患者,本期患者的肌张力逐渐降低或趋于正常,运动由共同运动转向分离运动。此期特点:①坐位、立位平衡反应正常。②独自完成由坐位到站立位的转换。③可维持单腿站立,重心转移良好。④具有骨盆和下肢的运动控制能力。

1. 康复目标

(1) 提高患肢分离运动的控制和精细运动能力,提高运动的速度。

(2) 提高步行能力。

(3) 恢复基本日常生活活动能力和/或功能及独立水平能力。

2. 康复治疗

(1) 上肢和手的训练

1) 前臂旋前和旋后:患者端坐于治疗桌前,将前臂平放于治疗桌上,手握木插板,分别进行前臂旋前和旋后训练,使木棒的头部尽力触及桌面。亦可应用前臂旋转训练器练习。

2) 背伸腕关节训练:体位同上,使患者将前臂平放于桌面,双手伸出桌缘外,治疗者帮助固定患者前臂,使患者尽力背伸腕关节。亦可应用腕关节屈伸训练器练习。

3) 拇指功能训练:拇指是手功能活动的重要器官,主要进行拇指的外展、背屈、对捏和与四指的对指训练。训练与日常生活活动相结合。

4) 手指的精细活动训练:通过手作业治疗,提高双手的相互配合和患手的抓握与放松训练,患手拇指与其余四指的对指活动。

(2) 室内行走与户外活动:在患者能较平稳地进行双侧下肢交替运动的情况下,可先行室内步行训练,必要时可加用手杖,以增加行走时的稳定性。在患者体力和患侧下肢运动控制能力较好的情况下,可行户外活动,由治疗师陪同逐渐过渡到自行活动。

(3) 助行架与轮椅的应用:助行架可增加支撑面,提高步行的稳定性和安全度,可用于独立步行功能尚未良好恢复的患者以及年龄较大、躯体整体能力相对较差的患者。轮椅作为代步工具,可用于下肢瘫痪程度严重,无独立行走能力者;或脑损害严重,同时合并有认知功能障碍,导致肢体运动功能恢复差或平衡功能差的患者,可扩大患者的活动范围,增加社会参与程度。在患者出院前,治疗师应教会患者及其家属如何进行床椅转移和轮椅的使用。

(4) 作业治疗:在 Brunstrom Ⅳ~Ⅵ期是对患者进行作业治疗的重要阶段。其目的在于恢复患者的日常生活活动能力,尽可能地恢复患者工作、生产活动能力和娱乐活动能力。所以须分别进行日常生活活动训练、工作性和生产性活动训练及娱乐性活动训练。训练时应遵循从简到繁,从易到难,不能独立完成者可用辅助器具的原则。

(5) 辅助器具的应用:目的是发挥患侧的残存功能,使用"代偿技术",配合健侧完成日常生活活动,尽可能克服瘫痪的影响,争取最大程度的生活自理,重返家庭和社会。主要有矫形器的使用训练;进食、穿衣、洗澡等自助具使用的训练;手杖和助行器的使用训练;轮椅的使用训练等。

(四) 运动障碍康复的注意事项

1. 中止训练标准　安静时心率大于 120 次/min,血压大于 160/100mmHg 时不宜进行训练;训练过程中出现头晕、恶心、心绞痛、呼吸困难、脉搏大于 140 次/min、收缩压上升大于 40mmHg 或舒张压上升大于 20mmHg 等症状时,应立即中止训练,对症处理。

2. 主动参与　脑卒中康复治疗的实质是"学习、锻炼,再学习、再锻炼"的过程,因此,要求患者正确理解并主动积极投入才能取得良好的康复效果。

3. 反复练习　只有通过反复练习,才能真正获得运动的能力;才能在不同环境条件下切实运用对运动的控制。

4. 避免屏气和过度用力　屏气易引起血压增高,过度用力可使兴奋在中枢神经系统中扩散,易诱发痉挛和代偿动作出现,应注意避免。

5. 练习有控制的肌肉活动　在运动学习过程中,保持低水平用力,进行重复的、任务导向性的、有控制的肌力训练不仅能增加肌肉力量,还能改善功能、减轻痉挛。

6. 训练多样化　完成某一动作时,可在不同条件下练习。如充分的踝背屈是防止划圈步态的一个很重要环节,但如果反复让患者练习站立位踝背屈动作,很容易产生疲劳,且效果不好;而在仰卧位、俯卧位、坐位和站立位分别练习踝背屈更容易诱发该动作出现,也更利于患者将这一动作运用于日常生活中。

7. 训练内容应随时随地运用到日常生活中　患者每天进行康复治疗的时间可能只有 2~3h,这段时间内他学习了正确的运动模式、正确的姿势和运动控制,但每天训练之余还有 20h 左右,如果没有将训练内容运用于日常生活当中,训练效果将被抵消,因此要求患者及其周边的人,如家属、护士等都应了解目前进行的训练内容,随时随地保证患者应用正确的运动模式完成日常生活活动。

三、后遗症期的康复治疗

脑卒中后遗症期一般是指脑卒中发病 1 年以后,仍存在各方面功能障碍的时期。导致后遗症的主要原因有颅脑损害严重、未及时进行早期的规范治疗、治疗方法或功能训练指导不合理而产生误用综合征、危险因素控制不理想致原发病加重或再发等。其常见的后遗症主要表现为面瘫、失语、构音障碍、营养不良、患侧上肢运动控制能力差和手功能障碍、下肢的偏瘫步态、患足下垂行走困难、大小便失禁、血管性痴呆等。

本期的康复治疗应加强残存能力和已有的功能训练,同时注意防止异常肌张力和挛缩的进一步加重,使患者更加自如地使用患侧,避免失用综合征和误用综合征及其他并发症的发生。若患者为利手瘫痪,但其功能恢复很差或不可恢复时,可进行利手交换训练,充分发挥健侧的代偿作用。进行家庭、社区的环境适应训练,并根据患者的需求,对家庭环境进行必要的、可能的改造,如去除门槛、浴缸前加扶手、改蹲便为坐式便器等。注意多与患者交流和必要的心理疏导,激发其主动参与的意识,鼓励患者进行适当的户外活动,可利用社区健身器材进一步提高平衡和协调功能,或参与太极拳、乒乓球等休闲娱乐活动,增强其参与社会的能力。同时加强患者的饮食营养和健康教育,预防复发。

知识拓展

脑卒中运动康复技术

脑卒中运动康复技术方法较多,21 世纪是运动疗法更加趋于成熟阶段,尤其是随着运动学等有关基础学科及专业基础学科的研究进展,以及循证康复医学的研究成果,将使有关脑卒中的运动疗法趋向于更加成熟的系统化结构。除流行的神经生理学方法:Bobath 疗法、Brunstrom 疗法、Rood 疗法、神经肌肉本体促进疗法外,在脑卒中的运动障碍治疗中还应用新兴的康复技术:运动再学习、强制性运动、减重步行训练、运动想象等可以改善脑卒中患者四肢的运动功能,更能有效地提高患者日常社会生活活动能力。强制性运动疗法采用鼓励偏瘫患者在日常生活活动中大量使用瘫痪的肢体,通过强制性运动能够促进大脑结构的恢复、提高皮质的兴奋性和运动协调的正常化。在运用强制性运动疗法的过程中常与作业疗法和物理因子疗法联合应用。

四、日常生活活动能力和生活质量的康复

(一) 日常生活活动能力康复

日常生活活动能力训练的主要目的是争取生活自理,使患者可以进行必要的家务和户外活动。日常生活活动能力训练是康复治疗在日常生活环境中的实际应用,可从恢复早期开始,根据患者的整体状况选择有目的、患者感兴趣、与患者日常生活和工作学习结合紧密的作业活动,通过持之以恒的训练,提高患者的生活自理能力,提高生存质量。重点进行如下训练:

1. 更衣训练　穿上衣训练是先穿患侧,然后将上衣拉到肩部,袖口尽量上提,再穿入健手,最后再用健手整理衣服和系衣扣。脱上衣训练是先脱患侧的肩部,再脱健侧,最后脱掉患侧。穿裤子训练先穿患腿再穿健腿,再用健手将裤子向上拉起,最后用健手整理好裤子。

2. 进食训练　观察患者进餐的过程,分析造成进食困难的原因,进行针对性的功能训练,同时改良进食器具以补偿患侧不足的功能(如使用勺柄加粗或勺柄弯曲的勺子、安装手固定夹的筷子、改变形状和用力方向的刀具等;或使用固定装置,如底部带吸盘的碗、边缘装上盘挡的盘子等)。

3. 个人卫生能力训练　进行刷牙、洗脸、洗澡等日常清洁活动技能的训练。

4. 转移能力的训练 主要训练患者从床边到轮椅的转移和从轮椅到床边的转移。可以使用辅助器具或利用特殊工具进行,逐渐练习直至生活自理。

(二) 生活质量的康复

在医学领域中生存质量是指个体生存的水平和体验。这种水平和体验反映了患者在不同程度的伤残情况下维持自身躯体、精神以及社会活动处于一种良好状态的能力和素质,即与健康相关的生存质量。脑卒中不仅影响患者的活动能力,而且影响人际关系的正常交往,使得脑卒中患者社会活动减少、产生社会孤立感、生活满足感降低。

我们通过前述的康复治疗方法,提高患者的活动能力;尽管有些功能障碍不能完全消除,但通过环境改造,消除家庭、社区和社会上的物理性障碍,使患者获得生活起居的方便,并享受社会的公共设施服务;通过再就业训练,帮助脑卒中患者重返工作岗位,实现生活、经济自强自立;动员家庭及社会的力量,使患者获得良好的社会支持,使患者不仅回归家庭,也尽可能地使其回归社会,享受生活,全面提高生存质量。

本章小结

脑血管疾病是危害中老年人身体健康和生命的主要疾病之一,其主要功能障碍包括运动、感觉、言语、认知、心理等方面,严重影响患者的生活质量,运动功能障碍是脑卒中后最突出的问题。脑卒中康复的目的是预防并发症,最大限度地减轻障碍和改善功能,提高日常生活能力,其最终目的是使患者回归家庭,回归社会,提高生存质量。这些目的,主要通过康复治疗组指导进行有处方的综合康复治疗来实现。目前,规范、积极有效的康复治疗已经成为脑卒中各阶段的基本医疗组成部分。

(许梦雅)

思考题

1. 脑卒中的临床表现有哪些,如何预防?
2. 脑卒中的主要功能障碍有哪些? 如何进行评定?
3. 简述脑卒中的临床康复分期及康复治疗方法。

扫一扫,测一测

思路解析

第五章 颅脑损伤康复

病例导学

患者,男性,51岁,因"头部外伤后昏迷5min转醒约30min后再次昏迷3h"入院。自受伤以来呕吐一次,为胃内容物,大小便失禁。入院时查体呈昏迷状,双侧头顶部擦伤,双瞳孔不等大,左侧直径5mm,对光反射消失,右侧直径2.5mm,对光反射迟钝,鼻腔内及双侧外耳道无异常分泌物;神经系统检查:生理反射存在,双侧巴宾斯基征(+),GCS评分4分。颅脑CT示左侧硬膜外血肿(颞顶部),中线向右移位,脑疝形成,脑挫裂伤,左侧顶骨骨折。

问题与思考:
1. 请结合上述病例给出疾病诊断及功能障碍诊断。
2. 请根据患者目前情况进行全面康复评定并给出结果。
3. 请根据康复评定的结果,总结患者存在的主要功能障碍,确定康复目标。

第一节 概　述

颅脑损伤(traumatic brain injury,TBI)是因暴力直接或间接作用于头部引起颅脑组织的损伤,常与身体其他部位的损伤复合存在;可导致意识丧失、记忆缺失及神经功能障碍,是创伤致残的主要原因。颅脑损伤主要分为头皮损伤、颅骨损伤与脑损伤,这三种情况既可单独发生,也可同时并存。本章主要论述脑损伤的康复。

一、病因及发病概况

颅脑损伤的常见原因有交通事故、工伤坠落、暴力打击、运动损伤、火器伤等。发病率占创伤的20%,仅次于四肢骨折居第二位,死亡率极高,为7%~12%,重型颅脑损伤的死亡率高达25%。

颅脑损伤是一种发病率高、死亡率高、致残率高的损伤,且有伤情复杂,病情急骤多变,遗留多种功能障碍及多发生于青壮年的特点,严重危害人类生命健康。随着临床医疗水平的提高,大多数患者能存活下来,但很多患者会遗留有不同程度的功能障碍,针对这些功能障碍尽早介入康复治疗,最大限度地恢复患者的身心和社会功能,一直以来都是临床康复的重点工作内容。

颅脑损伤的康复是指利用各种康复手段,对患者身体、心理、职业上的功能障碍进行训练,使其消除或减轻功能缺陷,最大限度地恢复正常或较正常的生活、劳动能力并参加社会活动。

二、临床分类及临床表现

(一) 临床分类

1. 按外伤后脑组织是否与外界相通　分为开放性脑损伤和闭合性脑损伤。

(1) 开放性脑损伤(open brain injury):多为锐器或火器直接造成。头皮、颅骨和硬脑膜同时破裂,脑组织与外界相通,有脑脊液漏。

(2) 闭合性脑损伤(closed brain injury):多为头部接触较钝物体或间接暴力所致。头皮、颅骨和硬脑膜至少有一项保持完整,脑组织不与外界相通,无脑脊液漏。

2. 按损伤发生的时间和类型　分为原发性脑损伤和继发性脑损伤。

(1) 原发性脑损伤(primary brain injury):是暴力作用于头部时直接造成的脑损伤,如脑震荡、脑挫裂伤、原发性脑干损伤等。伤后立即出现相应的临床症状与体征。

(2) 继发性脑损伤(secondary brain injury):指在受伤一定时间后在原发性损伤基础上出现的病变,主要有脑水肿、颅内血肿、颅内压增高、脑疝等,其症状体征在伤后逐步出现或加重。

3. 按损伤部位　分为局部脑损伤和弥漫性脑损伤。

(1) 局部脑损伤:当造成损伤的外力作用于局部脑组织时,可导致额颞叶、顶叶、颞叶、脑干等部位的损伤,损伤部位不同,表现不一。如,额颞叶损伤出现对侧肢体共济失调、记忆力注意力减退、思维和综合能力下降、运动性失语、感觉性失语及精神情感异常、行为障碍等;小脑受损会出现小脑共济失调症等。

(2) 弥漫性脑损伤:当外力较强,脑组织损伤广泛时,可出现弥漫性脑组织损伤,患者表现为深度昏迷、自主功能障碍,植物状态持续数周。

4. 按损伤性质　分为脑震荡、脑挫裂伤和颅内血肿。

(1) 脑震荡:以受伤后患者出现短暂性昏迷,逆行性健忘和头痛、头晕、无力、记忆力障碍等为特征,一般预后良好。

(2) 脑挫裂伤:脑挫伤与脑裂伤合称脑挫裂伤,是在不同外力与方向作用下脑任何部位出现脑组织断裂的表现,临床上表现相应的具有特征性的严重的神经损害。

(3) 颅内血肿:颅脑损伤只要有较大血管损伤出血,就有发生血肿的可能,根据血肿的来源和部位分为:

1) 硬脑膜外血肿(epidural hematoma):指出血积聚于颅骨与硬脑膜之间。临床表现为意识障碍,通常在伤后数小时至1~2d内发生,多为脑疝所致;瞳孔改变,患侧瞳孔先缩小,再扩大,对光反射消失,眼睑下垂以及对侧瞳孔亦随之扩大;神经系统改变,偏瘫等;生命体征变化,常为进行性血压升高、心率减慢和体温升高。CT检查可明确血肿定位、出血量,了解脑受压及中线结构移位、脑水肿等情况。

2) 硬脑膜下血肿(subdural hematoma):指出血积聚在硬脑膜下腔,是最常见的颅内血肿。临床表现为慢性颅内压增高症状,如头痛、恶心、呕吐、视乳头水肿等;神经系统症状,如偏瘫、失语、癫痫等;脑萎缩和脑供血不足症状,如智力障碍、精神失常和记忆力减退等。

3) 脑内血肿(intracerebral hematoma):指血积聚在脑挫裂伤附近或裂口中,也可在深部白质内。临床表现以进行性意识障碍为主,与硬脑膜下血肿相似,可能有中间清醒期。

（二）临床表现

颅脑损伤后的临床表现具有多样性,主要取决于损伤的部位及所继发的脑组织损害部位,但同时也有一些共同的临床表现。

1. 意识障碍　是颅脑损伤的一个突出的临床表现,可表现为立即出现,也可表现为意识障碍逐渐加重。按意识障碍的程度不同分为嗜睡、昏睡、浅昏迷、深昏迷等。意识障碍的程度和持续时间可提示颅脑损伤的严重程度。

2. 头痛、呕吐　可以是因为头皮的损伤或颅骨骨折造成的,但是一旦患者表现为持续胀痛伴喷射状呕吐时要高度怀疑颅内高压的出现。

3. 生命体征的改变　是监测颅脑损伤严重程度和病情变化的一项重要内容,生命体征的变化较大多提示病情危重,急需处理,如血压升高、脉压加大、呼吸深慢和节律不规整等。

4. 眼部征象　由于颅脑损伤的患者一般病情较重多有昏迷,因此瞳孔大小的变化、光反射、眼球活动和眼底的改变在评估病情方面具有重要的意义。

5. 神经系统局灶症状与体征　如单肢瘫、偏瘫、四肢瘫、感觉障碍、失语等症状,如果内囊损伤,可出现典型的"三偏"综合征。

三、常用辅助检查

颅脑损伤常用 CT 和 MRI 等影像学检查。CT 是目前诊断首选辅助检查措施,CT 不能确诊需要进一步检查者可行 MRI 检查(图 5-1)。

四、诊断要点及临床处理

（一）诊断要点

根据病史、体格检查和辅助检查一般不难诊断。患者有受伤史,要详细询问受伤时间、原因、头部外力作用、伤前健康情况及伤后意识障碍变化的情况、伤后作过何种处理。体格检查时要密切观察患者的生命体征、意识障碍程度和变化,注意头皮有无损伤,耳鼻出血及渗液情况以及双侧瞳孔的大小、形状和对光反射情况,同时进行运动与反射检查。

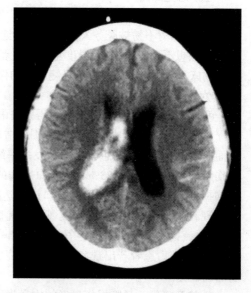

图 5-1　CT 脑室内血肿

（二）临床处理

1. 保持呼吸道通畅　对昏迷患者要注意舌后坠、咳嗽和吞咽功能障碍,以及频繁呕吐等因素极易引起呼吸道机械性阻塞,应及时清除呼吸道分泌物,对预计昏迷时间较长或合并严重颌面伤以及胸部伤者应及时行气管切开,以确保呼吸道通畅。

2. 头位与体位　头部升高 15° 有利于脑部静脉回流,对脑水肿的治疗有帮助。为预防压疮,必须坚持定时翻身,不断变更身体与床褥接触的部位,以免骨突出部位的皮肤持续受压缺血。

3. 降低颅内压

(1) 直接降颅压:脑室穿刺置管引流、减压术。

(2) 间接降颅压:人工低温、辅助过度换气、高渗性脱水、适量选用利尿剂及肾上腺皮质激素,其中最有效易行的方法是使用脱水剂或利尿剂。

4. 对症处理　镇静禁用吗啡,苯妥英钠或苯巴比妥钠抑制癫痫发作。

五、主要功能障碍

（一）意识障碍

绝大多数脑损伤患者有不同程度的即刻出现的意识丧失,可表现为嗜睡、昏睡、浅昏迷和深昏迷等。意识障碍和程度与脑损伤程度相一致,主要采用格拉斯哥昏迷量表来评定脑损伤的严重程度。

如昏迷时间长,程度深,提示重型脑损伤;昏迷时间短,程度浅则为轻型脑损伤。意识障碍还提示脑损伤的病理类型,如伤后立即昏迷,多为原发性脑损伤所致;清醒后又昏迷,多为继发性脑损伤(如脑水肿、血肿等)所致。

(二) 认知障碍

认知是指人脑记忆、存储、处理和应用信息的能力。颅脑损伤后多数患者表现为诸多的认知障碍,主要有注意障碍、记忆障碍、思维障碍、失认症、失用症等。认知障碍的存在会严重影响康复治疗的质量,降低治疗效果,减慢康复进程。因此,认知障碍的康复在颅脑损伤的康复治疗中显得尤为重要。

(三) 情绪情感障碍

情绪情感是人对于客观事物是否符合自己的需要的一种反应。情绪情感障碍在颅脑损伤的功能障碍中表现较为突出,大多数患者表现为焦虑或抑郁,少数严重的患者会出现行为障碍,如情绪失控、打人毁物、自伤自残等行为。

(四) 运动功能障碍

颅脑损伤后所致的运动功能障碍和脑卒中后的运动功能障碍相似,但临床症状又比脑卒中后的运动障碍表现复杂,因为颅脑损伤的原发脑部损伤是复杂多样的,颅脑损伤后的运动功能障碍表现有偏瘫、三肢瘫、四肢瘫、痉挛、关节活动度受限、平衡障碍、协调障碍等。

(五) 感觉障碍

颅脑损伤患者若损伤到大脑皮层感觉区,会引起感觉功能的异常。感觉功能障碍在临床工作中易被忽略,因为不易被医务人员或家人察觉,患者由于本身的感觉障碍,更是对外界刺激不敏感,因而会造成意想不到的损伤,如温度觉障碍患者易造成烫伤、痛触觉障碍患者易造成挤压伤等。因此,我们在临床上要注意提醒患者对患侧肢体的保护,防止二次损伤。

(六) 言语障碍

颅脑损伤患者最常见的言语障碍是失语症和构音障碍。

1. 失语症　是指大脑语言中枢损伤造成的语言能力丧失或受损。主要表现为听、说、读、写四个方面的障碍。颅脑损伤患者失语症发病率统计,发病初期闭合性损伤者发病率为12%~15%,开放性损伤者发病率为14%~23%。随着原发病的恢复,3个月后,闭合性损伤者的失语症症状迅速恢复。颅脑损伤后失语症患者常见的是口语表达障碍,主要表现为言语错乱和命名障碍。①言语错乱:主要表现在颅脑损伤早期,临床表现为错乱性言语,其特点是失定向,即对人物、时间、地点等不能辨认;言语流畅,无语法错误,但答非所问;缺乏自知力,不能合作,说出的话让人无法理解。②命名障碍:颅脑损伤后患者若出现命名障碍,此症状会持续很长时间,主要表现为不能说出或不能正确说出物品的名称。

2. 构音障碍　颅脑损伤患者的构音障碍属于痉挛型构音障碍,临床表现为说话费力缓慢,伴面部表情改变,发音不准,鼻音重,音量失控等。

(七) 其他功能障碍

颅脑损伤后会出现其他一些功能障碍,有吞咽障碍、迟发性癫痫、ADL能力障碍等。

1. 吞咽障碍　颅脑损伤后患者出现神经性吞咽障碍,表现为与吞咽有关的肌肉无力或运动失调。

2. 迟发性癫痫　颅脑损伤后约有50%的患者在伤后半年到一年内有癫痫发作的可能,称为迟发性癫痫。

3. ADL能力障碍　颅脑损伤患者由于运动、认知等功能障碍,导致患者日常生活活动能力下降。

第二节　康复评定

颅脑损伤存活者中40%常有不同程度的神经功能障碍,如意识、认知、运动、言语等原发性功能障碍,脑外伤多数病情重,卧床时间长,如又未及时康复治疗常会造成不同程度的继发性功能障碍,如关节挛缩、肌肉萎缩、肩手综合征、足下垂等。在对颅脑损伤患者进行康复治疗前,必须对各种功能障碍进行评定。

一、严重程度评定

目前临床上对颅脑损伤严重程度的评定主要依据昏迷的程度与持续时间、创伤后遗忘（post traumatic amnesia，PTA）时间来确定，其中昏迷程度最常采用格拉斯哥昏迷量表（Glasgow Coma Scale，GCS）来评定，PTA 常采用盖尔维斯顿定向力及记忆遗忘检查（Galveston Orientation and Amnesia Test，GOAT）评定。

（一）格拉斯哥昏迷量表

Glasgow 昏迷量表是国际性量表（表 5-1），是反映急性期损伤严重程度的可靠指标，而且对预后也有估测意义。优点：简单、客观、定量。此表通过对颅脑损伤患者早期的睁眼反应、言语反应和运动反应 3 项指标分别打分，3 项指标的分数相加，最后总得分结合昏迷时间的长短最终确定颅脑损伤的严重程度。GCS 不仅对颅脑损伤患者的昏迷程度和伤情评估有了统一的标准，同时对治疗效果和预后的评价也提供了标准。

表 5-1　格拉斯哥昏迷量表（GCS）

项目（代号）	检查方法	患者反应	评分
睁眼反应（E）	观察患者	自动睁眼	4
	言语刺激	大声呼唤患者时睁眼	3
	疼痛刺激	捏痛时患者能睁眼	2
	疼痛刺激	无睁眼反应	1
运动反应（M）	口令刺激	能执行简单命令	6
	疼痛刺激	捏痛时患者推医生的手	5
	疼痛刺激	捏痛时患者撤出被捏的手	4
	疼痛刺激	患者呈去皮层强直状态：上肢屈曲、内收内旋、腕指屈曲；下肢伸直，内收内旋，踝跖屈	3
	疼痛刺激	患者呈去大脑强直状态：上肢伸直、内收内旋、腕指屈曲；下肢与去皮层强直相同	2
	疼痛刺激	无运动反应	1
言语反应（V）	言语交流	能正确回答时间、地点	5
	言语交流	能会话，但言语错乱，回答错误	4
	言语交流	无韵律地说一些不适当的词	3
	言语交流	患者发出声音但不能被理解	2
	言语交流	无语言反应	1

注：GCS 评分 =E 分 +M 分 +V 分

最高分为 15 分，属正常，评分 ≤8 分为昏迷，评分 ≥9 分表示无昏迷；格拉斯哥昏迷量表（GCS）得分越低，说明昏迷程度越深，颅脑损伤情况越重。

根据 GCS 积分和昏迷时间长短可将颅脑损伤分为：

轻度：GCS 13~15 分，伤后昏迷时间为 20min 以内。

中度：GCS 9~12 分，伤后昏迷时间为 20min 至 6h。

重度：GCS ≤8 分，伤后昏迷时间在 6h 以上。

在重度颅脑损伤中，持续性植物状态（persistent vegetative state，PVS）约占 10%，是大脑广泛性损害而脑干功能仍然保留的结果。PVS 诊断标准：①无意识活动，认知功能丧失，不能执行指令；②能自动睁眼或刺激下睁眼；③有睡眠 - 觉醒周期；④可有无目的性的眼球跟踪活动；⑤不能理解和表达语言；⑥保持自主呼吸和血压；⑦下丘脑及脑功能基本保存。以上 7 个条件持续 1 个月以上。

(二) 盖尔维斯顿定向力及记忆遗忘检查评定

盖尔维斯顿定向力及记忆遗忘检查(Galveston Orientation and Amnesia Test,GOAT)主要是通过向患者提问的方式,检查患者伤后遗忘的情况,确定患者连续记忆是否恢复。满分为100分,患者回答不正确时按规定扣分,将100减去总扣分即为GOAT实际得分。得分75~100分为正常;66~74分为边缘;少于66分为异常(表5-2)。一般认为达到75分才可以认为脱离了PTA。

表5-2　Galveston 定向遗忘试验(GOAT)检查表

姓名:	性别:男　女	出生日期:　　年　月　日

诊断:

检查时间:　　　　　　　　　　　　　　受伤时间:

1. 你叫什么名字(姓和名)?　(2分)

　你什么时候出生?　(4分)

　你现在住在哪里?　(4分)

2. 你现在在什么地方:城市名(5分)

　在医院(不必陈述医院名称)(5分)

3. 你哪一天入这家医院的?　(5分)

　你怎么被送到医院里的?　(5分)

4. 受伤后你记得的第一件事是什么(如苏醒过来等)?　(5分)

　你能详细描述一下你受伤后记得的第一件事吗?　(5分)

　(如时间、地点、伴随人等)

5. 你记得事故发生前的最后一件事是什么吗?　(5分)

　你能详细描述一下事故发生前的最后一件事吗?　(5分)

　(如时间、地点、伴随情况等)

6. 现在时间是几点?　(最高分5分,与当时时间相差半小时扣1分,依此类推,直至5分扣完为止)

7. 今天是星期几?　(与正确的相差1d扣1分,直至5分扣完为止)

8. 今天是几号?　(与正确的相差1d扣1分,直至5分扣完为止)

9. 现在是几月份?　(与正确月份相差1月扣5分,最多可扣15分)

10. 今年是公元多少年?　(与正确年份相差1年扣10分,最多可扣30分)

根据PTA时间的长短,可将颅脑损伤的严重程度分为四级:PTA<1h为轻度;PTA在1~24h为中度;PTA在1~7d为重度;PTA>7d为极重度。

二、认知功能评定

认知功能障碍不仅在颅脑损伤患者中相当常见,而且往往影响到其他功能障碍的康复治疗效果,因此进行认知障碍的评定有特别重要的意义。认知障碍的评定主要涉及认知功能障碍严重程度分级、认知障碍的成套测验、注意、记忆、思维、失认症、失用症、痴呆等。

(一) 认知功能障碍严重程度的分级

可采用 Rancho Los Amigos(RLA)医院的认知功能分级标准评定(表5-3)。依据 RLA 的评定标准,颅脑损伤患者恢复过程中的认知与行为变化包括从无反应到有目的反应共分8个等级。此8个等级在颅脑损伤患者恢复过程中可以很好地反映患者的认知功能水平,该评定在临床中广泛应用,作为制订康复治疗计划的依据。

表 5-3　Rancho Los Amigos 认知功能分级(RLA)

分级	特点	认知与行为表现
I级	没有反应	患者处于深昏迷,对任何刺激完全无反应
II级	一般反应	患者对无特定方式的刺激呈现不协调和无目的的反应,出现的反应与刺激无关
III级	局部反应	患者对特殊刺激起反应,但与刺激不协调,反应直接与刺激的类型有关,以不协调延迟方式(如闭着眼睛或握着手)执行简单命令
IV级	烦躁反应	患者处于躁动状态,行为古怪,毫无目的,不能辨认人与物,不能配合治疗,词语常与环境不相干或不恰当,可以出现虚构症,无选择性注意,缺乏短期和长期的回忆
V级	错乱反应	患者能对简单命令取得相当一致的反应,但随着命令复杂性增加或缺乏外在结构,反应呈无目的性、随机性或零碎性;对环境可表现出总体上的注意,但精力涣散,缺乏特殊注意能力,用词常常不恰当并且是闲谈,记忆严重障碍常显示出使用对象不当;可以完成以前常常有结构性的学习任务,如借助帮助可完成自理活动,在监护下可完成进食,但不能学习新信息
VI级	适当反应	患者表现出与目的有关的行为,但要依赖外界的传入与指导,遵从简单的指令,过去的记忆比现在的记忆更深更详细
VII级	自主反应	患者在医院和家中表现恰当,能主动地进行日常生活活动,很少有差错,但比较机械,对活动回忆肤浅,能进行新的活动,但速度慢,借助结构能够启动社会或娱乐性活动,判断力仍有障碍
VIII级	有目的反应	患者能够回忆并且整合过去和最近的事件,对环境有认识和反应,能进行新的学习,一旦学习活动展开,不需要监视,但仍未完全恢复到发病前的能力,如抽象思维,对应激的耐受性,对紧急或不寻常情况的判断等

(二) 认知功能障碍的筛查

1. 评定颅脑损伤的患者是否存在意识障碍,是评定患者认知功能障碍的前提条件。颅脑损伤患者在有意识情况下,可以通过简明精神状态检查(MMSE)和认知功能筛查量表对认知功能障碍进行专项评定。认知功能筛查表检查内容包括定向、注意、心算、瞬时记忆、短时记忆、结构模仿、语言(命名、理解、书写)、类聚流畅性、概念判断 9 个因子。该表与 MMSE 类似,但临床上没有 MMSE 应用广泛。

2. 蒙特利尔认知评估(Montreal Cognitive Assessment,MoCA)是一个用来轻度认知功能异常进行快速筛查的评定工具。灵敏度及特异度均为 97%~98%。它评定了许多不同的认知领域,包括注意与集中、执行功能、记忆、语言、视结构技能、抽象思维、计算和定向力。完成 MoCA 检查大概需要 10min。在整个评定中不给予患者对或错的提示。最好在旁边没有家属干扰。本量表总分为 30 分,英文原版的测试结果显示正常值为≥26 分。目前国内使用较多的是蒙特利尔认知评估北京版(MoCA Beijing Version)。

(三) 注意的评定

根据参与器官的不同,可以分为视觉注意、听觉注意。下面介绍几种视觉注意和听觉注意的评定方法。

1. 视觉注意　包括视跟踪、形状辨认和字母划消测验。

(1) 视跟踪:让受试者目光跟随评定者的手指或光源做上、下、左、右移动。每一个方向记 1 分,正常为 4 分。

(2) 形状辨认:让患者临摹四种图形,一根垂线、一个正方形、一个圆和一个大写字母 A,每项评 1 分,正常为 4 分。

(3) 字母划消测验:英文字母的大小规格按标准要求设置,共 6 行,每行 30 个字母,其中有 9 个目标字母,目标字母是随机排列在字母中的,让患者以最快的速度划掉这列字母中的目标字母,每 100s 内划错或划漏超过 1 个为注意有缺陷。

2. 听觉注意　听跟踪和字、词、声的辨别测试。

（1）听跟踪：在闭目的受试者的前、后、左、右及上方摇铃，要求其指出摇铃的位置。每个位置记1分，少于5分为不正常。

（2）听认字母：治疗师在60s内以每秒1个的速度念无规则排列的字母，其中有10个为指定的同一字母，让患者每听到此字母时举一次手，举手10次为正常。

（3）听词辨认：向患者播放一段短文录音，其中有10个为指定的同一个词，让患者每听到此词时举一次手，举手10次为正常。

（4）声辨识：向患者放一段有嗡嗡声、电话铃声、钟表声和号角声的录音，其中有5次号角声，让患者每听到号角声时举一下手，举手5次为正常。

（5）词辨识：向受试者播放一段有喧闹集市背景的短文，其中有10个指定词，要求听到此词时举手，举手少于8次为不正常。

（四）记忆功能的评定

记忆是个体对其经验的识记、保持和再现。它是信息的输入、编码、储存和提取。下面介绍几个评定记忆的方法。

1. 韦氏记忆量表（Wechsler Memory Scale，WMS）　是国际公认的评定记忆功能的量表，适用于7岁以上人群。该量表共分10分测试项目，分别评测经历、定向、数字顺序、再认、图片记忆、视觉再生、联想学习、触觉记忆、逻辑记忆、背诵数目。该量表全面评定了记忆功能，其结果有助于鉴别器质性和功能性的记忆障碍。

2. Rivermead 行为记忆测试（Rivermead Behavioral Memory Test，RBMT）　主要测试日常记忆能力，包括11个项目，检测患者对日常行为的记忆能力，可帮助治疗师了解患者在日常生活中因记忆功能障碍所带来的不便，以指导治疗师有针对性地制订康复训练计划。

（五）思维的评定

思维是心理活动最复杂的形式，是认知过程的最高级阶段。思维的过程包括分析、综合、比较、抽象、概括等，表现于人类解决问题的过程中，以下是评定思维的简易方法。

1. 从一个系列的图形或数字中找出其变化的规律，如"2、4、6、8、10"。

2. 将排列的字、词组成一个有意义的句子。如"体育老师""球赛""自行车"可组成"体育老师骑自行车去看球赛"。

3. 比拟填空或给出某些词语的反义词，如"黑暗"的反义词是"光明"。

4. 成语或名人名言的解释，如"瓜田李下""谦虚过度是骄傲"。

5. 假设突发情况下的如何应变，如上班路上遇到塞车，将要迟到该怎么办等。

（六）洛文斯顿作业治疗认知评定

洛文斯顿作业治疗认知评定（Loewenstein occupational therapy cognitive assessment，LOTCA）是以色列希伯来大学洛文斯顿康复医院1989年公布的一套认知评定方法，最先用于颅脑损伤后患者认知功能的评定，它将多项作业项目引入认知评定，具有效果肯定，操作简便，条目细化等优势，其良好的信度和效度也得到了广泛证实。LOTCA测试内容包括定向视知觉、空间知觉、动作运用、视运动组织、逻辑思维、注意力和专注力6个方面测试，共26个项目，评估详细，需时30min左右，测试时也可根据临床情况，分2~3次完成。目前国内多家医院汉化的LOTCA工具具有较高的信度和效度，已在国内推广使用。

（七）失认症的评定

失认症是指在没有感觉障碍、智力减退、意识不清、注意力不集中的情况下，不能通过感觉器官正确认识身体部位和熟悉物体的一种临床症状。包括视觉、听觉、触觉和身体部位的认识能力缺失。

（八）失用症的评定

失用症是患者在运动、感觉、反射均无障碍的情况下，不能按命令完成以前所能完成的行为动作。

三、执行功能障碍评定

执行功能是人的一种理智行为，是人类以推理、解决和处理问题的能力，属于更高级的认知功能。独立完成一项活动能力的综合体现就是执行功能。威斯康星卡片分类测验(Wisconsin card sorting test,WCST)是一种比较客观评价执行功能障碍的测验方法,也是一个成套的测验方法。它由4个模版,128张不同形状的卡片组成,要求患者对卡片进行分类,然后根据分类结果计算相应的判断指标。

四、行为障碍评定

颅脑损伤患者行为障碍的评定,主要依据患者的临床症状。颅脑损伤常见的行为障碍见表5-4。

表5-4 颅脑损伤常见的行为障碍

性质	表现
正性	攻击、冲动、脱抑制、幼稚、反社会性、持续动作
负性	丧失自知力、无积极性、自动性、迟缓
症状性	抑郁、类妄想狂、强迫观念、循环性情绪(躁狂 - 抑郁气质)、情绪不稳定、癔症

下面介绍几种行为障碍的临床表现:

1. 发作性失控 发作性失控常见于额叶损伤患者,临床表现为无诱因、无预谋、无计划的突然发作,直接作用于身边的人或物,如打砸家具、冲人怒吼、打伤他人等发狂行为,发作时间短暂,过后有自责感。

2. 负性行为障碍 负性行为障碍常见于额叶和脑干部位受损患者,临床表现为精神萎靡、感情淡漠、缺乏主动性、嗜睡、不愿活动,即使最简单、最常规的日常生活活动完成起来也很困难。

3. 额叶攻击行为 额叶攻击行为又称脱抑制攻击行为,因额叶受损引起,临床常见为对细小的诱因挫折发生过度强烈的反应,表现为间歇性激惹。

五、情绪障碍评定

对于颅脑损伤患者的抑郁,可用汉密尔顿抑郁量表(Hamilton Depression Scale,HAMD)进行评定;对于颅脑损伤患者的焦虑,可用汉密尔顿焦虑量表(Hamilton Anxiety Scale,HAMA)进行评定。

六、运动功能评定

颅脑损伤所致运动障碍的评定与脑卒中所致运动障碍的评定相似,详见第四章相关内容。

七、日常生活活动能力评定

颅脑损伤患者 ADL 评定可用 Barthel 指数、Katz 指数等,但由于颅脑损伤患者多有认知障碍,故更宜选用含认知项目的评定量表,如功能独立性评定量表(FIM)。

八、言语功能评定

颅脑损伤患者言语障碍的评定方法可参考本套教材中《言语治疗技术》相关章节。

九、功能预后评定

颅脑损伤患者预后评定常采用综合评定量表和临床预测。

(一)综合评定量表(表5-5)

该量表最低分为 7 分,最高分为 36 分。7~19 分为预后不良;>25 分为预后良好;20~24 分为不能判定。

(二)临床预测

影响颅脑损伤的预后因素很多(表5-6),可以依据症状、体征、电生理检查结果及临床用药情况等方面推测颅脑损伤患者的预后。

表 5-5　综合评定量表

内容	评分	内容	评分
I. GCS 评分	3~15	B. 体温	
II. 脑干反射		正常	3
A. 额 - 眼轮匝肌反射	5	38~39℃	2
B. 垂直性眼反射	4	>39℃	1
C. 瞳孔对光反射	3	C. 脉搏	
D. 水平头眼反射	2	60~120 次 /min	3
E. 眼心反射	1	>120 次 /min	2
III. 运动姿势		<60 次 /min	1
A. 正常	2	D. 血压	
B. 去皮质强直	1	正常	3
C. 去大脑强直或弛缓性麻痹	0	150/90mmHg	2
IV. 生命体征		<90mmHg	1
A. 呼吸		V. 年龄	
正常	2	0~20 岁	3
30 次 /min	1	21~40 岁	2
病理性呼吸	0	41~60 岁	1
		>60 岁	0

表 5-6　影响颅脑损伤预后的临床因素

影响因素	预后较好	预后较差
昏迷时间	<6h	>30d
PTA	<24h	>30d
GCS	≥8 分	≤5 分
损伤范围	局灶性	弥漫性
颅内压	正常	增高
颅内血肿	无	有
脑室大小	正常	扩大
脑水肿	无	有
颅内感染	无	有
伤后癫痫	无	有
冲撞所致凹陷性骨折	无	有
脑电图	正常	异常
诱发电位	正常	异常
抗癫痫药物的使用	无需使用	需长期使用
影响精神的药物使用	无需使用	需长期使用

十、结局评定

颅脑损伤患者结局的评定常采用格拉斯哥结局量表（Glasgow Outcome Scale, GOS）（表 5-7）。

表 5-7 格拉斯哥结局量表

分级	简写	特征
Ⅰ. 死亡(death)	D	死亡
Ⅱ. 持续性植物状态 (persistent vegetation State)	PVS	无意识、无言语、无反应,有心跳呼吸,在睡眠觉醒周期的觉醒阶段偶睁眼,偶有呵欠、吸吮等无意识的动作,从行为判断大脑皮质功能。特点:无意识,但能存活
Ⅲ. 严重残疾 (severe disability)	SD	有意识,但由于精神、躯体残疾或由于精神残疾而躯体尚不能自理生活。记忆、注意、思维、言语均有严重残疾,24h 均需他人照顾。特点:有意识但不能独立
Ⅳ. 中度残疾 (moderate disability)	MD	仍有记忆、思维、言语障碍和性格障碍,以及轻偏瘫、共济失调等,可勉强地利用交通工具,在日常生活、家庭中尚能独立,可在庇护性工厂中参加一些工作。特点:残疾,但能独立
Ⅴ. 恢复良好 (good recovery)	GD	能重新进入正常社交生活,并能恢复工作,但可遗留有各种轻度的神经学和病理学的缺陷。特点:恢复良好,但仍有缺陷

第三节　康复治疗

一、康复治疗原则

1. 早期介入　急性期即可介入,有利于预后。
2. 全面康复　因功能障碍是多方面的,因而要兼顾多种障碍,全面康复。
3. 循序渐进　时间上由短到长,难度由易到难,运动量由小到大。
4. 个体化原则　患者年龄、体质、功能障碍等差异很大,应因人而异。
5. 持之以恒　功能的恢复和提高是个漫长的过程,要持之以恒。

二、急性期康复

(一)康复介入时间

颅脑损伤患者的生命体征稳定,颅内压持续 24h 稳定在 2.7kPa(20mmHg)以内即可进行康复治疗。

(二)康复目标

促醒治疗,预防并发症,促进功能恢复。

(三)康复治疗方法

1. 床上良肢位摆放　注意头的位置不宜过低,以利于颅内静脉回流;肢体摆放的目的和方法同脑卒中患者(详见第四章)。

2. 综合促醒治疗

(1)听觉刺激:患者家属反复与患者谈及病前感兴趣和关心的人或事,也可定期播放患者病前较熟悉的音乐,通过患者面部表情和肢体变化,观察其对听觉刺激的反应。

(2)视觉刺激:在患者头部上方放置五彩灯或播放色彩变换频繁的电视广告节目,利用彩光刺激视网膜和大脑皮质。每日 2 次,1h/ 次。

(3)肢体运动觉和皮肤感觉刺激:由治疗师或家属对患者的四肢关节进行被动运动,每次 30min,3h/ 次。或做肢体按摩,或用毛巾、毛刷等从肢体远端至近端进行皮肤刺激,以增加感觉的输入。

(4)穴位刺激:采用头针刺激感觉区、运动区、语言区等或刺激百会、四神聪、印堂、太阳等穴位,观察患者反应,需加强刺激时可加用电针仪。

3. 保持呼吸道通畅　定时翻身,2h/ 次,并用空心掌在背部拍打(从肺底部向上拍打至肺尖部),以帮助患者排痰,并指导体位排痰引流(图 5-2)。

4. 被动关节活动范围训练　按照先大关节,后小关节,先上肢,后下肢的顺序进行各关节的被动

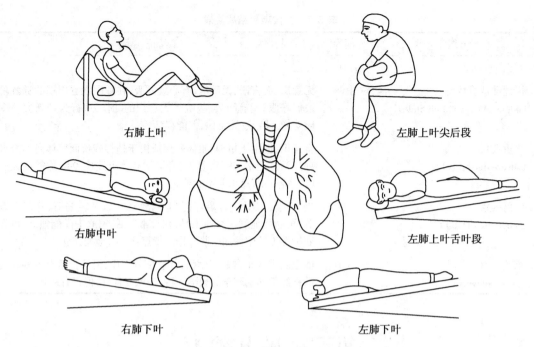

右肺上叶　　　　　　　　　　　　　　　　左肺上叶尖后段

右肺中叶　　　　　　　　　　　　　　　　左肺上叶舌叶段

右肺下叶　　　　　　　　　　　　　　　　左肺下叶

图 5-2　体位引流

活动,即肩、肘、腕、髋、膝、踝等关节,每个关节做 5~10 遍 / 次,3~4 次 /d。对易于缩短的肌群和软组织进行牵伸训练,每天 2 次。保持关节、软组织和肌肉的柔韧性,防止挛缩致关节畸形。

5. 尽早活动　一旦生命体征稳定,神志清醒,应尽早帮助患者进行呼吸训练、床上活动、翻身、坐起、站位的练习。

站立行走的良好作用:①刺激脏腑功能,如肠蠕动、膀胱排空和肺脏通气功能的改善;②使脑静脉回流增加,从而降低增高的颅内压;③改善心理,站立行走比卧位视野要宽广很多,视野的改善可刺激患者恢复的欲望和增强患者恢复的信心。

6. 物理因子治疗　对弛缓性瘫痪患者,可用低频脉冲电刺激提高肌张力、提高肢体运动功能。

7. 夹板和矫形器的使用　早期阶段主要用于几种情况:①用肩托防止肩关节脱位;②用分指板防止患者腕手屈曲挛缩;③用踝关节矫形器矫正足下垂和足内翻。正确地使用夹板方法是每间隔 2h 交替穿脱。应掌握穿脱夹板的正确方法,防止皮肤损伤。

8. 高压氧治疗　高压氧治疗是颅脑损伤患者的常规治疗,它可改善脑部缺氧情况,促进脑功能恢复,在颅脑损伤患者的促醒和功能恢复方面起着重要作用。

高压氧的治疗按常规治疗方案,每日 1 次,每次 90min,10 次为一疗程。

9. 支持疗法　给予高蛋白、高热量饮食,避免低蛋白血症,提高机体免疫力,促进创伤的恢复及神经组织修复和功能重建。

10. 躁动不安的康复处理　躁动不安是许多颅脑损伤患者表现出的一种神经行为综合征,它包括认识混乱、情感不稳定、运动与活动过度、身体或言语性攻击行为等。

躁动不安的原因很多,可由某些并发症引起,如电解质紊乱、疼痛、尿潴留、体位不适、脑水肿等;也可由某些不舒服状态所致,如亚急性感染、骨骼肌损伤;也可能是药物的影响、嘈杂的环境、床褥不洁等所致。处理方法主要有:①环境管理。保持安静,排除有害刺激,如导管、引流管、手脚束缚等;②避免患者自伤或伤害别人。在患者周围放置海绵垫,专人看护;③降低患者的认知混乱。定时安排专人同患者谈话;④允许患者情感宣泄:允许患者在地铺上翻来覆去,允许患者有不适当言语;⑤药物应用:选用有助于控制或减轻症状的药物,如卡马西平、普萘洛尔、锂盐等。

三、恢复期康复

颅脑损伤患者经过急性期的临床处理和康复治疗,生命体征稳定 1~2 周后,病情已稳定,即可进行恢复期的康复治疗。

（一）康复目标

减少患者的定向障碍和言语错乱,提高认知能力,最大限度地恢复感觉、运动、认知、言语功能和生活自理能力,提高生存质量。

（二）康复治疗

颅脑损伤患者的功能障碍大部分与脑卒中后功能障碍相似,评定和康复方法可参见脑卒中章节,只是在认知和行为障碍等方面损害的程度明显严重,因此,这里我们主要介绍认知和行为障碍的康复治疗。

1. 认知障碍的康复治疗 颅脑损伤的认知障碍主要表现在注意障碍、记忆障碍、思维障碍、失认症、失用症等。可依据评定结果,进行相应的康复治疗。

（1）注意障碍的康复训练:是针对颅脑损伤所致的注意功能障碍所实施的训练技术。目的是改善注意力,促使患者回归家庭和社会。可用以下方法训练:

1）猜测游戏:取两个透明玻璃杯和一个弹球,在患者注视下,治疗师将一个杯子扣在弹球上,让患者指出有弹球的杯子,反复数次。无误后可改用不透明的杯子、用三个或更多的杯子、用两粒或更多不同颜色的弹球等方式增加难度。

2）删除作业:在白纸上写一行(约10个)汉字、字母、数字或图形等,让患者用笔删去由治疗师指定的汉字、字母、数字或图形。反复多次无误后,可以进一步增加训练的难度,如增加行数、大小写字母混合出现、插入新字母等。

3）时间作业:让患者按治疗师指令启动秒表,并于10s时自动按下停止秒表。反复多次,当误差小于2s时,可增加难度,如改为启动秒表后心算到10s停止。还可将时间由10s逐渐延长过2~3min,当每10s误差不超过2s时,改为在与患者交谈分散其注意力的情况下进行上述训练。

4）顺序作业:让患者按顺序说出或写出0~10的数字,或用数字卡片排列,成功后,加大数字系列,反复进行。随后改为让患者按奇数或偶数的规律说出或写出一系列数字,并由治疗师任意改变起点数字。还可增加难度,进行该列数字的算术处理,由易到难,先加减,再乘除。

（2）记忆障碍的康复治疗:包括内部辅助策略、外部辅助策略和环境适应。

1）内部辅助策略:是在患者记忆损伤的严重程度不同的情况下,以损伤较轻或正常的部分来从事主要的记忆工作,或是以另一种新的方式去记忆的方法。常用的方法有:复述法、图像法、联想法、编故事法、首词记忆法、数字分段、PQRST法等。下面介绍几个常用方法:

首词记忆法:将要记住的文字段落的头一个字连成一个词或一句话,以便于记忆,比如要记住"天天复习,不要偷懒,作业完成,美好的未来在向你招手"这句话,可把每句头一个字合起来成"天不作美"一个词,便于记忆。

编故事法:把需要记忆的词和句子编成一个自己熟悉的故事。

PQRST法,指:

P（preview）,先预习要记住的内容。

Q（question）,向自己提问与内容有关的问题。

R（read）,为回答问题而仔细阅读资料。

S（state）,反复讲述阅读过的资料。

T（test）,用回答问题的方式检验自己的记忆力。

进行记忆训练时应注意:①训练进度要慢,训练要从简单到复杂,可分解训练。②每次训练时间不宜过长,以免患者疲劳。开始要求患者记忆的内容要少,而信息呈现的时间要长,以后逐步增加信息量。③训练项目不易过难,设定目标不宜太高,以免患者丧失信心,目标须是在患者经过努力后可以达到的,在患者每次记忆正确时应及时强化,给予鼓励,使其增强信心。如此反复刺激,反复训练,提高记忆能力。

2）外部辅助策略:主要利用身体以外的提示或辅助物来帮助记忆的方法。常用的辅助物有记事本、时间表、地图、闹钟、手表、手机、清单、标签、记号笔、录音机等。

3）环境适应:对于记忆损伤较重的患者,可通过环境改造,满足他们日常生活的需求。主要方法有简化环境、标志醒目、物品固定位置摆放。

（3）思维障碍的康复训练:针对不同的思维障碍,采用不同的训练方法,主要有以下几种方法:

1）报纸信息提取:让患者在报纸中指出尽可能多的不同类的信息。取一张报纸给患者,先问患者

视频:注意训练

有关报纸首页的信息,回答无误后,再请他指出报纸中的专栏,回答无误后,再训练找特殊的信息,回答无误后,再训练其寻找一些需要由他作出决定的信息(表5-8)。

表5-8　报纸中的各类信息

信息内容	提取正确时的得分	信息内容	提取正确时的得分
报纸名称	10	电视节目	10
日期	10	体育节目	10
头版头条新闻	10	招聘广告	10
天气预报	10	保健品或化妆品广告	10
患者感兴趣的栏目	10	家用电器广告	10

2)排列顺序:让患者进行数列排序(表5-9)。将表中内容制作成分列的卡片,每次一组,打乱后让患者重新排好,正确时给相应的分数。也可先给患者3张数字卡片,让从小到大按顺序排列,然后每次给一张数字卡,根据数值大小插进已排好的3张之间。

表5-9　排列顺序

序列	范围	排列正确时的得分
数字	1~30	20
字母	A~Z	20
星期	星期一~星期日	20
月份	1~12月	20
年份	2003~2013年	20

3)物品分类:给患者5大类不同种类日用物品或食品的卡片,每类各有5种(表5-10),打乱后让患者分类。

表5-10　物品分类

类别	内容	分类正确时的得分
食物	西红柿、鸡蛋、香蕉、豆浆、茄子	20
家具	书桌、沙发、床、椅子、书柜	20
衣物	衬衫、短裤、袜子、裙子、鞋子	20
家用电器	电视机、洗衣机、电冰箱、空调、微波炉	20
梳洗用品	牙刷、肥皂、梳子、毛巾、洗发水	20

以上各组,如排列或分类不完全对时,可按每对1小项得4分计算。

4)从一般到特殊的推理:向患者提供类别的名称(表5-11),让患者通过向治疗师提问的方式,推理出目标事物为何物。

表5-11　从一般到特殊的推理

类别	目标事物	推理正确时的得分
食物	苹果	20
工具	钳子	20
植物	柳树	20
职业	医生	20
动物	小猪	20

5) 处理问题及突发情况的训练:向患者提出一些问题(表5-12),训练患者处理问题的能力,如刷牙的步骤,回答正确后,让他分析更复杂的动作,如煎鸡蛋的步骤,如回答正确,再假设一些突发情况,训练其应变处理能力,如"丢了钱包怎么办?""到新地方迷了路怎么办?"等。

表 5-12　问题及突发情况的处理

类别	回答正确时的得分(%)
Ⅰ. 刷牙	20
Ⅱ. 煎鸡蛋	20
Ⅲ. 丢了钱包怎么办?	20
Ⅳ. 出门回来了忘记钥匙怎么办?	20
Ⅴ. 到新地方迷了路怎么办?	20

6) 计算和预算:让患者进行简单的加、减、乘、除计算。再做出一个家庭预算,如每月工资用在房租、水电、伙食、衣着、装饰、文化、娱乐、保健医疗和预算外支出等方面的分配是否合理。

(4) 失认症的康复治疗

1) 单侧忽略训练方法:治疗师站在忽略侧与患者谈话和训练;在忽略侧播放患者喜欢的音乐;对忽略侧给予触摸、拍打、挤压、擦刷、冰刺激等感觉刺激;让患者用健手摩擦忽略侧肢体;将食物、饮品放在忽略侧,即患侧,让患者用健手去拿取;在忽略侧放置色彩鲜艳的装饰品(如气球、彩带等)。

2) 视觉失认训练方法:面容失认是采用亲人照片,让患者反复观看,然后混到几张照片中,让患者挑出亲人照片;颜色失认是采用各种颜色的图片和拼版,先让患者辨认、学习,然后进行颜色匹配和拼出不同的图案,反复训练。

3) Gerstmann 综合征训练方法:左、右失认训练采用反复辨认身体的左方和右方,再辨认左、右方物体,左右辨认可贯穿于康复训练和日常生活中,将衣服、鞋子等两侧用不同颜色标记;手指失认训练先确认五个手指名称,然后给患者任一手指以触觉刺激,让患者呼出该手指名称,反复在不同的手指上进行;失算训练是给患者一些简单的加、减、乘、除运算数字,从单位数开始,逐渐增加难度,还可通过扑克牌、掷骰子等活动训练患者心算能力;失写训练是辅助患者书写并告知所写材料的意义,着重训练健手的书写。

触觉失认训练方法:让患者闭目,用手感觉,分辨和识别不同质地的材料;用粗糙的物品沿患者的手指向指尖移动进行触觉刺激等。

(5) 失用症的康复治疗

1) 结构性失用训练方法:训练患者对家庭常用物品的摆放,治疗师先示范,再让患者模仿练习,开始练习时可给予提醒、暗示,逐步进展到自行操作;让患者进行复制几何图形、拼图、搭积木等二维、三维结构等作业活动。

2) 运动性失用训练方法:训练患者完成洗脸、刷牙、梳头等一些动作。如完成刷牙动作,可将刷牙动作分解并示范,然后提示患者一步步完成。

3) 穿衣失用训练方法:训练者可用暗示、提醒和指导患者穿衣,甚至可以一步一步地用言语指导或亲手教患者穿衣,最好在上衣、裤子和衣服左右标上记号以引起患者注意。

4) 意念性失用训练方法:当患者不能按指令要求完成泡茶、刷牙等系列动作时,可将连续动作分解,演示患者看,然后分步进行训练,上一个动作要结束时,提示下一个动作,启发患者有意识的活动。

5) 意念运动性失用训练方法:训练时要设法触动患者无意识的自发运动,如要让患者刷牙,患者不能完成,令其模仿刷牙也不完成时,可将牙刷放在患者手中,通过触觉提示完成一系列刷牙动作。

2. 行为障碍的康复治疗　目的在于消除患者不正常、不为社会所接受的行为,促进其亲近社会的

视频:认知功能训练

行为。治疗方法如下:

(1) 创造适当的环境:创造关心、爱护、顺应患者活动能力的环境,避免那些刺激患者不良行为的因素。

(2) 必要的药物:应用对改善行为和伤后癫痫有效而副作用少的药物,如卡马西平、普萘洛尔、锂盐、奥氮平等对攻击行为或焦虑有效;氟西汀、帕罗西汀、西肽普兰等对症状性抑郁有效。

(3) 行为治疗:采用奖励 - 强化法和处罚 - 消除法,具体包括:①对恰当的行为给予鼓励;②拒绝奖励现存的不恰当行为;③发生不恰当行为后,一个短时间内杜绝一切鼓励和奖励;④发生不恰当行为后,应用预先声明的惩罚;⑤在极严重或顽固的不良行为发生后,给患者以他所厌恶的刺激。

四、后遗症期康复

经过临床处理和正规的急性期、恢复期康复治疗后,各种功能已有不同程度的改善,大多数可回到社区或家庭,但部分患者仍遗留有程度不等的功能障碍,需要进入后遗症期康复。

(一)康复目标

使患者学会应付功能不全状况,学会用新的方法代偿功能不全,增强患者在各种环境中的独立和适应能力,促进患者回归家庭,回归社会。

(二)康复治疗

1. 加强日常生活活动能力的训练　强化患者自我照料生活的能力,逐步适应外界环境。

2. 矫形器和辅助器具的应用　对运动障碍的患者可使用矫形器和辅助器具提高日常生活活动能力。

3. 继续维持或强化认知、言语等障碍的功能训练　利用家庭或社区环境尽可能开展力所能及的认知与言语训练,如读报纸、看电视、发声和语言的理解与表达训练等,防止功能退化。

4. 职业训练　对患者进行有关工作技能训练,可在模拟情况下练习操作,以利于重返工作岗位。

5. 其他　物理因子治疗与传统治疗如针灸、按摩、中药等也起着很好的作用。高压氧治疗也可考虑应用。

计算机辅助认知康复训练的应用与优势

当前,采用计算机化的认知障碍康复训练已成为一个主要的工作模式。计算机辅助训练模式采用专门设计的认知康复训练软件,其具有针对性、科学性;训练难度可自动分为等级,循序渐进,具有挑战性;训练题材丰富,针对性强,选择性高;训练指令准确、时间精确、训练标准化;评估或训练结果反馈及时,有利于患者积极主动参与。这种训练模式不仅充分利用和发挥了多媒体的优势,训练效果显著,同时也有效地节约了人力资源。有专家进行多中心、大样本、随机、对照研究结果表明,采用以神经心理学和康复医学为基础的认知专用康复设备对各种不同的认知障碍的康复具有显著的疗效。

本章小结

颅脑损伤多发于青壮年男性,遗留功能障碍后严重影响患者日常生活活动能力,给家庭和社会带来负担。本章主要论述颅脑损伤的功能障碍的康复。在常规治疗原发病的基础上,病情稳定的颅脑损伤患者可进行功能障碍的康复治疗,患者通过正规的康复治疗,可使自己功能得到最大限度的恢复,使患者能重返家庭、重返社会,提高生活质量。

(郭洁梅　张体鹏)

思考题

1. 颅脑损伤后的主要功能障碍有哪些?
2. 颅脑损伤如何进行康复训练?
3. 颅脑损伤康复治疗原则有哪些?

扫一扫,测一测

思路解析

笔记

06章PPT

学习目标

1. 掌握　脊髓损伤的临床表现、各临床综合征的特点、常用术语、康复问题、AIS评定标准、功能预后与损伤平面的关系、康复治疗内容及方法。

2. 熟悉　脊髓损伤的病因、临床处理措施。

3. 了解　脊髓损伤的病理生理。

4. 具有良好的临床思维能力、分析解决问题的能力,能熟练掌握脊髓损伤的院前急救方法、正确理解脊髓损伤后的临床表现与脊髓损伤病理的相关性,能掌握和判断脊柱稳定性标准,掌握自主神经功能障碍对功能及康复治疗的影响并具有鉴别能力,具备脊髓损伤常见并发症和合并症的鉴别能力和基本处理能力,熟练掌握脊髓损伤康复评定和康复治疗操作技术。

5. 能与患者及家属进行良好沟通,开展康复教育;能与相关医务人员进行专业交流与团结协作开展康复治疗工作。

病例导学

患者,女性,35岁,T$_{12}$椎体爆裂性骨折伴双下肢瘫痪1个月,伤后第三天在全麻下行"胸腰椎后路骨折复位、椎管减压植骨融合内固定术",现病情稳定,卧床。徒手肌力评定:左侧屈髋肌5级、伸膝肌2$^+$级、内收肌2级、屈膝肌1级、踝背屈肌1级、足踇趾背伸肌1级、踝跖屈肌1级;右侧屈髋肌5级、伸膝肌2级、内收肌2级、屈膝肌1级、踝背屈肌1级、足踇趾背伸肌1级、踝跖屈肌1级;余正常。双下肢PROM、屈伸肌张力正常;双侧膝、踝反射未引出;双侧巴宾斯基征(+);感觉平面:L$_3$。ADL(BI)40分,排便3~4d/次;留置导尿。

问题与思考:

1. 请描述该患者ASIA分级及运动平面。
2. 怎么设定康复治疗目标?
3. 如何制订康复治疗方案?

第一节　概　　述

脊髓损伤(spinal cord injury,SCI)是由于外伤、疾病和先天性因素,导致神经损伤平面以下的脊髓神经功能部分或全部障碍,使患者丧失部分或全部活动能力、生活自理能力和工作能力的神经损伤(图6-1)。

笔记

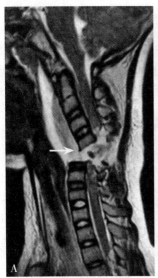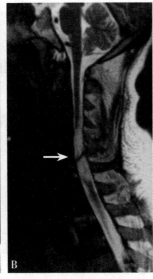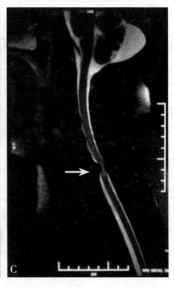

图 6-1　脊髓损伤示意图

国外报道外伤性脊髓损伤的发病率大于 60 例 / 百万人口,患病率为 900 例 / 百万人口。北京地区发病率为 68 例 / 百万人口。脊髓损伤的年龄分布存在双峰特点,即 20~50 岁出现高峰及 70~80 岁出现高峰,其中老年人跌倒是造成老年高峰的主要原因。男性比女性多 3~4 倍。国外脊髓损伤的主要原因是车祸、运动损伤等,我国则为交通事故、高处坠落、砸伤等。

一、脊髓损伤发生的病因及病理改变

(一) 病因

1. 创伤性　骨折、脊髓外力打击、刀伤和枪伤等都可以导致脊髓损伤。脊柱骨折患者中约 20% 发生神经损伤。通常脊柱损伤和脊髓损伤程度成正比。但是也有可能在没有骨折的情况下由于血管损伤,而导致脊髓损伤。

(1) 颈脊髓损伤:屈曲型旋转脱位或骨折脱位最常见,最好发部位为 C_5~C_6。只有半数患者为完全性损伤。过伸型损伤常见于老年人,占颈椎损伤的 30% 左右,最常见于 C_4~C_5,属于稳定性损伤。大部分损伤是椎体和椎间盘与增厚的韧带与黄韧带间的挤压,导致不完全性脊髓损伤。

(2) 胸腰脊髓损伤:大部分脊椎损伤为屈曲型旋转脱位或骨折脱位。最常见于 T_{12}~L_1,造成上面的椎体前移。损伤通常不稳定,常导致脊髓、圆锥或马尾神经功能完全障碍。压缩性骨折常见,损伤稳定,神经损伤少见。过伸型损伤少见,通常导致完全性脊髓损伤。

(3) 开放性损伤:主要为枪伤或刀伤。脊髓损伤可由于爆裂伤、血管损伤,也可由于子弹穿过或骨折片刺破脊髓所致。

(4) 挥鞭性损伤:多见于上身在高速运动时突然静止,导致头部由于惯性继续向前运动,造成脊髓损伤。X 线往往无脊柱骨折或脱位,脊髓损伤多为不完全性。

2. 非创伤性

(1) 血管性:动脉炎、脊髓血栓性静脉炎、动静脉畸形等。

(2) 感染性:吉兰 - 巴雷综合征、横贯性脊髓炎、脊髓灰质炎等。

(3) 退行性:肌萎缩性侧索硬化、脊髓空洞症等。

(4) 占位性:最多见的占位性病变是肿瘤,包括:原发性肿瘤,如脑(脊)膜瘤、神经胶质瘤、神经纤维瘤、多发性骨髓瘤等;继发性肿瘤,如继发于肺癌、前列腺癌的脊髓肿瘤等。

(5) 其他:较少见的情况包括严重腰椎间盘突出症、脊椎滑脱、椎管狭窄等。

(二) 病理改变

损伤后 3h 灰质出现出血点;6~10h 出血灶逐步扩大,白质出现水肿,胶质细胞浸润;12h 神经轴突开始退变,神经细胞逐步坏死;组织水肿 24~48h 以后逐渐消退,形成不可逆的坏死。损伤晚期则出现胶质瘢痕增生、囊肿、硬膜粘连、炎症。

二、脊髓损伤的分类及临床表现

主要临床表现为肌肉运动控制障碍和行动困难、大小便控制障碍、感觉障碍、性功能障碍及自主神经功能障碍。部分患者有异常疼痛和幻觉痛。高位损伤患者可伴呼吸困难。有并发症的患者,如骨折、关节脱位、压疮等可出现相应的症状。

脊髓损伤的分类可分别按病因、损伤程度、部位及平面进行分类。

(一)按病因分类

可分为外伤性脊髓损伤和非外伤性脊髓损伤。

(二)按程度分类

可分为完全性脊髓损伤和不完全性脊髓损伤。

1. 完全性损伤(complete injury)　损伤神经平面以下感觉与运动完全消失。

2. 不完全性损伤(incomplete injury)　损伤神经平面以下包括最低位的骶段保留部分感觉或运动功能。该术语指神经平面以下包括最低段 S_{4-5} 有任何的感觉和 / 或运动功能保留(即存在"鞍区保留")。鞍区感觉保留指肛门皮肤黏膜交界处(S_{4-5} 皮节)感觉,包括轻触觉或针刺觉,或肛门深部压觉保留(完整或受损)。鞍区运动功能保留是肛门指诊检查发现肛门括约肌存在自主收缩。

脊髓横贯性损伤表现为损伤平面以下感觉和运动功能障碍。但一些不完全性损伤因损伤部位不同而具有特殊的表现,可分为前束综合征、后束综合征、中央束综合征、半切综合征、脊髓圆锥综合征、马尾综合征、脊髓震荡等。

(1) 前束综合征(anterior cord syndrome):脊髓前部损伤,损伤平面以下运动和温痛觉丧失,而本体感觉存在(图 6-2A)。

(2) 后束综合征(posterior cord syndrome):脊髓后部损伤,损伤平面以下本体感觉丧失,而运动和温痛觉存在(图 6-2B)。

(3) 中央束综合征(central cord syndrome):常见于颈脊髓血管损伤。上肢神经受累和功能障碍重于下肢。患者有可能步行,但上肢部分或完全麻痹(图 6-2C)。

(4) 半切综合征(Brown-sequard syndrome):常见于刀伤或枪伤。损伤同侧肢体本体感觉和运动丧失,对侧温痛觉丧失(图 6-2D)。

(5) 脊髓圆锥综合征(conus medullaris syndrome):主要为脊髓圆锥损伤,可引起膀胱、肠道和下肢反射消失。高位圆锥损伤偶尔可以保留骶段反射。运动正常。

(6) 马尾综合征(cauda equina symdrome):椎管内腰骶神经根损伤,可引起膀胱、肠道及下肢反射消失,表现为外周神经损伤的特征(弛缓性瘫痪)。感觉功能可以消失或部分保留,骶反射消失。

(7) 脊髓震荡(spinal concussion):指暂时性和可逆性脊髓或马尾神经生理功能丧失,可见于只有单纯性压缩性骨折,甚至放射线检查阴性的患者。脊髓并没有机械性压迫,也没有解剖上的损害。另一种假设认为脊髓功能丧失是由于短时间压力波所致。缓慢的恢复过程提示反应性脊髓水肿的消退。此型患者可有反射亢进但没有肌肉痉挛。

(三)按平面分类

分为截瘫和四肢瘫。

1. 截瘫(paraplegia)　指脊髓胸、腰或骶段的损伤,导致躯干、盆腔脏器和下肢运动和感觉功能损害或丧失。本术语包括马尾和圆锥的损伤,但不包括腰骶丛病变或椎管外周围神经的损伤。

2. 四肢瘫(quadriplegia)　指脊髓颈段损伤,导致四肢的运动与感觉功能的损害和丧失。四肢瘫涉及上肢、躯干、大腿及盆腔脏器的功能损害,但不包括臂丛病变或椎管外周围神经的损伤。

(四)脊髓损伤常用术语

1. 骶段保留(sacral sparing)　脊髓损伤时最低的保留区域为会阴部的组织边缘,感觉由最低的骶段神经支配。因此没有鞍区感觉和 / 或肛门外括约肌的自主收缩者均为完全性脊髓损伤。

2. 部分保留区(zone of partial preservation,ZPP)　指完全性脊髓损伤的患者,在损伤平面以下保留部分神经支配的区域,一般不超过 2~3 个神经节段。ZPP 应分两侧记录,不包括关键肌。

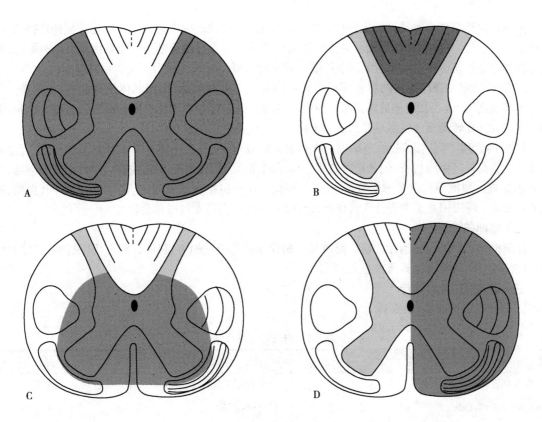

图 6-2　脊髓损伤综合征
A.前束综合征;B.后束综合征;C.中央束综合征;D.半切综合征

3. 脊髓休克(spinal shock)　指脊髓受到外力作用后短时间内脊髓功能完全消失。持续的时间一般为数小时至数周,偶有数月之久。在脊髓休克期所有神经反射全部消失,但并不意味着完全性损伤。在此期间无法对损害程度作出正确的评估,必须等待脊髓休克解除后,才可真正评测神经损伤平面及程度。

4. 神经根逃逸(nerve root escape)　指脊髓损伤平面上一节段的神经根受到损伤,表现为神经平面上移。而神经根功能有可能通过外周神经纤维生长的机制得到恢复,从而造成完全性脊髓损伤患者神经平面"下移"的假象,这种情况称为神经根逃逸。

三、诊断要点

脊髓损伤的诊断要点包括:

1. 有明确的导致脊髓损伤的病史　如脊柱外伤、脊髓炎、椎管占位等。

2. 有明确的临床表现和症状　损伤平面以下感觉及运动障碍及大小便障碍,有明确的感觉平面和运动平面,但非横断性损伤,如中央束综合征,损伤平面未必典型。

3. 体征　损伤平面以下感觉减退或丧失;可呈上运动神经元性瘫痪特点,如肌张力增高、腱反射亢进、踝阵挛及髌阵挛、病理征阳性;如果损伤累及神经根或马尾神经,则表现为下运动神经元性损害表现,可出现肌肉无力萎缩、肌张力低下、腱反射减退或消失、病理征阴性。

4. 影像学检查　X线或CT可见椎体骨折、脱位等改变;MR可见脊髓断裂、脊髓内出血、信号异常等改变。

5. 实验室及辅助检查　神经电生理检测可见体感诱发电位及运动诱发电位异常。

四、临床处理原则

(一)脊髓损伤急救处理

1. 院前急救　主要是认识潜在的脊髓损伤,稳定脊柱以免进一步损伤,维持脊髓有效的血液灌注和氧供。在确诊之前必须维持固定脊柱,尤其在转运到医院的过程中。损伤现场处理强调保持气道、呼吸和循环功能,并注意损伤平面。对意识障碍的脊髓损伤幸存者诊断可能比较困难,但必须考虑到脑外伤和脊髓损伤。要注意患者的膈肌呼吸。腱反射和肛门括约肌张力消失提示脊髓损伤。

2. 制动稳定　脊柱受伤的患者怀疑脊髓损伤时应立即制动稳定,制动体位有两种:①保持受伤时的姿势制动、搬运。②使伤员保持平卧位制动、搬运,前者可防止因体位变动而导致脊髓二次损伤。制动固定后立即转运至医院尽早开始救治工作。

3. 院内处理　到达医院后,急诊医务人员必须协助转移,在生命体征基本稳定基础上,进行全面的体格检查与神经系统检查,记录检查结果。对不同部位的损伤进行 X 线检查。对怀疑腹腔问题,进行 B 超探查。颈椎不稳定考虑安置 Halo 架。实验室检查包括血尿常规、生化、出凝血时间、血型、碱性磷酸酶等。呼吸困难患者进行气管切开,合并脑、腹部损伤请专科医师会诊。

(二)早期药物治疗

脊髓损伤早期的药物治疗的核心是减轻脊髓损伤后的继发损害,目前临床上仍以抗炎、消除自由基、改善微循环、营养神经等药物为主。

(三)脊髓损伤外科治疗

1. 脊柱稳定性评估(表 6-1)

表 6-1　脊柱稳定性评估

评估标准	分值	评估标准	分值
脊椎前部破坏或丧失功能	2	牵张试验阳性	2
脊椎后部破坏或丧失功能	2	脊髓损伤	2
相对矢状面的移位超过 3~5mm	2	根部损伤、异常椎间隙变窄	1
相对矢状面的旋转超过 11°	2		

注:总分为 5 分以上表明脊柱不稳,但该标准不适用于 C_1 和 C_1~C_2 损伤

2. 外科手术治疗　早期由于脊髓休克,难以确定脊髓损伤严重程度,对确定手术有一定困难。但脊柱不稳定是永恒的手术指征,对于脊柱不稳者,无论脊髓休克是否已经结束,均可考虑进行紧急手术。

常见手术包括椎管减压手术、骨折手术固定。手术后一般需用矫形器固定脊柱。矫形器的类型及其应用应根据骨折平面和稳定程度而定。如出现进行性畸形,则需行外科手术使其稳定。外科手术之前必须使患者心肺功能处于稳定状态。

五、主要功能障碍

1. 运动功能障碍　脊髓损伤早期,损伤部位以下脊髓处于休克状态,其所属肌群呈弛缓性瘫痪。随后损伤水平以下脊髓逐渐恢复其独自的反射,表现为痉挛性瘫痪。但腰段脊髓或马尾神经损害时,则表现为肌张力下降,肌肉萎缩等下运动神经元性损害表现。

2. 感觉功能障碍　完全性脊髓损伤,紧接损伤平面以上可有感觉过敏,而损伤平面以下所有感觉完全丧失。不完全性损伤,如果损伤部位靠前,则受损平面以下感觉障碍为痛觉、温度觉障碍;损伤部位在后,则为触觉及本体感觉障碍;半侧损伤,则对侧痛觉、温度觉及同侧的触觉和深感觉障碍。

3. 自主神经调节障碍　包括自主神经功能丧失和过度反射。可导致突发性严重高血压、直立性低血压、心律失常、体温调节异常、出汗异常。

4. 呼吸功能障碍　脊髓损伤特别是高位脊髓损伤患者因呼吸肌神经支配出现障碍而瘫痪,正常呼吸功能无法维持。C_1~C_3 脊髓损伤患者由于肋间肌和膈肌均发生瘫痪可出现呼吸暂停;C_4 以下损伤者肋间肌瘫痪,膈肌可部分维持运动功能;下颈或上胸段脊髓完全性损伤的患者膈肌功能虽得以保留,但肋间肌和上腹部肌肉常伴有麻痹而影响正常胸壁运动。同时气道内分泌物增多,咳嗽无力,也可造成通气功能障碍。

5. 排尿功能障碍　脊髓休克期因膀胱逼尿肌完全麻痹,失去收缩力而导致尿潴留,可持续数周至

数月。在度过脊髓休克期后,损伤水平以下的脊髓逐渐恢复功能,逼尿肌也随之出现自主性收缩,产生不随意性排尿,但不能完全排空,残余尿较多。损伤在圆锥以上者,在逼尿肌收缩的同时,括约肌不能协同松弛,发生排尿障碍。损伤在圆锥及马尾的患者逼尿肌无收缩和无反射,膀胱储尿,患者出现排尿困难或充溢性尿失禁。

6. 排便功能障碍 脊髓损伤后患者多立即表现为麻痹性肠梗阻,通常出现于伤后 24h,可持续至 1 周。脊髓休克期后脊髓功能恢复,如果骶髓 S_2~S_4 节段周围神经完好,当直肠充盈时可出现反射性排便。若 S_2~S_4 损伤,排便反射消失,可致大便潴留。另外,由于体壁神经受损,肛门外括约肌和盆底肌松弛,大便通过失去抑制的直肠时出现大便失禁。

7. 性功能及生殖功能障碍 男性颈髓和胸髓损伤患者多数均可有勃起,具有勃起能力的患者大部分在伤后 6 个月内恢复,其余则需要 1 年时间恢复。其中 23% 可以成功进行性交,10% 可以射精,5% 具有生育能力。女性脊髓损伤患者,不论节段平面和受损程度如何,除生殖器官的感觉丧失外,其卵巢功能很少发生长期紊乱,大部分患者伤后 6 个月即可恢复月经,可以正常怀孕和分娩。

知识拓展

直立性低血压与自主神经反射异常的鉴别

要点	直立性低血压	自主神经反射异常
诱因	卧位至直立位倾斜大于 60°	损伤平面以下有害刺激,特别是膀胱充盈或肠道粪便嵌塞
症状及体征	头晕/眩晕、晕厥、低血压、心动过速	头痛、损伤平面以上出汗及皮肤发红、血压升高、立毛、瞳孔收缩、鼻塞、心动过缓或心动过速
治疗	恢复体位、弹力袜、腹带、补充液体、药物(盐片、米多君、氟氢可的松)	卧位患者坐起、消除有害刺激(检查膀胱充盈、粪便嵌塞)、治疗高血压病(硝酸甘油软膏、可乐定、硝苯平)

第二节 康复评定

脊柱脊髓功能评定除脊柱骨折类型、稳定性与脊柱矫形器评定以及根据 ASIA 标准进行脊髓损伤水平与程度评定、肌力检查、感觉检查外,还需要从躯体功能、日常生活活动能力、社会功能三个层面进行评定。本节主要介绍脊髓损伤的专项评定,其他功能评定可参考相关章节。

一、脊髓损伤程度评定

脊髓损伤后首先应判断是完全性还是不完全性脊髓损伤。脊髓损伤神经学分类的国际标准按照感觉和运动功能障碍的程度进行评定(表 6-2)。

表 6-2 脊髓功能损害分级(AIS,修改自 Frankel)

A	完全性损害:骶段 S_{4-5} 无任何感觉和运动功能保留
B	不完全性损害:神经平面以下包括骶段(S_{4-5})无运动但有感觉功能,且身体任何一侧运动功能平面以下无 3 个节段运动功能保留
C	不完全性损害:神经平面以下有运动功能,且单个平面以下超过一般的关键肌肌力 <3 级(1~2 级)
D	不完全性损害:神经平面以下有运动功能,且平面以下至少一半或更多的关键肌肌力 ≥3 级
E	正常:感觉和运动功能正常,但患者既往存在神经功能障碍

二、神经损伤平面评定

神经平面指脊髓保留双侧正常感觉、运动功能的最低节段。感觉和运动平面可以不一致,左右两侧也可能不同。可以分别用右侧感觉平面、左侧感觉平面、右侧运动平面、左侧运动平面来表示。$T_2 \sim L_1$ 损伤无法评定运动平面时可以用感觉平面来确定神经平面。神经平面采用关键肌和关键点的方式评定。采用积分方式使不同平面及损伤分类的患者严重程度可以横向比较。

1. 感觉平面　是指保留正常感觉功能的最低平面。关键点指标志感觉平面的皮肤标志性部位。感觉检查包括身体两侧 28 对皮区关键点(表6-3)。每个关键点要检查针刺觉和轻触觉,并按三个等级分别评定打分。0= 缺失;1= 障碍(部分障碍或感觉改变,包括感觉过敏);2= 正常;NT= 无法检查。正常者两侧针刺觉和轻触觉的感觉总积分各为 112 分。

表 6-3　感觉关键点

平面	部位	平面	部位
C_2	枕骨粗隆	T_8	第八肋间(T_7 与 T_9 之间)
C_3	锁骨上窝	T_9	第九肋间(T_8 与 T_{10} 之间)
C_4	肩锁关节的顶部	T_{10}	第十肋间(脐水平)
C_5	肘前窝的外侧面	T_{11}	第十一肋间(T_{10} 与 T_{12} 之间)
C_6	拇指	T_{12}	腹股沟韧带中部
C_7	中指	L_1	T_{12} 与 L_2 之间上 1/3 处
C_8	小指	L_2	大腿前中部
T_1	肘前窝的尺侧面	L_3	股骨内上髁
T_2	腋窝	L_4	内踝
T_3	第三肋间	L_5	足背第三跖趾关节
T_4	第四肋间(乳线)	S_1	足跟外侧
T_5	第五肋间(T_4 与 T_6 之间)	S_2	腘窝中点
T_6	第六肋间(剑突水平)	S_3	坐骨结节
T_7	第七肋间	S_{4-5}	会阴部

选查项目:本体感觉(位置觉和深压痛觉)只查左右侧的示指和拇指。

2. 运动损伤平面　运动损伤平面是指最低的正常运动平面。关键肌指确定运动平面的标志性肌肉。肌力 3 级的关键肌为运动平面,但该平面以上的关键肌的肌力必须为 5 级(表6-4)。运动积分是将肌力(0~5 级)作为分值,把各关键肌的分值相加。正常者两侧运动总积分为 100 分。

表 6-4　运动关键肌

平面	关键肌	平面	关键肌
C_5	屈肘肌(肱二头肌,旋前圆肌)	L_2	屈髋肌(髂腰肌)
C_6	伸腕肌(桡侧伸腕长肌和短肌)	L_3	伸膝肌(股四头肌)
C_7	伸肘肌(肱三头肌)	L_4	踝背伸肌(胫前肌)
C_8	中指屈指肌(指深屈肌)	L_5	长伸趾肌(趾长伸肌)
T_1	小指外展肌	S_1	踝跖屈肌(腓肠肌、比目鱼肌)

三、专项评定

(一)影像学检查

对于脊柱外伤者,需要通过影像学检查明确脊柱的受伤情况,手术固定的方式,以判断脊柱稳定性。MR 检查可对脊髓损伤情况进行判断。

(二) 神经电生理检查

体感诱发电位可判断脊髓感觉传导通路的完整性,运动诱发电位可判断皮质脊髓束的运动传导通路完整性,皮肤交感反应检测可判断交感神经传导通路是否受损。神经传导速度测定及针肌电图可判断是否合并周围神经、神经根或马尾神经损伤。

(三) 尿流动力学

尿流动力学是依据流体力学和电生理学的基本原理和方法,检测尿路各部压力、流率及生物电活动,从而了解尿路排尿功能及机制,以及排尿功能障碍性疾病的病理生理学变化。检查的主要内容包括:

1. 尿流率　单位时间内排出的尿量。主要反映排尿过程中逼尿肌与尿道括约肌相互作用的结果。主要参数有最大尿流率、尿流时间及尿量等。尿流率受性别、年龄和排尿等因素的影响。

2. 膀胱压力容积测定　包括膀胱内压、直肠内压(腹压)及逼尿肌压(膀胱压 - 直肠压)。正常压力容积测定为:①无残余尿;②膀胱充盈期内压维持在 0.49~1.47kPa,顺应性良好;③没有无抑制性收缩;④膀胱充盈过程中,最初出现排尿感觉时的容量为 100~200ml;⑤膀胱总容量 400~500ml;⑥排尿及中止排尿受意识控制。

3. 尿道压力分布测定　主要参数包括最大尿道闭合压 4.90~12.75kPa(女性 5.88~6.87kPa);功能性尿道长度男性为 (5.4 ± 0.8) cm,女性为 (3.7 ± 0.5) cm。

4. 括约肌肌电图　可用表面电极置入肛门,测定肛门括约肌肌电活动,或用针式电极经会阴部直接插入尿道外括约肌,记录肌电活动,从而了解在逼尿肌收缩时尿道外括约肌的协调性活动。正常排尿周期中,膀胱充盈期间,尿道外括约肌呈持续活动,排尿时肌电活动突然中止。排尿完毕,肌电活动重新出现。病理情况可见:逼尿肌收缩时,括约肌肌电活动同时增强,即逼尿肌 - 括约肌协同失调;膀胱充盈过程中,突然出现括约肌肌电活动静止,患者出现不自主漏尿。

5. 尿动力学和 B 超或 X 线同步联合检查　用稀释的碘溶液代替生理盐水充盈膀胱,在做尿流动力学检测时,同步获得尿流动力学及膀胱尿道形态等各项资料,可收集较全面的资料。

6. 膀胱容量与残余尿的简易测量方法　在社区内无法进行尿流动力学检测时,可进行简易的膀胱容量与残余尿测定,以粗略地评估膀胱功能。患者自行排尿后,立即插入导尿管所导出的尿液容积即为残余尿量。排空膀胱后,缓慢注入生理盐水(温度 37℃),直到生理盐水不再滴入时,所灌入盐水体积即为膀胱容积;然后开通膀胱与水柱的通路,所得水柱即为膀胱压力。

四、日常生活活动能力评定

1. 截瘫患者　采用改良的 Barthel 指数评定量表(Modified Barthel Index,MBI)进行评定。

2. 四肢瘫患者　需用四肢瘫功能指数法(Quadriplegic Index of Function,QIF)进行评定。QIF 评定内容共 10 项,前 9 项主要是与日常生活有关的各项动作,包括转移、梳洗、洗澡、进食、穿脱衣服、轮椅活动、床上活动、膀胱功能、直肠功能;第 10 项是护理知识测验;总分为 100 分。该方法内容全面,得分比例合理,能够科学、有效、准确地反映出四肢瘫患者日常生活活动能力。

五、心理评定

脊髓损伤患者多为中青年男性,往往难以接受突如其来的横祸导致脊髓损伤造成的肢体瘫痪、感觉丧失及大小便失禁,心理遭受重大打击,感到绝望无助。如果不能及时给予心理疏导,易产生严重的心理障碍。需要进行焦虑、抑郁等方面的心理评定,以了解患者心理状况。

六、脊髓损伤平面和功能预后评定

损伤程度与预后损伤程度越重,预后越差;损伤平面与预后损伤平面越高,预后越差。完全性脊髓损伤患者约 1% 可以在损伤平面之下恢复功能肌力。而皮肤感觉保留的不完全性损伤患者,皮肤感觉保留区的肌力有 50% 的可能性恢复功能肌力(表6-5)。

表 6-5 脊髓损伤平面与功能预后的关系

神经平面	最低功能肌肉	活动能力	生活能力
$C_{1\sim4}$	颈肌	依赖膈肌起搏维持呼吸,可用声控方式操纵某些活动	完全依赖
C_4	膈肌、斜方肌	使用电动高靠背轮椅,有时需要辅助呼吸	高度依赖
C_5	三角肌、肱二头肌	可用手在平坦路面上驱动高靠背轮椅,需要上肢辅助具及特殊推轮	大部依赖
C_6	胸大肌、桡侧伸腕肌	可用手驱动轮椅,独立穿上衣,可以基本独立完成转移,可驾驶特殊改装汽车	中度依赖
$C_{7\sim8}$	肱三头肌、桡侧屈腕肌、指深屈肌、手内部肌	轮椅实用,可独立完成床 - 轮椅 / 厕所 / 浴室转移	大部自理
$T_{1\sim6}$	上部肋间肌 / 背肌	轮椅独立,用长腿矫形器扶拐短距离步行	大部自理
$T_{6\sim12}$	腹肌、胸肌、背肌	长腿矫形器扶拐步行,长距离行动需要轮椅	基本自理
L_4	股四头肌	短腿矫形器扶手杖步行,不需要轮椅	基本自理

七、康复疗效评定

脊髓损伤疗效的评定较为困难,可参考治疗前后 MBI 或 QIF 评分改变作出初步判断(表 6-6)。显著有效是指治疗后 ADL 评分比治疗前增加一整级者,即治疗前级别为差或中,但治疗后升为中或优者。有效是指治疗后 ADL 评分虽较治疗前有增加,但达不到升一整级的水平。无效是指治疗后 ADL 评分与治疗前无差别。恶化是指治疗后 ADL 评分较治疗前减少者。

表 6-6 脊髓损伤康复疗效评定

等级	截瘫(MBI)	四肢瘫(QIF)
优	≥70 分	>50 分
中	25~69 分	25~50 分
差	<25 分	>20 分

第三节 康 复 治 疗

一、康复目标

康复目标应包括基本目标和阶段目标。治疗过程中需根据临床情况调整目标或修改计划。必须强调整个过程患者积极主动参与,而不是被动接受。

对于完全性脊髓损伤,脊髓损伤神经平面确定后康复目标基本确定,见神经平面与预后的关系。对于不完全性脊髓损伤来说,需根据残存肌力功能状况确定康复目标。脊髓损伤康复的目的首先要重获独立能力,而独立能力不仅包括自理能力(self-care),还应包含独立做出决定和解决问题的能力即自决能力(self-determination)。康复治疗不能简单局限于物理治疗、作业治疗,患者的社会适应能力及潜在的就业能力应加以重视。

二、康复分期

脊髓损伤后根据病情稳定程度分为急性期和恢复期,尚无明确的时间界限。急性期康复目标为防止二次损伤和预防并发症。恢复期康复则侧重于功能改善和提高、并发症的处理。

三、早期康复治疗

(一) 关节保护和训练

生命体征稳定后应立即开始全身各关节的被动运动,1~2 次 /d,每一关节在各轴向运动若干次即可,以避免关节挛缩。进行被动运动时要注意动作轻柔、缓慢、有节奏,活动范围应达到最大生理范围,但不可超过,以免拉伤肌肉或韧带。髋关节外展要限制在 45° 以内,以免损伤内收肌群。下胸段或腰椎骨折时,进行屈髋屈膝运动时要注意控制在无痛范围之内,不可造成腰椎活动。禁止同时屈曲腕关节和指关节,以免拉伤伸肌肌腱。腰椎平面以上的患者需要特别强调髋关节屈曲及腘绳肌牵张运动,因为只有髋关节直腿屈曲超过 90° 时才有可能用长腿姿势独立坐在床上,这是各种转移训练和床上活动的基础。高位脊髓损伤患者为了防止肩关节半脱位,可以使用肩矫形器。肩胛骨和肩带肌的被动运动与训练对于恢复上肢功能意义重大,不可忽视。

(二) 直立适应性训练

逐步从卧位转向半卧位或坐位,倾斜的高度每日逐渐增加,以无头晕等低血压不适症状为度,循序渐进。下肢可使用弹力绷带,同时可使用腹带,以减少静脉血液淤滞。从平卧位到直立位需 1~3 周的适应时间。适应时间长短与损伤平面相关。直立床训练是常用的方法。

(三) 膀胱和肠道训练

脊髓损伤后早期常有尿潴留。大量输液的情况下可采用留置导尿的方式。留置导尿管时要注意卧位时男性导尿管的方向必须朝向腹部,以免导尿管压迫尿道壁,造成尿道内压疮。留置导尿时还要注意夹放导尿管的时机。膀胱储尿 400ml 左右有利于膀胱自主收缩功能的恢复。记录出入液量,以判断放尿时机。留置导尿时每日进水量必须达到 2500~3000ml,以避免膀胱尿液细菌的繁殖增长。留置导尿者发生泌尿系统感染可以没有症状,抗菌药物往往无效,最好的办法是拔除导尿管。一旦出现全身性菌血症可以采用敏感的抗生素治疗。留置导尿要尽早结束,改为间断导尿或者清洁导尿的方式,即采用较细的导尿管,导尿插入时外阴部局部清洗干净,导尿管用后用清水冲洗,然后放入生理盐水或消毒液中保存。

脊髓损伤后的肠道问题主要是便秘。首先要强调保证足量粗纤维的饮食(例如素菜等)和规律的排便习惯(一般以原先的习惯为准)。肛门 - 直肠润滑剂和缓泻剂都可以采用。手指肛门牵张法也很有效,方法是将中指戴指套,黏润滑剂后插入肛门,缓慢将手指向肛门一侧牵拉,或者进行环形牵拉,刺激结肠蠕动,缓解肛门括约肌痉挛,从而促进排便。腹泻少见,多半为合并肠道感染。可以采用抗菌药物及肠道收敛剂治疗。

(四) 皮肤护理和压疮处理

要点是保持皮肤清洁、干燥;保持良好的营养状态;避免长时间皮肤受压。对已形成压疮者,采用生理盐水敷料创面覆盖(湿到半湿法)是有效和便宜的治疗方法。湿到半湿法是指将湿的生理盐水敷料覆盖在疮面,通过水分蒸发的作用将疮面的分泌物吸附在敷料上,并在敷料达到半湿程度的时候去除敷料,更换新的敷料。这样就可以把分泌物去除,而不损伤疮面新生的上皮组织。不主张在疮面直接使用抗菌药物,以免导致耐药菌株。

(五) 理疗

超短波、短波、直流电、神经肌肉电刺激等理疗对减轻炎性反应、促进创面愈合和神经功能恢复有一定的帮助。

(六) 心理治疗

几乎所有脊髓损伤患者在伤后均有严重心理障碍,包括极度压抑或忧郁、烦躁,甚至发生精神分裂症。因此康复治疗时必须向患者进行耐心细致的心理工作,对于患者的问题给予鼓励性的回答,帮助患者建立信心,积极参加康复训练。

四、恢复期康复治疗

一旦患者生命体征稳定、骨折部位稳定、神经损害或压迫症状稳定、呼吸平稳后即可进入恢复期治疗。

（一）肌力训练

肌力训练的重点是肌力 2~3 级的肌肉，可以采用渐进抗阻训练；肌力 2 级时可以采用滑板运动或助力运动；肌力 1 级时只有采用功能性电刺激的方式进行训练。肌力训练的目标是使肌力达到 3 级以上，以恢复实用肌肉功能。脊髓损伤者为了应用轮椅、拐或助行器，在卧位、坐位时均要重视锻炼肩带肌力，包括上肢支撑力训练、肱三头肌和肱二头肌训练和握力训练。对于采用低靠背轮椅者，还需要进行腰背肌的训练。步行训练的基础是腹肌、髂腰肌、腰背肌、股四头肌、内收肌、臀肌等训练。卧位时可采用举重、支撑，坐位时利用倒立架、支撑架等。

（二）肌肉与关节牵张训练

包括腘绳肌牵张、内收肌牵张和跟腱牵张。腘绳肌牵张是为了使患者直腿抬高大于 90°，以实现独立坐。内收肌牵张是为了避免患者因内收肌痉挛而造成会阴部清洁困难。跟腱牵张是为了保证跟腱不发生挛缩，以进行步行训练。牵张训练是康复治疗过程中必须始终进行的项目。牵张训练还可以帮助降低肌肉张力，从而对痉挛有一定的治疗作用。

（三）坐位训练

正确的独立坐位是进行转移、轮椅和步行训练的前提。床上坐位可分为长坐位（膝关节伸直）和短坐位（膝关节屈曲）。实现长坐位才能进行床上转移训练和穿裤、袜和鞋的训练，其前提是腘绳肌必须牵张度良好，髋关节屈曲活动范围超过 90°（图 6-3）。坐位训练还应包括平衡训练，及躯干向前、后、左、右侧平衡以及旋转活动时的平衡。这种平衡训练与卒中和脑外伤患者的平衡训练相似。

（四）转移训练

包括独立转移和帮助转移。帮助转移指患者在他人的帮助下转移体位。可有两人帮助和一人帮助。独立转移指患者独立完成转移动作，包括从卧位到坐位转移、床上或垫上横向和纵向转移、床至轮椅和轮椅至床的转移、轮椅到凳或凳到轮椅的转移以及轮椅到地和地到轮椅的转移等。在转移时可以借助一些辅助具，例如滑板（图 6-4，图 6-5）。

（五）步行训练

先要进行步态分析，以确定髂腰肌、臀肌、股四头肌、腘绳肌等肌肉的功能状况。完全性脊髓损伤患者步行的基本条件是上肢有足够的支撑力和控制力。如果要具有实用步行能力，则神经平面一般在腰或以下水平。对于不完全性损伤者，则要根据残留肌力的情况确定步行的预后。步行训练的基础是坐位和站位平衡训练，重心转移训练和髋、膝、踝关节控制能力训练。关节控

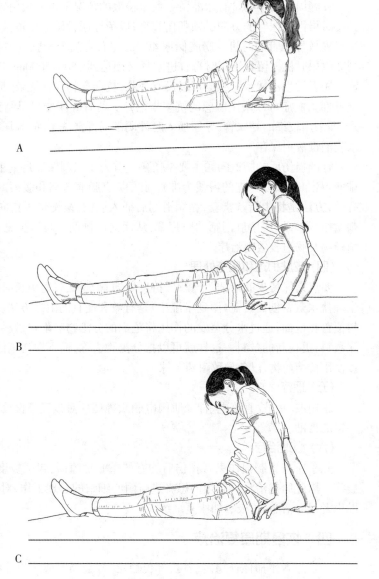

A

B

C

图 6-3 截瘫患者直接从仰卧位推坐起来

图 6-4　脊髓损伤患者侧方床 - 轮椅转移

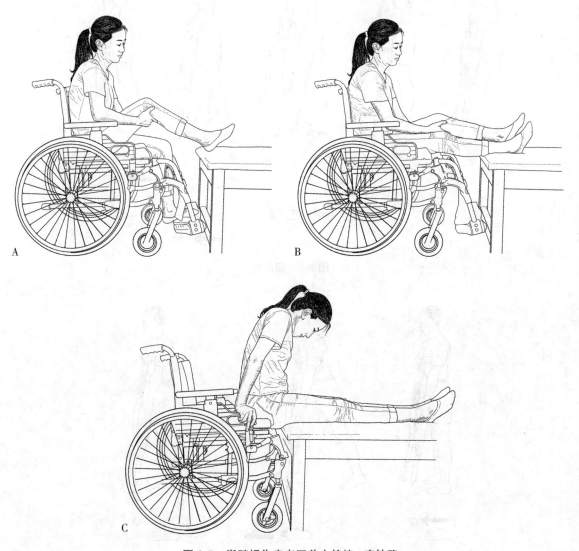

图 6-5　脊髓损伤患者正前方轮椅 - 床转移

制肌的肌力经过训练仍然不能达到3级以上水平者,需要考虑使用适当的矫形器以代偿肌肉的功能。患者可以开始平行杠内练习站立及行走,包括三点步、四点步和二点步,并逐步过渡到助走器或双杖行走。行走训练时要求上体正直、步伐稳定、步态均匀。耐力增强之后可以练习跨越障碍,上下台阶、摔倒及摔倒后起立等。步行训练的目标是:①社区功能性行走,即终日穿戴矫形器并能耐受,能上下楼,能独立进行日常生活活动,能连续行走 900m。②家庭功能性行走,即能完成上述活动,但行走距离不能达到 900m。③治疗性步行:上述要求均不能达到,但可借助矫形器进行短暂步行。(图 6-6~ 图 6-11)

(六) 轮椅训练

1. 患者选择合适的姿势　可采用身体重心落在坐骨结节上方、后方(后倾坐姿)或相反的前倾坐姿。前倾坐姿的稳定性和平衡性更好,而后倾姿势较省力和灵活。要注意防止骨盆倾斜和脊柱侧弯。

2. 轮椅操纵　上肢力量及耐力是良好轮椅操纵的前提。在技术上包括前后轮操纵,左右转进退操纵,前轮跷起行走及旋转操纵,上一级楼梯训练以及下楼梯训练。注意每坐 30min,必须用上肢撑起

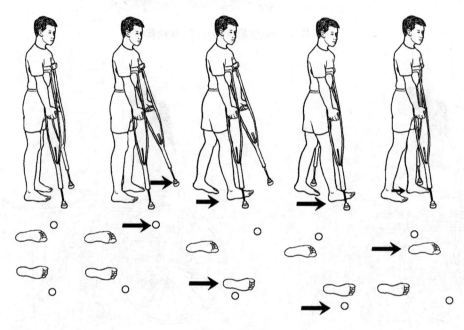

图 6-6　四点步

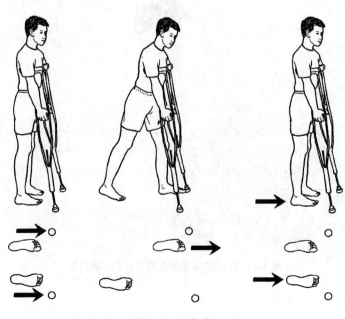

图 6-7　二点步

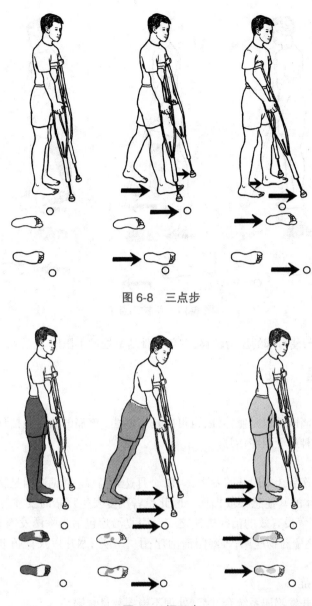

图 6-8 三点步

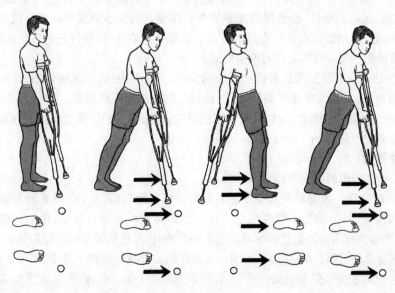

图 6-9 摆至步

图 6-10 摆过步

笔记

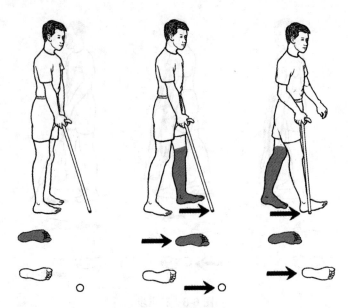

图 6-11　手杖二点步

躯干,或前倾/侧倾躯干,使臀部的压力转移,以免坐骨结节处发生压疮。

五、并发症处理

(一) 疼痛处理

脊髓损伤患者的疼痛既可以是躯体性,也可以是中枢性。疼痛的治疗包括预防性措施、心理治疗、运动和理疗、药物治疗、神经干阻滞治疗。

(二) 肌肉痉挛

肌肉痉挛一般在损伤后 3~6 周开始发生,6~12 个月达到高峰。常见诱因是膀胱充盈或感染、结石、尿路阻塞、压疮以及机体的其他感染或损伤。因此患者反复发生痉挛时要注意是否有并发症。及时去除诱发因素是缓解痉挛最有效的治疗方法之一。康复治疗包括去除诱发因素,如结石、感染等;牵张运动及放松训练;抗痉挛药物应用;神经阻滞治疗;手术治疗;水疗以及直肠电刺激治疗等均有一定效果。

(三) 泌尿系统合并症

脊髓损伤患者常常并发泌尿系统合并症,处理不当导致肾衰竭。

1. 尿路感染　患者由于感觉障碍,发生尿路感染时尿道刺激症状不明显,只能通过对尿液浑浊、尿中有红、白细胞,尿培养阳性,血常规白细胞增多和体温升高等感染现象观察。没有全身症状时一般不必采用药物治疗。增加饮水量是有效的方法。出现全身症状时,最好进行尿培养和药敏试验,以选择恰当的抗菌药物。超短波等理疗有明确的效果。

2. 泌尿系统结石　脊髓损伤者饮水一般偏少,加上长期卧床,使尿液浓缩,长期不活动造成高钙血症和高磷酸血症,容易发生泌尿系统结石,也容易继发泌尿系统感染。防治方法:适当增加体力活动,减少骨钙进入血液,多饮水,增加尿量和尿钙排泄,根据结石的性质适当改变尿液的酸碱度。必要时可以采用超声波振碎石、中药排石等。

(四) 性功能障碍

神经平面与性功能障碍关系密切(表 6-7)。

1. 男性性功能障碍　颈髓和胸髓损伤患者多数均可有勃起(表 6-7)。具有勃起能力的患者 76% 在伤后 6 个月内恢复,其余均在 1 年内恢复。其中 23% 可以成功进行性交,10% 可以射精,5% 具有生育能力。恢复勃起的技术有血管活性物质阴茎海绵体内注射(罂粟碱和酚妥拉明联合使用最为常见,一般注射于阴茎根部外后侧)、真空技术(采用产生负压的装置将阴茎置于其中,利用负压使阴茎胀大,再使用收缩带置于阴茎根部阻断血流,使阴茎保持勃起状态)、阴茎假体(阴茎假体包括半硬式和充盈式两大类)。骶前神经刺激器可以作为治疗尿失禁的方法,也可以造成阴茎勃起。

笔记

表 6-7 神经平面与性功能的关系(完全性损伤)

神经平面	性功能
$T_{10}\sim L_2$ 以上	生殖器感觉全部丧失。但直接刺激可以使阴茎反射性勃起或阴唇反射性充血,阴道润滑,阴蒂肿胀
T_{10-12}	交感神经活动丧失,有心理性阴茎勃起和阴道充血反应。如果损伤平面以下的脊髓骶段未受影响,直接刺激生殖器有可能产生反射现象
T_{12} 以下	心理性阴茎勃起存在,但勃起时间较短,通常不能满足性交,女性可有生殖器反应和较弱的快感,但骶段或马尾损伤时消失
$L_2\sim S_1$	男性可以有生殖器触摸和心理性勃起,但不能协调一致,男女均不能通过生殖器刺激获得性高潮
S_{2-4}	男性丧失勃起和射精能力,不可能通过生殖器刺激获得性高潮

2. 女性性功能障碍 脊髓损伤对女性患者的生育无影响,月经一般在 1 年内恢复正常;女性患者在生殖器感觉丧失后,性敏感区趋向于转移到其他部位,仍然足以刺激产生性高潮。外生殖器在 T_{12} 以上水平可以有反射性分泌,L_1 以下可以有心理性分泌。尽管分泌量可有所减少,但性交活动一般没有重大影响。

(五)心血管问题

T_6 平面以上损伤导致交感神经完全失去高级控制,机体的应激能力和血管舒缩能力异常。T_6 平面以下胸髓损伤导致部分交感神经失控,腰骶平面损伤不影响交感神经系统,但可以损害下肢血管控制能力。高位截瘫或四肢瘫的患者最常见的异常是低血压和心动过缓,与心排血量下降平行,与心脏的交感神经张力下降以及血管收缩机制障碍有关。脊髓休克恢复后,节段性交感神经功能逐步恢复,心血管功能也逐步得到恢复,最终达到稳定平衡状态。老年性心脏功能减退在脊髓损伤后将进一步加剧。容易发生冠心病、高血压病以及心衰。自主神经过反射是较严重的心血管问题,表现为发作性高血压、头痛、面部潮红等,常见的诱因是膀胱充盈、直肠刺激、便秘、感染、痉挛、结石、器械操作、性冲动等。处理方法为取坐位,口服钙拮抗剂、静脉注射交感神经阻滞剂或硝酸甘油类药物。如果血压持续超过 200/130mmHg,而药物效果不佳时,可以考虑采用硬膜外麻醉的方法阻断交感神经节,以控制血压。

(六)体温调节障碍

脊髓损伤可以出现体温随环境温度而变化。因此要特别注意气温变化时采取适当的衣着。

(七)异位骨化

脊髓损伤后异位骨化发生率为 16%~53%,最常见于髋关节,其次为膝、肩、肘关节及脊柱,一般发生于伤后 1~4 个月,但可以早在伤后 2 周左右,晚至伤后数年。病理改变先发生在肌肉周围,以后逐渐与肌肉分开,可包裹部分萎缩的肌肉纤维。一般不累及关节囊。发展过程分为四期:

1. I期 软组织炎性反应,肢体肿胀、发热,局部触及较硬的肿块、疼痛、关节活动受限,碱性磷酸酶增高。出现症状的最初 7~10d 常规 X 线检查阴性,骨扫描有助于早期诊断。

2. II期 临床表现与I期相似,但 X 线检查为阳性。

3. III期 疼痛逐步减轻,但关节活动仍然明显受限。

4. IV期 疼痛基本消失,病变组织硬化,骨扫描可为阴性,X 线可见病变部位骨性改变。

治疗包括药物、手术、理疗。早期(I~II期)常用局部冷疗。III~IV期时可以采用温热疗法。异位骨化后运动训练不可以造成明显疼痛,否则可加重病情。为了预防异位骨化的发生,进行关节被动活动时要注意动作轻柔,不可采用暴力,以免损伤肌肉或关节,促使异位骨化发生。

(八)迟发性神经功能恶化

神经功能状态的恶化可以在损伤数年后出现(3~5 年占 12.1%),对患者的独立生活能力有明显的影响。迟发性神经功能恶化的原因不明,可能与过度使用或失用有关,也可能是退变的结果。

本章小结

　　脊髓结构破坏导致各神经束传导功能中断而引起肢体瘫痪、感觉障碍、自主神经功能障碍、大小便功能障碍。脊髓横断面内不同区域损害可表现为不同的综合征。脊髓损伤后的功能预后与损伤平面、损伤程度直接相关。感觉关键点、关键肌评定是脊髓损伤平面和损伤程度判断的重要依据。AIS 分级是脊髓损伤程度判断的重要方法。

　　脊髓损伤早期临床处理是保护脊髓组织、减轻损伤程度的关键所在。康复治疗不仅局限于运动功能恢复，而且要重视并发症的处理和预防，如压疮、痉挛、关节挛缩、疼痛、神经源性膀胱和肠道的处理。此外，康复护理是不可或缺的重要内容。

（王红星）

思考题

1. 简述脊髓损伤各临床综合征的临床表现及功能预后的差异。
2. 影响脊髓损伤预后的因素有哪些？
3. 脊髓损伤早期和恢复期康复治疗有哪些异同？

扫一扫，测一测

思路解析

学习目标

1. 掌握　帕金森病的基本概念、功能障碍、康复评定和康复治疗方法。
2. 熟悉　帕金森病的康复治疗目标。
3. 了解　帕金森病的病因、病理及发病机制。
4. 具有基本临床康复思维与素养,能对帕金森病患者进行康复评定,总结出主要功能障碍,针对功能障碍制订康复治疗处方,并执行;具有指导患者康复训练及评估康复疗效的能力,能对患者在治疗过程中出现的简单问题进行处理。
5. 能与患者及家属进行良好沟通,开展健康教育;能与相关医务人员进行专业交流与团结协作开展康复治疗工作。

病例导学

患者,男性,58岁,因"动作迟缓,右上肢震颤2年"入院。患者2年前无明显诱因出现动作迟缓,右手不自主震颤,呈"搓丸样"动作,静止时出现,主动活动或睡眠时消失。渐感觉右侧肢体发僵,写字、执筷等精细动作不灵活,系鞋带困难。曾就诊于多家医院,给予"美多巴"治疗,患者症状有所好转,后自行停药,上述症状再次加重,逐渐出现肢体僵硬,起步困难,步幅变小,转身笨拙。曾做头颅MRI检查未见明显异常。为进一步诊治来我院以"帕金森病"收入治疗。入院查体:神清,言语交流可,高级认知功能正常,面部表情少,瞬目减少,讲话声音稍低沉,语调单一,饮水无呛咳。四肢肌力5级,右手可见静止性震颤,右侧肢体肌张力增高,右上肢呈齿轮样增高,右下肢铅管样增高;站立平衡3级,左下肢单足站立30s,右下肢单足站立5s,行走右下肢略拖步,步幅小,右上肢无摆臂。双侧巴宾斯基征阴性。

问题与思考:

1. 该患者有哪些康复问题?
2. 针对这些问题如何评定?
3. 针对患者的功能障碍,应该进行哪些康复治疗?

第一节　概　　述

一、基本概念

帕金森病（Parkinson disease，PD）或称震颤麻痹（paralysis agitans），是中老年常见的神经系统变性疾病，以黑质多巴胺能神经元变性缺失和路易小体（Lewy体）形成为特征。临床特征为静止性震颤、运动迟缓、肌强直和姿势步态异常等，1817年由英国医师詹姆士·帕金森首先描述并因此而得名。

二、流行病学概况

一般在58~62岁开始发病，发病率随年龄增长而逐渐增加，50~79岁占绝大多数，男女比为4：3。此病致残率高，发病1~5年后，致残率为25%；5~9年达66%；10~14年时可超过80%。

帕金森病根据病因分为原发性帕金森病及继发性帕金森病，后者又称帕金森综合征，多由脑血管病、感染、药物、中毒以及其他神经系统变性疾病继发引起。原发性帕金森病的病因仍不十分清楚，目前的研究认为与年龄老化、遗传易感性和环境毒素的接触等综合因素有关。只有遗传、环境因素及衰老等多种因素相互作用，通过氧化应激、钙超载、兴奋性氨基酸毒性作用、细胞凋亡、免疫异常等机制，才导致黑质多巴胺能神经元大量变性丢失而发病。

主要病理改变是以中脑的黑质多巴胺神经元变性缺失和路易小体（Lewy体）形成为特征。帕金森病患者由于黑质多巴胺神经元变性缺失、黑质-纹状体多巴胺通路变性，纹状体多巴胺含量显著降低，造成乙酰胆碱系统功能亢进，这是导致肌张力增高、运动迟缓等运动症状的生化基础。

三、临床表现

帕金森病起病隐袭，缓慢发展，逐渐加剧。主要症状有静止性震颤、肌张力增高、运动迟缓、姿势步态异常等。初发症状以震颤最多（60%~70%），其次为步行障碍、肌强直和运动迟缓。症状常自一侧上肢开始，逐渐波及同侧下肢、对侧上肢及下肢。

1. 震颤　常为首发症状，多由一侧上肢远端（手指）开始，逐渐扩展到同侧下肢及对侧肢体，下颌、口唇、舌及头部通常最后受累。典型表现是静止性震颤，拇指与屈曲的示指间呈"搓丸样"动作，安静或休息时出现或明显，随意运动时减轻或停止，紧张时加剧，入睡后消失。强烈的意志努力可暂时抑制震颤，但持续时间很短，过后反有加重趋势。令患者一侧肢体运动如握拳和松拳，可引起另一侧肢体出现震颤，该试验有助于发现早期轻微震颤。

2. 肌强直　肌强直表现为屈肌和伸肌同时受累，被动运动关节时始终保持增高的阻力，称"铅管样强直"；部分患者因伴有震颤，检查时可感到在均匀的阻力中出现断续停顿，如同转动齿轮感，称为"齿轮样强直"，是由于肌强直与静止性震颤叠加所致。

3. 运动迟缓　表现随意动作减少，包括起动困难和运动迟缓，并因肌张力增高，姿势反射障碍而表现一系列特征性运动症状，如起床、翻身、步行、方向变换等运动迟缓；手指作精细动作如扣纽扣、系鞋带等困难。

4. 姿势步态异常　站立时呈屈曲体态，步态障碍甚为突出。疾病早期表现走路时下肢拖曳，随病情进展呈小步态，步伐逐渐变小变慢，启动困难，行走时上肢的前后摆动减少或完全消失；转弯时，平衡障碍特别明显，因躯干僵硬，采取连续小步使躯干和头部一起转弯。晚期患者自坐位、卧位起立困难，迈步后即以极小的步伐向前冲去，越走越快，不能及时停步或转弯，称慌张步态。

5. 其他症状　口、咽、腭肌运动障碍，讲话缓慢，语音低沉单调，流涎，严重时可有吞咽困难。自主神经症状较普遍，如皮脂腺分泌亢进所致脂颜，汗腺分泌亢进致多汗，交感神经功能障碍所致的直立性低血压等。

四、诊断要点及临床处理原则

（一）诊断要点

具有帕金森病典型症状的患者诊断是不困难的。如果出现静止性震颤、肌肉强直和运动迟缓、姿势步态异常中的任何两个症状，同时排除了帕金森综合征的临床症状，服用左旋多巴制剂后症状改善明显，在临床上可以诊断为帕金森病。患者血液、脑脊液常规检查无明显异常，脑 CT 扫描或者头颅 MRI，可排除其他能导致帕金森病症状的疾病。病理检查可在脑组织的切片中找到路易小体，这是帕金森病的特征性病理改变。

（二）治疗要点

1. 药物治疗　疾病早期无需特殊治疗，应鼓励患者多做主动运动。药物治疗原则：从小剂量开始，渐增剂量至获得满意疗效而尽量少出现副作用；治疗方案个体化，根据年龄、症状类型、严重程度、就业情况、药物价格和经济承受能力等选择药物。

（1）抗胆碱能药物：对震颤和强直有一定效果，但对运动迟缓疗效较差，适用于震颤突出且年龄较轻的患者。常用药物有：①盐酸苯海索（安坦）1~2mg，每日 3 次口服；②丙环定（开马君）：起始量每次 2.5mg，每日 3 次口服，逐渐增至每日量 20~30mg，分 3 次服。其他还有苯甲托品、环戊丙醇等。主要副作用有口干、视物模糊、便秘和排尿困难等。青光眼及前列腺肥大患者禁用。

（2）金刚烷胺：可促进 DA 在神经末梢的释放。早期患者可单独或与盐酸苯海索合用。起始剂量 50mg，2~3 次 /d，1 周后增至 100mg，2~3 次 /d，药效一般可维持数月至一年。副作用有神志模糊、下肢网状青斑、踝部水肿等，较少见。

（3）左旋多巴及复方左旋多巴：左旋多巴自 20 世纪 60 年代应用于临床，至今仍是治疗 PD 的最基本最有效药物，对震颤、强直、运动迟缓等均有较好疗效。为减少其外周副作用、增强疗效，目前多用左旋多巴与外周多巴脱羧酶抑制剂按 4：1 制成复方制剂，即复方左旋多巴，其用量可较左旋多巴减少 3/4。一般从小剂量开始，逐渐增量，以最低有效量作为维持量。周围性副作用有恶心、呕吐、低血压、心律失常；中枢性副作用有症状波动、运动障碍（异动症）和精神症状等。狭角型青光眼、精神病患者禁用，活动性消化道溃疡者慎用。

（4）多巴胺受体激动剂：疗效不如复方左旋多巴，一般主张与之合用，发病年龄轻的早期患者可单独应用。均应从小剂量开始，渐增剂量至获得满意疗效而不出现副作用为止。主要有溴隐亭、培高利特等。

（5）单胺氧化酶 B 抑制剂：丙炔苯丙胺为选择性单胺氧化酶 B 抑制剂，与复方左旋多巴合用有肯定的协同作用，减少左旋多巴用量，并可有神经保护作用。

（6）儿茶酚 -O- 甲基转移酶抑制剂：与左旋多巴合用可增强疗效，单独使用无效。副作用有腹泻、头痛、多汗、口干、转氨酶升高、腹痛、尿色变浅等。

2. 外科治疗　立体定向手术始于 20 世纪 40 年代，近年来利用微电极记录和分析细胞放电的特征，可以精确定位引致震颤和肌强直的神经元，达到细胞功能定位的水平，使手术疗效和安全性大为提高。目前常用的手术方法有苍白球、丘脑毁损术和深部脑刺激术。对年龄较轻，症状以震颤、强直为主且偏于一侧者效果较好，但术后仍需应用药物治疗。

3. 细胞移植及基因治疗　将自体肾上腺髓质，尤其是异体胚胎中脑黑质细胞移植到患者的纹状体，可纠正多巴胺递质缺乏，改善 PD 的运动症状。神经营养因子基因治疗是正在探索中的一种较有前景的新疗法，尚处在动物实验阶段。

4. 康复治疗　作为辅助手段对改善症状也可起到积极的作用，对患者进行语言、进食、走路及各种日常活动的训练和改善生活质量十分重要。

知识拓展

帕金森病精神障碍和自主神经功能障碍的治疗

1. 精神障碍的治疗　最常见的精神障碍包括抑郁和 / 或焦虑、幻觉、认知障碍或痴呆等。首先需要甄别患者的精神障碍是由抗帕金森病药物诱发，还是由疾病本身导致。若为前者则需根据易诱发患者精神障碍的概率而依次逐减或停用如下抗帕金森病药物：抗胆碱能药、金刚烷胺、单胺氧化酶B抑制剂、多巴胺受体激动剂；若采取以上措施患者的症状仍然存在，在不明显加重帕金森病的运动症状的前提下，可将复方左旋多巴逐步减量。如果药物调整效果不理想，则提示患者的精神障碍可能为疾病本身导致，就要考虑对症用药。针对幻觉和妄想的治疗，推荐选用氯氮平或喹硫平。对于抑郁和/或焦虑的治疗，可应用选择性SSRI抗抑郁药，也可应用多巴胺受体激动剂，尤其是普拉克索既可以改善运动症状，同时也可改善抑郁症状。劳拉西泮和地西泮缓解易激惹状态十分有效。针对认知障碍和痴呆的治疗，可应用胆碱酯酶抑制剂，如新斯的明、多奈哌齐等，以及美金刚，其中新斯的明及利伐斯明的证据较为充分。

2. 自主神经功能障碍的治疗　最常见的自主神经功能障碍包括便秘、直立性低血压等。对于便秘，摄入足够的液体、水果、蔬菜、纤维素和乳果糖（10~20g/d），或其他温和的导泻药物能改善便秘症状，如乳果糖、龙荟丸、大黄片、番泻叶等；也可加用胃蠕动药，如多潘立酮、莫沙必利等。需要停用抗胆碱能药并增加运动。直立性低血压患者应增加盐和水的摄入量；睡眠时抬高头位，不要平躺；可穿弹力裤；不要快速地从卧位或坐位起立；首选α-肾上腺素能激动剂米多君治疗，且疗效最佳。

五、主要功能障碍

（一）运动功能障碍

1. 静止性震颤　早期震颤比较轻，晚期严重时可使动作的协调性受影响，从而影响日常生活。

2. 肌强直　肌强直表现肢体和躯干肌群的屈肌与伸肌张力同时受累，全身肌肉紧张和僵硬。肌强直最早累及腕关节、肘关节及肩关节，面部表情肌次之。表情肌受累时呈特有的"面具脸"。如手指、腕、臂强直时，写字时出现"小写征"。肌肉强直限制了帕金森病患者的活动程度，在早期表现为明显的笨拙，患者心理上有残疾感，后期逐渐出现木僵，甚至植物状态，因此全身肌肉的僵硬成为主要的问题。

3. 运动迟缓　由于肌张力增高、姿势反射障碍，患者所有的动作似乎都在克服阻力，动作缓慢，主动运动减少，动作启动、躯干旋转及分节运动困难，不能随意控制运动速度。如起床、步行等运动启动慢、犹豫不决，动作一旦启动不能立即停止，活动中的伴随动作减少。

4. 姿势和步态异常　主要表现为特殊屈曲姿势，站立时身体前倾前屈、前臂内收、肘关节屈曲、腕关节和掌指关节屈曲、指间关节伸展、拇指对掌，髋膝关节略屈曲。可出现拖行步态、慌张步态，并随着步行的继续而逐渐加剧；步行时患者下肢拖曳，步幅小，步速快，患肢无摆动；起动困难，但一旦起步就越走越快，不能自控，甚至需要前方有障碍物才能使患者停步；转身时患者双下肢无交叉，头、躯干、下肢呈同一纵轴线，以碎步姿势缓慢旋转。平衡功能差，容易跌倒。随着病情进展，最终患者丧失步行能力，转为轮椅或床上生活。

部分患者出现"僵冻现象"，又名冻结现象，是指帕金森病患者的一种双脚突然而短暂地黏附到地面上，使下一步不能够迈出的感觉，以发生于完成节律性及重复性运动的开始或过程中突然而短暂的困难为特征。

5. 平衡及协调异常　表现为姿势不稳，容易跌倒。主要原因为屈肌强直导致的特殊姿势及姿势反射调节受损；动作减少、重心转换困难及步态异常；平衡反应障碍。

6. 异动症　长期服用左旋多巴类的患者，用药3~5年后，可出现"异动症"。表现为一种舞蹈样、手足徐动样或简单重复的不自主动作，常见于面舌肌、颈、背和肢体；出现不自主动作。可持续整个左旋多巴的起效期，或只出现在血中左旋多巴浓度最高的时段，称峰剂量异动症。

（二）言语障碍

属构音障碍，系舌肌、咽喉肌出现强直所致，比较典型的表现有发声疲劳、音量过低、声音嘶哑、声音单调、缺乏韵律、重音减弱、辅音不准、发声控制能力下降等，偶尔伴刺耳音。其中，音量过低、声

图片：小写征

图片：屈曲体态

笔记

音单调较为普遍。与正常人相比,帕金森病患者的讲话音量要低 2~4dB,相当于感觉上声音强度下降40%。声音单调,即讲话的基本频率与正常人相比缺乏变化。

(三) 吞咽障碍

通常患者可表现为张口困难,流口水,进食时食物从口角流出,咀嚼困难,食物夹藏在颊部或残留在舌面,舌肌及咽喉肌出现强直时还可出现吞咽动作启动困难。吞咽时舌头做反向运动而把食物往外推送,食物反流入鼻腔;吞咽后咳嗽或噎食,进食后有痰音或声音嘶哑。严重者不能进食,或有些患者能勉强吞下食物,但数秒后食物反流造成呛咳。

(四) 高级认知功能障碍

多有抑郁倾向,部分患者情绪易焦虑、激动,缺乏主动性、安全感。后期多数合并有认知功能障碍,主要表现为记忆力下降,空间定向力下降,注意力缺乏,分散注意能力下降,学习新事物能力下降,不能同时进行两项工作(如一边走路一边打电话),执行能力下降。

(五) 自主神经功能障碍

表现为多汗、颜面潮红、皮脂腺分泌亢进、便秘、失禁、直立性低血压等自主神经症状,其中直立性低血压是导致患者易跌倒的原因之一。

(六) 继发性功能障碍

主要有肌肉萎缩、无力,关节僵硬及挛缩,骨质疏松,营养不良;压疮;肺活量明显降低或活动时呼吸急促等。

第二节　康复评定

一、躯体功能评定

包括肌力、关节活动范围、肌张力、协调性、上肢和手指功能、平衡能力、呼吸能力、构音功能、吞咽功能、步行能力等。

(一) 关节活动范围(range of joint motion,ROM)评定

由于肌肉强直僵硬,活动减少,使关节及周围组织粘连挛缩,导致关节活动度受限,可用关节量角器进行测量,分别测定主动关节活动度和被动关节活动度。

(二) 肌力评定

可进行肢体力量评定,多用徒手肌力检查(manual muscle test,MMT)评定,早期肌力下降不明显,采用等速测试能敏感地发现帕金森病患者的肌力减退。

(三) 肌张力评定

一般用改良 Ashworth 量表评估,帕金森病是锥体外系疾病,表现为屈肌和伸肌张力同时增高,屈肌张力较伸肌张力高。

(四) 平衡试验

不扶持下:①单足站立;②双足站立;③双足站立,且重心转移;④双膝跪立;⑤手足支撑。上述姿势保持 3s 为正常;否则就为异常。

(五) 协调试验

1. 上肢

(1) 30s 内能按动计数器的次数。

(2) 1min 内能从盆中取出的玻璃球数。

(3) 1min 内能插入穿孔板内的小棒数。

(4) 1min 内在两线间隔 1mm 的同心圆的空隙内能画出圆圈的个数和画出线外的次数。

(5) 1min 内在两线间隔 1mm 的直线图空间能画出直线的条数和画出线外的次数。

2. 下肢

(1) 闭眼状态下双足跟与足尖并拢能站立的时间。

(2) 睁眼状态下单足能站立的时间。

(3) 睁眼状态下前进、后退、横行分别行走 10m 距离所需的时间。

(4) 闭眼状态下,前进、后退、横行分别行走 10m 距离所需的时间。

(5) 睁眼状态下,在 20cm 宽的两直线内行走,计算 10s 内的步行距离和足出线的次数。

(六) 其他

1. 呼吸功能测定　可进行肺功能评定。

2. 构音评定　与发音有关的唇、舌、颜面、咽喉的运动评定。

3. 吞咽评定　可通过唾液吞咽测试或吞咽造影录像检查来完成。

二、日常生活活动能力评定

包括生活自理(进食、更衣、洗澡等)、移乘(使用轮椅、行走)、交流及家务劳动(做家务、购物等方面),通常使用 Barthel 指数或 FIM 评估法。

三、认知功能评定

可进行记忆力、注意力评定,晚期患者进行认知功能的综合评定。

四、心理评定

多有抑郁倾向,部分患者情绪易焦虑、激动,缺乏主动性、安全感。可用汉密尔顿焦虑或抑郁量表进行评定。

五、PD 专用量表评定

1. 韦氏帕金森病评定法　帕金森病的康复综合评定量表很多,常用的有修订韦伯斯特量表。从手动作、强直、姿势、上肢协调、步态、震颤、面容、言语和生活自理能力九个方面评分,采用 4 级 3 分制,0 为正常,1 为轻度,2 为中度,3 为重度。每项累加总分为 27 分,1~9 分为早期残损,10~18 分为中度残损,19~27 分为严重进展阶段(表 7-1)。

表 7-1　韦氏综合评定量表

临床表现	生活能力	记分
1. 手动作	不受影响	0
	精细动作减慢,取物、扣纽扣、书写不灵活	1
	动作中度减慢、单侧或双侧各动作中度障碍,书写明显受影响,有小写征	2
	动作严重缓慢,不能书写,扣纽扣、取物显著困难	3
2. 强直	未出现	0
	颈、肩部有强直,激发症阳性,单或双侧腿有静止性强直	1
	颈、肩部中度强直,不服药时有静止性强直	2
	颈、肩部严重强直,服药仍有静止性强直	3
3. 姿势	正常、头部前屈 <10cm	0
	脊柱开始出现强直,头屈达 12cm	1
	臀部开始屈曲,头前屈达 15cm,双侧手上抬,但低于腰部	2
	头前屈 >15cm,单双侧手上抬高于腰部,手显著屈曲、指关节伸直、膝开始屈曲	3
4. 上肢	双侧摆动自如	0
协调	一侧摆动幅度减小	1
	一侧不能摆动	2
	双侧不能摆动	3

续表

临床表现	生活能力	记分
5. 步态	跨步正常	0
	步幅 44~75cm,转弯慢,分几步才能完成,一侧足跟开始重踏	1
	步幅 15~30cm,两侧足跟开始重踏	2
	步幅 <7.5cm,出现顿挫部,靠足尖走路转弯很慢	3
6. 震颤	未见	0
	震颤幅度 <2.5cm,见于静止时的头部、肢体、行走或指鼻时手有震颤	1
	震颤幅度 <10cm,明显不固定,手仍能保持一定控制能力	2
	震颤幅度 >10cm,经常存在,醒时即有,不能自己进食和书写	3
7. 面容	表情丰富,无瞪眼	0
	表情有些刻板,口常闭,开始有焦虑、抑郁	1
	表情中度刻板,情绪动作时现,激动阈值显著增高,流涎,口唇有时分开,张开 >0.6cm	2
	面具脸,口唇张开 >0.6cm,有严重流涎	3
8. 言语	清晰、易懂、响亮	0
	轻度嘶哑,音调平、音量可,能听懂	1
	中度嘶哑,单调、音量小、乏力、呐吃,口吃不易听懂	2
	重度嘶哑,音量小,呐吃、口吃严重,很难听懂	3
9. 生活 自理能力	能完全自理	0
	能独立自理,但穿衣速度明显减慢	1
	能部分自理,需部分帮助	2
	完全依赖照顾,不能自己穿衣进食、洗漱、起立行走,只能卧床或坐轮椅	3

2. 帕金森病病情程度分期评定法　目前国际上较通用的帕金森程度分级评定法,是对功能障碍水平和能力障碍水平的综合评定,是日本学者在 Yahr 分级评定的基础上按日常生活能力分为三期,一期日常生活无需帮助;二期日常生活需部分帮助;三期日常生活需全面帮助(表 7-2)。

表 7-2　帕金森病病情程度分期评定法

分期	日常生活能力	分级	临床表现
一期	日常生活不需帮助	Ⅰ级	仅一侧障碍,障碍不明显,相当于韦氏表总评 0 分
		Ⅱ级	两侧肢体或躯干障碍,但无平衡障碍,相当于韦氏量表总评 1~9 分
二期	日常生活需部分帮助	Ⅲ级	出现姿势反射障碍的早期症状,身体功能稍受限,仍能从事某种程度工作,日常生活有轻重度障碍,相当于量表总评 10~19 分
		Ⅳ级	病情全面发展,功能障碍严重,虽能勉强行走、站立,但日常生活有严重障碍,相当于量表总评 20~28 分
三期	需全面帮助	Ⅴ级	障碍严重,不能穿衣、进食、站立、行走,无人帮助则卧床,或在轮椅上生活,相当于量表总评 29~30 分

第三节　康复治疗

一、康复治疗目标

1. 合理选用运动疗法、作业疗法和理疗,减轻和控制症状,推迟左旋多巴类药的应用,延缓病情的发展。

2. 改善关节活动度,特别是伸展方面,预防挛缩和纠正不正常姿势。

3. 通过功能锻炼,学会松弛训练,预防或减轻失用性肌萎缩及无力,维持或改善耐久力以及躯体允许范围的功能,提高肢体运动以及平衡、协调功能,改善步态。

4. 教会代偿策略,指导患者掌握独立安全的生活技巧,防止和减少继发性损伤。

5. 帮助患者和家属调整心理状态。

6. 维持或增加肺活量及言语、吞咽能力,通过作业疗法,尽量保持或提高日常生活活动能力,促进患者回归家庭和社会。

二、康复治疗原则

(一) 综合治疗原则

目前尚无有效方法阻止帕金森病病理过程的进展,故临床需合理、综合应用各种治疗措施,尤其继发性患者应积极治疗原发病,药物治疗结合各种功能训练,消除焦虑不安、恐惧、抑郁、消极的不良情绪,才能获得较满意和长期的疗效。

(二) 节约能量原则

帕金森病患者容易产生疲劳,应采用多种代偿策略,避免抗阻运动,掌握松弛方法,减少疲劳发生。

(三) 维持治疗原则

帕金森病是进行性疾病,药物及康复治疗只能改善症状、提高生活质量,但不能改变最终结局,故需给予长期维持治疗。患者及家属需同时参与训练,学会正规的躯干及四肢运动、颜面运动、行走,才能尽可能地延缓病情发展,延长病程。

三、康复治疗方法

(一) 松弛训练

肌强直和肢体僵硬、姿势异常为帕金森病的典型症状,通过缓慢而有节奏的前庭刺激,或有节奏的技术,尤其是本体感觉神经肌肉促进技术(proprioceptive neuromuscular facilitation,PNF),可使全身肌肉松弛。具体方法如下:

1. 振动或转动法 患者坐在振动的椅子上,或坐在转动的椅子上,或在垫上支持位置完成缓慢节奏的转动,可以降低肌张力,改善肌强直。

2. PNF法 要求由被动到主动、由小范围到全范围进行有节奏的运动。

(1) 患者仰卧位,双上肢交叉抱在胸前或伸直,双髋、膝关节屈曲位,头、肩部缓慢转向左侧,屈曲的双下肢转向右侧,然后再做相反动作,此动作可使肩、躯干、下肢的肌肉松弛。

(2) 仰卧位,双侧肩外展约45°,屈肘90°,一侧肩外旋,头转向该侧,对侧肩内旋,然后再做相反动作,如此反复数次,此动作可使颈、肩、上肢的肌肉松弛。

(3) 俯卧位,伸髋下被动练习反复屈伸膝关节,可使下肢的肌肉松弛。

3. 深呼吸法 可采用腹式呼吸的方法,细呼深吸,并可配合呼吸动作默念"吸""呼"。

4. 意念放松法 在安静的环境中,反复默念"静""松",促进身体放松。

(二) 姿势矫正训练

帕金森病患者训练强调姿势训练和旋转运动,在训练中通过有节奏地相互交替运动,同时使用语言、听、触觉刺激,增强感觉,有助于患者提高运动意识。

1. 矫正颈部姿势 帕金森病患者的颈部往往呈前倾姿势,加重后可表现为明显驼背,应训练患者最大幅度的仰头、低头,低头时下颌尽量触及胸部,仰头至双眼垂直注视天花板;下颌前后运动时,下颌前伸保持6~10s,然后内收6~10s;左右转头、摆头时,头部缓慢地向左右肩部侧靠,尽量用耳朵去触到肩膀,或用下颌触及肩部。

2. 矫正脊柱后凸 在上肢,利用PNF技术双侧对称对角屈曲模式,训练患者双肩屈曲上举、外展、外旋,结合扩胸运动,同时配合呼吸,可促进上肢及躯干伸展;利用体操棒在肩后伸时夹脊、挺胸,此动作还可由治疗师配合将体操棒缓慢后拉并维持10s,重复10~20次,均可纠正脊柱后凸。

3. 矫正下肢屈曲、内收挛缩 利用PNF技术双下肢对角伸展模式,强调髋、膝伸展,重点训练髋外展、内旋以及膝伸展,配合垫上长腿坐位下牵伸腘绳肌,可纠正下肢屈曲、内收挛缩。

(三) 关节活动度(ROM)训练

训练目的是维持或增加患者主动与被动的关节活动度,尤其是伸展性关节活动度。需尽早开始进行ROM训练,强调整体运动功能模式,包括躯干、肩、骨盆等成分的训练,主要部位为膝、肩、肘、手指等关节,尤其注意防止膝屈曲挛缩,可配合作业疗法进行。具体做法如下:

1. 在肘膝位支撑下,重心分别向前、向后、向左、向右移动,使肩、肘、髋、膝得到锻炼;还可采用三点支撑,将空出的一侧上肢分别向各个方向抓取物品。

2. 坐位下外展双肩、屈肘用手掌触摸头枕部、再弯腰伸肘触摸对侧足尖,左右交替进行;坐位下,双手置于巴氏球上,双上肢带动球向各个方向滚动,或将球踢向各个方向,要求踢后尽量伸直膝关节;坐位下推磨砂板、拔插木钉,或擦玻璃、擦拭家具表面等。

3. 立位下双上肢平推墙面,下肢分别向前、向后、向侧方迈步;面墙站立,双上肢沿墙壁尽量摸高;直立位下扩胸、挺胸、肩外展、伸肘等,还可借助棍棒体操、投掷、骑自行车、上下楼梯等活动,改善肢体的关节活动度。

(四) 平衡训练

在跪位、坐位和直立位较慢的重心转移可帮助患者发展躯体的稳定性,防止跌倒发生。如跪位下重心前后、左右移动;在垫上用臀向前、向后"行走";坐在巴氏球上晃动躯干;坐位下双侧交叉伸腿、击掌;坐位下上下肢反向运动;立位下沿直线行走、交叉侧步移动;立位下双足分开与肩同宽站立,重心缓慢向左右、前后移动,尽量配合躯干和骨盆的旋转,同时双上肢也随之大幅度的摆动,这样不仅能训练平衡,同时还有助于放松紧张的上肢和躯干肌肉。

训练中应强化患者对自身姿势异常及平衡问题的意识,采取预防跌倒的有效措施,如穿平底、防滑鞋,爬楼时扶栏杆,坐在浴凳上洗澡,厕所便器旁安装护栏等。

(五) 语言训练

帕金森病属运动减少型构音障碍,言语障碍主要表现声音低沉、说话缓慢、语音短促、缺乏韵律,重音减弱,辅音不准,偶尔伴刺耳音。针对上述障碍可进行如下训练:

视频:舌基础训练

1. 唇舌、软腭的训练 交替下颌张闭嘴,撅唇及后缩唇,舌前伸、后缩、上抬、下压、环绕等,尽快重复动作,随后练习发音;可用细毛刷等物直接刺激软腭,或用冰块、冰棒快速擦软腭,数秒后休息,刺激后发"a"元音,或发"pa、da""si、shu""ma、ni",每次发声后休息3~5s。

2. 发音启动训练 先在颏舌骨肌、下颌舌骨肌处进行按摩,或打哈欠放松喉部声带,然后在呼气时嘴张圆发"h"音的口形,然后发"a",或做发摩擦音口形,最后把元音、辅音连起来发"h-a""s-u",可帮助患者发声。

3. 持续发声训练 一口气尽可能长时间地发元音,持续15s以上,并由发单元音逐渐增加到发两个或三个元音。

4. 音量、音韵控制训练 指导患者持续发"m"或"n"音,随后"m"音与元音"a""i"等一起发,逐渐缩短辅音,延长元音;指导患者朗诵诗词、顺口溜等,或配合唱歌来改善单调性,同时可提高患者兴趣。

(六) 面部动作训练

颜面部需配合吞咽、表情等训练,如对着镜子做微笑、皱眉、眨眼、撅嘴、鼓腮、露齿和吹哨等表情动作,治疗师对面部肌肉进行按摩、牵拉等;吞咽训练要求患者咀嚼面包、饼干等固体食物,均有助于改善面容僵硬现象。

(七) 头颈、躯干、上肢及下肢活动训练

1. 头颈训练 头向左右转动、侧斜,头、下颌、颈部先同时后缩再前伸,可按节拍进行。

2. 躯干训练

(1) 背部伸展训练:坐在治疗床边两手伸直向后,手可平按在床上,同时挺胸、挺腹再放松。还可让患者练习抛接网球;两手在背后交替抓、松体操棒等。

(2) 背部旋转训练:仰卧位或俯卧位下两上肢伸直,一侧上肢上举同时带动该侧躯干向对侧旋转,

复原,再向另一侧旋转,交替做 8~10 次,两下肢及下半身需保持不动;坐位,治疗师站在患者身后,交替在其左右出示扑克牌,要求患者转身并识别扑克牌。

(3) 腰椎屈曲训练:平卧位下练习仰卧起坐;直立位,两下肢下垂,弯腰前屈,两上肢、手触及膝关节以下部位后恢复直立,重复做 8~10 次;还可练习坐或直立位弯腰拾球等。

(4) 腰椎旋转训练:直立位,双足与肩同宽,两上肢下垂或叉腰,躯干左右旋转,交替做 8~10 次。

(5) 躯干侧屈运动:直立位,双足与肩同宽,两上肢下垂或叉腰,躯干左右侧屈,交替做 8~10 次。

3. 上肢训练

(1) 上肢上举、外展:两手指交叉相握,掌心向外,两上肢垂直举过头顶,掌心向上,两手分开、双上肢伸直掌心向下外展,回位,重复 4~8 次;两侧上肢平伸外展 90°,一侧上肢上举、内收,与对侧手掌相击,回位,交替 4~8 次。

(2) 两上肢左右交替屈伸、拍打对侧肩部:双掌向内,双上肢一侧屈肘向前,随后拍打对侧肩部,另一侧屈肘向后,交替 4~8 次。

(3) 前臂旋前、旋后训练:患者屈肘 90°,一手旋前、一手旋后,然后来回翻转;两手交替抓牌、翻牌、推滚筒、套圈等,都有助于改善前臂的旋前与旋后。

4. 手的训练

(1) 双手交叉握拳、对指、抓放训练:一手握拳、一手松拳,交替进行 8~10 次;十指指尖分别相对并互相敲击,或一手拇指点对侧示指、中指、环指、小指,然后交叉进行,反复 8~10 次。还可抛接网球、沙包练习手的抓握。

(2) 手精细动作训练:训练患者临摹练习本中的大字,改善小写征;练习捡豆、打字、洗扑克牌、系鞋带、扣纽扣等,均可提高手的灵活性,控制和减少上肢震颤。

5. 下肢训练

(1) 伸髋运动:仰卧位,双膝屈曲,抬臀并保持 5~10s,复原,休息 5~10s,反复 8~10 次,此动作又名"半桥运动";俯卧位,双膝伸直,双下肢同时后伸髋并保持 8~10s,复原,休息 5~10s,反复 8~10 次,如力量弱者可两侧下肢交替进行。

(2) 下蹲运动:双下肢屈膝、下蹲,双手扶在双膝按压后站起,可进行 8~10 次;一侧下肢向前跨一大步,屈膝,另一侧下肢后伸,足跟离地,双手按压屈曲一侧下肢的膝关节,伸膝站起,肢体还原,左右交替进行 4~8 次。

(八) 步态训练

步行涉及患者身体姿势、下肢协调运动及平衡控制能力,帕金森病患者步态训练重点是增加步幅及支撑面,改善重心移动、停止和转身,加快启动速度,强调交替摆臂动作,防止跌倒。步态模式的节奏可用口令、音乐或节拍来调控。

1. 矫正异常步行姿势 应尽量指导患者高抬脚、增加髋屈曲度,必要时在前面设置 5~7.5cm 高的障碍物,让患者跨步行走,同时配合双手尽量大摆动及喊号子;"仿鹅步"行走,可强调膝的伸展,迈大步行走。配戴颈围可抑制头颈前倾,但时间不宜长;行走时一侧上肢拎包,可抑制躯干向对侧倾斜。

2. 改善上、下肢协调性训练 治疗师和患者各执体操棒或手杖一端,按节拍引导患者双上肢交替摆动、转弯、在行进中停止等动作;患者直立位,一侧肩和上肢向前摆,另一侧向后摆,反复进行,并可逐渐增加幅度。

3. 步行训练 患者背靠墙站立,向左、向右进行侧向行走或交叉侧步行走;面墙直立,双手平伸支撑在墙面上,进行前后方迈步;无支撑下原地踏步步行训练,治疗师要在旁边保护防止跌倒。为发起迈步运动,可采用 PNF 中的节律性发动技术(rhythmic initiation),即先帮助患者进行数次被动迈步,然后让患者用手牵拉与足相连的绳子进行数次主动辅助运动,再试着让患者自己主动迈步,成功后通过在小腿前方轻微施加阻力来强化迈步。还可练习跨障碍行走。

4. 应对"僵冻现象" 帕金森病患者在起步和行进中,出现"僵冻现象"时,全身直立站好,在获得平衡后再开始步行,行走时首先将足跟着地、足趾背屈,然后足尖着地;行走时配合节拍或节奏感明显的音乐亦有助于预防或改善僵冻现象。

（九）呼吸训练

呼吸运动强调深呼吸,以腹式呼吸为主,强调吸气时扩胸鼓腹、呼气时两手按压胸廓两侧、瘪腹配合呼吸运动,要求患者在呼吸中体会躯干挺直的感觉。还可练习吹蜡烛、吹气球等提高呼吸功能。

视频:呼吸训练

（十）日常生活活动训练

多在中后期进行,以作业疗法训练为主。主要是激发患者兴趣,纠正前倾姿势,增加关节活动范围,改善手功能,提高日常生活活动能力。如捏橡胶泥、拉锯、拧螺丝、写毛笔字、编织等作业都可训练手的功能和增加关节活动范围。同时还要进行穿衣裤、穿鞋袜、系鞋带、洗脸、梳头、进食等日常生活技能的训练,建议患者改穿宽松、容易穿脱的衣服或防滑的鞋子,使用辅助具如长柄梳子、防滑垫等。教会患者能量保存技术,如坐在浴凳上洗澡可避免过早乏力出现。

本章小结

帕金森病是康复科临床常见的锥体外系疾病,主要引起患者运动方面有肌肉张力障碍、平衡障碍、协调障碍、姿势步态异常及主观上的僵硬残疾感,还会引起构音障碍、吞咽障碍、自主神经功能障碍、认知功能障碍,最终导致身体功能的全面障碍,生活不能自理。帕金森病的病程是不断发展的,通过康复治疗可以减缓病程的进展,改善帕金森病带来的功能障碍,延长患者的自理时间。这些益处,主要通过康复治疗组指导进行康复训练来实现。目前,积极有效的康复治疗已经成为帕金森病治疗的重要组成部分。

（郭　慧）

思考题

1. 帕金森病会出现哪些功能障碍,如何进行评定?
2. 帕金森病常用的综合评定方法有哪些?
3. 如何针对帕金森病患者的运动功能障碍进行康复治疗?

扫一扫,测一测

思路解析

学习目标

1. 掌握　阿尔茨海默病的基本概念、康复评定和康复治疗方法。
2. 熟悉　阿尔茨海默病的临床表现与分期。
3. 了解　阿尔茨海默病病因、病理改变、辅助检查。
4. 具有基本临床康复思维与素养,能了解阿尔茨海默病特征性影像学改变;具有对患者进行康复评定和康复训练的能力,能对患者在治疗过程中出现的简单问题进行处理。
5. 能与患者及家属进行良好沟通,开展健康教育;能与相关医务人员进行专业交流与团结协作开展康复治疗。

病例导学

患者,女性,65岁,因"记忆力减退2年"入院。患者于2年前无明显诱因下出现记忆力减退,时常丢三落四,逐渐出现刚刚做过的事情不能记起,外出时很多以前熟识的人都不认识,家属发现后将其带至本院求诊。头颅 MRI 检查显示弥漫性脑萎缩,经神经心理学测试,诊断为阿尔茨海默病。医生建议药物治疗和康复治疗同时进行。

问题与思考:
1. 阿尔茨海默病的常用康复治疗方法有哪些?
2. 阿尔茨海默病经临床康复治疗预后如何?

第一节　概　　述

一、基本概念

阿尔茨海默病(Alzheimer disease,AD)即老年性痴呆(seniledementia),是一种进行性发展的神经退行性疾病,临床表现为认知和记忆功能不断恶化,日常生活能力进行性减退,并有各种神经精神症状和行为障碍。阿尔茨海默病是痴呆最常见的原因。目前,由于缺乏对阿尔茨海默病早期诊断重要性的认识,并且治疗措施有限,所以阿尔茨海默病患者通常难以得到最佳的诊断和治疗。

二、流行病学

流行病学研究显示,阿尔茨海默病发病年龄 40~90 岁,大部分在 65 岁以后,女性高于男性。我国发病率在万分之一左右。平均年龄每增加 5 岁,阿尔茨海默病患病的百分数将上升 2 倍,85 岁人群的患病率为 30%。

三、病因及病理改变

(一) 病因

阿尔茨海默病的病因及其发病机制目前尚不完全清楚,但年龄增高是重要的危险因素;遗传因素方面发现,本病在某些家族中有遗传倾向,为常染色体显性遗传。另外,神经因子缺乏、机体自身免疫异常等亦可能导致阿尔茨海默病。

(二) 病理改变

主要为大脑皮质弥漫性萎缩,脑沟回增宽,脑回变窄,脑室扩大,神经元细胞大量减少,并可见老年斑、神经原纤维缠结等病变,胆碱乙酰化酶及乙酰胆碱含量显著减少。

四、临床表现与分期

阿尔茨海默病的临床症状分为两方面,即认知功能减退和非认知性精神症状。认知功能障碍主要表现记忆力减退、定向力下降,还常伴有高级皮层功能受损如失语、失认或失用,非认知性精神症状包括焦虑、抑郁等。根据疾病的发展和认知功能缺损的严重程度,可分为早期、中期、晚期。

(一) 早期

患者发病 1~3 年为早期,突出症状为记忆力逐渐减退,其中近期记忆力障碍明显,而远期记忆力可保留,注意力下降,运动系统正常。患者表现经常失落物品,记不住新认识人的姓名、电话,忘记承诺的事及重要的约会;接受新事物困难,对熟悉的工作能做,常感力不从心;看书读报后不能回忆其中的内容,但对往事常能清晰地回忆,且喜欢反复重复。常有定向障碍,突出表现为记不清具体的年、月、日;在陌生的环境可迷路。计算能力减退,100 减 7 再减 7 的连续运算很难完成。反应迟钝,思考问题困难。此期患者对自身记忆减退有一定的自知力,力求弥补和掩饰,例如经常作记录、主动帮家人做家务,尚能完成熟悉的日常事务,个人生活基本自理。

疾病的早期有的患者可出现人格改变,多表现为缺乏主动性、活动减少、孤独、多疑、自私,情绪不稳、易激惹,对人冷淡,甚至对亲人漠不关心。

(二) 中期

患者发病 2~10 年为中期,此阶段,远近记忆均明显减退,继而出现智能下降,表现为判断力及理解力下降,计算力丧失,重复语言及无意义的重复动作,出现独立生活困难。主要表现日常用品丢三落四,甚至遗失贵重物品;忘记自己的家庭住址及亲友的姓名,但尚能记住自己的名字;有时因记忆减退而出现错构和虚构。远记忆力也受损,不能回忆自己的工作经历,甚至忘记自己生日。定向障碍加重,在熟悉的环境也常迷失方向,如找不到自己的房间、床铺。言语功能障碍明显,讲话无序,内容空洞,找词费力;继之,出现理解障碍、命名不能。约 30% 患者存在失认,以面容失认最常见,不认识自己的亲人和朋友,甚至不认识镜子中自己的影像。失用表现为不能正确地完成熟悉的连续动作,如刷牙、洗毛巾。此期已不能工作,难以完成家务劳动,甚至洗漱、穿衣等日常生活也需家人督促或帮助。

患者可有情绪障碍和人格衰退,表现易于激动、淡漠、抑郁、焦虑和欣快等,可出现妄想、错觉甚至幻觉,找不到物品时怀疑被他人偷窃,或怀疑配偶不贞。多伴有睡眠障碍,部分患者白天思睡、夜间到处走。生活习惯改变、行为紊乱,常捡拾破烂、乱拿他人之物;亦可表现为本能活动亢进,有时出现攻击行为。

(三) 晚期

患者发病 8~12 年为晚期,此阶段,记忆力、思维及其他认知功能皆严重受损。忘记自己的姓名和年龄,不认识亲人。语言表达能力进一步退化,患者只有自发言语或机械模仿他人语言,内容单调或反复发出不可理解的声音,最终丧失语言功能。患者活动逐渐减少,并逐渐丧失行走能力,甚至不能站立,最终长期卧床,大、小便失禁,发展为淡漠性痴呆。

阿尔茨海默病神经系统检查早期常无定位体征,晚期出现强握、吸吮反射等原始反射,缄默、步态不稳、共济失调,不伴瘫痪,腱反射正常。部分患者出现帕金森症候群,表现慌张步态、姿势僵硬,肌张力增高引起四肢屈曲或强直,甚至难以站立和行走。

五、辅助检查

(一) 影像学检查

头颅 CT 或 MRI 可见皮质性脑萎缩和脑室扩大,海马和杏仁核萎缩为最特征改变;PET 可显示病变区葡萄糖代谢明显下降。

(二) 脑电图检查

脑电图呈非特异性改变,仅见慢波活动增多,以双侧额颞区明显。

知识拓展

老年性痴呆的诊断

1. 根据量表检查明确是否有痴呆。

2. 确定痴呆的类型是老年性痴呆。老年性痴呆的诊断标准:①美国精神病学会的精神障碍诊断和统计手册修订第五版中老年性痴呆诊断标准。②美国国立神经病、语言障碍和卒中—老年性痴呆及相关疾病工作小组的老年性痴呆诊断标准。

3. 评定痴呆的严重程度。

老年性痴呆的鉴别诊断

1. 路易体痴呆　是一组以波动性认知障碍、自发性帕金森综合征和视幻觉等精神症状为临床特点,以路易小体为病理特征的神经系统退变性疾病。发病率仅次于阿尔茨海默病,成为老年期第二位常见的痴呆。病情进行性发展,常迅速地达到严重的晚期痴呆。

2. 血管性痴呆　是与脑血管病(如脑出血、脑梗死)有关的痴呆,统称为血管性痴呆。常见有多发性脑梗死性痴呆和皮质下动脉硬化性脑病。患者通常有多次脑梗死的发作史,存在高血压、脑动脉硬化等危险因素,痴呆伴随脑梗死的发作呈阶梯式进展。查体可发现相应的神经系统局灶体征,影像学有脑血管病的依据。

3. 帕金森病痴呆　临床特征为震颤、肌强直、运动减少及姿势反射障碍。该病可逐渐出现痴呆症状,主要表现为注意力、记忆力、理解力和判断力衰退,执行功能差,言语和视空间障碍等。

4. 额颞叶痴呆　亦称为皮克病,是一组以额前叶和颞叶前部萎缩为主要病变,以社会行为、人格改变和言语功能障碍贯穿疾病全程为临床特征的痴呆综合征。早期突出的改变是情感冷淡,言语简单刻板,性格反常,懒散,不修边幅,甚至赤身漫步,变成"怪人"。随着疾病进展,记忆力和视空间技能也相继受损,晚期出现全面减退。

第二节　康复功能评定

一、简易神经状态评定

神经内科和康复医学科普遍采用简易精神状态检查量表(Mini-Mental State Examination,MMSE),主要用于阿尔茨海默病早期的筛选。简便易行,耗时 5~10min,可减少长时间检查引起患者疲劳和注意力分散。一共 30 项,回答正确得 1 分,分数在 27~30 分正常;分数 <27 分提示认知功能障碍。痴呆划分标准:文盲≤17 分,小学程度≤20 分,中学程度(包括中专)≤22 分,大学程度(包括大专)≤23 分。此量表痴呆诊断的敏感性较强,但易受到受试者受教育程度影响,对文化程度高者有可能出现假阴性,而对文化程度低及受方言影响者有可能出现假阳性。

二、蒙特利尔认知评估量表

蒙特利尔认知评估量表(Montreal Cognitive Assessment,MoCA)是一个用来对轻度认知功能异常进行快速筛查的评定工具。它评定了许多不同的认知领域,包括注意与集中、执行功能、记忆、语言、视空间技能、抽象思维、计算和定向力。完成 MoCA 检查大约需要 10min。本量表总分 30 分,如果受教育年限≤12 年则加 1 分,≥26 分属于正常。

三、7min 神经认知筛查量表

7min 神经认知筛查量表由线索回忆、类聚流畅性、时间定向及画钟测验组成,耗时约 7min,诊断阿尔茨海默病具有较强的敏感性及特异性。

四、画钟测验

画钟测验分 2 种。一种要求受试者在空白纸上画 1 幅几点几分的钟,反映执行功能;另一种是要求受试者模仿已画好的钟,反映结构能力;总分 16 分。能区分 83% 的阿尔茨海默病患者,并能区分 92% 的伴有和不伴结构损害的阿尔茨海默病患者。

五、阿尔茨海默病评估量表

阿尔茨海默病评估量表属于综合认知筛查量表,包括认知行为测验(ADAS-cog)和非认知行为测验。认知行为测验包括定向、语言(口语理解和表达、对测验指导语的回忆、自发言语中的找词困难、指令理解、命名 12 个真实物品与 5 个手指)、结构(模仿圆、2 个交错的四边形、菱形、立方体)、观念的运用、阅读 10 个形象性词语后即刻回忆 3 次的平均数与 12 个形象性词语的再认。共 11 题,耗时 15~20min,满分 70 分。未经治疗的中度患者每年 ADAS-cog 总分下降 7~10 分,但此量表对极轻度和极重度的患者不够敏感。

第三节　康　复　治　疗

一、康复治疗原则

阿尔茨海默病为进展性疾病,康复治疗应遵循以下原则:
1. 早发现、早治疗。
2. 综合治疗利用各种有效的手段配合药物对患者进行全面、多样化的综合治疗,最大限度发挥残存的功能和技巧,改善记忆力、认知、语言等功能。
3. 家庭训练和医生指导相结合,提高生活自理能力。
4. 改造和帮助患者适应环境,减少痴呆的影响。
5. 及时掌握患者心理需求,对其给予更多的心理及精神支持,鼓励增加社会活动,减少独自活动。

二、康复治疗目标

1. 通过综合治疗,维持或改善记忆力、认知、言语等功能,尽量保持或提高日常生活活动能力。
2. 预防和减少继发性损伤、意外的发生。
3. 帮助患者和家属调整心理状态,促进患者回归家庭和社会。

三、康复治疗方法

阿尔茨海默病患者以进行性认知功能缺陷为主要特征,记忆障碍尤为突出。此后,由于不能回忆以前学到的信息,思维和判断受到影响。由于认知功能障碍和活动减少,阿尔茨海默病患者中晚期后常出现运动功能障碍,影响日常生活活动能力。因此,阿尔茨海默的康复包括认知康复和运动康复两方面。

(一) 认知康复

认知康复是提高智能的训练,通过训练使患者重获较有效的信息加工和执行行动的能力,以减轻其解决问题的困难和改善其日常生活能力。

1. **记忆力训练**　通过训练,以正常或损害较轻的功能代偿受损或损害较重的功能,从而达到改善或补偿记忆障碍目的的一些方法。主要包括内辅助法、外辅助法、环境适应三方面。

(1) 内辅助法:重点要利用并强化仍保留在记忆中的信息,同时要考虑记忆障碍的特异性。其中助记法是内在性训练策略,环境适应与使用辅助记忆工具是外在性训练策略。

1) 助记法(mnemonic devices):利用残留的外显记忆进行康复,可称为助记法。

图片刺激法:将患者喜爱的环境和相关人物做成图片为刺激物,每次训练由两张图片开始,呈现1~4s,即刻或一定时间内再认(30min、1h、2h、4h、8h),连续3d可达到90%以上正确率者,再增加一张图片刺激。

联想法:患者将要记忆的信息在脑海中与其熟悉的事物联系在一起,又称关联法。如将与患者要进行交流但想不起他们名字的人物照片做为刺激物,每次训练由3张照片开始,并配以视觉联想描述和听觉联想(可通过人名和联想人物的特征或与之相关的某些活动)。又如训练患者买菜时,将买菜信息在患者大脑中形成一个他熟悉的市场,随后回忆到市场上的各种蔬菜,再回忆市场周围的景物、道路,为购物做准备。

图像法:也称为视觉意向,将要记忆的信息在脑中形成一幅图画来帮助记忆。如要记忆单词"courage 勇气",可想象为"在一个弯弯的月亮下,一个小伙子向一位姑娘表白:"our- 我们这个 age- 年代,追女孩子需要勇气。"

语义细加工法:通过编一个简单句子或故事,将记忆信息不断表达出来,从而提高患者记忆。

首词记忆术:又称关键词法,将要记住的每个词或每个短语的第一个字编成自己熟悉或好记的成语或句子,其原理就是进行重新编码,简化信息。

复述法:反复无声或大声地复述背诵要记住的信息,可以在长时记忆中产生与短时记忆材料相对应的编码,通过信息反复重复强化记忆。

提示法:提供言语或视觉提示,如"上午学画画",让患者记住"上午"。训练前问患者上午有何安排,通过回忆"上午"帮助患者联想到"学画画"。

倒叙法:将事件的各个步骤倒回去想,找出遗漏的物品或回忆某件事。如找不到入户门的钥匙时,先想上一次进门的情形,是家人开门或自己开门,如自己开门,进门后马上做些什么,常有助于想起放钥匙的地点。

数字分段法:有效地帮助记忆数字,如记忆电话号码 13547985357 可分为 1354、7985、357 来记忆。

2) 无错误性学习(errorless learning technique,EL):无错误性学习是一种消除学习中不正确反应的康复训练技术,贯穿于整个学习过程中。学习者从容易辨别的项目开始,通过逐渐增加作业难度让其不经历失败。训练时为避免犯错误,直接给学习者正确答案或让其执行很容易、不可能出现错误的任务。这个训练技术原理是激活了正确反应,抑制了错误反应的激活及其对正确反应的竞争,促进认知功能的改善。

3) 书面材料的学习,主要是 PQRST 法。

P(preview)——预习要记住的内容。

Q(question)——向自己提问与内容有关的问题。

R(read)——为回答问题而仔细地阅读资料。

S(state)——反复陈述阅读过的资料。

T(test)——用回答问题的方式来检验自己的记忆。

(2) 外辅助法:指利用身体外部的辅助物或提示来帮助记忆的方法,是一类代偿技术。适用于年轻、记忆障碍不重,其他认知障碍较少的患者。

1) 储存类工具:笔记本、时间安排表、计算机等。在患者能读能写时应用,大小要便于随身携带;日程表要求活动变化少,便于掌握。例如记忆笔记本,首先患者在需要时主动拿起并打开笔记本,患者能够查阅笔记本中有关的内容,找到正确的页码以及录入相关的信息。通过训练养成患者随身携带,定时查阅和录入笔记本的好习惯。

2) 提醒类工具:适用于伴时间、空间定向障碍者。定时器、报时手表、手机、闹钟、日历、标志性张贴等。如用闹钟、大地图、大数字和路线标记指导患者常去的地方和时间、顺序,随时提示患者。

3) 电子辅助记忆设备:电子辅助记忆器 NeuroPage,是一个简单易用的无线电寻呼系统,包括一组连接在普通计算机上的微型计算机,并通过调制解调器和寻呼公司相连。由家属或照料者提供一天或一周中患者所需要的记忆帮助,将患者回忆或提示输入计算机。在确切的日期和时间,NeuroPage 进入用户的数据库,决定并传送回忆的信息,且只有患者需要或同意的信息才被传递。

(3) 环境适应:该方法目的是减轻记忆负荷,适用于记忆障碍较重的患者。通过尽量简化环境,满足日常生活的需求。

1) 安排环境:将房间贴上标签,或将各种物品分类、按固定的地点规律摆放等。

2) 改造家居物品或环境:如使用定时电灯、电水壶,钥匙拴在腰带上等。

2. 注意力训练　包括注意广度训练、注意的维持与警觉训练、注意的选择性训练、注意的转移性训练、注意的分配训练、对策训练等。在治疗性训练中,要对注意的各个成分进行从易到难的分级训练。由于注意训练需要严格、精准地把握时间,因此计算机辅助的训练是注意障碍康复训练的有效手段。

(1) 注意广度训练:在同一时间内给患者快速呈现一定数量的数字、字母、图片或木块等,让患者说出呈现物品的数目,进而说出具体是什么,数量是多少。

(2) 注意的维持与警觉训练

1) 视觉:划删训练,要求将图纸上的某个数字、字母(ER0802)划去,可适量增加训练的时间与量。如在纸上连续打印成组的字母或数字如 KBLZBOY,让患者用铅笔删去者术者指定的字母如"B"。反复进行数次,成功后可通过缩小字体、增加字符行数、区分大小写等增加难度,从而提高患者注意力。(图 8-1)

视频:记忆训练

```
BEIFHEHFEGICHEICBDACBFBEDACDAFCIHCFEBAFEACFCHBDCFGHE
CAHEFACDCFEHBFCADEHAEIEGDEGHBCAGCIEHCIEFHICDBCGFDEBA
EBCAFCBEHFAEFEGCHGDEHBAEGDACHEBAEDGCDAFBIFEADCBEACG
CDGACHEFBCAFEABFCHDEFCGACBEDCFAHEHEFDICHBIEBCAHCHEFB
ACBCGBIEHACAFCICABEGFBEFAEABGCGFACDBEBCHFEADHCAIEFEG
EDHBCADGEADFEBEIGACGEDACHGEDCABAEFBCHDACGBEHCDFEHAIE
```

图 8-1　字母删除

2) 听觉:播放一串数字,治疗师示范给患者在听到数字"3"时按键或敲桌子,然后要求患者每听到"3"或"7"时做出上述反应。

3) 反应时训练:反应时是指刺激作用于机体后到明显的反应开始所需要的时间。治疗师预先向患者说明刺激是什么以及他要做的反应是什么。计时器记录从刺激呈现到受试者的反应开始的时间间隔。例如训练患者对手指的认知,治疗师说"左手示指"后要求患者迅速地出示左手示指,记录下患者出现反应的时间。通过不断训练,可使其反应时间明显缩短。

(3) 注意的选择性训练

1) 视觉注意选择:在划删训练中加入干扰,将有错误码选择的作业放在其中。例如,将下列字母中的相邻的EH划去,注意要求E在前、H在后。FJIWKEOSHDJKRMCHELWKXBKEDHNOJTEHSXUHWAE。

2) 听觉注意选择:从有背景声音(可以是乐音或噪声)的录音中听出指定的数字、字母或声音。

(4) 注意的转移性训练:为患者准备两种不同的作业,如拼图及画画,当治疗人员发出指令"转换"的时候,患者要停止拼图而改做画画。

(5) 注意的分配训练:技能训练以及多种技能的协调性训练是注意分配的主要内容。某种任务达到一定的熟练程度后,加入另一种活动同时进行。任务形式可以是听觉 - 听觉任务、视觉 - 视觉任务、听觉 - 视觉任务。如要求患者一边听录音机,一边画画。

（6）对策训练：对策是指调动患者自身主动因素，以学会自己控制注意障碍的一些方法。针对注意分散、有离题倾向或过分注意细节的患者进行自我指导，重点强调患者提高自身主动性。

3. 思维训练　思维是最复杂的心理活动，包括推理、分析、综合、比较、抽象、概括等过程，表现于人类解决问题中。

（1）读取报纸信息：取一张报纸，让患者阅读后，首先问患者有关报纸首页的信息，如大标题、报纸的名称等，如回答无误，再请他指出报纸中的专栏如体育、证券、天气预报等；每次回答正确后再训练他寻找其他消息，对真正了解的项目给予相应的分，每次训练均进行比较，分数增加提示进步。

（2）排列顺序：给患者三张数字卡或字母卡，让他按由低到高或由先到后的顺序排列，然后每次给他一张数字卡或字母卡，让他据其数值大小或字母顺序插进已排好的三张卡片之间，正确无误后，再给他几个数字卡或字母卡，寻找其中共同之处（如有些都是奇数或偶数，有些都是辅音等）。

（3）分类：图片、物品等。给患者一张列有 30 项物品名称的单子，并告诉他 30 项物品都属于三类（如交通工具、家具、植物）物品中的一类，让他进行分类，如不能进行，可帮助他。训练成功后，仍给他上面列有 30 项物品的清单，让他进行更细的分类，如初步分为家具类后，再细分为床、沙发、椅子等，找出不同类之间的关联等。

（4）解决问题能力训练：由浅入深地让患者解决设想中的问题，如丢钱包该怎么办？提示他先找，找不到可以求助周围的人帮助找。

4. 感知觉功能训练

（1）失认的治疗：失认是感知障碍的表现，主要有视觉失认、空间失认等。

1）视觉失认的治疗：颜色失认患者可用各种不同颜色的图片和拼图，让患者辨认后进行匹配或拼图形，不正确时治疗者及时纠正，反复训练；面容失认患者可先让患者记住身边熟悉的亲人容貌，然后用亲人的照片反复给患者看，把这些照片混入其他照片中，让患者辨认出来。

2）空间位置失认的治疗：取一个球及一个盒子，分别将球置于盒子上下、左右、里外等，反复训练，直至患者能正确辨认，然后让患者将球按指令置于盒子不同方位，帮患者恢复空间位置关系。

3）空间关系失认的治疗：通过分级活动训练可以帮助患者恢复掌握空间关系的能力。如出示一幅画，可先把其他部分遮住，只给患者看其中一个内容，看懂后再把出示的画面扩大到两个内容，帮助患者搞懂两者之间的空间关系，再继续扩大画面，直至患者对整幅画的空间关系充分理解。

（2）失用的治疗：训练时治疗师通过缓慢、简单的指令，按照先粗大再精细、先分解再连贯、先简单后困难的原则训练。

1）结构性失用训练：可采取让患者进行简单抄写或模仿的课题练习，如抄写图形或文字，对文化层次低者可选择有实用价值的训练如叠放衣服，由治疗师先示范患者模仿，直至患者掌握；还可模仿他人搭积木、拼图等。

2）运动性失用训练：重点加强精细动作训练，治疗师可事先把要做的动作如倒水按步骤分解，先示范给患者看，然后反复训练患者至能独立完成。

3）意念性失用训练：此类患者不能按顺序完成指定动作，如刷牙，训练时可通过视觉暗示，将动作逐步分解，演示给患者看，让患者分步练习，在上一个动作要结束时，提醒下一个动作，启发患者有意识活动，直至患者完全掌握。

4）意念运动性失用训练：此类患者常缺乏有意识的主动活动，训练前需向患者说明活动目的、方法、要领，设法触动其无意识自发运动。如当患者手握牙刷时，通过触觉提示可自动做出刷牙动作。

（3）行为障碍的训练：其目的是积极消除患者的不正常行为，促进亲社会行为，可采用行为治疗配合药物治疗。进行行为治疗时需给患者提供一个安静、安全、布局合理的空间，减少不必要的刺激；最大限度减少与不熟悉人员的接触，对不安情绪提供恰当的宣泄方式；对所有的恰当行为及时给予鼓励；在每次不恰当行为出现后的一段短时间内，如 1d，拒绝一切奖励性刺激；在不恰当行为发生后应用预先声明的惩罚；在极严重或顽固的不良行为发生后，给他以厌恶的刺激，如闻樟脑味。

（二）运动康复

由于认知功能障碍和活动减少，阿尔茨海默病患者中晚期后常出现运动功能障碍，导致肢体运用障碍，而后运动减少或制动造成了运动耐力和体质下降，最终继发性出现肌力下降、运动协调性障碍、

步行能力及日常生活活动能力衰退或丧失。根据阿尔茨海默病患者运动障碍的特点,康复治疗的常用技术包括:

1. 运动疗法　可以起到扩大关节活动度、增强肌力和活动耐力、提高平衡和协调功能以及提高日常生活活动能力的作用。

2. 作业疗法　包括功能性作业疗法和心理性作业疗法。帮助患者最大限度地改善生活自理、工作及休闲娱乐等日常生活能力,提高患者生存质量,帮助回归家庭与社会。

3. 日常生活能力训练　对生活尚能自理的早期患者,通过选择性"家庭作业"疗法,督促和提醒他们主动完成日常事务劳动。中期除采用上述家庭作业疗法外,还可通过训练来恢复患者丧失的部分生活能力。晚期患者的日常生活能力受损严重,训练有一定的难度,应从基本的生活功能开始训练。

4. 其他　包括有氧耐力训练、体育运动、太极拳、单侧健脑操、不对称运动游戏。治疗过程中适时让患者感受到治疗效果和自己的进步,提高其治疗的信心和主动性;也可小组指导,在治疗过程中发挥竞争意识,互帮互学,提高训练效果。

本章小结

　　阿尔茨海默病是老年人常见的疾病,主要表现为记忆力减退,伴有其他认知功能障碍,认知衰退影响社会功能,并且需要排除意识障碍、谵妄等导致的上述症状。阿尔茨海默病是一种进行性发展的神经退行性疾病,目前尚无特效治疗方法可以逆转或阻止阿尔茨海默病的病情进展,最终将走向全面痴呆,在疾病的进展过程中,必要的康复治疗可以延迟需要家庭护理的时间。阿尔茨海默病的康复治疗主要通过记忆训练、注意力训练、思维训练、感知觉训练等方法,来改善患者的症状,提高患者的生存质量。目前,积极有效的康复治疗已经成为阿尔茨海默病的基本医疗组成部分。

（郭　慧）

思考题

1. 简述阿尔茨海默病的临床表现有哪些?
2. 简述阿尔茨海默病的康复评定方法有哪些?
3. 简述阿尔茨海默病的康复治疗方法有哪些?

扫一扫,测一测

思路解析

学习目标

1. 掌握　周围神经损伤的分类、周围神经损伤的临床表现、周围神经损伤的评定内容和方法、周围神经损伤的康复治疗内容和方法。

2. 熟悉　周围神经损伤病因、常见周围神经损伤的临床表现和功能障碍特点。

3. 了解　周围神经损伤的病理变化、周围神经电生理评定方法和意义。

4. 具有良好的临床思维能力、分析解决问题的能力，能够熟练操作神经损伤评定技术，准确地对神经损伤进行诊断、制订康复治疗方案，并指导患者进行康复治疗，对康复治疗过程中出现的问题进行简单的处理。

5. 能与患者及家属进行良好沟通，开展康复教育；能与相关医务人员进行专业交流与团结协作开展康复治疗工作。

病例导学

　　患者，女性，56 岁，感冒后突发四肢活动不利 2 个月余。2 个月前患者感冒发热，1 周后突发四肢无力，渐加重，急到当地医院就诊，门诊以急性炎症性多发性脱髓鞘周围神经病收住院。自发病以来无肢体麻木、无呼吸困难、无大小便失禁。既往否认外伤史、毒物接触史、糖尿病史。查体：患者平卧位，四肢肌肉萎缩；四肢浅、深感觉未见异常；肌张力减低；肌力评定（MMT）：双下肢屈髋肌 2 级，伸膝肌 1 级，踝关节周围肌肉肌力 0 级；双上肢屈肘肌力 4 级，伸肘肌力 2 级，伸腕肌力 3 级，中指屈指肌 0 级；各关节被动 ROM 在正常范围；平衡检查：坐 / 站—2/1 级；四肢腱反射未引出，巴宾斯基征阴性；双下肢轻度水肿；ADL 评定 50 分。脑脊液检查示蛋白细胞分离；肌电图检查示四肢运动神经传导复合肌肉动作电位波幅降低，末端潜伏期延长，节段传导速度减慢，感觉神经传导动作电位波幅在正常范围，传导速度在正常范围，双正中神经及胫神经 F 波潜伏期延长，针肌电图示四肢远端肌肉可见自发电位、部分肌肉运动单位动作电位时限延长、募集电位减少。

　　问题及思考：

1. 该患者神经损害的主要病理特点是什么？

2. 该患者的功能障碍主要有哪些？

3. 该患者康复目标和康复治疗方案如何制订？

第一节 概 述

一、基本概念

周围神经由神经节、神经丛、神经干、神经末梢组成,可分为脊神经、脑神经、内脏神经。周围神经多为混合神经,含有感觉纤维、运动纤维和自主神经纤维。周围神经损伤是指周围神经干或其分支受到外界直接或间接力量作用而发生的损伤造成轴索、髓鞘、神经束膜、神经外膜等结构的离断或破坏,导致神经传导功能丧失。

周围神经病损一般分为周围神经损伤(peripheral injury)和周围神经病两类(peripheral neuropathy)。周围神经损伤是指神经丛、神经干或其分支受各种力学因素作用而发生的损伤,如挤压伤、牵拉伤、挫伤、撕裂伤、锐器伤、火器伤、医源性损伤等,主要病理变化是损伤使轴突断裂后,断端远端的轴浆运输发生障碍,轴突由于得不到必需的营养,由近端向远端发生变性、解体,而发生华勒变性(Wallerian degeneration)。周围神经病是指周围神经干或其分支因炎症、免疫、营养代谢障碍、毒素、缺血等原因导致的周围神经轴突或髓鞘损害引起的运动、感觉功能障碍,有的还累及自主神经引起泌汗等异常。

周围神经损伤康复是指采用各种改善、代偿和替代的治疗方法和措施,尽早消除神经损伤病因,减轻神经损伤程度,促进神经再生,预防肌肉萎缩、肌腱挛缩,增强肌力,促进运动及感觉功能恢复,改善患者生活质量,提高工作能力。

二、病因及病理生理

(一)病因

周围神经损伤原因可分开放伤与闭合伤,开放伤包括锐器伤(如刀、玻璃等割伤)、撕裂伤、钝器损伤(如挫伤、机器伤)、火器伤、手术损伤。闭合伤包括牵拉伤(如臂丛损伤);神经挫伤、挤压与卡压伤;注射伤、烧伤及电击伤。

(二)病理生理

1. 神经元 周围神经损伤后,相应的神经元胞体会出现溃变、死亡或在短期退变后再恢复正常。神经元的变化依据损伤程度而异,严重的导致胞体死亡,中等的处于无活性的"休眠"状态,轻度的依旧存活并使轴突再生。

2. 损伤神经纤维近段 轴索断裂、溶解、消失。髓鞘破裂、溶解、吸收。施万细胞(Schwann cell)增生。变性范围局限在上行1~2个郎飞结。于损伤后4d再生开始,其远侧端呈球状胀大,轴突分支,伸向远端,如能与原生质囊相遇,则再生始能成功,再生速率每日1~3mm。

3. 损伤神经纤维远段 远段神经干因与神经胞体分离,中断了轴浆流的营养和酶供应,因此发生变性。轴突首先变形、肿大,3~4d后破裂,髓鞘开始在其表面呈现深而横之凹陷,此变化称为华勒变性。再生也于损伤后发生,神经鞘于受伤后,施万细胞肥大后细胞核分裂,最后成原生质囊,即神经鞘空管。由神经近端轴索生长出的轴浆流呈"阿米巴"运动,长入远段雪旺管内。雪旺管获得了轴浆流的营养供应后,在新生的轴突外形成髓鞘,并呈螺旋样自身包绕筑成板层结构。进而恢复神经的膜电位,传递神经冲动。

4. 运动终板和神经末梢的变化 伤后3个月内无变化,3个月后则开始退化,2~3年以后几乎完全消失不见。神经末梢的变化包括较快的触觉小体消失、较慢的环层小体消失以及游离神经末梢的恢复。

5. 肌肉的变化 当运动神经变性和死亡后,肌肉失去神经支配,将出现肌纤维萎缩、变性、纤维化等。头3个月内肌肉动脉变厚,静脉淤血。3个月至1年内肌肉进一步皱缩,肌纤维直径减少5~20μm,结缔组织增生。1年末横纹变得不清楚。3年之内血管改变和结缔组织增生持续进行。3年以后肌纤维连续性亦开始丧失。因此若在1年内神经支配恢复,预后较好;3年后预后则不好。

三、周围神经损伤程度及分类

(一) Seddon 分类

Seddon 分类是最常用的分类方法,是由英国学者 Seddon 根据周围神经功能恢复的预后与周围神经内在结构破坏程度密切关系进行分类,将周围神经损伤分为三类。轻度为神经失用、神经震荡、神经传导阻滞;中度损伤为轴突中断;重度损伤为神经中断。

1. 神经失用　神经受伤轻微,神经可发生节段性脱髓鞘、神经内肿胀,但是神经轴突和鞘膜完整,也没发生 Wallerian 变性,轴突的连续性存在。神经传导功能障碍,表现为运动瘫痪和感觉减退,而电生理反应异常。预后良好,大多可以恢复。

2. 轴突中断　神经损伤较重,神经轴突断裂或严重破坏,有 Wallerian 变性,但鞘膜及其周围的支持结构完整,神经的连续性尚存,可以引导近端再生轴突沿原来的远端神经内膜管长至终末器官,故有恢复的可能。

3. 神经中断　神经受伤严重,可以是完全断裂或是不能自发恢复的严重结构破坏。神经干失去连续性,神经纤维完全离断,Wallerian 变性,神经断端出血、水肿,日后形成瘢痕。从近端长出的轴突难以跨越完全离断的瘢痕,如不手术则神经功能难以恢复。

(二) Sunderland 分类

澳大利亚学者 Sunderland 是按五度分类法进行分类。Ⅰ度仅传导功能丧失,轴索完整;Ⅱ度为轴索中断,远端发生 Wallerian 变性,但内膜管完整,可完全恢复;Ⅲ度为神经束内纤维中断,束膜仍连续,远端发生 Wallerian 变性,恢复较好;Ⅳ度是部分神经束中断,外膜完整,可形成束间瘢痕,远端发生 Wallerian 变性,功能难以恢复;Ⅴ度为神经完全离断,远端发生 Wallerian 变性,神经功能无法恢复。Ⅰ度相当于 Seddon 分类的神经失用,Ⅱ~Ⅲ度相当于 Seddon 分类的轴索断裂,Ⅲ~Ⅴ度相当于神经断裂(表 9-1)。

(三) Mackinnon-Dellon 分类

Mackinnon-Dellon 分类是在 Sunderland 分类基础上增加了Ⅵ度,是指神经干由Ⅰ~Ⅴ度各型损伤的混合型(表 9-1)。

表 9-1　周围神经损伤的分类

		Sunderland 分类				
		Ⅰ度	Ⅱ度	Ⅲ度	Ⅳ度	Ⅴ度
Seddon 分类	神经失用					
	轴索断裂					
	神经断裂					
		Ⅵ度				
		Mackinnon-Dellon 分类				

神经纤维的分类

神经纤维根据其生理特性不同而功能不同,根据神经纤维直径、传导速度和功能进行分类,常用的分类方法如下:

分类 1 感觉纤维	分类 2 感觉和运动纤维	直径(μm)	速度(m/s)	功能
Ⅰa 纤维	A-α 纤维	最大,10~20	最快,50~120	运动纤维由 α 运动神经元发出支配骨骼肌 感觉纤维接收肌梭的感受器信息
Ⅰb 纤维	A-α 纤维	10~2	50~120	感觉纤维:接收高尔基腱器的信息,并传递触觉、压觉

续表

分类1 感觉纤维	分类2 感觉和运动纤维	直径（μm）	速度（m/s）	功能
Ⅱ类纤维	A-β 纤维	4~12	25~70	运动纤维支配梭内肌纤维和梭外肌纤维 感觉纤维传递触觉、痛觉、温度觉
Ⅲ类纤维	A-γ 纤维 A-δ 纤维	2~8 1~5	10~50 3~30	运动纤维由 γ 运动神经元发出,支配梭内肌 感觉纤维传递触觉、痛觉和温度觉
Ⅳ类纤维	B 纤维 C 纤维	1~3 <1	3~15 <2	运动纤维为节后、节前自主神经纤维 感觉纤维传递痛觉、温度觉

四、诊断要点及临床表现

(一) 诊断要点

周围神经损伤的诊断需要根据病史、临床表现、体格检查、辅助检查结果进行诊断。主要诊断要点：

1. 有明确的导致神经损伤的外伤史或其他病因。

2. 周围神经损伤的症状和体征　如感觉障碍、肌肉萎缩和无力、肌张力降低、肢体畸形、腱反射减弱或消失以及皮肤营养障碍等。损伤断端可有 Tinel 征。若只累及感觉神经纤维，则只有感觉障碍而无运动功能异常，若只累及运动神经，则仅有运动功能异常而无感觉异常。

3. 辅助检查结果支持周围神经损伤　如神经传导速度测定及针肌电图提示失神经支配表现，如传导速度减慢、节段传导阻滞、动作电位波幅降低、肌肉失神经支配电位等；影像学示神经结构完整性破坏。

(二) 临床表现

1. 感觉障碍　根据病变性质可分为刺激性症状和破坏性症状两类。

(1) 刺激性症状：感觉通路刺激性病变可引起感觉过敏（量变），也可引起感觉障碍，如感觉倒错、感觉过度、感觉异常及疼痛等（质变）。

1) 感觉过敏（hyperesthesia）：系感觉敏感度增高，感觉刺激阈值降低，轻微刺激引起强烈感觉，大多由于外界的刺激（如检查时的刺激）和传导通路上兴奋性病变所产生的刺激总和引起。如痛觉过敏即对痛的敏感性增强，一个轻微的痛刺激可引起较强的痛觉体验。

2) 感觉倒错（dysesthesia）：指对刺激的认识完全错误，如非疼痛性刺激（如触觉）却诱发疼痛感觉，将冷觉刺激误认为热觉刺激等。

3) 感觉过度（hyperpathia）：多发生在感觉障碍的基础上，由于刺激阈值增高和反应时间延长（不立即产生疼痛，潜伏期可长达 30s），在刺激后达到阈值时可产生感到强烈的、定位不明确的不适感，并感到刺激向周围扩散，持续一段时间才消失。

4) 感觉异常（paresthesia）：是在没有明显的外界刺激情况下出现异常自发性感觉，如烧灼感、麻木感、肿胀感、沉重感、痒感、蚁走感、针刺感、电击感、束带感和冷热感等，通常与神经分布的方向有关。

5) 感觉错位（allesthesia）：指刺激一侧肢体时，产生对侧肢体相应部位刺激感受，本侧刺激部位无感觉，常见于右侧壳核及颈髓前外侧索损害，为该侧脊髓丘脑束未交叉到对侧所致。

6) 疼痛（pain）：是一种不愉快的感觉和对实际或潜在的组织损伤刺激所引起的情绪反应。从感受器到中枢的整个感觉传导通路的任何病灶刺激都可引发疼痛。没有外界刺激而感觉到疼痛者，称为自发性疼痛。

(2) 破坏性症状：感觉通路受破坏时出现的感觉减退或缺失。

1) 感觉减退（hypesthesia）：是神经兴奋阈值高，对较强刺激才能感知，感受到刺激的性质不变。

2) 感觉缺失（anesthesia）：是患者在意识清楚情况下对刺激不能感知。根据感受器种类的不同又分为痛觉丧失、触觉丧失、温度觉丧失和深感觉丧失等。同一部位各种感觉均缺失称为完全性感觉缺失;同一个部位仅某种感觉缺失而其他感觉保存称为分离性感觉障碍。

（3）感觉障碍分布:因病变部位不同而有很大差异。末梢型周围神经损害表现为对称性四肢远端的各种感觉障碍,越向远端越重,呈"手套""袜子"样分布,常伴相应区运动及自主神经功能障碍,为周围神经末梢受损所致,常见于多发性神经炎。神经干型为受损神经干支配区域的各种感觉障碍。后根型为脊神经后根或后根神经节受损,其支配节段区域的皮肤出现带状分布的各种感觉减退或消失,并常伴有放射性疼痛,即神经根痛。如颈椎间盘突出或腰椎间盘突出所致的神经根受压,髓外肿瘤压迫脊神经根等。

2. 运动障碍　失神经支配的肌肉表现为弛缓性瘫痪、肌张力降低、肌肉萎缩。因肌肉无力可出现特定的肢体畸形,如正中神经损伤引起的猿形手、尺神经损害引起的爪形手。

3. 反射障碍　腱反射减弱或消失。如股神经损伤,可出现膝腱反射减弱或消失。

4. 自主神经功能障碍　受损神经支配区皮肤变薄、发红或发绀、无汗、少汗或多汗、指(趾)甲粗糙、脆裂等。

五、主要功能障碍

1. 感觉异常及疼痛　周围神经损伤不仅可出现感觉功能减退或丧失,还可出现神经病理性疼痛、感觉异常等,严重影响患者生活质量。

2. 肢体瘫痪　肌肉瘫痪、肌张力降低和肌肉萎缩导致主动运动丧失或减弱,根据受累神经不同可表现为不同的运动功能障碍。如单支神经受累会造成肢体局灶性运动障碍,而多发性周围神经损害可造成多个肢体的瘫痪和运动障碍;若膈神经损害则会引起膈肌瘫痪而导致呼吸困难。

3. 关节功能障碍　因肢体运动功能丧失,导致关节无主动活动,继发肌肉、韧带及关节囊挛缩导致关节活动受限或关节僵硬。

4. 肢体肿胀　因自主神经功能障碍及肌肉泵作用丧失,可引起肢体血液循环障碍而出现肢体肿胀。

5. 皮肤营养障碍　可出现皮肤变薄、干燥,甚至发生营养性溃疡。

6. 日常生活活动障碍　因感觉、运动障碍,导致日常生活活动能力减弱或丧失。

7. 心理障碍　主要表现有急躁、焦虑、忧郁、躁狂等。担心神经损伤后不能恢复或承受不了长期就诊的医疗费用。常影响其与他人的正常交往,严重时可产生家庭和工作等方面的问题。

8. 其他功能障碍　如一些特殊神经损伤,可出现特殊的功能障碍。如膈神经损伤引起呼吸障碍,面神经损伤引起闭眼不能和口角偏斜,听神经损害引起听力障碍,舌咽和迷走神经损害引起的吞咽障碍及声音嘶哑,骶神经损害引起的大小便障碍及性功能障碍等。

第二节　康复评定

周围神经损伤的评定内容包括肢体基本功能的评定、实用功能的评定以及并发症的评定。肢体基本功能的评定包括:肌力测定、感觉检查、自主神经检查、肌腱反射检查、肢体周径、关节活动度测定。

一、感觉功能评定

感觉检查的主观性强,容易产生误差,检查者必须熟知感觉系统解剖知识,结合病史及其神经系统体征,有的放矢进行检查。

周围神经损伤主要评估浅感觉检查、深感觉功能。需要明确以下几方面情况。①受影响的感觉类型;②所涉及的肢体部位;③感觉受损的范围;④所受影响的程度。对感觉的检查,通常患者的反应有:①正常:患者反应快而准确;②消失:无反应;③减低或减退:迟钝的反应,回答的结果与所受的刺激不相符合;④感觉过敏。

周围神经损伤后感觉功能恢复的评定可参考英国医学研究会(the British medical research council,BMRC)的分级评定表(表9-2)。

表 9-2　周围神经损伤后感觉功能恢复评定表

恢复等级	评定标准
0级（S_0）	感觉无恢复
1级（S_1）	支配区内皮肤深感觉恢复
2级（S_2）	支配区内皮肤痛觉和触觉部分恢复
3级（S_3）	支配区内皮肤痛觉和触觉恢复,感觉过敏消失
4级（S_3^+）	感觉达到 S_3 水平外,两点辨别觉部分恢复
5级（S_4）	完全恢复

感觉评定的注意事项:

1. 进行躯体感觉检查时,应在安静的环境下进行,患者宜闭目,必须意识清晰和高度合作。如患者意识欠佳又必须检查时,则只粗略地观察患者对刺激引起的反应,以估计患者感觉功能的状态,如呻吟、面部出现痛苦表情或回缩受刺激的肢体。

2. 检查者需耐心细致,避免任何暗示性问话。检查前要向患者说明目的和检查方法以充分取得患者合作,使患者了解检查方法并充分配合,注意调整患者的注意力。

3. 检查时患者体位合适,检查部位应松弛并充分暴露,以提高检查准确性。注意两侧对称部位进行比较。先检查正常的一侧,使患者知道什么是"正常"。然后请患者闭上眼,或用东西遮上,再检查患侧。在两个测试之间,请患者睁眼,再告诉新的指令。

4. 先检查浅感觉,然后检查深感觉,一旦浅感觉受到影响,那么深感觉和皮质感觉也会受到影响。

5. 根据感觉神经支配皮区范围进行检查。

6. 采取左右、远近端对比的原则,先全身粗查一遍,如发现有感觉障碍,再进一步明确感觉障碍的程度、性质。

7. 将检查的结果按感觉的种类、障碍的程度和范围,分别记录在身体感觉分布图上。从该感觉分布图中,可以推断病变的部位,并可用于以后随访比较。

二、运动功能评定

(一) 肌力评定

肌力评定对周围神经损害的功能评定有着重要意义。神经完全损伤后,肌肉的肌力完全消失,但在运动神经不完全损伤的情况下,多表现为肌力减退。神经功能恢复后,肌力可逐渐恢复。

常用的肌力测定方法有徒手肌力检查(manual muscle test, MMT)和器械肌力检查(包括握力计、捏力计、张力计等)。

进行肌力评定时,根据受损神经确定需要评定的靶肌肉。例如桡神经在桡神经沟内的损伤,则需要评定肱三头肌、肱桡肌、伸腕肌群、伸指肌群,同时还需要评定非桡神经支配的上肢及手部肌肉,以排除其他神经受损;L_5 神经根损害时,则需要评估其所支配的臀中肌、踝背屈肌群、踝内翻肌群、外翻肌群,同时还需要评定非 L_5 神经根支配的下肢肌肉。

运动功能恢复可通过英国医学研究会提出的 6 级评定法进行判断(表 9-3)。

表 9-3　周围神经损伤后运动功能恢复评定表

恢复等级	评定标准
0级（M_0）	肌肉无收缩
1级（M_1）	近端肌肉可见收缩
2级（M_2）	近、远端肌肉均可见收缩
3级（M_3）	所有重要肌肉能抗阻力收缩
4级（M_4）	能进行所有运动,包括独立的或协同的运动
5级（M_5）	完全正常

(二) 关节活动范围评定

肌肉失神经支配、软组织损伤及瘢痕、制动等原因会导致关节主动及被动活动受限。评定关节活动范围有助于为康复治疗方案制订提供参考依据。测量工具可根据关节不同而选择不同的测量角度器,如通用量角器、方盘量角器等。

关节活动范围评定需要确定关节活动受限的部位、程度及其原因。测量关节活动范围时应尽可能排除或减少影响测量的因素,保持测量时相关条件一致性。

三、神经反射检查

神经反射包括浅反射和深反射。浅反射如腹壁反射、角膜反射、咽反射等。深反射是指腱反射。检查需要患者充分合作,并进行双侧对比。常用反射有肱二头肌反射、肱三头肌反射、桡骨膜反射、膝反射、踝反射等。周围神经损伤后,反射减弱或消失,病理征阴性(表 9-4)。

表 9-4　上肢神经反射检查

反射	传入神经	神经节段	传出神经
三角肌反射	腋神经	C_{5-6}	腋神经
肱二头肌反射	肌皮神经	C_{5-6}	肌皮神经
桡骨膜反射	桡神经	C_{5-8}	正中神经、桡神经
肱三头肌反射	桡神经	C_{5-8}	桡神经

四、自主神经功能检查

1. 碘淀粉试验　在患肢检查部位涂抹 2.5% 碘酒,待其干燥后再扑以淀粉,若有出汗则局部变为蓝色。

2. 茚三酮试验　将患手指腹印压在涂有茚三酮的试纸上,出现蓝紫色指纹,则表示有汗。还可用固定液将指纹形态固定并将其保存,以供日后多次检查进行对比观察。

3. 皮肤划痕试验　用钝头竹签在皮肤上适度加压画一条线,数秒后,皮肤先出现白色划痕(血管收缩)高出皮面,以后变红,属正常反应。如白色划痕持续较久,超过 5min 提示交感神经兴奋性增高。如红色划痕迅速出现、持续时间较长、明显增宽甚至隆起,提示副交感神经兴奋性增高或交感神经麻痹。

4. 其他自主神经功能检查　如竖毛反射,眼心反射,卧立试验等在周围神经病损中很少应用,在这里不做赘述。

五、神经干叩击试验

当神经损伤后或损伤神经修复后,在损伤平面或神经生长所达到的部位,轻叩神经,即发生该神经分布区放射性麻痛和过电感,称 Tinel 征阳性。这是由于神经再生过程中,神经轴突再生比髓鞘快,轴突外露出现的过敏现象。具体操作时可采用叩诊锤沿神经干进行叩击,嘱患者描述其感觉,并定位出现放射性麻痛和过电感的部位。定期重复此项检查,可了解神经再生的进度。

六、周围神经电生理学评定

神经电生理检查作为临床体格检查的延伸,是神经损伤判断的重要手段。包括神经传导速度检测、同心圆针肌电图、F 波及 H 反射、躯体感觉诱发电位(somatosensory evoked potential,SEP)和运动诱发电位(motor evoked potential,MEP)。由于神经损伤后远端神经纤维的华勒变性及肌肉失神经支配表现需在神经损伤数天后出现,因此,在进行神经电生理检测时需要考虑病程对神经电生理检测的影响。神经传导速度检测可判断神经损伤程度、定位神经损伤部位、神经损伤性质(轴索损害、脱髓鞘);同心圆针肌电图可见靶肌肉异常自发电位(正锐波、纤颤电位)、宽大的运动单位电位(时限增宽、波幅增高)及大力收缩募集电位减少;F 波作为一个运动神经电刺激后的延迟反应,可通过检测运动神经全长有助于判断运动神经近端损害;H 反射作为一个单突触反射,可对感觉神经及运动神经传导功能进行判断,特别是对根性损害诊断意义较大,比如骶 1 神经 H 反射异常多提示 S_1 根性损伤;躯体感觉诱发电位不仅可判断中枢感觉传导通路功能情况,对周围神经传导通路同样可进行判断;运动诱发电位可评价运动神经传导功能。

七、日常生活活动能力评定

可采用 Barthel 指数、功能独立性评测(Functional Independence Measure,FIM)量表对基本或躯体日常生活活动能力(basic or physical ADL,BADL or PADL)、工具性 ADL(instrumental ADL,IADL)进行评定,以了解周围神经损伤对日常生活活动能力的影响。

第三节　康　复　治　疗

一、康复治疗原则

尽早去除病因或减轻神经损伤程度,防止二次损伤和并发症,积极促进神经再生,促进感觉功能重建及运动功能恢复。

二、康复治疗目的

康复治疗的目的是去除病因和危险因素,积极治疗原发疾病,减轻神经损伤程度;积极预防和治疗并发症,预防肌肉萎缩、肌腱挛缩、关节僵硬、皮肤破损;促进神经再生,恢复运动与感觉功能;消除心理障碍,改善情绪,增强患者恢复的信心和希望,积极主动参与康复治疗;提高日常生活活动能力,回归家庭和社会。

三、康复治疗方法

(一) 促进周围神经再生的康复治疗

周围神经具有一定的再生能力,神经损伤后,神经变性和再生的过程是相互交叉的,在时间进程上两者彼此重叠,变性过程中包含有再生活动。

1. 周围神经损伤后的再生

(1) 神经再生的特异性:神经再生的特异性是指周围靶器官重新获得原来的神经支配的精确程度,它表示神经再生的最大准确性。

(2) 周围神经成功再生的条件:周围神经再生,并不等于就有周围神经在支配组织的功能恢复,即成功再生,有效或有用再生。综合起来,周围神经成功再生包括以下几个要点:损伤神经元胞体的存活;近段轴突的芽生与延伸;再生轴突与相应末梢靶器官重建突触联系;神经再支配的靶器官的复原;神经原合成神经介质及相关酶类等一些特殊物质;中枢神经系统理解、整合周围神经的信号。

(3) 影响周围神经再生的因素:影响周围神经再生的因素包括:损伤程度、生物物理因素、损伤局部状态、机体的全身状况,以及激素状态(如胰岛素、雄性激素等)等。

2. 促进周围神经再生的治疗

(1) 药物:促进神经再生的药物众多,药物治疗对损伤周围神经的修复具有一定的促进作用,但依然缺乏确切有效的药物,其作用机制尚有待研究。

(2) 超短波疗法:对置或并置,微热量或无热量,每次 10~20min,20 次为一疗程。可增加巨噬细胞的吞噬能力,使局部微血管持久性扩张,血流加快,有助于水肿消退,炎性产物的吸收和改善局部营养状况,有利于神经的再生。

(3) 直流电疗法及脉冲电疗法:经皮或埋入电极的微安级直流电可促进神经的再生。

(4) 热疗:水疗、蜡疗、红外线、干热等热疗均可促进神经再生,每天 1 次至每 4h 1 次,每次 20min。

(5) 弱磁场:在一定强度磁场作用下,微血管的舒缩发生某些改变,使微血管扩张,血流加快,使血液循环得到改善,产生消炎、消肿、软化瘢痕、镇痛作用。电磁场可能是通过对周围神经再生过程中的多个环节调控和促进,通过多种协同机制,促进周围神经的再生和功能恢复。

(6) 激光:用于周围神经损伤治疗激光的种类有 He-Ne 激光、CO_2 激光、半导体激光,He-Ne 激光照射包括 He-Ne 激光针灸穴位治疗,以上均应用小功率,具有促进神经修复作用。有研究发现用低能量 He-Ne 激光辐射挫伤的大鼠坐骨神经或相应的脊髓节段均能促进轴突的再生,并发现能量密度为 $3.5\sim10J/cm^2$ 的激光辐射均有此作用。

(7) 高压氧:高压氧治疗对周围神经损伤后不同时期的修复过程有明显的促进作用,可减轻神经间质水肿、减少神经吻合口的瘢痕、加快轴索再生和神经功能恢复。

3. 周围神经再生的疗效与预后 一般说来周围神经损伤在病因去除后及手术修复后可以自行恢复,每天恢复 1~3mm。但存在下列因素者则不能恢复:①不去除病因者不能恢复;②神经连续性中断未进行手术修复者难以恢复;③恢复速度太慢或恢复距离过长,加以治疗不当等,可以造成肌肉高度或完全变性,神经再生后也无法恢复运动功能;④神经外伤后局部瘢痕组织过多,再生的神经轴索不能穿过瘢痕而找到远端的髓鞘。因此完全失神经反应者再生神经完全恢复功能比较困难。

(二) 肌肉无力及肌肉萎缩的康复治疗

1. 发生机制 失神经肌肉的萎缩变性,不仅仅是由于肌肉失去动力的失用性萎缩,同时也是由于肌肉失去神经的营养作用所致。

2. 预防与治疗

(1) 热疗:一切热疗作用于麻痹肌,均可改善血液循环,维持肌肉营养。

(2) 按摩与压力治疗:向心性按摩可明显改善组织的供血与营养,现在多以间隙性压力治疗代替。

(3) 电体操:电体操能生理性地发挥肌肉运动的肌泵作用,从而改进血液循环,促进肌肉的主动代谢过程,延缓、减轻失神经肌肉的萎缩,但不能阻止肌肉萎缩的趋势,更不能使已萎缩的肌肉恢复正常。

(4) 肌力训练:训练中应根据受损神经所支配肌肉的肌力而采用不同的训练方法,如助力运动、主动运动、抗阻力运动等。

(三) 粘连或瘢痕的康复治疗

1. 发生机制 由于周围神经损伤常常伴有软组织、骨关节、血管等的损伤,手术修复的二次创伤,以及神经损伤后的循环障碍,因此通常会遗留有局部软组织粘连或瘢痕形成。粘连的软组织或形成的瘢痕又会限制损伤神经的完全修复及肢体功能的恢复。

2. 预防与治疗 包括石蜡疗法、中频电疗、直流电离子透入疗法(对术后粘连和瘢痕增生,用碘、透明质酸酶直流电导入,效果较好)、超声波疗法、磁场疗法、激光疗法、按摩等。

(四) 肢体肿胀的康复治疗

1. 发生机制 由于周围神经是混合神经,当其受损后,必然导致血管神经的障碍,循环失常,加之受损组织的组织液渗出增多,淋巴反流受阻,发生不同程度的水肿,此亦是造成组织挛缩的原因之一。

2. 预防与治疗 包括抬高患肢、弹力绷带压迫(由远端向近端缠绕)、向心性按摩、主动与被动运动、温热治疗、水疗、冷疗等。

(五) 挛缩的康复治疗

1. 发生机制 由于水肿、疼痛、肢位、受累肌与拮抗肌之间失去平衡等因素的影响,往往容易出现肌肉、肌腱挛缩,而导致关节功能受累。挛缩一旦发生,难以治疗,影响运动并导致畸形。

2. 预防与治疗 保持关节活动度,预防挛缩畸形极为重要,方法有两种。①夹板或支具:腓神经损伤后需用足踝托,使踝关节保持在 90° 功能位,以预防跟腱挛缩;桡神经损伤后应使用支具使腕背伸 30°,指关节伸展、拇外展,以避免屈肌腱挛缩;②主动与被动运动:如已出现挛缩,则应进行挛缩肌肉、肌腱的被动牵伸。

(六) 矫形器在周围神经损伤康复中的应用

矫形器是用于改变神经肌肉和骨骼的功能特性或结构的体外使用装置。在周围神经损伤后上肢、手及下肢的康复治疗中具有一定的替代及辅助治疗作用(表9-5)。

1. 矫形器的基本作用 矫形器在周围神经损伤时的作用包括:①稳定和支持作用,通过限制关节

表 9-5 常见周围神经损伤的矫形器选择

症状或功能障碍部位	神经损伤	矫形器
肩关节	臂丛神经	肩关节外展夹板
全上肢麻痹	臂丛神经	肩关节外展夹板、上肢组合夹板
指间关节、腕关节	桡神经	上翘夹板、Oppenheimer 夹板
指关节伸直挛缩	正中神经、尺神经	正向屈指器
指关节屈曲挛缩	桡神经	反向屈指器
拇对掌受限	正中神经	对掌夹板
猿手畸形	正中神经	对指夹板、长拮抗夹板
爪形手	尺神经	短拮抗夹板、反向屈指器
下垂足、马蹄内翻足	腓总神经、L_5 根	足吊带、AFO、踝支具
膝关节	股神经	KAFO、KO、膝框支具
屈膝挛缩	股神经	KO、KAFO、膝铰链伸直位制动
外翻足、踝背伸挛缩	胫神经	AFO、矫正鞋

的异常活动或运动范围来稳定关节,减轻疼痛和恢复功能;②固定和保护,通过对病变肢体的固定和保护来促进病变修复;③预防和矫正畸形,神经损伤造成肌群间力量不平衡而易引起关节的失衡和畸形,矫形器可起到一定的矫正作用;④减轻体重,可以帮助减少肢体、关节长轴的承重;⑤改进功能,可以改进肢体功能,提高生活自理能力和工作能力,同时对运动疗法起辅助作用。

2. 上肢周围神经损伤矫形器的应用

(1) 桡神经损伤:桡神经损伤后上肢伸肌瘫痪,肘关节、腕关节、掌指关节不能主动伸直,拇指不能主动伸直和外展,症状因损伤部位不同而异,以垂腕和垂指最常见。可应用夹板使腕关节处于略伸展位以保证抓握的训练和操作。

(2) 正中神经损伤:正中神经损伤后表现为拇指对展,示指、中指可受累而握拳无力,可应用夹板使拇指处于外展位,以帮助日常活动的完成、防止虎口的挛缩。

(3) 尺神经损伤:尺神经损伤后主要表现为手部小肌肉运动丧失,影响手的精细动作,呈爪形手畸形。可使用夹板防止小指和环指的掌指关节过伸,使手指呈屈曲位而不影响抓握。

3. 下肢周围神经损伤矫形器的应用

(1) 踝足矫形器(AFO):目的是防止足背伸肌麻痹以及足下垂、足内外翻的发生。

(2) 膝踝足矫形器(KAFO):主要用于下肢不能站直的患者,防止膝屈曲、膝内外翻和膝不稳定的发生。

(3) 髋膝踝足矫形器(HKAFO):目的是支持体重,防止股四头肌瘫痪和肌力下降引起的膝屈曲,防止膝反张、屈曲挛缩等。

尽管矫形器为失神经肌肉提供了辅助作用,但是主动、被动运动仍必不可少。在 ROM 练习时可将夹板取下。要注意夹板合适于患者,并注意有无压伤,防止并发症的发生。

(七) 周围神经损伤后感觉重建训练

1. 定义 感觉重建训练,感觉再训练及感觉再教育,是指帮助周围神经损伤修复后的患者学会感知由再生神经传入的、与原来性质不同的神经冲动,重新建立中枢与外周神经正确联系的一种康复训练方法。感觉重建训练是一种方法,用它可以学会解释由周围神经系统传导的异常类型的冲动。所谓感觉重建,是当在周围神经传向中枢的冲动不同于损伤前形成的冲动的形象时需要进行的康复训练。

2. 训练原则 感觉重建训练的基本原则是在康复的不同时期,应用不同的再教育练习。即在感觉恢复的适宜时间采用相应的训练方法和时间。不同的模式是由于感觉恢复的模式来确定的。任何一种能使患者集中精力改变感觉冲动的信息,并学着去正确辨认它们的方法,都属于感觉重建训练的范畴。

3. 训练方法　感觉重建训练的技术方法多种多样，没有统一、单一的方法。它是一种技术和方法的组合，其目的是通过感觉重建训练帮助神经损伤的患者学会重新解释那些由伤后接受的刺激所传达到意识水平的信息。与受伤前相比较，这是一种改变了的新的神经冲动的信息。任何可以使患者集中注意力于那些发生改变了的感觉传入冲动和学会辨认它们的方法都是合适的。所以感觉重建训练可以根据不同患者、不同病情、不同地点、不同条件等因地制宜。

感觉重建训练的方法要依照患者的日常生活和今后工作的基本要求，以及手功能恢复的基础（如手指的缺失、肌肉的瘫痪、挛缩等限制其功能的恢复）进行改良。

通常感觉重建训练可分三个阶段进行，即脱敏和保护阶段、早期训练阶段和后期训练阶段。

脱敏和保护阶段：损伤后初期，重点是教会患者如何利用视觉及常识来帮助判断肢体的位置和活动方法，给患者一特别的指导，并对环境作必要的调整以使患者避免接触冷、热及尖锐的物理，尤其注意拇指、指尖等手部容易受伤的部位。对感觉过敏者采用不同程度、循序渐进的刺激脱敏，逐渐增强过敏区域对刺激才耐受力。脱敏技术使患者学习抑制不适的感觉，去感知有内涵的感觉冲动。在本质上，脱敏技术是痛觉在训练而非触觉再训练。

早期训练阶段：应用感觉测试来决定此期再学习的合适时间，通过不同频率的振动觉、动态触觉、静态触觉，目的是使患者学习辨别和区分快反应纤维系统和慢反应纤维系统的功能，重点是区分动态触觉和静态触觉、压力感觉及定位能力的训练。

后期训练阶段：目的是提高患者手的触辨觉即触觉感悟，其过程涉及多种对物体大小、形状、质地和材料的鉴别等训练方法。

随着患者感觉的改善，训练的复杂性也逐渐提高，训练难度逐渐增加，患者不能接受就稍微后退或反复辨认巩固，同时要注重未受伤肢体的同步比较训练，以使两侧的感觉进行比较。训练每日都要进行，患者可以在康复训练治疗室进行或在家中进行。

第四节　常见周围神经损伤康复

一、臂丛神经损伤

1. 概述　臂丛神经源于 $C_5 \sim T_1$ 节段 5 个神经根，穿椎间孔后 C_{5-6} 根形成上干，C_7 形成中干，$C_8 \sim T_1$ 组成下干，各个干再分为前、后股，其中上、中干的前股形成外侧束，下干的前股形成内侧束，三个干的后股形成后束。自根、干、股、束分别发出神经分支支配肩、上肢、手肌肉及皮肤感觉（图 9-1）。

2. 病因　臂丛神经损伤多由牵拉所致，如上肢过度牵拉或过度伸展、肩关节脱位、高处坠落、重物砸伤颈肩部以及胎儿分娩时过度牵拉等。暴力使头部与肩部向相反方向分离，均可引起臂丛神经部分或全部损伤。此外，第 1 胸肋过长、颈肋或斜角肌肿胀、锁骨上淋巴转移或占位等也可引起臂丛神经不同程度损伤。

3. 临床表现　臂丛神经损伤可因损伤水平不同而临床表现和功能障碍各异。传统上习惯将臂丛神经损伤分为上臂丛神经损伤、下臂丛神经损伤及全臂丛神经损伤。

（1）上臂丛神经损伤：主要累及腋神经、肌皮神经、肩胛上下神经、胸外侧神经，桡神经和正中神经也会部分麻痹。肌肉瘫痪主要集中在上肢近端肌肉，如冈上肌、冈下肌、三角肌、小圆肌、肱二头肌、肱桡肌、旋后肌等 C_{5-7} 节段支配的肌肉。主要临床表现为肩关节不能外展和上举，肘关节不能屈曲而能伸，腕关节虽能屈伸但肌力减弱，前臂不能旋后，肱二头肌反射消失，肩部肌肉萎缩以三角肌为明显，上臂肌肉以肱二头肌萎缩为明显，可有上臂外侧面、前臂外侧面感觉缺失或手外侧面部分感觉障碍。

（2）下臂丛神经损伤：主要累及尺神经、部分正中神经、臂内侧皮神经、前臂内侧皮神经。主要造成前臂及手运动及感觉功能障碍，而肩、肘部功能保留，临床表现为手功能丧失，呈爪形手，手部肌肉萎缩，掌指关节存在伸直动作，但腕关节不能屈曲，肩、肘关节活动正常，感觉障碍为上臂前臂内侧及手尺侧，当 T_1 交感神经损伤时，可出现 Horner 征，即眼睑下垂、瞳孔缩小、面部无汗和皮肤发红。

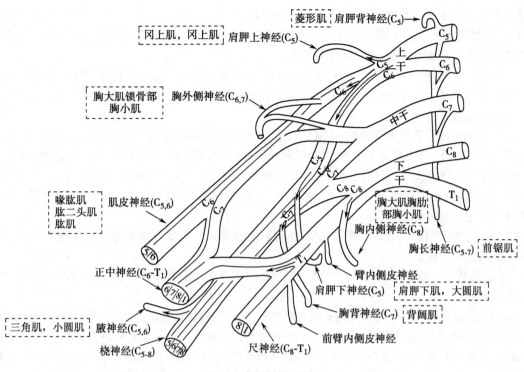

图 9-1　臂丛神经解剖

（3）全臂丛神经损伤：造成上肢感觉及运动功能完全丧失，肩、肘、腕和手部各关节均不能主动运动，但由于斜方肌功能存在，故耸肩活动保留。还常伴有神经病理性疼痛，自主神经功能障碍及 Horner 综合征，此型比较严重。

4. 康复评定　除前述的常规康复评定内容外，还需要进行肌电图检查以确定臂丛神经损伤程度和定位，并对手的抓、握、捏等精细活动进行评估。

5. 康复治疗

（1）损伤早期：去除病因，消除炎症水肿，减轻对神经的损害，预防关节挛缩畸形的发生。

（2）恢复期：促进神经再生，保持肌肉功能，增强肌力和促进感觉功能恢复，防止肢体挛缩畸形，最大限度地恢复其功能。

二、腋神经损伤

1. 概述　腋神经由 C_5~C_6 神经根组成。腋神经发自臂丛后束，与旋肱后血管伴行向后外，穿过腋窝后壁的四边孔，绕肱骨外科颈至三角肌深面，发出分支支配三角肌、小圆肌，余纤维成为臂外侧上皮神经，自三角肌后缘穿出，分布于肩部、臂外侧区上部的皮肤。

2. 病因　腋神经损伤多由肱骨外科颈骨折、肩关节脱位或被腋杖压迫所致。

3. 临床表现　有相应的外伤史。症状和体征包括三角肌瘫痪萎缩，肩关节外展功能丧失，外旋无力，肩部变平，肩部及臂外上部感觉障碍。三角肌反射减弱或消失。

4. 康复评定　请参见本节"臂丛神经损伤"部分。

5. 康复治疗　为保持关节功能位，预防关节挛缩变形，可采用外展支架或腋下垫棉纱卷支撑肩关节以预防内收、内旋挛缩。余治疗请参见本节"臂丛神经损伤"部分。

三、正中神经损伤

1. 概述　正中神经由 C_6~T_1 脊神经组成。正中神经由分别发自臂丛内、外侧束的两部分夹持腋动脉向下呈锐角汇合成正中神经干。在臂部沿肱二头肌内侧下行，在肱动脉内侧与之伴行至肘窝。从肘窝向下穿旋前圆肌及指浅屈肌腱弓，于指浅屈肌及指深屈肌之间下行，发出分支支配旋前圆肌、指浅屈肌、桡侧腕屈肌、掌长肌。在旋前圆肌下缘发出纯运动支前骨间神经，支配指深屈肌、拇长屈肌

103

和旋前方肌。其主干至前臂远端于桡侧腕屈肌腱和掌长肌腱之间,发出掌皮支,分布于掌心和鱼际部皮肤;然后经过腕管至手掌部发出分支,支配拇短展肌、拇短屈肌外侧头、拇指对掌肌和1、2蚓状肌,桡侧3个半手指掌面及中节、远节指背的皮肤。

2. 病因　正中神经近端损伤常见原因为骨折(肱骨髁上骨折)、肘关节脱位、外伤;前骨间神经损伤多由于旋前圆肌损伤、肿胀、痉挛等引起;腕管容积的减少可引起正中神经受压而受损。

3. 临床表现

(1) 上臂段损伤:表现为前臂旋前圆肌、桡侧屈腕肌、拇长屈肌、指深屈肌桡侧半功能丧失。环指、小指指深屈肌存在,指浅肌屈受影响;大鱼际肌萎缩,拇指不能屈曲、外展(可内收),不能对掌(拇指不能与小指对指),掌指关节过伸(因第1、2蚓状肌麻痹,伸指肌力量过大所致);出现"猿形手"畸形,双手交叉握检查,若正中神经受损,示指、中指不能屈曲,精细功能受影响,如指尖捏、三指捏等;手掌和桡侧3个半指感觉障碍。

(2) 前骨间神经损伤:表现为拇长屈肌、指深屈肌桡侧半及旋前方肌功能丧失,环指、小指指深屈肌存在。无感觉障碍。

(3) 腕关节平面处损伤:表现为大鱼际肌萎缩,拇指对掌功能丧失;桡侧三个半指感觉障碍;精细活动受影响。

(4) 腕管综合征:腕管是由腕骨构成底和两侧壁,其上为腕横韧带覆盖成一个骨 - 纤维隧道。腕管内有拇长屈肌腱、2~4指屈指深、浅肌腱和正中神经通过。腕管综合征是正中神经在腕管内受压而表现出的一组症状和体征,表现为手部麻木、疼痛和鱼际肌萎缩。患者首先感到手掌桡侧三个半手指麻木或疼痛,有时疼痛可牵涉到前臂,并有手和腕部肿胀感,夜间症状加重,适当抖动手腕症状可减轻,随后可出现拇指外侧鱼际肌萎缩。

4. 康复评定　主要进行肌力、关节活动度、手精细功能、感觉功能评估。

5. 康复治疗　在常规康复治疗基础上,可应用夹板固定掌指关节及指关节呈半屈状位置,应用拇指外展夹板,保持关节功能位。

四、桡神经损伤

1. 概述　桡神经由 $C_{5\sim8}$ 脊神经组成。桡神经来自臂丛后束,在腋动脉之后,于肩胛下肌、大圆肌表面斜向后下,绕肱骨后方桡神经沟至臂外侧,沿肱三头肌外侧头下行。桡神经在腋部发出分支至肱三头肌,然后在肱肌和肱桡肌之间至肘前外侧,于肘上发出分支至肱桡肌和桡侧腕长伸肌,继之于肱桡肌与桡侧腕长伸肌之间进入前臂,分成深、浅两支。浅支与桡动脉伴行,在肱桡肌深面于桡骨茎突上转向背侧,至手背桡侧及桡侧三个半手指皮肤;深支又称后骨间神经,在进入旋后肌之前发出分支至桡侧腕短伸肌,穿经旋后肌并于其下缘发出分支,支配旋后肌、尺侧腕伸肌、伸指总肌、示指和小指固有伸肌、拇长展肌和拇长伸肌、拇短伸肌。

2. 病因　常见的原因有肱骨骨折、外伤以及机械性压迫。"周六麻痹"即为在醉酒后上臂置于椅背而压迫桡神经所致的损害,常因在周五醉酒,周六就诊而得名。此外使用腋拐者也可压迫桡神经。旋后肌损伤、肿胀等原因可压迫后骨间神经;桡神经浅支可因手镯、手铐等卡压而损害引起手虎口区皮肤感觉障碍。

3. 临床表现　在周围神经中,桡神经最易受外伤。

(1) 高位损伤(上臂上部):在腋下区桡神经发出分支至肱三头肌以上部位受损时,产生完全的桡神经麻痹,上肢各伸肌皆瘫痪,包括伸肘、伸腕、伸指障碍以及上臂、肘、前臂后部及手背桡侧部位感觉障碍,以"虎口处"皮肤最明显。

(2) 上臂中、下部损伤:在肱骨中1/3,即发出肱三头肌分支以下部位受损,肱三头肌功能完好,可伸肘,肱三头肌腱反射存在,臂部感觉无异常,而肱桡肌、桡侧腕长伸肌、肘后肌及前臂部伸肌瘫痪及前臂后部及手背桡侧部位感觉障碍。

(3) 前臂上部损伤:肱桡肌分支以下损伤,桡侧腕长伸肌功能存在,而尺侧腕伸肌、伸指肌瘫痪,表现为伸腕桡侧偏及伸指障碍及手背部感觉障碍。

(4) 前臂下部损伤:桡神经在前臂中1/3以下主要累及后骨间神经,主要表现为拇指及示指伸指障碍,无感觉障碍。

(5) 桡神经浅支受损:只出现手背部感觉障碍。

4. 康复评定　主要包括肌力、感觉、关节活动度及肌电图评定。

5. 康复治疗　在常规康复治疗基础上,可采用伸腕关节固定夹板或动力型伸腕伸指夹板,维持腕关节呈背屈、掌指关节伸直、拇指外展位,以保持关节功能位,防止关节挛缩畸形。同时进行腕关节背伸、前臂伸直旋后和手指被动运动、主动 - 助力运动和主动运动,重点训练伸腕、伸指功能。

五、尺神经损伤

1. 概述　尺神经由 C_8~T_1 脊神经组成,来自臂丛内侧束,沿肱动脉内侧下行,于上臂中段逐渐转向背侧,经肱骨内上髁后方的尺神经沟,向下穿过尺侧腕屈肌并发出分支至尺侧腕屈肌,然后于尺侧腕屈肌与指深屈肌间进入前臂掌侧,发出分支至指深屈肌尺侧半,再与尺动脉伴行,于尺侧腕屈肌桡侧深面至腕部,于腕上发出手背支至手背尺侧皮肤。主干通过豌豆骨与钩骨之间的腕尺管(Guyon 管)即分为深、浅支。深支穿小鱼际肌进入手掌深部,支配小鱼际肌,全部骨间肌、第 3、4 蚓状肌及拇收肌和拇短屈肌内侧头;浅支至手掌尺侧及尺侧一个半手指的皮肤。

2. 病因　因尺神经在肱骨内上髁走行,位置表浅,在所有周围神经中最易受损。压迫、牵拉、外伤均可导致尺神经损害。损害位置多位于肘部,包括 Struthers 弓、肱骨内上髁处、内上髁沟、Cubital 管和穿出尺侧腕屈肌处都可以造成尺神经受压,统称为肘管综合征。

3. 临床表现　尺神经损害因部位不同而临床表现各异。主要表现为"爪形手"畸形,小指、环指掌指关节过伸,指间关节屈曲而呈爪形手畸形。各指不能做内收、外展动作,小指对掌受影响(小指不能与拇指对指),拇指内收不能,骨间肌萎缩。抓握无力,1~3 手指有力,环、小指无力。

(1) 肘部损伤:尺侧腕屈肌、指深屈肌(环、小指)、小鱼际肌、骨间肌、第 3、4 蚓状肌功能丧失以及手尺侧感觉障碍。肘管综合征多表现为运动障碍,手内侧肌群无力,小鱼际肌萎缩,可伴有尺侧腕屈肌无力。

(2) 腕部损害:小指及环指尺侧半感觉障碍,手背尺侧感觉正常。小鱼际肌、骨间肌萎缩。

4. 康复评定　除常规康复评定内容外,可通过特征性检查进行诊断。如 Froment 征阳性,即用拇指内收夹纸,因为内收肌无力,拉纸时靠屈拇指指间关节来夹住纸。

5. 康复治疗　在常规康复治疗基础上,可采用掌指关节阻挡夹板,使掌指关节屈曲到半握拳状,以预防小指、环指掌指关节过伸畸形,保持关节功能位,防止关节挛缩变形。同时进行手指的分合运动、伸直运动,第 5 指对掌被动运动和主动运动。

六、坐骨神经损伤

1. 概述　坐骨神经起自 L_4~S_2(S_3) 脊神经,然后形成腰骶丛后支,沿腿后侧走行,形成坐骨神经,经坐骨大孔出盆腔,在小转子和坐骨结节之间穿行,坐骨神经包含胫神经(坐骨神经内侧部)和腓总神经(坐骨神经外侧部)两部分。坐骨神经在腘窝上方为一条主干,在近腘窝处分成胫神经和腓总神经。胫神经在腘窝处下行,支配跖肌、腓肠肌、腘肌、比目鱼肌;胫神经经过比目鱼肌深面,作为胫后神经继续下行,支配胫骨后肌、趾长屈肌、趾长屈肌;胫神经下行至屈肌支持带深面,发出足底内侧神经、足底外侧神经及足跟神经分支支配足部肌肉及足底感觉。腓总神经部分请参加本节"腓总神经损伤"部分。

2. 病因　髋关节创伤、髋关节置换、注射、血肿、骨盆骨折、贯通伤均可导致坐骨神经损伤。梨状肌综合征是坐骨神经在骨盆出口处卡压病变,由于坐骨神经在梨状肌下方行走或穿过,易在此处受到卡压,病变主要影响坐骨神经的腓总神经部分。

3. 临床表现　坐骨神经支配的肌肉均可受累,患者症状取决于坐骨神经哪一部分受累更严重,可表现为屈膝无力以及腓总神经和胫神经所支配的肌肉及皮肤感觉异常。腓总神经部分较胫神经部分更易受到损伤。腘绳肌反射和跟腱反射可异常。

4. 康复评定　进行运动、感觉功能评估,同时需要行肌电图检查以确定损伤部位和程度。

5. 康复治疗　进行常规康复治疗,必要时可通过足托纠正足畸形。

七、腓总神经损伤

1. 概述　腓总神经在腘窝处由坐骨神经分出,沿腘窝上外侧界的股二头肌内缘斜向外下,绕过腓骨颈向前,穿过腓骨长肌,分为腓浅、腓深神经。支配小腿前、外侧肌群、足背肌以及小腿外侧、足背、趾背的皮肤。

2. 病因　腓总神经绕行腓骨颈处位置表浅,在下肢神经损伤中最多见。常见的病因有膝关节外侧脱位、腓骨头骨折、小腿石膏或夹板固定太紧、手术时膝带捆绑太紧、持续跷二郎腿等。

3. 临床表现　腓总神经损伤导致小腿伸肌群的胫前肌、拇长伸肌、趾长伸短肌及足外翻的腓骨长短肌瘫痪,故出现足下垂、足内翻畸形,同时伴有小腿外侧及足背区感觉消失。晚期可形成马蹄内翻足,行走时呈"跨阈步态"。

4. 康复评定　在常规康复评定的基础上,增加步态的评定。

5. 康复治疗　在常规康复治疗的基础上,可通过穿戴 AFO 矫形器纠正足下垂。

八、面神经炎

1. 概述　面神经是第Ⅶ对脑神经,为混合性神经,运动神经支配面部表情肌,感觉成分传导舌前2/3味觉及外耳道前壁皮肤感觉。味觉纤维横过舌神经后加入鼓索。岩浅大神经支配泪腺,鼓索支配舌下腺和颌下腺。

面神经炎,也称特发性面神经麻痹或 Bell 麻痹,可能因茎乳孔内面神经非特异性炎症导致周围性面瘫。早期病理改变为神经水肿或脱髓鞘,严重者可出现轴索变性。

2. 病因　病因不明确,可能为非特异性炎症(风寒、病毒感染及自主神经功能紊乱、局部神经营养血管痉挛)引起。

3. 临床表现　发病前常有类似感冒病史。病变多为单侧性,出现的面肌瘫痪系周围性面瘫,主要表现病侧面部表情肌瘫痪,额纹消失,不能皱额蹙眉,眼裂不能闭合或闭合不全,鼻唇沟变浅,口角下垂,露齿时口角偏向健侧,口角流涎,鼓气或吹口哨时漏气,食物易滞留于病侧齿颊间。面部感觉迟钝或麻木,鼓索以上面神经病变出现同侧舌前2/3味觉缺失;发出镫骨肌支以上受损时出现同侧舌前2/3味觉缺失和听觉过敏;膝状神经节病变除周围性面瘫、舌前2/3味觉障碍和听觉过敏外,还可伴有患侧乳突部疼痛,耳廓和外耳道感觉减退、外耳道或鼓膜疱疹等,称 Hunt 综合征。

4. 康复评定

(1) 面部表情肌运动:通过皱眉、鼓腮、示齿、噘嘴等动作,观察鼻唇沟是否居中、口角是否下垂,判断面瘫为周围性或中枢性(中枢性面瘫额肌不受累,额纹对称、皱眉正常)。

(2) 感觉评定:耳廓及外耳道浅感觉、舌前2/3味觉、乳突部痛觉是否异常。同时需检查耳廓及外耳道有无疱疹。

(3) 听力评定:有无听觉过敏现象。

(4) 神经电生理检查:面神经运动传导可判断是否有面神经轴索损害或脱髓鞘;针肌电图可判断表情肌是否有失神经支配表现;瞬目反射可判断眨眼反射通路是否损害以判断三叉神经、面神经的完整性以及脑干功能。如果在面瘫后2周内瞬目反射电位可引出,则预后较好,如果未引出电位,则面神经功能恢复不佳。

5. 康复治疗　面神经炎的治疗原则是改善局部血液循环,减轻面神经水肿,缓解神经受压,促进神经功能恢复。急性期以减轻水肿、营养神经药物治疗,同时行超短波、红外线等理疗。闭眼不能者要注意配戴眼罩保护眼角膜,防止污染引起感染和角膜损伤。患侧面部稍能活动,应尽早开始功能训练和康复治疗。恢复期可采用碘离子透入疗法、针刺或电刺激治疗。

本章小结

　　周围神经损伤是临床常见的多发病,以外伤性周围神经损害为多见。主要表现为感觉障碍、运动障碍及自主神经功能障碍,但功能障碍程度与神经损伤的程度、损伤部位、损伤性质密切相关。各具体神经损伤其临床表现、对功能影响各具特点,均需制订个体化的康复治疗方法和目标。

促进神经再生是康复治疗的首要目标,神经再生的前提是保证受损神经的连续性,在此基础上给予神经营养药物及物理因子削弱抑制或阻碍神经再生的不利因素,增强神经再生能力。对于神经功能不能恢复者,则需要积极采取代偿或替代性康复措施,提高日常生活活动能力。

(王红星)

思考题

1. 周围神经损伤程度的分类有哪些?
2. 周围神经损伤的临床表现有哪些?
3. 周围神经损伤后促进神经再生的措施有哪些?
4. 周围神经损伤与中枢神经损伤的功能障碍特点有何不同?

扫一扫,测一测

思路解析

学习目标

1. 掌握　脊髓灰质炎后遗症的功能障碍的特点、康复评定内容、康复治疗原则和基本方法。
2. 熟悉　脊髓灰质炎后遗症的病理、临床表现。
3. 了解　脊髓灰质炎后综合征的临床表现及治疗方法。
4. 具有良好的临床思维能力、分析解决问题的能力，能充分理解脊髓灰质炎后遗症患者脊柱及肢体骨骼发育畸形与瘫痪的关系，熟练掌握肢体测量的方法，具有指导患者康复训练及评估康复疗效的能力，能对康复治疗或训练过程中出现的简单问题进行处理。
5. 能与患者及家属进行良好沟通，开展康复教育；能与相关医务人员进行专业交流与团结协作开展康复治疗工作。

病例导学

　　患者，男性，34岁，双下肢肌肉萎缩无力29年，进行性加重1年。患者5岁时发热后出现双下肢无力，并渐出现肌肉萎缩，双下肢无感觉异常，无大小便障碍。在当地医院诊断为"脊髓灰质炎病毒感染"，予以对症治疗后双下肢肌力无明显改善，不能独立步行。之后未接受系统的康复治疗，在家自行进行站立和转移训练，在双腋拐辅助下社区内步行，并于当地的特殊学校接受文化教育和声乐技能学习。8岁开始渐出现脊柱"S"形侧弯畸形，双足高弓足。于16岁行脊柱侧弯矫形手术纠正。日常生活基本自理。近1年来患者感双下肢无力加重，时有肌肉跳动。查体：双下肢大腿及小腿肌肉萎缩明显，高弓足，骨盆前倾，后背可见纵行手术瘢痕，脊柱无明显侧弯，但靠墙站立双肩不能同时贴近墙面，左肩在前，胸廓两侧不对称。双髋关节屈主动活动范围为80°~0°，双膝关节被动屈曲ROM为0°~60°，双踝关节背屈0°，跖屈20°。MMT肌力评定：双侧屈髋、伸髋肌力4级，双髋关节外展及内收肌力5级，双侧伸膝肌力2级，屈膝肌力2级，双踝背屈肌力3级，跖屈肌力3级。双下肢深浅感觉未见异常。双膝反射未引出，双踝反射减弱，巴宾斯基征未引出。肌电图检查示双侧股四头肌、胫前肌、腓肠肌可见正锐波及纤颤电位、运动单位动作电位时限增宽、募集电位减少。

　　问题与思考：

1. 脊髓灰质炎病毒感染的病理变化特点是什么？
2. 脊髓灰质炎病毒感染后的临床表现和功能障碍有哪些？
3. 脊髓灰质炎后遗症包括哪些？需要做哪些功能评定？
4. 脊髓灰质炎后遗症的康复治疗方案如何制订？

第一节 概　述

一、病因及病理变化

（一）病因

脊髓灰质炎（poliomyelitis）是由脊髓灰质炎病毒感染引起的一种急性传染病，又称小儿麻痹症。流行时以隐性感染为多，轻型有发热、咽和肢体疼痛，重者可出现弛缓性麻痹，甚至留下瘫痪后遗症。感染途径通常为胃肠道和呼吸道，然后通过血液进入神经系统。自从开展脊髓灰质炎病毒疫苗预防以来，已经控制本病的大规模流行，但部分地区仍有散发病例。

（二）病理变化

脊髓灰质炎病毒具有嗜神经性，主要侵犯脊髓和脑灰质的运动神经细胞。病理改变主要累及脊髓前角前 2/3 区域，侵犯脊髓前角运动神经细胞，导致运动神经元死亡，从而引起下运动神经元性瘫痪。有时病变可波及脊髓灰质、后角和背根神经节，但较少出现感觉障碍。也可侵犯大脑、中脑、延髓、小脑和脑干，引起脑神经麻痹和呼吸、循环中枢症状衰竭症状。好发于儿童。

二、临床表现

临床表现轻重悬殊，轻至毫无症状，而严重者可出现重型瘫痪，甚至死亡。瘫痪型的特征是肌肉弛缓性瘫痪，肌张力低下，深浅反射消失，符合外周神经瘫痪的特征；瘫痪一般不对称、不规则，可累及任何肌群。感觉神经功能和感知认知功能一般无异常。由于大多数患者在儿童期发病，因此常合并骨骼和关节发育异常，导致躯体畸形、挛缩和肢体长度不等。

（一）瘫痪类型

瘫痪型根据受累部位可分为脊髓型瘫痪、延髓型瘫痪和脑型瘫痪，其中以脊髓型瘫痪多见。

1. 脊髓型瘫痪　由于脊髓病变多见于腰段和颈段，尤以腰段多见，所以瘫痪多见于四肢，下肢多于上肢。四肢大肌肉瘫痪多于手足小肌肉，下肢伸肌瘫痪多于屈肌。躯干肌群如颈、背、腰肌瘫痪，则头不能竖直，颈背肌乏力，不能坐起和翻身。颈部和胸部病变可出现腹肌松弛，呈蛙腹，以致腹压降低，出现便秘和排尿乏力。约有 1/4 患者可出现脊髓侧角受累而出现自主神经症状，表现为尿潴留、失禁等，这些症状常与下肢麻痹同存，成人多见，而儿童很少发生。还可引起膈肌和肋间肌（呼吸肌）瘫痪，导致呼吸运动障碍而呼吸困难。

2. 延髓型瘫痪或称球麻痹　该型罕见，延髓病变常引起脑神经支配的肌群瘫痪，如病变涉及中枢或血管舒缩中枢，则影响呼吸和循环功能，故延髓型瘫痪病情较严重。

3. 脑型瘫痪　偶在大流行时遇到，大多发生在婴幼儿。患者表现为烦躁不安、嗜睡或惊厥、昏迷。如有强直性痉挛性瘫痪，提示大脑皮质运动区病变。严重缺氧患者也可出现意识障碍。

（二）功能障碍

1. 原发性功能障碍　脊髓前角运动神经元死亡直接导致所支配的肌肉弛缓性瘫痪、肌力降低，随意运动功能减弱或丧失，进而出现肌肉萎缩。

2. 继发性功能障碍　由于肌肉瘫痪导致身体活动障碍，患者往往在发育期间由于重力作用、肌肉和骨骼发育等因素，导致脊柱侧弯、胸廓畸形、下肢关节畸形和不稳、骨骼长度发育障碍和血液循环障碍，影响步行和身体发育，导致残疾。

（1）躯体畸形：小儿麻痹患者常见瘫痪肢体的关节畸形、脊柱畸形、胸廓畸形等，成为活动障碍的主要因素之一。畸形的原因包括：①肌肉失平衡，导致肢体位置长期异常，形成畸形。②由于肢体瘫痪，下肢不能承受体重，骨骼缺乏必要的压力刺激便影响发育，导致下肢长度缩短和畸形以及骨质疏松。引起身体重力线偏斜和姿势异常，脊柱和关节承重面代偿性改变，最终形成畸形。③由于脊柱畸形，导致胸廓形态改变，形成胸廓畸形。④由于肌肉萎缩和关节活动降低，导致肌腱挛缩、关节囊肥厚、韧带挛缩、关节液减少等，致使关节活动范围减小，加重畸形。

（2）身体耐力减退：少数重症患者由于胸廓畸形和呼吸肌麻痹，导致肺膨胀不良或压迫，肺通气功能降低，产生呼吸困难。由于瘫痪而导致体力活动缺乏，使心肺功能逐步发生失健，从而损害心肺功能和耐力性运动能力。

（3）疼痛：患者由于肌肉萎缩和肌力下降，肌力失平衡，关节承重面或脊柱重力线异常，常常导致肌肉／肌腱／韧带损伤、骨性关节炎、跖筋膜炎等。缺乏活动也导致肌肉营养不良，导致肌纤维织炎或颈背筋膜炎等。

（4）心理障碍：小儿麻痹患者由于上述功能障碍，在生活、教育和就业等方面困难很多，从而使患者产生焦虑、自卑和压抑，导致心理障碍。

第二节　康复评定

小儿麻痹患者在肢体运动功能障碍的基础上，往往伴随发育过程中出现骨骼发育异常与畸形、代偿性运动出现、心肺功能异常、步态异常、神经功能恶化、感觉异常及疼痛等。因此，康复评定内容应包括肌肉功能、骨骼发育及关节活动功能、肌电图、步态分析、心肺功能、感觉及疼痛、日常生活活动能力、心理功能评定等。

一、一般检查

由于脊髓灰质炎病毒感染多发生于婴幼儿，若未接受系统的康复治疗，则随着身体发育，因肌肉瘫痪而出现的代偿性活动或运动功能丧失可导致骨骼发育异常、关节畸形。如躯干肌瘫痪可造成脊柱侧弯、胸廓畸形，股四头肌瘫痪无力而造成的膝关节过伸畸形，足部肌肉无力而出现高弓足畸形。评定中需要注意骨骼形态，特别是脊柱、肩带、骨盆、四肢关节、足。必要时可行 X 线检查进一步了解骨骼情况。

二、肌肉功能评定

包括肌肉萎缩程度、肌力和肌张力评定等。肌肉功能评定不仅有助于判断哪些主要肌肉受累以及受累程度，而且判断受累的肌群分布范围，为康复治疗方案的制订提供依据。由于脊髓灰质炎病毒侵犯脊髓前角运动神经元，瘫痪的肌肉是按照脊髓节段分布的，而非按照神经分布的，但又区别于脊髓损伤出现的平面以下节段支配的肌肉均瘫痪的特征。通过肌力和肌张力评定，可以判断受累的脊髓节段分布。例如，脊髓灰质炎病毒侵犯 L_5~S_1 节段的脊髓前角运动神经元，则受累的肌肉可包括臀大肌、臀中肌、胫前肌、胫后肌、腓肠肌、腓骨长短肌等主要肌肉，但又由于病毒并非侵犯该节段的所有运动神经元，故受累肌肉损害程度不同，同一节段支配肌肉的肌力和肌张力各异。

除了对肢体主要肌群进行肌肉围度、肌力和肌张力评定外，腹肌和胸背肌、腰背肌评定也应加以重视。

三、肢体测量

腰段受累的患者，往往两侧下肢长度不等长，需要进行肢体长度测量。在肢体长度测量时，为排除骨盆倾斜的影响，要分别测量股骨大转子至内踝、髂前上棘至内踝、脐至内踝的长度。

四、关节活动范围评定

关节活动度测量，除了评测主动与被动关节活动度外，也应注意观察是否伴有代偿性运动。

五、步态分析

能够对患者行走方式进行定性分析和定量分析。特别是三维生物力学技术和表面肌电技术的发展，对步态分析更加客观和全面。不仅对步态各个时相参数进行准确测量，而且对步行中关节活动、脊柱以及肌肉活动作出实时分析，能够更加全面判断步态异常的原因，对制订针对性的康复治疗方案具有重要价值。步态分析评定内容包括：步速、步长、步频、支撑相、摆动相、关节运动、脊柱、关键肌群活动等。近年来步行中气体代谢的测定可通过了解患者在不同状态或配戴矫形器时的步行能量消耗，判断步行训练及相关治疗措施的有效性。

在临床工作中需要注意的是，小儿麻痹后遗症因随着发育而出现的自身代偿机制，其步态异常并非为特定肌肉瘫痪所应表现出来的特征性异常步态。如股四头肌瘫痪，理论上步态异常应该表现为膝塌陷步态，但小儿麻痹后遗症患者实际上大多没有出现膝塌陷，其膝关节的固定不是依靠肌肉力量。在患病初期，由于股四头肌瘫痪无力，会出现膝关节塌陷，步行时患儿往往用手压在膝关节前以防止膝关节屈曲，随着骨骼发育，膝关节结构会发生变化，最终出现依靠膝关节骨性结构变化达到自身固定。

六、日常生活能力评定

虽然肌力评定有助于判断受累分布范围，但部分受累肌肉可以无明显的肌肉萎缩和肌力下降，但随着病程延长而出现神经功能减退甚至恶化。肌电图作为神经肌肉功能评价的客观手段，能够准确判断受累节段分布，以及残存神经功能，为预后判断提供客观依据。肌电图检查内容包括神经传导速度测定和同心圆针肌电图。感觉神经、运动神经传导速度测定可了解周围神经传导功能，同心圆针肌电图可以判断肌肉的失神经支配以及神经再支配情况。

七、心肺功能评定

由于患者肌肉瘫痪，其功能活动的能量消耗多于正常人群。另外有脊柱侧弯和胸廓畸形的患者，其胸廓扩张受到限制，影响了心脏输血功能和肺气体交换功能。评价心肺功能，有助于了解患者体力活动能力和制订运动处方，指导患者日常生活活动。心肺功能评定内容常规的有心率、血压、呼吸频率测定，还应进行心电图、超声心动图、动态心电图、心电运动试验、肺容量、肺通气功能、血气分析等。

八、职业能力评定

结合患者肢体功能情况，对其职业能力进行全面评定，为其提供职业咨询和指导。

第三节　康　复　治　疗

一、康复治疗机制

由于脊髓灰质炎的消灭，小儿麻痹早期的患者已经不再存在。对于后遗症期的患者，康复治疗主要利用改善、代偿、替代的机制，提高患者的实际活动能力，改善生活质量和介入正常的社会生活。

（一）改善

改善是指患者通过反复训练使身体产生适应性变化，从而改善生理功能，包括：

1. 残存的有神经支配的肌肉纤维经过反复肌力训练，可以逐步发生体积增大、肌肉收缩蛋白增多、收缩力量增加。

2. 肌肉的运动神经纤维末梢可以通过反复运动刺激，发生侧芽生长，形成新的突触连接失神经支配的肌肉纤维，从而恢复曾经失神经支配的肌肉纤维恢复自主运动功能。原先支配1000个肌肉纤维的1个神经元在反复训练后，可以通过侧芽生成，支配5000~10 000个肌肉纤维，从而形成巨型运动单元，在肌电图上表现为特征性巨神经电位。

3. 挛缩的肌腱、韧带和关节囊在反复牵拉刺激下，逐步产生弹力纤维功能和形态重塑，使挛缩的组织恢复弹性，关节活动范围增加，减少肢体运动阻力。

4. 神经系统适应性改变，使运动单元募集增加，肌力增强。

5. 有氧训练，改善组织代谢和心肺功能，提高有氧运动能力，从而提高身体运动耐力。

(二) 代偿

代偿是指采用辅助方式代偿软弱的肌肉,从而恢复肢体活动功能。适用于反复训练后肌肉功能不能改善,或肌力仍然小于3级的患者。常用的方法包括:

1. 下肢矫形器固定踝、膝、髋关节,辅以拐或助行器,以恢复行走能力。

2. 脊柱矫形器以纠正脊柱弯曲畸形,特别是侧弯畸形。

3. 上肢矫形器固定无力的关节,以协助邻近关节的主动活动。

4. 改变活动的行为方式或操作方式,以特殊的方法完成生活活动的任务,例如单腿股四头肌无力的患者骑自行车,在患肢向下踩脚踏板时用手辅助膝关节下压,以完成骑车的蹬踏周期。

(三) 替代

替代是指身体功能不能恢复,也不能代偿时,采用康复生物工程的方式,完成必要的生活活动动作。例如,对于下肢缺乏功能肌力,上肢也有受累,不能使用拐杖,且长期训练不能奏效时,可以使用轮椅替代下肢的功能,严重者可使用声控或语音识别装置的电动轮椅以替代手的功能。

二、康复治疗方法

由于小儿麻痹已经消灭,急性期康复治疗不再需要。本节主要论述后遗症期的康复治疗。

(一) 肌力训练

小儿麻痹患者的肌肉瘫痪往往不十分完全,因此有可能通过训练使残存的神经元产生新的神经支配,或者使残存的肌肉纤维收缩能力提高,从而改善运动功能。肌肉功能训练包括肌力和肌肉耐力训练,运动强度不宜过大,避免产生训练疲劳,过分训练可以导致神经元死亡。重点训练的肌肉是产生功能动作的关键肌,其肌力一般≥2级,训练目标是其肌力≥3级,即功能肌力。如果下肢训练后肌力提高不能达到3级以上,则训练的价值不大。因为肌力不能达到3级,便不能在行走时安全地固定下肢关节,患者往往需要采用矫形器来固定关节,以使患者可以行走,并保证行走安全。而关节固定后,肌肉完全丧失收缩功能,因此也就丧失了肌力训练的价值。肌肉耐力是患者必须具备的功能,训练时不可忽视。要注意到,运动的精确度取决于特定肌肉中运动单位的数量,而肌力训练后尽管肌力有所提高,但运动单位(即运动神经元及其所支配的肌肉纤维)的数量并不能增多,因此运动的精确度仍然会有所限制。

(二) 牵张训练

牵张训练是肌腱、肌肉、韧带挛缩的主要治疗方法之一。牵张的方法包括手法牵伸和关节牵引。牵引需要反复进行,以逐渐产生结缔组织的形态重塑。

1. 手法牵张 一般由康复治疗师实施,注意用一只手固定或控制被治疗关节的近端肢体,而另一只手对远端缓慢施加压力或牵拉力,每次维持5min左右,可以重复多次。例如,进行跟腱牵张时,治疗者坐在患腿外侧,用手握住足跟,前臂置于脚掌,治疗者用上身的重力通过前臂将患足向患者头部牵拉。

2. 关节牵伸 关节牵伸可以采用重量与滑轮方法,患者取坐位或卧位,固定被牵张关节的近端肢体,牵拉远端肢体。牵引力一般与被牵张的远端肢体垂直。例如进行膝关节伸直牵张时,牵引带固定于小腿下端,牵引力向前,与胫骨垂直。牵引一般10~20min/次,可重复多次,重量以产生适度紧张,但无显著疼痛为度。也可以采用自身重量牵引,例如,对于跟腱挛缩的患者采用扶肋木站立,放松小腿,将重心移向患肢,引起跟腱紧张。牵引时在活动障碍的关节进行热疗(辐射热或透热)有利于结缔组织弹力纤维的延伸,提高治疗效果。

(三) 耐力训练

小儿麻痹患者由于长期身体活动障碍,往往导致心肺功能失健和耐力运动能力降低,这是过去忽视而又十分重要的康复治疗方向。耐力训练一般采用步行、骑车、游泳、上肢运动等,靶强度运动时间至少10~15min,加上适当的准备和结束活动。由于小儿麻痹患者肌肉瘫痪不规律,因此耐力训练的动作尽量选择无瘫痪的肌肉,以避免瘫痪肌肉的过度训练。由于耐力训练的目标是提高全身耐力运动能力和心肺功能,因此应该以正常神经支配的肌肉训练为主,以保证足够的训练强度。由于患者下肢瘫痪较多,因此,上肢活动会是主要的耐力训练手段。慢跑对小儿麻痹患者不适合,因为运动损伤的机会比较高。同时需要矫形器的患者一般不能跑步。

(四) 呼吸训练

部分患者有呼吸肌功能障碍,也有部分严重脊柱畸形的患者合并胸廓畸形,影响吸气时肺膨胀或扩张,导致呼吸功能障碍。这些障碍多为限制性呼吸功能障碍。呼吸肌训练和脊柱及胸廓牵张训练是重要的基础治疗。

(五) 医疗体操

包含肌肉 / 韧带牵拉、关节灵活性训练、肌力训练等功能,用于改善肌力失平衡、关节活动障碍、脊柱侧弯畸形等。也常用于各种康复训练的准备和结束活动。小儿麻痹患者的医疗体操强调动作缓慢持续,避免突然过分的牵伸动作,避免关节撞击性动作,以防止发生运动损伤。

(六) 矫形器及辅助具应用

矫形器对小儿麻痹患者的主要作用包括支撑作用和矫形作用。支撑作用指采用下肢矫形器,固定踝关节、膝关节或髋关节,适用于下肢肌力 <3 级的患者,使患者在步行支撑相可保持关节稳定承重或在摆动相改善下肢廓清能力。另外,矫形器还可以用于治疗挛缩的关节,采用抗阻矫形器,给挛缩的组织以适当的压力,保持在过度矫正位,以逐步改善挛缩和关节畸形。两种矫形器的功能可以互相交叉。常用的下肢支撑矫形器见表 10-1。

表 10-1　小儿麻痹下肢矫形器的选用原则

名称	功能	治疗作用
踝足矫形器	固定踝关节 稳定膝关节	改善足下垂或足下垂伴内翻畸形患者摆动相廓清地面的能力和支撑相早期的稳定性。对于股四头肌和 / 或腘绳肌肌力 II~III 级者,可以采用踝足矫形器提高膝关节的稳定性,从而改善步行能力,提高步行安全性
膝踝足矫形器	固定膝踝关节	适用于膝关节屈伸肌群的肌力 <II 级的患者,以固定膝关节和踝关节,保证支撑相稳定性。患者常需要单拐辅助步行
髋膝踝足矫形器	固定髋膝踝关节	适用于髋膝踝关节肌力均 <II 级的患者,以保证支撑相时下肢的稳定性。患者需要双拐或助行器辅助步行
坐骨承重矫形器	将下肢承重由股骨转移到坐骨结节	适用于股骨头或髋臼发育不良,或髋关节脱位 / 半脱位的患者,使身体重量通过坐骨结节和矫形器传递到地面,避免患者因异常承重发生疼痛、严重髋关节炎或股骨头坏死
短肢矫形器	垫高短缩的下肢	适用于两下肢长度差异超过 5cm,走路显著跛行患者

对于生活活动困难的患者,可以采用各种辅助具来完成实际动作。例如,对于单侧采用的盘子、刀叉、铅笔、脸盆架、梳子、刮胡刀、遥控器、家具和沐浴用具等。

(七) 步态训练

患者下肢如果可以在支撑相稳定,摆动相无显著足下垂,便可以进行步态训练,实现独立或辅助步行。可以使用矫形器、拐和助行器帮助患者步行。患者一般从站立训练开始,练习重心移动,单腿站立,缓慢地原地踏步,然后再练习行走,并尽量做到身体正直,支撑相和摆动相时间合理。

(八) 作业治疗

作业治疗强调患者使用日常生活、工作和娱乐活动来进行肌力、肌肉耐力、全身耐力、关节活动等方面的训练。同时强调患者采用代偿和替代的方式提高生活、工作和学习的独立性。

(九) 能量节约技术

能量节约技术指在日常生活或工作活动中,尽量采取省力的方式,完成特定的任务。例如使用手推车移动重物;长距离行走改用轮椅替代;完成程序性任务时使用有序的物品摆放或合理的动作顺序,减少重复动作等。由于过分使用残存的肌肉可以导致小儿麻痹后综合征,目前越来越强调在日常活动中采用能量节约技术,以保护患者的残存功能。

（十）轮椅应用

下肢严重畸形,特别是下肢畸形合并严重脊柱侧弯畸形的患者往往无法使用矫形器和助行器行走,因此轮椅是必要的代步工具。使用髋或膝矫形器的患者,由于步行时能量消耗过大,在长距离移动时也需要使用轮椅。对于四肢均瘫痪的患者则可以采用声控或下颌控制的方式驱动电动轮椅。轮椅选用的原则见表10-2。

表10-2　脊髓灰质炎后遗症患者轮椅选用原则

功能障碍类型	主要应用目标	轮椅类型
下肢瘫痪,腰背肌和上肢肌力正常	轮椅作为长距离移动的工具	低靠背轮椅或运动轮椅
下肢瘫痪,腰背肌肌力不足,上肢肌力正常	轮椅作为短距离移动的工具	高靠背轮椅,或特制的运动轮椅
下肢严重瘫痪,同时上肢功能肌力不足Ⅲ级,不能用手驱动轮椅	轮椅为唯一的移动工具	电动轮椅,或特制的手动轮椅(只能在平地行进)
四肢完全瘫痪	轮椅为唯一的移动工具	使用下颌控制或声控的电动轮椅

（十一）教育和就业

小儿麻痹患者的智力正常,由于学习比较专心,成绩反而会更好,患者无疑应该接受健全人同等的教育。同时小儿麻痹患者还面临就业问题。进行就业前训练,并通过政府和社会支持,实现就业,是康复医学的工作内容之一。由于患者的大脑功能正常,通过各种训练、代偿和替代的途径使患者具备工作能力是完全可能的。

（十二）手术矫治

部分患者需要手术矫治,以达到最佳的康复治疗效果。

1. 指征

(1) 5~6岁以上,发病超过两年。

(2) 经综合治疗仍有瘫痪和畸形。

(3) 患者配合检查并能进行术后功能锻炼。

(4) 全身情况良好。

(5) 上肢功能基本正常。

手术指征和手术方案的选择还应考虑患者的性别、年龄、工作、生活环境和美学等因素。

2. 目的

(1) 矫正肢体承重力线。

(2) 恢复肌力平衡。

(3) 纠正关节或骨骼畸形。

3. 方法　肌肉转移术(臀肌转移、股四头肌转移等)、关节融合术、脊柱稳定手术(脊柱侧弯手术)、肢体延长术(胫骨延长术、股骨延长术等)。

4. 注意事项　手术必须有明确的功能目标,术前应该有详细的功能评估,术后必须有相应的康复治疗。

（十三）心理治疗

小儿麻痹患者往往有不同程度的心理障碍,从而影响其康复训练的主动性,也对其最终的康复目标产生关键的影响。心理治疗是不可忽视的康复基本内容。

本章小结

脊髓灰质炎病毒感染随着免疫接种的普及而罕见,但仍有散在病例的发生,多发生于婴幼儿,其早期的主要临床特征是受累节段支配肌肉的弛缓性瘫痪和萎缩,表现为下运动神经元性瘫痪特点。需要与婴幼儿常见的脑性瘫痪、肌营养不良等疾病进行鉴别。对于成年人,出现后遗症状加重或出现新的症状,在考虑脊髓灰质炎后综合征之前,须排除其他相关疾病,如肌萎缩侧索硬化症(ALS)、周围神经病等。

由于脊髓灰质炎病毒造成的运动神经元损害是不可逆转的,对于失去功能的肌肉无法通过康复治疗恢复实用功能的肌力,对于残存功能的肌肉维持正常的肌肉耐力是康复训练的一个重点。同时脊髓灰质炎后遗症伴随患者一生,在各个不同年龄阶段的康复治疗目标不尽相同。在幼儿及青少年这一发育时期,其康复治疗应侧重于维持残存肌肉功能,采用保护性措施以预防因肌力不足而导致肢体关节、脊柱等发育畸形,这也应是所有肌肉瘫痪疾病在发育期阶段进行康复治疗必须考虑的重要问题;而对于成年时期康复重点则是采用代偿性康复措施使功能恢复达到最佳状态,最大限度地恢复日常生活活动能力,提高生活质量。

辅助具、各种支具和矫形器的使用是脊髓灰质炎后遗症的主要康复手段之一。应充分理解能量节约技术的内涵,为患者科学地制作和配戴个体化的辅助具、各种支具和矫形器,切实提高患者身体活动能力。

（王红星）

思考题

1. 脊髓灰质炎后遗症的功能障碍表现在哪些方面?
2. 脊髓灰质炎后遗症的功能评定包括哪些?
3. 对于脊髓灰质炎后遗症患者,在不同年龄阶段康复治疗的侧重点有何不同?

扫一扫,测一测

思路解析

第三篇 骨骼肌肉病损康复

第十一章 骨折后康复

学习目标

1. 掌握 基本概念、康复问题、康复评定、康复治疗目的和基本作用、康复治疗方法、常见骨折患者的康复。

2. 熟悉 骨折的原因与分类、临床表现、临床治疗原则、康复的临床分期、康复治疗的适应证及禁忌证、康复治疗注意事项。

3. 了解 骨折的并发症、临床愈合过程。

4. 具有基本临床康复思维与素养,能看懂 X 线片,熟悉骨折 X 线的改变;具有指导患者康复训练及评估康复疗效的能力,能对患者在治疗或训练过程中出现的简单问题进行处理。

5. 能与患者及家属进行良好沟通,开展健康教育;能与相关医务人员进行专业交流与团结协作开展康复治疗工作。

病例导学

患者,女性,42 岁,因"摔伤后右上臂肿痛伴活动受限 1 个月余"入院。患者 1 个月前因摔伤后,右侧上臂肿痛伴活动受限,伤后立即当地医院就诊,X 线检查提示右肱骨干骨折,予以夹板外固定,患者右上臂肿胀、疼痛减轻。2d 前拆除夹板,右肘关节屈伸受限,为求进一步治疗而来我院,以"右肱骨干骨折"收入院。检查:神清语明,情绪低落,步入病室,右侧上臂中下段处略肿胀,局部无明显压痛、触痛,右肘关节屈伸受限,屈伸活动范围 10°~110°,前臂旋前旋后功能受限。夹板外固定已拆除,局部无畸形,未触及骨擦感及闻及骨擦音,右侧肩关节、右侧腕及手指关节屈伸活动自如,右手各指感觉未见异常;右侧肱二头肌肌力 4 级、肱三头肌肌力 3 级,余肌力 5 级。X 线正侧位片提示:右侧肱骨干骨折,螺旋形骨折,骨折远端向后侧内侧移位,骨折线清晰。

问题与思考:

1. 该患者存在哪些康复问题?

2. 怎么设定康复治疗目标?

3. 如何制订康复治疗方案?

<h1 style="text-align:center">第一节　概　　述</h1>

一、基本概念

骨折是指骨或骨小梁的完整性受到破坏,或骨的连续性发生部分或完全中断。若骨骼本身已有病变,在遭受外力时发生骨折,称为病理性骨折。

二、原因和分类

(一)骨折常见原因

1. 直接暴力　外界暴力直接作用的部位发生骨折,多为横行或粉碎骨折。如骨折发生在前臂或小腿,尺、桡骨或胫、腓骨两骨常在同一水平位置骨折,例如车轮撞击引起的胫腓骨干骨折。

2. 间接暴力　暴力通过传导、杠杆或旋转作用使骨折发生在作用点以外的部位。例如行走、滑倒时用手掌撑地,根据跌倒时上肢与地面所形成的不同角度而发生桡骨远端骨折、肱骨髁上骨折或锁骨骨折等。倘若骨折发生在前臂或小腿,两骨的骨折线常不在同一平面。

3. 肌肉牵拉力　肌肉突然猛烈收缩,使肌肉附骨处骨质断裂。例如在骤然跪倒时股四头肌急速强力收缩,可造成髌骨骨折。

4. 积累劳损　长期、反复、轻微的直接伤力可集中作用于骨骼的某一点上而引起骨折。如远距离跑步及强行军使第2、3跖骨和腓骨干下1/3发生疲劳性骨折。此种骨折多无移位,但愈合缓慢。

以上四种骨折均系健康骨骼受各种暴力作用而发生断裂,因此统称为外伤性骨折。

5. 骨骼疾病　如果骨骼本身患有炎症、肿瘤或代谢性骨病时,因病变破坏了骨骼的正常结构,使其失去了应有的坚固性,受轻微外力或正常活动均可发生骨折,此种骨折称为病理骨折。

(二)分类

1. 根据骨折端是否与外界相通分类

(1) 闭合性骨折:骨折处皮肤或黏膜完整,骨折断端与外界不相通。

(2) 开放性骨折:骨折附近的皮肤或黏膜破裂,骨折断端直接或与外界相通,如合并膀胱或尿道破裂的骨盆耻骨骨折,合并直肠破裂的骶尾骨骨折等。

2. 根据骨折断裂的程度分类

(1) 不完全性骨折:骨折连续性未完全破坏,或骨小梁仅一部分发生连续性中断,也称微骨折。

(2) 完全性骨折:骨的完整性和连续性全部破坏,包括骨外膜完全破裂者。

3. 根据手法复位外固定后骨折的稳定程度分类

(1) 稳定骨折:复位固定后不易移位的骨折,如横断骨折、锯齿状的短斜骨折。

(2) 不稳定骨折:外固定后骨折断端仍然容易再移位。如骨折断面呈螺旋形、斜形、粉碎性或一骨多折及周围肌肉丰厚的股骨干骨折都属此种类型。

4. 根据骨折线的形态分类　通过拍X线照片,根据骨折线的走向可分为:

(1) 裂缝骨折:像瓷器上的裂缝,常发生在颅骨、肩胛骨等扁骨处。

(2) 青枝骨折:多发生于儿童。由于儿童骨质较柔韧不易完全断裂,骨折时骨质出现皱褶或成角畸形,因其与青嫩的树枝被折时相似,而称为青枝骨折。

以上两种骨折同属不完全性骨折。

(3) 横骨折:骨折线与骨干纵轴接近垂直。

(4) 斜骨折:骨折线与骨干纵轴成一定角。

(5) 螺旋骨折:骨折线呈螺旋状,多由于扭转性伤力所引起。

(6) 粉碎骨折:骨折块碎裂成两块以上者。多因受较强大的直接外力打击而引起。

(7) 嵌插骨折:多发生于长管状骨干骺端坚质与松质骨交界处,骨折后坚质骨端嵌插入松质端内。常见于股骨颈骨折、肱骨外科颈骨折,多由于压缩性间接外力所致。

(8) 骨骺分离:为骨骺骨折,骨骺的骨折断面可带有部分骨组织,是发生于少年儿童时期的一种骨折分型。

(9) 压缩骨折:松质骨骨骼因外力压缩而变形,如椎骨、跟骨受到垂直压迫的间接外力所致。

(10) 凹陷骨折:受直接外力打击而致骨折块下陷,如颅骨、颜面骨骨折。

三、临床表现

(一) 全身表现

1. **休克**　骨折可因大量出血、剧烈疼痛导致休克,如骨盆骨折、股骨骨折及多发性骨折。严重的开放性骨折或并发胸部、腹部或骨盆内重要脏器损伤也会引起休克。

2. **体温改变**　骨折后体温一般正常,开放性骨折出现高热时,应注意合并感染的可能,出血量较大的骨折血肿吸收时可出现低热。

(二) 局部表现

1. 骨折的特有体征

(1) 畸形:骨折同时由于暴力作用、肌肉或韧带牵拉或搬运不当而使断端移位,出现肢体形状改变,而产生各种畸形,如成角畸形、缩短、旋转、侧方移位、凹陷、分离等。

(2) 骨擦音:是指移位性骨折,由于肌肉收缩,两断端相互接触,碰撞产生的音响。一般是进行局部触摸检查或移动患肢时,在骨折处产生的响声。

(3) 异常活动:又称假关节。骨折后,骨体可出现屈曲变弯或关节样活动。

2. 骨折的一般表现

(1) 局部肿胀和瘀斑:骨折时,骨髓、骨膜及周围软组织内的血管破裂出血,在骨折周围形成血肿,同时软组织亦因受伤而发生水肿,患肢明显肿胀。如果肿胀持续两星期以上,易形成纤维化,有碍运动功能的恢复。表浅部位的骨折,血肿表浅,伤后 1~2d,由于血红蛋白的分解,可变为紫色、青色或黄色的皮下瘀斑。

(2) 疼痛和压痛:骨折部位有明显疼痛,移动时疼痛可加剧,固定时疼痛会减轻。扣诊时,在骨折处可有局限性压痛,沿骨干纵轴方向叩击或由远处向骨折处挤压,骨折处可出现间接压痛或轴向压痛。

(3) 功能障碍:骨折后由于肢体内部支架断裂和疼痛、肿胀等,使肢体丧失部分或全部运动功能。骨折畸形愈合、肢体长期固定而缺乏功能锻炼可导致关节僵硬和肌肉萎缩,骨折损伤周围神经或形成创伤性关节炎,均可引起肢体运动功能障碍。

(三) 骨折的 X 线检查

X 线摄片是骨折的常规检查,也是重要检查,它对了解骨折的类型、移位情况、复位固定情况和骨折愈合情况等均有重要的价值。X 线摄片一般包括正、侧位和邻近关节片,有时还需加摄特定位置或相应健侧部位的对比 X 线片。

四、并发症

骨折的并发症一般分为早期和晚期两种。

(一) 骨折早期并发症

1. **休克**　骨折引起大出血或重要器官损伤所致。

2. **脂肪栓塞综合征**　发生于成人,因骨折处髓腔内血肿张力过大,骨髓被破坏,脂肪滴进入破裂的静脉窦内,进入血液循环所致。引起肺部、脑部脂肪栓塞。肺栓塞表现为呼吸困难、发绀、心率加快和血压下降等。脑栓塞表现为意识障碍,如烦躁、昏迷、抽搐等。

3. **重要内脏器官损伤**　肝脾破裂、肺损伤、膀胱及尿道损伤、直肠损伤等。

4. **重要周围组织损伤**　重要血管损伤、周围神经损伤、脊髓损伤。

5. **骨筋膜室综合征**　多见于前臂内侧和小腿,常由创伤骨折或外包扎过紧等造成,迫使骨筋膜室容积减小,骨筋膜室内压力增高而对血管及神经产生压迫。

（二）骨折晚期并发症

1. 坠积性肺炎　多发生于骨折长期卧床的患者,特别是老年、体弱和慢性病患者。

2. 压疮　骨折患者长期卧床,身体骨突起处受压,局部血液循环障碍易形成压疮。

3. 下肢静脉血栓　多见于骨盆骨折或下肢骨折患者,长期缺乏运动使血液处于高凝状态。

4. 感染　开放性骨折,特别是污染较重或伴有较严重的软组织损伤者,若清创不彻底,可导致化脓性骨髓炎。

5. 异位骨化　多因关节扭伤、脱位或关节附近骨折,骨膜剥离形成骨膜下血肿,处理不当使关节附近软组织内广泛异位骨化。

6. 创伤性关节炎　骨折未能准确复位,关节面不平整或长期磨损均易引起关节炎。

7. 关节僵硬　是骨折和关节损伤最为常见的并发症。

8. 急性骨萎缩　即损伤所致关节附近的痛性骨质疏松,也称为反射性交感神经性骨营养不良。

9. 缺血性骨坏死　骨折段的血液供应被破坏所致。

10. 缺血性肌挛缩　较严重的并发症之一,是骨筋膜室综合征处理不当的结果。

五、骨折的愈合过程

（一）骨折的愈合过程

骨折愈合需要骨折端紧密接触、充足的血液供应和有利的力学环境。骨折的愈合大体分为四期,但各期之间相互交织演进。

1. 血肿机化期　骨折局部组织坏死引起无菌性炎性反应,断端形成血肿,来自骨外膜、髓腔和周围软组织的新生血管伸入血肿,大量间质细胞增生分化,血肿被吸收、机化而演变为肉芽组织,进而转化为纤维组织,将骨折端连在一起形成纤维愈合。这一过程在骨折后 2~3 周内完成。

2. 原始骨痂期　由成骨细胞在断端形成骨样组织并逐渐钙化而形成新生骨,即膜内骨化。由血肿机化而形成的纤维组织大部分逐渐转化为软骨,经增生变性而成骨,即软骨内骨化。这一过程在伤后 6~10 周内完成。

3. 成熟骨板期　骨痂内的新生骨小梁逐渐增加,排列渐趋规则。经死骨吸收、新骨爬行替代,原始骨小梁被改造为成熟的板状骨。此时骨折端之间已经形成骨连接,习惯称此期为临床愈合期。这一过程在伤后 8~12 周内完成。

4. 塑形期　随着肢体的活动和负重,在应力轴线上的骨痂得到加强,而应力轴线以外的骨痂则逐渐被清除,骨小梁适应力学要求重新排列,骨髓腔重新沟通,最终恢复骨的正常结构。

（二）影响骨折愈合的因素

1. 全身因素　包括年龄、营养状况、钙磷代谢紊乱、并发疾病情况等。

2. 局部因素　包括骨折类型、骨折处血供情况、软组织损伤程度、有无感染、有无软组织嵌入、复位与固定情况等。

（三）骨折临床愈合标准

1. 局部无压痛及纵向叩击痛。

2. 局部无异常活动。

3. X 线片显示骨折处有连续性骨痂,骨折线已模糊。

4. 拆除外固定后,上肢能向前平举 1kg 重物持续 1min;下肢不扶拐杖的情况下能在平地上连续行走 3min,并且不少于 30 步,连续观察 2 周骨折处不变形。

临床愈合时间为最后一次复位之日起至达到临床愈合之日所需的时间。检查肢体异常活动和负重情况时不宜在解除固定后立即进行。

（四）常见骨折愈合时间

骨折的部位和类型不同,其愈合所需时间不同。为方便记忆,可参考 Gurlt 骨折愈合平均时间表（表 11-1）。

表 11-1 成人常见骨折临床愈合时间

部位	平均时间（周）	部位	平均时间（周）
掌骨骨折	2	肱骨外科颈骨折	7
肋骨骨折	3	胫骨骨折	7
锁骨骨折	4	胫腓骨骨折	8
尺、桡骨骨折	5	股骨干骨折	8
肱骨干骨折	6	股骨颈骨折	12

六、临床治疗原则

骨折的治疗有三大原则，即复位、固定和康复治疗。

（一）复位

复位是将移位的骨折端恢复正常或近乎正常的解剖关系，重建骨的支架作用。它是治疗骨折的首要步骤，也是骨折固定和康复治疗的基础。早期正确的复位，是骨折愈合过程顺利进行的必要条件。

（二）固定

固定即将骨折维持在复位后的位置，使其在良好对位情况下达到牢固愈合，是骨折愈合的关键。

（三）康复治疗

康复治疗指在不影响固定的情况下，尽快地恢复患肢肌、肌腱、韧带、关节囊等软组织的舒缩活动。早期合理的康复治疗可促进患肢血液循环、消除肿胀；减少肌萎缩、保持肌肉力量；防止骨质疏松、关节僵硬和促进骨折愈合，是恢复患肢功能的重要保证。

七、康复问题

（一）疼痛和肿胀

骨折后肢体肿胀是由于组织损伤引起无菌性炎症反应，体液的渗出，同时并发出血，导致局部肿胀。骨折愈合过程中由于血管壁弹性减弱，运动减少致肌肉的"肌泵作用"减弱，血液回流障碍引起肢体肿胀。

（二）局部肌肉萎缩和肌力下降

肢体被固定时，肌肉收缩大为减少，神经对肌肉的营养作用减少以及制动时局部组织血流减少，导致肌肉萎缩和肌力下降。另外，肌肉对失用十分敏感，肢体制动后肌肉的失用性萎缩很快发生。

（三）关节活动障碍

骨折固定后因关节制动，关节囊、肌腱、韧带和疏松结缔组织缺乏必要的牵拉而逐渐挛缩，使关节活动受限；关节周围软组织损伤后局部血肿和渗出物吸收不完全，造成纤维化和瘢痕粘连，使关节活动受限；制动时关节内滑膜纤维、脂肪组织增生，软骨表面有血管翳增生，可侵蚀软骨，导致关节内粘连、关节内骨折等，继发创伤性关节炎；非外伤部位的关节也可因长期不活动导致关节僵硬等，均可使关节活动障碍。

（四）骨质疏松

骨质疏松是由于制动使骨丧失了应力负荷的刺激，同时使骨组织血液循环受到影响，导致骨代谢障碍，骨无机盐流失引起，在肌腱、韧带附着处骨质疏松更为明显，粗暴的被动活动则可能造成撕脱性骨折。

（五）关节稳定性减弱

由于制动使关节韧带强度降低，同时部分肌肉萎缩、肌力下降，导致关节失稳。并且因吸收及缓冲应力的能力减弱，致使韧带失去支持和保护，而容易损伤。

（六）整体功能下降

由于长期卧床休息，全身各系统功能均可产生明显影响，如心肺功能水平降低，并发坠积性肺炎、压疮、尿路感染、血栓性静脉炎及便秘等。

（七）日常生活活动能力下降

局部制动、长期卧床休息、肌力下降、关节活动受限及整体功能下降，均可使骨折患者日常生活和工作受到明显影响。

（八）心理障碍

因患者会出现上述的各种康复问题，特别是经过治疗后仍存在较明显的功能障碍，并在短期内不会改善时，患者可出现各种心理问题如焦虑、忧郁等；如果这种功能障碍严重影响到患者的生活质量和工作要求时，更应注意其心理的异常变化。

八、康复的临床分期

骨折的康复治疗可分为两期进行。在骨折愈合的前三个阶段，断端尚未达到坚固稳定，局部肢体尚需固定制动，可进行第一期的康复治疗，由于此期骨折处于愈合过程中，又称愈合期康复。自骨折愈合的第四阶段起，断端已达稳固，外固定已去除，可进行第二期的康复治疗，由于此期骨折已基本愈合，康复治疗着重于功能恢复，又称恢复期康复。

第二节 康复评定

一、骨折愈合情况评估

骨折愈合情况评估应结合疼痛和压痛，局部肿胀，畸形与功能障碍情况以及临床愈合情况综合评定。

二、关节活动范围评定

当骨折累及关节面时，常常累及关节活动度，因此需要重点了解关节活动有无受限和受限程度，可通过量角器测量关节活动范围，并且需要双侧关节活动度进行对比。评定关节活动范围的目的，在于明确关节活动障碍的程度及对日常生活活动的影响程度。

三、肌力评定

骨折患者多伴有不同程度肌力障碍，多用徒手肌力检查法（manual muscle testing，MMT）进行评定，也需要双侧对比，了解患肢肌群的肌力和未受累侧肌群的肌力情况。

四、肢体长度及周径的测量

骨折时，骨髓、骨膜及周围软组织内的血管破裂出血，在骨折周围形成血肿，同时软组织亦因受伤而发生水肿，患肢明显肿胀，此时需要评定肢体周径、长度的变化。两侧肢体进行对比，判断骨折后肢体长度及围度有无改变及改变程度。

五、感觉功能评定

主要进行深、浅感觉的评定，判断有无神经损伤及损伤程度。

六、日常生活活动能力评定

骨折后影响患者的运动功能，由于疼痛或感觉功能障碍也会影响患者日常生活活动，想了解骨折对患者日常生活活动影响程度，需要对其进行 ADL 能力评定，通常使用改良 Barthel 指数或 FIM 评估法。

第三节 康复治疗

一、康复治疗目的和基本作用

（一）康复治疗目的

骨折后骨骼的支架稳定性和肌肉动力的平衡均受到不同程度的破坏，不能保持正常的活动。所以骨折后的康复治疗目的,既要促进骨折愈合以恢复其支架作用,也要重视恢复关节的枢纽作用和肌肉的动力作用,以维持各种活动功能。

（二）康复治疗的基本作用

1. 促进骨折愈合 功能锻炼可促进局部血液循环,使新生血管得到较快的生长;通过肌肉收缩,借助外固定保持骨折端的良好接触,并产生轴向应力刺激,促进骨折端的纤维性连结和骨痂形成,从而加速骨折愈合。

2. 促进肿胀消退 骨折早期在保持复位和固定的基础上,进行适度的肌肉等长收缩训练,能够促进血液循环,利于血肿和渗出物的吸收,促进肿胀消退。

3. 防止关节粘连僵硬 对关节进行适当活动能牵伸关节囊及韧带,可以促进血肿及炎性渗出物的吸收,关节活动可改善关节的血液循环,促进关节液分泌,从而防止关节内外的组织粘连,防止关节挛缩、僵硬,保持和恢复关节活动正常。

4. 减轻肌肉萎缩的程度 肢体功能活动可改善血液循环和肌肉营养,增强肌肉力量,预防或减轻失用性肌肉萎缩的程度。

（三）康复治疗的目标

骨折患者经过正确的临床治疗和积极的康复治疗,大多数可以完全复原。但是,由于种种原因,也有少数患者不可能完全复原。因此,在功能康复时注意主要目标,应尽最大可能恢复患肢的主要功能。

1. 上肢康复治疗的主要目标 上肢骨折康复治疗的主要目标是恢复上肢关节的活动范围,增加肌力和恢复手的正常功能,从而重新获得日常生活和工作能力。上肢的主要功能是手的运用。而腕、肘、肩各关节的结构及多样化的连接方式,各肌群的力量,以及整个上肢的长度都是为了使上肢终端的手得以充分发挥其功能,完成各种复杂的劳动和生活活动。因此,当关节功能不能得到完全恢复时,则必须保证其最有效的最小活动范围,即以各关节功能位为中心而扩大的活动范围。各关节的功能位见表 11-2。

表 11-2 上肢各关节的功能位

部位	功能位
肩关节	外展 50°、前屈 20°、内旋 25°
肘关节	屈曲 90°,其最实用的活动范围为 60°~120°
前臂	旋前、旋后的中立位,最实用的活动范围是旋前、旋后各 45°
腕关节	背伸 20°,但有时需要根据患者的要求而定
手	手应有抓握和对指功能,其次是手的伸直

手的功能活动较复杂,一般情况下,手各部位功能的重要程度依次是:桡尺关节旋前 > 旋后;腕关节伸腕 > 屈腕,尺偏 > 桡偏;手指依次是掌指关节屈曲 > 指间关节伸展 > 掌指关节伸展 > 指间关节屈曲;拇指是腕掌关节外展 > 内旋,掌指关节屈曲 > 指间关节屈伸。

2. 下肢康复治疗的主要目标 下肢的主要功能是负重、平衡和行走,要求各关节保持充分稳定,能够负重,而且要有一定的活动度。行走时各主要关节活动范围见表 11-3。

表 11-3 行走时各关节活动范围

关节	活动范围
髋关节	行走时要求髋关节伸直达 0°,屈曲达 60°
膝关节	步行时膝关节的有效活动范围为 5°~60°,某些活动如骑自行车则屈膝要求大于 105°
踝关节	足跟着地时背屈 20°,足趾着地时跖屈 20°

从下肢功能重要性考虑,伸展 > 屈曲,稳定 > 灵活。在下肢肌肉中,为了保证正常行走,功能训练的重点是臀大肌(伸髋)、股四头肌(伸膝)、小腿三头肌(足跖屈)。

二、康复治疗的适应证及禁忌证

(一) 适应证

1. 各种类型的骨折经妥善复位、固定处理后均应及时开始康复治疗。

2. 骨折愈合延迟时也应加强康复治疗。需针对原因进行必要的骨科处理,再给骨骼一定的应力刺激,改善肢体血液循环,促进愈合。

3. 骨折后由于严重的关节周围粘连行关节松动术后的患者,应尽早开始康复治疗。

(二) 禁忌证

1. 骨折与脱位尚未妥善处理,骨折部位出现骨化性肌炎时,暂缓功能锻炼。

2. 骨折部位有炎症、关节内血肿、伤口局部有异物或病理性骨折时,禁忌功能锻炼。

三、康复治疗方法

(一) 一期康复(愈合期康复)

骨折经复位、固定到临床愈合,一般需要 1 个月至几个月的时间。在骨折复位并进行固定或牵引 2~3d 后,生命体征平稳,内外固定稳定,可尽早开始康复治疗。此期康复治疗的目的是改善血液循环,促进血肿吸收和炎性渗出物吸收,消除肿胀;强化肌肉力量,防止失用性肌萎缩;预防关节周围软组织挛缩,防止并发症的发生;促进骨折愈合,防止骨质疏松等。

1. 患肢的主动运动 未固定关节的主动运动可改善血液循环,消除肿胀,防止关节挛缩,关节活动在各个活动平面上都要进行,每天 2~3 次,每次活动各个轴位 10~20 次,注意避免影响骨折断端的稳定性,并应逐渐增加活动范围和运动量;关节面骨折者,在固定 2~3 周后,若有可能应每天取下外固定,在保护下进行短时间的关节不负重主动运动,并逐渐增加活动范围,短暂运动后继续维持外固定,这样可促进关节软骨的修复,减少关节内粘连,减轻功能障碍的程度。

2. 健肢与躯干的正常活动训练 可改善全身状况,防止因长期制动和卧床引起的失用综合征。训练内容包括健侧肢体和躯干的正常活动,鼓励患者早期起床活动。对于必须卧床的患者,则应该每天做床上保健体操,例如深呼吸和咳嗽训练、腹背肌训练、健肢的正常活动等。

3. 患肢肌肉等长收缩训练 肌肉主动收缩能使肌腹和肌腱滑移,防止或减轻粘连;等长收缩训练可预防失用性肌萎缩及增强肌力,又能促进两骨断端的紧密接触,有利于骨折愈合。一般在骨折复位固定后,即可开始缓慢、有节奏的等长收缩运动,尽量大力收缩,然后放松,反复训练,每天 2~3 次,每次 5~10min 或更长。注意运动时骨折部位邻近的上、下关节应固定不动。如前臂骨折可进行握拳、伸直和提肩运动训练,而腕和肘关节应固定不动,更不能做前臂旋转运动;股骨骨折可进行股四头肌的等长收缩训练和踝关节跖屈、背屈活动,而髋、膝关节应固定不动。

4. 患肢抬高 患肢抬高有助于减轻或消除肿胀,患侧肢体应处于高于心脏低于头的体位。

5. 持续被动关节活动(continuous passive motion,CPM)练习 对关节内骨折手术后、骨折内固定手术后等无需外固定者,可早期应用持续被动关节活动器(CPM)进行持续被动关节活动练习。CPM 可以缓解疼痛,防止粘连和关节僵硬,改善关节活动范围,消除手术和固定制动带来的并发症。

6. 物理因子治疗 常用方法有温热疗法、低频磁疗、超声波疗法、直流电钙磷离子导入疗法、超声波疗法等。物理因子疗法有改善肢体血液循环,促进肿胀消退,减少瘢痕粘连,减轻疼痛,促进骨痂生长,加速骨折愈合等作用。合并周围神经损伤者可进行电刺激疗法。

(二) 二期康复(恢复期康复)

骨折临床愈合,去除外固定后,患侧肢体存有不同程度的关节活动受限和肌肉萎缩。此期康复治疗的目的是消除残余肿胀,最大限度地恢复关节活动范围,软化和牵伸挛缩的纤维组织,增强肌肉力量,提高患者的 ADL 能力和工作能力。

1. 物理因子治疗 如温热疗法在功能训练前应用,可促进血液循环,软化纤维瘢痕组织,有助于训练,提高疗效;局部紫外线照射可促进钙质沉积与镇痛;超声波、音频电疗可软化瘢痕、松解粘连等。

2. 恢复关节活动范围训练 恢复训练以主动运动为主,根据患者的病情可辅以助力运动、被动运动、关节松动术、关节功能牵引等。

（1）关节主被动运动：被动运动主要针对有组织挛缩或严重粘连的患者,训练动作应柔和、平稳、有节奏,以不引起明显疼痛为度,运动范围与方向应符合解剖和生理功能;刚去除石膏的肢体难以完全主动运动,可先采用助力运动,并逐渐减少辅助力量;每天对每个受累关节做各方向的主动运动,运动幅度逐渐增加,以不引起明显疼痛为度,每个动作可重复多遍,每天数次。

（2）关节松动术：对骨折愈合良好但较僵硬的关节,可进行手法松动,以改善关节活动范围,手法松动前可配合温热疗法进行。

（3）关节功能牵引：比较僵硬的关节可进行牵引,将受累关节的近端固定,远端按正常的关节活动方向施加适当力量,到达最大范围时要维持数分钟,以松解粘连,每天 2~3 次,每次 15min 左右。牵引重量以患者感到可耐受的酸痛,又不产生肌肉痉挛为宜。

（4）间歇性固定：对比较严重的关节挛缩,可以进行间歇性固定,即在各种关节活动范围训练的间歇,用石膏托、夹板、矫形器等固定患肢,以减少纤维组织的回缩,增强治疗效果。随着关节活动度的增加,固定的位置和角度也要做相应调整。

3. 增强肌力训练　增强肌力训练应该循序渐进,逐步增加肌肉的训练强度,肌肉的疲劳要适度。训练前要进行肌力评定,根据肌力水平选择不同的训练方法。肌力训练应和关节活动度训练同时进行。

（1）肌力 0~1 级：可选用神经肌肉电刺激、被动运动、助力运动等。

（2）肌力 2~3 级：训练以主动运动为主,辅以助力运动或水中运动。

（3）肌力 4 级：进行渐进抗阻运动训练,争取最大限度的恢复肌力。

肌力训练方式可选用等长训练、等张训练或等速训练。对有关节损伤者,肌力训练应以等长收缩训练为主,以免加重关节损伤。

4. 日常生活活动能力训练　上肢骨折者可选择相应的作业治疗,以增进上肢的功能,改善动作技能技巧及熟练程度;下肢主要进行行走和步态训练,以恢复正常运动功能。目的是提高日常生活活动能力及工作能力,使患者早日回归家庭和社会。

四、康复治疗注意事项

1. 要掌握骨折的愈合过程,定期摄 X 线片检查骨痂的生长情况,随时调整康复治疗方法。康复治疗必须循序渐进,逐渐加量。

2. 严格控制不利于骨折端稳定的活动,如增加重力和旋转的活动。

3. 肢体的功能锻炼,上肢以增强手功能为主,下肢以增加负重、步行能力为主。

4. 进行被动活动时,不应急于施行强力的牵拉和对骨折部位的按摩,任何功能练习以不引起疼痛为度。

5. 若骨折延期愈合、关节内有骨折或损伤性关节炎,不宜进行运动功能锻炼。

6. 医患配合,医务人员要与患者沟通,使患者心中有数,积极主动、科学地进行功能锻炼。

第四节　常见骨折的康复

一、锁骨骨折

锁骨骨折常见锁骨中断骨折,多为间接暴力所致,幼儿青枝骨折或成人无移位骨折常采用三角巾或颈腕带悬吊,有移位的骨折常需手法复位后再用"8"字绷带固定。固定后即可开始功能锻炼。

伤后 1~3 周,肩部固定,主要进行肘、腕、手的屈伸及前臂的旋前旋后功能练习,可逐渐进行抗阻训练。伤后 3d 内,局部用冷疗,4d 后可用物理因子治疗。①超声波治疗,局部接触移动法,每次 15~20min,每日 1 次,10d 为一个疗程。若有金属固定物(如钢针、钢板),应慎用电疗法治疗。②超短波治疗：双极对置,无热或微热,10~15min,每日 1 次,10d 为一个疗程。③红外线光治疗：垂直照射患部,以有舒适温热感为准,每次 20~30min,每日 1 次,10 次为一疗程。

4~7 周,可配合一些器械进行训练,进行肩部的全方位主动功能练习,逐渐增加抗阻训练。

8 周以后,增加训练的强度,可应用关节松动术,改善关节周围软组织及关节囊的紧张度,以恢复其伸展性、柔韧性、恢复正常的关节活动范围。在关节松动术治疗前,可用蜡疗法,做肩关节的局部热敷治疗,以改善局部的血液循环和缓解肌肉紧张性,增加关节松动术的效果。

二、肱骨骨折

(一)肱骨干骨折

1. 骨折行钢板或髓内针等内固定术者,1 周内主要是休息、制动,利于组织的修复。可以进行上臂、前臂肌群的等长收缩练习;腕关节的背伸、屈曲练习;手指的屈伸练习;局部可做红外线或紫外线光疗,使局部血液循环加快,起到消肿、消炎、促进切口愈合的作用。

在 2~3 周,站立位,主动耸肩练习 10~20 次,肩关节放松自然下垂,10 次为 1 组,持续 30s;肩部的摆动次数练习,10 次 1 组,做 2~3 组为宜;做背阔肌群、胸上肌收缩练习;三角肌保护下的主动无阻力收缩练习,治疗师自行掌握持续时间及次数,以无疼痛为限;前臂的内外旋练习,10 次 1 组,做 2~3 组;肘关节的屈伸练习,主动运动为主,不增加阻力,以患者感觉疲劳为度。

4~6 周时在以上练习的基础上,增加肩、肘、腕的抗阻运动训练,加强前臂的内外旋功能训练。

在 6~8 周,患侧上肢以肩关节为轴心,做主动全范围旋转训练,借助高吊滑轮、墙拉力器、肋木、橡皮带、体操棒等器械进行功能训练。

如果有肩肘关节的功能障碍,则先采用关节松动术进行康复治疗。

由于肱骨有内固定物,可采用光疗:①红外线、紫外线局部照射法,慎用电疗等物理治疗手段,在肩、腕关节或经手法复位的,可用干扰电治疗或超短波、超声波治疗等方法促进骨愈合功能恢复。②蜡疗法,置于肩、肘、腕及局部,每日 1 次,每次 20~30min,15d 为一疗程。

2. 未经手术内固定,采取手法复位外固定的肱骨干骨折,制动的时间相对长一些,其稳定性也不如内固定,2 周后可做手、腕的主动伸屈训练,配合作业治疗,增强手指的灵活性;4~6 周以后,可做三角肌、背阔肌、胸大肌、肱二头肌、肱三头肌的无阻力自主活动训练,手、腕可做抗阻训练;8~12 周,进行全方位的上肢肌力训练,由于制动时间长,往往易发生肩、肘关节活动障碍,虽经康复治疗,肩、肘关节活动范围恢复到正常的时间也相对要长。

3. 合并有桡神经损伤者,应该加强伸指肌和伸腕肌的功能训练,辅助腕、手功能位支具配戴,可采用经皮神经电刺激法或神经肌肉电刺激疗法(低频脉动电流),每日 1 次,10 次为一疗程,2~3 个月做一次肌电图检查,评估神经的生长速度和肌肉功能恢复的情况。神经损伤患者忌浸蜡治疗,防止烫伤。

(二)肱骨颈骨折

1. 无移位骨折 用三角巾悬吊固定,伤后 1~2 周以休息、制动为主,有利于组织修复和骨再生。运动训练以腕关节背伸、屈曲训练为主,上臂肌群可做等长收缩练习。物理因子治疗:①超短波治疗。电极对置于患处,无热量,10~12min,每天 1 次,10~15d 为一个疗程,可起到消除肿胀作用。②红外线光治。局部照射,热度适中,注意防止烫伤,每次 15~20min,每天 1 次,10~15d 为一个疗程。

2. 经手术复位且有金属内固定物的骨折

(1)早期以制动为主,运动训练时间可以比手法复位的骨折提前 1 周,有利于肩关节功能恢复。局部红外线光治疗同前,慎用超短波治疗。

(2)3~4 周,以上肢主动运动为主,辅助肌力被动训练和关节活动度训练,防止过度外展、外旋及内收。①弯腰划弧。利用上肢自然下垂的重力,辅助健侧手臂,屈肘做顺、逆时针弧线运动,每次 20 个动作,每日 2 次。②手指阶梯。主动训练为主,每日逐渐增加高度。③肘关节及腕、手的抗阻训练。训练时间和强度每日递增。

(3)5~8 周,以肩关节功能训练为主,主动运动训练辅以手法辅助练习肩关节外展、外旋、内收、后伸及前屈功能,借助训练器械如高吊滑轮、肋木、手指阶梯、墙拉力器、橡皮带、体操棒等练习。物理因子治疗有以下几种。①蜡疗法:置于肩关节处,每次放置 20~30min,每天 1~2 次,15d 为一个疗程。②干扰电治疗或超声波、超短波治疗(无内固定手法复位患者)。③光疗:红外线光局部照射。

3. 合并有神经损伤者 除采用相应的手法进行康复训练外,还可以辅助神经肌肉电刺激治疗法,每日 1~2 次,每次 15~20min,10~15 次为一个疗程,每 2~3 个月行肌电图检查 1 次,评估神经的生长速度和肌肉功能恢复的情况。

(三) 肱骨髁上骨折

骨折经手法复位外固定或手术内固定后 1 周,要注意肘关节的固定和制动。可做手指的屈、伸练习和腕关节的屈、伸练习。屈曲型做肱三头肌的等长收缩练习,伸直型可作加强肱二头肌练习,旋前圆肌、旋后肌的等长练习视情况而定。物理因子治疗可行蜡疗法、光疗法,未做内固定者可做超短波治疗。

在 3~4 周,肩关节的前屈、后伸、外展、内收功能练习,以主动为主,辅以部分抗阻训练;肱二头肌、肱三头肌的等长收缩练习;手、腕的伸、展、抗阻练习和旋前圆肌、旋后肌的抗阻练习;辅以光疗和作业治疗。

4~8 周时行手术内固定者及小儿骨折可去除外固定,除继续进行上述功能训练外,还可以进行肱二头肌、肱三头肌的等长收缩训练,促进肘关节的功能恢复。手法复位的小儿患者可在 4 周后去除外固定进行功能训练,成人至少在 6 周以后方可进行功能训练。注意在训练前要拍 X 线片,检查骨愈合的情况,防止因骨愈合不佳而产生骨移位或骨不连。可以辅助蜡疗、电疗(无金属固定物处或手法整复的骨折)、光疗、作业治疗等。

8~12 周时可开展患肢的全方位功能训练,辅助吊轮、肋木、墙拉力器、肩腕关节训练器、橡皮带等器械进行练习。屈曲型着重恢复伸直肘关节功能,伸直型侧重恢复肘屈曲功能,物理治疗同时进行。伤后未经功能康复的患者,会出现程度不同的肩、肘、腕关节的功能障碍,特别注意诊前是否采取过"粗暴"的伸、屈肘关节练习,立即拍肘关节的 X 线片,看是否有骨化性肌炎,若在骨折周围组织内有一片白色云雾状阴影,密度较深或有骨样密度,局部肿胀,触之硬韧感,关节运动障碍明显,即可提示骨化性肌炎已经发生。此时需将肘关节制动,用三角巾或石膏托固定于胸前,不可做肘关节的功能练习。待局部疼痛消失再摄 X 线片,等见到骨化缩小,边缘影像清晰后,方可行无痛的关节功能训练与主动运动的训练,但也必须是在关节运动限制区域内进行,不要过度牵伸。

三、前臂骨折

(一) 尺桡骨干双骨折

手法复位或手术内固定术后,1 周内以休息、制动为主,手法复位的患者要注意检查外固定情况,防止松动,导致畸形愈合。手、腕可做主动屈、伸活动训练,不要做旋转练习,局部光疗或超短波治疗(无金属固定物),注意手指的血液循环及感觉变化,防止骨筋膜室综合征的发生。

在 2~3 周,肩关节可做伸屈、外展、内收功能训练,肘关节及腕手关节行主动运动训练(手法复位的功能练习可视情况适当延后进行),前臂的旋内、旋外训练,要轻柔进行。

4~6 周时增加肩、腕、手关节的抗阻训练,前臂内外旋无阻力主动运动练习,内固定手术的可去除外固定物,辅助器械进行训练,可适当进行作业治疗,增加日常生活能力训练。

到 7~9 周,去除外固定后进行肩、肘、腕、手关节的关节活动度训练,着重训练前臂的旋转功能,可辅助器械和抗阻训练,增加作业治疗,提高日常生活能力。未经过早期系统化康复训练有肩、肘、腕、手功能障碍者,可辅助关节松动术治疗、作业治疗和物理因子治疗。

(二) 桡骨远端骨折

手法复位或内固定术后 1 周内,局部制动,辅助光、电治疗(无金属固定物),肩、肘关节无阻力主动运动练习。

2~4 周时增加肩、肘关节抗阻训练,手指伸、屈功能训练,局部物理因子治疗。

4~6 周时去除外固定,加强肩、肘关节抗阻练习,开始做腕关节的屈伸运动训练,局部蜡疗、光疗、电疗和作业治疗。

到 6~8 周,除上述治疗外,增加前臂旋转功能练习,并逐渐加大抗阻力训练强度。有严重腕关节功能障碍的需先行关节松动术治疗。

四、骨盆骨折

骨盆为一个环形的骨性结构,由后方正中的骶尾骨和两侧各一块的髋骨组成。髋骨由髂骨、耻骨和坐骨三部分组成,三骨交汇形成髋关节的髋臼。骨盆环的后方有骶髂关节,前方有耻骨联合,相互之间有许多坚强的韧带,骨盆具备保护盆腔脏器、负重和传递人体力线的作用。骨盆骨折是指骨盆壁的一处或多处连续性中断,多伴有合并症。

伤后 2~3 周患者需卧床休息,期间要注意髋关节微屈位下进行双膝、踝关节活动,以不引起疼痛或微痛为度。另应尽量避免同侧髋关节过度前屈、外展、外旋引起疼痛。以踝泵训练、股四头肌及腘绳肌等长收缩训练为主,同时强化上肢肌力,以维持基本身体素质,为体位转移和下地扶拐行走等做准备。但必须在床上进行,必须确保练习时骨盆无受力和移动。

伤后 3~4 周确定骨折开始愈合后,可进行下肢关节活动度练习。仰卧位在无或微痛范围内训练,可先练习髋关节屈伸,再练习内外旋,最后练习外展内收,尽量活动到关节活动范围最大后,保持至力竭为 1 次,5~10 次 / 组,2~3 组 /d。

伤后 6~8 周骨折愈合程度达到可以侧卧时,开始侧卧位髋关节外展训练,尽量保持膝关节伸展,直腿抬高至无痛角度,保持至力竭为 1 次,5~10 次 / 组,2~3 组 /d。负重和平衡练习,随骨折愈合的牢固程度,负重由 1/4 体重开始逐渐过渡。前后、侧向跨步练习,要求动作缓慢、有控制、上体不晃动。恢复髋关节周围肌肉力量练习,要求动作缓慢、有控制,无或微痛,逐渐增加力度和运动量。如果患者是髂前上、下棘或髂峰的撕脱骨折,手术内固定后,患者 3~4 周即可下床活动,康复治疗可以直接进行后期的训练。

五、股骨颈骨折

在老年人中较常见,由于局部血供不佳及复位固定困难,不易愈合。临床常采用复位和内固定术两种方法,复位多数可达到满意复位效果,内固定方法多采用空心加压螺纹钉内固定和多钉(针)内固定。无错位骨折多采用传统疗法,即卧床休息辅以患肢牵引。

(一) 骨牵引患者的康复

1. 利用床上吊环,抬高上身及扩胸运动,每次 10 遍,胸背部抬离床面角度大于 30°,每天训练 3~4 次,由治疗师演示、指导、协助完成。

2. 利用床上吊环,屈曲健侧膝关节,用健足蹬床,保持患肢在牵引下,做抬高臀部运动,每次 5 遍,整个臀部要求保持平衡,不能歪斜,抬离床面角度为 15°~30°。

(二) 内固定术后患者的康复

术后 24h 开始主要进行患肢大肌肉的等长收缩和足趾,踝关节的主动屈伸活动,同时做抬高臀部运动、扩胸运动等,逐渐增加活动量,每天以不引起疲劳为宜。主动运动休息期间,需辅以被动活动髌骨和下肢 CPM 机被动屈伸活动。下肢 CPM 首次应在无痛范围内进行,从 30° 开始逐渐增加到 90°。

2~3d 开始髋、膝关节主动活动。5~7d 后,开始髋关节与膝关节的抗阻力的屈伸活动,练习髋关节外展,被动 - 助力至完全主动,动作宜轻柔,逐步增大。可配合气压治疗、TENS 电疗法、红外线光治疗。

术后第二周,助行器步行功能锻炼,积极鼓励患者使用助行器,不负重行走,但是必须严格依据内固定情况的程度而定。

术后 3~4 周,功能锻炼以主动活动为主,可逐渐接近正常活动范围,进行日常生活活动能力训练、各类辅助器的使用。

手术 1 个月后,开始逐渐增加下肢抗阻力训练、关节活动范围训练及生活自理能力训练。

手术 6 周后,扶双拐下地部分负重行走训练,开始下肢内收、外展的主动运动。

3 个月到半年后,视骨折愈合情况,从用双杖而后单杖作部分负重的步行训练,至大部分负重行走。注意一定在 X 线摄片显示骨折已愈合,无股骨头坏死时,方可弃杖行走。

六、股骨干骨折

股骨干是人体最长、最粗的管状骨,需强大暴力才发生骨折。股骨干血运丰富,一旦骨折,不仅营养血管破裂出血,而且周围肌肉肌支也常撕裂出血。股骨干骨折可分为上 1/3、中 1/3 和下 1/3 骨折,各部分骨折因肌肉起止点的牵拉,出现不同方向的移位。股骨干骨折的康复分为三个阶段,具体康复治疗方法如下:

（一）第一阶段康复

伤后 3 周内，重点是实现早期全膝伸展，以减少膝关节屈曲挛缩的风险，同时实现下肢后侧伸展。通常在术后第一天，就可以开始下肢的主动运动和被动运动训练，下肢伸展训练可以在踝部垫毛巾协助下，练习坐位腘绳肌伸展和腓肠肌伸展。此外，可用足后跟支撑下肢 10min，每天 3~4 次获得膝关节的伸展。膝关节屈曲 ROM 锻炼也在术后立即启动，可采用 CPM 机被动屈伸训练，首次应在无痛范围内进行，以后可根据患者耐受程度每日增加 5°~10°，1 周内增加至 90°，4 周后≥120°。每天训练时间不少于 2h，根据患者全身状况，患肢炎症水肿消除后，如无其他限制情况，患者可扶双枴下地，进行患肢不负重行走练习。

（二）第二阶段康复

3~10 周时主要目标是患肢依靠辅助器具尽快完全负重，股四头肌和臀中肌恢复到理想的肌力。在第一阶段训练的基础上，适当地进行 ADL 训练，以站立和身体负重为主，开始进行患肢不着地的双拐单足站立和平行杠中健肢站立练习。X 线片上显示有明显骨痂形成时，可用双拐下地行走，患肢从足尖着地开始，负重 1/4，逐渐过渡到 1/2 负重，直至靠辅助器具尽快地完全负重。

（三）第三阶段康复

10 周以后增加训练的强度，指导进行单腿站立闭链训练，最大限度地恢复关节活动范围和肌力。在动态平面上提高平衡和本体感觉能力，提高患者日常生活能力和工作能力，尽早参与社会生活。

七、髌骨骨折

髌骨骨折的发生率约为 1.05%，中老年人多见，青少年很少发生。无移位的骨折，无论是何种类型，如 X 线片未显示移位，均可非手术治疗。单纯使用石膏托就可有效固定，膝关节置于 10° 屈膝位，以避免完全伸展引起的不适，甚至腓总神经麻痹。如关节肿胀明显，可先穿刺抽出积血、包扎，然后固定。有分离的横行骨折，以手术修复为首选。

康复训练方案如下：

（一）1~2 周训练方法

1. 抬高患肢　术后 48h 用弹性绷带加压包扎，肢体置于垫枕上，抬高患肢 20°~30°，促进静脉回流，消除肿胀。

2. 股四头肌等长收缩训练　患肢做一个大腿"绷紧"的动作，使股四头肌做等长收缩，40~50 次一组，每天 2~3 组。

3. 踝泵运动　足趾、踝关节的主动屈伸活动。踝关节的活动要求完成屈伸及环绕全范围运动，40~50 次一组，每天 2~3 组。

4. CPM 训练　住院期间，术后第二天可行 CPM 机持续被动活动，由 45° 开始，30min/次，每天 1 次。如无疼痛等不适感，可每日增加 5°。

5. 髌骨活动　如无禁忌，可上下左右推动髌骨，特别是从髌骨上方向下推拉髌骨，防止髌骨与关节面粘连，每次 15~20min，每日 2~3 次。

6. 膝关节屈伸活动练习　术后第二天可在治疗师指导下进行膝关节屈伸活动练习。治疗师用手托住患者膝部后方，嘱患者放松，靠小腿重力屈曲膝关节，再嘱其慢慢伸直，3~5 次即可，关节活动范围 >50°。3~4d 后逐渐增大屈膝角度。

7. 负重训练　骨折愈合良好情况下可下地进行部分负重站立。站立时双腿稍分开与肩同宽，进行左右重心转移，逐渐增加负重程度。

（二）3~6 周训练方法

1. 关节活动度训练　继续保持之前的关节活动度训练，以恢复膝关节正常的屈伸活动度。

2. 肌力训练　训练股四头肌和腘绳肌肌力，患者可根据情况做适当的抗阻训练，逐步增强肌力。

3. 膝关节控制　俯卧位下，双腿屈膝至 90° 并保持，可在两腿中间夹一包体积较大的纸巾或一个放气篮球，保持该动作 2min，每天 5 次或者选择一个高度适宜的固定物如栏杆，双腿分开与肩同宽，双手扶着栏杆，膝关节屈曲半蹲保持 6s 后伸直膝关节站起，注意膝关节不要超过脚尖，每组 10 次，每天 3 组。

4. 步行和训练　在站立位身体重心先移至健侧腿,患侧腿向前迈出一步,身体重心随之转移至患侧腿,确定身体站稳后再迈出健侧腿。注意步行过程中步幅和步频。

5. 上下楼梯训练　上楼梯时,健侧先跨上台阶,患腿跟上。下楼梯时,先迈患腿,再下健腿。注意眼睛向前看,并且保持腰部挺直。

(三) 6 周以后训练方法

1. 慢跑训练　后期膝关节活动度恢复正常,可进行慢跑训练增强下肢耐力,每天可慢跑 20~30min。

2. 本体感觉训练　患腿恢复负重能力情况良好的前提下,可让患者把患腿放在平衡垫上单腿负重保持稳定。

3. 股四头肌、腘绳肌肌力训练　训练方式如上,其抗阻应达到常人标准,强化下肢肌力。

八、胫腓骨骨干骨折

胫腓骨骨折临床上在长骨骨折中的发生率最高,多为开放性,合并症多。康复治疗必须在康复医师的指导下进行,避免由于不规范的康复动作造成整复不良、成角畸形。康复治疗的目的是促进骨折的愈合,恢复胫腓骨负重、行走功能。康复原则是早期进行功能训练,防止肌肉萎缩、肌腱挛缩、骨质疏松、关节僵硬。

(一) 物理因子治疗

可起到局部抗炎、止痛、促进伤口愈合的作用。

1. 紫外线疗法　适用于治疗浅层炎症,用于开放性损伤术后。应根据时期不同选择不同的剂量。炎症浸润期,采用红斑量 2~3MED;化脓期,强红斑量 4~5MED;肉芽生长期,亚红斑量 1~2MED;愈合期,亚红斑量 0.5~1MED。在骨折局部或伤口照射,每日或隔日一次,3~5 次为一个疗程。

2. 超短波　适用于治疗深层组织的炎症,采用患部对置法,骨折 1 周内无热量,1 周以上微热量,每日一次,每次 10~15min,15~30 次为一个疗程。

3. 经皮神经肌肉电刺激疗法　具有镇痛作用并能防止失用性肌萎缩。

4. 干扰电疗法　对失用性肌萎缩、疼痛、骨延迟愈合均有较好的疗效。分固定法和抽吸法。两种方法治疗剂量、时间、差频相同,但应根据病情选择不同的差频,每次治疗选择 1~3 种差频,每次 10~15min,总时间 20~30min,电流强度以患者能耐受为准。

(二) 促进骨折愈合、维持肌力和关节活动度

1. 功能训练　功能锻炼应选取对骨折愈合有促进作用的动作,避免不利于骨折愈合的动作。增强臀肌、股四头肌和腓肠肌肌力和保持踝关节活动度。功能锻炼有被动运动、主动辅助运动、主动运动、抗阻运动等,其中以主动运动为主,其他方式为辅。

伤后早期疼痛减轻后就应开始进行臀肌、股四头肌和腓肠肌等长收缩训练,膝、踝、足跖趾关节和趾间关节的被动运动,为步行做准备。

在骨折后 2 周至骨折临床愈合期间,训练除继续进行患侧肢体的等长收缩和未固定关节的屈伸活动外,可在固定稳妥地情况下,扶拐下床适当负重训练。

石膏外固定者,利用自身重量进行膝关节屈伸训练,当下肢肌力可支撑身体时,做蹲、起运动训练。逐渐增大训练强度,既可增强肌力又可加强膝关节的稳定性。

切开复位内固定或夹板固定的患者,可早期练习膝关节屈伸和踝关节内外摆动的活动。可以早期下地扶拐不负重行走,逐渐增加至完全负重行走,但是禁止膝关节伸直时旋转大腿。

一般稳定性胫骨骨折患者,大多数是复位固定 3 周后持双拐下地,根据骨折愈合情况,最早 4 周改用单拐,5 周弃拐,6 周时解除外固定。外固定去除后,充分练习各关节活动,并练习行走,方法基本同股骨颈骨折。

2. 物理因子治疗　超短波疗法(有金属内固定者除外),用温热剂量,可改善骨和骨膜及其下方的血运,从而促进骨折愈合;直流电刺激,直流电阴极引起的低氧、高 Ca^{2+} 浓度和高碱环境,增加了细胞膜通透性和物质交换,扩张了局部血管,可改善局部血液循环。

(三) 步态训练

胫腓骨骨干骨折会导致一些异常步态,在训练前应对步态进行评定,常见的异常步态有急促步

态、倾斜步态或硬膝步态。

进行步态训练时要保持躯干正直,从不负重训练开始,逐步过渡到患肢部分负重,至完全负重。训练内容包括髋、膝、踝关节伸展和屈曲运动协调;当身体的重心落在一侧时,该侧髋、膝关节必须完全伸直,当重心转移到另一侧后,膝关节再屈曲;足尖指向正前方,重力由足跟转移至足趾上;步速规律,步幅均匀。

(四) 支具的使用

胫腓骨骨干骨折用拐是暂时的,患者根据需要可选用手杖、臂杖和腋杖。所有下肢骨折患者在骨痂形成期后开始离床下地锻炼均应扶双拐,进行不负重或轻负重行走;步频不宜过快,每分钟不超过25步,步幅要小。骨折愈合后应该及时弃拐,原则是骨折处达到骨性愈合。

(五) 心理治疗

保持患者良好的心理状态,树立正确的康复理念,培养战胜疾病的信心,积极主动地参与康复治疗中。

本章小结

本节主要介绍骨折的概念、临床表现、骨折的康复功能评定以及骨折的康复治疗和常见骨折的康复。重点介绍了康复治疗以及临床常见的康复治疗方法。要求同学们了解骨折的概念、骨折的临床表现,熟悉骨折的愈合过程、骨折的康复问题,掌握临床常见骨折的康复功能评定和康复治疗方法。

(马雪真)

思考题

1. 常见骨折康复问题有哪些?
2. 骨折患者进行康复治疗如何分期? 各期的康复方法有哪些?

扫一扫,测一测

思路解析

第十二章　颈椎病康复

学习目标

1. 掌握　颈椎病基本概念、分型、临床表现;康复评定方法、康复治疗方案及实施。
2. 熟悉　颈椎病的病因、传统康复疗法手段。
3. 了解　颈椎病的解剖及生物力学特点、颈椎病的鉴别诊断。
4. 能与患者及家属进行良好沟通,开展健康教育;培养团队协作、共事能力。
5. 能准确评定颈椎病患者的功能受限程度,判定不同类型,进行正确的临床处置。能选择适当的康复手段进行康复治疗。

病例导学

患者,女性,42岁,反复颈部酸痛、活动受限伴左上肢麻木1年,加重5d。患者于1年前无明显诱因出现颈部酸痛不适,活动受限,并伴左上肢麻木,呈间歇性发作,低头或劳累后加重。无晕厥,无畏寒、发热,无恶心、呕吐等症状。曾多次在当地县医院治疗(具体治疗不详)均好转,5d前上述症状加重,遂于今日来我院门诊求治。查体:颈部肌肉紧张,颈4、5椎旁压痛,压顶试验(+),臂丛牵拉试验(+)。颈椎MRI示颈椎椎间盘变性,C_4/C_5椎间盘轻度突出。患者发病以来神志清,精神食欲一般,睡眠差,大小便正常。

问题与思考:
1. 该患者属于颈椎病的哪个类型?
2. 怎么设定康复治疗目标?
3. 如何制订康复治疗方案?

第一节　概　　述

一、定义

颈椎病(cervical spondylosis)又称"颈椎综合征",是因为颈椎间盘退行性变及其继发性颈椎组织病变,刺激或压迫周围的颈神经、颈部脊髓、椎动脉或交感神经而引起的一系列临床症状和体征。

颈椎病是一种常见病和多发病。各学者对颈椎病发病率的统计,在不同时期、不同地区、对不同人群的调查,均有所差异,在我国大多数学者认为颈椎病的发生率为7%~10%(仅供参考)。该病为中年以上人群的常见病,以 30~50 岁人群更多见,但是目前有年轻化趋势。

二、颈椎的解剖和生物力学特点

(一)颈椎的解剖特点

颈椎位于人体脊柱的上段,由 7 块颈椎骨借软组织、韧带和关节连结而成,颈椎椎骨包括一个椎体、一个椎弓及七个突起(一个棘突、一对横突、两对关节突)。椎体较小,横断面呈椭圆形。颈椎有其相应的特点。

1. 第 1 颈椎　又名寰椎,其形态与其他颈椎相比虽有共同的结构,例如都有横突及横突孔,各有两个上、下关节突以及一个较大的椎孔,但最大的差别是没有椎体,椎孔则由前、后两弓围成,棘突极短。

2. 第 2 颈椎　又名枢椎,其基本形态与其他颈椎相似,但其外形特点是椎体向上伸出一个齿突。齿突是一个指状突起,从其与椎体交界处至顶端,长度平均为 15.3cm。

3. 第 3 至第 7 颈椎的结构特点

(1) 椎体:一般较小,呈横椭圆形,上面的左右径约为 2.41cm,下面约为 2.28cm,均大于前后径;椎体中部略细,上、下两端膨大,高约 1.47cm,上面在左右径上凹陷,下面在前后径上凹陷;上、下椎体之间形成了马鞍状的对合,以便保持颈部脊柱在运动中的相对稳定。椎体上面的后缘两侧有向上的脊状突起称为钩突,它们与上位椎体下面的后缘两侧呈斜坡形对应部分相对合,形成所谓钩椎关节,即 Luschka 关节。颈椎 4~6 水平的 Luschka 关节是骨赘的好发部位。

(2) 椎弓:椎弓向前与椎体相连处较细,称为椎弓根,上、下椎弓根之间合成椎间孔。椎间孔的前内侧壁为椎间盘,上下为椎弓根,后外侧壁为关节突关节及其关节囊,脊神经也在此合成并由此孔穿出。神经根的营养动脉也经此孔进入椎管。椎弓根向后是板状部分称为椎板,上下椎板之间有黄韧带连接。

(3) 突起:棘突位于椎弓的正中,呈前后位,突向后下方,棘突的末端一般都是分叉的,而第七颈椎分叉率只有 4%。横突呈额状位突向外方,略短而宽,上面有一深沟称为脊神经沟,有脊神经通过。横突的末端分裂成前、后两个结节,围成横突孔。关节突呈短柱状,位于横突之后,上下关节突之间的部分称为峡部,颈椎关节突的排列便利前屈和后伸运动;关节面平滑,呈卵圆形,覆有关节软骨,关节面朝向下前方,可以在下一个颈椎的上关节突上向前滑动。

(二)颈椎的生物力学特点

与颈椎生物力学相关的结构主要有椎间盘、椎体、后部结构、韧带、肌肉等。

1. 椎间盘　位于人体脊柱两椎体之间,由软骨板、纤维环和髓核组成的密封体。除寰椎和枢椎之间外,自第 2 颈椎起每两个相邻的椎体之间都有椎间盘。颈椎间盘的总高度为颈段脊椎总高度的 1/5~1/4,其主要生物力学功能是对抗压缩力,同时对颈椎的活动度具有决定性影响。椎间盘的抗压能力很大,但对扭曲力的耐受力较差,这与椎间盘具有各向异性的特点,即其机械性能、结构和作用力的方向有密切关系。因此,扭转暴力是造成椎间盘损伤的主要原因,尤其伴有屈曲应力和垂直压力情况下,易引起髓核后突。

2. 椎体　各节颈椎骨构成各自稳定、相互制约与不同活动的解剖结构,其骨质密度随着年龄的增长逐渐降低,椎体功能逐渐退变,表现为椎体前后缘和钩锥关节出现增生,即骨刺。当骨质减少 2%,强度则减少 50%。而椎体上下之软骨终板在承载中最易因外力而受损。

3. 后部结构　主要指后方小关节,是两侧关节运动轨迹中心的交叉点。后方小关节少许活动,前方的椎体间关节就出现大幅度活动,因而易引起或加剧退变。由于颈(1、2)小关节呈水平状态,故有利于旋转活动,但由于其不稳定,也易引起脱位。其余椎节小关节的关节面与冠状面及横断面成 45°角,从而允许其做屈伸、侧弯和旋转活动。

4. 韧带　颈椎的韧带有前纵韧带、后纵韧带、黄韧带、项韧带和棘突间韧带。

(1) 前纵韧带:前纵韧带起自枕骨的咽结节,向下经寰椎前弓及各椎体前面,止于第 1 或第 2 骶椎的前面,其作用是限制颈椎过度后伸。

(2) 后纵韧带:位于椎管的前壁,起自于枢椎,向上移行为覆膜。其作用是限制颈椎屈曲运动。

(3) 黄韧带:富有弹性纤维,可使颈椎有较大范围的伸屈活动,较之胸腰段明显为大。黄韧带伸展位时缩短,屈颈位时伸长,并保持恒定的张力。黄韧带在长度变化时伴有厚度的改变:屈颈位时变薄,伸颈位时增厚并突向椎管。

(4) 项韧带:由第7颈椎棘突向上,棘上韧带移行于项韧带。项韧带为三角形弹力纤维膜,有助于协助颈部肌群支持头部的作用。

(5) 棘突间韧带:位于相邻的两椎骨之间,向前与黄韧带吻合,向后移行于项韧带。

5. 肌肉 颈椎前后方的肌肉是维持脊柱稳定、保持姿势和提供活动的必需条件。发达的肌肉可增加颈椎的稳定性,如长期固定制动则可使颈肌肌力减弱。因此,如非病情十分必要,应让患者保持一定的功能活动。

总之,颈椎位于较为固定的胸椎和头颅之间,在承重的情况下既要做频繁的活动,又需要保持头部的平衡,颈椎椎体在脊柱中的体积最小,但活动度最大,容易产生劳损。从生物力学角度来看,其中第 $C_{4~5}$、$C_{5~6}$ 和 $C_{6~7}$ 活动度最大,应力集中,最容易发生退行性变,为颈椎病多发节段。

三、常见病因和病理

颈椎病发病机制至今尚不清楚,一般认为颈椎病的发生与椎间盘病变、骨质增生压迫脊髓或神经根、椎动脉、椎管狭窄等因素有关。主要分为外因和内因两个方面。

（一）外因

主要有外伤、颈部的慢性劳损、气候因素、不适当的锻炼四个方面。

1. 颈部的急性外伤 青少年时期因倒立、翻滚或跌伤等导致颈椎外伤是中年以后发生颈椎病的原发基础,特别是外伤性颈椎间盘病变,可致颈段中枢神经和脊神经的损伤。

2. 颈部的慢性劳损 是临床上最常见的致病因素。特别是学生族、上班族,由于长期伏案学习、工作,或姿势不正,均可引起颈部韧带、肌肉的慢性损伤,从而导致关节囊松弛,椎体失稳,进而发生颈椎骨质增生等退变。这也是近年来颈椎病患者年轻化的主要原因之一。

3. 气候因素 主要是感受风、寒、湿邪,外邪阻痹经络,影响气血运行从而发病。

4. 不适当的锻炼 人们随着物质生活水平的提高,也越来越注重对自身的保健和锻炼。但一部分人因为缺乏科学指导,颈部活动不当亦可导致颈椎病的发生。

（二）内因

包括颈椎椎间盘退变和颈椎的先天畸形两个方面。

1. 颈椎椎间盘退变 是本病主要的内因。据研究发现人体在30岁前后椎间盘开始发生退变,其退变最开始从软骨板开始,因其骨化,通透性降低,造成髓核逐渐脱水、纤维化,使椎间盘厚度变小,脊柱失稳,为维持椎体的稳定性,代偿性地引起骨质增生,压迫神经、血管产生刺激性症状。

2. 颈椎的先天性畸形 在对正常人颈椎进行健康检查或作对比研究性摄片时,常发现颈椎段可有各种异常所见,其中骨骼明显畸形约占5%。

总之,颈椎及周围软组织的急慢性损伤,颈椎间盘的退变,导致关节囊、韧带松弛,项韧带肥厚、钙化,小关节增生,使颈椎内外力学平衡失调。而颈椎增生、软组织痉挛、劳损、炎症乃至变性、粘连等,刺激或压迫椎动脉、神经根、脊髓等,从而产生一系列症状群。

四、分型及临床表现

1. 颈型颈椎病 又称软组织型颈椎病,是颈椎病的早期表现,主要为颈、肩背酸胀、疼痛,颈项部疲劳感,反复"落枕"等。

2. 神经根型颈椎病 是颈椎病中最常见的类型,约占60%,以颈僵不适,活动受限,颈枕部或颈、肩臂疼痛、酸胀,阵发性加重为主要症状,患侧上肢可出现明显的根性症状,如手指麻木、疼痛,无力感,持物易坠,咳嗽或颈部体位变动可诱发加重症状。

3. 椎动脉型颈椎病 占10%~15%,颈枕或颈肩痛,颈部活动不利,阵发性眩晕、恶心、呕吐,耳鸣等,严重者可出现失眠、共济失调、猝倒等症状,上述症状可因颈部转动或侧屈至某一角度而诱发加重。

4. 交感神经型颈椎病 约占10%,表现为颈枕痛或偏头痛,心慌胸闷,肢体发凉,头昏目眩,视物模糊,一般无上肢放射痛或麻木感,个别患者可出现听觉、视觉异常。

5. 脊髓型颈椎病 是颈椎病中最严重的类型,占 10%~12%,根据脊髓受压的部位和程度不同而症状不同,早期常表现为下肢发紧、无力、抬腿困难、踩棉花感。渐而出现跛行,上下肢麻,束胸感,束腰感,大小便不畅,后期可出现瘫痪、大小便失禁等症状。

6. 混合型颈椎病 临床上常见上述两种或两种以上类型同时存在的颈椎病,多见神经根型和交感型或椎动脉型同时存在的颈椎病。

食管压迫型颈椎病

食管压迫型颈椎病又称吞咽困难型颈椎病,主要由于椎间盘退变继发前纵韧带及骨膜下撕裂、出血、肌化、钙化及骨刺形成所致,临床相对少见,因而易被误诊或漏诊。本病的典型表现为吞咽障碍,单纯的食管压迫型颈椎病患者少见,大多数患者常伴有脊髓、脊神经根或椎动脉受压症状,因此,应对其全面检查以明确诊断,以便进一步治疗。

五、诊断要点

1. 颈型颈椎病 临床表现包括颈肩部可有压痛点,颈部活动受限;神经系统检查没有明确体征;X 线片可见生理弧度改变或轻度骨质增生。本病需与落枕、颈部软组织损伤相鉴别。

2. 神经根型颈椎病 临床表现包括受压神经根支配区的皮肤痛觉减退或过敏,患肢肌肉萎缩,肌力减弱;颈椎旋转和侧屈活动受限,特别是患侧,并可导致放射性疼痛加重;叩顶试验、臂丛神经牵拉试验和椎间孔挤压试验呈阳性反应;X 线片可见椎间隙变窄,椎间孔狭小,颈椎弧度反弓状,椎体侧后方、后关节前缘或钩椎关节后方增生等退行性变征象。颈部 CT 或 MRI 可见椎间盘变性,膨出或突出。本病应注意与肩周炎、颈部肿瘤、外周神经损伤、胸廓出口综合征等疾病相鉴别。

3. 椎动脉型颈椎病 临床表现包括体位改变可加重症状;椎动脉造影对诊断有重要意义;经颅彩色多普勒(TCD)提示椎基动脉血管狭窄或供血不足;X 线片提示钩椎关节侧方增生或其他退变征象。本病需与高血压、梅尼埃病、耳源性眩晕等疾患相鉴别。

4. 交感神经型颈椎病 临床表现包括神经系统检查没有明确体征;如患者出现心慌、心悸等症状时心电图可有异常;X 线片可见椎体骨质增生或骨赘形成等颈椎退变征象。本病需与冠心病、自主神经功能紊乱等病相鉴别。

5. 脊髓型颈椎病 临床表现包括感觉障碍,痛、温觉障碍较重而触觉较轻,同时还表现为下肢重而上肢轻的不平衡现象;体检可见四肢肌力减退,肌张力增高,腱反射亢进,浅反射减弱或消失,病理征阳性;X 线片可见椎间隙狭窄,椎管狭窄,CT 或 MRI 提示椎体后缘严重增生,椎间盘严重突出,硬膜囊或脊髓受压变形。本病需与脊髓病变相鉴别。

6. 混合型颈椎病 有上述两种及两种以上颈椎病相应的临床表现、体征和影像学表现。

六、临床处理

颈椎病是中老年骨科常见病、多发病,大多数患者经保守治疗可以痊愈,少数患者需手术治疗。临床实行三早原则,即早诊断、早治疗、早干预,防止发生不全性瘫痪、脑梗死等严重情况。病情较轻患者可门诊康复治疗,严重者需住院康复治疗。

第二节 康复评定

一、一般检查

1. 一般检查 主要观察生命体征、心肺功能等方面。

2. 专科检查 主要观察颈椎脊柱生理曲线是否改变,脊柱有无畸形;软组织是否肿胀,颈神经支配区域肌肉有无萎缩等;棘突、棘间、棘旁是否有压痛;腱反射是否正常,有无病理反射。

二、特征性检查

1. 压顶试验(椎间孔挤压试验)　患者取坐位,头偏斜患侧。检查者双手叠放在患者头顶,向下加压,出现颈肩臂放射性疼痛或麻木为阳性。

2. 臂丛牵拉试验　患者取坐位,检查者一手将患者头推向健侧,另一手握住患者手腕向相反方向牵拉,出现放射性疼痛或麻木者为阳性。

3. 椎间孔分离试验　患者端坐,检查者站立于患者身后或身侧,双手分别托住患者枕颌,向上牵拉颈椎,出现麻痛减轻者为阳性。

4. 前屈旋颈试验　令患者头部前屈,同时左右旋颈,如颈椎处出现疼痛为阳性。提示颈椎小关节可能有退行性改变。

5. 低头试验　患者直立双手自然下垂,双足并拢,低头看自己脚尖 1min。如出现头痛、手麻、头晕、耳鸣、下肢无力、手出汗等症状为阳性。

6. 仰头试验　姿势与低头试验相同,改低头为仰头看屋顶 1min。出现低头试验的各种症状者为阳性。

7. 椎动脉扭曲试验　患者坐位,检查者站在患者身后,双手抱住患者头枕两侧,将患者头向后仰,同时转向一侧,出现眩晕者为阳性。

8. 屈颈试验　患者仰卧,上肢放于躯干两侧,下肢伸直,让患者抬头屈颈,若患者上下肢出现放射性麻木者为阳性。

三、影像学检查

1. X 线检查　可发现颈椎生理曲线变直、反张、发育畸形等改变,前纵韧带、后纵韧带钙化,椎体前后缘增生,椎间隙狭窄,椎体移位,钩椎关节增生,椎管狭窄,椎间孔变小,小关节骨质增生等。

2. CT 检查　可见椎间盘突出,后纵韧带钙化,椎管狭窄,神经根管狭窄,横突孔变小等。对后纵韧带骨化症的诊断有重要意义。

3. MRI 检查　了解椎间盘突出类型(膨出、突出、脱出)、硬膜囊和脊髓受压情况,髓内有无缺血和水肿的病灶,脑脊液是否中断,有无神经根受压、黄韧带肥厚、椎管狭窄等。对脊髓型颈椎病的诊断有重要价值。

4. 经颅彩色多普勒(TCD)　可探查基底动脉血流、椎动脉颅内血流,推测椎动脉缺血情况,是检查椎动脉供血不足的有效手段,也是临床诊断颈椎病,尤其是椎动脉型颈椎病的常用检查手段。椎动脉造影和椎动脉 B 超对诊断有一定帮助。

四、关节活动度评定

颈椎的屈曲与伸展的活动度,枕寰关节占 50%,旋转度寰枢关节占 50%。

1. 前屈　以肩峰为轴心,额面中心线为固定臂,头顶与耳的连线为移动臂。正常值为 0°~45°。

2. 后伸　以肩峰为轴心,额面中心线为固定臂,头顶与耳的连线为移动臂。正常值为 0°~45°。

3. 旋转　以枕部中央为轴心,矢状面中心为固定臂,鼻梁与枕骨结节的连线为移动臂。正常值为 0°~60°。

4. 侧屈　以 C_1 棘突为轴心,C_7 与 L_5 棘突的连线为固定臂,头顶正中与 C_1 棘突的连线为移动臂。正常值为 0°~45°。

五、肌力评定

1. 徒手肌力评定法　对易受累的肌肉进行肌力评定,常评定的肌肉有:

(1) 冈上肌(肩胛上神经 $C_{5,6}$):作用为外展肩关节。

(2) 三角肌(腋神经 $C_{5,6}$):作用为屈曲、外展、后伸、外旋、内旋肩关节。

(3) 胸大肌(胸内、外神经 C_5~T_1):作用为肩关节屈曲、内收、内旋。

（4）肱二头肌（肌皮神经损伤 $C_{5、6}$）：作用为肘关节屈曲、前臂旋后。

（5）肱三头肌（桡神经 $C_{5、6}$）：作用为肘关节伸展。

（6）伸腕肌（桡神经 $C_{6、7}$）：作用为腕关节伸展。

（7）骨间肌（尺神经 $C_8～T_1$）：作用为手指内收、外展。

2. 握力测定　反映屈指肌肌力。使用握力计进行测定，姿势为上肢在体侧下垂，用力握 2~3 次，取最大值。40 岁左右男性握力 43~50kg，女性 27~31kg 为合格。

六、JOA 颈椎病判定标准

JOA 颈椎病判定标准从运动功能、感觉功能、膀胱功能三个层面进行评定，实行 100 分法，分值越低，功能越差（表 12-1）。

表 12-1　JOA 颈椎病判定标准（100 分法）

指标			评分
运动功能（左右独立评价）			
肩、肘功能（三角肌、肱二头肌测定）：			
MMT≤2（排除肘部疾病所致）			0
MMT=3			2
MMT=4			3
MMT=5（耐久力不足，有脱力感）			4
MMT=5			5
手指功能			
吃饭时不能用匙、叉，不能系纽扣			0
吃饭时能用匙、叉，能系大扣子			2
吃饭时能用匙、叉，不能用力，勉强可用筷子，能系扣子，但不能解			4
吃饭时可勉强用力，能用筷子，能系大扣子，但系 T 恤衫的扣子困难			6
吃饭时能自由用刀叉，能用筷子，但不灵活，能解或系大扣子，能解或系 T 恤衫的扣子，但稍有不灵活			8
下肢功能：（下肢功能没有明显的左右差别，左右同分）			
能站立，不能行走			0
能扶着东西站立，能用步行器行走			2
可用拐杖（单拐）行走，可上楼梯，不能单腿跳			4
平地可不用拐杖行走，可上、下楼梯（下楼时需有扶手），单腿可站立			6
平地可快速行走，对跑步没有信心，下楼梯不灵活，可单腿跳			8
正常，可单腿跳，步行、上下楼梯很自由			10
感觉功能（左右独立评价）			
	左	右	
上肢、躯干、下肢			0~10%
感觉消失	0	0	20%~40%
难以忍受的麻木，知道自己接触了东西，但不能识别其形状、质地，麻木得难以入睡	3	3	50%~70%
能识别所接触的物品的形状、质地，但只能感觉出一半，有时需要用药物才能止住疼痛，有时麻木感	5	5	80%~90%
触觉基本正常，有轻微的痛觉钝性麻木	8	8	
正常，无麻木、疼痛	10	10	
（% 为依据患者自己的评价与正常对比所残存感觉的程度）			（100%）

续表

指标	评分
膀胱功能	
不能自行排尿或尿失禁	0
可勉强自行排尿,有时有尿不尽感,或需要用尿布	3
尿频,排尿时无尿线,有时有尿失禁,弄脏下装	5
膨胀感正常,但排尿需等一段时间,尿频	8
膨胀感,排尿均正常	10

注:改善率 $= \dfrac{\text{术后分数} - \text{术前分数}}{100 - \text{术前分数}} \times 100\%$

七、Nurick 颈椎病评分

Nurick 颈椎病评分是最古老的评分之一,被很多文献使用,关注步态较多,采用 5 分制法,缺点是很难反映出对上肢功能变化的评估(表 12-2)。

表 12-2 Nurick 颈椎病评分

临床表现	分数
有神经根症状和体征,但没有脊髓功能障碍	0
有脊髓功能障碍,但是步态正常	1
轻微步态异常,但是患者能工作	2
不用辅助器具患者能行走,但是步态异常影响就业	3
离开辅助器具不能行走	4
只能依赖轮椅或卧床不起	5

第三节 康 复 治 疗

颈椎病具有自限性倾向,一般预后尚可。但脊髓型颈椎病,治疗不当时,易遗留不同程度的残疾。

一、康复治疗的适应证和禁忌证

(一)适应证

颈型、神经根型、交感型和椎动脉型颈椎病;早期脊髓型颈椎病;年迈体弱或心脏器功能不全,不能耐受手术者;不能确诊,需要在治疗中观察者;颈椎手术后恢复期的患者。

(二)禁忌证

脊髓型颈椎病脊髓受压明显者,椎动脉型、神经根型颈椎病症状严重且反复发作保守治疗无效者。

二、康复治疗原则

去除对神经、血管压迫因素,减轻压迫症状;改变颈椎力学结构,恢复颈椎稳定性;加强颈肌功能训练,恢复颈椎活动功能;合理用枕,避免诱发因素,预防复发。

三、康复治疗方法

(一)颈椎牵引

颈椎牵引是目前治疗颈椎病疗效确切且应用广泛的治疗方法之一。

1. 颈椎牵引的作用 解除颈部肌肉痉挛,缓解疼痛症状;增大椎间隙和椎间孔,缓解和解除神经根受压与刺激;解除对椎动脉的压迫,促进血液循环;调整小关节错位和椎体滑脱,恢复颈椎的正常功能。

2. 牵引方法 颈椎牵引可采用卧位或坐位,但通常取坐位的枕颌布带牵引法,既简便易操作,又易和其他疗法配合。

3. 牵引角度 原则上根据颈椎病的类型和受压部位进行操作,一般有前屈位、中立位、后伸位三种。①前屈位:颈椎前屈 10°~30°,临床运用最广泛,神经根型颈椎病效果最好。②中立位(垂直位):颈椎前屈 0°~5°,常用于椎动脉型颈椎病和脊髓型颈椎病。③后伸位:颈椎后伸 5°~10°,牵引可以防止寰椎向前滑动,加强寰枢关节的稳定性。常用于寰枢关节半脱位和颈椎生理曲度变直或反弓状态的颈椎病。另外在牵引过程中还应根据患者的个体差异作适当调整,年老体弱、眩晕或病情较重者也可采用仰卧位。

4. 牵引重量及牵引时间

(1) 牵引重量:一般应根据患者体质、颈部肌肉发达情况和病情等而灵活掌握。通常从小剂量开始逐渐增加,以患者耐受为度,最大不超过患者体重的 10%。

(2) 牵引时间:一般每次 15~30min 为宜,每日 1 次,10 次为 1 个疗程,可根据需要牵引 1~2 个疗程。

注意在牵引过程中要密切观察患者的反应,防止意外情况的发生。若牵引后疼痛明显增加或头晕,应及时停止或调整牵引的重量、角度及时间。另外脊髓型颈椎病要慎用颈椎牵引,以免加重脊髓的损伤。

视频:颈椎牵引

(二) 药物治疗

可选择性应用非甾体抗炎药、肌松剂、镇静剂、维生素(如维生素 B_1、维生素 B_{12}),对症状的缓解有一定的效果。可尝试使用硫酸氨基葡萄糖和硫酸软骨素进行支持治疗。硫酸氨基葡萄糖与硫酸软骨素在临床上用于治疗全身各部位的骨关节炎,这些软骨保护剂具有一定程度的抗炎抗软骨分解作用。基础研究显示氨基葡萄糖能抑制脊柱髓核细胞产生炎性因子,并促进椎间盘软骨基质成分糖胺聚糖的合成。临床研究发现,向椎间盘内注射氨基葡萄糖可以显著减轻椎间盘退行性疾病导致的下腰痛,同时改善脊柱功能。有病例报道提示口服硫酸氨基葡萄糖和硫酸软骨素能在一定程度上逆转椎间盘退行性改变。

(三) 推拿及手法治疗

包括推拿按摩、常规关节松动术、Maitland 手法。

1. 推拿按摩 治疗前应对患者的病情进行全面详细地了解,严格掌握适应证、禁忌证,治疗手法得当,切忌粗暴。在头、颈、肩、背部、上肢等部位使用推、拿、按、摩、擦、揉、捏、弹拨、摇等手法。每天 1 次,每次 20~30min,10 次 1 疗程。

2. 常规关节松动术 关节松动术治疗颈椎病的手法主要有拔伸牵引、旋转、松动棘突及横突等。

但应注意,手法要轻柔,切忌粗暴。否则可造成颈椎骨折、脱位,损伤脊髓引起截瘫甚至猝死等严重后果。

3. Maitland 手法 其主要操作手法有:自后向前推压椎体一侧,使椎体自后向前滑动;自前向后推压椎体一侧,使椎体该侧自前向后旋转;推压椎体一侧的后关节突,使椎体自左向右旋转;推压椎体棘突侧面,使椎体自推压侧向对侧移动;用双手牵拉患者头部,使椎体向纵轴活动。

操作时可采用几种手法,并根据患者病情掌握好力度,一般疼痛剧烈、应激性高用轻手法,慢性或关节活动功能障碍用重手法。5~10 次为 1 个疗程,间歇 7~10d 进行下一疗程。

(四) 物理因子治疗

物理因子治疗在颈椎病的治疗中,也是较为有效且常用的方法之一。其主要作用有:消肿止痛;改善循环;促进血管神经功能修复;松解粘连、软化瘢痕等。常用的物理疗法主要是电疗、光疗、超声治疗、磁疗等。

(五) 注射疗法

主要有局部痛点封闭、星状神经节阻滞、穴位注射疗法,对消除疼痛、改善临床症状有一定疗效。

1. 局部痛点封闭 常用药有醋酸泼尼松龙、醋酸可的松、利多卡因等,在患处找出压痛敏感点,行痛点注射,每隔 5~7d 治疗 1 次,3~5 次为一个疗程。

2. 星状神经节阻滞 患者仰卧位,头偏向对侧后仰,于胸锁关节上二横指可扪及第 7 颈椎横突,以示指深压把颈总动脉与气管分开,用七号针垂直刺入直达横突。回吸无血、无气后注射药物(1% 利多卡因 2ml）。每隔 3~5d 治疗 1 次,3~5 次为 1 疗程。

3. 穴位注射疗法　常用的药物:中药制剂如复方当归注射液、复方丹参注射液等;B 族维生素,可根据具体症状选用不同药物。以局部取穴和对症取穴为主,每次选用 3~5 个穴位,选肩中俞、肩外俞、天宗等腧穴,常规消毒,垂直刺入,出现酸、麻、胀、痛得气感注入药液即可。隔日 1 次,5 次为 1 个疗程。注意药物的适应证、禁忌证及用药量,防止意外情况的发生。

(六) 针灸治疗

针灸能起到疏通经络、祛风散寒、调理气血等功效,从而调整人体经络脏腑功能,扶正祛邪,最终达到防治疾病的目的。常用穴位以颈部局部取穴为主,一般每日 1 次,每次留针 20~30min,10 次为 1 个疗程。

(七) 运动疗法

运动疗法可以改善循环,增强颈部肌力和耐力,防止关节粘连僵硬,促进颈部功能的改善和恢复。急性期等长运动为主、相邻关节被动运动为辅;恢复期用主动运动、抗阻力运动,重视颈伸肌的等长训练。自我锻炼的方法可做颈椎操。①与颈争力:站立,抬头望天,低头看地,自然呼吸。②前伸探海:头颈前伸并转向右下方,然后还原向左。③回头望月:头颈向右、(左)后上方尽力转。④往后观瞧:头颈向右(左)后转,目视右方。⑤金狮摇头:头颈向左、右各环绕数周。

(八) 手术治疗

关于颈椎病的治疗应强调以非手术治疗为主,需手术治疗的情况有:

1. 非手术治疗 3 个月无效。

2. 病情进展很快,非手术治疗不能阻止其发展。

3. 颈椎 MRI 显示颈椎间盘多节段突出,硬膜囊呈波浪状压迫及硬膜囊信号有改变。

4. 脊髓型颈椎病出现肢体完全性疼痛。

四、颈椎病的预后

颈椎病患者其病情一般有从急性发作到缓解、再发作、再缓解的规律,多数患者预后良好。神经根型颈椎病预后不一,其中麻木型预后良好,萎缩型较差,根痛型介于两者之间;椎动脉型颈椎病多发于中年以后,对记忆力、理解力的影响较严重,对体力无明显影响,个别椎动脉型患者终因椎 - 基底动脉系统供血不足形成偏瘫、交叉瘫,甚至四肢瘫;脊髓型颈椎病对患者的体力损害较为严重,如不积极治疗,多致终生残疾。

本章小结

颈椎病是一种中老年常见病和多发病,近年来有年轻化的趋势。本病有一定的自限性,分为七大类型。临床治疗手段很多,康复治疗以整体康复为主,包括患者的功能恢复、心理康复、职业康复等方面。目前康复治疗方法是治疗颈椎病的有效手段。

(蒋宗伦)

思考题

1. 颈椎病病可分哪些类型,具体临床表现是什么?

2. JOA 颈椎病评定方法具体怎么操作?

3. 在临床实际工作中,如何选择康复手段进行颈椎病的康复?

扫一扫,测一测

思路解析

第十三章　腰椎间盘突出症康复

学习目标

1. 掌握　基本概念、分型、临床表现、临床处理、康复治疗方案及实施。
2. 熟悉　腰椎间盘突出症的病因、康复评定方法。
3. 了解　腰椎间盘突出症鉴别诊断、注射疗法、手法。
4. 能准确评定腰椎间盘突出症的功能受限范围,针对不同类型正确进行临床处置,判定腰椎间盘突出症患者的恢复情况,合理进行康复训练和健康宣教。
5. 能与患者及家属进行良好沟通,开展健康教育;培养团队协作、共事能力。

病例导学

患者,男性,36 岁,腰部疼痛伴右下肢麻木 2 个月,加重 3d。患者于 2 个月前因负重物后出现腰部疼痛,并伴右下肢麻木,在当地诊所治疗后好转(具体治疗不详)。3d 前上述症状加重,于今日由家属扶入我院治疗。查体:腰部前屈位,脊柱侧凸向左侧,腰部前屈、后伸、旋转均受限,前屈时疼痛特别明显。腰部肌肉紧张,第 4、5 腰椎棘突右侧压痛明显,按压时向右下肢放射至足背疼痛。右下肢膝部及小腿触觉减退,皮温降低。右下肢直腿抬高及加强试验(+),左下肢(−)。腰椎 MRI 提示:L_{4-5} 椎间盘向右后突出,腰椎生理曲度变直。

问题与思考:

1. 该患者属于哪方面的疾病?
2. 怎么设定康复治疗目标?
3. 如何制订康复治疗方案?

第一节　概　　述

一、基本概念

腰椎间盘突出症(lumbar disc herniation,LDH)又称腰椎间盘纤维环破裂症,是指腰椎间盘发生退行性变或外力作用引起纤维环破裂,导致椎间盘的髓核突出压迫神经根和 / 或马尾神经根,而引起相应的临床症状和体征。多见于青壮年,随着人们生活节奏的加快,腰椎间盘突出症的发病率正在逐年上升。其病程长、时轻时重、反复发作,严重影响了患者的正常工作及生活质量。

二、病因病理

腰椎间盘的退行性变是该病发生的根本因素,损伤、椎间盘自身解剖因素的弱点、遗传因素、腰骶先天异常等均可导致本病的发生。

1. 腰椎间盘退行性改变 是腰椎间盘突出的基本因素,髓核的退变主要表现为含水量的降低,并可因失水引起椎体失稳、松动等小范围的病理改变;纤维环的退变主要表现为坚韧程度的降低。

2. 损伤 损伤是腰椎间盘突出的重要因素,约 1/3 的患者有不同程度的外伤史,特别是儿童与青少年的发病与之密切相关。外伤使椎间盘在瞬间髓核受压张力超过了纤维环的应力,造成纤维破裂,髓核从破裂部突出。

3. 椎间盘自身解剖因素的弱点 椎间盘在成年之后逐渐缺乏血液循环,修复能力差。在上述因素作用的基础上,某种可导致椎间盘所承受压力突然升高的诱发因素,即可能使弹性较差的髓核穿过已变得不太坚韧的纤维环,造成髓核突出。

4. 遗传因素 腰椎间盘突出症有家族性发病的报道。

5. 腰骶先天异常 包括腰椎骶化、骶椎腰化、半椎体畸形、小关节畸形和关节突不对称等。上述因素可使下腰椎承受的应力发生改变,从而构成椎间盘内压升高和易发生退变和损伤。

6. 诱发因素 在椎间盘退行性变的基础上,某种可诱发椎间隙压力突然升高的因素可致髓核突出。常见的诱发因素有增加腹压、腰姿不正、突然负重、妊娠、受寒和受潮等。

三、临床分型

根据腰椎间盘突出症髓核突出的位置、程度、方向、退变程度与神经根的关系及不同的影像学检查,有多种分型方法。

(一) 根据突出物的位置分

可分为单侧型、双侧型和中央型。

(二) 根据突出的方向分

可分为后中央突出、后外侧突出及侧方突出。

(三) 病理分型

1. 退变型 纤维环轻度向四周扩大,椎间盘后部的凹陷消失。

2. 膨出型 髓核内压增高,内层纤维环破裂,中层和外层纤维环膨隆,在 CT 图像上出现典型的"满月形"。

3. 突出型 纤维环的内侧和中层破裂,外层也有部分破裂,髓核从破裂口突出,顶起外层纤维环和后纵韧带,形成凸起形结节。

4. 脱出后纵韧带下型 全层纤维环破裂,髓核从破裂口脱出,顶起后纵韧带,形成凸起形结节,CT 图像上的块影比突出型要大。

5. 脱出后纵韧带后型 纤维环全层破裂,髓核从纤维环破裂口脱出,穿破后纵韧带至硬膜外腔。

6. 游离型 大块髓核或软骨终板脱出,穿破后纵韧带,在硬膜外腔患椎间隙以下游离和脱垂。前三型为未破裂型,占 73%,后三型为破裂型,约占 27%。

根据以上分型法,前四型非手术治疗可取得满意疗效,后二型应以手术治疗为主。掌握腰椎间盘突出症的分型,对于选择治疗方法至关重要,特别是在非手术治疗中,正确应用分型,能提高治疗效果,防止发生意外损伤。

四、临床表现

(一) 症状

1. 腰痛 是大多数患者最先出现的症状,发生率约 91%。由于纤维环外层及后纵韧带受到髓核刺激,经窦椎神经而产生下腰部感应痛,有时可伴有臀部疼痛。

2. 下肢放射痛 虽然高位腰椎间盘突出可以引起股神经痛,但临床少见,不足 5%。绝大多数患者表现为坐骨神经痛。典型坐骨神经痛是从下腰部向臀部、大腿后方、小腿外侧直到足部的放射痛,在喷嚏和咳嗽等腹压增高的情况下疼痛会加剧。放射痛的肢体多为一侧,仅极少数中央型或中央旁型髓核突出者表现为双下肢症状。

3. 马尾神经症状　向正后方突出的髓核或脱垂、游离椎间盘组织压迫马尾神经。其主要表现为大、小便障碍,会阴和肛周感觉异常,少数患者伴有性功能障碍。严重者可出现大小便失控及双下肢不完全性瘫痪等症状,临床上少见。

(二) 体征

1. 一般体征

(1) 腰椎侧凸:是一种为减轻疼痛的姿势性代偿畸形。视髓核突出的部位与神经根之间的关系不同而表现为脊柱弯向健侧或弯向患侧。如髓核突出的部位位于脊神经根内侧,因脊柱向患侧弯曲可使脊神经根的张力减低,所以腰椎弯向患侧;反之,如突出物位于脊神经根外侧,则腰椎多向健侧弯曲。

(2) 腰部活动受限:大部分患者都有不同程度的腰部活动受限,急性期尤为明显,其中以前屈受限最明显,因为前屈位时可进一步促使髓核向后移位,并增加对受压神经根的牵拉。

(3) 压痛、叩痛及骶棘肌痉挛:压痛及叩痛的部位基本上与病变的椎间隙相一致,80%~90% 的病例呈阳性。叩痛以棘突处为明显,系叩击振动病变部所致。压痛点主要位于椎旁 1cm 处,可出现沿坐骨神经放射痛。约 1/3 患者有腰部骶棘肌痉挛。

2. 神经系统表现

(1) 感觉障碍:视受累脊神经根的部位不同而出现该神经支配区感觉异常。阳性率达 80% 以上。早期多表现为皮肤感觉过敏,渐而出现麻木、刺痛及感觉减退。因受累神经根以单节单侧为多,故感觉障碍范围较小;但如果马尾神经受累(中央型及中央旁型者),则感觉障碍范围较广泛。

(2) 肌力下降:70%~75% 患者出现肌力下降,腰 5 神经根受累时,踝及趾背伸力下降,骶 1 神经根受累时,趾及足跖屈力下降。

(3) 反射改变:亦为本病易发生的典型体征之一。腰 4 神经根受累时,可出现膝跳反射障碍,早期表现为活跃,之后迅速变为反射减退,腰 5 神经根受损时对反射多无影响。骶 1 神经根受累时则跟腱反射减弱或消失。反射改变对受累神经的定位意义较大。

五、临床处理

腰椎间盘突出症是青、中年骨科常见病、多发病。腰椎间盘突出症大多数患者可以经非手术治疗缓解或治愈。其治疗原理并非将退变突出的椎间盘组织恢复原位,而是改变椎间盘组织与受压神经根的相对位置或部分回纳,减轻对神经根的压迫,松解神经根的粘连,消除神经根的炎症,从而缓解症状。非手术治疗主要适用于:年轻、初次发作或病程较短者;症状较轻,休息后症状可自行缓解者;影像学检查无明显椎管狭窄。

少数患者需手术治疗,占 10%~20%。手术适应证:病史超过 3 个月,严格保守治疗无效或保守治疗有效,但经常复发且疼痛较重者;首次发作,但疼痛剧烈,尤以下肢症状明显,患者难以行动和入眠,处于强迫体位者;合并马尾神经受压表现;出现单神经根麻痹,伴有肌肉萎缩、肌力下降;合并椎管狭窄者。

第二节　康　复　评　定

一、一般检查

1. 一般检查　主要观察生命体征、心肺功能等方面的情况。

2. 专科检查　主要观察腰部活动受限范围,腰椎脊柱生理曲线是否改变,脊柱有无畸形;软组织是否肿胀,腰骶神经支配区域肌肉有无萎缩等;棘突、棘间、棘旁是否有压痛;腱反射是否正常,有无病理反射。

二、特殊检查

1. **直腿抬高试验及加强试验** 检查时患者双下肢伸直仰卧,检查者一手扶住患者膝部使其膝关节伸直,另一手握住踝部并徐徐将之抬高,直至患者产生下肢放射痛为止,记录此时下肢与床面的角度,即为直腿抬高角度。正常人一般可达80°左右,且无放射痛。在此基础上可以进行直腿抬高加强试验,即检查者将患者下肢抬高到引起放射痛的高度后,慢慢放下腿至患者主诉症状消失,然后让患者尽量屈曲颈部或将足背屈,或二者同时进行,如能引起下肢放射痛即为直腿抬高加强试验阳性。在较为严重的患者中,不仅患侧的直腿抬高试验呈阳性,连健侧的直腿抬高试验也可以为阳性,称为间接直腿抬高试验阳性。这是由于健侧下肢抬高时可使神经根牵动硬膜囊,从而相应改变了对侧神经根与突出物的相对位置,而诱发了疼痛。

2. **股神经牵拉试验** 是腰腿痛检查中常用的方法之一。可在俯位、仰卧位或侧卧位进行。在保持髋关节适度的过伸时,将患侧膝关节最大限度屈曲,腹股沟或大腿前侧疼痛视为阳性,交叉股神经牵拉试验则为健侧屈膝时患侧出现症状。股神经牵拉试验有两种做法:一是患者俯卧位,患侧膝关节伸直,检查者将患侧的小腿上提,使髋关节处于过伸位,出现大腿前方痛者为阳性;二是患者俯卧位,两下肢伸直,检查者站于患者侧旁,以手握住患者检查侧踝部,屈曲膝关节,使足跟尽量贴近臀部,出现被检测大腿前方牵拉,大腿前方或后方放射痛,或骨盆抬离床面为阳性。此试验原理是牵拉了腰大肌及股四头肌中的股神经而使上位腰神经根紧张,产生疼痛。

3. **屈颈试验** 患者仰卧位,四肢平放,检查者一手按其胸前,一手置其枕后,缓慢屈其颈部,若出现腰部及患肢后侧放射性疼痛则为阳性,提示坐骨神经受压。

4. **仰卧挺腹试验** 可让患者处于仰卧位,两手置于体侧,以枕部及两足跟为着力点,将腹部向上抬起,如可感到腰痛及患侧下肢放射痛,即为阳性。如不能引出疼痛,可在保持上述体位的同时,深吸气并保持30s,至面色潮红,患肢放射痛即为阳性;或在挺腹时用力咳嗽,出现患肢放射疼痛者也为阳性。此试验原理是通过增加腹内压力而增加椎管内压力,以刺激有病变的神经根,引发腰痛及患侧下肢疼痛。

5. **腰部过伸试验** 患者俯卧位,双下肢伸直。检查者一手将患者双下肢向后上方抬高,离开床面,另一手用力向下按压患者腰部,出现疼痛者为阳性。多见于腰椎峡部裂。

6. **拾物试验** 将一物品放在地上,令患者拾起。脊椎正常者可两膝伸直,腰部自然弯曲,俯身将物品拾起;如患者先以一手扶膝、蹲下、腰部挺直地用手接近物品,屈膝屈髋而不弯腰地将物拾起,此即为拾物试验阳性,表示患者脊柱有功能障碍,多见于脊椎病变如脊椎结核、强直性脊柱炎、腰椎间盘突出、腰肌外伤及炎症等。

7. **背伸试验** 患者站立位,嘱患者腰部尽量背伸,如有后背疼痛为阳性。表明患者腰肌、关节突关节或棘上、棘间韧带等有病变,或有腰椎管狭窄症。

三、影像学检查

1. **腰椎X线平片** 单纯X线平片不能直接反映是否存在椎间盘突出,但X线片上有时可见椎间隙变窄、椎体边缘增生等退行性改变,是一种间接的提示,部分患者可以有脊柱偏斜、脊柱侧凸。此外,X线平片可以发现有无结核、肿瘤等骨病,有重要的鉴别诊断意义。

2. **CT检查** 可较清楚地显示椎间盘突出的部位、大小、形态和神经根、硬脊膜囊受压移位的情况,同时可显示椎板及黄韧带肥厚、小关节增生肥大、椎管及侧隐窝狭窄等情况,对本病有较大的诊断价值,目前已普遍采用。

3. **磁共振(MR)检查** MR无放射性损害,对腰椎间盘突出症的诊断具有重要意义。MRI可以全面地观察腰椎间盘是否病变,并通过不同层面的矢状面影像及所累及椎间盘的横切位影像,清晰地显示椎间盘突出的形态及其与硬膜囊、神经根等周围组织的关系,另外可鉴别是否存在椎管内其他占位性病变。但对于突出的椎间盘是否钙化的显示不如CT检查。

4. **其他** 电生理检查(肌电图、神经传导速度与诱发电位)可协助确定神经损害的范围及程度,观察治疗效果。实验室检查主要用于排除一些疾病,起到鉴别诊断作用。

四、腰椎活动度评定

腰椎的运动范围较大,运动形式多样,表现为屈曲、伸展、侧弯、旋转等多方向的运动形式。L_4~L_5和L_5~S_1节段是腰椎动度最大的节段。评定主动运动时,患者取站立位,观察患者腰椎各向动度是否受限,并观察主动活动是否自如,是否伴有疼痛、痉挛或僵硬。若患者主动运动不受限,可在主动运动达最大动度时施加外力。如患者做某个动作时出现了症状,应该让患者在该诱发症状的体位停留10~20s,观察症状是否加重。

1. 前屈 腰椎最大屈曲活动度为40°~60°。腰椎的前屈与人们俗称的弯腰动作有一定的区别。一般认为,弯腰的活动范围较大,但是弯腰并非为单独的腰椎前屈活动,而是腰椎和髋关节共同运动的结果。

2. 后伸 腰椎后伸的最大活动度为20°~35°。当完成这个动作的时候患者应该用双手支撑腰部以稳定腰背部。

3. 侧屈 腰椎侧屈的最大活动度为15°~20°。嘱患者以一侧手放于下肢的侧面尽力向下,测量双侧指尖距离地面的距离。脊柱侧屈常为伴随旋转的复合动作。

4. 旋转 腰椎旋转的最大活动度为20°。检查时患者取坐位以排除髋关节和骨盆运动的影响。如果站立位测量时需固定骨盆。

5. 复合动作检查 腰背部的损伤很少由单一的动作引起,因此检查时需要让患者进行复合动作,如前屈时侧屈、后伸时侧屈、前屈和旋转、后伸和旋转等。如小关节突综合征的患者,作后伸和旋转复合动作会引起症状的加重。

五、肌力和耐力评定

1. 躯干屈肌肌力评定 患者仰卧,屈髋屈膝位,双手抱头能坐起为5级肌力;双手平伸于体侧,能坐起为4级肌力;仅能抬起头和肩胛为3级肌力;仅能抬起头部为2级肌力;仅能扪及腹部肌肉收缩为1级肌力。

2. 躯干伸肌肌力评定 患者俯卧位,胸以上在床缘以外,固定下肢,能对抗较大的阻力抬起上身为5级肌力;对抗中等阻力抬起上身为4级肌力;仅能抬起上身不能对抗阻力为3级肌力;仅能抬起头为2级肌力;仅能扪及腰背部肌肉收缩为1级肌力。

3. 腹内和腹外斜肌肌力评定 用以测定一侧的腹内斜肌和对侧的腹外斜肌的共同肌力。患者仰卧位,嘱患者尽力抬起头和一侧的肩部,双手抱头能屈曲旋转腰椎为5级,双臂胸前交叉能屈曲旋转腰椎为4级,双臂前伸能旋转屈曲腰椎为3级,仅能抬起头部为2级,仅能扪及肌肉收缩为1级。

4. 躯干屈肌耐力评定 患者仰卧位,双下肢伸直,并拢抬高45°,测量能维持该体位的时间,正常值为60s。

5. 躯干伸肌耐力评定 患者俯卧位,双手抱头,脐以上在床缘以外,固定下肢,测量能保持躯干水平位的时间,正常值为60s。

六、疼痛评定

对于疼痛强度的评定临床上最为常用的是目测类比评分法(VAS)。具体操作分为以下四步。

第一步:在纸上或尺上画出10cm长的直线,按毫米画格,一端为无痛,另一端为极痛。画线方法可为横线,也可为竖线。

第二步:患者目测后根据自身情况用笔在直线上画出与其疼痛强度相符合的某点。

第三步:以0~100范围内的数字表示疼痛程度。

第四步:重复2次,取2次的平均值。

七、日常生活活动能力评定

腰椎间盘突出症影响日常生活能力的患者,应对其进行ADL能力评定,通常使用Barthel指数或FIM评估法。

八、Spengler 腰椎间盘突出症评价标准

Spengler 腰椎间盘突出症评价标准，见表 13-1。

表 13-1　腰椎间盘突出症评价标准（Spengler）

标准	评分	标准	评分
1. 神经症状（25 分）		3. 性格因素（MMPI※ 评分）（25 分）	
与突出节段相一致的肌肉无力		正常（包括抑郁）	25
伴有阳性 EMG 表现※	25	异常（冲动性的或精神分裂性的）	10
伴有阴性 EMG 表现	10	歇斯底里或癔症分级升高或两者均升高	
肌肉萎缩（>2cm）	10	（>1 个，<2 个标准差）	10
反射消失或两侧不对称※※		转换反应或歇斯底里（>2 个标准差）	2
患者 50 岁或 50 岁以下	20	4. 脊髓造影和计算机扫描表现（25 分）	
患者 50 岁以上	10	阳性，并且与临床症状有关	25
无临床症状，EMG※※※	15	神经根对称性不明确	10
2. 坐骨神经紧张症状（25 分）		阳性，但是与临床症状无关	0
对侧直腿抬高试验阳性#	20	正常	0
骨盆倾斜	15	总分	100
背部运动时，腰椎椎旁肌无节律性收缩	15		
同侧直腿抬高试验阳性##	5		

注：※EMG= 肌电图，MMPI= 明尼苏达多项性格调查表；※※ 如果 EMG 阳性加 5 分；※※※ 如果 EMG 阳性加 15 分；# 阳性表示，在无症状一侧做直腿抬高试验诱发无症状的臀、大腿、小腿的疼痛症状；##标准的直腿抬高试验

九、Tauffer 和 Coventry 腰椎间盘突出症疗效标准

Tauffer 和 Coventry 腰椎间盘突出症疗效标准见表 13-2。

表 13-2　腰椎间盘突出症疗效标准（Tauffer 和 Coventry）

结果	标准
良	背痛和下肢痛大部分（76%~100%）解除
	能从事惯常的工作
	身体活动不受限制或轻微受限
	不经常使用止痛药或不用止痛药
可	背痛和下肢痛部分（26%~75%）解除
	能从事惯常的工作但受限制，或能从事轻工作
	身体活动受限制
	经常使用止痛药
差	背痛和下肢痛减轻很少一部分或没有缓解（0~25%）或疼痛加重
	不能工作
	身体活动极度受限
	经常使用强止痛药或麻醉药

十、其他

腰椎间盘突出症患者根据情况，还可进行心理评定、感觉评定、步态评定等方面的评定。

第三节 康复治疗

一、康复治疗作用

绝大多数腰椎间盘突出症患者经过康复治疗可以收效。少数病例因反复发作频繁或症状较重且久治无效,应考虑手术治疗。康复治疗的作用有以下三个方面。

1. 消炎、镇痛 早期服用中医药物和注射疗法消炎止痛,也可通过物理治疗,改善损伤局部血液循环,促进炎症消散,松解粘连,减轻疼痛。

2. 促进突出物回纳 通过制动休息、牵引、推拿等治疗,可以促进突出物回纳,或者改善突出物与其周围组织的结构关系。同时,局部肌肉、韧带的运动训练也可以使得突出物回纳,并有防止病变继续发展的作用。

3. 兴奋神经肌肉 针灸、电疗等能刺激肌肉兴奋神经,使之调理修复,故对因神经根受压时间过长,引起下肢麻木、肌肉萎缩等症状的腰椎间盘突出症有着较好疗效。

二、康复治疗原则

1. 急性发作期 此期神经根水肿和无菌性炎症明显,应以卧床休息为主,卧床时间不应超过1周;活动时可借助腰围固定;理疗时禁用温热疗法;牵引距离不宜过大,时间不宜过长;手法治疗以肌松类手法为主;应避免腰背部的等张运动训练。

2. 恢复期 可用温热物理治疗,改善血液循环;手法治疗以松动手法为主,如推拿的旋扳手法;进行腰背肌和腹肌的肌力训练,改善腰椎稳定性;鼓励适度活动;避免可能加重症状的体位和姿势;减少腰背受力,改善工作环境,预防疾病复发。

三、康复治疗方法

根据不同时期,可选择卧床、腰椎牵引、物理因子治疗、手法治疗、运动疗法等治疗方法。少数患者需手术治疗。

1. 绝对卧床休息 初次发作时,应严格卧床休息,强调大、小便均不应下床或坐起,这样才能有比较好的效果。卧床休息3周后可以配戴腰围保护下起床活动,3个月内不做弯腰持物动作。此方法简单有效,但较难坚持。缓解后,应加强腰背肌锻炼,以减少复发率。

2. 腰椎牵引 腰椎牵引是治疗腰椎间盘突出症的有效方法,但必须严格掌握适应证、禁忌证。根据牵引力的大小和作用时间的长短,将牵引分为慢速牵引和快速牵引。

(1) 慢速牵引:即小重量持续牵引,是沿用很久的方法,疗效肯定,但必须严格掌握适应证、禁忌证。慢速牵引是持续性牵引,对缓解腰背部肌肉痉挛有明显效果;持续牵引时腰椎间隙增宽,可使突出物部分还纳,减轻对神经根的机械刺激,松解神经根粘连。慢速牵引包括很多方法,如自体牵引(重力牵引)、骨盆牵引、双下肢皮牵引等。这些牵引的共同特点是作用时间长,而施加的重量小,大多数患者在牵引时比较舒适,在牵引中还可根据患者的感觉对牵引重量进行增加或减小。牵引重量一般为体重的30%~60%,牵引时间急性期不超过10min;慢性期一般20~30min,1~2次/d,10~15d为一疗程。

图片:骨盆水平牵引

(2) 快速牵引:即三维、四维多功能牵引,由计算机控制,在治疗时可完成三个基本动作:水平牵引、腰椎屈曲或伸展、腰椎旋转。快速牵引重量大,为患者体重的1.5~2倍,作用时间短,0.5~2s,多在牵引的同时加中医的正骨手法。多方位快速牵引包括三个基本参数:牵引距离45~60mm,倾角10°~15°,左右旋转10°~18°。每次治疗重复牵引2~4次,多数一次治疗即可,若需第二次牵引,需间隔5~7d,两次治疗无效者,改用其他治疗。不良反应:牵引后6h至2d内有部分患者腰及患肢疼痛加重,还有的表现腹胀、腹痛,另有操作不当造成肋骨骨折、下肢不完全瘫痪、马尾损伤的报道。

图片:腰椎快速牵引

3. 物理因子治疗 物理因子治疗有镇痛、消炎、缓解肌紧张和松解粘连等作用,在腰椎间盘突出

笔记

症的非手术治疗中是不可缺少的治疗手段。临床应用证明,对减轻因神经根压迫而引起的疼痛,改善患部微循环,消除神经根水肿,减轻因神经刺激而引起的痉挛,促进腰部及患肢功能的恢复起着非常重要的作用。常用超短波、电脑中频、红外线、石蜡、温水浴等疗法。

4. 推拿及手法治疗 包括推拿疗法、Maitland 手法、Mckendzie 技术。

(1) 推拿疗法:推拿治疗能改善局部血液循环、疏通经络、活血止痛、理筋整复。常用的治疗手法有:拿法、㨰法、揉法、推法、按法、点法、摇法、扳法、击法、抖法和踩跷法,每次推拿 20~30min,每日或隔日进行 1 次,10 次为一个疗程。对适合推拿的患者,要根据其病情轻重、病变部位、病程、体质等选择适宜的手法,并确定其施用顺序、力量大小、动作缓急等。

(2) Maitland 手法:主要有脊突前后的按压、脊柱中央后前按压并右侧屈、横向推压棘突、腰椎旋转、纵向运动、腰椎屈曲、直腿抬高和腰椎牵引等。

(3) Mckenzie 技术:主要有以下几种基本方法。①俯卧。俯卧平躺,双臂放在身体两侧。双臂自然放松伸直,头转向一侧。做几次深呼吸,全身肌肉放松,保持这此姿势 2~3min。②俯卧伸展运动。此运动练习在俯卧练习的基础上进行。保持俯卧的姿势,将手肘放在垂直于肩膀的下方,使上半身支撑在前臂之上。首先深呼吸几次,然后尽量完全放松下背部的肌肉,保持这此姿势 2~3min。若在练习中感觉到突发的疼痛加剧,即增大双臂手肘之间的距离,降低上半身的倾斜角度到可以忍受程度。③卧室伸展运动。在本运动练习前,先做一次俯卧和俯卧伸展运动练习。继续保持俯卧的姿势,面向前方。将双手放在肩膀之下,摆出准备做俯卧撑的姿势。伸直双臂,在疼痛可以忍受的程度下尽量撑起上半身(盆骨以上部分)。注意完全放松髋部、臀部和双腿,使背部尽量伸展。保持这此姿势 1~2s,然后恢复到开始姿势。④站立伸展运动。站立位,双脚分开站直,双手放在后腰部,四指靠在脊柱两侧,然后使用双手为支点,使躯干尽量向后弯曲。⑤平躺弯曲运动。仰卧位,双腿弯曲,双脚平放。然后使双膝靠近胸部,抱住双腿,在疼痛可以忍受的程度下轻柔而缓慢地将双膝尽量靠近胸部。保持这此姿势 1~2s,然后放开双腿,恢复到开始姿势。注意在本项练习时不要抬头,放下双腿时保持双腿弯曲。⑥坐式弯曲运动。此运动在平躺弯曲运动练习一周后进行。坐位,双腿尽量分开,双手平放在腿上,向下弯腰,双手抓住脚踝或者触摸到地面,然后恢复到开始姿势。注意练习时进行弯腰幅度比上一次大一些,保证练习结束后背部尽量弯曲,腰部尽可能靠近地面。⑦站立弯曲运动。此运动练习在坐式弯曲运动连续练习两周后进行。双脚分开站直,双臂放手在身体两侧,向前弯腰,双手在身体承受的范围内尽量向下伸。

5. 药物治疗 中西医药物可以缓解腰椎间盘突出症患者的疼痛症状,起到辅助的对症治疗作用,常用的药物有非甾体抗炎药(NSAIDs),扩张血管药,营养神经药,活血化瘀、通经活络的中药、外用药。

6. 神经阻滞疗法 常用腰椎硬膜外神经阻滞术和骶管阻滞术,但必须严格无菌操作,掌握好适应证。

7. 针灸治疗 针灸疗法对本病有较好的镇痛作用,一般以腰部局部取穴配合远端穴位进行治疗。具体操作时可加用灸法、电针等。每次选用 8~10 穴,每日或隔日 1 次,10 次为一个疗程。

8. 运动治疗 腰椎间盘突出症患者应积极配合运动疗法,以提高腰背肌肉张力,改变和纠正异常力线,增强韧带弹性,活动椎间关节,维持脊柱正常形态。早期以加强腰背肌为主,恢复期以恢复腰部功能为主,具体方法可灵活掌握。

四、预防

腰椎间盘突出症是在退行性变基础上积累伤所致,积累伤又会加重椎间盘的退变,因此预防的重点在于减少积累伤。平时要有良好的坐姿,睡眠时的床不宜太软。长期伏案工作者需要注意桌、椅高度,定期改变姿势。职业工作中需要常弯腰动作者,应定时伸腰、挺胸活动,并使用宽的腰带。应加强腰背肌训练,增加脊柱的内在稳定性,长期使用腰围者,尤其需要注意腰背肌锻炼,以防止失用性肌肉萎缩带来不良后果。如需弯腰取物,最好采用屈髋、屈膝下蹲方式,减少对腰椎间盘后方的压力。

本章小结

　　腰椎间盘突出症是临床常见疾病,多发生于青壮年。多数患者通过牵引、制动、理疗等积极有效的康复治疗,达到消炎、镇痛、促进突出物回纳、兴奋神经、肌肉等,从而实现康复目的,少数患者需手术治疗。

（蒋宗伦）

思考题

1. 腰椎间盘突出症的临床表现有哪些?
2. 腰椎间盘突出症的康复治疗作用和治疗原则是什么?
3. 在临床实际工作中,如何选择康复手段进行腰椎间盘突出症的康复?

扫一扫,测一测

思路解析

笔记

学习目标

1. 掌握　肩周炎的临床表现、康复评定方法;康复治疗方案及实施。
2. 熟悉　肩周炎的临床分期及预防。
3. 了解　肩周炎的定义和病因病理。
4. 具有基本临床康复思维,能够对肩周炎患者进行正确的康复评定,并根据结果制订治疗计划,进行正确操作。
5. 能与患者及家属进行良好沟通,开展健康教育。

病例导学

　　患者,男性,48岁,司机,因"右肩疼痛2个月,加重伴活动困难1周"入院。2个月前患者无明显诱因逐渐出现右肩部疼痛,以胀痛为主,肩关节活动尚可。未予治疗,1周前患者感肩痛加剧,以晚上受压及牵拉后疼痛明显,伴肩部活动部分困难。查体:右肩部喙突处、肱骨大小结节处压痛,右肩后侧压痛,右肩关节活动明显受限。外展80°、前屈90°、后伸20°、外旋30°、内旋35°。

　　问题与思考:

　　1. 为明确诊断该患者应做什么检查?

　　2. 需要从哪些方面对患者进行评定?

第一节　概　　述

一、定义及流行病学

　　肩周炎(periarthritis of shoulder)又称肩关节周围炎,俗称冻结肩、五十肩、漏肩风、凝肩等,是指肩关节周围肌腱、腱鞘、滑囊及关节囊等软组织因损伤、退变而引起的一种慢性无菌性炎症。临床上分为原发性肩周炎和继发性肩周炎,以肩部疼痛和运动功能障碍为主要特征。

　　本病好发于50岁左右的中年人,女性发病率高于男性,左肩多于右肩,部分患者为双侧性。本病早期肩关节呈阵发性疼痛,常因天气变化及劳累而诱发,以后逐渐发展为持续性疼痛,如得不到及时有效的治疗,有可能严重影响肩关节的功能活动,妨碍日常生活和工作。

二、病因病理

肩周炎早期组织充血、水肿、炎性渗出及炎性细胞浸润,继之出现组织纤维化,进而出现组织粘连,其确切病因至今不很清楚,一般认为与下列因素有关:

1. 肩部原因

(1) 肩关节周围软组织退行性变:多见于中老年人,软组织退行性变,对各种外力的承受能力减弱。

(2) 肩关节周围软组织劳损:长期过度劳动,姿势不良等所产生的慢性致伤力均可波及关节囊和周围的软组织,引起关节囊的慢性炎症和粘连。

(3) 外伤后肩部固定过久:如上肢骨折后肩部固定过久,肩部活动减少,造成局部血液循环不良,肩周组织继发萎缩、粘连。

(4) 肩部急性挫伤、牵拉后治疗不当:由于局部出现炎性渗出、疼痛及肌肉痉挛,治疗不当将会导致肩关节囊和周围软组织粘连,而发生肩关节的冻结。

2. 肩外因素

(1) 颈椎源性肩周炎:指由于颈椎病引起的肩周炎。临床资料表明,这种肩周炎的特点为先有颈椎病的体征和症状,而后再发生肩周炎。

(2) 冠心病:由于冠状动脉供血不足,造成心肌缺血或缺氧而引起的绞痛,疼痛主要位于胸骨后部,常可放射到肩、上肢或背部,左肩及左上肢尤为多见。尚可引起肌肉痉挛,肩关节运动受限,可诱发肩周炎。

(3) 其他邻近部位的疾病:包括肺部结核、膈下疾病、胆道疾病等也可发生肩部牵涉痛。另外,本病发生尚与精神心理因素、内分泌紊乱及自身免疫反应等有关。

三、临床表现

(一) 症状

1. 肩部疼痛 起初时肩部呈阵发性疼痛,多数为慢性发作,以后疼痛逐渐加剧或钝痛,或刀割样痛,且呈持续性,气候变化或劳累后,常使疼痛加重,疼痛可向颈项及上肢肘部扩散,肩痛昼轻夜重为本病一大特点。疼痛与动作、姿势有明显关系,随病程延长,疼痛范围逐渐扩大。

2. 肩关节活动受限 一般肩关节的活动受限发生在疼痛症状明显后的3~4周,早期的肩关节功能活动限制因素可能是疼痛、肌肉痉挛等。晚期的肩关节活动受限则是由于关节囊、韧带等软组织的粘连、挛缩等因素,肩关节明显僵硬,并呈全方位的关节功能活动受限,特别是梳头、穿衣、洗脸、叉腰等动作均难以完成,严重时肘关节功能也可受影响。

3. 怕冷 患肩怕冷,即使在暑天肩部也不敢吹风。

(二) 体征

1. 压痛 多数患者在肩关节周围可触到明显的压痛点,在肱二头肌长/短头肌腱、冈上肌附着点、三角肌前后缘及肩峰下滑囊、喙突处均有明显压痛,尤以肱二头肌腱长头肌沟为甚。

2. 肌肉痉挛与萎缩 三角肌、冈上肌、冈下肌等肩周肌肉早期可出现痉挛,晚期可发生失用性肌萎缩。

3. 活动受限 肩关节以外展、外旋、后伸受限最明显,少数人内收、内旋亦受限,但前屈受限较少。

四、辅助检查

1. X线检查 常规摄片大多正常,年龄较大或病程较长患者可见骨质疏松,但无骨质破坏,亦可见冈上肌腱、肩峰下滑囊钙化征。

2. 超声检查 显示肩关节囊下壁增厚毛糙或粘连,结构不清,肩峰-三角肌下滑囊出现液性暗区,周边可见条状强回声带。

3. MRI检查 显示盂肱关节腔、三角肌下滑囊和肩胛下肌滑囊积液以及冈上肌肌腱、冈下肌肌腱和肱二头肌肌腱变性改变。

五、临床分期

按肩周炎的发生与发展,大致可分为疼痛期、冻结期和恢复期。因为受病情、是否治疗等因素的影响,各个时期的时间长短不一,因人而异,差别很大。

1. 疼痛期 又称为急性期,该期主要的临床表现为肩关节周围的疼痛。疼痛剧烈,昼轻夜重,严重者可影响睡眠,疼痛性质为持续性疼痛。有的急性发作,但多数是慢性疼痛。疼痛多局限于肩关节前外侧,也可延伸到三角肌的止点,常涉及肩胛区、上臂或前臂。局部压痛点多位于结节间沟、喙突、肩峰下滑囊或三角肌附着处、冈上肌附着处等。由于疼痛反射性引起局部肌肉的痉挛,可导致肩关节活动受限。

2. 冻结期 又称粘连期,该期患者疼痛症状减轻或消失,但压痛范围仍较为广泛。由疼痛期肌肉保护性痉挛造成的关节功能受限已发展到关节挛缩性功能障碍,肩关节功能活动严重受限,肩关节周围软组织广泛粘连、挛缩,呈"冻结"状态。各方向的活动范围明显缩小,以外展、外旋、后伸等最为显著,严重时影响日常生活,如梳理头发、穿脱衣服、举臂抬物、向后背系扣、后腰系带等活动均受限。做外展及前屈运动时,肩胛骨随之摆动而出现"扛肩"现象,严重者可见三角肌、冈上肌、冈下肌等肩胛带肌的失用性萎缩。

3. 恢复期 又称解冻期,该期仅有个别患者仍有轻微的疼痛,大多数患者不仅肩痛基本消失,且随着日常生活、劳动及各种治疗措施的进行,肩关节的活动范围逐渐增加,肩关节周围关节囊等软组织的挛缩、粘连逐渐消除,外旋活动首先恢复,其次为外展和内旋活动。本期大多数患者的肩关节功能恢复到正常或接近正常,不过肌肉的萎缩则需较长时间的锻炼才能恢复。另外,恢复过程也并非呈直线型发展,肩关节运动功能的改善有时会出现起伏,甚至停滞,部分患者可能在恢复期后也会遗留一些症状。

六、康复问题

因肩周炎的主要临床特点为肩关节疼痛和功能障碍,所以本病的康复问题主要是缓解疼痛和改善肩关节功能,提高生活质量。不同病理阶段患者存在的康复问题有所不同。

1. 急性期 局部肌肉痉挛和肩周的疼痛。
2. 冻结期 局部软组织粘连和肩关节的功能受限。
3. 恢复期 肩关节活动范围逐渐增加和肌肉萎缩。

第二节 康复评定

一、一般项目评定

1. 疼痛评定 疼痛是肩周炎患者就诊的主要临床症状之一,一般采用视觉模拟评分法(VAS)进行评定。

2. 关节活动度评定 采用量角器测量患者肩关节屈、伸、外展、内旋及外旋等活动度,应与健侧进行对比。正常肩关节运动范围:外展 0°~180°;外旋 0°~90°;前屈 0°~180°;后伸 0°~60°;内旋 0°~70°。

3. 肌力评定 主要针对与肩关节活动有关的肌肉,如三角肌、冈上肌、冈下肌、小圆肌、肩胛下肌、大圆肌等,利用徒手肌力测试方法进行测定。

4. 日常生活活动能力(ADL)评定 需对患者进行 ADL 评定,如有穿脱上衣困难,应了解其受限程度;询问如厕、个人卫生及洗漱(梳头、刷牙、洗澡等)受限的程度;了解从事家务劳动,如洗衣、做饭等受限情况。

二、肩关节功能评分系统

1. Constant-Murley 法 包括疼痛(15分)、日常生活活动(20分)、关节活动度(40分)和三角肌肌力(25

组图:肩关节活动度测量

分)四个部分,共 100 分,其中 35 分(疼痛和日常生活活动)为患者的主观感受,65 分(关节活动度和肌力)为客观检查。是一个全面、科学而又简便的方法(表 14-1)。

表 14-1 Constant-Murley 肩关节功能评定标准

项目	评分	项目	评分
Ⅰ. 疼痛(最高分 15 分)		ii. 前屈	
无疼痛	15	0°~30°	0
轻度痛	10	31°~60°	2
中度痛	5	61°~90°	4
严重痛	0	91°~120°	6
Ⅱ. 日常生活活动(最高分 20 分)		121°~150°	8
i. 日常生活活动的水平		151°~180°	10
完全恢复工作	4	iii. 外旋(最高分 10 分)	
恢复休闲及运动	4	手在头后肘向前	2
可患侧卧位睡眠	2	手在头后肘向外	2
ii. 手的位置		手放头上肘向前	2
至腰	2	手放头上肘向外	2
至剑突	4	手放头上完全抬起	2
至颈部	6	iv. 内旋(最高分 10 分)	
至头顶	8	手背至大腿外侧	0
过头	10	手背至臀部	2
Ⅲ. 关节活动度(ROM)(每种活动最高分 10 分,4 项最高分 40 分)		手背至腰骶部	4
		手背至腰部(L_3 水平)	6
i. 外展		手背至 T_{12}	8
0°~30°	0	手背至肩胛间区(T_7)	10
31°~60°	2	Ⅳ. 三角肌肌力(最高 25 分)	
61°~90°	4	正常为 11.34kg(25 磅),按百分比折算分值	
91°~120°	6		
121°~150°	8		
151°~180°	10		

2. 美国肩肘协会评分系统(ASES) 目前评分方法采用基于患者的主观评分,包括疼痛(50%)和生活功能(50%)两部分,满分 100 分,分数越高表示肩关节功能越好。疼痛量表采用 VAS 的方式评价。生活功能量表概括了 10 个日常生活中的活动项目,包括穿衣服、梳头、如厕等。

第三节 康复治疗

一、康复治疗作用

1. 消炎止痛,减少渗出 常用的疗法有局部制动、口服镇痛药物和局部痛点封闭、理疗等。
2. 松解粘连,缓解肌肉痉挛,促进局部新陈代谢,改善肩部关节功能 常用的疗法有推拿、针灸、理疗、运动疗法等。

3. 增强萎缩肌肉肌力,恢复关节活动范围　常用的疗法有推拿、运动疗法等。

二、康复治疗方法

组图:超声引导下肩关节腔注射

视频:超声引导下肩关节腔注射

(一) 局部制动

目的是减少局部渗出、水肿,从而减少疼痛。适用于急性疼痛期。

(二) 药物治疗

如非甾体抗炎药,镇痛的效果有限,适用于疼痛期。目前临床应用的非甾体抗炎药按其抑制 COX-1 和 COX-2 的特性可以分为三类:第一类抑制 COX-1 为主,常用有阿司匹林、吡罗昔康(炎痛喜康)、吲哚美辛(消炎痛)等;第二类对 COX-1 和 COX-2 的抑制作用大致相等,有萘普生、布洛芬、双氯芬酸等;第三类是选择性抑制 COX-2,有美洛昔康、尼美舒利及昔布类药物。

(三) 超声引导下局部及关节腔封闭

常用的药物有利多卡因、泼尼松和曲安奈德,适用于疼痛期和冻结期。超声引导下的注射,具有可视化、精确的优点,诊断与治疗并重,目前认为是一种很有前景的治疗方法。除封闭治疗外,关节腔内进行生理盐水高压灌洗,也能有效改善患者的关节活动度和疼痛程度。

(四) 物理因子治疗

各期均可以使用。用电、光、声、磁、热等物理因子疗法均可解除肌肉痉挛,止痛消炎,增加组织的新陈代谢,从而减轻疼痛、改善关节功能。根据情况可选用超声波、红外线、微波、超短波电疗、中频电疗、直流电药物导入疗法、中药外敷等疗法。

(五) 运动疗法

适用于冻结期或恢复期。可以促进萎缩肌肉肌力的恢复,松解局部粘连,扩大肩部活动范围。运动疗法通常采用关节松动术和主动运动。

1. 关节松动术　是治疗者在关节活动可动范围内完成的一种针对性很强的手法操作技术,改善肩关节活动常用方法有:

(1) 前屈向足侧滑动:增加肩前屈活动范围。

(2) 外展向足侧滑动:增加肩外展活动范围。

(3) 前后向滑动:增加肩前屈和内旋活动范围。

(4) 后前向滑动:增加肩后伸和外旋活动范围。

(5) 外展摆动:当外展超过 90°时,进一步增加外展活动范围。

(6) 内旋摆动:增加肩内旋活动范围。

(7) 外旋摆动:增加肩外旋活动范围。

2. 主动运动　可带器械做操,也可做徒手体操。既要有足够的锻炼次数和锻炼时间,又要循序渐进,才能取得明显效果。锻炼以引起轻微疼痛为度,一般每日要锻炼 2~3 次,每次 15~30min。锻炼内容包括肩部 ROM 练习和增强肩胛带肌肉的力量练习。常用具体方法有:

(1) 仰卧位,患肢外展并屈肘,作肩内旋和外旋主动运动或助力运动。

(2) 双手持体操棒或利用绳索滑轮装置由健肢帮助患肢做肩各轴位的助力运动。

(3) 双手握肋木下蹲,利用躯干重心下移做牵伸肩部软组织的牵伸练习。

(4) 利用肩轮等器械进行肩部主动运动。

(5) 利用哑铃作增强肩胛带肌肉的抗阻运动。

(6) 医疗体操

1) 手指爬墙:患者面对墙壁站立,用患侧手指沿墙缓缓向上爬动,使上肢尽量高举,到最大限度,在墙上作一记号,然后再徐徐向下回原处,反复进行,逐渐增加高度。患侧靠墙站立,上肢外展,沿墙壁手指向上方爬行,余同上。

2) 背后助拉:患者可取站立或坐位,将双手在身体背后相握,掌心向外,用健侧的手牵拉患肢,一牵一松,并逐渐提高位置,以尽量摸到肩胛骨下角为度。

3) 抱颈:患者双手交叉抱住颈项,相当于双耳垂水平线,两肘臂夹住两耳,然后用力向后活动两肘,重复进行。

视频:肩关节周围炎的运动疗法

组图:肩周炎的贴扎治疗

4）旋肩：患者站立，患臂自然下垂，肘部伸直，患臂由前向上向后划圈，幅度由小到大，反复数遍。

5）展翅：站立，两脚同肩宽，两臂伸直向两侧抬起（外展）和身体成90°，手心向下呈飞翔状。

（六）肌内效贴扎治疗

肌内效贴扎是一项较新的技术，其材质具有伸缩性，可促进局部血液和淋巴液的回流，加速局部炎症因子的代谢，缓解疼痛，保护软组织，放松痉挛的肌肉。

（七）推拿

疼痛期宜采用轻手法，待疼痛减轻后可加主动运动，目的是增强代谢、消除水肿、缓解疼痛、保持肩关节功能。冻结期和恢复期可采用稍重手法，并结合被动运动，目的是缓解疼痛、松解粘连、扩大无痛活动范围。

（八）针灸

适用于肩周炎各期，临床上常和推拿配合使用，能起到通经活络、活血化瘀之功效。常用腧穴有肩髃、肩髎、肩贞、肩前、曲池、手三里等。

（九）手术治疗

伴有严重关节挛缩及关节活动功能障碍的患者，经非手术治疗无明显改善时，可以考虑小针刀、外科手术治疗。术后也应当及时进行康复，才能取得较好的疗效。

三、预防

在日常生活中注意防寒保暖，特别是避免肩部受凉，对于预防肩周炎十分重要。经常伏案、双肩经常处于外展姿势工作的人群应注意调整姿势，避免长期的不良姿势造成慢性劳损和积累性损伤。肩周炎的锻炼非常关键，要注重关节的运动，可经常打太极拳，或在家里进行双臂悬吊，使用拉力器、哑铃以及双手摆动等运动，但要注意运动量，以免造成肩关节及其周围软组织的损伤。

本章小结

肩周炎多是由于关节周围肌腱、腱鞘、滑囊及关节囊等软组织因损伤、退变而引起的一种慢性无菌性炎症，以肩部疼痛和运动功能障碍为主要特征。临床上按照肩周炎的发生与发展，分为疼痛期、冻结期和恢复期。肩周炎通过康复治疗，基本可以痊愈。

（周蜜娟）

思考题

1. 简述肩周炎的临床分期和主要特点。
2. 对冻结期的患者如何进行康复治疗？

扫一扫,测一测

思路解析

学习**目标**

1. 掌握　骨性关节炎、类风湿关节炎和强直性脊柱炎的基本概念;康复功能评定方法;康复治疗方法的制订。

2. 熟悉　骨性关节炎、类风湿关节炎和强直性脊柱炎的临床表现;骨性关节炎的危险因素与预防;强直性脊柱炎的健康教育。

3. 了解　骨性关节炎、类风湿关节炎和强直性脊柱炎的病因及发病机制。

4. 具备良好的临床思维能力、分析解决问题的能力,能准确评定骨关节炎、类风湿关节炎、强直性脊柱炎;能针对骨关节炎、类风湿关节炎、强直性脊柱炎选择适当的康复方法、关节防护措施及健康教育;能规范地进行骨关节炎、类风湿关节炎、强直性脊柱炎的康复训练等。

5. 能与患者及家属进行良好沟通,开展健康教育的能力;能与相关医务人员进行专业交流与团结协作开展康复治疗工作。

第一节　骨性关节炎康复

病例**导学**

患者,女性,65岁,双膝反复疼痛5年余,双下肢行走困难2个月余。患者5年前无诱因突感双膝疼痛,自服镇痛药后疼痛缓解,期间反复疼痛自服镇痛药或待其自行缓解,近2个月双下肢行走困难,行走100m即疼痛难忍,来院就诊。症状:双膝关节酸痛不适,局部肿胀,久行久立时加重,休息后减轻,屈膝时可闻及弹响,偶有交锁感,蹲起困难。查体:双膝关节肿胀,皮色正常,皮温稍高,双侧膝关节髌周广泛压痛;关节活动度测量:左膝关节伸直15°、屈曲90°;右膝关节伸直10°、屈曲100°;浮髌试验:左侧阳性,右侧阴性;麦氏征:左侧阳性,右侧阴性;髌骨研磨试验:左侧阳性,右侧阴性。双膝关节X线片示:双膝骨质增生,关节间隙变。双膝关节MRI示双侧膝关节腔内少许积液,左侧膝关节内侧副韧带肿胀。

问题与思考:

1. 如何设定康复治疗目标?

2. 怎么对患者进行康复评定?

3. 如何制订康复治疗方案?

笔记

一、概述

(一) 基本概念

骨关节炎(osteoarthritis,OA),又称骨性关节炎、骨关节病、退行性关节炎、增生性关节炎、肥大性关节炎、老年性关节炎等。是一种以关节软骨损伤、退变以致缺失,伴随滑膜炎症、软骨下及关节边缘骨质反应性增生为主要病理,以关节疼痛、僵硬、肿大与活动受限甚至畸形、残障为临床表现的常见慢性骨关节疾病。

国内流行病学资料显示,40岁以上人群原发性骨关节炎总体患病率为46.3%,70岁以上患病率62.0%;国外报道75岁以上人群中超过80%有膝关节受累,并随着年龄增长,骨关节炎受累关节越来越多。

骨关节炎是导致美国50岁以上男性工作能力丧失的第二位原因(仅次于缺血性心脏病),也是中年以上人群慢性致残的主要原因。我国是人口大国,骨关节炎患者可达上亿人,但其受重视程度远远不及糖尿病及高血压病。

(二) 分类

1. 原发性(特发性)骨关节炎　无明显局部致病原因,多见于老年人;老年性组织变性和积累劳损是起病因素,并与肥胖、遗传等因素有关。

2. 继发性骨关节炎　继发于损伤、感染等因素;是在局部原有病变的基础上发生的骨关节炎,可发生于任何年龄。

临床上以原发性骨关节炎为多见。

(三) 好发部位

好发于人体负重部位——膝、髋、踝、手、脊柱(颈椎和腰椎)等关节,特别是膝关节。

(四) 病理变化

病变主要累及关节软骨、软骨下骨及滑膜等关节周围组织,最终发生关节软骨退变、纤维化、断裂、溃疡及整个关节面的损伤。主要有:

1. 软骨面变性、产生裂隙、碎块脱落,形成关节内游离体,直至软骨面消失,骨端外露。
2. 深层钙化软骨增厚和骨髓内血管及纤维组织增生而形成新骨,骨面致密、增厚,伴有边缘骨刺形成。
3. 骨小梁受压而萎缩、吸收,形成囊样空洞。
4. 关节囊滑膜充血、水肿、纤维增生而肥厚,滑液增多。

(五) 临床表现

本病起病隐匿,进展缓慢。临床表现随受累关节而异,主要表现为关节及周围疼痛、僵直、肥大和功能障碍。

1. 症状

(1) 关节疼痛:大多数OA患者通常以关节疼痛而就医,这种关节疼痛的特点有:①始动痛,关节处于某一静止体位较长时间后,刚一开始变换体位时疼痛。②负重痛,上下楼梯或负重行走时或握持物件时疼痛加重。③主动活动疼痛重于被动活动。④疼痛部位深且一般难以明确定位。⑤休息痛及睡眠中痛,随着病情进展,关节休息时还可能发生疼痛。晚期病例,可能在睡眠中痛醒。

(2) 关节晨僵:晨僵是指在早晨起床时关节僵硬及发紧感,活动后可缓解。持续时间较短,常为几分钟至十几分钟,一般不超过30min。

(3) 活动受限:由于关节炎症病变或附近肌腱和韧带破坏,骨赘形成等均可导致关节活动受限,使持物、行走和下蹲困难。有时还出现关节活动时的"交锁现象"。

(4) 其他:随着病情进展,可出现关节挛缩、不稳定,并可发生功能障碍。有时在关节负重时,可能发生突然的功能丧失(打软腿)。患病关节喜温热,阴雨天或天气变化时症状加重等。

2. 体征

(1) 压痛:OA受累局部可出现压痛,尤其有渗出时。即使没有压痛,受累关节被动运动时疼痛可能也是一个突出的体征。

(2) 关节弹响:膝OA最为常见,受累关节活动时出现咔嚓声。

(3) 关节肿大:关节肿大可能由继发性滑膜炎、关节积液或者软骨或骨边缘增生(骨赘)所致。

（4）滑膜炎：表现为局部发热、渗出、滑膜增厚，还可伴有关节压痛、肌无力、肌萎缩等。

（5）活动受限：由于关节附近肌肉痉挛，关节囊收缩，骨质增生等结构异常，可伴有疼痛或不伴疼痛的关节活动范围减少。

（6）关节畸形和半脱位：疾病后期，由于软骨丧失、骨端变形等，可出现受累关节畸形和半脱位。

（六）诊断标准

骨性关节炎根据临床表现和 X 线检查，并排除其他炎症性关节疾病而诊断。手 OA 诊断标准参照 1995 年美国风湿病学会修订的（表 15-1），膝 OA 和髋 OA 参照 2007 年中华医学会骨科学分会制定骨关节炎诊治指南，见表 15-2、表 15-3。

表 15-1　手 OA 诊断标准

序号	条件	序号	条件
1	近 1 个月大多数时间有手关节疼痛、发酸、发僵	4	掌指关节肿胀 <3 个
2	10 个指定关节中硬性组织肥大≥2 个	5	以上 10 个指定的指关节中关节畸形≥1 个
3	远端指间关节硬性肥大≥2 个		

注：满足 1+2+3+4 条或 1+2+3+5 条可确诊手 OA；10 个指定关节是指双侧第 2、3 指远端和近端指间关节及第 1 腕掌关节

表 15-2　膝 OA 诊断标准

序号	条件
1	近 1 个月内反复膝关节疼痛
2	X 线片（站立或负重位）示关节间隙变窄、软骨下骨硬化和 / 或囊性变、关节边缘骨赘形成（图 15-1）
3	关节液（至少 2 次）清亮、黏稠，WBC<2000 个 /ml
4	中老年患者（≥40 岁）
5	晨僵≤30min
6	活动时有骨擦音（感）

注：综合临床、实验室及 X 线检查，符合 1+2 条或 1+3+5+6 条或 1+4+5+6 条，可诊断膝关节 OA

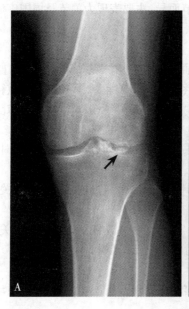
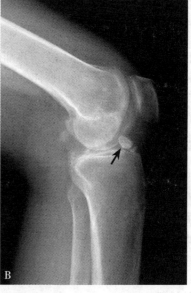

图 15-1　膝骨关节炎 X 线片

关节边缘增生和骨赘形成，关节内可见游离体（箭头示）；A. 膝关节正位片；
B. 膝关节侧位片

表 15-3　髋 OA 诊断标准

序号	条件	序号	条件
1	近 1 个月反复髋关节疼痛	3	X 线片示骨赘形成,髋臼缘增生
2	红细胞沉降率≤20mm/h	4	X 线片示髋关节间隙变窄

注:满足诊断标准 1+2+3 条或 1+3+4 条,可确诊髋关节 OA

视频:膝骨关节炎的模拟问诊

(七) 危险因素及预防

1. 危险因素　在所有 OA 发病的危险因素中,年龄是最明显的;其次是肥胖、关节损伤和过度使用;遗传因素也不容忽视,如先天性关节结构异常和缺陷(先天性髋关节脱位、髋臼发育不良等)、软骨或骨代谢异常等。

2. 预防　目前,OA 仍无法根治,但通过普及健康教育知识可以降低或延缓该病的发生。

(1) 避免长期关节超常负重活动:对于老年 OA 患者,注意在生活中不宜干重活或过分负重、劳作,以防骨关节进一步损伤。可配备手杖、拐杖和助行器等,可有效减少受累关节的负重。

(2) 控制体重:对于肥胖患者应当减重。控制体重对于预防 OA 十分重要,减重的最好办法是节制饮食和适当体育锻炼。应当注意的是,锻炼要在医师的指导下有计划地进行。

(3) 避免关节创伤:关节软骨比较脆弱,很容易受损,而且受损时常无明显症状,且不易再生修复。下肢 OA 患者不宜做登高、爬梯、剧烈跳跃动作;妇女应尽量不要长时间穿高跟鞋。

(4) 坚持健身锻炼:骨关节的老化进程是一个自然规律,所以中老年人的运动健身一定要遵守锻炼原则,即循序渐进,因人而异,持之以恒。

(5) 避风寒湿:骨关节对风寒和潮湿比较敏感,容易诱发或加重 OA 症状,注意防止风寒与潮湿侵袭。

(6) 膳食平衡,营养合理:膳食要全面,多吃含维生素 C、维生素 D 及含硫食物(如猕猴桃、鲜枣、深海鱼类等)。因骨骼、软骨和结缔组织的修补与重建都要以硫为原料,同时硫也有助于钙的吸收。此外,老年人宜多吃含钙较高的食物,如奶、蛋及豆制品等。

二、康复评定

(一) 疼痛的评定

可根据患者对其程度的描述,如轻度、中度或重度来评定,或视觉模拟评定法(VAS)来评定;关节压痛可采用 Ritchie 关节指数。

(二) 肌力的评定

1. 肌力评定　股四头肌是膝关节功能稳定的重要结构,也是膝 OA 最经常和最早萎缩的肌肉,因此,对股四头肌肌力的评定尤为重要。常用的方法有徒手肌力测定法(MMT)和器械肌力测定。注意,在关节有明显疼痛、关节活动度明显受限或明显畸形时不进行肌力评定。

2. 握力测定　能测定手和前臂肌肉力量,还能测定腕和手指关节的活动度。

(三) 关节活动度的评定

关节活动度(ROM)测定可了解关节障碍的程度以及康复治疗后关节功能的恢复情况。常用的方法有半圆规量角器测量法和方盘量角器测量法。中晚期 OA 患者主要表现为关节僵硬和 ROM 减少。

(四) 形态及生物力学评定

1. 对关节周径的测定　以评定其肿胀程度。

2. 步态的评定　多用于膝关节。

3. 畸形分析　如 OA 患者的膝关节内翻畸形最常见,影响正常步态,也影响到髋关节和踝关节的正常生物力学线及负荷。

(五) 日常生活活动能力评定

在治疗前、中、后对患者进行日常生活活动能力(ADL)评价,能使我们正确掌握患者的综合生活能力和康复效果。常用评定的方法主要是 Barthel 指数分级法。

视频:膝骨关节炎的康复评定

三、康复治疗

（一）康复治疗原则

1. 根据患者疼痛的程度、发病的部位、患病时间的长短以及疼痛持续的时间等的不同，因人而异，制订系统的康复治疗计划，正确选择康复治疗方法。

2. 对于经过康复治疗后疗效不佳，患者存在持续性关节疼痛而严重影响日常生活质量的，可以考虑行外科手术治疗。

（二）康复治疗目标

1. 消炎退肿，缓解疼痛。

2. 保持关节和肢体活动功能。

3. 增强患肢肌力，预防和治疗肌萎缩。

4. 增加关节稳定性，防止关节畸形和疼痛复发。

（三）康复治疗方法

图片：蜡疗

1. 相对制动与休息治疗　对急性炎性关节宜局部休息，以利于缓解疼痛、降低炎症反应和预防挛缩，休息2周左右不至于产生关节强直。如为多个关节受累，对应用抗炎药物未能控制症状者，宜卧床休息4周。休息时可以适当配合一些外治法。

2. 物理因子治疗　物理因子治疗能显著改善OA患者的疼痛。早期患者，可先试用物理因子疗法，无效时再使用药物。视病情需要和治疗条件，必要时可几种物理因子综合治疗。尽量使用简便、经济、安全的物理因子治疗，能在家中自行应用治疗者更佳。一般可选择经皮神经电刺激疗法、中频电疗法、传导热疗法（如蜡疗、热敷、红外线、局部温水浴）等起到抗炎止痛效果。

3. 运动疗法　运动疗法是康复治疗计划的重要组成部分，对增强肌力，保持或恢复关节活动范围，改善关节功能及预防和减轻骨质疏松等具有重要作用。通常患者经药物、物理因子等治疗疼痛减轻或缓解后即可采用运动疗法治疗。主要有关节活动技术、关节松动技术、牵伸技术、肌力训练及有氧运动等。

4. 药物疗法　疼痛明显及多关节受累者可适当采用非甾体抗炎药（NSAIDs）。这类药物具有抗炎、镇痛和解热作用，临床常用的有塞来昔布、双氯芬酸、美洛昔康、萘丁美酮和阿西美辛等。硫酸氨基葡萄糖既能抗炎止痛，又有缓解OA发展的作用。维生素D通过骨的矿化和细胞分化对骨性关节炎发挥作用。

5. 关节腔注射疗法　关节腔内注射能缓解疼痛和恢复关节功能。膝关节炎及骨关节炎患者有关疼痛、肿胀和积液，可考虑关节腔内注射皮质激素，1年内膝关节腔内皮质激素注射不应超过3~4次。多数1年内要求注射3~4次的患者，很可能需要行关节灌洗或切开手术。

6. 中国传统康复　运用针灸、推拿治疗OA是临床一种行之有效的方法。针灸治疗具有疏通经络、活血行气、温经散寒的功效。通过中医辨证，合理取穴，腰部常用腧穴有腰夹脊、腰眼、肾俞、大肠俞、命门、腰阳关等，下肢部常用腧穴有阳陵泉、阴陵泉、足三里、血海、梁丘、委中、绝骨、昆仑、太溪、商丘、照海等。推拿手法治疗具有松解粘连、矫正关节畸形、促进炎症介质的吸收等作用，常用的手法有点按、搓、揉、拿、拔伸等理筋手法。

7. 辅助器具和支具　主要包括矫形器、助行器及生活自助具。

视频：康复辅具与膝骨关节炎

（1）矫形器：OA患者应用矫形器可减轻疼痛、减轻关节负荷、恢复关节对线和改善关节功能。主要有软式膝矫形器、软式脊柱矫形器及踝足矫形器等。

（2）助行器：髋或膝OA患者，助行器可减轻因下肢负重、步行引起的关节疼痛；对肌肉无力、承重困难者，可用手杖/拐杖/步行器辅助步行以减轻受累关节的负荷和方便行动；髋、膝负重时疼痛剧烈，不能行走的患者则建议使用轮椅。

（3）生活自助具：对于手部OA患者，如腕掌关节OA、掌指关节OA、远侧和近侧指间关节OA患者，借助长柄取物器、穿袜或穿鞋自助具、自动撑开性剪刀、扣纽扣自助具、拉锁环、特殊的开门器等均会给日常生活带来便利。对于严重髋关节OA和膝关节OA患者，帮助从椅子上站起的助推装置也受患者欢迎。

笔记

8. 手术治疗 对 OA 症状严重,采用非手术治疗无效,进行性活动受限或进行性畸形者,可采取手术治疗,以求得减轻症状,增加关节活动度与稳定性。OA 手术治疗分为保留关节的手术与去除关节的手术两类。前者如关节镜下冲洗清理术,缓解疼痛的软组织手术,包括神经切除术、关节松解术、骨钻孔减压术、矫形截骨术等;后者如关节固定术、关节成形术、关节假体置换术等。

抗骨质疏松药用于治疗骨性关节炎的研究

近年来许多学者对 OA 的病理生理学研究的注意力从软骨本身转移到软骨的支撑结构——软骨下骨。病理状态下的软骨下骨会表达大量的促软骨组织分解的细胞因子。近年来的研究表明许多治疗骨质疏松的药物可能具有针对软骨下骨而发挥治疗 OA 的独特疗效。双磷酸盐类可以抑制骨的丢失而增加骨量,临床上常作为治疗骨质疏松的首选用药,广泛用于骨质疏松和骨相关疾病。Laslett 等通过对 59 例膝 OA 患者的观察发现,使用 6 个月唑来膦酸的患者,无论是骨髓损伤的区域面积还是关节疼痛程度,都有减少,这表明双磷酸盐类药物对于关节结构修复和关节疼痛缓解还是具有积极作用的。锶盐是一类可以减少骨吸收,并加强骨基质形成和矿化的"双重调节"药物,其对骨质疏松、预防骨质疏松性骨折和促进骨折愈合等方面有不错的疗效。Reginster 等临床试验证实了锶盐可以通过缓解疼痛、增强关节功能、减少影像学上的软骨丢失来干预 OA 的临床进程,甚至其还可以缓解关节间隙的狭窄程度。

视频:膝骨关节炎的康复治疗

第二节 类风湿关节炎康复

患者,女性,40 岁,职员,双手手指疼痛近 8 个月,加重 2 周。8 个月前无明显诱因出现双手指对称性关节肿胀疼痛,晨起关节僵硬,遇阴寒天气症状加重,近 2 周来症状加重,来院就诊。体检:双侧近端指间关节、掌指关节红肿疼痛,局部发热,活动受限,手不能握物,晨僵 3h。神清,痛苦面容,饮食可,睡眠欠佳,大便正常,小便黄赤。实验室检查:类风湿因子 120.00IU/ml↑;红细胞沉降率 110mm/h↑;C 反应蛋白 97.30mg/L↑。X 线检查:各骨骨质疏松,各骨关节面模糊、不整,见斑点状及小囊状低密度骨质破坏区;部分关节间隙消失;小关节呈半脱位状。

问题与思考:

1. 该患者的康复治疗原则是什么?
2. 还需要做哪些方面康复功能评定?
3. 如何制订康复治疗方案?

一、概述

(一) 基本概念

类风湿关节炎(rheumatoid arthritis,RA)是一种以对称性多关节炎为主要临床表现的自身免疫性疾病,以关节滑膜慢性炎症、关节的进行性破坏为特征。主要表现为对称性关节肿痛,晚期可关节强直或畸形,功能严重受损。

类风湿关节炎是一种常见的疾病,遍及全球,患病率为 0.4%~1%。在我国,患病率为 0.3% 左右,可发生于任何年龄,随着年龄的增长,发病率也有增高的趋势。女性为多,男女比例为 1∶4。

(二) 病因病理

目前发病原因不明,可能与感染、遗传、雌激素水平等有关,环境因素(如寒冷、潮湿等),以及劳累、营养不良、外伤、精神刺激等可以诱发本病。RA 的主要发病机制是免疫紊乱,基本病理改变是关节的滑膜炎(图 15-2)、类风湿血管炎及类风湿结节。滑膜炎是关节表现的基础,任何有滑膜的关节、韧带、肌腱、骨骼,以及心、肺、血管均可受累。血管炎是关节外表现的基础,可发生在关节外任何组织,主要侵犯中、小动脉和/或静脉。表现为血管壁内膜增生,导致血管腔狭窄或堵塞。类风湿结节是最常见的关节外表现,可出现在任何组织或器官,是一种非特异性坏死性肉芽肿。

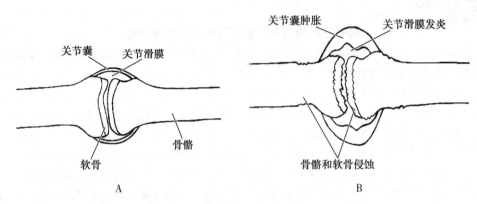

图 15-2 类风湿关节炎基本病理变化示意图
A. 正常的关节;B. 类风湿关节炎患者的关节

(三) 临床表现

多以缓慢隐匿的方式起病,在出现明显关节症状前可有数周的低热,少数有高热、乏力、全身不适、体重下降等症状,以后逐渐出现典型关节症状。少数急剧起病,在数天内出现多个关节症状。

1. 关节症状

(1) 晨僵:早晨起床后关节及其周围僵硬感,称"晨僵"。持续时间超过 1h 意义较大。晨僵出现在 95% 以上的 RA 患者,常作为观察本病活动的指标之一,但主观性较强。其他关节炎如退行性关节炎也可出现晨僵,但其持续时间与程度一般不如本病明显和持久。

(2) 关节痛与压痛:关节痛往往是最早的症状,最常出现的部位为腕、掌指、近端指间关节,其次是足趾、膝、踝、肘、肩等关节。多呈对称性、持续性,但时轻时重,疼痛的关节往往伴有压痛,受累关节的皮肤可出现褐色色素沉着。

(3) 关节肿胀:多因关节腔内积液或关节周围软组织炎症引起,病程较长者可因滑膜慢性炎症后的肥厚引起肿胀。凡受累的关节均可引起肿胀,常见的部位与关节部位相同。

(4) 关节畸形:见于晚期患者,关节周围肌肉萎缩、痉挛则使畸形更加严重。最常见的关节畸形是腕和肘关节强直、掌指关节的半脱位、手指向尺侧偏斜和呈"天鹅颈"样(图 15-3)和"纽扣花样"表现。重症患者关节呈纤维性或骨性强直失去关节功能,致使生活不能自理。

(5) 特殊关节:颞颌关节受累时可表现为张口疼痛或受限;颈椎受累时患者出现颈痛和活动受限,有半脱位时可出现脊髓受压症状;髋关节受累往往表现为臀部及下腰部疼痛。

(6) 关节功能障碍:关节肿痛和结构破坏均可以引起关节障碍,大致可分为 4 级。

Ⅰ级:能正常进行日常活动及各项工作。

Ⅱ级:可进行一般的日常活动及某些特定工作,其他项目活动受限。

Ⅲ级:可进行一般的日常活动,进行工作时受限。

Ⅳ级:日常生活的自理和参与工作的能力受限。

2. 关节外症状

(1) 类风湿结节:是本病较常见的关节外表现,可见于 20%~30% 的患者,多位于关节隆突部及受压部位皮下。其大小不一,结节直径由数毫米至数厘米,质硬、无压痛,呈对称分布。此外,几乎所有脏器如心、肺、眼等均可累及。其存在提示有本病的活动。

(2) 类风湿血管炎:体格检查时可见指甲下端或指端出现的小血管炎,少数引起局部组织缺血性坏死。眼受累多为巩膜炎,严重者因巩膜软化而影响视力。

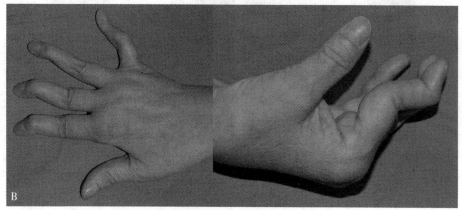

图 15-3　手指的鹅颈畸形

A. 手指的鹅颈畸形手绘图；B. 手指的鹅颈畸形实例

(3) 其他：肺受累很常见，其中男性多于女性，有时可为首发症状；心包炎特别好发在类风湿关节炎急性发病的男性患者，常无临床症状，预后良好；神经受压是 RA 患者出现神经系统病变的常见原因；患者的贫血程度通常和病情活动有关；30%~40% 类风湿关节炎患者有继发性干燥综合征，表现为干燥性角结膜炎和口干燥征。

(四) 实验室及影像学检查

1. 血象　有轻至中度贫血。活动期患者血小板可增高。白细胞及分类多正常。

2. 炎性标志物　血沉增快无诊断特异性，但可以反映炎症的活动性和严重性；C 反应蛋白增高说明病情的活动性，是炎症急性期的反应蛋白之一。

3. 自身抗体　类风湿关节炎新的抗体不断被发现，其中有些诊断的特异性较 RF 还高。

(1) 类风湿因子(rheumatoid factor, RF)：60%~70% 的 RA 患者在活动期血清中出现阳性，但其并非特异性抗体，有 30%~40% 的患者可为阴性。同样 RF 阳性也可见于系统性红斑狼疮(SLE)、系统性硬化病等自身免疫性疾病。

(2) 抗角蛋白抗体谱：主要包括抗角蛋白抗体(anti-keratin antibody, AKA)、抗核周因子抗体(anti-perinuclear, APF)、抗环瓜氨酸肽抗体(anti-cyclic cirullinated peptide antibody，抗 CCP 抗体)等。这些抗体在类风湿关节炎早期甚至尚未出现临床症状之前，就可能阳性，并且具有一定的特异性，目前已广泛应用于类风湿关节炎的早期诊断和鉴别诊断，尤其是血清 RF 阴性、临床症状不典型患者。并且抗CCP 抗体已被纳入 2010 年 ACR/EULARD 的 RA 分类标准评分中。

(3) 免疫复合物和补体：70% 的患者血清中出现各种类型的免疫复合物，尤其是活动期和 RF 阳性患者。

(4) 关节滑液：在关节有炎症时滑液增多，滑液中的白细胞明显增多。

(5) 影像学检查：目前常用的方法包括 X 线平片、CT、MRI 检查。X 线平片由于价廉、快速而被广泛使用，但其不易查出早期病变(图 15-4)。CT 检查图像相对清晰，能发现骨质病变，但对软组织及滑膜效果不佳。MRI 是目前最有效的影像学检查方法，能较早发现病变，尤其对观察关节腔内的变化更为有效。

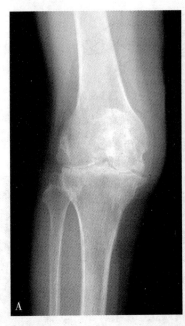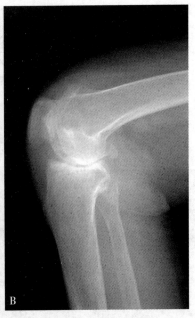

图 15-4 类风湿关节炎膝关节 X 线片

A. 正位片；B. 侧位片

二、康复评定

(一) 类风湿关节炎的诊断

本病的诊断缺少特异性方法，主要依据临床经验结合实验室检查及医学影像学检查。

1. 参照 1987 年美国风湿病协会修订的诊断标准 ①晨起关节僵硬至少 lh（≥6 周）。②3 个以上关节有肿胀（≥6 周）。③手掌指关节或近端指间关节肿胀（≥6 周）。④对称性肿胀。⑤皮下结节。⑥手 X 线显示有骨侵蚀及邻近的局限性或明显的脱钙、骨质疏松。⑦类风湿因子阳性。具备上述标准中的 4 项或 4 项以上即可确诊。

2. 参照 2010 年 ACR 和欧洲抗风湿病联盟（EULAR）提出的新的 RA 分类标准和评分系统，按照评分标准，6 分以上可以确诊 RA，小于 6 分目前不能确诊 RA（表 15-4）。

表 15-4 2010 年 ACR/EULAR 的 RA 分类标准

项目	评分	项目	评分
关节受累情况（0~5 分）		RF 或抗 CCP 抗体低滴度阳性	2 分
1 个中到大关节	0 分	RF 或抗 CCP 抗体高滴度阳性	3 分
2~10 个中大关节	1 分	急性期反应物（0~1 分）	
1~3 个小关节	2 分	CRP 和 ESR 均正常	0 分
4~10 个小关节	3 分	CRP 或 ESR 异常	1 分
超过 10 个小关节	5 分	症状持续时间（0~1 分）	
血清学（0~3 分）		<6 周	0 分
RF 和抗 CCP 抗体均为阴性	0 分	≥6 周	1 分

受累关节指关节肿胀疼痛，小关节包括掌指关节、近端指间关节、第 2~6 跖趾关节、腕关节，不包括第一腕掌关节、第 1 跖趾关节和远端指间关节；大关节指肩、肘、髋、膝和踝关节；血清学高滴度阳性指大于 3 倍正常值。

(二) 关节活动度的评定

关节活动度的测量是 RA 关节功能评定的重要方面。检查 ROM 需在关节运动之前操作，最好用角度计或量规器精确测量,左右对比,患者主动活动范围即主动 ROM 与被动(检查者外力活动关节)ROM 对比。同时应注意患者关节紧张感或挛缩、交锁现象和关节囊松弛所致的过伸与 ROM 增大及神经系统损害所致的肢体瘫痪。应以健康人正常关节或患者自己健侧关节 ROM 与被动 ROM 比较进行评价,详见康复评定技术。

(三) 功能评定

美国风湿病协会将 RA 分为Ⅳ级:

Ⅰ级:功能状态良好,能完全完成日常工作。

Ⅱ级:能从事正常活动,但有一个或多个关节活动受限或不适。

Ⅲ级:只能胜任一小部分或完全不能胜任一般工作或自理生活。

Ⅳ级:大部分或完全丧失能力,需要卧床或依靠轮椅,很少或不能自理生活。

(四) 肌力评定

肌力测定反映受累关节周围肌肉的状态。RA 患者的肌力评定一般采用徒手肌力测定法。在关节有明显疼痛、肿胀或关节活动度明显受限、关节明显畸形时不进行肌力测定。

(五) 步态分析

下肢关节受累的患者会出现异常步态,包括疼痛步态、肌无力步态、关节挛缩步态等。疼痛步态表现为患者的支撑相缩短,健肢摆动速度加快,步长缩小;肌无力步态如股四头肌无力时,患者在支撑相不能充分伸膝,需以手扶膝帮助,同时身体前倾。关节挛缩步态如踝关节挛缩,患肢出现马蹄足,行走时患肢在摆动相过度屈髋屈膝以替代屈踝不能或出现类似偏瘫患者的画圈步态。

(六) 日常生活活动能力评定

可采用功能病损信号评定法(signal of function impairment,SOFI),Fries 功能障碍调查表及 Barthel 指数分级法等方法。

1. SOFI 评定表　包括手功能、上肢功能、下肢功能测定 3 个大项,每项有 3~4 个完成活动,能完成为 0 分,部分完成为 1 分,不能完成为 2 分。总分越高,病损程度越重(表 15-5)。

表 15-5　SOFI 评定量表

部位	方法	评分
手	1. 能握住直径 6cm(女性)或 8cm(男性)的管子,手指与手掌均能紧贴管壁	0 分
	手指能紧贴管壁,手掌不能	1 分
	仅能用 1~4 个手指抓住	2 分
	2. 手指能握紧铅笔	0 分
	手指能握紧直径 2.5cm 的管子	1 分
	手指不能紧握物体	2 分
	3. 拇、示指能对指并成圆形	0 分
	拇、示指能对指并成半圆形	1 分
	拇、示指不能对指	2 分
	4. 拇指可对掌并达到小指掌指关节处	0 分
	拇指可对掌并达到示指掌指关节处	1 分
	拇指不能对掌达到小指掌指关节处	2 分
上肢	1. 肩外展 90°时屈肘,手能触及颈部棘突	0 分
	肩外展 <90°时屈肘,手能触及颈部棘突	1 分
	不能完成以上动作	2 分
	2. 肘屈曲 90°,前臂处于正中位并旋后时整个手背能平放在桌面	0 分
	肘屈曲 90°,前臂处于正中位并旋后时第 4~5 掌指关节能平放在桌面	1 分

续表

部位	方法	评分
	不能完成上述动作	2分
	3. 肘关节伸直可达180°	0分
	肘关节不能完全伸直，≤5°	1分
	肘关节不能完全伸直，>15°	2分
下肢	1. 坐位时足跟能放在对侧膝上	0分
	坐位时足跟能放在对侧小腿中部	1分
	不能完成上述动作	2分
	2. 膝关节伸直达180°	0分
	膝关节不能完全伸直，≤10°	1分
	膝关节不能完全伸直，>10°	2分
	3. 单侧赤足站立在一下方垫有直径40cm圆柱体的木板上，能使木板倾斜并使木板侧缘触地	0分
	能使木板倾斜，但不能使木板侧缘触地，距离<20cm	1分
	不能完成上述动作	2分
	4. 能完成起踵动作且无疼痛	0分
	能完成起踵动作但有疼痛	1分
	不能完成上述动作	2分

2. Fries 功能障碍调查表　该表共有8个大项目：穿衣打扮、起立、进食、步行、梳洗、上肢上举、手的功能、活动。每项里有若干小项目，患者能无困难完成为0分，有困难完成为1分，需要帮助为2分，不能完成为3分。分值越高，功能受限越严重。

3. 其他的 ADL 评定　可以采用 Barthel 指数分级法、Katz 指数分级法等方法。

（七）畸形分析

类风湿关节炎疾病晚期可出现不同程度的关节畸形，如手指、足趾屈曲成爪形，肘关节、膝关节屈曲不能伸直等等，既影响美观，又不能发挥正常功能。这里以手为例，常见有以下5种畸形。

1. 尺偏畸形　因软组织松弛无力，除拇指外，其余四指的远端，均以掌指关节为轴心，向小指一侧偏斜，导致手的"之"字形。

2. "鹅颈"畸形　掌指关节屈曲，近端指间关节过伸，远端指间关节屈曲。从侧面看上去，很像鹅的颈部。

3. "纽扣花"畸形　近端指间关节完全丧失主动伸直能力，固定于屈曲位，远端指间关节过伸。

4. "望远镜"畸形　因掌指骨骨端骨质大量吸收，以致手指明显缩短，手指皮肤有明显"风琴样"皱纹，手指关节松弛不稳，且有异常的侧向活动。受累手指可被拉长或缩短，好像古老的望远镜。

5. "槌状指"畸形　指伸屈肌腱不完全撕裂，使肌腱延长，而形成远端指间关节的屈曲畸形。

（八）心理功能评定

中重度类风湿关节炎患者由于肢体不同程度的障碍，其心理活动有着与一般人群不同的特点，并在日常行为中不自觉地表现出来，如焦虑、敏感、自卑而孤僻、情绪反应强烈。在对患者进行针对性心理干预之前，必须进行心理功能评定。一般可采用焦虑自评量表（SAS）和抑郁自评量表（SDS）对类风湿关节炎患者进行调查并评定。

三、康复治疗

（一）康复治疗目标

RA 是一种致残率高的慢性疾病，康复的早期介入，可以延缓关节畸形的发生，改善患者活动功

图片：爪形指畸形

笔记

能。其治疗目标主要有：

1. 镇痛，维持受累关节的正常功能。
2. 维持患部周围肌肉的正常肌力。
3. 保护关节免受进一步器质性破坏或畸形的外加损伤。

（二）康复治疗原则

治疗原则是解除疼痛、控制炎症、保持良好的全身状态、预防或改善功能障碍。在疾病的不同时期，康复的重点是不一样的。急性期康复的重点是关节休息，尽可能保持关节的功能位，以减轻疼痛、控制炎症、避免关节负重；亚急性期以维持关节活动度，进行适当的主动和被动运动，以不加重疼痛为度；慢性期以预防和矫正畸形为主，可以增加关节活动度、增强肌力和体能训练等手段来实现。

（三）康复治疗方法

1. 药物治疗　当前国内外应用的药物，只能缓解疼痛、减轻或延缓炎症的发展。治疗类风湿关节炎的常用药物有以下五大类。

（1）非甾类抗炎药（NSAIDs）：是改善关节炎症状常用药，多与改变病情的抗风湿药同用。常用的药物有塞来昔布、美洛昔康、双氯芬酸、吲哚美辛及洛索洛芬钠等。由于 NSAIDs 使前列腺素的合成减少，故可出现相应的不良反应，如恶心、呕吐、腹痛、腹泻等，严重者有消化道溃疡。

（2）抗风湿药（DMARDs）：该类药物较 NSAIDs 发挥作用慢，临床症状明显改善需 1~6 个月，故又称慢作用药，这些药物不具明显的镇痛和抗炎作用，但可延缓或控制病情的进展。常用的药物有甲氨蝶呤、柳氮磺吡啶、来氟米特、抗疟药、硫唑嘌呤、青霉胺及环磷酰胺等。

（3）生物制剂：是目前治疗 RA 快速发展的治疗方法，疗效确切、显著。包括 TNF-α 拮抗体、IL-1 拮抗体、IL-6 拮抗体、抗 CD20 单抗以及 T 细胞共刺激信号抑制剂等。

（4）糖皮质激素：具有强大的抗炎作用，能迅速减轻关节疼痛、肿胀和全身炎症反应，在关节炎急性发作或伴有心、肺、眼和神经系统等器官受累的重症患者，可给予短效激素，其剂量依病情严重程度而调整。常用药物有泼尼松。

激素治疗类风湿关节炎的原则是：不需用大剂量时则用小剂量；能短期使用者，不长期使用；在治疗过程中，注意补充钙剂和维生素以防止骨质疏松。

（5）植物药制剂：常用的药物有雷公藤多苷、白芍总苷、青藤碱等。部分药物对缓解关节症状有较好的作用，但尚待进一步研究。

（6）中药辨证治疗：以祛风散寒除湿、活血通络、补益肝肾为治则，可选用防风汤、乌头汤、羌活胜湿汤、宣络通痹汤等加减。

（7）其他治疗：除上述的治疗方法外，对于少数经规范用药疗效欠佳，血清中有高滴度自身抗体、免疫球蛋白明显增高者可考虑免疫净化，如血浆置换或免疫吸附等治疗。

2. 适当休息　RA 患者无论是活动期还是稳定期均需要适当的休息。患者在急性期需要完全卧床休息，并要采取正确的体位，以防止畸形强直的发生。宜卧硬板床，枕头宜低或不用枕头；仰卧位时上肢取外旋位，下肢保持伸直中立位；膝下不宜垫枕，以免屈曲挛缩；足蹬垫板以防足下垂。坐位宜用平板靠背椅，挺直靠在椅背上，两脚平放地面。休息是否适宜，以休息后能消除疲劳、减轻或解除关节局部肿痛为标准。

3. 运动治疗

（1）关节被动活动：在急性期，为防止关节活动度受限，关节挛缩，应对关节进行被动活动，动作要轻柔，并避免可能导致关节畸形被动加重的活动，活动频率每日 2~3 次即可。

（2）关节主动运动：对病变关节进行主动活动时，应在关节能承受的疼痛范围内进行。运动初始会有轻微疼痛，但坚持运动会改善血液循环而消除局部淤血，多数能收到良好的止痛效果。运动量因人而异，如果训练后疼痛和疲劳持续 1~2h，意味着运动量过大，应慎重。患者过于虚弱或关节活动度受限时，可采用关节主动助力运动。

（3）等长运动：在急性期，制动的关节周围肌肉应作等长肌肉收缩，防止肌肉萎缩。等长收缩的强度，频率随病情好转可逐步增加，但前提是不加重关节的疼痛。

（4）肌力训练：在慢性期，在病情稳定后，可进行等张肌力训练以增加肌力。如高阻力低重复法

（Delorme 法），负荷逐渐增加至最大负荷量；恒定负荷重复法（Delateur 法），采用恒定负荷量，重复训练，直至肌肉疲劳。

4. 物理因子治疗

（1）冷疗法：冷疗方式有冷泉、冷水浴、冰（冰袋）、液氮冷冻喷雾等，具有减少组织渗出、促进炎症消退、水肿吸收和镇痛的作用，同时还可改善关节的活动度，促进功能的恢复，但仅适用于急性炎症期。

图片：红外线疗法

（2）温热疗法：①全身温热疗法。有温泉浴、蒸汽浴、热水温浴、哈巴德水槽浴、全身沙浴、全身热泥浴等。全身热疗传入的热度较大，对全身的影响也较大。对于体弱、体温 >38℃、疾病急性期、出血倾向明显、贫血严重、非代偿性心脏病等患者慎用。②局部热疗。有热袋、红外线照射、蜡疗、中药熏药、电热手套等，对全身影响较小。③电热手套。可减轻疼痛，但对改善晨僵程度和阻止关节破坏疗效不佳。目前认为，关节内部温度一般在 30℃ 左右，低于人体体温。关节温度升高至 35~36℃ 时，可激活关节内的软骨降解酶，破坏关节软骨。因此，在急性期禁用。

组图：紫外线与激光疗法

（3）电疗：包括直流电离子导入疗法、低中频脉冲电疗法、高频脉冲电疗法。

（4）光疗：急性期可用紫外线照射、激光照射治疗等。

5. 作业疗法　对类风湿关节炎患者，自我的残存功能评价较低，且病变主要在四肢，日常生活活动能力受损，应进行作业治疗和使用自助器以使患者独立完成日常生活所需要的动作。在炎症稳定后，开始进行作业训练。除了进行一些维持日常生活活动的训练外，如进食、梳洗、更衣、写字、站立、行走、蹲下、上下阶梯等。作业训练应根据部位不同做适当的选择，上肢肩、肘关节的伸屈功能训练可选择拉锯、刨削等活动；手指关节活动能力及手指精细活动训练可选择绘画、书法、刺绣、缝纫、编织、弹琴等训练；下肢的功能练习，可采用脚踏缝纫机、功率自行车等，增强髋、膝、踝关节的活动功能。作业疗法能改善患者功能，提高社会适应能力，是对患者身心健康都有利的一种综合疗法。

6. 心理疗法　RA 患者由于病情反复、功能受损重，患者常产生焦虑、无助、绝望等心理障碍，主张对患者进行适当的心理治疗。康复医师与治疗师在治疗患者时，应帮助患者树立信心，鼓励患者。包括支持疗法、暗示疗法、心理疏导、适当的文体娱乐活动，使患者摆脱忧虑、悲观、抑郁状态，增强战胜疾病和自我生活的信心。

7. 关节防护

（1）避免过度使用小关节，尽量利用较大和有力的关节，以免引起关节损伤。

（2）避免关节长时间处于变形位置，无论是睡眠、走路或坐下，都要保持良好的姿势。

（3）急性疼痛应避免关节过度使用。

（4）必要时可采用夹板或支具制动，可以固定病变组织，消肿止痛，同时又能保证关节活动保持良好的功能。夹板应每天卸去一次，以进行适当的关节活动防止关节僵硬。

（5）恢复期症状控制后，患者可针对自己的病变关节来选择不同部位的关节体操。关节体操可进行关节功能锻炼，使关节保持良好的功能状态，且简单易行，应于起床后和睡前进行，每个动作最少做10 次。

图片：矫形器

8. 支具和矫形器　炎症急性期使用夹板制动关节，使之固定于功能位，具有保护及固定急性炎症组织，并可以防止关节因重力而导致关节畸形。矫形器应用可以减轻关节畸形发展，缓解疼痛，防止关节由于不稳定而进一步受损。

9. 中国传统康复治疗

（1）推拿疗法：推拿能够改善病损关节的血液循环，降低炎症发生，改善症状，防止骨、关节、肌肉、肌腱等组织发生萎缩，松解粘连，从而防止关节挛缩、僵直，改善关节活动度。常用的手法有推、拿、揉、捏等。注意对已畸形的关节切忌使用暴力，以免症状加重。

（2）针刺疗法：选穴上主要是手足三阳经、阿是穴及督脉穴位等。此外，小针刀疗法可以松解粘连，促进局部血液循环，加速局部的新陈代谢，改善关节活动障碍，矫正畸形，并且有利于损伤组织的早期修复。

（3）艾灸疗法：在针刺疗法的基础上，选取部分穴位同时使用艾灸疗法，可以达到温经散寒的功效，进一步加速局部的新陈代谢，促进血液循环。

笔记

10. 手术治疗　近年来，由于手术方法的不断改进、治疗效果得到逐步提高。尤其是对康复治疗无效的中晚期类风湿关节炎患者,使用矫形器也无法矫正或功能明显受限的患者,可以考虑手术治疗。从而控制病情继续发展和矫正关节畸形、恢复关节功能。临床常见的手术种类有滑膜切除术、关节矫形术、关节清理术、关节融合术、截骨矫形、人工关节置换术等。

第三节 强直性脊柱炎康复

患者,男性,20岁,工人。腰骶部疼痛8个月余,加重半个月。因睡卧湿地后引起腰骶部疼痛、僵硬不舒8个月,夜间及晨起较重,翻身不便,活动后减轻,经常服用吲哚美辛(消炎痛)、瑞培林(双氯芬酸钠肠溶片)等药,效果不佳,病情缓慢发展,进行性加重,近半个月来,疼痛加重,腰部活动受限,来院就诊。查体:腰部僵硬,腰椎各方活动受限,双侧骶骨关节叩击痛,双侧4字征(+)。实验室检查:HLA-B27(+),红细胞沉降率60mm/h,C反应蛋白20mm/h,类风湿因子和抗O阴性。X线显示双侧骶骨关节模糊,关节面破损,密度增高。

问题与思考:

1. 该患者属于康复分期的哪一期?

2. 怎么设定康复治疗目标?

3. 如何制订康复治疗方案?

一、概述

(一) 基本概念

强直性脊柱炎(ankylosing spondylitis,AS)是脊柱关节炎(spondyl-oarthritis,SpA)的一种常见临床类型,是一种慢性自身炎症疾病,临床上多以中轴关节病变为主,有时可伴发关节外表现,严重时可发生脊柱和关节强直。

AS多发于青壮年,发病年龄多在40岁以下。AS患病率与种族、地区、性别、年龄等密切相关,患病率在各国报道不一,我国普通人群患病率约为0.25%。男女比例为(4~10)∶1。

(二) 病因及发病机制

本病病因至今未明,从流行病学调查发现,与基因遗传和环境因素有关。临床上约有90%的AS患者人白细胞相关抗原HLA-B27阳性,提示与HLA-B27高度相关。另外可能与泌尿生殖道沙眼衣原体、志贺菌、沙门菌和结肠耶尔森菌等某些肠道病原菌感染有关。推测这些病原体激发了机体的炎症应答和免疫应答,造成组织损伤而引起疾病。

(三) 病理

附着点病(炎)为本病基本病变,骶髂关节是本病最早累及的部位。病理表现为滑膜炎,软骨变性、破坏,软骨下骨板破坏等。典型的晚期表现是出现椎体方形变、韧带钙化、脊柱"竹节样"变等。

(四) 临床表现

1. 症状 早期首发症状常为下腰背痛伴晨僵。也可以表现为单侧、双侧或交替性臀部、腹股沟向下反射酸痛等。症状在夜间休息或久坐时较重,活动后可减轻。对非甾体抗炎药反应良好。晚期可有腰椎各方向活动受限和胸廓活动度减少。随着病情进展,整个脊柱常自下而上发生强直。

最典型和常见的表现为炎性腰背痛。其他部位附着点炎多见于足跟、足掌部的疼痛,也可见于膝关节、胸肋连接、脊椎骨突、髂嵴、大转子和坐骨结节等部位。

此外,30%左右的患者可出现反复的葡萄膜炎或虹膜炎。部分患者可出现升主动脉根和主动脉瓣病变及心传导系统异常。

2. 体征 常见体征为骶髂关节压痛,脊柱前屈、后伸、侧弯和转动受限,胸廓活动度减低,4字试验阳性。肌腱附着点压痛或肿胀。

（五）实验室和影像学检查

1. 实验室检查　无特异性指标。类风湿因子（RF）阴性；活动期可有血沉、C 反应蛋白、免疫球蛋白（尤其是 IgA）升高。约 90% 的患者 HLA-B27 阳性。

2. 影像学检查　放射学检查是诊断本病的关键。

（1）X 线片：X 线片显示软骨下骨缘模糊，骨质糜烂，关节间隙模糊，骨密度增高及关节融合。脊柱的 X 线片表现有椎体骨质疏松和方形变，椎小关节模糊，椎旁韧带钙化以及骨桥形成。晚期广泛而严重的骨化性骨桥表现称为"竹节样脊柱"。耻骨联合、坐骨结节和肌腱附着点（如跟骨）的骨质糜烂，伴邻近骨质的反应性硬化及绒毛状改变，可出现新骨形成（图 15-5）。

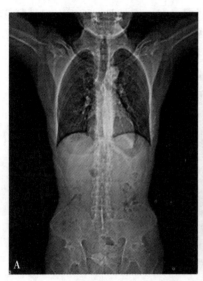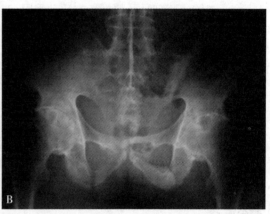

图 15-5　强直性脊柱炎累及骶髂关节、脊柱（A）、髋关节（B）

（2）CT 和 MRI：骶髂关节和脊柱 MRI 检查能显示关节和骨质的水肿、脂肪变性等炎症改变，以及周围的韧带硬化、骨质破坏、关节强直等，能比 CT 更早发现骶髂关节炎。CT 分辨力优于 X 线。

（六）诊断标准

近年来有不同标准，有 1966 年纽约标准、1984 年修订的纽约标准及 1988 年第一届全国中西医结合风湿疾病学术会议有关的诊断标准。现在仍沿用 1984 年修订的纽约标准。

1. 纽约标准（1966 年）

（1）临床标准：①腰椎在前屈、侧屈和后伸的 3 个方向运动均受限。②腰背痛史或现有症状。③胸廓扩展范围小于 2.5cm。

（2）骶髂关节 X 线表现分级：分为 5 级。①0 级为正常。②Ⅰ级可疑变化。③Ⅱ级有轻度异常，可见局限性侵蚀、硬化，但关节间隙正常。④Ⅲ级明显异常，中度或进展性骶髂关节炎，伴有侵蚀、硬化、关节间隙增宽或狭窄等一项或一项以上改变，部分强直。⑤Ⅳ级严重异常，完全强直。

（3）诊断：①肯定 AS：双侧骶髂关节炎Ⅲ~Ⅳ级，加至少一项上述诊断依据；单侧Ⅲ~Ⅳ级或双侧骶髂关节炎。上述第 1 项或第 2+3 项临床诊断依据。②可能 AS：双侧骶髂关节炎Ⅲ~Ⅳ级，不伴有临床标准者。

2. 1984 年修订的纽约标准

（1）临床诊断依据：①腰痛、晨僵 3 个月以上，活动改善，休息无改善。②腰椎在前后和侧屈方向活动受限。③胸廓扩展范围小于同年龄和性别的正常值。

（2）放射学检查：骶髂关节炎分级标准同 1966 年纽约标准。

（3）诊断：①肯定 AS：符合放射学诊断标准和 1 项以上临床标准。②可能 AS：符合 3 项临床标准，或符合放射学诊断标准但不具备任何临床标准。

3. 1988 年第一届全国中西医结合风湿类疾病学术会议有关 AS 的诊断标准如下：

（1）症状：以两骶髂关节，腰背部反复疼痛为主。

（2）体征：早、中期患者脊柱活动有不同程度受限，晚期患者脊柱出现强直或驼背固定，胸廓活动减少或消失。双侧骶髂关节检查（如骨盆分离试验、骨盆挤压试验、4字试验等）显示阳性结果。

（3）实验室检查：血沉多增快，RF多阴性，HLA-B27多强阳性。

（4）X线检查：具有强直性脊柱炎和骶髂关节典型改变。

（5）分期

1）早期：脊柱活动受限，X线显示骶髂关节间隙模糊，椎小关节正常或仅关节间隙改变。

2）中期：脊柱功能活动受限甚至部分强直，X线显示骶髂关节锯齿样改变，部分韧带钙化，方椎，小关节骨质破坏，间隙模糊。

3）晚期：脊柱强直或驼背固定，X线显示骶髂关节融合，脊柱呈竹节样改变（图15-6）。

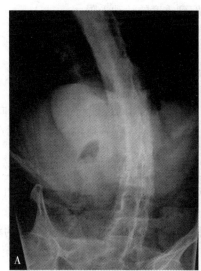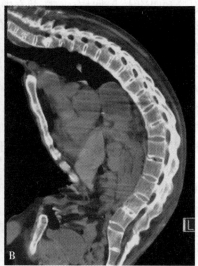

图15-6 X线脊柱呈竹节样改变
A. 正位像；B. 侧位像

上述诊断标准都强调腰痛、腰椎活动受限、胸廓活动受限和骶髂关节炎，只要注意这些要点，则本病的诊断并不困难。但由于本病多为隐袭性、慢性起病，早期影像学表现不确定，临床误诊漏诊率较高，因此，凡有急性或慢性腰及下背部疼痛、僵硬感的男性青少年，均应疑及本病，必须及早做骶髂关节X线摄片检查以明确诊断。

HLA-B27检测在脊柱关节炎诊断中的应用价值

HLA-B27属于HLA-Ⅰ类分子，人们很早就发现HLA-B27的阳性表达与SpA，尤其是AS的发生有关。分析HLA-B27的表达情况不仅有助于SpA的早期诊断，而且可以进行病情严重程度的分析和预后的判断。SpA患者有不同程度的眼、口腔、肠道、肺、心脏及肌肉病变，这类疾病具有一些共同的特点，如：遗传易感因子主要为HLA-B27；以肌腱-骨附着点炎症为基本的病理改变；常累及脊椎、骶髂关节和四肢大关节；类风湿因子阴性，如果疾病早期得不到控制可进展至脊柱强直或关节强直（脊柱和关节强直是SpA患者主要致残的原因）。早期诊断、及时治疗是减少SpA患者残疾发生的关键，故早期诊断尤为重要。

二、康复评定

（一）疼痛评定

1. **总体疼痛评定** 采用视觉模拟评分法（详见康复评定技术），这是目前临床最为常用的评定方法。

2. 夜间痛评定

0分：总体上无疼痛。

1分：有时有疼痛。

2分：经常疼痛或断断续续疼痛，通常影响睡眠。

3分：夜间持续疼痛，严重影响睡眠。

3. 脊柱痛评定

0分：触诊和叩诊无疼痛。

1分：触诊和叩诊或活动时有轻度疼痛。

2分：触诊和叩诊或活动时有中度疼痛。

3分：轻度触诊和叩诊或活动时有疼痛，并有中度到重度的活动受限。

4分：轻度触诊和叩诊时及脊柱基本不动时也有不能耐受的疼痛。

（二）功能检查与评定

1. 脊柱运动功能　除了常规的颈、胸、腰椎前屈、后伸、侧弯及旋转功能的测定外，常用的评定以下几项：

（1）改良 Schober 实验（腰椎活动度试验）：患者直立位，在髂嵴连线与正中线交点向上 10cm 处及向下 5cm 处分别划一线作标志。令患者腰椎前屈（保持双膝伸直），在弯腰情况测量两点之间的距离，如大于 14cm 则表明患者腰椎前屈功能良好，如小于 14cm 表示胸腰椎前屈功能受限。

（2）指地距离（脊柱前屈功能评定）：用以评定前屈功能。患者直立位，膝关节伸直，向前用力弯腰以中指指尖触地，测量中指尖与地面距离，正常为 0~10cm，距离越大说明脊柱前屈功能障碍越严重。注意髋关节病变将影响结果。

（3）脊柱侧屈评定：患者直立位，尽可能地侧屈脊柱，测量侧屈侧中指指尖与地面的距离。

（4）下颌胸骨距：此法主要评定颈椎前屈功能，患者取坐位，颈部前屈，测量下颌至胸骨体上缘距离，正常为 0cm，大于 0cm 为异常。

2. 胸廓活动度评定　患者直立，在第四肋间隙水平（女性乳房下缘）测量深呼气和深吸气时的胸围差，差值 <2.5cm 则胸廓活动度减小，活动受限。

3. Keitel 功能试验　是评定脊柱的功能的试验，主要包括枕墙距、Schober-Wright 征、指尖与地距离、胸围呼吸差、单腿站立及下蹲等。具体评定方法见表 15-6。最高分为 18 分，0 分为正常，分数越高表示障碍越严重。

表 15-6　Keitel 功能试验

试验	评分		
	3	1	0
Schober-Wright 征	<2cm	≥2，<4cm	≥4cm
指尖与地面距离	>30cm	>10，≤30cm	<10cm
枕墙距	>3cm	>0，≤3cm	0cm
胸围呼吸差	<2cm	<4cm	≥4cm
单腿站立	完全不能	单侧不能	双侧均能
下蹲	1/4 蹲	半蹲	全蹲

4. 其他功能评定　包括 4 字试验、骨盆分离挤压试验、四肢关节活动范围测量、肌力评定、心肺功能检测等，可根据情况选择运用。

5. 专项评定量表　目前较为成熟的 AS 评定量表包括：①Dougados 强直性脊柱炎功能性指数和关节指数评定量表。②Bath 强直性脊柱炎疾病活动性指数（BASDAI）。③Bath 强直性脊柱炎计量指数（BASMI）。④Bath 强直性脊柱炎功能性指数（BASFI）。⑤Leeds 是失能问卷（修订版）等。

（三）心理功能评定

AS 的病程较长、病情易于反复,严重者又可以致残。有超过半数的患者存在心理问题,包括抑郁、焦虑、消沉、悲观等。其心理功能的评定常采用焦虑自评量表(SAS)和抑郁自评量表(SDS)。

三、康复治疗

(一) 康复治疗的意义

1. 康复治疗几乎使用于所有强直性脊柱炎患者,不同的临床阶段采用不同的康复治疗方法,可有效控制炎症发生、发展,缓解疼痛。

2. 改善指地距、枕墙距、腰椎和胸廓活动度。

3. 提高肌力,延缓或阻止疾病发展,防止出现关节僵直畸形。

4. 维持并增加关节活动度,保护关节正常功能,最终使患者维持正常的工作及生活能力。

(二) 康复治疗的目的

1. 早期　为 AS 的初始阶段,此时患者以腰背部和骶髂部疼痛为主,脊柱活动多无困难。康复治疗的目的主要是控制炎症,减轻疼痛,保持脊柱等中轴大关节的正常活动。

2. 中期　炎症已从骶髂关节扩展到脊柱胸段、腰段,可波及髋、膝、肩等大关节,临床主要表现为关节疼痛,脊柱活动受限,但尚未完全强直。康复治疗的目的是消除炎症、缓解疼痛、提高肌力、维持并增加受累关节活动度,防止出现关节僵直畸形。

3. 晚期　脊柱出现纤维性、骨性强直。此时疼痛多已减轻,缓解疼痛的各种方法已不重要。对未完全强直的患者应积极通过康复疗法让患者将来能生活自理,使患者保持独立工作及日常生活的能力,同时注意增进患者适应社会的能力。

4. 术后　后期患者出现脊柱强直或髋关节、肩关节甚至膝部的强直,需进行矫正手术或人工关节置换术。此阶段康复治疗的目的是术前教会患者术后的康复训练方法,术后早期开展有计划的关节功能训练。从而减少术后并发症的发生,提高关节功能恢复满意度,达到改善患者的生活能力和工作能力的目的。

(三) 康复治疗方法

1. 健康教育　积极有效的健康教育不仅有助于 AS 的早期诊疗,还可以帮助患者改变不良生活方式,以良好的心态坚持长期正规的治疗,延缓畸形的发生发展,降低致残率。

(1) 帮助患者了解 AS 的发生、发展,认识到治疗的意义及长期性,从而充分调动患者的积极性,让患者主动自愿地参与治疗。

(2) 帮助患者了解药物可能发生的副作用及正确处理方法,从而避免不必要的停药及不良后果的发生。

(3) 鼓励和促进患者之间相互交流沟通,加强相互有效经验的吸取。

(4) 培养患者养成定期测量身高的习惯,及早发现脊柱弯曲。

(5) 指导患者在生活中采取正确合适的卧、立、坐、行姿势,利于畸形的预防和矫正。

(6) 鼓励患者保持积极乐观的精神,正确处理各种人际关系。

2. 运动疗法　运动疗法对于 AS 患者尤为重要,其治疗作用为减轻疼痛,缓解症状;维持脊柱生理曲度、防止畸形;保持良好的胸廓活动度,避免影响呼吸功能;防止或减轻肢体因失用而引起的肌肉萎缩,维持骨密度和强度;延缓受累关节僵直,防止畸形;增强心肺功能,提高运动能力。运动疗法主要包括以下几种类型。

(1) 维持胸廓活动度的运动,如深呼吸、交替呼吸(胸式呼吸和腹式呼吸交替进行)、扩胸运动等。

(2) 保持脊柱灵活性的运动,如颈、腰各个方向的运动、转动等。

(3) 四肢关节运动,主要以人体大关节为主的运动,如肩关节的肩上耸和肩胛内收、髋关节的屈曲运动等。

(4) 健身和体育锻炼,种类很多,简单的如散步、慢跑、俯卧撑、各类拳操等。游泳既包括肢体运动,又有扩胸运动,还有利于维持脊柱正常生理曲度,值得采用。

(5) 维持体位和姿势纠正的运动,可在日常活动中进行。活动期可依照正确休息姿势的保持方法,若髋关节受累时,可采用俯卧位。

需要注意的是,上述运动可在医生的指导下,根据自身的病情特点及所处的时期进行选择和组合,开始运动量要小,必要时分次完成,适应后逐渐增加。运动可能会增加疼痛,但如能经短时间休息后缓解,应视为正常,不必终止。如运动后增加的疼痛持续 2h 以上,且休息后不能缓解,则说明运动过度,应适当调整运动量和运动类型,或暂行休息。但有些运动对 AS 不宜,如跑步可能会加重症状,尤其是髋关节受累者更不宜提倡。

3. 药物治疗

(1) 非甾体抗炎药(NSAIDs):对非甾体抗炎药敏感是 AS 的特征之一。这类药物起效较快,能在较短时间内控制症状,可迅速改善患者腰背部疼痛和发僵,减轻关节肿胀和疼痛,增加关节活动范围,对早期或晚期 AS 患者的症状治疗都是首选的,是应用最广泛的药物。要评估某个特定的 NSAIDs 是否有效,应持续规则使用同样剂量至少 2 周。如 1 种药物治疗 2~4 周疗效不明显,应改用其他不同类别的 NSAIDs。在用药过程中应监测药物不良反应并及时调整。常用的药物包括布洛芬、萘普生、双氯酚酸、吲哚美辛、美洛昔康、尼美舒利等。

(2) 糖皮质激素:用于治疗 AS 时具有很强的消炎、镇痛作用,但不能控制本病的病情发展,且有较多的副作用,所以长期使用弊大于利,尤其是晚期患者常并发严重的骨质疏松,所以本病原则上不宜长期使用皮质激素,尤其不宜大、中剂量长期使用。

(3) 慢作用药物:这类药物起效较慢,需用药 1~3 个月才发生作用,所以称为慢作用药物。常用的有柳氮磺胺吡啶、甲氨蝶呤等。

(4) 中药:本病属祖国医学痹证"骨痹"范畴,中药治疗 AS 有不少病例报道,一般以补肾、祛风散寒为主,辅以化湿通络、活血止痛。

(5) 生物制剂:TNF-α 拮抗剂是目前治疗 AS 的最佳选择,有条件者应尽量选择。它的特点是起效快,抑制骨破坏的作用明显,对中轴及外周症状均有显著疗效,患者总体耐受性好。

(6) 植物药:雷公藤多苷有抗炎镇痛作用,疗效较好,服用方便。副作用有胃肠道反应、白细胞减少、月经紊乱及精子活力降低等,停药后可恢复。

4. 物理因子治疗 AS 物理治疗的主要作用在于减轻症状、维持关节活动度、防治畸形。

(1) 温热疗法:温热疗法可增加病变部位的血液循环,消炎消肿,解痉止痛,有助于缓解临床症状,多用于疾病的急性期,常用方法有红外线、蜡疗、超短波、微波等。

1) 红外线疗法:多采用患处局部垂直照射,灯距 50cm,温热量,每次 20~30min。

2) 超短波疗法:多用两板状电极于患处对置或并置,温热量,每次 12~15min。如患处红、肿、热、痛明显,则采用无热量,每次 10min。

3) 微波疗法:多用非接触式辐射器,与体表距离为 10cm。治疗剂量与时间同超短波。

4) 蜡疗法:多采用蜡饼法,每次 30~40min。脊柱部位患者需要俯卧,有利于防治脊柱后凸畸形。

上述治疗每天 1 次,15~20 次为 1 疗程。需注意的是,遇患处红、肿、热、痛明显,除微波与超短波外,其余温热应慎用。

(2) 电疗:常用方法有低频脉冲电疗法、音频电疗法、调制中频电疗法、药物离子导入疗法等。低中频电疗法具有促进代谢、消炎止痛的作用,还可以锻炼肌力,改善受累关节的功能活动。药物离子导入疗法根据病情配制相关药液,药物离子既可以加强物理因子消炎镇痛作用,又具有与药物相似的疗效,同时可避免口服药物的不良反应,值得临床推广使用。

1) 低中频电疗法:板状铅板电极或粘贴电极与患处对置或并置,耐受量,每次 20~30min。

2) 药物离子导入疗法:可采用直流电或调制中频电流,将需要导入的药物置于与其离子极性相同的电极衬垫上,于患处对置或并置,耐受量,每次 20~30min。

上述治疗每天 1 次,15~20 次为 1 疗程。

(3) 水疗法:水疗法非常适合 AS 患者,不仅因为一定温度的水疗可以解痉镇痛,增加关节活动度,还可以借助水的浮力,有助于病变关节进行各种运动,从而增强肌腱、韧带的柔韧性,缓解或消除关节部位的炎症,临床尤其适合疼痛严重或关节受损不能负重的患者。脊柱病变广泛或病变累及多个关节的本病患者则更适合选择全身水浴或矿泉浴。

1）全身气泡浴：患者仰卧于浴盆中，浴水面过患者乳头为宜，以减少水的机械压力压迫胸部影响心脏功能。浴水温度 36~38℃，温室 22~23℃，治疗时间 10~20min，每日或隔日 1 次，15~20 次为1 疗程。

2）涡流浴：分全身用、上肢用、下肢用三种。根据病变部位或数目选择合适的涡流浴装置，将槽内注入 2/3 水量，水温 37~42℃，治疗过程中患者应感觉舒服、无疲劳。每次 15~20min，每日或隔日 1 次，15~20 次为 1 疗程。

5. 传统康复治疗 具有调和气血、活血通络、扶正祛邪、消炎止痛的作用。包括：

（1）针刺疗法：取穴主要以华佗夹脊、督脉和膀胱经为主，常用腧穴有腰夹脊、大椎、至阳、命门、肾俞、气海俞、大肠俞、委中、秩边、承扶、承山、昆仑等。患者仰卧位或坐位，暴露出颈、胸、腰背部的皮肤，常规消毒后，毫针刺入 1~1.5 寸，针尖向脊柱方向透刺，每次 25min，每日 1 次，10 次为 1 疗程。

（2）艾灸疗法：艾灸法是祖国医学独特的治疗方法，简单易操作，安全无副作用。目前主要的灸法有长蛇灸（又称为"铺灸"）、隔物灸、温针灸、药物灸等多种灸法。

（3）其他：拔罐疗法、刺络拔罐疗法、刮痧疗法等。

6. 小针刀疗法 小针刀是治疗 AS 的一种安全、有效、副作用小的治疗方法，通过切开瘢痕、分离粘连与痉挛、疏通堵塞，从改善患者的关节疼痛与活动障碍，矫正畸形。

7. 作业治疗 AS 患者作业治疗的重点主要在于解决脊柱及外周大关节功能障碍所造成的日常生活能力不足或丧失。包括 ADL、工作、娱乐再训练和家庭工作环境改建等。所有的防护和康复措施都是为了确保达到最大的功能水平和心理、职业上的调试。

8. 外科治疗 外科治疗并不能改变 AS 的病程发展，除早起滑膜切除术外，手术治疗多使用于 AS 晚期、畸形比较严重影响日常生活能力时。AS 晚期最常用的外科手术方法有人工髋关节置换术和脊柱矫形术等。

9. 心理治疗 因 AS 最终会导致脊柱的骨性强直，有较高致残率，从而影响人的正常生活。这给患者造成沉重的心理压力，从而影响治疗康复效果。及时恰当的心理治疗可以帮助患者正确认识 AS 的性质及特点，消除患者的抑郁、焦虑、自卑等心理障碍，树立起战胜疾病的信心，增强面对现实的勇气。本病患者常用的心理干预措施包括疾病知识的教育；心理的支持和疏导；自我放松技术；心理应激的处理以及心理咨询等。

10. 其他治疗 AS 的其他治疗还包括封闭治疗、推拿按摩、中药熏蒸及外敷治疗、牵引、软组织解术等。

本章小结

关节炎是指发生在人体的关节及周围组织的慢性炎性疾病，包括骨关节炎、类风湿关节炎和强直性脊柱炎等。其中骨关节炎是一种以关节软骨损伤、退变以致缺失，伴随滑膜炎症、软骨下及关节边缘骨质反应性增生为主要病理，以关节疼痛、僵硬、肿大与活动受限甚至畸形、残障为临床表现的常见慢性骨关节疾病。类风湿关节炎是以对称性多关节炎为主要临床表现的自身免疫性疾病，以关节滑膜慢性炎症、关节的进行性破坏为特征。强直性脊柱炎多以中轴关节病变为主，有时可伴发关节外表现，严重时可发生脊柱和关节强直。关节炎患者生活、工作均有困难，严重者生活难以自理，致残率较高。加强其健康教育，使患者积极尽早介入康复治疗可以延缓关节畸形的发生和发展，改善患者的关节活动功能，提高日常生活活动能力，降低致残率，从而尽早恢复患者日常生活的工作能力。

（郭洁梅）

思考题

1. 简述骨关节炎的主要危险因素,如何预防?
2. 简述骨关节炎的康复治疗方法。
3. 简述类风湿关节炎的主要临床表现。
4. 简述类风湿关节炎的康复治疗方法。
5. 简述强直性脊柱炎的康复治疗方法。
6. 如何对强直性脊柱炎患者进行积极的健康教育?

扫一扫,测一测

思路解析

第十六章　关节置换术后康复

16章 PPT

学习目标

1. 掌握　髋、膝关节置换术康复治疗方案及实施;髋关节置换术术后日常生活注意事项。
2. 熟悉　髋、膝关节置换术的评定方法。
3. 了解　髋、膝关节置换术定义、适应证及禁忌证。
4. 能够对髋、膝关节置换术后患者进行正确的康复评定,正确治疗操作和开展康复教育。
5. 能与患者及家属进行良好沟通,开展康复教育;能与相关医务人员进行专业交流与团结协作开展康复治疗工作。

病例导学

患者,女性,64 岁,因"左膝关节疼痛伴活动受限 1 年"入院。入院后 X 线片提示膝关节内翻畸形,膝关节内侧间隙变窄、边缘增生、硬化,入院诊断为左膝关节退行性关节炎,经保守治疗无效后在全麻下进行左膝关节置换。手术顺利,术后 1 周查体:左膝呈轻度屈曲,缝合伤口长度 13cm,周围皮肤无发红、无渗血渗液,愈合良好。左膝关节局部肿胀,皮温稍高,压痛明显,关节活动明显受限。功能评估:患者可借助助行器站立,但不能行走,膝伸肌及屈膝肌肌力 4 级,关节屈、伸主动活动范围为 10°~40°,疼痛视觉模拟评分(VAS)6 分。

问题与思考:

1. 该患者主要存在哪些功能障碍?
2. 患者近期康复目标是什么?

关节置换术(joint arthroplasty)是指用人工关节假体对重度关节炎、关节严重退变、关节功能毁损等关节进行替代和置换,目的是缓解疼痛、矫正畸形、恢复和改善关节的运动功能,重建一个无痛、稳定、接近正常的关节。该技术在经济发达国家大约始于 20 世纪 40 年代,而我国大约起步于 20 世纪 60 年代。目前人工全髋、膝关节置换已在世界范围内取得较快发展,被认为是治疗终末期严重关节炎最有效、最成功的手术,术后康复治疗技术也获得肯定。康复是保证关节置换手术成功的必不可少的一部分,其目的不仅是要获得最大程度的关节功能重建,最大限度地增强患者的日常生活活动能力,而且可以将术后并发症降到最低。

笔记

第一节 髋关节置换术后康复

一、概述

(一) 定义

髋关节置换术(total hip replacement,THR)是指应用人工材料制作的全髋关节结构植入人体以替代病损的自体关节,从而获得髋关节功能。是人体矫形外科中较大的重建手术。

人工髋关节假体由髋臼、股骨头和关节柄三部分组成。术中对假体一般采取骨水泥固定和非骨水泥的生物学固定两种固定方法。

1. 骨水泥固定 常规用于骨质疏松和骨储备不良患者,特别是老年患者。骨水泥固定的远期问题主要是髋臼假体发生松动。

2. 非骨水泥固定 更多的用于 60 岁以下以及体力活动较活跃的患者。非骨水泥固定的远期效果较理想,但术后骨组织的长入需要 3~6 个月,因此允许开始负重的时间和所需的康复时间要明显长于骨水泥固定法。

组图:右髋关节置换

图片:股骨头缺血性坏死

(二) 手术适应证及禁忌证

1. 适应证

(1) 关节炎:骨性关节炎、类风湿关节炎、青少年类风湿病及非化脓性关节炎。

(2) 缺血性坏死:骨折后或脱位后坏死、特发性坏死。

(3) 骨折或脱位:髋臼骨折、股骨近端骨折或髋脱位等。

(4) 其他:髋关节发育不良、强直性关节炎、骨肿瘤、髋关节重建术失败者等。

2. 禁忌证

(1) 绝对禁忌证:活动性感染;全身感染或败血症;神经性关节病、因恶性肿瘤而不允许对假体进行充分的固定等。

(2) 相对禁忌证:局部感染、髋外展肌功能丧失、髋神经缺陷等。

(三) 并发症

全髋关节置换术术后容易发生很多局部或全身的并发症,如伤口感染、神经血管损伤、深静脉血栓、疼痛、异位骨化等并发症是大手术后常见的,继发的肺栓塞是比较致命的,另外还有些如假体脱位、松动等则需实施再次手术。因此,必须重视和预防各种并发症的发生。

二、康复评定

(一) 术前评定

1. 步态 主要确定步态类型、是否跛行、是否需要助行器。

2. 姿势 主要观察姿势是否有异常。

3. 肌力 可采用徒手肌力评定法了解患肢肌肉力量,特别是髋关节周围肌群的评定,对制订康复训练计划尤为重要,同时要注意患肢肌萎缩情况。

4. 关节活动度 检查双髋关节活动范围,确定有无关节挛缩畸形,记录影响活动的因素,如疼痛、僵硬及其他关节异常情况。并检查脊柱活动性,记录腰椎曲度的变化。

5. 疼痛 是在休息时发生,还是在负重时出现,疼痛具体的部位、范围和程度。

6. 神经系统功能 注意肢体有无神经功能障碍。

7. 下肢的长度 注意是否有下肢不等长,在仰卧位时骨盆保持水平、两足稍分开时测量。

8. 下肢的围度 应测量下肢围度,并进行两侧对比,了解患肢肌肉有无萎缩。

9. 影像学检查 标准的 X 线片包括含双侧髋关节的骨盆正位片和患侧髋蛙式位片。CT 能够清楚地显示关节内的骨赘和剥脱骨碎片,也显示骨质改变的情况。MRI 轴位像可以在很大程度上补充矢状位、冠状位和三维影像的不足。根据不同疾病情况选用检查方法,了解手术关节有无畸形、增生、

笔记

对线等改变,作为重要的手术参考依据。

10. 髋关节功能评定

(1) Harris 髋关节评分(Harris Hip Score):由美国 Harris 医生在 1969 年提出(表 16-1),是目前国内外最为常用的评定标准,用来评估髋关节炎的程度和全髋关节置换术的效果。该评分内容主要包括疼痛、功能、畸形、关节活动范围 4 个方面,满分为 100 分。根据分值大小可将髋关节功能分为 4 级:70 分以下为差,70~79 分为一般,80~89 分为良,90~100 分为优。

表 16-1 Harris 髋关节评分

内容	评分
1. 疼痛(44 分)	
无痛 / 不明显	44
弱:偶痛或稍痛,活动中出现,不影响功能	40
轻度:一般活动时疼痛不明显,过量活动后偶有中度疼痛	30
中度:可忍受,日常活动稍受限,但能正常工作,有时需服比阿司匹林强的止痛剂	20
剧烈:有时剧痛,但不必卧床;活动严重受限;经常需使用比阿司匹林强的止痛剂	10
病废:因疼痛被迫卧床;卧床也有剧痛;因疼痛跛行;完全不能活动	0
2. 功能	
(1)日常活动	
上楼	
正常	4
需要扶手	2
通过其他方式上楼	1
根本不能上楼	0
穿脱袜 / 鞋	
容易	4
有些困难	2
不能完成	0
坐	
在普通椅子上坐而无不适	5
在高椅子上能坐半小时而无不适	3
根本不能坐	0
乘公交 / 出租车	
能乘坐	1
不能乘坐	0
(2)行走	
跛行	
无	11
轻度	8
中度	5
不能行走	0
助行器	

续表

内容	评分
无需	11
长途行走时需要手杖	7
行走时需手杖	5
需单拐	3
双侧手杖	2
双侧腋拐	0
不能行走	0
行走距离	
不受限	11
1km 以上	8
500m 左右	5
只能在室内活动	2
只能卧床或坐椅(轮椅),不能行走	0
3. 畸形(无下列畸形得 4 分)	4
固定性髋屈曲挛缩畸形小于 30°	
固定性髋内收畸形小于 10°	
固定性髋伸展内旋畸形小于 10°	
双下肢长度相差小于 3.2cm	
4. 髋关节活动范围(度)(屈 + 外展 + 内收 + 外旋 + 内旋)	
210°~300°	5
160°~209°	4
100°~159°	3
60°~99°	2
30°~59°	1
0°~29°	0

（2）Charnley 髋关节功能评分:尤其在欧洲最为常用,其主要考评疼痛、运动和行走三项功能,每项 6 分。Charnley 将患者分为三类。A 类患者单侧髋关节受累,无其他影响患者行走能力的伴发疾病;B 类双侧髋关节受累;C 类患者有类风湿关节炎、偏瘫等影响行走能力的疾病。Charnley 认为 A 类或进行双髋关节置换术的 B 类适用于进行三项指标评定;行单侧髋关节置换术的 B 类患者及所有 C 类患者,只适合疼痛和活动范围的评估(表 16-2)。

表 16-2　Charnley 髋关节功能评分

得分	疼痛	运动	行走
1	自发性疼痛	0°~30°	不能行走,需双拐或手杖
2	起步即感疼痛,一切活动受限	60°	用或不用手杖,时间或距离有限
3	能耐受,可有限活动	100°	单杖辅助,距离有限(<1h),无杖很难行走,能长站
4	某些活动时出现,休息能缓解	160°	单杖能长距离行走,无杖受限
5	轻度或间歇性,起步时明显,活动后缓解	210°	无需支具,但跛行
6	无疼痛	260°	正常

注:Charnley 功能分级,A= 单侧髋关节病变,其他健康;B= 双侧髋关节病变,其他健康;BB= 双侧髋关节病变,一侧已行人工髋关节置换,其他健康;C= 复杂性疾病并影响行走功能

（二）术后评定

术后评定可分别在术后 1~2d、1 周、2 周住院患者以及术后 1 个月、3 个月和半年门诊患者进行。评定内容包括：

1. 心肺功能　住院患者除观察心率、血压、呼吸等一般生命体征外,还要了解在卧床和活动时的心脏功能和呼吸功能状况。

2. 伤口情况　观察有无局部皮肤红、肿、热等感染体征,伤口愈合情况,有无渗出等。

3. 关节肿胀　由关节内或关节周围软组织造成的水肿可用不同的检查方法。浮髌试验可判断关节内有无积液及其程度;关节周围组织的围径可作为判断软组织肿胀的客观指标。

4. 关节疼痛　术后 2d 内,患者主要感觉术后伤口疼痛,随后因功能性活动训练的增加出现活动后疼痛。疼痛程度可采用视觉模拟评分法(VAS)进行评定。

5. 神经系统检查　检查患肢感觉,注意肢体有无神经功能障碍。

6. 关节活动度　应用量角器评定关节活动范围,对手术关节应评定被动和主动关节活动度,以了解造成关节活动范围障碍的原因,如疼痛、软组织挛缩等,指导康复训练。

7. 肌力　徒手肌力检查法评定下肢肌肉力量,并评估肌肉力量是否影响手术关节稳定性的情况。应重视外展、伸髋等肌群的肌力。

8. 活动及转移能力　根据患者术后的不同阶段,评估患者床上活动及转移能力、坐位能力(包括床边及坐椅的能力)、活动能力(包括站立、行走、上下楼梯、走斜坡等)。

9. 步态　训练患者行走时,除测评患者的一般步态,如步幅、步频、步宽等以外,还应仔细观察患者行走时站立相和摆动相的步态,不同原因(如疼痛、肌力下降、感觉功能尤其本体感觉功能减退)造成的步态是不同的。

10. 功能性活动能力　可采用 Harris 髋关节评分及 Charnley 评分。

11. X 线检查　X 线是诊断和评定骨水泥固定的假体松动主要依据。

三、康复治疗

（一）术前康复教育

对患者进行教育包括：

1. 术前心理准备,减少对手术的恐惧和精神压力。

2. 指导患者术前、术后康复注意事项,正确转移训练要点,正确使用助行器,术后生活活动注意事项。

3. 关节活动度训练,髋部肌肉、股四头肌和腘绳肌的肌力练习。

4. 对特殊患者训练术后早期卧床排便,改变传统的左侧卧位、右侧卧位翻身法,以减少双侧切口受压。可采用 3 点式和 4 点式:即患者头颈向后仰,枕部加双肘部 3 点同时床上用力,挺胸收腹使腰背及躯干抬离床面,减少肩胛骨皮肤受压;患者两肩背部加足部 4 点同时蹬床面,两手心朝上托住双侧髋部,腹部往上挺,用力抬起臀部,避免骶尾部皮肤受压。每次 5~10min,每日 3 次。

5. 鼓励患者术后深呼吸和咳嗽训练,两上肢作伸展扩胸运动,进行肺功能训练。

（二）术后康复治疗

手术后的康复计划设计取决于手术的方式及患者的个体情况。手术后要经历至少 >12 周的康复治疗和家庭指导,普通人群与运动员在各阶段的康复目标和训练进度有很大差别。

髋关节置换术的不同手术入路

1. 髋关节后外侧入路　髋关节后外侧入路是最常用的手术显露方式,对髋关节结构破坏最小,干扰最少。切口以股骨大转子为中心,起自髂后上棘正下方约 6cm 处,顺臀大肌肌纤维方向大转子后缘,到达大转子后缘后转向下,顺股骨干方向延伸约 5cm。切口全长 10~15cm。后外侧入路手术后,应避免屈曲超过 90°、过度旋转和内收。

　　2. 髋关节前外侧入路　是髋关节常用入路之一,从缝匠肌(股神经支配)与阔筋膜张肌(臀上皮神经支配)之间,充分暴露髋关节前方。前外侧入路手术后,应避免外旋。

　　3. 髋关节直接外侧入路　从髋关节直接外侧入路切口可以直接到达股骨大粗隆和髋关节囊,较清楚地显露大粗隆下部与股骨颈基底部。但人工髋关节置换术只在后外侧、前外侧入路皮肤有病损或髋关节屈曲畸形时才用此方法。

　　术后6周内的康复计划:

　　1. 术后第一周

　　(1) 康复治疗目标:控制疼痛和出血、减轻水肿,保护创伤部位,防止下肢深静脉血栓和关节粘连,维持关节活动度。

　　(2) 一般治疗:①疼痛控制。待患者清醒后,可进行 VAS 评估。如果 VAS≥5,使用选择性药物镇痛方法缓解疼痛。注意镇痛药物种类的选择或是否使用止痛泵,根据患者具体情况确定。②髋部冰袋冷敷,每次 15~20min,2~4h/ 次。如用冷疗循环装置,15℃低温局部持续冷敷。③体位摆放:术后患者仰卧位,患侧肢体常规置于髋关节外展中立位:外展 30°位;根据人工假体柄和臼置入的角度将患髋置于外展外旋位:外展 30°、外旋 15°位。髋关节外展内旋位:外展 30°、内旋 15°位。④注意事项:健侧卧位,注意保持患侧肢体上述体位,将特制的梯形软枕放于患者双腿之间。患侧髋膝关节伸屈角度为0°~90°,防止髋内收、屈曲,防止髋脱位。

视频:踝泵运动

　　(3) 运动训练:术后第一天开始床旁运动练习。

　　1) 呼吸训练:深吸气、深呼气和有效的咳嗽咳痰训练。两上肢作伸展扩胸运动,进行肺功能训练。每个动作重复 10 次。每日 2~3 次。

图片:足底静脉泵

　　2) 踝泵运动或足底静脉泵:踝关节主动背屈与跖屈,使下肢肌肉等长收缩,挤压深部血管,促进血液循环,预防下肢深部静脉血栓形成。注意:患者清醒后即应开始踝泵运动,15 次 /h,每个动作保持5~10s,再放松,每组 10~15 次。足底静脉泵可以帮助患者做收缩活动,挤压静脉,增加血液回流,进而预防血栓,可以说这是一种被动的收缩训练。

　　3) 肌力训练:股四头肌、腘绳肌、臀大肌、臀中肌等长收缩练习。

　　4) 关节活动度训练:①髋关节伸直练习。屈曲对侧髋、膝关节,术侧髋关节做主动伸直动作,充分伸展屈髋肌及关节囊前部。②髋关节屈曲练习。屈膝关节,向臀部滑动足跟练习,髋关节屈曲必须<70°。③关节持续被动活动(CPM)训练。CPM 具有缓解疼痛,加速肿胀消退,防止粘连和关节僵直,稳定及恢复关节功能,增加关节活动度,防止深静脉血栓和关节脱位等作用。运用骨水泥固定型肢体患者在术后第三天开始训练,应用非骨水泥型假体和混合型假体的患者于术后第七天开始。每次30min,每天 2 次,从 30°~40° 开始,每天增加 10°,最终髋屈曲度数≤90°,持续两周。

视频:持续被动活动

　　5) 负重训练:骨水泥固定型假体术后第一天患者即借助步行器或双拐离床负重,练习床边站立、部分负重行走和上下阶梯。由部分负重过渡到完全负重的步行,逐日增加行走距离,每日 3 次,1 周后改用健侧拐杖或手杖。非骨水泥固定型假体术后第一天患者即用步行器或双拐离床,但是不负重。负重时间适当推迟,通常持续用拐杖。在术后第三周开始患侧足负重为体重 25%,第四周负重 50%,第六周负重 75%,第八周为 100% 负重。大粗隆截骨或结构植骨,用双拐 12 周,逐渐负重。

　　6) 步行训练:术后 24h 在康复治疗师的指导下持步行器下地行走。患者站稳后健腿先向前迈进,步行器随后前移,患腿随后或同时前迈,挺胸,双目平视前方。术后第一天每次步行距离可由 5~10m开始,第二天可以加倍,以后逐渐增加,待持步行器行走能保持平衡和稳定后,可持双拐行走。

　　7) 转移能力训练:先将健腿屈曲,臀部向上抬起移动,将健侧下肢移动至床沿,用双肘支撑坐起,屈健腿伸患腿,将患肢移至小腿能自然垂于床边。坐起时膝关节要低于髋关节,上身不要前倾。坐位到站位点地训练:患者健腿点地,患侧上肢挂拐,下肢触地,利用健腿和双手的支撑力挺髋站立。

　　2. 术后第二周

　　(1) 康复治疗目标:改善关节活动度,减少疼痛和水肿,患肢在不负重情况下的主动运动,增进肌力。

笔记

（2）一般治疗：①股四头肌练习。要保持髋关节相对稳定,将硬枕放在患侧膝关节下,将膝关节伸直,助力下做下肢抬高,角度小于30°,15~20次为1组,每天3次。②被动屈髋。角度为30°~60°,每10~15次为1组,每天3次。③负重与步行训练。骨水泥固定型假体仍借助步行器或双拐离床负重,练习床边站立、部分负重行走和上下阶梯。非骨水泥固定型假体患者也用步行器或双拐离床,但是不负重。④继续第一周治疗项目。

3. 术后第三周

（1）康复治疗目标：增强肌力,保持ROM,进行本体感觉训练,步态训练,增加生活活动能力。

（2）一般治疗：①平衡杠内做患侧少量负重站立练习,时间15min。②髋、膝关节屈伸活动练习,保持和增加关节活动度,每次20~30下。③患侧股四头肌等长收缩、等张收缩、小腿肌肉的抗阻力练习。每次20~30下,每天3次。④扶双拐练习行走,加强髋关节外展肌群外展肌力训练和外旋及内收功能锻炼。

4. 术后第四周训练（四周以后）

（1）康复治疗目标：以增强肌力为主,提高患侧负重能力,加强本体感觉训练,髋关节控制训练改善步态,防止摔倒。

（2）一般治疗：①肌力训练。梨状肌、臀中肌、臀小肌肌力训练,可以取仰卧位或站立位,患腿分别置于髋关节外展10°~30°,每个动作运动量为保持3~10s/次,重复15~20次。髂腰肌、股四头肌收缩训练,将患肢伸直,直腿抬高15°~60°,保持5~10s再放下为1次,在不同角度各重复10~20次。臀大肌、股二头肌收缩训练,取仰卧位,患腿伸直向下用力压床,保持5~10s为1次,重复20次。也可取俯卧,使患腿膝关节处于伸展位,将腿抬高,治疗者施加阻力于患腿的大腿和小腿上,保持5~10s为1次,重复10~20次。②关节活动度训练。患侧髋关节屈曲、外展、后伸训练。

（3）负重训练：增加抗阻力的主动关节运动,如静态自行车、上下楼梯等。在患侧大部分负重站立下主动屈髋,角度小于90°。功率自行车练习,上车时患肢支撑,健侧先跨上车。坐椅高度以屈髋<90°,时间15~20min。正确的上下楼梯法在上下楼梯时,坚持上楼时健侧先上、下楼时患侧先下的原则。髋关节的抗阻力运动训练一般在术后2个月进行。

（三）术后日常生活注意事项

1. 术后3个月内防止髋关节屈曲>90°。坐位时不要坐太低的座椅或沙发,正确的坐位方式是保持身体直立,不要前倾或弯腰。

2. 卧位时不要忘记在两腿间放枕头,保持双下肢外展位。6个月内禁止髋关节内收、内旋。

3. 无论是坐位、站立、卧位,不要将膝关节靠近对侧膝关节,更不要交叉双腿,让患腿穿过身体的中线,将患腿放在另外一腿上。

4. 不要坐没有扶手的椅子,有扶手的坐椅可以帮助站立时给予支撑,保持身体不会前屈,否则髋关节屈曲会>90°。

5. 坐位时不要使身体前倾。

6. 不要坐低的卫生间的坐便器,必要时应加高坐便器座位。

7. 不要下蹲取物。

8. 不要使身体前倾穿鞋袜,可以借助特别工具,如长工具、手或请他人帮助。

9. 不要在短时间超强度训练,不可以进行慢跑、打球及其他需要髋关节承受反复冲击性负荷或达到极限位置的运动。

组图:术后日常生活注意事项

第二节　膝关节置换术后康复

一、概述

（一）定义

全膝关节置换术（total knee replacement,TKR）是指应用人工材料制作的膝关节结构植入人体以替代病损的自体关节,从而获得膝关节功能。

TKR 的发展较全髋置换术稍晚。随着手术技术、假体材料和康复技术等的发展,人们逐渐认识到 TKR 的成功在很大程度上取决于外科技术、器械、患者的依从性以及术前与术后的康复护理和治疗。现在大多数的 TKR 手术所采用的假体是一个半约束式的假体系统,以置换 2 个或 3 个膝关节腔。假体通常采用的固定方法包括骨水泥、非骨水泥或"混合"式固定。

膝关节是人体最大、解剖最复杂、对运动功能要求较高的关节,因此与髋关节比较,膝关节术后功能康复的难度更大。能否进行合理有序的术后康复训练将直接影响手术的效果,因此制订术后康复计划相当重要。

组图:右膝关节置换

(二)手术适应证及禁忌证

1. 适应证 全膝关节置换术适应证包括严重的关节疼痛、不稳、畸形等所致正常生活活动严重障碍,经过非手术治疗无效或效果不显著者。如:①膝关节的各种炎症性关节炎,包括骨性关节炎、类风湿关节炎、血友病性关节炎等;②部分创伤性关节炎;③胫骨高位截骨术失败后骨性关节炎;④少数原发性或继发性软骨坏死性疾病;⑤骨肿瘤。

2. 禁忌证

(1) 绝对禁忌证:膝关节炎周围肌肉瘫痪、局部和全身关节的任何活动性感染、膝关节疼痛性融合。

(2) 相对禁忌证:肥胖、手术耐受力差、关节不稳、严重肌力减退、严重骨质疏松、纤维性或骨性融合、严重屈膝挛缩畸形(大于 60°)。

二、康复评定

1. 原发疾病有关因素的评价 这一评价包括原发疾病病程及经过、既往治疗手段及效果、诊断等。以类风湿关节炎为例,对康复有特别意义的项目包括:目前临床症状、类风湿关节炎临床及 X 线分期、相关关节及肌群的功能、化验检查(如 ESR、CRP)、既往激素应用史、卧床或活动明显减少的年限等。

2. 膝关节情况的评价 包括六个方面:关节活动度、周径、肌力、膝关节评分、X 线片表现及术中情况。

(1) 膝关节活动度:正常膝关节活动范围为 0°~145°。术前应对双下肢的髋、膝、踝及足的功能进行评定。了解患侧膝关节和其他关节是否有畸形,力线是否正确。如果有严重的踝关节内、外翻畸形和髋关节强直的患者,先行膝关节置换,不仅手术操作困难,而且术后由于力线不正确,会导致膝关节异常受力,而导致手术失败。另外,膝关节屈曲受限和屈曲挛缩畸形,手术中会通过后关节囊松解,甚至腓肠肌、腘绳肌、腘窝筋膜的彻底松解来解决。故须注意术后发生神经、血管牵拉伤,屈膝挛缩的问题,在康复治疗时需要综合考虑这些问题。

(2) 下肢周径:术前与术后恢复各阶段均应测量下肢周径,了解有无肌肉萎缩及肿胀的情况。

(3) 肌力:术前与术后恢复各阶段均应记录下肢肌力测定情况,尤其是对股四头肌和腘绳肌肌力的评价。肌力检查方法常采用徒手肌力检查法,但对肌肉的耐力及协调性存在一定的局限性。在肌力达 3 级时应进一步作定量评定,可用专门器械测定。

(4) 膝关节评分:术前应在有经验的医师指导下,采用通用的膝关节评分体系对患者术前状况作出客观和量化的评价,以便术后进行评估和作为修正康复计划及对比长期疗效之依据。目前被广泛接受的是 1976 年纽约特种外科医院(hospital for special surgery,HSS)膝关节评分和 1989 年美国膝关节外科学会制定的膝关节(KSS)评分。

1) HSS 膝关节评分:该量表评分总分为 100 分,共分为 7 个项目,其中 6 个为得分项目,1 个为减分项目(表 16-3)。根据评分结果可将膝关节功能或临床疗效分成 4 级:大于 85 分为优,70~85 分为良,60~69 分为中,59 分以下为差。

2) 膝关节 KSS 评分:该量表分为膝关节评分和功能评分两部分,其对膝关节疼痛、活动范围和稳定性三方面进行评定(表 16-4)。满分为 100 分,大于 85 分为优,70~84 分为良,60~69 分为中,59 分以下为差。

表 16-3　HSS 膝关节功能评分

项目	评分	项目	评分
疼痛(30分)		优:完全能对抗阻力	10
任何时候均无疼痛	30	良:部分对抗阻力	8
行走时疼痛	15	中:能带动关节活动	4
行走时轻微疼痛	10	差:不能带动关节	0
行走时中度疼痛	5	屈膝畸形(10分)	
行走时重度疼痛	0	无畸形	10
休息时无疼痛	15	小于 5°	8
休息时轻微疼痛	10	5°~10°	5
休息时中度疼痛	5	大于 10°	0
休息时重度疼痛	0	稳定性(10分)	
功能(22分)		正常	10
行走、站立无限制	22	轻微不稳 0°~5°	8
行走 5~10 个街区(2.5~5km)	10	中度不稳 5°~10°	5
行走 1~5 个街区(0.5~2.5km)	8	严重不稳(大于 10°)	0
行走 1 个街区(0.5km)	4	减分项目	
不能行走	0	使用单手杖	1
能上楼梯	5	使用单拐杖	2
能上楼梯,但需支具	2	使用双拐	3
只能室内行走,无需支具	5	伸直滞缺 5°	2
只能室内行走,需要支具	2	伸直滞缺 10°	3
活动度(18分)		伸直滞缺 15°	5
每活动 8°记 1 分,最高 18 分	18	每 5° 内翻	1
肌力(10分)		每 5° 外翻	1

表 16-4　膝关节 KSS 评分

患者分级
A. 单侧或双侧(对侧膝关节已经成功置换)
B. 单侧、对侧膝关节有症状
C. 多关节炎或身体虚弱

一、膝关节评分	评分		评分
1. 疼痛(50分)		2. 活动度(25分)	
		评分标准为每 5°得 1 分	
不疼	50		
偶觉轻微疼痛	45		
上楼时有点疼	40		
上楼和走路时有点疼	30		
偶尔疼得比较厉害	20		
经常疼得比较厉害	10		
疼得特别厉害,须服药	0		

续表

患者分级			
3. 稳定性(25 分)			
A. 前后		B. 侧方	
<5mm	10	<5°	15
5~10mm	5	6°~9°	10
>10mm	0	10°~14°	5
		>15°	0
4. 减分			
A. 屈曲挛缩		B. 伸展滞缺	
5°~10°	−2	<10°	−5
10°~15°	−5	10°~20°	−10
16°~20°	−10	>20°	−15
>20°	−15		
C. 对线:			
5°~10°	0		
0°~4°	每度 3 分		
11°~15°	每度 3 分		
其他	−20		

二、功能评分

A. 行走能力(50)		B. 上下楼的能力(50 分)	
不受限制	50	正常上下楼	50
1km 以上	40	上楼正常,下楼须扶栏杆	40
不到 500m	30	上下楼都须扶栏杆	30
50~100m	20	上楼须扶栏杆,下楼困难	15
只能在户内活动	10	根本无法上下楼	0
不能行走	0		
C. 行走时辅助(减分)			
出门用手杖	−5		
不离开手杖	−10		
用双手杖 / 双拐、步行器	−20		

（5）X 线检查:①常规膝关节正位、侧位和髌骨轴位像 X 线片;②正位像包括负重位和非负重位;③髋关节和踝关节负重正位 X 线片;④屈膝 30° 侧位 X 线片。通过手术前、后 X 线片着重了解局部骨质情况及假体位置,后者包括平面假体的倾斜情况、髌股关节及胫骨关节对合情况等。

（6）术中情况:着重了解膝关节手术入路选择、骨质切除量、软组织平衡情况、假体位置、假体选择、是否使用骨水泥、假体固定方式、关节对合情况、膝关节术中关节活动度、关节稳定性等。

3. 全身状态及并发症　患者由于长期慢性病患,活动减少,导致体质虚弱,因而在手术打击下可能出现许多系统性并发症。因此,手术前后严格的全身状况评价及治疗有助于康复锻炼,这些因素可以决定康复锻炼开始时间、锻炼强度、康复计划的调整等。

膝关节置换术并发症包括血栓及栓塞、伤口愈合不佳、感染、关节不稳、骨折、髌腱断裂、腓总神经损伤、髌骨脱位及半脱位、假体松动、假体磨损、假体变形及断裂等。在康复锻炼过程中,必须注意避免上述某些并发症的发生。一旦发生,必须及时修改康复计划。

4. 精神、心理、智力状态　主要通过与患者简单的谈话和交往,了解患者从心理上或精神上能否耐受康复锻炼,能否理解医护人员的指示。

三、康复治疗

(一) 康复目的

1. 激活骨代谢,促进骨生长再塑,帮助人工关节在骨内的附着。

2. 控制疼痛、肿胀,预防感染及下肢深静脉血栓形成,促进伤口正常愈合。

3. 防止术后关节粘连,改善关节活动度,使膝关节活动能满足日常生活及部分社会活动参与的需要。

4. 改善膝关节周围肌力,保证关节稳定,恢复良好的行走步态,提高生活质量。

5. 保护人工膝关节,延长其使用期。

（二）康复原则

1. 个性化原则 根据每个患者的体质、病情、心理素质、主观功能要求、手术过程等情况,客观地制订康复治疗计划,应因人而异。

2. 全面训练原则 TKR 术后患者大多数是年老体弱者,膝关节只是行走负重关节中的一个,单纯处理膝关节并不足以改善患者的功能,因此,必须兼顾患者全身及其他部位的康复,作出全面的治疗方案。

3. 循序渐进原则 一般 TKR 患者膝关节本身及其周围组织都有不同程度的病变,所以患者的功能水平只能逐步恢复,切忌操之过急,避免康复治疗不当而发生再损伤。

（三）术前康复教育

指导患者学会使用步行器和拐杖;指导患者练习呼吸及咳嗽的技巧;告诉患者膝关节全置换术的有关注意事项;指导患者学会必要的患侧肢体活动,尤其是股四头肌的活动。

（四）早期康复（术后 3 周内）

1. 术后 0~3d 主要是控制疼痛、肿胀、预防感染及血栓形成,促进伤口愈合。康复方法包括:

（1）术后固定:用石膏后托固定术侧膝关节于伸直位,或将术侧下肢放置于伸直位支架上,并抬高患肢(尽可能平心脏水平),可以预防水肿及膝关节屈曲挛缩。从足趾至腹股沟处以弹性压力绷带包扎,或穿弹力袜或连裤的弹力袜,必须注意不可有褶皱造成局部压迫,而导致血液循环障碍,直至下肢完全负重为止。

（2）术后疼痛处理:①药物。硬膜外麻醉止痛,借泵于硬膜外持续注入麻醉剂,也可以患者自控镇痛泵（PCA 泵）静脉注入止痛剂,或用非甾体抗炎药,应注意不可让止痛措施掩盖严重并发症,如伤口愈合延迟或感染,导致延误病情。②冷冻疗法。冷或冷敷胶垫不要直接与皮肤接触,而要隔一层薄布巾以防冻伤。③关于积液要在严格无菌条件下穿刺抽吸,关于积液、肿胀,可能出现于手术后早期,但也可能转为慢性,它会限制膝关节活动,也是持续疼痛的一个重要原因。

（3）深呼吸和有效咳嗽训练:同髋关节置换术后的康复。

（4）踝"泵"运动:同髋关节置换术后的康复。

（5）按摩:对术侧下肢做缓和的按摩,从肢体远端至近端。

（6）肌力训练:股四头肌和腘绳肌的等长收缩运动,不给予任何阻力,患者自主进行缓和静态的肌肉收缩,主要用来维持肌纤维之间的活动及减轻肌肉痉挛和疼痛。作内侧延长切口或股直肌下切口者,可进行直腿抬高练习,方法:患者仰卧位,屈髋,把下肢放置在治疗师肩部,治疗师坐床边,一手扶患者腘窝,另一手扶小腿,患者主动屈曲髋关节,治疗师则身体前倾,按患者疼痛程度作有控制的膝关节被动活动。患者亦可仰卧位,足跟不离开床,主动进行髋与膝关节的屈 - 伸活动。还可附加用治疗带进行适度的抗阻练习。患者还可使足背屈,膝部向床面方向下压,使髌骨向上移动,或膝腘窝部放一圆垫,膝关节向床面方向下压,抬高足跟,伸膝绷紧 10s 后放松。

（7）体位转移训练:从卧位到坐位之间的相互转移,从坐位到立位之间的相互转移。

（8）关节活动度训练:训练时必须注意不同假体的屈曲限值。术后第二天开始缓慢患侧膝关节屈曲训练,可进行滑板训练,即患者仰卧位,患侧下肢顺墙面或木板上下滑行,逐渐增加膝屈曲度。术后 2~3d 拔除引流管后,如果没有屈膝限制或禁忌证（如胫骨结节切骨或伸肌腱断裂）,患者可以主动伸膝关节,在控制范围内被动屈曲膝关节。膝关节被动屈曲练习应由治疗师进行。预防股四头肌发生部分断裂的可能,股四头肌肌腱修复或膝关节周围软组织修复的患者,膝关节伸屈活动练习应和骨科医生讨论决定或遵循医嘱进行。

（9）髌骨滑移活动:患者伸膝位,治疗师将髌骨沿纵轴方向,被动由近端轻柔推向足端,然后,患者再主动收缩股四头肌,将髌骨移回近端,以促进髌骨在人工关节上的滑动。

2. 术后 4d 至 2 周　重点加强患侧肢体关节活动度,膝关节活动范围达到 0°~90°,恢复股四头肌和腘绳肌肌力。鼓励不负重状态下的主动运动,促进全身体能恢复。继续消除疼痛,促进血液循环及减轻炎症反应,防止深静脉血栓。能独立完成日常生活活动。白天练习时可将石膏托去除,夜间仍用石膏托固定膝关节伸直位。对术前膝关节屈曲挛缩严重的患者,石膏托一般应持续到 4~6 周。对于非骨水泥固定的患者,术后需要较长时间固定,以允许骨嵌入植入物,一般石膏托固定应持续到术后 12 周。

(1) 继续上述项目的练习。

(2) 膝关节连续被动活动(continuous passive motion,CPM)练习:TKR 术后用 CPM 在许多医院已成为常规措施。CPM 可有效地增加膝关节屈曲度,减轻术后疼痛,减少深静脉血栓。但要注意 CPM 只适用于伤口愈合正常者,因为术后早期膝关节屈曲过度,会影响伤口愈合,所以宜在术后第三四天开始使用 CPM。

初次活动范围为 0°~45°,每次连续活动 30min 或 1h,每天 2~3 次。每天增加活动范围为 10°,第一周内可增加到 60°,第三周逐渐达到屈膝 90°。如果膝关节屈曲达 90°,则不再使用 CPM。在使用 CPM 期间,夜间仍用石膏托伸直位固定膝关节。

一般在术后 6 周内,在活动治疗外的时间,膝关节均应处于伸直位。值得注意的是,早期应用 CPM 训练时间过长,易导致关节积液增加和缝合切口裂开,使用活动幅度过大可引起关节周围出血肿胀及剧痛。

(3) 股四头肌交互抑制训练:在患者可忍受范围内,进行主动 - 助动和主动的膝关节屈伸运动练习。由于此时软组织刚开始愈合,采取剧烈的被动牵张来增加膝关节屈曲或伸直关节活动度是不适宜的,可采取主动肌收缩技巧使肌肉延长,使股四头肌交互抑制,这种交互抑制可有效地松弛股四头肌,并增加膝关节屈曲度。具体操作方法为:将患膝放置在一个舒适的姿势,让患者主动收缩腘绳肌(屈膝),同时在小腿后侧轻轻地给予阻力,在股四头肌放松及延长的情况下增加膝关节屈曲。

(4) 膝关节活动度练习:患者坐于轮椅内,术侧足触地,双手轻轻地向前方推动轮椅,使膝关节被动屈曲,并维持 6s,然后,患者主动抬腿伸膝(在患者可忍受的范围内进行),并维持 6s,尽可能重复练习,直至患者感觉有轻度疲劳感为止。关节活动度和肌力练习后,可给予冷敷,有助于止痛和消肿。

(5) 行走及负重训练:一般用骨水泥固定者,在治疗师保护下,在可忍受程度内部分负重,患者可采用步行器或腋拐保护,6 周后可过渡到完全负重。对于非骨水泥固定者,则应推迟到术后 6 周开始部分负重,逐渐增加负荷,术后 12 周方可完全负重。患者首先在平地上,使用步行器练习行走,然后前臂挂双拐学习部分体重负荷,三点式行走。开始时采用双拐,以利于平衡,逐渐过渡到以手杖辅助。术后,手术侧是仅接触地面,部分负重(相当于自身体重 1/3 左右),逐渐过渡到全部负重。

术后患者部分负重过渡到全部负重,这个过程所需时间,因人而异,其决定因素有:①人工膝关节是否用骨水泥:如果用骨水泥固定者,可以立即纵轴负重。如果没有用骨水泥者,一般认为 6 周内术侧下肢不能完全负重,原因是人工膝与骨附着尚未坚固稳定前过早负重,在界面处会有细微震动影响骨愈合。②患者的全身情况和耐受程度:例如负重者膝关节肿胀、积液或疼痛情况等。如果存在骨缺损或有较广泛植骨者(例如翻修替换手术),以及手术者根据术中情况要求限制负重时,则仅允许部分负重,直至 X 线片显示有骨愈合征象后才可完全负重。

(6) 本体感觉训练:关节置换术后关节本体感觉受到损害,术后固定也降低了关节周围肌肉、肌腱及韧带的本体感觉,导致关节运动控制能力、姿势矫正及平衡维持能力均有所下降。因此需进行本体感觉训练。可进行盲视下关节角度重复训练,各种平衡训练,双侧关节感知训练。

(五) 术后中后期康复(手术 3 周后)
如无特殊情况,一般手术后 3 周,多数患者出院或转门诊继续康复。

1. 术后 4~6 周　主要是增强肌力和关节活动度的练习。

(1) 继续上述运动训练项目。

(2) 肌力训练:主要进行股四头肌和腘绳肌的多角度等长运动和轻度的抗阻练习。具体方法为:将术侧足分别放在不同级的阶梯上,使膝关节的屈曲角度不同,然后分别在这种不同的角度上进行多角度等长肌力训练。仰卧,保持髋关节屈曲下做直腿抬高练习。

(3) 关节活动度训练:低强度的长时间牵张或收缩-放松练习以持续增加膝关节活动度,固定式自行车练习。开始时坐垫尽可能抬高,以后逐渐降低坐垫高度,以增加膝关节屈曲。

(4) 步态训练与平衡训练:最初的步态训练与平衡训练,先在平行杠内进行,逐渐过渡到平行杠外扶拐练习(三点式步态)。拐杖或手杖应在健侧手,这样可以提供最佳平衡和缓解术侧下肢负重。

2. 术后 7~12 周 主要是继续增强膝关节肌力和关节活动度练习,加强肌肉功能,改善膝部稳定性和功能性控制。

(1) 继续上述项目练习。

(2) 肌力训练:仰卧位、俯卧位和侧卧位下的直腿抬高练习,以增强髋关节肌力,特别是髋伸展肌和外展肌肌力。骑固定式自行车及水中运动(非冲撞性体能加强运动)。

(3) 膝部稳定性和功能性控制训练:若允许患者完全负重时,可进行膝关节微蹲短弧度训练,即患者站立位背靠墙,缓慢屈曲髋和膝关节(双侧膝关节屈曲控制在 30°~45° 范围),使背部靠墙面下移,然后再向上移动身体。膝关节小弧度刺激动作训练:患者双足并立,然后术侧足向前小弓箭步,使膝关节微屈,再伸直膝关节,接着术侧足回到原开始位置。应注意:患者屈曲的膝关节应与足趾呈一直线,不可超越足趾上方的垂直线。

(4) 步行训练:逐渐增加步行活动。行走练习先在平地开始,然后过渡到不同条件地面行走,逐步提高协调控制步态及快速行走的能力。此外,还需练习侧向走及后退等。注意:行走时持重不可超过体重的 20%,购物时应使用手推车,冰雪天尽量不外出,若外出需穿戴防滑鞋,谨防跌倒,室内地毯或地板的游离电线或杂物等障碍物要及时整理。

(5) 上下楼梯训练

1) 上楼梯动作顺序:患腿减负情况下健腿先上一级,支撑于手杖,上患腿,最后跟上手杖。有扶手的楼梯,一手扶扶手,另一手提手杖,健腿上一级,其次跟上患腿,最后跟上手杖。

2) 下楼梯动作顺序:手杖先下一级,体重移于健腿,先下患腿,最后下健腿。有扶手的楼梯,一手扶扶手,患腿与手杖一起先下一级,随后跟上健腿。

(6) 蹲马步:背对墙壁站立,双足分开与肩同宽,足跟距墙约 30cm,屈膝关节 30°~45°,使足胫与地面基本垂直,后背靠于墙上身放松,每日 2 次,每次 30min。

(7) 日常生活活动能力(ADL)训练:包括体位转移训练、如厕转移训练,乘车转移训练以及穿戴鞋袜训练、上下台阶训练等。必要时配合作业疗法、物理因子疗法,以减轻疼痛、关节积液和肢体肿胀最大限度的恢复患者的日常生活活动能力,提高生活质量。为代偿关节功能障碍,改善患者 ADL 能力或职业生活能力,可采用各种辅助器具。常用助行器有:手杖、前臂拐、腋拐、四脚行走支架。生活用具有便具垫高设备、浴缸小升降机、浴缸与淋浴室地面铺设防滑片。坐具设备,使个人卫生安全简便,浴室内要有稳定的把手。地上取物可用特制取物钳,此外还有鞋袜的穿脱辅助具等。

本章小结

关节置换术是指用人工关节假体对重度关节炎、关节严重退变、关节功能毁损等关节进行替代和置换,目的是缓解疼痛、矫正畸形、恢复和改善关节的运动功能,重建一个无痛、稳定、接近正常的关节。目前最常用的关节置换术是髋关节置换术和膝关节置换术。而术前、术后的康复评估和治疗在关节置换手术中至关重要,是保证关节置换手术成功的必不可少的一部分,在临床上只有精湛的手术技术结合完美的康复治疗才能获得最理想的效果。

(周蜜娟)

思考题

1. 简述髋关节置换术术后的常见并发症。
2. 髋关节置换术术后日常生活注意事项有哪些?
3. 简述膝关节置换术康复的原则。

扫一扫,测一测

思路解析

学习目标

1. 掌握　定义、残肢的评定、假肢的评定、使用假肢的能力评定、装配假肢后整体功能的评定、使用假肢前的训练、穿戴和使用假肢的训练。

2. 熟悉　截肢术后残肢的处理、截肢术后并发症及处理、穿戴假肢后的注意事项。

3. 了解　截肢的原因与目的、截肢水平的选择、分期康复治疗原理。

4. 具有基本临床康复思维与素养，能够知道患者如何使用和选择假肢，理解截肢水平的选择；具有指导患者康复训练及评估康复疗效的能力，能对患者在治疗或训练过程中出现的简单问题进行处理。

5. 能与患者及家属进行良好沟通，开展健康教育；能与相关医务人员进行专业交流与团结协作开展康复治疗工作。

病例导学

患者，男性，53岁，因"双下肢溃疡坏死1个月"由门诊收住院。患者于1个月前出现双足皮肤破溃，在当地医院行换药治疗，因创面经久未愈，于10d前门诊以"双足慢性溃疡、2型糖尿病、高血压、双下肢静脉曲张"收入院。既往有高血压病史20年，糖尿病史10余年，均自服口服药控制，自诉青霉素阳性。并于3d前在腰麻下行右小腿上段截肢术，术后予抗感染、营养支持、胰岛素控制血糖治疗。现患者予糖尿病普食，胰岛素皮下注射，营养支持治疗，目前患者残端创面愈合中。

问题与思考：

1. 该患者应该进行哪些康复功能评估？

2. 怎么设定康复治疗目标？

3. 如何制订康复治疗方案？

第一节　概　　述

一、定义及发生率

截肢（amputation）是将已失去生存能力、危及患者生命安全或已丧失生理功能的肢体切除，以挽救患者生命，其中经关节平面的截肢称为关节离断（disarticulation）。由于截肢手术，使患者失去肢体

笔记

一部分,从而造成残疾,故而是一种破坏性手术,但截肢更是一种重建与修复性手术。我国截肢患者约有 100 万人,其中创伤造成的约占 30%。

二、截肢目的和原因

大多数截肢是为挽救或延长伤患者的生命而不得已采用的手术;有时也会由于有的肢体完全丧失功能,截除后安装假肢可更有利于恢复功能而截肢。常见的截肢原因有:

1. 严重创伤　肢体血运或组织受到不可修复的破坏,包括机械损伤、烧伤、冻伤和电击伤。

2. 严重感染　感染往往是造成病情恶化的主要原因,包括药物、切开引流不能控制,甚至危及生命的感染及某些长期反复发作无法根治,已引起肢体严重畸形、功能丧失,甚至可能诱发恶性肿瘤的慢性感染。

3. 肿瘤　多用于治疗恶性肿瘤及少数良性肿瘤,恶性肿瘤中以骨肉瘤居多,其次还有骨巨细胞瘤、纤维肉瘤、尤因瘤等。此外骨转移癌的病例也不少见。

4. 周围血管疾病所致的肢体缺血坏死　导致血液循环障碍常见于动脉硬化性闭塞症和糖尿病的并发症,此外还有动脉栓塞、外伤、伯格病。动脉硬化性闭塞症是动脉粥样硬化引起的,随着动脉闭塞程度的加剧,疼痛越来越重,发作越来越频繁。由于肢体末端缺血,营养障碍导致肢体末端溃疡、坏死。所以不得不对其进行截肢。

5. 神经疾病或外伤引起的肢体运动、感觉功能障碍,并合并久治不愈的神经营养性皮肤溃疡,如因脊椎裂、脊髓损伤而导致的肢体变形、溃疡,还有麻风病等。

6. 先天性肢体的发育异常　只有在截去无用的异常肢体,安装假肢可改善功能时才考虑截肢手术。截肢的目的是尽可能保留残肢和残肢功能,并通过安装假肢和残肢训练,代替和重建已切除肢体的功能。

三、截肢水平的选择

截肢平面主要是依据解剖学部位来命名的。如上臂截肢、前臂截肢、腕离断、大腿截肢、膝离断和小腿截肢等。

(一)上肢截肢平面的选择

总的原则是尽可能保留残肢长度。

1. 肩部截肢　应尽可能保留肱骨头,而不进行通过肩关节的离断,这样既可以保留肩部的正常外形,也有利于假肢接受腔的适配、悬吊、稳定和穿戴。肱骨头的保留在功能上有助于假肢肘关节与假手的活动控制,穿戴假肢后的外形会更美观。

2. 上臂截肢　应尽量保留上臂残肢的长度,因上臂假肢的功能取决于残肢的杠杆力臂长度、肩关节活动范围和肌力。长残肢有利于假肢的悬吊和控制。肘关节离断与经过肱骨髁的截肢两者的假肢装配方法和功能是相同的,所以条件许可情况下,能在肱骨髁水平截肢,就不要在肱骨髁上截肢,因为肘关节离断假肢在各个方面都优于上臂假肢。

3. 肘部截肢　若能保留肱骨远端,肘关节离断就是理想的截肢部位。由于肱骨外髁处的膨隆,肱骨远端较宽大,利于假肢的悬吊和控制,并且肱骨的旋转可以直接传递到假肢;而肘关节以上部位的截肢,肱骨的旋转不能直接传递到假肢,而是通过假肢肘关节旋转盘来完成的,因此对于肘部截肢来说肘关节离断是良好的截肢部位,肘关节离断假肢在各个方面都要优于上臂假肢。

4. 前臂截肢　保留患者的肘关节非常重要。即使是很短仅有 4~5cm 的残端也要保留,残肢越长,杠杆功能就越大,旋转功能保留得就越多。当残肢长度保留 35%,残肢旋转活动角度为 0°,残肢长度保留 55%,残肢旋转活动仅为 60%,残肢长度保留 80%,残肢旋转活动角度达到 100%,前臂远端呈椭圆形,有利于假手发挥旋转功能;残肢肌肉保留越多越容易获得良好的肌电信号,对装配肌电假手是非常有益的。

5. 腕部截肢　与前臂相比,腕离断是理想的截肢部位,保留完整的尺桡骨,并且不应该切除尺桡骨茎突。由于残肢远端膨大,假肢接受腔做到肘关节以下就能够保证假肢的悬吊,而且能保留前臂全部的旋转功能,使残肢功能得到最大限度的发挥。由于假肢制作和装配技术的提高,腕部截肢已可以安装既美观性能又良好的假肢。

6. 手掌与手指截肢　以尽量保留长度为原则,尤其是保留拇指的长度;当多手指需要截肢时要尽量保留手的捏、握功能。掌部保留长度有利于功能恢复和残肢功能发挥、掌部截肢现已能装配半掌肌电假肢。

(二)下肢截肢平面的选择

截肢平面的选择原则是,除小腿截肢外,均应尽可能保留残肢长度。

1. 半骨盆切除　髂嵴和坐骨结节是关键,髂嵴对接受腔的适配及悬吊非常重要,坐骨结节有利于负重,因此应根据条件尽量保留髂嵴和坐骨结节。

2. 髋部截肢　应尽量保留股骨头和颈,在小转子下方截肢,不做髋关节离断。这样有助于接受腔的适配和悬吊,增加假肢的侧方稳定和负重面积。

3. 大腿截肢　要尽量保留残肢长度,即使残肢较短也应保留。因为假肢制作技术现在已可以保证任何长度的大腿残肢都可以装配良好的假肢。如坐骨结节平面以下 3~5cm 处的大腿极短残肢,其功能也优于髋离断截肢,而且带锁定装置的硅胶衬套可以较好地解决假肢的悬吊问题。

4. 膝关节离断　与大腿相比膝关节离断是最理想的截肢部位。膝离断截肢是股骨髁的残肢端承重,而非坐骨结节承重,膝离断保留了完整的股骨,残肢长对假肢控制能力强,残肢末端承重能力强,股骨内外髁的膨隆有助于假肢的悬吊。膝关节离断假肢是残肢负重,其负重力线与正常相同,既没有侧倾步态,也不需要增加腰前凸;而大腿截肢的主要负重部位是坐骨结节,负重力线通过坐骨结节的前外侧,故而可引起骨盆前倾,腰前凸加大。因此,膝关节离断假肢的功能要明显优于大腿假肢。

5. 小腿截肢　只要能保证髌韧带的附着,在胫骨结节以下截肢可安装小腿假肢,其功能明显优于膝关节离断假肢。但若从髌韧带附着点部位以上截肢就失去了膝关节的屈伸功能,应选择膝离断截肢。小腿截肢以中下 1/3 交界为佳,一般保留 15cm 长的残肢就能够安装较为理想的假肢。小腿远端因软组织少、血运不良,不是理想的截肢部位。一般来说,因周围血管病而进行的小腿截肢不应该超过膝关节下 12.5cm 的水平。

6. 塞姆(Syme)截肢　为理想的截肢部位,虽然截肢水平相当于踝关节离断,但是残端被完整、良好的足跟皮肤所覆盖,具有稳定、耐磨、不易破溃的优点。残肢端有良好的承重能力,行走能力良好,有利于日常生活活动,其功能明显优于小腿假肢,但应该注意踝关节离断是不可取的。

7. 足部截肢　要尽量保留足的长度,也就是尽量保留前足杠杆力臂的长度,在步态周期静止时相的末期,使前足具有足够的后推力非常重要。前足杠杆力臂长度缩短对快步行走、跳跃和跑造成很大的障碍。足部截肢包括 Boyd 截肢和 Pirogoff 截肢。

四、截肢术后残肢的处理

(一)保持合理的残肢体位

保持合理的残肢体位避免发生关节挛缩是十分重要的,尤其是下肢穿戴假肢后残肢体位的摆放。如大腿截肢,髋关节应伸直且不要外展。理想的良姿位是仰卧位时髋关节保持伸展、内收位,侧卧位时采取患肢在上的侧卧法,髋关节内收为宜,可以减少髋关节外展挛缩畸形的发生;还可以采用俯卧位的睡觉姿势,每天让患者俯卧位 3 次,每次保持 15min 以上;小腿截肢,残肢的正确体位是膝关节应保持伸直位。术后应尽早离床,在治疗师的指导下进行关节活动和肌力训练,这是预防关节挛缩的最有效措施,尤其是加强臀大肌、内收肌和股四头肌的训练。

(二)残肢皮肤的护理

截肢术后残肢的皮肤应保持清洁、干燥,防止皮肤擦伤、汗疹、水疱和感染。具体护理方法是:睡前清洗残肢,用毛巾擦干;残肢套应根据使用情况每天至少更换一次,保持套的清洁、干燥;穿戴残肢套时一定别出现皱褶;若出现汗疹、擦伤、炎症等应及时采取措施,局部外用药涂抹,暂时不穿戴假肢。

(三)硬绷带包扎

硬绷带包扎是用石膏绷带作为主要材料缠在已用敷料包扎好的残肢上,预防血肿形成和减少残肢肿胀,促进静脉回流,促进残肢定型的方法。一般方法是先用纱布包扎截肢伤口,再用 U 形石膏绷带包扎固定,应用 2~3 周到伤口拆线,切口愈合后改为弹性绷带包扎。与弹性绷带技术相比,硬绷带包扎技术的优点是压迫均匀,固定牢靠,更有效地减少残肢肿胀,可使残肢尽早定型,为安装正式假肢创造条件。由于石膏固定确保了肢体的正确体位,大大减少了关节挛缩畸形的发生。

(四) 弹力绷带包扎

当残肢去除石膏固定后,持续使用弹性绷带包扎残肢,是减少残肢肿胀和过多的皮下脂肪沉积,使残肢尽早定型成熟的最普遍、最重要的方法。正确使用弹力绷带技术,要点如下:弹力绷带的标准是小腿及上肢须使用 10cm 宽,大腿使用 12~15cm 宽,2~4m 长;缠绷带的步骤是先沿残肢长轴方向缠绕 2~3 次,再从远端开始斜行向近端缠绕成螺旋状,对于大腿残肢应缠至骨盆部位,对于小腿残肢须缠绕到膝关节以上,上臂残肢应缠绕到胸廓,前臂残肢要缠绕到肘关节以上;全天缠绕,但是每天要更换缠绕 4~5 次,夜间一定不能除去;弹力绷带的压力要远端比近端大,这样利于恢复;对于穿戴假肢的患者,只要是脱掉假肢,残肢就要用弹力绷带包扎,若一段时间内都没有应用弹力绷带包扎残肢,残肢的肿胀就可能增加,给假肢穿戴造成困难。

(五) 手术后即刻临时假肢

对临时假肢的安装,20 世纪 80 年代时便采取了更加积极有效的方法,临时假肢的安装是在手术台上完成,即截肢术后即刻安装临时假肢。残肢由于接受腔的压迫,限制了肿胀的发生,加速了残肢定型,减少幻肢痛,术后尽早离床,对患者也是一种鼓舞和安慰。

(六) 残端耐磨耐压训练

开始时用手掌拍打残肢和残肢末端,待局部适应后,可用沙袋与残肢接触、碰撞、承重,开始时少量承重,逐渐增加重量。

五、截肢术后并发症及处理

(一) 出血和血肿

出血量大可出现休克,血肿是造成感染和皮肤坏死的原因,必须认真对待和处理。患者床头应准备止血带,较少出血可局部加压包扎止血,一旦出血量大时应立即应用止血带,送手术室进行探查和彻底止血。血肿一般可局部穿刺,将血抽出后加压包扎,也可根据情况,拆除一两针缝线,将血肿引流后加压包扎。

(二) 感染

一旦感染要及时处理,除了应用敏感抗生素外,感染严重时进行彻底引流非常重要,还可配合超短波物理治疗。

(三) 残肢皮肤破溃、窦道、瘢痕和角化

常见原因主要是假肢接受腔长时间压迫、反复摩擦,尤其是残端的瘢痕更容易破溃。对症治疗方法包括创面换药、修整接受腔、进行紫外线和超短波等物理因子治疗。对残肢瘢痕可使用硅凝胶套,避免和减少皮肤瘢痕受压或摩擦。对久经不愈的窦道需进行手术清创。

(四) 残肢关节挛缩

残肢关节挛缩的常见原因包括术后关节置于不正确体位、无合理固定及瘢痕挛缩。有效的预防方法是术后尽早进行功能训练,维持关节的活动度。对于关节挛缩,要在治疗师的指导下,加强主动和被动的关节活动训练,严重者需手术治疗。

(五) 残肢痛

引起残肢痛的原因较多,常见的为神经断端刺激,神经瘤或位于瘢痕内牵拉造成疼痛,残端血液循环障碍所致疼痛,残端骨刺、残端肌肉异常紧张所致疼痛等。治疗方法包括局部超短波、低中频电等物理因子疗法和使用镇痛药物。神经瘤及严重骨刺者需要手术治疗。

(六) 幻肢和幻肢痛

幻肢是指截肢手术后仍有已截除的手和脚的幻觉。发生在该幻肢的疼痛称为幻肢痛,发生率为 5%~10%,机制尚不十分清楚。治疗方法包括心理治疗、超短波治疗和低中频电等物理因子治疗、针灸治疗、使用中枢性镇静药,主要是三环类抗抑郁药,如阿米替林、卡马西平和米帕明等。

第二节 康复功能评定

一、截肢患者全身状况的评定

对患者全身情况的评定特别要注意截肢的原因、是否患有其他系统的疾病和其他肢体的状况评定，目的是判断患者能否装配假肢，能否承受装配假肢后的康复功能训练，有无今后终生利用假肢活动的使用能力。

二、残肢评定

(一) 残肢外形

注意观察残肢的外形特征。理想残肢外形以圆柱状为佳，而不是传统的圆锥形。

(二) 残肢畸形

注意观察有无残肢畸形。若出现残肢关节明显畸形，不宜安装假肢，即便安装了假肢，也会影响穿戴和功能。残肢外形不良常见，如大腿截肢容易出现髋关节屈曲外展畸形，小腿截肢容易伴有膝关节屈曲畸形或腓骨外展畸形。

(三) 皮肤情况

注意评定残肢皮肤瘢痕、溃疡、窦道情况，残端皮肤有无松弛、肿胀、皱褶。残肢感觉情况、皮肤的血液循环状况等。

(四) 残肢的长度、围度测量

采用皮尺测量，需双侧进行对比。残肢长度直接影响到假肢的控制能力、悬吊能力、代偿功能、稳定性和行走过程中的能量消耗。残肢长度直接影响假肢种类的选择。理想的小腿截肢长度为膝下15cm 左右，理想的大腿截肢长度为 25cm 左右。

(五) 关节活动度检查

可用量角器进行测量，必要时需与健侧进行对比。

(六) 肌力检查

重点是检查残肢肌力，多用徒手肌力检查法(manual muscle testing, MMT)评定。如果臀大肌、臀中肌、股四头肌和髂腰肌肌力减弱，可出现明显的异常步态；而肩和肘部肌力减弱，则对假手的控制力明显减弱。

(七) 残肢痛

引起残肢痛的原因很多，评定时应详细了解发生时间、疼痛的程度、疼痛性质、诱发因素，以确定引起残肢痛的原因对症治疗。

(八) 幻肢痛

幻肢痛的原因尚不清楚，一般认为与运动知觉、视觉和触觉等的生理异常有关，评定时应详细了解发生时间、疼痛的程度、疼痛性质、诱发因素。

三、假肢评定

一般假肢分为临时假肢和正式假肢。临时假肢也称之为训练用临时接受腔，多用石膏或高分子材料制作而成，是在截肢术后，残肢尚未定型良好，为穿着训练制作的接受腔。正式假肢是在残肢状态稳定后，用耐久性强的材料制作的，为患者术后长期生活使用的接受腔。

(一) 临时假肢的评定

临时假肢又分为手术后即装临时假肢和普通临时假肢。

1. 手术后即装临时假肢 假肢的安装是在手术台上完成的，此种假肢由于接受腔的压迫，可限制残肢的肿胀，使残肢定型加速，患肢痛减少，术后可尽早离床，对患者的心理起到鼓舞作用。

2. 普通临时假肢 一般在术后 3 周，切口拆线，愈合良好后即可安装。评定内容如下：

（1）接受腔的评定：主要评定接受腔的松紧，接受腔是否全面接触和全面承重，有无压迫和疼痛。

（2）悬吊能力的评定：行走时假肢是否有上下窜动，也就是出现唧筒现象。下肢假肢的悬吊能力，可通过拍摄站立位残肢负重与不负重X线片，测量残肢皮肤与接受腔底部的距离变化来判断，一般在负重和不负重的距离变化不超过2cm。

（3）假肢的对线：评定假肢是否有对线不良，还要了解患者站立时有无身体向前或向后倾斜的感觉。

（4）穿戴假肢后残肢情况：观察皮肤有无红肿、破溃、皮炎、硬结、残端有无局部肿胀等。

（5）步态：注意观察各种异常步态，分析其产生的原因，予以纠正。

（6）上肢假肢：上肢假肢要检查悬吊带与控制系统是否合适，评定假手的开合功能、灵活性、协调性，尤其是日常生活活动能力的评估。

（二）正式假肢的评定

除以上临时假肢的评定内容外，应重点评定：

1. 上肢假肢的评定　评定内容包括假肢长度、接受腔适合情况、肘关节屈伸活动范围、肘关节屈曲所需要的力、肘关节完全屈曲所需要的肩关节屈曲角度、肘关节屈曲90°时假手的动作、假手在身体各个部位的动作、对拉伸力和旋转力的稳定性。对上肢假肢要进一步评定日常生活活动能力，对于一侧假手，主要是观察其辅助正常手动作的功能。

2. 下肢假肢的评定

（1）假肢长度：小腿假肢，双侧下肢应等长。对于大腿假肢，假肢侧可比健侧短1cm左右。

（2）接受腔的评定：检查站立位时残肢是否完全纳入接受腔内，即坐骨结节是否在规定的位置上，残端与接受腔底部是否相接触。坐位时，接受腔是否有脱出现象。接受腔坐骨承重部位对大腿后肌群有无压迫，接受腔前上缘有无压迫等。

（3）步态评定：可直接肉眼观察步态情况，有条件可应用步态分析仪进行更客观的分析检查。对异常步态从两方面分析原因：

一是截肢者自身的问题，如心理因素：怕跌倒、对假肢功能有疑问等；膝关节屈曲挛缩，股四头肌肌力弱；髋关节与残肢有异常，如髋关节屈曲或外展挛缩、外展肌力不足和残肢痛等。

二是假肢的问题，如假肢对线不良，接受腔适配不良，关节、假足结构及功能不合适。应针对具体问题进行处理。大腿假肢常见的异常步态有假足拍地、假肢膝关节不稳定、踝扭转、腰椎过度前凸、躯干侧倾、外展步态、外甩、内甩、提踵异常、踮脚步态、步幅不均、划弧步态、膝撞击、摆臂异常等。

（4）行走能力评定：包括行走的距离、上下台阶、过障碍物。截肢部位和水平不同，行走能力也有差异。一般情况下截肢水平越高，行走能力越差。以双侧大腿截肢的行走能力最差，双大腿短残肢需要手杖辅助行走。

3. 假肢部件及质量的评定　对假肢部件及整体质量进行评定，使患者能获得质量可靠的、代偿能力良好的、满意的假肢。

四、使用假肢能力的评定

（一）全身状态的能力评定

对患者全身各系统、器官功能要全面评定，了解患者有无心脑血管疾病、慢性呼吸系统疾病、泌尿系统疾病、糖尿病及其他系统疾病；还要了解患者截肢的原因、截肢手术的情况、术后时间等。了解这些是为了便于正确评估者是否具有假肢装配后的康复功能锻炼和利用假肢活动的能力。

（二）其他肢体能力的评定

其他肢体功能的好坏直接影响患者术后能否安装假肢和使用控制假肢的能力。若其他肢体功能良好，有助于术后残肢的各种训练，利于假肢的装配和装配后的使用训练。

（三）非理想残肢的能力评定

非理想残肢主要包括不良残肢和残肢合并症。所谓不良残肢主要包括圆锥形残端、短残肢、腓骨长于胫骨或腓骨短缺、残端骨突出、膝关节屈曲畸形等；而残肢合并症包括神经瘤、感染、大面积瘢痕、残肢畸形、残端骨刺、残肢痛或幻肢痛等。非理想残肢一般不建议安装假肢，或者即使安装了假肢，残肢对假肢的悬吊和控制能力也明显减弱,假肢的动力对线不良,出现异常步态,使残肢负重不均衡,会产生压迫、滑动现象,皮肤疼痛、磨损、破溃,严重影响假肢的使用和代偿功能的发挥。

五、装配假肢后整体功能的评定

假肢装配不仅是恢复原有肢体的形态,更要恢复肢体功能,使假肢真正和患者融为一体,达到完全康复、重返社会的目的。为此要对装配假肢后整体效果进行评定,目前常用如下标准:

1. 完全康复　生活可完全自理,重返社会后能正常参加社会活动并恢复原工作;患者稍有不适感。

2. 部分康复　生活能自理,重返社会后不能恢复原工作,需改换工种和环境;患肢仍有轻微功能障碍。

3. 完全自理　生活能完全自理,但不能参加正常工作。

4. 部分自理　生活仅能部分自理,相当部分要依赖他人。

5. 功能无好转,仅形态改善。

第三节　康　复　治　疗

一、使用假肢前的训练

在使用假肢前要从身体上和精神上为使用假肢作好准备。

(一) 增强体能的运动训练

不论何种原因的截肢,都会造成身体体能明显下降。截肢后应该尽快恢复和增强患者的体能,因为配戴假肢要消耗大量的能量。如下肢截肢者配戴假肢行走时消耗能量要比正常人更多,截肢水平越高,耗能越大,双侧截肢比单侧下肢截肢耗能更大,同样的速度在平地行走,小腿截肢者要比正常人多消耗 10%~40% 的能量,而大腿截肢要多消耗 65%~100% 的能量,双侧大腿截肢者平均比正常人多消耗 110% 的能量。

如此巨大的能量消耗,就要求下肢截肢者有比健康者更强壮的体质,因此,必须加强体能训练。尤其是截肢水平较高、下肢截肢,患者年老体弱、多病、体质较差时,增强体能训练就显得更加重要。

可以进行如下的运动训练,如坐地排球、轮椅篮球、上肢拉力训练、引体向上、水中运动、利用残肢端在垫上站立负重等训练。要进行躯干和未截肢肢体的肌肉强化训练,增强背肌和腹肌的训练可在腹卧位和仰卧位进行。还可进行单腿站立训练,既加强了肌力又训练了平衡,方法是开始时让截肢者在平衡杠内面对镜子单腿站立,骨盆保持水平,双手扶杠后到单手扶杠最后双手离杠,逐渐延长单腿站立的时间,最后让患者练习单腿跳。

(二) 残肢训练

1. 关节活动度训练　尽早开始关节活动度训练是避免关节发生挛缩畸形的最行之有效的方法,因此应根据患者的情况每日进行 2 次全关节范围的主动或被动运动。

(1) 上臂截肢应及早进行肩关节活动训练,防止肩关节挛缩,影响肩关节外展功能。

(2) 前臂截肢后应加强肩、肘关节活动训练,防止肘关节僵直。

(3) 大腿截肢,术后早期一定要强调髋关节的内收和后伸运动训练,如不注意,很快便可发生髋关节屈曲外展畸形,短残肢发生畸形的机会更多,畸形更严重,这将影响到假肢的穿戴。

(4) 小腿截肢,膝关节的屈伸运动训练是很重要的,尤其是膝关节的伸展运动,一旦发生膝关节屈曲畸形,将严重影响假肢的穿戴,残肢越长,对假肢配戴的影响就越严重。

2. 肌力训练　肌肉力量训练与关节活动度训练同样重要,只有肌力良好的残肢才能带动和控制假肢。

(1) 上臂截肢主要训练双肩关节周围肌力。提高残肢肌力,可让患者分别完成屈曲、伸展、内收等肌肉收缩,每天 3 次,各方向持续时间 3~10s,每次间隔休息 2~3min;提高残肢肌肉耐力训练,可利用滑车、重锤进行残肢抗阻力训练,重锤重量参考 10RM 值,方向与残肢垂直,速度不宜过快,肌肉收缩到极限后维持 2~3s,每天 3 次,每次间隔休息 2~3min。

(2) 前臂截肢为了增强肘关节屈伸能力,主要进行增强肘关节屈伸肌的肌力训练。同时要训练前臂残留的肌肉力量,方法是利用弹簧或橡皮带练习,弹簧一端固定到脚上,另一端固定在前臂断端,通过用力屈曲肘关节牵拉弹簧的方法增加肌力。

(3) 大腿截肢主要做髋关节的屈、伸、外展和内收肌肉的抗阻力训练。

(4) 小腿截肢主要训练股四头肌,可以做抗阻力的伸、屈膝活动训练,同时要训练小腿残留的肌肉,方法是进行幻足的屈伸运动,以避免残肢肌肉萎缩。

3. 增强残肢皮肤强度的训练　要做强化残肢端皮肤的训练,特别是负重部分的皮肤,下肢截肢残肢皮肤要进行承重能力的训练和耐磨训练,可在安装假肢之前在垫子上进行站立负重练习,以强化残端皮肤。

具体训练方法:刚开始训练时可以使用治疗泥在残端进行挤压训练,每天 10~20 次。也可将残端放在治疗泥上做按压及支撑等动作,逐渐过渡到使用细砂、米粒挤压、旋转,每次 5s,反复多次练习。

4. 使用助行器的训练　由于截肢者使用拐杖行走身体易前屈,对其进行拐杖使用指导时,应特别注意纠正身体的姿势,另外,截肢者为保持平衡,其残肢往往多呈屈曲位,应注意纠正。

5. 站立与步行训练　站立训练包括利用残肢端在垫上进行站立负重训练、单腿站立训练,方法是让截肢者在平衡杠内对镜子单腿站立,骨盆保持水平,由双手扶杠后到单手扶杠最后双手离杠,适当延长单腿站立的时间,最后让患者练习单腿跳。步行训练要充分利用双拐,这样既训练了双拐的使用,又训练了健侧下肢的肌肉力量,对截肢后尽早离床活动和增强全身体能也是非常有利的。

(三) 心理准备

除了身体方面的康复以外,在精神上、心理上也要进行必要的准备,如:建立永久使用假肢的思想;了解假肢的构造和功能;了解训练程序、训练内容和训练目的;了解护理残肢的重要性和方法。

二、穿戴和使用假肢的训练

(一) 穿戴临时假肢的训练

1. 假肢穿脱的训练

(1) 大腿假肢穿脱训练:穿假肢时,患者取坐位,假肢接受腔和大腿残肢要涂抹滑石粉,再用丝绸布将残肢包裹上,将接受腔阀门打开,站立位,将假肢垂直插入接受腔,将丝绸布的尾端从接受腔底部的孔内拉出,引导残肢伸入接受腔,达到与接受腔全面接触,再将丝绸布全部拉出,然后盖上阀门,拧紧。穿好后,患者平行站立,检查假肢穿着是否合适,如不合适,需要重穿一次;脱假肢时,患者取坐位,将接受腔的阀门打开取下假肢即可。

(2) 小腿假肢穿脱训练:穿假肢时,残肢先要套上一层薄的尼龙袜套,然后再套上软的接受腔,为便于穿上假肢,要在软接受腔的外面再套一层尼龙袜,然后将残肢穿入接受腔,同样要求残肢和接受腔要全面接触,站起让残肢到位即可;脱假肢时,双手握住假肢,同时用力向下拽,将残肢拉出即可。

2. 假肢使用训练

(1) 站立平衡训练:患者站立于平行杆内,开始时先用双手扶杠反复练习侧方重心转移,体会假肢承重的感觉和用假肢负重的控制方法。进而,练习双手不用扶杠的患肢负重、单腿平衡等。

(2) 步行训练:步行训练开始要在平行杠内进行,要求平行杠的长度在 6m 以上。在平行杠一侧放置一姿势矫正镜,用于观察训练时的姿势。另外需要助行器如手杖、腋杖、助行支架。①假肢迈步训练。将假肢退后半步,使假肢负重,在假肢脚尖触及地面的状态下,将重心移向健侧肢体,迈出假肢,使足跟落在健肢足尖前面;为使膝关节保持伸直位,臀大肌要用力收缩,防止膝打软腿,让患者注意体会用力屈曲残肢使小腿摆出和膝关节伸展时的感觉。②健肢迈步训练。将健肢后退半步,使健肢完全承重,将重心移向假肢侧,腰部挺直迈出假肢,迈步距离尽量大些,提起假肢跟部,使脚尖部位负重,弯曲假肢膝关节。健肢迈步训练的重点是通过大幅度地迈出健肢来伸展截肢侧的髋关节,患者要注意掌握假肢后蹬时的感觉。③交替迈步训练。借助手杖或在平行杆内进行交替迈步训练。残肢要向正前方摆出。此外,在假肢支撑期中,要使骨盆在假肢上方水平移动,若能保持骨盆水平,上体就不会向假肢侧倾斜。为此,应使双脚之间的步宽尽量减少。练习转换方向时,可指导患者将体重放在处于身后的假肢足趾部,随后以足趾为支点做180°旋转。另外,也可以双腿跟部为轴进行旋转。

(3) 上下台阶步行训练:上台阶训练时,健侧先上一层,假肢轻度外展迈上一台阶,接着健肢迈上更高一台阶;下台阶训练时,假肢先下一层,躯干稍向前弯曲,重心前移,接着健肢下一台阶。

(4) 上下坡道步行训练:上下坡道训练分直行和侧行,基本方法相似,侧行比较安全。上坡时,健肢迈出一大步,假肢向前跟一小步,身体稍向前倾,为了防止脚尖触地,假肢膝关节屈曲角度稍大,残端压向接受腔后壁;下坡时,先迈假肢,防止假肢膝部突然折屈,注意残端后伸,假肢迈步步幅要小,迈出健肢时,假肢残端应压向接受腔后方,健肢在前尚未触地时,不能将上体的重心从假肢移走。

(5) 跨越障碍物训练:跨越障碍物时,假肢承重,健肢先跨越,然后健肢承重,身体稍前倾,假肢腿膝关节屈曲,带动假肢跨越。

(二) 穿戴正式假肢的训练

临时假肢经过穿戴和训练后,残肢已无明显变化,基本定型,并且假肢代偿功能达到预期目标时,便可穿戴正式假肢。

1. 穿戴正式假肢的条件

(1) 残肢条件:残肢成熟定型是最基本的条件,此时残肢已无肿胀,皮下脂肪减少,残肢肌肉不再继续萎缩,临时假肢连续应用两周以上残肢无变化,接受腔与残肢适配良好,不需要再修改接受腔。

(2) 训练情况:穿戴临时假肢的各种康复训练已达到基本目的和要求,如上肢假肢可完成日常生活活动中的基本动作项目;下肢假肢已经具备基本的行走功能,不但能向前行走,还能向后倒退及向两侧横行,会左右转弯等。各种异常步态得到纠正,穿戴上永久假肢后可以立即很好地应用和控制假肢。

2. 上肢假肢的使用训练　上肢假肢的使用训练比较复杂,现仅就功能性锁控式上肢假肢(图 17-1)的使用训练为例介绍,锁控式上肢假肢的手部装置有锁控假手和钩状手,使用训练如下:

(1) 锁定方法:肘关节控制锁在肘关节屈曲90°时打开,当前臂不动,肩部前突,断端向后用力时肘关节控制锁关闭。

(2) 钩状手开闭方法:钩状手在肘关节锁住状态下,肩关节前屈时打开,肩关节后伸,钩状手关闭。

(3) 钩状手定位方法:先把手移动到最方便握持的位置,判断钩状手的固定片和移动片,再使固定片靠近物品,活动片与固定片平行。

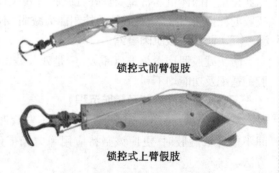

锁控式前臂假肢

锁控式上臂假肢

图 17-1　锁控式上肢假肢

(4) 假手使用训练:具体训练方法是:先在工作台上做简单的开闭动作,然后逐渐增加难度,如练习水平移动、变化高度的动作,直到截肢者熟练为止。训练手部开闭动作时,使用的物体从最易抓握的东西开始,再逐渐变化为形体大、不易抓握的物体,来训练手部抓握的熟练程度。常用插板作业训练,通过改变不同大小、形状(方杆、圆杆等)的插件,变换动作的位置及高度,增加训练难度,以此来熟悉各种动作。然后再训练截肢者用假肢进行吃饭、更衣、化妆等日常生活活动。从此阶段开始,截肢者穿用假肢时间要尽量延长,无论在病房或者在家庭环境中,都鼓励患者积极使用假肢,习惯使用假手,这样更能促进患者接受假肢和提高假肢的实用性。

在单侧上肢截肢的患者,若是利手截肢,首先要进行利手交换的训练,使原来不是利手的健肢变成利手,而假手主要是起到辅助的作用。

对双侧上肢截肢患者来说,假肢的使用训练就要更加复杂和困难,训练所达到的标准也相对高很多。通常情况下先要为截肢者选用各种工具型手部装置,后进行实际操作训练。

3. 下肢假肢的训练　下肢截肢者的训练必须明确一点,就是在训练行走之前站立平衡要很稳定,否则就不能顺利行走。这种观点对训练初期尤其重要,截肢者本身都希望早日用假肢开始行走,但在训练初期,不能操之过急。在平衡问题上,额状面的平衡比矢状面难掌握。指导截肢者使用臀中肌时,让截肢者掌握只用假脚外侧站立的方法会收到较好的效果。

(1) 各种异常步态的原因及矫正

1) 步幅不均:是指假肢侧与健肢侧步幅不等的状态。一是假肢方面的原因,坐骨支撑情况不良、接受腔初始屈曲角度不够大可导致健侧步幅小。二是截肢者方面的因素,如髋关节屈曲挛缩、期望假肢膝关节以伸展位着地(怕打软腿)、假肢不能承重、假肢侧支撑期过短等。

2) 侧倾步态:步行过程中,假肢支撑体重时,上体会向假肢侧倾斜。原因有两方面:一是假肢方面,包括对线不良、假肢过短、足部偏外,接受腔内侧壁或外侧壁不适合。二是截肢者方面,包括髋外展肌肌力弱、残肢外展挛缩、大腿内侧有疾患疼痛、训练不良等。

3) 划弧步态:当假肢在摆动期中,向外侧划圆弧的步行状态。一是因为假肢的膝关节屈曲不良、假肢过长、假脚跖屈等。二是因为截肢者怕打软腿而不敢屈曲膝关节、残肢外展挛缩较大。应认真检查和分析产生异常步态的原因,针对原因进行矫正。

(2) 几种特殊的训练:特殊训练是使下肢截肢者能在石子路、砂土地等不平路面上行走。要进行上下阶梯、跨过窄沟、迈门槛及障碍物的训练,灵活性训练,搬运物体,倒地后站起,对突发的意外做出快速反应的能力训练等。

三、穿戴假肢后的注意事项

(一) 保持适当的体重

现代假肢接受腔形状、容量十分精确,体重增减超过 3kg 就会引起接受腔的过紧或过松,使接受腔变得不适合。下肢截肢穿戴假肢行走消耗能量就比正常人大很多,体重过大消耗能量就越大,如一侧大腿截肢穿戴假肢行走时,同样的速度和距离,就要比同样体重的正常人多消耗 1/2~1 倍的能量,所以保持适当的体重非常重要。并且肥胖者残肢长度与残肢横径的比值减少,残肢外形接近半球形,使残肢的杠杆作用减弱,对假肢的控制能力减弱,不利于假肢代偿功能发挥。

(二) 防止残肢肌肉萎缩

防止残肢肌肉萎缩非常重要,但是残肢残留部分肌肉训练常被忽略,导致残肢萎缩,对假肢接受腔的适配及功能均不利。

(三) 防止残肢肿胀及脂肪沉积

截肢者只要是配戴假肢,就要求在不穿假肢时一定要缠绕弹力绷带,尤其是夜间或因故一段时间不能穿戴假肢时,更应该坚持应用弹力绷带包扎残肢。这是防止残肢肿胀及脂肪沉积的最有效方法。

(四) 保持残肢皮肤和假肢接受腔的清洁

防止残肢皮肤发生红肿、肥厚、毛囊炎、角化、溃疡、疖肿、皮炎、过敏等。残肢袜套要经常清洗,接受腔也要经常清理。保持残肢皮肤清洁、干燥是非常重要的。

本章小结

本章主要介绍了截肢术后康复的概述、评定以及截肢患者的康复治疗。截肢术后的康复重点内容在假肢的使用和配备,所以要求患者必须熟练地使用和护理假肢,本章也围绕假肢的使用、训练做了重点详细介绍。要求同学们熟练掌握截肢患者使用假肢前的训练、穿戴和使用假肢的训练和假肢过程中的注意事项,能够对截肢患者的康复功能进行评定,并且作为拓宽知识面需要了解截肢水平的选择、截肢术后残肢的处理、截肢术后并发症的处理。

(马雪真)

思考题

1. 截肢患者残肢如何处理？常见截肢术后并发症及处理有哪些？
2. 正式假肢的穿戴条件是什么？

扫一扫,测一测

思路解析

第十八章　运动损伤康复

18章 PPT

学习目标

1. 掌握　软组织、韧带、肌肉、肌腱和关节软骨损伤的康复评定、康复治疗方案及实施。
2. 熟悉　运动损伤的基本概念及发病情况、临床分期和康复问题;软组织、韧带、肌肉、肌腱和关节软骨损伤的临床分型和表现、主要功能障碍及分期康复治疗原理。
3. 了解　软组织、韧带、肌肉、肌腱和关节软骨损伤的基本概念、发病原因、病理和临床辅助检查。
4. 具备基本临床康复思维与素养,能指导患者康复训练和体会康复疗效,对患者在治疗或训练过程中出现的简单问题进行处理。
5. 能与团队协作开展康复治疗工作,与相关医务人员进行专业交流,与患者及家属进行良好沟通,开展健康教育。

病例导学

患者,男性,20岁,校足球队队员,因与对方争球时大力触球且发生碰撞,右膝关节内前点和外后点出现剧烈疼痛,右腿不能着地站立,关节出现交锁现象,数小时后关节肿胀。查体:关节间隙内侧痛点处压痛明显,浮髌试验、回旋挤压试验及摇摆试验阳性。辅助检查:X线片未发现明显外伤性骨骼改变。

问题与思考:
1. 为求确诊,可增加哪些辅助检查?
2. 从现有资料分析,该患者应属于何种疾病的哪一康复分期?
3. 康复治疗目标如何设定?
4. 相应的康复治疗方案有哪些?

第一节　概　　述

一、基本概念

运动损伤(sports injury),是指在体育运动及各类健身活动中发生的创伤。随着世界范围内的运动竞技日益激烈,大众健身的逐渐普及,相对于骨折、关节脱位等急性严重损伤而言,韧带、肌肉、肌腱、

笔记

关节囊和关节软骨等的损伤更为常见,本章就此类损伤的康复问题进行系统论述。

二、临床分期

(一) 急性期

损伤发生后48h以内,受伤组织断裂出血并于局部形成血肿、炎性细胞浸润、毛细血管扩张及通透性增加,组织液外渗形成水肿;临床以伤处疼痛,组织压痛,皮下组织淤血、血肿及运动功能障碍为主要表现。

(二) 稳定期

伤后48h至第六周,伤处出血基本停止,以炎性渗出、肿胀及肉芽组织增生为主;制动时间过长者可出现肌肉萎缩、关节不稳定。

(三) 恢复期

损伤7周以后,局部肿痛减轻或消失,瘢痕形成,可出现瘢痕挛缩、肌萎缩和肌力下降。

三、康复问题

(一) 出血

组织血肿及关节积血加重局部水肿,后期易产生组织纤维化及粘连。

(二) 肿胀和疼痛

为局部软组织及滑膜充血产生无菌性炎症所致。

(三) 瘢痕及粘连

血肿机化形成纤维性粘连及瘢痕增生,出血量多者可致关节内、外粘连。

(四) 感觉和运动功能障碍

因疼痛、制动使得肌张力及心肺功能减退;粘连及瘢痕损及感觉功能和关节活动度;训练状态低下,伤前建立的条件反射能力下降,易导致创伤复发。

(五) 停训综合征

为全身系统性功能紊乱,如失眠、焦虑、食欲下降、腹泻、心律失常等。

(六) 肌萎缩

多为失用性肌萎缩。

(七) 关节稳定性下降

因肌肉力量不均衡,关节囊松弛,关节本体感觉减退所致。

四、康复评定

(一) 病史采集

一般情况;损伤发生情况,原因及诱因,受伤部位、性质、程度、持续时间及加重和缓解因素,损伤后诊治经过,既往史等。

(二) 体格检查

全身体检,尤以损伤局部检查为重,如皮肤红肿及创面伤口情况、肿胀程度及肢体形态、异常活动、摩擦感及异常响声等;采用局部特殊检查方法,如肩峰撞击征和落臂试验、网球肘和高尔夫球试验、膝交叉韧带和膝外侧副韧带试验等。

(三) 感觉和运动功能评定

1. 疼痛评定 视觉模拟评分法(VAS),口述分级评分法等。
2. 感觉检查 以关节本体感觉为重点。
3. 肢体长度及围度测量 多用皮尺。
4. 肌力评定 徒手肌力评定(MMT)及器械肌力评定。
5. ROM评定 以量角器、电子测角仪为主。
6. 平衡功能评定 多采用观察法。
7. 步态分析 RLA 8期法。

8. 其他　如心理功能评定、日常生活活动能力和社会活动能力评定、生存质量评定(QOL)。

(四) 辅助检查

神经传导、诱发电位、肌电图、X 线片、CT、MRI、KT1000、关节造影、关节镜等。

知识拓展

　　祖国传统中医学所论述的筋、骨、肉分别对应肝、肾、脾三脏,其相互关系最为密切。"肝主藏血",是指肝通过对血液的贮存和调节分配来维持筋经(如韧带、肌腱、筋膜)的生理功能;"肾主藏精""肾主骨生髓",即肾通过对营养物质的摄取、转化和投放来维系和激发骨骼的生理功能;"脾主运化""脾主肌肉四肢",即脾将营养物质吸收转化为气血津液充养肢体、肌肉并维持其生理功能。

　　对于本章论述的软组织、韧带、肌肉、肌腱和关节软骨损伤,祖国传统疗法以整体观念和辨证论治为指导,按舒筋活络、养血活血、利水消肿、健脾益气、补益肝肾、强筋健骨等治则,施以中药、针灸、推拿按摩诸法,通过改善运动器官和组织的微循环、营养、强度和耐力等,对运动损伤的预防、治疗、康复以及防止复发诸环节都有可靠效用,能减少运动损伤的发生和降低损伤的程度,加快康复进程,提升康复效能。

五、康复治疗

(一) 康复目的

1. 改善组织代谢,促进组织再生。

2. 消除因重复受伤动作引起的再次损伤。

3. 预防停训综合征。

4. 预防因缺乏运动产生的肌萎缩、挛缩。

5. 保持良好的训练状态。

(二) 康复原则

1. 分期康复

(1) 急性期:以制动、止痛、止血、防止肿胀进一步加重为要点。

按"PRICE"常规处置:①保护患处免受进一步损伤,使用夹板或矫形器(protection);②局部休息(rest);③冰敷,每次 15~30min,每天 4~8 次,可连用 3d(ice);④加压包扎,垫无菌棉及弹力绷带(compression);⑤抬高患肢,尽量高于心脏水平(elevation)。

(2) 稳定期:促进血肿和渗出液的吸收,采用物理疗法,中药内服、熏洗及外敷,针灸按摩,配以局部制动、支具保护。

(3) 恢复期:针对存在的问题及功能障碍,如疼痛、粘连、瘢痕形成、关节活动受限以及肌萎缩和功能减弱等,开展肌力、关节活动度、平衡、协调性和柔韧性训练以促进肢体功能恢复;辅以物理治疗软化瘢痕,防止瘢痕挛缩;结合中国传统康复技术全面康复治疗。

2. 个体化康复 也称个别对待(specific adaptation to imposed demands,SAID)。

(1) 对于非专业运动员患者,以日常生活和工作能力的恢复为目标。

(2) 对于专业运动员患者,则应全面康复治疗,患肢(体)尽可能完全恢复,并行专项平衡、协调性等训练,尽早恢复其专业正规训练。

3. 全面康复　包括力量、速度、柔软度、耐力训练以及心理等方面全面考虑。

4. 循序渐进原则　动作由易到难,时间由短到长,训练强度由小到大,次数由少到多,运动组合由简到繁。

(三) 康复方法

1. 本体感觉训练技术　即关节运动觉和位置觉的训练,包括关节位置的静态感知能力、关节运动的感知能力、反射回应和肌张力调节回路的传出活动能力。

2. 肌力训练技术 非抗阻力运动有主动助力运动和主动运动；抗阻力运动有等长运动、等张运动、渐进性抗阻运动、等速性抗阻力运动等。

3. 软组织牵伸技术 即伸展关节周围软组织，有降低肌张力，改善关节活动范围，防止组织挛缩，预防或降低肌肉、肌腱损伤的作用。常用手法为牵伸、器械牵伸和自我牵伸。

4. 关节松动技术 包括松动术、徒手操作术。

5. 关节活动技术 如被动运动、持续被动运动、主动助力运动、主动运动、关节功能牵引。

6. 站立与步行训练技术 为恢复站立能力或者辅助站立能力的训练方法。

六、健康教育

解除患者思想顾虑，增强治疗的信心；纠正不良姿势，维持正确体位；注意劳逸结合，避免过度疲劳，改善工作环境，经常变换工作姿势，坚持科学的运动、锻炼方法。

第二节 软组织损伤康复

一、概述

软组织损伤（soft tissue injury），是指各种急性外伤或慢性劳损以及疾病等原因造成机体的皮肤、皮下浅深筋膜、肌肉、肌腱、腱鞘、韧带、关节囊、滑膜囊、椎间盘以及周围神经血管等组织的损害。

临床分为闭合性和开放性损伤两大类，以及单纯型损伤和伴有骨折、脱位的复合型损伤，疼痛、肿胀、畸形和功能障碍为其主要表现。本节讨论其中的闭合性和单纯性损伤。

二、软组织扭伤、挫伤、劳损的康复

（一）基本概念

软组织扭伤、挫伤（soft tissue twist contusion），是源于日常生活或劳动中，因姿势不协调或暴力撞击导致局部软组织发生肿胀、充血、渗出等炎性病理改变的急性损伤；软组织劳损则为单一劳动姿势、持久负重等引起的累积性损伤，在寒冷、潮湿的环境下可造成局部软组织变性、增生、粘连等病理改变，多发生在颈、肩、臂、背、踝等处，也可由急性损伤迁延而成。

（二）临床表现

1. 症状 急性扭、挫伤以局部疼痛肿胀或肌肉痉挛，活动受限为主；慢性劳损表现为局部酸、胀、钝痛或刺痛，伴无力或沉重感，休息或变换体位症状可减轻。

2. 体征 急性扭、挫伤可见皮下有瘀斑或血肿及压痛，伴有异常姿势；慢性劳损的压痛部位不甚明确或以不适为主，可有相对固定的压痛点。

3. 辅助检查 急性损伤的 X 线检查可见软组织阴影增大，排除韧带断裂或撕脱性骨折；慢性劳损可有退行性变。必要时可行 CT、MRI 等检查及专科检查。

（三）功能障碍

1. 运动功能障碍 以疼痛和受累肢体运动受限为主。

2. 心理功能障碍 疼痛及活动受限明显者可有焦虑情绪。

3. 日常生活活动能力障碍 病情较重者受限。

（四）康复评定

参照本章第一节。

（五）康复治疗

急性软组织扭、挫伤按"PRICE"常规处理。

1. 物理因子疗法 一般于伤后 24~48h 进行，可镇痛、消肿和解除肌肉痉挛。

（1）冷疗法：包括冷水浸泡、冰敷，或采用氯乙烷制剂等制冷剂喷雾。

（2）电疗法

1）干扰电、间动电和经皮神经电刺激（TENS）：并置或交叉放置，每次 10~20min，每日 1~2 次，6~12 次为一疗程。

2）超短波疗法：并置或对置，从无热量开始至微热量再到热量，每次 8~15min，每日 1 次，6~12 次为一疗程。

3）微波疗法：距离患处 10~15cm，功率 50~120W，每次 5~20min，每日 1 次，5~15 次为一疗程。

（3）光疗法：①紫外线疗法，用于急性期，弱红斑量照射，每周 1~2 次。②红外线疗法，如 TDP，多用于慢性劳损，每次 20~30min，每日 1 次，10~15 次为一疗程。

（4）超声波疗法：急性期宜小剂量，0.2~0.5W/cm²，同时可将止痛药膏调入耦合药剂中，每次 3min，每日 1 次，5~6 次为一疗程；慢性期应较大剂量，每次 8min，隔日 1 次，10~12 次为一疗程。

（5）磁疗法：每次 15~20min，每日 1~2 次，6~12 次为一疗程。也可应用磁片敷贴。

（6）蜡疗法：用于损伤恢复期，每次 20~30min，每日 1 次，10~15 次为一疗程。

2. 运动疗法

（1）关节活动度训练：尽早、缓慢、轻柔、最大限度地进行活动为原则，应避免破坏组织的修复过程而造成该部位新的损伤。

（2）肌力训练：尽早开始等长运动训练，等张运动的渐进抗阻训练，等速运动训练。以适度疲劳为度，避免训练过程中或训练结束 24h 后出现疼痛；避免屏气，最大用力时宜吸气以改善心肺功能；急性期患处疼痛肿胀时禁用抗阻训练。

3. 中国传统康复治疗

（1）中药：以活血化瘀、祛风除湿和舒筋活络为治则。

（2）针灸推拿：以伤处局部穴位为主，结合远端取穴施治。

三、急性颈部软组织损伤的康复

（一）基本概念

急性颈部软组织损伤（acute neck soft tissue injury）是指颈部的肌肉、筋膜、韧带及关节囊等因头颈部在体育运动或劳动生活当中突然变速导致的损伤，如颈部扭伤、颈部牵拉伤、挥鞭伤、加减速伤、过伸性伤等。

（二）临床表现

1. 症状　颈部肌肉紧张及酸胀疼痛，多为刺痛或灼性痛，活动时加剧，可牵连背部或向四周发散，颈部僵硬甚至歪斜，活动受限；可出现短暂的感觉和反射异常，如眩晕、呆滞、血管舒缩运动异常、长期头痛甚或持续性的精神症状。

2. 体征　头部常保持在"舒适"而又非正常生理的强迫体位。

3. 影像学检查　除外颈椎骨折或骨折脱位及不稳，探查颈椎生理弧度变化与肌肉痉挛一致情况及颈椎退变性变化；颈椎生理曲度变直不一定为病理改变，但明显反屈可提示有结构损伤；颈椎异常后凸持续存在，通常不能恢复正常；螺旋 CT 可发现椎体和关节突损伤，MRI 可发现椎间盘损伤。

（三）功能障碍

包括运动功能障碍、心理功能障碍、日常生活活动能力和社会活动能力障碍。

（四）康复评定

伤后 2~3d 为病情观察期，对损伤机制、致伤外力重量和速度资料的掌握有助于对损伤程度和预后做出初步判断。

1. 疼痛评定　以枕部、颈椎棘突、椎旁肌肉、颈部前方软组织和颞下颌关节等部位触压痛来判断肌肉的痉挛程度。

2. 运动功能评定　对颈部做前屈、后伸、侧屈、旋转及环转运动并记录其幅度。

3. 肌力检查　包括屈肌肌力检查和伸肌肌力检查。

其他：如心理功能评定、日常生活活动能力和社会活动能力评定。

（五）康复治疗

1. 一般治疗　休息制动，适当的消炎止痛药及肌松剂、云南白药气雾剂外喷，触痛点可用 0.5% 利多卡因局部封闭。

2. 物理治疗

(1) 急性期:短波或超短波消炎消肿,中频脉冲电缓解疼痛。

(2) 慢性期:以改善循环、促进组织修复为主,可选用蜡疗、红外线、中频脉冲电等治疗。

3. 运动疗法　关节活动度训练、贴扎技术。

4. 中国传统康复疗法

(1) 手法治疗:急性期,特别是受伤 1~2d 内,尽量少刺激受伤部位,以免加重水肿。①先对颈部做大面积的滚、摩、推、揉等放松手法,触压痛较明显的位置,可反复做重手法的揉、推、弹、拨和一指禅推以解除痉挛。②以指端或侧锋对触及的僵硬条索状物行弹拨及推刮使其柔软或消失,颈部呈轻松感后持续按压,再进行轻柔而全面的揉、推、滚、搓等放松手法。③同时配合作头颈部缓慢的俯、仰、侧屈、旋转和耸肩运动。④如局部虽有压痛,但未能触及变硬的纤维条索者,可在足部内侧缘颈椎反应区行手法刺激并配合活动头颈部。

(2) 中药治疗:以活血定痛、舒筋通络、祛风除湿为治则,药用羌活、葛根、威灵仙、川芎、当归、忍冬藤、鸡血藤、防风、伸筋藤等煎汤内服及熏洗;还可做膏药敷贴。

(3) 针灸治疗:局部可选风池、扶突、天柱、大椎、肩井和阿是穴,远端选用列缺、中渚、后溪等穴,每日或隔日 1 次,7~10 次为一疗程。

(六) 健康教育

避免长时间低头、伏案作业,注意颈部防寒保暖,加强中医保健。

四、腰背肌筋膜炎的康复

(一) 基本概念

腰背肌筋膜炎(back fasciitis)又称腰背肌筋膜疼痛综合征、肌纤维组织炎,是指因寒冷、潮湿、慢性劳损和感染等导致腰背部肌筋膜及肌组织水肿、渗出和纤维性变,呈反复发作,多无器质性改变。

(二) 临床表现

1. 症状　腰骶部酸胀钝痛,可波及臀部和大腿后部,腰部下坠感,晨起、劳累或阴雨潮湿环境加重。

2. 体征　压痛点多不明确,肌肉可有轻度萎缩,可触及结节,腰背及下肢活动范围基本正常。

(三) 功能障碍

包括运动功能障碍、心理功能障碍、日常生活活动能力障碍。

(四) 康复评定

1. 疼痛评定。

2. 运动功能评定

(1) 躯干肌肌力检查。

(2) 躯干肌肌耐力检查:①屈肌耐力检查。仰卧位,下肢伸直并拢,屈髋45°并维持,正常为60s。②伸肌耐力检查。俯卧位,双手抱头,脐以上躯体置于床沿外,固定下肢维持躯干水平位,正常为60s。

3. 其他　如心理功能评定、日常生活活动能力评定、生存质量评定(QOL)。

(五) 康复治疗

急性期应卧床休息,按医嘱口服抗炎镇痛药,疼痛剧烈者可采取局部注射封闭;此期不宜手法及运动治疗,但应坚持适度的日常活动;恢复期及慢性疼痛者,采取推拿按摩、运动疗法及物理因子综合康复治疗。

1. 物理因子疗法　参照颈部软组织损伤。

2. 运动疗法

(1) 放松:仰卧位,闭目,做深慢呼吸。

(2) 骨盆斜抬:屈膝,臀部夹紧,收腹使下背部紧贴地板,抬臀。

(3) 单侧抱膝:预备动作同上,双手抱膝靠近胸部然后返回,重复 5 次,换另一侧。

(4) 双侧抱膝:即改单侧为双侧。

(5) 单侧直腿抬高:单膝弯曲抬高再放下,重复5次换另一侧。

(6) 先坐后仰:坐位屈膝,双臂伸直,后仰躺下再坐起,重复5次。

(7) 坐位前屈:端坐椅上,下背紧贴椅背,弯腰使体侧双手下垂触地后返回,重复5次。

(8) 下蹲:站于椅后,扶椅背,尽量下蹲再站起,重复5次。

(9) 跟腱牵拉:弓箭步,身体前倾,每侧5次。

(10) 背肌强化:俯卧位,髋关节下垫枕头,躯干抬起5次,再双膝伸直位上抬下肢5次。

(11) 腰部伸展:俯卧位,双手置臀部,胸部和双下肢抬离床面,重复5次。

3. 中国传统康复疗法

(1) 手法治疗:可选用肌松类手法如滚法、揉法、推法、按法、拿法、拍法和下肢抖法;牵伸类如拔伸、牵拉及牵抖法;扳法如腰部斜扳法、弯腰旋转扳法。

(2) 针灸治疗:常用穴位有肾俞、命门、环跳、殷门、委中、阳陵泉、承扶、腰夹脊、承山、昆仑、悬钟、阿是穴,每日或隔日一次,7~10次为一疗程。

(3) 中药内服及熏洗:杜仲、独活、骨碎补、乳香、没药、当归、忍冬藤、夜交藤、五加皮、大黄、桃仁可消瘀定痛、祛风除湿、舒筋活络、强腰健肾。

(六) 健康教育

1. 保持正确坐姿,坐时较长者可用靠垫支撑下背或坐高背椅。

2. 较长时间站立者适当腰椎前弯,换脚或踏凳调换重心。

3. 选用木板床做卧具,或膝下垫枕头伸直腰部。

4. 拾取物品时,宜分脚45cm前后错开并弯膝取蹲姿,背部平直,靠近物品,避免弯腰提重物。

五、肌筋膜痛综合征的康复

(一) 基本概念

肌筋膜痛综合征(myofascial pain syndrome,MPS)又称肌筋膜炎、肌痛征,是指骨骼肌上激惹疼痛的绷紧带或结节,触压时疼痛,还可引起牵涉痛和交感现象。本病主要因软组织损伤未愈、慢性劳损、持续负荷过重或神经根受压,骨骼肌内张力带形成,造成肌力长期不平衡所致。

(二) 临床表现

1. 症状 受累肌肉持续疼痛,多伴酸胀、沉重和麻木感,晨起及过劳、受寒时加重,遇热和适度活动后可减轻。

2. 体征 压痛点多明确,可引出牵涉痛,弹拨紧张带可引起局部抽搐反应。

3. 辅助检查 针刺肌电图、磁共振弹性成像和多普勒弹性超声成像可确诊。

(三) 功能障碍

常见运动功能障碍、心理功能障碍和日常生活活动能力障碍。

(四) 康复评定

疼痛评定、运动功能评定、心理功能评定、日常生活活动能力评定和生存质量评定(QOL)。

(五) 康复治疗

以减轻疼痛,缓解骨骼肌持续收缩,改善周围血液循环为目标。

1. 非甾体抗炎药和肌松药适用轻、中度患者,麻醉性药针对重度患者;痛点注射生理盐水、类固醇以破坏激痛点;多种维生素(尤其是水溶性维生素)有利于减少复发;必要时使用抗抑郁药、镇静药。

2. 物理治疗 参照颈部软组织损伤。

3. 肌疗法 手法压榨触发点可抑制肌肉牵张痛的引发。

4. 肌肉牵张和冷喷雾疗法 依具体肌肉和关节确定牵张方法,同时以氯乙烷、氟甲烷或其他冷喷雾剂从触发点到牵涉痛处反复喷洒以抑制疼痛刺激传入中枢,促成最大程度地拉松张力带。

5. 小针刀 为闭合性手术切开或剥离软组织粘连,加强局部活动能力,刺激血液循环。在重要血管及器官如颈椎、梨状肌和跟腱部位慎用。

6. 中国传统康复疗法　参照颈部及腰部软组织损伤。

（六）健康教育

参照腰背肌筋膜炎。急性期早治疗，避免发展为慢性，改变不当工作生活方式和习惯，纠正坐姿，适当运动，避免焦虑和忧郁等负面情绪。

六、骨化性肌炎的康复

（一）基本概念

骨化性肌炎（myositis ossificans），即异位骨化症（heterotopic ossification），是指关节附近正常软组织内新骨形成，可能与创伤后血肿纤维化并逐渐形成软骨及骨组织，或肌肉、结缔组织演变成骨，或骨膜撕裂后增生新骨沿肌肉撕裂方向骨化有关。其中，截瘫患者的发病属于神经源性，好发于髋关节前方。

（二）临床表现

1. 临床分型

（1）局限性骨化性肌炎：又称创伤性肌炎或损伤性骨膜下血肿骨化，早期症状不具特异性，此后活动受限，9~12 个月为成熟期。

（2）骨膜性骨化性肌炎：多发于脊柱和股骨，如后纵韧带骨化。

（3）进行性骨化性肌炎：为全身性疾患，青少年发病为主，可无外伤史；表现为骨骼肌和结缔组织内钙化，即异位性骨化，常累及腰背部和四肢，可呈进行性，因而致残率高，多合并有拇指（跆趾）畸形；如累及呼吸肌，可引起呼吸衰竭。

2. 临床分期

第一期：伤后 1~2 周，局部红肿热痛，关节活动可受限。

第二期：伤后 2 周以上，为骨化进行期，肿胀消减，软组织开始僵硬。

第三期：为骨化静止期，软组织僵硬，关节活动受限甚至僵直。

3. 辅助检查　X 线片最初显示软组织密度增高，渐至肿块毛状致密影，邻近骨高密度云雾状钙化或类骨影，最终骨密度增强达到完全骨化；核素骨扫描、CT 有助早期诊断。

（三）功能障碍

包括运动功能障碍、心理功能障碍、日常生活活动能力障碍。

（四）康复评定

1. 骨化范围（程度）评定　Ⅰ级，累及范围低于 1/3；Ⅱ级，累及范围介于 1/3~2/3 之间；Ⅲ级，累及范围超过 2/3，关节活动受限。

2. 疼痛评定

3. 关节活动度的评定

4. 其他　如心理功能评定、日常生活活动能力评定和生存质量评定（QOL）。

（五）康复治疗

软组织损伤早期即行康复治疗以期有效防治骨化。

1. 运动疗法　创伤及术后应在无痛范围内行渐进性肌力和活动度的被动运动训练，以及肌肉等长收缩训练。

2. 物理治疗

（1）超短波：损伤后无出血倾向者即可进行，对置法无热量，每次 10~15min。

（2）蜡疗：无出血倾向下施行，温热量，每次 20~30min。

还可选用磁场疗法、毫米波、冷敷等疗法。

3. 药物治疗　按医嘱口服吲哚美辛（消炎痛）作为预防性治疗。

4. 中国传统康复疗法　参照颈部、腰部软组织损伤。

5. 手术治疗　关节功能障碍明显或疼痛剧烈、前臂、手神经损伤或卡压征经保守治疗无效者，可在骨化停止后行关节松解术或手术切除骨化组织。

第三节　韧带损伤康复

一、概述

韧带损伤(ligament injury)是指韧带因受暴力牵伸所导致的韧带纤维或其附着处的断裂,包括局部挫伤、部分及全部断裂。表现为内出血致血肿形成,局部肿胀,愈合较慢;因韧带纤维已被延长或松弛,张力减弱,易造成关节不稳、半脱位及脱位,进而导致其他组织的损伤,如半月板撕裂、软骨骨折。

韧带损伤的分度:

Ⅰ度(轻度)损伤:部分纤维被拉断,局部有轻度出血,一般不影响韧带功能。治疗以止痛、消肿为主。

Ⅱ度(中度)损伤:韧带部分断裂并伴一定程度的功能丧失。患肢应制动在不使韧带被牵伸的位置,以保持损伤韧带断端不致回缩分离。

Ⅲ度(重度)损伤:韧带完全断裂,功能完全丧失,常伴有撕脱性骨折。此类损伤治疗以手术修复为主。

二、膝关节侧副韧带损伤的康复

(一) 基本概念

膝关节侧副韧带损伤(subsidiary ligament injury of knee joint)多见于内侧副韧带,常因屈膝时小腿突然外展外旋,或大腿突然内收内旋导致韧带的部分损伤或完全断裂。

(二) 临床表现

1. 症状　膝部患处突然剧痛,韧带受伤处有压痛,以股骨上附着点最明显。

2. 体征　膝关节因保护性痉挛处于轻度的屈曲位,如0°位上出现内侧开口活动,则提示前纵束断裂,30°位上出现者为后斜束断裂。

(三) 功能障碍

常见功能障碍有运动功能障碍、心理功能障碍、日常生活活动能力障碍。

(四) 康复评定

伤后2~3d为病情观察期,对损伤机制、致伤外力重量和速度资料的掌握有助于对损伤程度和预后做出初步判断。

1. 疼痛评定、膝关节活动度评定。

2. 肢体围度测定　髌骨上缘10cm处的大腿周径和髌骨下缘10cm处的小腿周径,与健侧对比。

3. 肌力检查　徒手检查大、小腿肌力,等速肌力的腘绳肌/股四头肌比值(H/Q)。

4. 心理功能评定及日常生活活动能力评定。

(五) 康复治疗

1. 不完全断裂的康复治疗

(1) 急性期:按"RICE"常规处理,结合云南白药气雾剂外喷。

(2) 伤后1~3周:按韧带作用方向用粘膏支持带固定,再裹以弹力绷带进行康复训练。

2. 术后康复治疗　完全断裂者,于伤后2周内尽早手术缝合,术后屈膝20°,内收内旋位石膏管型固定4周;陈旧性断裂者行韧带再造术。

(1) 第一阶段(术后0~3周):减轻疼痛、肿胀,尽早肌力练习以防止肌萎缩。①术后当天即可床上活动足趾,尝试股四头肌收缩。②术后第一天:踝泵、股四头肌和腘绳肌等长收缩。③术后第二天:扶拐下地,尝试直抬腿、外侧抬腿及后抬腿练习。

(2) 第二阶段(术后4~8周):加强活动度练习,强化肌力训练,本体感觉练习及逐步改善步态。①术后4周,0°~60°范围主动辅助屈膝,无痛者接近90°练习;自然伸膝,每次30min,每日1~2次;单足站立及单拐行走的负重和平衡练习。②术后5周,伸膝基本同健侧;支具调整为0°~70°范围,坐或卧位抱膝练习或不用支具练习;俯卧位"勾腿练习";屈伸膝关节练习并逐渐强化。③术后6周,支具调整至 0°~110° 范围,脱拐行走;立位"勾腿练习";前、后及侧向跨步和静蹲练习。④术后 7 周,被动屈膝至 140°,单腿蹲起练习。⑤术后 8 周,强化被动屈膝达健侧水平,尝试保护下的全蹲练习,坐位沙袋抗阻力伸膝。

(3) 第三阶段(术后 9 周至 3 个月):为功能恢复期,以循序渐进为原则,关节活动度达健侧水平,强化肌力及改善关节稳定性,恢复日常生活活动,初步恢复运动能力。

(4) 第四阶段(3 个月后):为恢复运动期。强化肌力跑跳时关节的稳定性,逐步恢复运动及专项训练。

3. 中国传统康复疗法　参照颈部及腰部软组织损伤。

(六) 健康教育

运动前热身,避免下肢的突然性发力;中药、针灸推拿调护。

三、膝交叉韧带损伤的康复

(一) 基本概念

膝交叉韧带损伤(injury of cruciate ligament of knee joint)是指膝关节遭受暴力冲击以及关节本身超限运动导致的前、后交叉韧带部分或完全断裂,多伴随关节其他结构如膝侧副韧带和半月板损伤。本篇主要论述前交叉韧带损伤的康复。

前交叉韧带(anterior cruciate ligament, ACL)属于静力性稳定结构,受损几率高,关节接近伸直位的内旋内收(膝内翻)可损伤后外束,90° 位外展外旋(外翻)可损伤前内束;后交叉韧带(posterior cruciate ligament, PCL)较强大,为膝关节旋转活动轴,运动时的稳定结构,其损伤与屈膝位胫骨上端的暴力以及膝过伸、后旋暴力有关。

(二) 临床表现

1. 症状　关节内有撕裂感或撕裂声,随即出现疼痛及关节不稳定,不能完成正常的动作和行走,关节出血肿胀,可延及腘窝并累及小腿后侧,皮下见瘀斑。

2. 体征　膝关节因保护性痉挛固定于屈曲位;陈旧性损伤的膝关节不稳定,下楼易出现关节错位或关节交锁;Lachman 试验(屈膝 30° 的前抽屉试验)、胫骨外旋试验及抽屉试验(屈膝 90° 的膝关节胫骨端前移)阳性,可见台阶征。

3. 辅助检查　股神经与坐骨神经阻滞下,屈膝 90° 做前后抽屉试验的膝侧位 X 线摄片测量,从股骨髁中心点向胫骨平台水平线作垂线,分前后两段,比照健侧长 5mm 以上者即为阳性,前段对应 ACL,后段对应 PCL;MRI 有助确诊。

(三) 功能障碍

包括运动功能障碍、心理功能障碍、日常生活活动能力障碍。

(四) 康复评定

1. 韧带强度评定

(1) KT-1000 前交叉韧带强度评定:分别于膝关节屈曲 90° 及 30° 时用 15 磅、20 磅、30 磅(1 磅 =0.45kg)的拉力测量双侧前交叉韧带强度,两侧对比若胫骨移位差值 >3mm,为前交叉韧带松弛。

(2) 后交叉韧带强度评定:胫骨后移 0~5mm 为 Ⅰ 级,5~10mm 为 Ⅱ 级,10~15mm 为 Ⅲ 级。

2. 肌力评定　徒手肌力检查法测定大、小腿肌力;等速肌力的测定,腘绳肌 / 股四头肌比值(H/Q) >85% 是恢复运动的一项指标。

3. 下肢周径测量　与健侧对比,评定有无肌肉萎缩。

4. 膝关节活动度评定　判断膝关节功能障碍程度,治疗后关节功能的恢复情况。

5. 疼痛评定

6. 其他　如心理功能评定及日常生活活动能力评定。

(五) 康复治疗

1. 一般康复治疗　轻度损伤采用冷疗、服用非甾体消炎镇痛药;中度损伤需休息并抬高患肢,有关节积液者行穿刺抽出,用膝关节支具固定 3 周左右,行肌肉的等长训练,3 周后膝关节支具保护下扶拐步行训练。

(1) 前交叉韧带损伤：①部分损伤。多采取保守疗法，石膏外固定3~4周。②完全断裂。2周内尽早行重建手术。陈旧性损伤者，可行关节镜下自体韧带重建术。

(2) 后交叉韧带损伤

1) 非手术治疗指征：①胫骨旋转中立位，胫骨后移（抽屉征）<10mm（Ⅱ级），异常旋转松弛度<5°及无明显内外翻异常松弛者。②将胫骨上端前推至正常位，长腿石膏固定于屈膝30°位6周，配合股四头肌锻炼。③后关节囊损伤，应屈膝20°位固定。

2) 早期手术指征：①胫骨止点撕脱骨折移位，合并半月板损伤及关节交锁不能自解。②严重膝关节脱位及韧带断裂特别是后外角损伤者。③术后伸直位固定6周。

2. 前交叉韧带损伤术后康复训练

(1) 第一阶段（术后0~2周）：减轻疼痛和肿胀，进行肌力和关节活动度练习以防止粘连、肌萎缩。①术后当天，床上活动足趾及踝关节；尝试股四头肌的收缩。②术后24h，用力、缓慢屈伸踝关节（踝泵练习）以及股四头肌和腘绳肌等长收缩练习；股薄肌、半腱肌重建术者尝试直抬腿练习，髌腱重建者推后2~3d进行；可扶双拐膝关节支具保护下不负重行走。③术后第二天，增加抗重力踝泵练习；侧抬腿及后抬腿练习。④术后第三天，遵医嘱进行关节活动度练习；负重及平衡练习，在微痛范围内左、右足交替移动重心，尽可能单足负重站立。⑤术后第四天，过渡到单拐行走练习；0°~60° ROM的被动屈膝训练。⑥术后第五天，增加屈膝至70°~80°，配合屈伸练习，冰敷善后。⑦术后1~2周，屈膝达90°；髌腱重建者俯卧位"勾腿练习"，冰敷善后；股薄肌、半腱肌重建者于术后4~6周进行立位"勾腿练习"。

(2) 第二阶段（术后2~4周）：加强关节活动度、肌力练习，提高关节控制能力，逐步改善步态。①术后2周，被动屈膝至90°~100°；单足站立1min者，即可进行单拐行走，在室内可脱拐行走；伸膝基本达健侧水平；遵医嘱进行主动屈膝练习，支具调整为0°~70°范围，逐日加大角度。②术后3周，被动屈膝至100°~110°；尝试脱拐行走；髌腱重建者进行立位"勾腿练习"。③术后4周，被动屈膝达120°；支具调整为0°~110°范围进行屈伸训练；前、后及侧向跨步练习，静蹲，力求达到正常步态行走。

(3) 第三阶段（术后5周至3个月）：关节活动度达健侧水平，继续强化肌力和改善关节稳定性，恢复日常生活活动能力。①术后5周，被动屈膝达130°；屈45°位的屈伸膝练习；功率自行车无负荷至轻负荷练习。②术后8~10周，被动屈膝达健侧水平；由"坐位抱膝"过渡到保护下的全蹲练习；股四头肌、腘绳肌的橡皮筋肌力训练。③术后11周至3个月，膝关节屈伸角度基本达健侧水平；俯卧位屈膝达足跟触臀；持续牵伸10min；进行跪坐、蹬踏练习；最后完成各项功能测试。

(4) 第四阶段（术后4~6个月）：全面恢复日常生活活动能力，逐渐恢复体育运动。谨守循序渐进的原则，应强化肌力以保证膝关节在运动中的稳定和安全，同时戴护膝保护。

(5) 第五阶段（术后7个月至1年）：为恢复运动期，强化肌力和跑、跳中关节的稳定。①膝绕环练习。②上、下跳箱练习。③侧向跨跳练习。④游泳（早期禁止蛙泳）、跳绳和慢跑。⑤运动员进行专项动作练习。

3. 后交叉韧带损伤术后康复训练　参照ACL术后。

(六) 中国传统康复疗法

参照颈部及腰部软组织损伤。

四、踝韧带损伤的康复

(一) 基本概念

踝韧带损伤（ankle ligament injury）是指因踝关节扭伤、半脱位或脱位导致的韧带部分或完全性断裂，临床以外踝的距腓前韧带和下胫腓韧带损伤多见。

(二) 临床表现

1. 症状　踝部疼痛、肿胀及压痛，韧带断裂有撕裂感，约12h内出现皮下淤血。

2. 体征　踝关节不稳；踝内翻加压试验阳性（胫骨前下端移动>5mm）提示距腓前韧带、跟腓韧带撕裂；前抽屉试验阳性（足跟前移>5mm）提示距腓前韧带撕裂。

3. 辅助检查　X线片、CT和MRI检查可以明确损伤部位、程度。

(三) 功能障碍

包括运动功能障碍、心理功能障碍、日常生活活动能力障碍。

（四）康复评定

疼痛评定、关节活动度评定、心理功能评定及日常生活活动能力评定。

（五）康复治疗

1. 一般治疗　按"PRICE"常规处置；距腓前韧带不完全断裂应将关节固定于轻度外翻背伸位；后距腓韧带损伤为外翻跖屈位固定；三角韧带损伤为内翻位固定；疼痛明显者遵医嘱予以抗炎镇痛药；完全断裂则需石膏固定4~6周；关节脱位闭合复位困难者、陈旧损伤关节不稳者应行手术治疗。

2. 物理治疗　伤后48h后进行，如蜡疗、超声波、磁疗。

3. 运动治疗

（1）石膏固定期：床上充分活动足趾，尽早进行股四头肌的等长肌力训练，直抬腿练习，扶双拐站立（患腿不负重）练习；7~10d穿着石膏靴负重行走以防止关节僵硬和肌肉萎缩。

（2）伤后4~8周拆除石膏：①踝关节活动度的练习，2个月内达健侧水平。②肌力训练，如静蹲、抗阻"勾腿"、抗阻"绷足"，单拐行走及负重和重心转移练习。③本体感觉、平衡及协调性的练习，站立蹲起、提踵及前腿高站位提踵训练。④踝关节和下肢功能性练习，前、后及侧向跨步训练。⑤陈旧性踝韧带断裂合并踝关节不稳者，应以粘胶支持带保护踝关节并加强上提足跟及屈踝的力量练习。

（3）伤后9周：此期韧带已愈合。①关节活动度训练，达正常范围。②加强小腿肌力，弹力带等张抗阻训练，提踵、静蹲、上下楼，小腿三头肌和跟腱的牵伸练习。③日常生活活动训练。④强化关节功能训练，跑步、跳跃、8字跑及Z字跑练习，专业运动员的SAID原则下的训练。

4. 中国传统康复疗法　参照颈部及腰部软组织损伤。

（六）健康教育

避免久站，不宜着高跟鞋，防寒保暖，中药、针灸推拿调护。

第四节　肌肉损伤康复

一、股四头肌挫伤的康复

（一）基本概念

股四头肌挫伤（quadriceps contusion）是指股四头肌因受到外力所致的损伤，不足以使肌肉的功能完全丧失。早期有血肿形成与炎症反应，后由致密结缔组织瘢痕代替血肿，过程中可出现组织粘连及骨化性肌炎。

（二）临床表现

1. 损伤程度分级

（1）轻度挫伤：压痛局限，膝可屈至90°，轻度跛行。

（2）中度挫伤：局部肿胀明显，可触及肿块，膝不能屈至90°，上楼及站立疼痛，跛行。

（3）重度挫伤：肿胀广泛，膝不能屈至35°，疼痛剧烈，膝关节有积液，须扶拐行走。

2. 体征　股四头肌完全断裂时可在断裂处触摸到凹陷，单纯股直肌断裂常因局部肿胀不易触及断端而造成漏诊；慢性损伤后期可出现肌萎缩、疼痛性瘢痕。

3. 辅助检查　X线片有助诊断。

（三）功能障碍

包括运动功能障碍、心理功能障碍、日常生活活动能力障碍。

（四）康复评定

疼痛评定、肢体围度测量、膝关节活动度测量、肌力检查、心理功能评定及日常生活活动能力评定。

（五）康复治疗

1. 制动期　禁止任何按摩、热疗及膝的屈伸活动。

（1）伤后24h内按"PRICE"常规处置；必要时按医嘱予以非甾体抗炎药。

（2）轻度挫伤24h及严重挫伤48h后进行股四头肌、腘绳肌等长收缩运动。

2. 关节活动康复期 在无痛范围内进行活动。

能控制股四头肌收缩者即可进行轻微的膝关节主动屈伸活动：

（1）膝关节非负重情况下的伸直运动。

（2）在帮助下扶拐下地行走。

（3）2~3周后，屈膝可至90°，独自扶拐步行训练，逐步加强膝关节被动屈伸活动训练。

3. 功能恢复期 膝关节屈伸活动训练至 ROM 完全恢复正常；逐渐增加伸膝抗阻力的力量训练，逐渐恢复运动。

4. 中国传统康复疗法 参照颈部及腰部软组织损伤。

5. 手术治疗 股四头肌完全断裂或部分断裂合并出血血肿者，应尽早手术治疗；对于病史超过1年仍有疼痛或关节活动明显受阻者可切除滑囊及粘连的腱围或行腱止点剥离。

二、腘绳肌损伤的康复

（一）基本概念

腘绳肌损伤（hamstring injury）是指在跑跳运动、劈叉、压腿或走路蹬空时，因用力不当，腘绳肌起止点、肌腹或肌腱受到过度牵拉产生的损伤。

（二）临床表现

1. 损伤程度分级

Ⅰ度损伤：轻微的肌肉撕裂，大腿后方有紧绷感，俯卧位抗阻屈膝不适或较轻疼痛。

Ⅱ度损伤：肌肉纤维部分撕裂，局部肿胀及压痛，活动时突发刺痛，跛行，抗阻屈膝疼痛，或无法伸直膝关节。

Ⅲ度损伤：肌肉纤维完全断裂，局部肿胀明显，屈膝疼痛剧烈，行走严重受限，需扶拐助行。

2. 体征 肌肉完全断裂时可在断裂处触摸到凹陷，慢性损伤后期可出现肌萎缩、疼痛性瘢痕。

3. 辅助检查 X线片有助诊断。

（三）功能障碍

包括运动功能障碍、心理功能障碍、日常生活活动能力障碍。

（四）康复评定

疼痛评定、肢体围度测量、膝关节 ROM 测量、肌力检查、心理功能评定及日常生活活动能力评定。

（五）康复治疗

1. 一般治疗 按"PRICE"常规处置。

2. 运动疗法 尽早开展患肢的活动，配合运动后冰敷、按摩，有助于缓解局部肿胀。

（1）轻度挫伤：如肌腹拉伤24h后，予轻度按摩和间动电治疗，逐渐过渡到坐位膝关节伸展训练以及抗阻屈膝训练，以不出现疼痛或疼痛明显好转为度；尝试小幅度慢跑，在2周内渐进性增加训练的耐力和速度。

（2）中度挫伤：予以辅助具，参照上法进行。

（3）重度挫伤：多于术后进行，稍晚参照上法行运动治疗。

3. 物理治疗 慢性损伤适用，如蜡疗、短波或超短波、中低频电疗等配合手法治疗。

4. 中国传统康复疗法 参照颈部及腰部软组织损伤。

第五节 肌腱损伤康复

一、概述

肌腱损伤（tendon injury），是指肌腱因慢性劳损、肌肉的强力牵拉以及暴力打击引起的急慢性炎症、撕裂伤或断裂，以腱围充血、增厚、变性、粘连，腱止点钙化，软骨层断裂或消瘦，潮线下移及新骨增生为病理特征，多发生在应力强大的肘、膝、踝部。

临床根据肌腱损伤的程度、症状及体征分为三度：

Ⅰ度：肌腱无断裂，局部疼痛，肿胀，活动不适；早期主动或被动活动时可伴有疼痛或使疼痛加重。

Ⅱ度：肌腱部分断裂，其强度受损，症状较Ⅰ度加重。

Ⅲ度：肌腱完全断裂，疼痛、压痛和肿胀明显，皮下淤血，可在断裂处摸到凹陷，或肌肉断端回缩隆起；主动收缩不能，被动牵拉痛剧且引起异常活动，关节功能受到明显影响。

二、肩袖肌腱断裂的康复

（一）基本概念

肩袖肌腱断裂（rotator cuff tendon rupture），是指因组织退变及暴力引发的冈上肌、冈下肌、肩胛下肌和小圆肌等肌腱的部分或完全断裂，为肩区运动损伤的主要类型。

（二）临床表现

1. 症状

（1）创伤性肩袖断裂：局部撕裂样痛，伤后 6~12h 可有疼痛缓解，随后疼痛再次加剧并持续 4~7d。

（2）退行性肩袖断裂：反复持续性疼痛，60°~120°疼痛弧征阳性（即外展疼痛再旋外加重），外展超过 120°疼痛减轻或消失，夜间疼痛加重。

2. 体征

（1）创伤性肩袖断裂：肩部压痛广泛，按压断裂部呈锐痛，可触及裂隙；上臂外展无力或者不能外展至 90°，可闻及异常骨擦音。

（2）退行性肩袖断裂：肌肉无力，活动手臂时有摩擦感或出现弹响；可被某一特定动作诱发肩关节活动受限。

3. 辅助检查　X 线片、B 超有助诊断；对肩袖肌腱不完全断裂者，MRI 和肩关节造影可确诊。

（三）功能障碍

包括运动功能障碍、心理功能障碍、日常生活活动能力和社会活动能力障碍。

（四）康复评定

1. 疼痛评定、肩关节活动度评定、肌力评定、上肢围度测量及心理功能评定。

2. 上肢功能评定

（1）UCLA 肩关节评分系统：总分为 35 分，优 34~35 分，良 29~33 分，差 <29 分（表 18-1）。

表 18-1　UCLA 肩关节评分系统

功能 / 治疗反应	评分
疼痛	
持续性疼痛并且难以忍受；经常服用强镇痛药物	1
持续性疼痛可以忍受；偶尔服用强镇痛药物	2
休息时不痛或轻微痛，轻微活动时出现疼痛，经常服用水杨酸制剂	4
仅在重体力劳动或激烈运动时出现疼痛，偶然服用水杨酸制剂	6
偶尔出现并且很轻微	8
无疼痛	10
功能	
不能使用上肢	1
仅能轻微活动上肢	2
能做轻家务劳动或大部分日常生活	4
能做大部分家务劳动、购物、开车；能梳头、自己更衣，包括系乳罩	6
仅轻微活动受限；能举肩工作	8
活动正常	10

续表

功能 / 治疗反应	评分
向前侧屈活动	
150°以上	5
120°~150°	4
90°~120°	3
45°~90°	2
30°~45°	1
<30°	0
前屈曲力量(手测量)	
5 级(正常)	5
4 级(良)	4
3 级(可)	3
2 级(差)	2
1 级(肌肉收缩)	1
0 级(无肌肉收缩)	0
患者满意度	
满意、较以前好转	5
不满意、比以前差	0

(2) HSS 肩关节评分系统:优 90~100 分,良 70~89 分,可 50~69 分,差 50 分以下(表 18-2)。

表 18-2 HSS 肩关节评分系统

指标	分值
疼痛(30 分)	
无 =6 分,轻 =3 分,中 =2 分,重 =0 分。在以下活动中	
1. 运动	—
2. 非手过头顶运动	—
3. 日常活动	—
4. 坐着休息	—
5. 睡眠	—
总计	—
功能受限(28 分)	
无 =7 分,轻 =4 分,中 =2 分,重 =0 分。在以下活动中	
1. 做手过头顶的运动	—
2. 不使用肩关节的运动	—
3. 手能摸到头顶	—
4. 日常生活中一般性活动	—
总计	—
压痛(5 分)	
无 =5 分,在 1~2 个部位压痛 =3 分,2 个以上部位 =0 分	
1. 撞击征(15 分)	—
2. 外展征(12 分)	—
3. 内收征(5 分)	—
总计	—
活动度(5 分)	
在任一平面每丢失 20° 减 1 分,最多减 5 分	—
总分	—

3. 日常生活活动能力评定　Barthel 指数,功能独立性测量 FIM。

(五) 康复治疗

遵循早诊断、早治疗、早康复;个体化方案;循序渐进不间断;护具保护下的全面训练原则。

急性期按"PRICE"常规处理。

1. 肌腱部分断裂的康复　患肩外展、前屈、外旋位石膏或外展架固定 3~4 周,在疼痛许可范围内尽早进行以三角肌为主的肩关节功能锻炼,参照术后康复进行,疼痛明显可按医嘱予以药物镇痛、缓解痉挛。

2. 手术后的康复治疗　肌腱部分或完全断裂,疼痛剧烈持续者,应于 3 周内尽早行关节镜下肌腱修复或重建术;术后压迫包扎、肩外展并以夹板固定 3~4 周后,改用三角巾悬吊进行弯腰的肩回旋练习,可酌情解除夹板固定,辅以按摩、理疗;6 个月可恢复满意肩关节运动。

(1) 早期(术后 0~6 周):减轻疼痛及肿胀,通过关节活动度及肌力练习以预防关节粘连及肌萎缩。

1) 术后当天:手臂下垫枕的腕指关节活动。

2) 术后第一天:张手握拳练习,反复进行以不增加疼痛为度。

3) 术后第三天:遵医嘱活动,以不增加肩部疼痛为度。①摆动练习。屈曲上身与地面平行,在三角巾和健肢保护下做前后摆动,逐渐过渡到左右摆动及环绕划圈练习,每个方向 20~30 次为一组,每日 1~2 组。②耸肩练习。健手托肘,上耸至最高位并保持 5s 后放松,反复进行,5min 为一组,每小时进行一次。③扩胸和含胸练习(操作和要求同②)。

4) 术后 1 周:进行肘关节主动运动练习,在保护下去除三角巾,全范围屈伸,每组 20~30 次,每日 2 组,结束时戴回三角巾;接着进行肩关节被动活动度练习,平卧,去除三角巾,患肢放松,健手握患肘于体侧进行。①前屈,沿垂直方向上举至引发疼痛处并保持 2~3min,疼痛减轻后继续适度上举即可,不重复。②外展,沿水平方向进行以上操作。③外旋,患肢屈肘 90° 置于胸前,健肢握其手腕外推前臂进行以上操作,最大角度可至前臂垂直床面。

5) 术后 2~3 周的练习:①手臂前抬,屈肘 90°,抬臂至无痛的最高位并保持 2min,休息 5s,连续 10 次为一组,每日 2~3 组,逐渐过渡到伸肘位进行。②手臂侧抬(要求同上)。③耸肩练习,30 次一组,休息 30s,连续 2~4 组,逐渐过渡到提重物练习。④肘关节屈伸练习,以不增加疼痛为度。

6) 术后 4~6 周:①继续以上练习。②肩外展 45° 位外旋、内旋练习。③肌力训练:伸肘、屈肘 90° 位,牵拉另一端固定的橡皮筋做前、后及侧方的运动。

(2) 中期(术后 7~12 周):肩关节无痛全范围活动,改善肌力及功能,减少残余疼痛。

1) 术后 7~10 周:①肩关节前屈。②肩外展 90° 位的内、外旋练习。③屈肘 90° 位的肩关节外旋 30°~40° 练习。至术后 8~10 周,以上练习基本达到相应的全范围水平。

2) 术后 11~12 周:强化肌力抗阻训练,中等负荷(完成 20 次动作即感疲劳),20 次一组,休息 1min,连续完成 2~4 组。

(3) 后期(术后 13~26 周):全范围无痛活动,强化肩部力量,改善神经肌肉控制,恢复各项功能活动。借助器械如哑铃进行肩关节和上肢抗阻练习,不可进行对抗训练,18~21 周开始间断的体育活动。肌力检查以判定是否恢复伤前水平。

3. 中国传统康复疗法　参照颈部及腰部软组织损伤。

(六) 健康教育

防寒保暖;避免肩部突然发力和过度负重;保持肩部适度活动;中药、针灸和推拿调护。

三、肱二头肌长头肌腱断裂的康复

(一) 基本概念

肱二头肌长头肌腱断裂(biceps long head tendon rupture)是指因长期劳损、骨刺形成或肌腱退变及暴力等引发的肱二头肌长头肌腱部分撕裂或完全断裂。

(二) 临床表现

1. 症状　退行性变者多有长期肩疼、肩僵现象,牵拉损伤时突然疼痛或隐约不适,随即屈肘力减弱;暴力所致者肩部肌腱断裂声伴剧痛,可向上臂前放射,三角肌下方肿胀隆起,皮下可有瘀斑。

2. 体征　消肿后,臂上前方有一凹陷;前臂旋前屈肘,可见长头肌肌腹下移形成隆起;初期肌力下降,肘部功能活动受限,肩关节活动多不受影响;压痛,Speed 试验(伸肘、前臂旋后下的抗阻屈肩)和 Yergason 试验(屈肘 90°下的抗阻屈肘、外展和外旋前臂)阳性。

3. 辅助检查　X 线片、关节镜可明确诊断。

（三）功能障碍

包括运动功能障碍、心理功能障碍、日常生活活动能力和社会活动能力障碍。

（四）康复评定

疼痛评定、肩关节活动度评定、肌力评定、上肢围度测量、心理功能评定及日常生活活动能力评定。

（五）康复治疗

1. 肌腱部分断裂因年龄不适合手术、症状轻或陈旧性断裂无症状者

（1）用颈腕吊带或三角巾悬吊患肢 2~3 周;尽早开展运动,如每天进行数次无痛范围内的摆动; 2~3 周后去除悬吊带,开始正常活动。

（2）配合物理治疗,如超短波、中频电疗。

（3）局部熏洗、热敷等。

（4）按摩:手法轻柔,沿肱二头肌长头腱走行从上往下揉捏和左右弹拨分筋,双拇指上下推捋,依次按压和松动肩关节。

2. 术后的康复治疗　肌腱完全断裂或撕脱者,应及时手术修补;术后用石膏固定于屈肘 110°和前臂轻度旋后位 4~5 周,参照上法进行康复治疗。

3. 中国传统康复疗法　参照颈部及腰部软组织损伤。

（六）健康教育

避免肩部和肘部的突然发力和过度负重;防寒保暖;保持上肢适度活动;中药、推拿调护。

四、髌腱断裂的康复

（一）基本概念

髌腱断裂(patellar tendon rupture)是指突然屈膝、股四头肌猛烈收缩以及直接暴力所致的髌腱(韧带)部分或完全断裂,多伴有膝关节韧带或半月板损伤。

（二）临床表现

1. 症状　受伤时膝前有受击感和响声,患处疼痛、肿胀、关节积血,局部压痛明显,膝关节不能伸直或着地行走无力。

2. 体征　膝关节被动屈曲 90°位时,髌骨下方有一横行凹陷;股四头肌收缩时髌骨上移,陈旧性病例则不明显。

3. 辅助检查　膝关节屈曲位 X 线片、MRI 可明确诊断。

（三）功能障碍

包括运动功能障碍、心理功能障碍、日常生活活动能力障碍和社会活动能力障碍。

（四）康复评定

疼痛评定,膝关节活动度评定,膝 HSS 关节功能评定,肌力评定,大、小腿围度测量,心理功能评定,日常生活活动能力评定和社会活动能力评定。

（五）康复治疗

1. 一般治疗　急性期按"PRICE"常规处理。

（1）韧带部分断裂:伸膝位制动 3~6 周,尽早进行功能训练。

（2）韧带完全断裂:尽早手术修补以获得正常的髌骨轨迹、旋转和高度,最大限度地减少残疾,恢复关节功能。延迟手术可能造成髌腱挛缩,导致日后手术困难,后遗髌骨下移,屈曲受限,髌骨压力增加,导致髌骨关节不适等症。①术后用管形石膏将膝关节固定于伸膝位 6 周左右,扶拐行走并完全负重。②去除石膏固定后,可改用控制活动的铰链支具,逐步恢复屈膝活动,屈膝 90°以上且肌力恢复良好,可以去除支具。③髌腱实质部的急性断裂,可用不吸收缝线进行连续的内锁式缝合,或用半腱肌或股薄肌腱进行加强,术后康复同上。

2. 物理因子治疗　如低频电疗,刺激肌肉收缩运动。

3. 运动疗法

(1) 术后用棉花夹板压迫包扎固定,作股四头肌等长收缩练习。

(2) 术后 3~4 周去除固定,在卧位下进行膝关节屈伸练习。

(3) 术后 6 周,在帮助下进行直腿抬高练习:患腿被动抬高至 90°,保护下徐徐将腿放下,以及床边腿自然下垂,做膝关节的屈伸练习;鼓励直腿石膏托保护下的扶双拐行走。

(4) 术后 8 周可去拐行走。

(5) 3 个月开始慢跑。

(6) 6~8 个月开始恢复运动训练。

4. 中国传统康复疗法 参照颈部及腰部软组织损伤。

(六) 健康教育

注意下肢的防寒保暖和居室防潮,避免突然发力屈伸膝关节,不宜久站久蹲,中药、艾灸和按摩调护。

五、腱止点末端病的康复

腱止点末端病(enthesopathy/tendinopathy),是指由于反复慢性牵拉、劳损导致的肌腱止点处腱纤维及其附属结构一系列的病理改变,如腱纤维的纤维玻璃样变,软骨岛形成及钙化,骨质增生;腱围滑囊及脂肪垫炎性变、血管增生。本病多发于活动频繁应力较大的膝、踝、肩袖和肘部。

临床按发病部位的解剖特点分为 3 型。①牵拉型,如足跖腱膜在跟骨上的止点。②滑车型,如跟腱在跟骨上的止点、肩袖在肱骨上的止点。③牵拉折屈型,如髌腱在髌骨下极(髌尖上)的止点,其下有一舌状纤维软骨垫,防止该处折屈受伤。

(一) 网球肘

1. 基本概念 网球肘(tennis elbow),即肱骨外上髁炎(external humeral epicondylitis),是指由于慢性劳损及暴力牵扯造成前臂伸肌总腱在肱骨外上髁损伤、出血及瘢痕粘连,因早些年发现网球运动员易患此病而得名。

2. 临床表现

(1) 症状:初期仅感到肘关节外侧酸困和轻微疼痛,手抓握及旋转前臂时疼痛加重,可呈上、下方放射;加重期手指伸直、伸腕或执筷动作时即可引起疼痛。

(2) 体征:患肢肱骨外上髁、桡骨头及两者之间有局限性压痛点;在屈肘、前臂旋后位时伸肌群处于松弛状态,疼痛缓解;腕背伸抗阻痛及伸肌腱牵拉试验(Mill 征)阳性。

3. 功能障碍 包括运动功能障碍、心理功能障碍、日常生活活动能力障碍。

4. 康复评定

(1) 网球肘特异性评定标准(表 18-3)

表 18-3 Roles 和 Maudsley 评价标准

评分	分级	临床表现	评分	分级	临床表现
1	优	无疼痛,运动范围正常,活动正常	3	可	长时间活动后感到不舒服
2	良	偶尔不适,活动范围正常,活动正常	4	差	疼痛导致活动受限

(2) 疗效评分通常采用 Verhaar 评分法(表 18-4)

表 18-4 Verhaar 评分

评分	分级	临床表现
1	优	外上髁疼痛完全解除,患者对治疗结果满意,没有感到握力下降,腕关节背伸时不诱发疼痛
2	良	外上髁疼痛偶尔不适发生,用力活动以后出现疼痛,患者对治疗结果满意,没有或感到握力上有轻微下降,腕关节背伸时不诱发疼痛
3	可	用力活动后外上髁感到不舒服,但是与治疗前相比要好得多,患者对治疗结果满意或中等满意,感到握力轻度或中度下降,腕关节背伸时诱发轻度或中度疼痛
4	差	外上髁的疼痛没有减轻,患者对治疗结果不满意,感到握力明显下降

（3）其他评定：疼痛评定、肩关节活动度评定、肌力评定、上肢围度测量、心理功能评定及日常生活活动能力评定。

5. 康复治疗

（1）急性期

1）按"PRICE"常规处理；疼痛严重可按医嘱服用非甾体抗炎药或局部封闭，以加压抗力护具（常规使用 6~8cm 带搭扣弹性绷带）固定肘部以限制前臂肌肉收缩。

2）疼痛消失后即行肘部和腕部无痛性被动牵拉。

3）物理治疗：如超短波、红外线、中频电疗法、蜡疗。

（2）慢性期

1）前臂使用粘膏带做正拍打球或扣球训练，避免反拍扣球。

2）加强伸肌柔韧度的练习，重复引发 Mill 征的动作以拉长腕伸肌：即握拳、屈腕屈肘、前臂旋前，再将肘伸直，10 次为一组。

3）加强力量的训练：①伸腕肌等长训练，分别在全屈位、中立位和背伸位用力并停 10s，30 次为一组，完全不痛阶段负重 0.5kg 下进行；②前臂以弹力绷带裹缠保护，持 1~2kg 哑铃腕肌向心及离心收缩运动。

4）体外冲击波疗法：对于局部疼痛超过 3 个月者，采用痛感反馈法、B 超或 X 线定位，酌情选择工作电压强度和治疗次数，疗程为 2~3 周。

酌情选用中国传统康复疗法，参照颈部及腰部软组织损伤。

（3）极少数严重病例，可选用伸肌腱起点剥离松解、环状韧带部分切除、桡神经深支松解等手术治疗。

1）术后 1~3d：①手的屈伸练习，尽量张手后握拳，各保持 2s，反复进行，每小时做 5~10min；②肩关节活动度练习，健肢辅助完成屈、伸、外展、水平内收、外展动作；③肩周围肌肉训练，主动完成；④所述动作或橡皮筋提供阻力下进行，每个方向 40~60 次为 1 组，每日 1~2 组。

2）术后 4d 至 4 周：在疼痛可耐受范围进行。①屈肘练习，健侧手握患侧腕关节，完成 90° 屈肘后，逐渐加大屈曲角度，配合躯干前倾；②伸肘练习，坐位，前臂中立位，肘关节于桌面做缓慢伸直练习，每次 10min，每日 1~2 次；③静力性肌力训练，前臂旋前，握哑铃屈肘至最大范围，再伸肘至最大范围为 1 次，每组 5~10 次，每日 2~4 组。

3）术后 4 周：①前臂旋前、旋后活动度练习，双手抓体操棒，健侧带动患侧进行，缓慢、均匀用力，至疼痛出现即停止并保持住，适应后再逐渐加大角度旋转，每次 5~10min，每日 1~2 次；②前臂旋转肌力训练，缓慢旋转至最大力量处保持 10~15s，休息 30s，反复进行，每组 10 次，每日 1~2 次。康复支具保护以防止因伸肌腱被过度牵拉而导致复发。

6. 健康教育　注意肘部的防寒保暖，避免前臂突然的旋转屈伸运动，劳逸结合，中药、艾灸和推拿调护。

（二）髌腱腱围炎（末端病型）

1. 基本概念　髌腱末端病（enthesiopathy of the patellar tendon），又称髌尖末端病，是指运动时髌腱在髌尖附着点处受到反复的大力牵拉，导致腱止点结构组织损伤性改变，也可因猛力跳跃时一次性拉伤，或撞击髌尖引起。

2. 临床表现

（1）症状：起跳或落地，上、下楼以及半蹲位站起时髌骨下端（髌尖处）疼痛，重者行走即痛，并有打软腿现象。

（2）体征：髌尖或髌腱处有压痛，可触及髌腱粗大硬涩感，伸膝抗阻痛阳性。

（3）辅助检查：B 超和 MRI 可见局部的髌腱异常信号。

3. 功能障碍　包括运动功能障碍、心理功能障碍、日常生活活动能力和社会活动能力障碍。

4. 康复评定　疼痛评定、膝关节活动度评定、肌力评定、心理功能评定、日常生活活动能力和社会活动能力评定。

5. 康复治疗

（1）急性期：按"PRICE"常规处理，必要时按医嘱予非甾体抗炎药缓解疼痛、B 超引导下局部封闭。

(2) 慢性期

1) 物理因子疗法:如超短波治疗,每周 3 次。

2) 阻断法:患肢微屈,在髌骨上方 10cm 处用厚绷带卷或布团贴紧肌肉(避免出现皱褶),以优质普通弹力绷带按松紧交替法环形缠绕包扎,以不使患肢行诊断性运动时产生疼痛和不影响血液循环为度,配合运动训练。

3) 运动疗法:①股四头肌和腘绳肌的等长训练,按 0°、30°、60°、90° 依次进行;②等速运动肌力和耐力训练,以 120°/s 和 180°/s 逐渐加至 300°/s,重复 8~12 次;③感觉易化技术(PNF),即牵拉股四头肌和股后肌群以增加关节柔韧性;④改进技术消除致伤因素,跳跃时膝关节夹角为 130°~140°,身体重心在两脚中前部,避免深蹲,训练结束行冰敷 20min。

6. 健康教育　注意膝部的防寒保暖和居室的防潮;避免膝关节的突然发力;不宜久站久蹲;中药、艾灸和推拿调护。

第六节　关节软骨损伤康复

一、概述

关节软骨损伤(articular cartilage damage),是指关节软骨因直接、间接暴力或劳损所致的骨折、穿透或切割伤等损害。关节软骨主要由软骨细胞、胶原纤维及大量无形基质糖蛋白构成,软骨基质保护软骨细胞并维持关节软骨的正常形态及功能。临床按发病时间把关节软骨损伤分为:①急性损伤:关节软骨或骨软骨切线骨折、压缩骨折、穿透伤和切割伤;②慢性损伤:为劳损引起的软骨或骨软骨损害。

二、膝关节软骨损伤的康复

(一) 基本概念

膝关节软骨损伤(knee joint cartilage injury),是指膝关节软骨的直接创伤、间接撞击或膝关节扭转负荷时的损伤。

(二) 临床表现

1. 症状　屈膝 30°~50° 活动时出现酸软、疼痛、膝无力,可有"打软腿"现象;若关节游离体存在则发生膝交锁,伸屈时有弹响。

2. 体征　股四头肌萎缩,压髌痛及股骨滑车压痛;髌股关节面损伤者,半蹲试验(单腿下蹲)髌骨下出现疼痛、摩擦感及弹响。

3. 辅助检查　X 线片、磁共振(MRI)可明确诊断。

(三) 功能障碍

包括运动功能障碍、心理功能障碍、日常生活活动能力障碍和社会活动能力障碍。

(四) 康复评定

疼痛评定、膝关节 ROM 评定、肌力评定、肢体围度测量、心理功能评定、日常生活活动能力和社会活动能力评定。

(五) 康复治疗

通过提供适当的应力刺激以促进软骨愈合,恢复关节活动度、灵活性、肌肉力量和本体感觉,达到日常生活或体育活动的功能需要。

1. 一般康复治疗

(1) 物理治疗:短波、超短波、激光、超声波及中药透入法等。

(2) 运动疗法:在不引发疼痛角度下进行半蹲位静蹲肌力训练;器械抗阻肌力训练以加强大腿肌肉力量保护膝关节。

2. 手术后康复治疗　如关节镜下的微骨折软骨成形术,术后尽早进行个体化康复训练。

　　肌力可以分散关节表面的压力,对于受损软骨康复过程的安全进行和获得最佳功能恢复结果至关重要。开链与闭链运动相结合的方法可以避免在病变部位产生高负荷:①开链伸膝运动中,60°~90°的范围膝关节的压力最大;0°~40°的范围膝关节的剪切力最大。②在闭链运动时,60°~100°的范围膝关节剪切力和压力最大。康复训练中应予以遵循。软骨修复等手术患者,术后3个月之内不应进行开链伸膝运动。

　　(1) 第一阶段(术后0~6周)
　　1) 一般治疗:患处以弹力绷带加压包扎,制动并抬高患肢。
　　2) 运动治疗:选用膝关节角度可调支具,股骨或胫骨支具伸直位,髋股支具锁定为0°~20°,可进行扶拐足尖触地负重训练。①术后即应进行0°~45°范围内关节康复器的被动、轻柔的屈膝练习,以不引发疼痛为度。②股四头肌等长收缩训练,进行中逐渐调整角度,避免引发疼痛角度的操作,可结合生物反馈和肌肉电刺激,促进股四头肌再学习;多平面直腿抬高及抗阻练习以增强髋部肌力。③2周后,进行膝关节的持续被动活动及主动伸屈训练,可在水中练习。④4周后,下床行膝关节非负重功能练习。⑤6周时膝关节活动度达到85°,进行短臂功率自行车练习,关节活动度达到110°~115°时可以使用标准阻力固定自行车练习。
　　3) 物理因子治疗:训练结束,以冰敷和经皮电刺激(TENS)控制疼痛。
　　(2) 第二阶段(术后7~12周):以恢复正常关节活动度,开始步行训练为康复目标;直腿抬高无疼痛者即可除去支具,日常生活活动中应使用护膝,过度内翻或者外翻畸形者宜使用免负荷支具。
　　术后7周为纤维软骨填充关节缺损期,应进行渐进性负重训练。①在计算机压力测定系统辅助下逐渐增加负荷,或采用减重训练系统和水下跑台进行训练;在齐腰深的水中行走可以减少40%~50%的负重,在齐胸深的水中可以减少60%~75%的负重,进展到正常步态常需2~3周;辅助下主动关节活动度练习,在术后12周达到全范围的关节活动。②闭链运动应在0°~60°的运动范围内进行,以避免过大的剪切力和压力;逐渐增加在0°~45°的范围内的小角度静蹲练习,结合渐进性抗阻练习。③患肢达到50%负重能力时,进行本体感觉和平衡训练,在矢状面和冠状面的平衡板上或以平衡系统进行;后续进行弹力带和倾斜跑台上逆向行走肌力练习;患肢灵活性练习以及股四头肌牵伸练习。
　　(3) 第三阶段(术后13~18周):恢复正常功能活动所需要的肌力为本期康复目标。
　　1) 参照第二阶段进行,闭链运动酌情在更大的关节活动度范围内进行。
　　2) 下台阶练习,增加开链伸膝练习,可从40°~90°的范围开始,逐渐到全范围,应避免引发疼痛角度下的操作;属髌骨或股骨滑车术后患者须谨慎进行;持续抗阻下腘绳肌屈曲练习以加强膝关节近端肌力。
　　3) 多平面和干扰状态下进行平衡和本体感觉训练。
　　4) 在术后4个月,进行等速肌力测试,速度以压力和剪切力较小的180°/s和300°/s为宜,肌力预期目标为对侧肢体的85%,达标后可进行健身房和家庭康复训练。
　　(4) 第四阶段(术后19周):本阶段开始着手为运动员重返体育运动进行准备。患侧肌力达对侧肢体的85%时,进行跑台上向前跑动练习和单腿跳测试和交叉单腿测试;在重返体育活动之前应该达到在关节活动度、灵活性、肌力、力量和耐力全部正常。
　　3. 中国传统康复疗法　参照颈部及腰部软组织损伤。

(六)健康教育
避免久站久蹲;遵循劳逸结合的原则;加强运动防护;注意膝部的防寒保暖;中药、艾灸和推拿调护。

三、半月板损伤的康复

(一)基本概念
半月板损伤(meniscus injury),是指膝关节内、外侧半月板因慢性退变及下肢暴力牵拉、挤压所致的撕裂伤。

常见半月板损伤情形：

1. 小腿固定下的股骨内外旋或内外翻位突然伸直或下蹲时，因半月板不协调受到挤压撕裂。

2. 膝关节伸屈伴随小腿内外旋或内外翻，使半月板产生矛盾运动致损。

3. 膝关节半屈曲位的小腿内旋或外旋时，突然伸直或进一步旋转，半月板因承受超限拉力而被撕裂。

4. 膝关节屈曲，胫骨固定时，股骨强烈外旋造成外侧半月板前角或内侧半月板后角损伤；或股骨强烈内旋（或小腿外旋）引起外侧半月板后角或内侧半月板前部损伤。

（二）临床表现

1. 症状　疼痛多恒定于伤侧，肿胀，关节积液；消肿后屈伸及挤压膝关节疼痛加重，可出现关节交锁及屈膝弹响。

2. 体征　关节间隙伤侧压痛，浮髌试验阳性；股四头肌内侧萎缩明显；摇摆试验阳性，即拇指按住损伤侧关节隙，另一只手握住小腿左右摇摆，可触到半月板松弛进出，可伴有疼痛、响声；回旋挤压试验（McMurray 试验）阳性，即被动伸屈旋转膝关节，引起疼痛和弹响。

3. 辅助检查　X 线可排除膝关节的骨性病变或其他疾患，关节造影、磁共振检查可明确诊断。

（三）功能障碍

包括运动功能障碍、心理功能障碍、日常生活活动能力障碍和社会活动能力障碍。

（四）康复评定

疼痛评定、膝关节 ROM 评定、肌力评定、肢体围度测量、心理功能评定、日常生活活动能力和社会活动能力评定。

（五）康复治疗

1. 一般治疗　急性损伤按 "RICE" 常规处置，结合云南白药气雾剂外喷，石膏托外固定；血肿严重者，膝关节穿刺抽出积血，用石膏或棉花加压包扎固定 2~3 周；边缘性损伤有自行愈合的可能。参照术后康复训练。

2. 手术后康复治疗　大多数半月板急性损伤经保守治疗后难以达成愈合，将转为慢性损伤；关节疼痛及交锁明显者，应尽早行关节镜半月板缝合、切除术手术以及同种异体半月板移植术等。

半月板切除及部分切除术后的康复治疗：半月板前、后角损伤缝合术者早期可部分负重；半月板体部损伤缝合术者 4 周内完全不负重，且 1~2 周内不进行屈曲练习，4 周内不进行主动屈曲练习。

（1）第一阶段（术后 0~1 周）：以减轻疼痛、肿胀，维护关节周围血液循环以保持关节液的营养成分，防止关节粘连和肌萎缩为主。

1）术后当天：①踝泵练习，用力而缓慢的全范围屈伸踝关节，每组 5min，每小时 1 组；②股四头肌、腘绳肌等长训练，以不增加疼痛为度，每天不少于 500 次；③术后 24h 可扶拐下地训练（不负重）。

2）术后 1~2d：①直腿抬高，伸膝后直腿抬高至与床面成 30° 处，保持 5s 为 1 次，30 次为一组，每日 3~4 组；②侧抬腿及后抬腿练习；③负重及平衡练习，双足与肩同宽，予以保护并可在微痛状态下交替移动重心，每次 5min，每日 2 次；或单拐、无拐下地，少行走。

3）术后第三天：①继续以上练习；②可开始微痛状态下屈膝练习，每日 10min。

4）术后第四天：①单腿站立平衡训练，每次 5min，每日 2~3 次；②俯卧位屈膝练习，0°~45° 范围内，可予沙袋负重练习，每组 30 次，每日 2~4 组，结束以冰敷消肿；③屈膝 90° 练习。

5）术后 1 周：①膝关节被动屈曲 100°~110° 练习；②单足站立，无拐短距离行走；③屈膝大于 90° 练习，抗阻无痛屈至最大角度并保持 10~15s，每组 30 次，每日 4 组。

（2）第二阶段（术后 2~4 周）：加强活动度和肌力练习，提高关节控制能力及稳定性，开始恢复日常活动。

1）术后第二周：①膝关节被动屈曲 110°~120° 练习；②前后、侧向跨步练习，要求动作缓慢可控且不晃动上身，过渡到双手持重练习，每次 2~4 组，组间休息 30s，每日 2~3 次；③靠墙静蹲训练，逐渐增加倾角，每次 2min，每次间隔 5s，5~10 次为一组，每日 2~3 组。

2）术后第三周：①膝关节被动屈曲 120°~130° 练习；②单膝蹲起练习，0°~45° 范围内，要求同前后、侧向跨步练习,每组 20 次,组间休息 30s,连续 2~4 组,每日 1~2 次。

3) 术后第四周:①膝关节被动屈曲逐渐与健侧趋同;②坐位抗阻伸膝练习,每组 30 次,组间休息 30s,连续 4~6 组,每日 2~3 次。

(3) 第三阶段(术后 5 周至 2 个月):关节活动度趋正常,强化肌力,改善关节稳定性,恢复日常生活活动能力,开始轻度运动练习。①下台阶练习;②双腿保护下全蹲练习,臀部尽量触及足跟,每次 3~5min,每日 1~2 次;③开始游泳、跳绳及慢跑;④运动员开始专项运动中基本动作的练习,运动时带护膝保护。

(4) 第四阶段(术后 3 个月):开展专项训练。

(六) 健康教育

参照膝关节软骨损伤。

本章小结

运动损伤涉及软组织、韧带、肌肉、肌腱和关节软骨,分部位分阶段的康复评定和康复治疗是基本康复原则。运动损伤康复的目的,是改善和提高运动系统诸项功能,尽可能恢复其日常活动以及正常训练能力。遵循循序渐进、支具等保护下的康复训练尤为重要。传统康复疗法以整体观念和辨证施治为指导的中药、针灸和按摩的联合运用,一定程度上可以降低或替代镇痛剂、抗生素及激素等药物的使用,结合现代康复的诊疗手段及必要的手术治疗,以期达到较好的近期和远期康复目标。

(马洪朝)

思考题

1. "PRICE" 常规的内容是什么?

2. 颈部软组织损伤可能出现哪些感觉和反射异常? 请依据解剖学知识推导其机制。

3. 肌筋膜痛综合征的体征有哪些? 应运用哪些特殊的康复手段来针对性地处置?

4. 临床哪一型骨化性肌炎致残率高,还可能危及生命安全? 请说明其机制。

5. 膝交叉韧带损伤的韧带强度如何评定?

6. 试述肩袖肌腱断裂的类型和临床表现。

7. 阐述半月板损伤的体征及不同损伤部位术后康复训练的原则。

扫一扫,测一测

思路解析

19章 PPT

学习目标

1. 掌握　手的功能评定、手外伤的康复治疗。
2. 熟悉　不同类型手外伤的康复治疗、手的姿势、手外伤的常见康复问题。
3. 了解　手外伤的基本概念、手的基本动作、手外伤的一般评定。
4. 能够正确地掌握手的夹板和石膏外固定方法;具有指导患者进行康复训练及评估康复疗效的能力,能对患者在治疗或训练过程中出现的简单问题进行处理。
5. 能与患者及家属进行良好沟通,开展健康教育;能与相关医务人员进行专业交流与团结协作开展康复治疗工作。

病例导学

　　患者,男性,40岁,农民,电锯伤致左手示指疼痛、流血伴示指活动受限半小时。患者入院后在骨科急诊行手外伤清创、示指指伸肌腱吻合术。术后石膏外固定3周,拆除石膏于术后23d转康复科行康复治疗。转入时查体:T 36.5℃,P 80次/min,R 20次/min,BP 120/70mmHg。神志清楚,自动体位,检查合作,皮肤巩膜无黄染,浅表淋巴结未触及肿大,颈软,气管居中,甲状腺未扪及肿大,心肺腹未见明显异常,左手示指背面掌指关节处见一斜形走向、长约3cm的陈旧性切口瘢痕,周围组织轻微肿胀,有压痛,无叩痛,左示指掌指关节能屈曲70°,背伸5°,指端血运可,无感觉异常。

　　问题与思考:
1. 该患者属于康复分期的哪一期?
2. 怎样设定康复治疗目标?
3. 如何制订康复治疗方案?

第一节　概　　述

一、基本概念

　　手外伤是指由于各种意外所造成的手部损伤,它是临床常见损伤之一,约占创伤总数的1/3,常导致手的运动和感觉功能障碍,日常生活活动能力下降等。手外伤多为骨骼损伤与软组织及神经损伤同时存在,许多患者需要手术治疗。由于组织损伤及手术等因素,可发生肿胀、粘连、瘢痕形成、挛缩、

笔记

关节僵硬、肌肉萎缩、感觉丧失或异常等,从而导致手的功能障碍。

手外伤康复是在手外科的诊断和处理的基础上,针对手功能障碍的各种因素,例如瘢痕、挛缩、粘连、肿胀、关节僵硬、肌肉萎缩等,采用相应的物理治疗、运动疗法、作业疗法以及手夹板、辅助器具等手段,使伤手最大程度地恢复功能,以适应日常生活活动和工作、学习。手的康复不仅局限于对伤残的愈合和功能训练,还包括预防伤残的康复措施。康复治疗已渗透到整个手外科临床,从受伤到手术,从组织愈合到功能恢复,从职业训练到重返社会,都需要康复治疗。

二、手的基本动作

手的基本动作分为抓握及非抓握两类,抓握又分为精确性抓握和力量性抓握。

(一) 精确性抓握

如捏、拈、夹、撮等动作,必须有拇指和示指、中指相对的动作。

(二) 力量性抓握

如握、提、勾等动作,必须有手指屈曲动作,示指、中指起主要作用,紧握时必须有环指和小指参与。

(三) 非抓握

如推、托、戳、搅、掀等动作,其特点是手指向外的动作。

三、手的姿势

正常手的姿势有休息位和功能位。手的休息位指手处于自然静止状态时的位置,呈半握拳姿势。表现为腕关节背伸 10°~15°,并有轻度尺偏;拇指轻度外展,指腹接近或触及示指远节指间关节的桡侧;其余手指的掌指关节及指间关节呈半屈曲状态,其屈曲程度从示指到小指逐渐增加。其临床意义在于当肌腱损伤后,手的休息位将发生改变。手的功能位指手将发挥功能时的准备体位,呈握球状。表现为腕关节背伸 20°~25°,轻度尺偏,拇指外展,掌指及指间关节微屈;其他手指略为分开,掌指关节及近指间关节半屈曲,远侧指间关节微屈曲,各手指的屈曲程度较一致。这种姿势能根据不同需要,很快产生不同动作(如张手、握拳、抓握等)。临床上,手外伤后,特别是估计日后关节功能难以恢复正常者,在此位置固定可使伤手保持最大的功能。

图片:手的休息位和功能位

四、常见康复问题

(一) 运动障碍

手外伤后可出现各种并发症,如水肿、粘连、瘢痕、挛缩、慢性疼痛、肩手综合征等,导致肌肉萎缩、无力、关节僵硬,从而产生运动功能障碍。

(二) 感觉障碍

若伤及周围神经,则可出现感觉功能障碍。

(三) 心理障碍

由于手外伤后的外观改变及功能障碍,常导致患者原有的自信心下降,产生自卑感,感到不能适应社会。

(四) 日常生活活动能力降低

运动、感觉、心理障碍均导致日常生活活动能力降低。

(五) 职业能力和社会生活能力下降

日常生活活动能力的降低最终导致患者职业能力和职业意愿下降,适应社会生活的能力降低。

第二节 康复评定

一、一般评定

一般评定包括望诊、触诊、叩诊、动诊和量诊五部分,以了解手的结构与功能变化。

（一）望诊

包括手的完整性，皮肤的色泽、纹理、有无伤口、有无瘢痕，有无红肿、溃疡及窦道，手的姿势及有无畸形等。

（二）触诊

可以感觉皮肤的温度、弹性、软组织质地，检查皮肤毛细血管反应，判断手指的血液循环情况。

（三）叩诊

在骨骼病变处用手指叩击，可初步判断骨折、骨病情况。叩击神经损伤部位，其支配皮肤区域出现放电样麻痛感。

（四）动诊

是对手部关节活动度的检查。动诊可分为主动活动度及被动活动度的检查。

（五）量诊

包括肢体周径、肢体长度、肢体体积的测量。

二、手的功能评定

（一）手的运动功能评定

1. 手的关节活动度评定　手的运动是骨骼、肌肉、神经等综合作用下的关节运动，评定手的关节活动度对寻找关节活动障碍的原因、判断功能障碍程度、选择治疗方法、评定治疗效果有着重要意义。一般采用量角器测量手部各关节主动运动和被动运动的角度。

使用量角器分别测量手指的掌指关节（MP）、近侧指间关节（PIP）和远侧指间关节（DIP）的主动活动度及被动活动度。测量原则是中立位定为0°，从中立位起至关节弯曲的度数为屈，从屈曲位向中立位方向活动的度数为伸，用负值表示，超过中立位为过伸，用正值表示。拇指对掌活动度评定是其与2、3、4、5指指腹及第五指指基部相触时评为1、2、3、4、5分。手关节正常活动度见表19-1。1992年美国骨科医师协会推荐应用中立位零度法记录关节活动度，即将关节的中立位设置为0°，以此记录各个关节的各个方向的活动度。例如腕关节掌屈45°，背伸60°，记作：60°（伸）~0°~45°（屈）。

表 19-1　手关节正常活动度

关节	活动方向	正常活动度	量角器放置法			注意事项
			固定臂	活动臂	轴心	
拇指	桡侧外展	0°~60°	示指	拇指	腕掌关节	活动方向在掌面上
	尺侧内收	0°	示指	拇指	腕掌关节	
	掌侧外展	0°~90°	示指	拇指	腕掌关节	活动方向与掌面成直角
	掌侧内收	0°	示指	拇指	腕掌关节	
	屈曲（掌指关节）	0°~60°	第1掌骨	拇指基节	掌指关节	
	伸展（掌指关节）	0°~10°	第1掌骨	拇指基节	掌指关节	
	屈曲（指间关节）	0°~80°	拇指基节	拇指末节	指间关节	
	伸展（指间关节）	0°~10°	拇指基节	拇指末节	指间关节	
指	对掌		由外展、旋转、屈曲3种动作构成，用量角器测量困难。常用测量法：测拇指端和小指掌指关节间距离			
	屈曲（掌指关节）	0°~90°	2~5掌骨	2~5基节	掌指关节	
	伸展（指间关节）	0°~45°	2~5掌骨	2~5基节	掌指关节	

手关节总主动活动度评定：Eaton首先提出测量关节总主动活动度（total active movement，TAM），作为一种肌腱功能评定的方法，其优点是较全面地反映手指肌腱功能情况，还可以对比手术前后的主动、被动活动情况，实用价值大。其缺点是测量及计算方法稍烦琐。测量方法是用掌指关节、近侧指间关节、远侧指间关节的主动屈曲角度之和减去各关节主动伸直受限角度之和。即：屈

曲角度（MP+PIP+DIP）－伸直受限角度（MP+PIP+DIP）=TAM，正常值 TAM=（90°+110°+60°）－（0°+0°+0°）=260°。评价标准为：活动范围正常为优；TAM > 健侧 75% 为良；TAM > 健侧 50% 尚可；TAM < 健侧 50% 为差。

2. 手部肌力评定

（1）徒手肌力评定：可用 Lovett 的徒手肌力检查评定。

（2）握力的评定：主要反映屈肌肌力，用握力计评定手部屈肌的力量，测定 2~3 次，取最大值。并采用握力指数记录表示：握力指数 = 手握力（kg）/ 体重（kg）× 100%，正常握力指数应大于 50。测试时受试者坐位，肩内收，肘屈 90°，前臂中立位。如果可能双手交替，健手用作比较。

（3）捏力的评定：主要反映拇指对指肌力，用捏力计分别检查拇指尖对示指尖的捏力（掌捏力）；拇指尖对示、中指尖的捏力（三点捏力）；拇指对示指中节侧面的捏力（侧捏力）。记录一般用捏力指数（参照握力指数）。

（二）手的感觉功能评定

评定手的各区域的感觉是否存在减退或消失，以及存在的区域和范围。包括浅感觉、深感觉和复合感觉的评定。下面介绍几种手部感觉功能评定的方法。

1. Semmes-Weinstein 单纤维感觉测定器检查　是一种精细的检查触觉的方法，测定从轻触到深压的感觉。可客观地将触觉障碍分为 5 级，以评定触觉的障碍程度及在康复治疗过程中的变化。测定器由 20 根不同编号的尼龙单丝组成，最细的是 1.65 号，单丝直径为 0.064mm；最粗的是 6.65 号，单丝直径为 1.143mm。号码代表折弯单丝所需的力用 10 的对数取值。检查时需要有一个安静无干扰的环境，受试者闭眼，只凭感觉回答知或不知，10 次中答对 7 次即为正确。评定标准分级为：

正常轻触觉：1.65~2.83。

轻触觉减退：3.22~3.61。

保护性感觉减退：4.31~4.56。

保护性感觉丧失：4.56~6.65。

感觉完全丧失：> 6.65。

2. 移动触觉　铅笔橡皮头在感觉正常区域轻压，并慢慢向指尖远端移动，要求患者体会轻重刺激感觉的变化。

3. 恒定触觉　首先用铅笔橡皮头在感觉正常区域施加作用力，然后缓慢向远端移动，当刺激强度改变时注意患者反应。

4. 振动觉评定　使用 30Hz 音叉检查振动觉。为了避免桌子的影响，医师轻轻举起患者患手，将音叉轻轻放置在患者手掌近端，逐渐向远端移动，直到患者不能分辨振动感为止。检查时需要让患者区分压力和振动。当患者指尖能探测移动触觉和恒定触觉后，按相同方式检查 256Hz 振动觉。通过对振动觉评定，反映周围神经损伤后功能丧失或恢复程度。

5. 两点辨别觉（two-point discrimination，2PD）　人体任何部位皮肤都有分辨两个点的能力，但不同的部位，两点之间的辨别距离不一样，当两点之间的距离小到一定程度时便难以分辨两点。两点辨别觉是对周围神经损伤修复后，感觉功能恢复的一种定量检查。只有指尖能感受恒定触觉才能测试两点辨别觉，两点辨别觉测定更能反映手功能是否完好。根据美国手外科学会的标准，2PD 的正常值与手功能的关系见表 19-2。

表 19-2　2PD 的正常值与手功能的关系

两点间距分辨能力	临床意义	功能
2PD < 6mm	正常	能做精细工作
2PD 在 6~10mm	尚可	可持小器件或物品
2PD 在 11~15mm	差	能持大器件
仅有一点感觉	保护性	持物有困难
无任何感觉	感觉缺失	不能持物

6. "触觉识别"的评定　是指手指的精细感觉，人只凭手部感觉而不用眼看就能分辨物体。触觉识别丧失的手可以说是"瞎"手，因此进行手的功能评定时都应包括触觉识别的评定。评定手的触觉识别常用 Moberg 拾物实验。这一试验能代表手的感觉及运动的综合功能，并可通过相应的活动测定感觉的精确度。

Moberg 拾物试验：在桌上放一个小木盒，木盒旁放上五件常用生活小物品，如硬币、钥匙、茶杯、玻璃球、纽扣等，让患者尽快地、一件件地将桌上的物品拾起放到木盒内。先用患手进行，在睁眼情况下拾一次，再在闭眼情况下拾一次；然后用健手按以上程序进行。计算每次拾完物品所需的时间，并观察患者拾物时用哪几个手指，用何种捏法。在 Moberg 拾物试验中，常将患手和健手的结果比较即可看出差别。当双手均有疾患时，可参考正常人的数值。假如患者的拇指、示指、中指感觉减退或正中神经分布区皮肤感觉障碍，在闭目下，很难完成该试验。

（三）手整体功能评定

即手的灵巧性及协调性评定。手灵巧性、协调性与感觉和运动功能有关，亦与视觉有关，评定的方法很多，常用的有三种标准测试方法。

1. Jebsen 手功能评定　测试内容由 7 个部分组成。①书写短句；②翻转 7.6cm×12.6cm 卡片；③拾起小物品放入容器内；④堆放棋子；⑤模仿进食；⑥移动轻而大的物品；⑦移动重而大的物品。记录完成每项活动所需的时间，测试结果可按年龄、性别、利手和非利手查正常值表，以判断是否正常。其优点是测试费时短，易于管理，费用少。

2. 明尼苏达操作等级测试（minnesota rate of manipulation test，MRMT）　此测试主要评估手部及上肢粗大活动的协调与灵活性。测试内容由五个部分组成，包括上肢和手部前伸放置物件、翻转物件、拿起物件、单手翻转和放置物件、双手翻转和放置物件。测试结果以操作的速度和放置物件的准确性表示。

3. 9 孔插板试验　插板为一块 13cm×13cm 的木板，木板上有 9 个小孔，孔深 1.3cm，孔与孔的间隔为 3.2cm，每孔直径 0.71cm，插棒为长 3.2cm、直径 0.64cm 的圆柱体，共 9 根。患者取坐位，将插板放于患者前方桌上，插棒放于测试手一侧的浅器皿中，让患者将 9 根木棒一次一根地分别插入 9 个孔中，再一次一根地将木棒从孔中拔出放入浅器皿中。记录完成时间。先测定健手再测定患手。

三、神经电生理检查

主要包括肌电图、神经传导速度及体感诱发电位检查等。

应当注意，并非所有的手外伤患者都需要上述全部项目的检查评定。可先用一般评定大致了解手的基本情况，然后根据患者具体情况，作进一步的手功能评定。通常首次和末次评定应全面些，在治疗过程中的评定可选择重点项目进行评定。

第三节　康　复　治　疗

一、康复治疗目标

视频：手外伤的康复

手外伤患者康复的总目标是恢复手的运动和感觉功能，尽可能恢复到其受伤前的水平，同时保护受损的结构并预防关节僵硬。康复过程中面临的最大挑战是如何平衡手部关节活动和关节周围组织的稳定。通常，注意了手活动度和力量而忽视了其稳定性和舒适性，必须考虑到活动度和稳定性是同等重要的，不能为努力发展一面而牺牲另一面。在安全的范围下关节活动锻炼宜尽早开始，以防僵硬的发生。假如考虑到关节周围组织不稳定，也不能忽视其活动，可以延迟活动或在保护性体位下进行，另一方面，感觉功能的康复宜尽早进行，通过多种途径的刺激和锻炼恢复手部感觉。

具体康复治疗目标包括：促进伤口良好愈合，减轻和消除疼痛；减少肌腱、肌肉等组织粘连，改善和恢复手部关节的运动功能；避免肌肉肌腱的误用、失用和过度锻炼导致的损伤，预防畸形；锻炼手的感觉功能，恢复手的灵巧性及协调性，增强日常活动能力。

二、康复治疗方法

手外伤康复是一个复杂的、循序渐进的过程。在手外伤的每一个阶段,要根据其受伤部位、特点及所处阶段的不同,有针对性地选择合适的康复方法,以最大程度地发挥出康复效果。在整个康复阶段,运动疗法贯穿始终,但在每个时期,运动疗法的具体方法和运动程度是不一样的,在这个基础上,辅以选择夹板、物理因子、作业治疗等其他方法。

(一) 康复分期及适应证

1. Ⅰ期　伤后或术后3周内。损伤部位充血、水肿,坏死细胞脱落,纤维细胞、胶原细胞增多。康复目的:消炎,消肿,镇痛,促进损伤愈合。可行理疗,功能位固定,轻柔的主动和辅助主动活动等。注意:严重损伤(3~4d内),神经和肌腱修复术后(3周内),急性关节炎,不稳定性骨折,术后需严格制动者属运动疗法禁忌。

2. Ⅱ期　伤后或术后3~6周。胶原增加,组织抗张力开始恢复,肌腱和骨折逐步牢固,易发生粘连。康复目的:预防粘连,提高肌腱的抗张力和骨折的牢固性,改善感觉功能。应尽早活动,并进行感觉训练。因组织还未恢复正常的强度,不宜抗阻活动。

3. Ⅲ期　伤后或术后6~12周。伤口愈合成熟,胶原纤维逐渐增多,表层(瘢痕)与深层(粘连)纤维组织增多。康复目标:减少纤维组织的影响,增加关节活动度、肌力、手的灵敏性和协调性。可循序渐进地进行抗阻活动,继续进行感觉训练。

4. Ⅳ期　伤后或术后12周后。大部分功能已恢复,组织炎症反应基本消退,神经损伤初步恢复。康复目标:矫正畸形,恢复手功能,提高生活质量。较严重的畸形和功能障碍可考虑重建或二期修补术。如恢复效果良好,可进入功能训练和职能训练。

(二) 基本方法

1. 运动疗法　运动疗法是手外伤康复治疗的重要方法,早期以被动运动为主。若无肌腱损伤或损伤已愈合,应酌情进行肌肉肌腱的牵伸训练。随着患者病情的稳定,可进行受限关节的关节松动术、手部肌肉的肌力训练等。伴有感觉神经损伤者则需要进行感觉再训练。

(1) 维持和改善关节活动度训练:此项训练可预防关节挛缩,恢复或改善关节功能。患者在去除外固定之初难以自主活动,应予以各关节全范围的被动活动,随着活动的增加,逐渐变被动活动为助力运动,渐渐减少助力直至完全主动活动。手部关节活动训练包括不同肌腱的滑动和复合的握拳运动。为维持正常关节活动范围,每天应活动三遍关节,每遍应使所有关节至少作5~10次全范围活动。被动的关节活动度练习要在患者耐受限度内进行,手法要轻柔,过度的被动关节活动度练习会加重组织创伤,产生疼痛,引起肿胀,影响手的活动。关节活动度训练前可采用热疗法改善软组织的延伸性,减轻治疗中的不适感,增强治疗效果。治疗后,可采用冰敷改善肿胀和疼痛。如患者诉手长时间疼痛,则提示治疗强度过量,应及时调整治疗强度或治疗时间,同时给予止痛消肿等对症治疗。

(2) 关节松动技术:是治疗者在关节可动范围内完成的一种针对性很强的手法操作技术,属被动运动范畴,具有增加关节活动度和缓解疼痛的作用。操作者主要通过牵伸、挤压、摆动、滚动、滑动等手法以减轻疼痛,缓解肌肉痉挛,保持或增加关节周围组织的伸展性并改善关节活动度。

(3) 肌力训练:早期外固定时嘱患者进行受累部分肌肉的等长收缩训练,去除外固定后,可进行被动活动、助力运动等训练,以后渐过渡到主动运动训练、抗阻运动训练,以促进肌力最大限度地恢复。抗阻训练可用健侧上肢提供逐渐增加的重量和阻力进行,亦可由作业治疗师徒手施加阻力进行,或选用手辅助器、手练习器、各种弹簧和负重物、治疗用滑轮和弹力带等进行渐进性抗阻练习。

手主动运动方法:①腕关节背伸/掌屈;②桡偏/尺偏;③前臂旋前/旋后;④掌指和指间关节屈/伸;⑤掌指关节和指间关节同时伸直/屈曲;⑥手指内收/外展;⑦拇指外展/内收;⑧拇指与其他指的对指;⑨拇指屈伸。

2. 手夹板的应用　手夹板是手功能康复的重要治疗用具,用来制动、支持和纠正受损和变形的身体结构,并能够维持和促进关节活动的一种装置。使用夹板有多种目的:①将手或其一部分固定在可促进愈合和防止畸形的位置;②矫正存在的畸形并改善其功能;③提供动力以代偿肌无力,特别是由于周围神经麻痹造成的肌无力。夹板可以防止活动(静力性夹板、制动夹板),也可以辅助运动(动力性夹板）。静力性手夹板（制动夹板）没有可动的组成部分，主要用于固定手于功能位，限制异常运动，故常用于治疗手部骨折脱位、关节炎、手术后暂时性制动等。动力性夹板允许肢体有一定程度的活动，从而达到治疗目的。临床上目前使用的有市售的用于不同部位和不同功能的人工夹板，治疗师也可以用石膏或竹片或木片制作不同部位、不同形状的手夹板。

 **知识拓展**

手的夹板固定

制动夹板最常用于术后短时固定或间断固定，以保证关节处于正确位置和放松肌肉；在手部关节炎等情况下，制动夹板可防止手畸形的进一步加重。夹板应能使未受影响的部分尽量正常地行使功能。夹板应舒适和轻便。因为压迫可致溃疡形成，延误治疗进程，延缓患者的康复，所以在使用夹板时应注意不要过度压迫皮肤，特别是在关节部位。应有一位矫形师或治疗师，进行需要特殊技巧的技术性调节，但患者应该能够安装、拆卸夹板并进行一些简单的调整。患者应完全理解配戴夹板的理由，治疗师应将夹板的实用价值告知患者。

3. 物理因子疗法 早期使用物理因子疗法可以促进局部血液循环、消除水肿、消炎镇痛、防治感染、加快伤口愈合。后期使用可以软化瘢痕及粘连组织，缓解肌肉痉挛，提高组织的可塑性，从而改善关节活动度，恢复关节功能。如冷疗或冰疗法可减轻早期损伤组织的肿胀，微波、超短波疗、紫外线疗法可辅助消炎杀菌，干扰电疗法、调制中频电疗法可帮助缓解疼痛，低频脉冲电疗法可促进肌肉收缩等等。

4. 作业疗法 作业疗法是针对伤手的功能障碍，从日常生活活动、手工操作劳动和文体活动中选出一些有助于恢复伤手功能和技能的作业，让患者参与"适应性活动"，并按指定的要求进行训练，逐步最大限度地恢复伤手的功能。

（1）手部抓握作业：可选编织、包装、木工、装配及园艺等作业，以帮助患者练习手部各种方式的抓握动作。

（2）日常生活活动作业：可选穿脱衣服、鞋袜、拿杯子、端碗、捏筷子、切割食品、烹调及整理房间等，以训练患者的日常生活活动能力，提高手的灵活性及协调性，改善手部感觉功能。

（3）适应环境作业：可选择应用矫形器及其他适应器具，改装各种日常用具，以提高患者的独立生活能力。

（4）综合能力作业：可选下棋、玩纸牌、弹奏乐器、各种球类运动等文娱活动，以提高感觉和运动功能及社交能力。

（5）工作前作业：可选相关的模拟工作或真实的工作活动，改善手的运动功能，增强患者成就感及自信心，提高职业技能，帮助患者早日重返工作岗位。

5. 感觉再训练 对感觉减退或感觉障碍的患者，可通过系统的感觉再训练促进其恢复，感觉再训练可结合于运动疗法或作业疗法中进行。其训练顺序如下：

（1）保护觉的训练：包括针刺觉、深压觉、冷热觉。如训练冷热觉时，治疗师用盛有冰水或温水的试管接触患手皮肤，令区分之。感觉有进步时缩小试管内水与皮肤温度差。

（2）定位觉的训练：从患者恢复针刺觉和深压觉开始，令患者闭眼，治疗师用指尖或橡皮头敲击患手掌侧，令其用健手示指指出敲击的部位，回答有误时令患者睁眼学习，如此反复进行。

（3）形状觉的训练：令患者闭眼，治疗师让其触摸不同大小、形状的木块，然后描述这些木块并比较差别。回答错误时睁眼观察后再做一次，如此反复。

（4）不同质地感觉的训练：开始让患者触摸粗细相差极大的同一类型物体（如砂纸），然后学习辨别粗细差别较小的同一类型物体。继而辨别不同类型的物体（如织物、毛皮）。

（5）脱敏训练：触觉过敏者宜用脱敏疗法，且脱敏训练应放在感觉训练之前。脱敏训练的方法包括：①交替使用平滑的、较粗和粗糙的材料在患处进行摩擦，先轻轻摩擦 1~2min，再用力摩擦 1~2min，最后再轻柔摩擦 1~2min，逐渐增加按摩力、持续时间和治疗频率。②使用机械振动器或拍打器，每天1~2 次，每次 10~30min。③将手插入一些材料中如大米、小珠子等，重复进行患部的脱敏刺激，每天

2~3 次,每次 20~30min。脱敏应从最低敏感区开始,逐渐过渡到更高敏感的区域。治疗时患者应放松,尽量减少恐惧心理。

6. 心理康复　手外伤多为突发性损伤,尤其青壮年较多,一旦手功能障碍,导致生活不能自理,丧失劳动能力,就容易使患者对生活失去信心,产生抑郁、焦虑、烦躁等情绪。康复工作者在给患者进行手功能康复的同时应进行心理康复。治疗师首先要了解患者的心理状态、工作性质、家庭情况等,同患者进行坦诚的交流,增进医患间的信任,让患者将心里的痛苦倾诉出来,并给予心理上的支持,增强其战胜疾病的信心,积极配合进行康复治疗。

三、手外伤常见问题的康复

(一) 肿胀的康复

手外伤后常出现肿胀,影响手发挥正常力学功能,因此预防和治疗肿胀是手功能康复的重要环节。常用的治疗方法有:

1. 抬高患肢　使其高于心脏平面,同时将手固定在功能位。
2. 向心性按摩　如皮肤条件许可,可在伤肢抬高位做向心性按摩,促进静脉回流。
3. 主动和被动活动　包括肩、肘关节的全范围活动。将抬高患肢与主动活动结合。
4. 压力治疗　配戴等张压力手套,注意指蹼与手套紧贴,否则指蹼部位无压力,将成为水肿液滞留区。每天脱下不超过 1h。亦可用弹性细绳、橡胶条或弹力绷带,由远端自指尖向近端缠绕,然后放开,重复进行,每日数次。
5. 理疗　冷疗(伤后或手术后 48h 内)、热疗(48h 后)、蜡疗、超短波等。

(二) 疼痛的康复

疼痛是手康复中的一个常见问题,可以引起过度保护和运动功能失调。治疗方法参照第三十六章第三节。

(三) 肌萎缩康复

创伤、手术或制动等可能会引起肢体肌肉萎缩,病程较短经过适当锻炼可以迅速恢复,而神经断裂修复术后,由于神经再生到达靶器官时间较长,会影响萎缩肌的恢复。因此,在治疗前应注意评定肌力状况及神经损伤程度。

当肌力 0~1 级时,可用肌电生物反馈进行肌肉训练;肌力 2 级时,继续电刺激、按摩或利用滑板器械等方法进行运动;肌力 3 级或 3 级以上时,进行抗阻练习,每次练习时,手及各指要有几次最大用力和最大范围的运动。注意观察手及各指功能恢复情况,及时调整训练内容。

(四) 挛缩的康复

挛缩通常发生在虎口等皮肤松弛部,包括肌肉、韧带、关节囊等缩短。屈伸肌腱损伤修复术后最易发生粘连、挛缩。应尽早让患者在适当范围内主动运动(24h 后)或被动活动,辅以热疗、超声波疗法、音频电疗法等物理治疗,在关节活动范围和肌力均有一定好转的情况下进行作业治疗。

第四节　不同类型手外伤的康复

一、手部骨折后的康复

(一) 类型与制动

1. 腕骨骨折　一般腕骨固定 6 周左右,手舟骨骨折固定 10~12 周。
2. Bennett 骨折　即第一掌骨基底骨折合并脱位或半脱位,一般制动 6 周可逐步活动关节。
3. 指骨骨折　一般外固定或内固定后 3 周可逐步活动。
4. 掌骨骨折　一般外固定或内固定后 4 周可逐步活动关节。

(二) 各期康复治疗

1. Ⅰ期(0~4 周)　为制动期,功能位固定,该体位使手能根据不同需要迅速做出不同动作,以保持骨折的稳定性,缓解疼痛,促进愈合。此期康复要点:①上肢提高,以减轻水肿。②骨折上下所有未损伤的关节温和的被动活动,如指、腕、肘、肩。③如骨折固定牢固,且在患者疼痛可耐受情况下,可早期进行轻微的主动活动和辅助主动活动。

2. Ⅱ期(4~8周) 为临床愈合期,如需要可延长外固定夹板至8周或更长。此期康复要点:①主动活动和辅助主动活动,屈曲、伸展指间关节和掌指关节的活动,以便获得良好的抓握、放松。②根据骨折稳定情况在此期中后阶段采用关节松动技术。③脱敏治疗,如有感觉过敏则进行该项治疗。④感觉再训练,从保护觉训练开始。

3. Ⅲ期(8~12周) 为愈合巩固期,继续加强康复治疗。康复要点:①渐进性抗阻训练。②增加肌耐力训练。③针对性的关节松动训练。④进一步加强感觉训练。⑤作业治疗。

4. Ⅳ期(12周后) 为功能恢复期,应用抗阻活动来增加肌力,矫正畸形,复杂感觉训练,复杂作业治疗及职能训练以及日常生活活动(ADL)训练。经系统康复治疗仍难以纠正或改善的畸形及功能障碍可考虑手术治疗。

二、肌腱修复术后的康复

肌腱是连接骨骼肌和骨的致密结缔组织,由胶原纤维、腱内膜、腱外膜、腱旁组织构成。肌腱有屈肌腱和伸肌腱之分,屈肌腱位于掌侧,伸肌腱位于背侧,指屈肌腱将前臂屈肌与指骨联系起来,其功能是屈指。指屈肌腱分浅深二类:指浅屈肌止于中节指骨,屈近端指间关节;指深屈肌止于末节指骨,屈远端指间关节。指屈肌腱损伤后的临床表现是不能屈指。指伸肌腱将前臂伸肌与指骨联系起来,其功能是伸指。肌腱修复术后进行正确的康复治疗,有助于减少粘连、预防关节僵硬、恢复肌腱滑动。

(一)指屈肌腱修复术后的康复治疗

术后保护性的固定与早期保护性的运动相结合可减少因固定和关节制动而引起的并发症。

1. Ⅰ期(0~3周) 抬高患肢,制动3周。

(1)术后立即在患者手背侧做一个腕屈曲形夹板或手托,外加厚敷料,以保护肌腱,使腕关节屈曲20°~30°,掌指关节屈曲60°~70°,指间关节屈曲0°~20°位固定。

(2)2~3d更换敷料,继续用夹板和支持带保护。

(3)3d后,由治疗师指导做屈伸手指活动,持续3周。要求"主动伸,被动屈",即令患者主动伸展手指,依靠橡皮带被动屈曲。同时进行手腕活动。禁止主动屈指,被动伸指,以防肌腱断裂。

注意:如患者不坚持手指活动,极易产生屈曲挛缩。对不配合活动的小儿,或断指再植后,或伴有其他损伤不宜选用该法者,应将手固定在功能位,加以厚敷料包扎,外加石膏固定3周。可同时配合冷疗、超声波治疗等消肿,松解粘连。

2. Ⅱ期(3~6周)

(1)3周后拆除夹板,先在护腕和橡皮带保护下活动,轻柔地主动屈伸掌指、指间关节。

(2)4~5周去除保护,主动屈伸掌指和指间关节并逐步增加力量及关节运动幅度。

(3)屈曲腕关节,行简单的如抓握等作业治疗。此期不可有任何抗阻活动。

3. Ⅲ期(6~12周) 可做关节全范围的主动或被动活动。

(1)轻柔被动牵引屈指肌腱并逐步加大力量。

(2)由轻度抗阻训练到较强的抗阻训练。

(3)作业治疗及ADL训练。

4. Ⅳ期(12周后) 可进行各种功能活动,大多数患者可重返工作岗位。个别患者因肌腱粘连而活动障碍,或肌力较差,仍需继续锻炼。亦有少数患者需接受二期重建手术。术后继续进行康复训练及治疗,以防粘连和功能障碍。

(二)指伸肌腱修复术后的康复治疗

1. Ⅰ期(0~3周) 此期要求"主动屈,被动伸",即令患者主动屈曲手指,依靠橡皮带被动伸直,以保持掌指关节和指间关节滑动。

(1)术后立即使用静态掌侧夹板固定手于腕背伸30°~45°,掌指关节屈曲0°~30°、指间关节伸直,敷料加压包扎。

（2）2~3d后，更换敷料，改用动力性掌侧手夹板固定，维持腕背伸30°~45°，掌指关节和指间关节用橡皮带牵拉于伸直位，另外可用掌心侧辅助夹板防止掌指关节屈曲。此期禁止主动伸指、被动屈指，以防肌腱断裂。

2. Ⅱ期（3~6周）

（1）4周时，每天取下夹板数次，主动屈曲指关节，特别是掌指关节，以防挛缩。

（2）5~6周时，可轻柔地伸屈掌指关节，主动屈伸活动腕关节。但此期禁止进行抗阻运动。

3. Ⅲ期（6~12周）

（1）6周后，拆夹板和所有保护，逐步全范围主动伸直指间关节、掌指关节。

（2）进行抗阻训练，增加强度，做关节全范围的抗阻活动。

（3）行各种作业治疗和ADL训练。

4. Ⅳ期（12周后）　手的适应性训练，职能训练和复杂的手功能训练。

上述康复治疗针对的是大多数情况下的屈伸肌腱断裂修复术后的康复，对于某些特殊位置的屈伸肌腱断裂损伤，如屈伸肌腱在止点处的断裂，其吻合修复术后的固定时间要相对延长1~2周，抗阻训练的时间和力度也要相应有所改变。总之，康复师在进行康复治疗时，要和临床医师密切合作，要对手术固定的强度和某些特殊的损伤部位有所了解。

三、肌腱松解术后的康复

不少病例肌腱修复术后肌腱与周围组织牢固粘连，康复治疗无效，需行肌腱松解术。术后在肌腱表面留下大面积创面，极易再次粘连，故松解术后应不失时机地进行康复治疗，防止再次粘连。

（一）术后1~7d

松解术后24h开始，在无菌条件下，由康复治疗师指导进行以下活动：

1. 分别轻柔被动屈曲远侧指间关节、近侧指间关节和掌指关节。

2. 主动屈曲远侧指间关节、近侧指间关节和掌指关节。

3. 在屈腕和屈掌指关节下轻柔被动伸展近侧指间关节。

4. 主动伸展近侧指间关节。

5. 被动握拳，可健手帮助患手握拳，同时尽可能主动握拳。假如松解术后没有肌腱滑动，可在术后48h给予功能性电刺激。

疼痛和水肿是妨碍训练的最主要原因，必须给予对症处理；患者掌握方法后，应自行进行除握拳外的所有练习，每次10遍。

（二）术后2~3周

拆线，可采用蜡疗、超声波、音频电疗、按摩、关节松动术软化松解瘢痕，进行轻微的ADL等功能性活动练习。

（三）术后4~6周

开始抓握力量练习，如马赛克和轻木工作业。第六周开始抗阻训练。

假如肌腱松解术后，近侧指间关节挛缩已经矫正，术后可用伸展夹板，以维持术中获得的伸直度。松解术后几天，每日训练数组，每组10次左右。以后逐渐增加活动次数和强度。

四、神经修复术后的康复

手部由正中神经、尺神经和桡神经支配。手部神经损伤后，主要表现是运动障碍、感觉障碍和自主神经功能障碍。损伤后神经的修复，只是为功能恢复创造了一个重要条件，如果完全依靠其自然恢复，则多不能达到应有的结果，而必须在神经修复后的整个恢复过程中，接受适当的功能再训练，即康复治疗。手术修复是功能康复的必要前提，康复治疗能使手术治疗获得更完善的结果。

（一）常用康复治疗方法

1. 物理因子疗法　损伤早期使用电刺激如低频电疗、干扰电等促进肿胀消退、炎症吸收，改善组织的新陈代谢。在周围神经损伤处采用某些促生长药物作为离子导入，对神经纤维生长有促进作用。

此外,磁疗、激光、超声波等也有促进周围神经生长的作用。

2. 运动疗法 运动疗法能帮助恢复运动功能,防止肌肉萎缩和畸形。无论采用何种治疗方法,首先必须注意维持功能位。周围神经损伤早期,肌肉的主动收缩尚未出现或刚刚出现,要鼓励患者进行被动运动,进行"传递冲动"训练;一旦出现微弱的肌肉收缩,应立即开始积极运动训练。2级肌力时进行助力运动训练,3级肌力时进行主动运动训练,4级肌力时进行抗阻运动训练,对各组受累肌肉依肌力大小选择适当训练方式。

3. 感觉再训练 见前述"感觉再训练"。

4. 作业疗法 作业疗法可以增加关节活动范围,增强肌力,改善上肢的活动能力;改善运动的协调性和灵活性,提高耐力;提高患者生活自理能力。

5. 应用支具 支具能保持手的功能位、防止畸形;保护屈伸肌腱、关节、手掌弓和指蹼间隙;固定拇指于外展、对掌位以便于抓握物体。

(二) 正中神经修复术后康复

正中神经在前臂或腕部水平损伤后,由于大鱼际肌麻痹、萎缩变平,拇指不能对掌及因第一、第二蚓状肌麻痹使示指与中指掌指关节过度伸展,形成"猿手"畸形。正中神经在肘关节水平损伤时,临床上表现为拇指、示指屈曲功能受限,拇指、示指、中指及环指桡侧半感觉消失。因此,正中神经损伤将使手的精细功能受到严重影响,丧失技巧性活动的能力,如不能系鞋带、写字等。

1. 修复术后,腕关节屈曲位固定3周,随后逐渐伸展腕关节至功能位(4~6周)。

2. 主动活动训练 早期(固定期)进行肌肉的等长收缩训练和相邻关节的主动运动,固定物拆除后根据肌力恢复情况逐步进行运动治疗(参照本节运动疗法)。

3. 用视觉来保护感觉丧失区。

4. 感觉再训练 见前述"感觉再训练"。

5. 日常生活辅助器具的使用 例如配戴对指夹板,预防第一指蹼挛缩,并能补偿对指抓握功能。

(三) 尺神经修复术后康复

尺神经高位损伤(肘关节水平)时,尺侧腕屈肌、环指及小指指深屈肌、小指外展肌、第一背侧骨间肌均受影响,但因环指、小指指深屈肌亦麻痹,故"爪形手"畸形不明显。腕部切割伤常合并有尺神经损伤,尺神经在腕部水平损伤时,小鱼际肌、骨间肌、第三蚓状肌、第四蚓状肌、拇内收肌及拇短屈肌的深头均麻痹。由于骨间肌麻痹及环指、小指指深屈肌张力的影响,在晚期可出现"爪形手"畸形。

尺神经损伤主要影响运动功能,患者不能抓握较大的物品,且由于拇指内收肌失去尺神经支配,使得拇指与示指不能完成侧捏如开门时手持钥匙的动作。尺神经损伤时,可使小指和环指尺侧半皮肤感觉消失,尺侧皮肤感觉障碍导致手尺侧缘的稳定性下降,影响写字等活动。

1. 配戴掌指关节阻挡夹板,预防环指、小指爪形畸形。

2. 用视觉代偿保护手尺侧缘皮肤感觉丧失区。

3. 运动疗法及感觉再训练 参照正中神经。有针对性地进行小指、环指运动功能和上肢尺侧感觉功能的恢复。

4. 作业治疗 针对恢复小指、环指功能而进行一系列作业活动。

5. 对神经损伤无恢复者,可考虑重建内在肌功能手术。

(四) 桡神经修复术后的康复

桡神经高位损伤(肘关节以上)导致肘关节不能伸展和旋前,发生垂腕、垂指、垂拇畸形。损伤发生在前臂时,临床仅表现伸指、伸拇功能障碍。

1. 使用腕关节固定夹板 维持腕关节伸直、掌指关节伸直、拇指外展位,预防伸肌过牵。

2. 运动疗法及感觉再训练 参照正中神经。有针对性地进行手指、腕关节运动功能和桡神经支配区感觉功能的恢复。

3. 作业治疗 针对各手指、腕等关节功能有选择性地进行作业治疗。

4. 必要时施行伸腕、伸拇、伸指功能重建手术。

本章小结

　　手外伤的发病率较高,约占创伤总数的1/3,手外伤后可出现严重的运动感觉障碍,从而引起日常生活活动能力、社会活动能力下降,影响人们的生活。手外伤康复是在外科诊断和处理的基础上,首先进行比较全面的康复评定,尤其注意运动功能、感觉功能的评定,针对患者损伤的部位、损伤组织结构特点及所处阶段的不同,制订康复计划,通过运动疗法、作业疗法、感觉再训练、物理因子等康复治疗方法,以最大限度地恢复伤手功能,从而重返社会。

（蒋竞杭）

思考题

1. 手外伤后需要进行哪些方面的评定?
2. 手外伤的康复分期和适应证分别是什么?
3. 手外伤后如何进行感觉再训练以恢复患者的感觉功能?
4. 手部屈肌腱修复术后4周如何进行康复治疗?
5. 手部掌骨骨折内固定5周后如何进行康复治疗?

扫一扫,测一测

思路解析

学习**目标**

1. 掌握 脊柱侧凸的定义、临床表现、身体形态检查、Cobb 角测量、姿势训练、矫正体操、电刺激疗法。

2. 熟悉 脊柱侧凸矫形器的穿戴。

3. 了解 脊柱侧凸的分类、病因病理、牵引治疗。

4. 能对患者进行身体形态检查,能阅读 X 线片并进行 Cobb 角的测量,能指导患者进行姿势训练和体操训练,能对患者进行电刺激疗法,能指导患者穿戴矫形器,能对患者在治疗或训练过程中出现的简单问题进行处理。

5. 能与患者及家属进行良好沟通,开展健康教育;能与相关医务人员进行专业交流与团结协作开展康复治疗工作。

病例**导学**

患者,女性,15 岁,学生。因"发现脊柱侧凸 2 年余"来康复科就诊。查体:右侧肩胛骨稍高,脊柱胸腰段明显向左侧凸出,测量 Cobb 角为 35°,椎体旋转 25°,左侧骨盆略高。既往史、家族史无特殊。

问题与思考:

1. 该患者属于哪种脊柱侧凸?

2. 请为该患者制订一套合适的康复治疗方案。

第一节 概 述

一、基本概念

脊柱侧凸(scoliosis)俗称脊柱侧弯,国际脊柱侧凸研究学会(Scoliosis Research Society,SRS)对脊柱侧凸的定义如下:应用 Cobb 法测量站立位正位(冠状面)X 线影像中的脊柱侧方弯曲度,如果角度 >10°,则定义为脊柱侧凸。但脊柱凸并不只是冠状面上的简单弯曲,还有矢状面的异常及椎体轴位面上的旋转,胸椎的侧凸还会引起胸廓的畸形。

轻度的脊柱侧凸通常没有明显的不适,外观上也看不到明显的躯体畸形。较重的脊柱侧凸则

图片：脊柱侧凸

会影响婴幼儿及青少年的生长发育,使身体变形,严重者可以影响心肺功能,甚至累及脊髓,造成瘫痪。

二、临床分类

脊柱侧凸按照病因可以分为非结构性脊柱侧凸和结构性脊柱侧凸。

(一) 非结构性脊柱侧凸

非结构性脊柱侧凸是指某些原因引起的暂时性脊柱侧凸,脊柱及其支持组织无异常,平卧时侧凸常可自行消失,在侧屈或牵引后畸形可矫正,一旦原因去除,即可恢复正常;但长期存在者,也可发展成结构性脊柱侧凸。

非结构性脊柱侧凸可由以下原因引起:①姿态不正确;②神经根刺激:如椎间盘突出症、肿瘤;③双下肢不等长;④髋关节挛缩;⑤炎症刺激:如阑尾炎;⑥癔症。

(二) 结构性脊柱侧凸

结构性脊柱侧凸是指伴有旋转且结构稳定的脊柱侧凸,是脊柱及其支持组织本身的病变,不能经过平卧或侧屈身体自行矫正,或矫正后无法维持,横截面上有旋转畸形。根据发病原因的不同又可分为以下几型:

1. 特发性脊柱侧凸　最常见,占总数的 75%~85%,发病原因不清楚,所以称之为特发性脊柱侧凸。根据发病年龄不同,特发性脊柱侧凸又可分成婴儿型、少儿型和青少年型三型。

(1) 婴儿型特发性脊柱侧凸:是在 3 岁内发现的一种结构性脊柱畸形,本病分为自限型和进展型。婴儿型特发性脊柱侧凸的特点如下:①男婴多见,通常侧弯凸向左侧;②侧凸多位于胸段和胸腰段;③多数侧凸在出生后 6 个月内进展;④自限性婴儿型特发性脊柱侧凸占所有婴儿型特发性脊柱侧凸的 85%;⑤双胸弯易进展并发展为严重畸形,右侧胸弯的女性患者通常预后不良,常伴发畸形如扁头畸形、蝙蝠耳畸形、先天性斜颈以及进行性髋关节发育不良等。

(2) 少儿型特发性脊柱侧凸:是 4~10 岁之间发现的脊柱侧凸畸形,它占特发性脊柱侧凸的12%~21%,病因不明。少儿型多见于女孩,女男比为(2~4):1。3~6 岁儿童中,女男比例大约为 1:1;而在 6~10 岁年龄段中,女男比大约为 8:1,这一数值与青少年型特发性脊柱侧凸基本相同。少儿型特发性脊柱侧凸的特点是在脊柱生长相对静止期进展。少儿型脊柱侧凸的类型多为右侧胸弯和双主弯。右侧胸弯占青少年型特发性脊柱侧凸的 2/3,双主弯约占 20%,胸腰段侧凸占 15%。左胸弯在少儿型中不常见,如出现这一种侧凸,常提示存在椎管内病变,应对其进行全面的神经系统检查。大约70% 的少儿型特发性脊柱侧凸的弯曲进行性加重,需要给予一定形式的治疗。某些少儿型脊柱侧凸也可以自行消退或进展缓慢,但是相对于婴儿型而言,其自行消退的比率不高。

(3) 青少年型特发性脊柱侧凸(adolescent idiopathic scoliosis,AIS):相对较常见,10~16 岁年龄组的青少年有 2%~4% 的发病率,多数侧凸的度数较小。在 20° 左右的脊柱侧凸患者中,男女比例基本相等;而在大于 20° 的脊柱侧凸人群中,女:男超过 5:1。绝大多数 AIS 患者可以正常生活,在一定情况下,AIS 侧弯的进展常伴有肺功能下降和后背痛。胸弯如果大于 100°,用力肺活量通常下降到预期值的70%~80%。肺功能下降通常继发于限制性肺疾患,如果严重脊柱侧凸损害肺功能,那么患者早期有可能死于肺源性心脏病。一些学者统计,严重脊柱侧凸患者的死亡率是一般人群的 2 倍,吸烟患者的死亡危险性增高。中度脊柱侧凸(40°~50°)者的间歇性后背痛的发生率与一般人群大致相同,重度腰椎侧凸者的发生率高,而且顶椎明显偏移时的发生率更高。

2. 先天性脊柱侧凸　是由于脊柱在胚胎时期出现脊椎的分节不完全、一侧有骨桥或者一侧椎体发育不完全或者混合有上述两种因素,造成脊柱两侧生长不对称,从而引起脊柱侧凸。往往同时合并其他畸形,包括脊髓畸形、先天性心脏病、先天性泌尿系畸形等,一般在 X 线片上即可发现脊椎发育畸形。

(1) 形成不良型:①先天性半椎体;②先天性楔形椎。

(2) 分节不良型:①单侧块状椎(单侧不分节);②双侧块状椎(双侧不分节)。

(3) 混合型:同时合并上述两种类型。

3. 神经肌肉性脊柱侧凸　可分为神经源性和肌源性,是由于神经或肌肉方面的疾病导致肌力不

笔记

平衡,特别是脊柱旁肌左右不对称所造成的脊柱侧凸。

(1) 神经源性脊柱侧凸:①上运动神经元病变,如脑瘫、脊髓小脑变性(如 Friedreich 共济失调、Charcot-Marie-Tooth 病、Roussy-Levy 病)、脊髓空洞症、脊髓肿瘤及脊髓损伤等;②下运动神经元病变,如脊髓灰质炎、其他病毒性脊髓炎、外伤性疾病、脊柱肌肉萎缩及脊髓脊膜膨出(麻痹性)等。

(2) 肌源性脊柱侧凸:包括①多发性关节挛缩症;②肌营养不良;③纤维型不均衡型;④先天性肌张力低下型;⑤营养不良性肌强直;⑥其他。

4. 神经纤维瘤病合并脊柱侧凸　神经纤维瘤病为单一基因病变所致的常染色体遗传性疾病,其中有 2%~36% 的患者伴有脊柱侧凸。患者所伴的脊柱侧凸其 X 线特征可以类似于特发性脊柱侧凸,也可表现为"营养不良性"脊柱侧凸,即短节段的成角型的后突型弯曲,脊椎严重旋转,椎体凹陷等,这类侧凸持续进展,治疗困难,假关节发生率高。

5. 间质病变所致脊柱侧凸　如马方综合征、Ehlers-Danlos 综合征等。

6. 后天获得性脊柱侧凸　如强直性脊柱炎、脊柱骨折、脊柱结核、脓胸及胸廓成形术等胸部手术引起的脊柱侧凸。

7. 其他原因　如代谢性、营养性疾病或内分泌原因引起的脊柱侧凸。

三、主要病因病理

(一) 发病原因

由于特发性脊柱侧凸占脊柱侧凸的绝大多数,如能了解其病因,则对防治有重要的意义。因此,多年来,人们一直致力于特发性脊柱侧凸病因的探索,但至今仍未查到其确切的原因。1979 年 Herman 证明特发性脊柱侧凸患者有迷路功能损伤。1984 年 Yamada 也对特发性脊柱侧凸患者进行平衡功能测试,结果 79% 显示有明显的平衡功能障碍,而对照组只有 5%。Wyatt 也发现侧凸患者有明显震动不平衡,提出侧凸患者的后柱通路中有中枢性紊乱。但这些研究没有阐明特发性脊柱侧凸与平衡障碍的关系,更未说明特发性脊柱侧凸病因本身。此外,观察发现特发性脊柱侧凸患者的身高比正常同龄者高,因此促使人们去了解生长激素与特发性脊柱侧凸的关系,但结论不一,生长激素含量仍是一争论的问题。另有更多的研究论述了椎旁肌与特发性脊柱侧凸的关系,对椎旁肌的检测包括:肌梭,肌纤维形态,肌生物化学,肌电,钙、铜、锌的含量等。虽有异常发现,但均未直接阐明其病因。人们也从家族性、孪生侧凸患者中调查有关遗传基因问题,但更多的患者尚不能用单一的遗传基因异常来解释,因此,特发性脊柱侧凸的病因仍是人们今后努力探索的重要课题。

(二) 病理改变

特发性脊柱侧凸的病理改变主要包括以下内容:

1. 椎体、棘突、椎板及小关节的改变　侧凸凹侧椎体楔形改变,并出现旋转,主侧弯的椎体和棘突向凹侧旋转。凹侧椎弓根变短、变窄,椎板略小于凸侧。棘突向凹侧倾斜,使凹侧椎管变窄。在凹侧,小关节增厚并硬化而形成骨赘。

2. 肋骨的改变　椎体旋转导致凸侧肋骨移向背侧,使后背部突出,形成隆凸(hump),严重者称为剃刀背(razor-back)。凸侧肋骨互相分开,间隙增宽。凹侧肋骨互相挤在一起,并向前突出,导致胸廓不对称。

3. 椎间盘、肌肉及韧带的改变　凹侧椎间隙变窄,凸侧增宽,凹侧的小肌肉可见轻度挛缩。

4. 内脏的改变　严重胸廓畸形使肺脏受压变形,由于肺泡萎缩,肺的膨胀受限,肺内张力过度,引起循环系统梗阻,严重者可引起肺源性心脏病。

四、临床表现

本病以女性为多,在儿童期身体增长慢,畸形并不明显,即使轻微畸形,亦无结构变化,容易矫正。但此时期不易被发现,患者至 10 岁以后,椎体第二骨骺开始加速发育,侧凸畸形的发展由缓慢转为迅速,1~2 年内可以产生较明显的外观畸形。多数侧凸发生在胸椎上部并凸向右侧,其次好发于胸腰段,且凸向左侧者较多。脊柱侧凸所造成的继发性胸廓畸形,如畸形严重,可引起胸腔和腹腔容量减缩,导致内脏功能障碍。

图片:脊柱侧凸外观畸形

（一）外观畸形

脊柱侧凸早期表现有:双肩高低不平,脊柱偏离中线,肩胛骨一高一低,一侧胸部出现皱褶皮纹,弯腰时双侧背部不对称,严重者可出现剃刀背畸形。

（二）并发症

内脏功能障碍可造成神经功能、呼吸功能、消化功能的损害等,可能出现心搏加速、肺活量减少、消化不良、食欲减退等情况。神经根在凸侧可以发生牵拉性症状,凹侧可以发生压迫性症状,神经根的刺激,可以引起胸腹部的放射性疼痛,亦有引起脊髓功能障碍者。同时对于脊柱骨结构本身发育不良的患者,可伴发脑脊膜膨出、隐形脊柱裂等神经发育异常的表现。此外,先天性脊柱侧凸患者还可能伴有心血管系统异常,气管 - 食管瘘、多囊肾等多脏器异常的表现。

第二节 康复评定

一、病史及体格检查

（一）病史

对首次就诊患者应详细询问与脊柱畸形有关的一切情况,重点询问现病史、既往史及家族史等。

1. 现病史 询问脊柱侧凸出现的年龄、弯曲进展情况,有无接受过治疗及何种方式的治疗。患者现在主要的症状是什么,是否易疲劳,有无运动后气短、呼吸困难、心悸、下肢麻木、走路不便、大小便困难等。

2. 既往史 应了解脊柱畸形的幼儿母亲妊娠期的健康状况,妊娠头 3 个月内有无服药史,怀孕、分娩过程中有无并发症等。

3. 家族史 了解家族中同胞兄弟、姐妹有无同样的患者。神经肌肉型的脊柱侧凸中,家族史尤为重要。

（二）体格检查

可从身体形态、脊柱活动度、肌力、神经系统等方面进行检查。

1. 身体形态检查 应从前方、后方和侧方仔细观察,注意乳房发育情况,胸廓是否对称,有无漏斗胸、鸡胸、肋骨隆起等。注意观察有无双肩高度差异、双侧肩胛骨高度的差异、双侧髂前上棘高度差异,测量侧凸角度最大的棘突偏离中线的距离、臀纹偏离中线的距离、两侧季肋角与髂骨间的距离以及双下肢长度。

2. 脊柱活动度测量 常用卷尺或量角器测量颈椎及胸腰椎前屈、后伸、侧屈及旋转活动度,了解脊柱活动受限程度。

3. 肌力评定 应用徒手肌力测定或测力计法测量双侧背肌、腹肌肌力及四肢肌力。

4. 神经系统功能评定 每一个脊柱侧凸的患者应进行详细全面的神经系统检查,一方面注意有无侧凸导致脊髓压迫,引起截瘫,早期有腱反射亢进和病理反射;另一方面注意有无合并脊髓脊膜膨出、脊髓纵裂、脊髓空洞等脊髓异常。评定内容包括感觉、肌张力、深浅反射、病理反射以及感觉运动功能,确定有无脊髓及神经损伤并判定神经损伤的程度。

二、影像学检查

（一）X 线测量

X 线检查最为重要,一般借助 X 线片就可以区别侧凸的原因、分类以及弯度、部位、旋转、骨龄、代偿度等。常规的 X 线片应包括站立位的脊柱全长正侧位摄片,上端包括下颈椎、下端包括双侧腰骶关节和髂骨翼。其他特殊的 X 线片包括仰卧位侧弯位片、牵引位片等,可以评估脊柱侧弯的柔韧性。

1. X 线片的阅片要点

（1）端椎:位置最高或最低且对于凸侧或凹侧斜度最显著的椎体。

（2）顶椎:脊柱侧凸中旋转最显著,偏离中轴线最远的椎体。

笔记

（3）主侧弯（原发侧弯）：是最早出现的弯曲，也是最大的结构性弯曲，柔软性和可矫正性差。当有3个弯曲时，中间的弯曲常是主侧弯，有4个弯曲时，中间两个为双主侧弯。

（4）次侧弯（代偿性侧弯或继发性侧弯）：是最小的弯曲，弹性较主侧弯好，可以是结构性的也可以是非结构性的，位于主侧弯上方或下方，作用是维持身体的正常力线，椎体通常无旋转。

2. 脊柱侧凸角度测量

（1）Cobb 法：最常用。在脊柱 X 线正位片上，先在弧度最上端椎体上缘画一水平线，再沿弧度最下端椎体下缘再画一水平线，最后画这两条水平线的垂直线，两垂线的交角即为 Cobb 角，代表脊柱侧凸的程度。若端椎上、下缘不清，可取其椎弓根上、下缘的连线，然后取其垂线的交角即为 Cobb 角。

（2）Ferguson 法：临床应用较少，主要用于测量轻度侧凸角度，首先确定上下端椎及顶椎，分别画出端椎及顶椎椎体的中点，然后从顶椎中点到上下端椎中点分别画两条线其交角即为侧凸角度。

图片：X 线片 Cobb 角测量

3. 脊柱旋转角度测量　通常采用 Nash-Moe 法，即先在正位 X 线片上确定顶椎位置，将顶椎凸侧半个椎体平均分为 3 格，根据凸侧椎弓根的位置将其分为 5 度。

Ⅰ度：椎弓根对称。

Ⅱ度：凸侧椎弓根移向中线，但未超过第 1 格，凹侧椎弓根变小。

Ⅲ度：凸侧椎弓根已移至第 2 格，凹侧椎弓根消失。

Ⅳ度：凸侧椎弓根移至中央，凹侧椎弓根消失。

Ⅴ度：凸侧椎弓根越过中线，靠近凹侧。

（二）CT 扫描

CT 可以很好地显示骨性畸形，尤其是脊柱三维重建 CT 可以很好地显示先天椎体畸形，还可以做脊髓造影 CT 扫描，在一些复杂的脊柱畸形中可以很好地显示脊椎与神经关系，有无脊髓畸形，指导手术治疗。

（三）磁共振（MRI）

磁共振（MRI）相比脊髓造影是一种无创性检查，它的软组织分辨率高，可以很好地显示脊髓病变。

三、其他检查

（一）脊柱测量仪测量

对疑有脊柱侧弯的患者，可用脊柱测量仪对脊柱侧弯进行快速、无创筛查，目前较为常见的有电子脊柱测量仪、脊柱测量系统等，但价格昂贵，未能在临床上推广使用。

（二）骨成熟度评定

脊柱侧凸成熟度的评价在脊柱侧凸的治疗中尤为重要。必须根据患者生理年龄、实际年龄及骨龄来全面评估，主要包括以下几方面：

1. 第二性征　男童的声音改变，女孩的月经初潮，以及乳房和阴毛的发育等。

2. 骨龄　①手腕部骨龄。对 20 岁以下的患者可以摄手腕部 X 线片，根据 Greulich 和 Pyle 的标准测定骨龄。②髂嵴骨骺移动。髂嵴骨化呈阶段性，其骨骺自髂前上棘到髂后上棘依次出现。Risser 将髂嵴分成四部来分阶段描述骨成熟度，即 Risser 征。判断标准为：骨化由髂前上棘逐渐向髂后上棘移动，骨骺移动25% 为Ⅰ度，50% 为Ⅱ度，75% 为Ⅲ度，移动到髂后上棘为Ⅳ度，骨骺与髂骨融合为Ⅴ度，此时骨骼发育停止。③椎体骨骺环发育。侧位 X 线片上骨骺环与椎体融合说明脊柱停止生长，为骨成熟的重要指征。

（三）肺功能检查

脊柱侧凸患者常规肺功能检查包括静止肺容量、动态肺容量和肺泡通气量，检查结果患者的肺总量和肺活量往往减少，而残气量多正常，除非到晚期。肺活量的减少与侧弯的严重程度相关。

（四）日常生活活动能力评定

常用 Barthel 指数进行评估，详见相关章节内容。

第三节 康 复 治 疗

一、康复治疗原则

脊柱侧凸的治疗应根据侧凸类型、畸形发展时年龄、发展速度、侧凸角度、生长发育程度、外观畸形、躯干平衡、合并症及未来发展趋势等因素,选择合适的治疗方法。通常有以下几种选择方法:

1. 对于 Cobb 角小于 10° 的脊柱侧凸,可密切随访,同时进行姿势训练、矫正体操训练等运动疗法。

2. 对于 Cobb 角在 10°~20° 的脊柱侧凸,除上述方法外,加用电刺激疗法。

3. 对于 Cobb 角在 25°~45° 的脊柱侧凸,穿戴矫形器是主要的治疗方法,同时行矫正体操或电刺激。

4. 对于 Cobb 角大于 45° 的脊柱侧凸,或曲度稍小但穿戴矫形器矫正治疗后每年加重大于 6° 的脊柱侧凸患者,应手术治疗,术后再穿戴矫形器。

二、康复治疗方法

(一)脊柱侧凸非手术治疗时的康复措施

1. 运动疗法 运动疗法是脊柱侧凸重要的康复治疗方法。其目的是增强躯干肌力量和脊椎的稳定性,减少肌肉筋膜对脊柱三个平面活动的限制,改善呼吸肌控制能力,增加肺容量,加强协调性、脊柱的本体感受和运动控制,在功能位上建立新的正确的姿势模式,从而改善脊柱畸形,减少侧凸进展,延迟手术治疗的时间。

视频:骨盆倾斜训练

(1)姿势训练:目的是减少腰椎和颈椎前凸程度,从而牵伸脊柱。姿势训练包括骨盆倾斜训练和姿势对称性训练。①骨盆倾斜训练:通过腹肌收缩使骨盆前壁部上提,同时臀部肌和大腿后肌群收缩使后壁部下降,从而减少腰椎前凸,牵伸脊柱。方法一(卧位):患者仰卧位,髋膝屈曲,下腰部贴紧治疗床面,并维持在此位置;然后平稳而有节奏地从床面提起臀部,同时注意下腰部不离开床面。当患者掌握了上述方法后,继续伸直双下肢,直至双髋和双膝完全伸直。方法二(立位):患者站立,腰部紧贴墙壁,足跟距离墙面 10~20cm,双膝屈曲,此时颈部紧贴墙面可减少颈椎前凸,骨盆前倾可减少腰椎前凸。在此基础上,可双足靠近墙面,练习双膝伸直。②姿势对称性训练:患者通过意识控制,保持坐立位躯干姿势挺拔和对称。在此基础上,可进行上肢外展、高举前屈、腰背部前屈、后伸、双足交互抬起,进一步在俯卧位锻炼腰背肌、在仰卧位锻炼腹肌及下肢肌。

视频:姿势对称性训练

视频:矫正体操

(2)矫正体操:通过训练凸侧的骶棘肌、腹肌、腰大肌、腰方肌等,牵伸凹侧挛缩的肌肉、韧带等软组织,使两侧肌力达到新的平衡。通常在卧位或匍匐位进行矫正训练,以消除脊柱的纵向重力负荷,放松脊柱各关节,增加脊柱活动度。如膝胸位、肘胸位和腕胸位相对应的集中点分别为 T_3、T_6、T_8 附近,在上述体位下,可利用肩带或骨盆的运动进行矫正。如抬举左上肢可使胸椎左凸,矫正胸椎右侧凸;提起左下肢可使骨盆右倾引起腰椎右凸,矫正腰椎左侧凸;同时进行上述动作,可矫正胸右腰左的双侧凸。

进行矫正体操练习时,要求动作平稳缓慢,充分用力,准确到位,每一动作至少保持 5s,重复 10~30 次或更多,直至肌肉疲劳,甚至可用沙袋等增加负荷,增强效果。

矫正体操应与矫正支具结合应用,以提高疗效。在配戴矫形器或进行其他治疗期间都不能中断做操(如在配戴矫形器期间,每天有 1h 可卸下,此时即可重点进行矫正体操训练)。

(3)成套体操:通过体操训练,增加背部、腰部、腹部及臀部肌肉的力量,调整脊柱两侧肌肉力量的平衡,增强脊柱支撑能力,对 Cobb 角 25° 以内患者有益无害。Cobb 角 30° 以内的轻度侧凸,矫正体操可以作为主要的矫正手段单独使用;若脊柱侧凸度数增大,可以配合支具同时进行矫正。可进行下述体操训练。

1)前后爬行或匍匐环行(图 20-1):患者肘膝卧位或膝胸卧位,前后爬行或匍匐环行。当胸腰段右侧凸时,爬行时左臂尽量向前向右伸,而右膝右髋尽量屈曲向前迈进,而右臂左腿随后跟上,但不能超越左臂和右腿。胸腰段左侧凸,运动方向相反。

图 20-1　前后爬行（A）与匍匐环行（B）

2）左、右偏坐（图 20-2）：患者跪位，双手上举，先臀部向右侧偏坐，然后再向左侧偏坐，反复交替练习。若为胸腰段左侧凸，重点练习右侧偏坐（增加练习时间和次数）；若侧凸相反，则以左侧偏坐为主。

图 20-2　左右偏坐

3）头顶触壁（图 20-3）：患者俯卧，面朝地，双肩外展，双肘屈曲，双手向前，使头尽力前伸，用头顶触墙壁，然后头缩回，再以头顶触壁，反复练习，以利于上胸段畸形的矫正。

4）双臂平伸或单侧"燕飞"（图 20-4）：患者俯卧，双手枕于额前，双手臂慢慢抬离地面，向前伸直，然后双手再回额前，如此反复练习。或平伸上举一侧肢体，如尽力举左侧上肢，该侧肩胛带向右倾斜，引起胸椎左凸，用以矫正胸椎右凸。若同时上举凸侧上、下肢，形成单侧"燕飞"，有利于增强凸侧的背肌、臀肌力量。

图 20-3　头顶触壁

5）仰卧起坐（图 20-5）：患者仰卧，双臂上伸平放垫上，然后仰卧起坐，躯干屈曲，双臂前伸，双手触及趾尖，然后再慢慢双臂上举回至仰卧位。

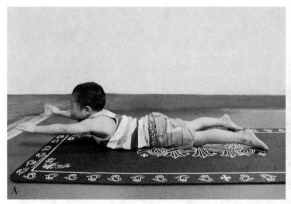 

图 20-4 双臂平伸(A)与单侧"燕飞"(B)

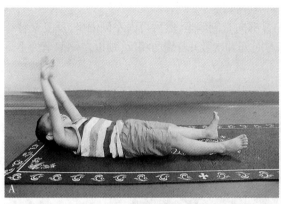 

图 20-5 仰卧起坐

6) 下肢后伸(图 20-6):患者俯卧,双肩外展,双肘半屈曲,双手掌平放垫上,双下肢后伸,从垫上抬起,左、右腿上、下交叉呈剪式运动。也可同时进行上肢运动。

7) 双腿上举或单腿上举(图 20-7):患者仰卧,双手枕于头下,双下肢半屈曲,双足平放垫上,然后双下肢上举,两腿前后交替作剪式运动。也可做单腿上举运动。

8) 深吸慢呼:患者仰卧,双上肢平放身体两侧,手掌向上,双下肢半屈曲,双足掌平放垫上,用鼻孔深吸气,使胸廓扩展,然后将气慢慢由口吐出。

9) 挺立站立:患者双足平行靠墙站立,使双肩及髋部紧贴墙壁,使头颈及脊柱尽力向上挺立。

(4) 其他姿势与力量训练

1) 转体动作:双脚分开站立,扭转躯干,做向脊柱侧凸的同方向的体转运动。完成一次体转后,两臂放置体侧,再反复上述动作(不要做另一方向的体转动作),在动作过程当中强调双腿伸直,不要移动双脚,以免降低效果。

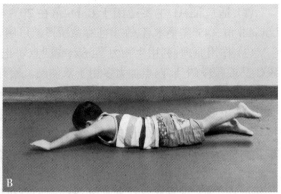

图 20-6　下肢后伸

图 20-7　双腿上举或单腿上举

2）手扶肋木体侧屈：身体侧面面对肋木站立，用胸椎侧凸面方向的手扶持肋木下档，另一侧的手攀握在头顶上的肋木侧，然后向反肋木方向不停作体侧屈运动，必须抬头、挺胸、收腹，上体不能前倾。

3）悬垂体侧摆：正面双手握单杠或肋木，双脚并拢站立，向左右侧摆，以使"S"形的脊柱逐渐伸直。

4）单杠单臂悬垂运动：凹侧臂手握单杠悬垂 20~30s。

5）单臂牵拉橡皮筋：身体直立，两足与肩同宽，手握橡皮筋一端（另一端挂在固定物上），凹侧臂侧平举，使劲向身体另一侧拉引。

6）单臂上举哑铃运动：身体直立，两足与肩同宽，凹侧手持哑铃（10~15kg），向上举起时伸直臂，放下时屈肘，哑铃位于肩侧为 1 次，自然呼吸，反复 10~15 次。

7）普拉提训练及一些瑜伽动作：用于加强弱侧肌肉的肌肉强度，增加紧缩结构的伸展度，促进腹肌肌力，以及弱侧胸、腰以及髋部伸肌群的发展。

（5）改善呼吸运动：胸椎侧凸达 50° 以上且合并椎体旋转时，常会产生呼吸困难。呼吸练习应贯穿在所有运动练习中。可按下列步骤指导患者进行呼吸训练：①患者仰卧，屈髋屈膝；②指导患者有意识地限制胸廓活动；③患者吸气时腹部应隆起，可用视觉或用手去检查，在腹部加沙袋可加强这种腹部隆起；④患者呼气时腹部尽量回缩；⑤逐渐把胸腹式呼吸相结合，缓慢地腹式吸气后（腹部隆起），胸廓完全扩张。随着呼气过程，腹部回缩，胸廓回复；⑥进行慢吸气和慢呼气锻炼，呼气时间为吸气时间的两倍；⑦胸腹式呼吸锻炼先在仰卧位进行，然后在坐位下进行，最后在立位下进行。

2. 矫形器矫正治疗　是非手术治疗脊柱侧凸最有效的方法。通过矫形器对侧凸畸形提供被动或主动的矫形力，从而纠正或控制脊柱侧凸，改善平衡及外观，使脊柱保持稳定。根据侧凸程度不同，可以应用牵引力为主的矫形器，有些需要应用以压力为主或两者合并使用，其合力的效果更好，从而可选择应用不同类型的矫形器。

（1）适应证：①主要适用于 Cobb 角在 20°~45°，且骨骼未发育成熟的特发性脊柱侧凸患者；②Cobb 角 > 45°需手术者，在术前穿戴矫形器可用于防止畸形进一步发展，为手术创造条件。

（2）作用原理：利用生物力学三点或四点矫正规律来矫正侧凸(图 20-8)，三点加力用于单纯胸腰段侧凸或腰段侧凸，四点加力多用于双侧凸。治疗胸段侧凸时，压垫压在侧凸凸侧，主要在侧凸顶椎相连的肋骨上，对抗力则产生在侧凸的腋下吊带和骨盆外侧，从而将凸侧椎体推向正常的位置。

（3）矫形器的选择：穿戴合适的矫形器是矫形器治疗取得良好效果的关键因素。脊柱侧凸矫形器按其包覆的范围分为颈胸腰骶矫形器(CTLSO)、胸腰骶矫形器(TLSO)和腰骶矫形器(LSO)。目前主要按其制作方法和包容部位分类，如密尔沃基、波士顿和色努脊柱侧凸矫形器。

1）密尔沃基(Milwaukee)脊柱侧凸矫形器(图 20-9)：由骨盆托、一根前支条和两根后支条、胸椎和腰椎压力垫、带有枕骨托和喉部托的颈环等机构组成，主要适用于侧凸顶椎在 T_6 以上，Cobb 角在 20°~45°，处于发育期的青少年特发性脊柱侧凸患者。

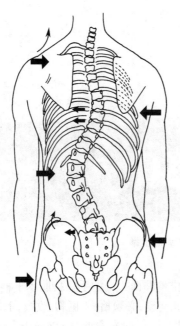

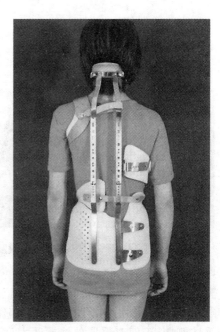

图 20-8 脊柱侧凸矫形器三点力示意图　　　　图 20-9 Milwaukee 支具

2）波士顿(Boston)脊柱侧凸矫形器(图 20-10)：是采用模塑成行的系列化预制产品，上端至腋下，下端包绕骨盆，该类支具可被衣服遮盖，不影响美观，患者容易接受。主要适用于侧凸顶椎在 T_{10} 以下，Cobb 角在 20°~45°，处于发育期的青少年特发性脊柱侧凸患者。

3）色努(Chenuau)脊柱侧凸矫形器(图 20-11)：是目前国内应用较多的矫形器，制作上采用石膏绷带取阴模，石膏阳模修型，由高温软化后的聚乙烯高温热塑板紧贴覆于阳模上，经抽真空后冷却定型，然后打磨修饰，试穿后修整矫形器边缘，用尼龙搭扣固定，完成矫形器制作。这种矫形器的特点是具有系列的针对脊柱侧凸和椎体旋转的三维压力垫和释放空间，通过压力垫和释放空间引导患者的脊柱运动、呼吸运动和脊柱伸展，是一种主动式的抗脊柱侧凸和旋转的矫形器，主要适用于顶椎在 T_6 以下，Cobb 角在 20°~45°，处于发育期的青少年特发性脊柱侧凸患者。

（4）矫形器穿戴注意事项

1）初始穿戴时可循序渐进，从 5~6h 起，逐渐增加穿戴时间，1 周左右穿戴适应并调整到位后，则每天至少穿戴 23h。

2）矫形器需一直戴到骨骼发育成熟后，并严格遵照规定的时间穿戴，以后每 3~6 个月复查 X 线片。取下矫形器后 4h 摄片，如 Cobb 角无改变，可将配戴时间缩短至 20h；4 个月后在去除矫形器 8h 后复查无变化，可减为 16h；持续 3~4 个月后，在去除矫形器 12h 后复查无变化减为 12h。再过 3 月复查，去除矫形器 24h 后 X 线片仍无改变，可以停止使用。观察期内如果侧弯加重则需要恢复 23h

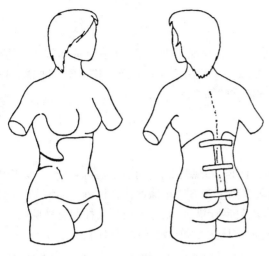

图 20-10　Boston 支具

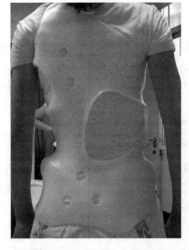

图 20-11　Chenuau 支具

穿戴。

3）穿戴矫形器期间,应做矫形器内矫正体操,巩固矫正效果。取下矫形器后行矫正体操,注意保持皮肤和矫形器的清洁,加强皮肤护理,防止压疮。

4）随着年龄的增长和体型的变化,应及时更换矫形器,以保证矫形的效果。

3. 电刺激疗法　主要适用于儿童和青少年的轻度特发性脊柱侧凸,不能用于脊柱骨发育成熟的患者。其作用原理是电刺激脊柱侧凸凸侧的有关肌肉群,使之收缩,产生对脊柱侧凸的矫正力,通过肋骨传导作用于脊柱侧凸的畸形部分,长时间的收缩锻炼,使凸侧相应肌肉的力量逐渐强于凹侧,从而矫正脊柱侧凸。电刺激治疗成功的关键是选择正确的刺激部位、适当的刺激强度和坚持长期治疗。

（1）刺激部位:根据脊柱正位 X 线片确定电极放置的部位。先在脊柱正位 X 线片上确定侧凸的顶椎,再在侧凸的凸侧找出与此顶椎相连的肋骨;在此肋骨与腋后线及腋中线相交点做好标志,作为放置电极板的中心参考点;在中心参考点上下方向 5~6cm 处的腋中线及腋后线上作标志点,即为放电极板的位置,同一组电极的距离 10~16cm。

（2）刺激模式、强度及时间:采用矩形波单向系列脉冲,刺激强度和时间逐日增加,一般从30~40mA 开始,根据患者耐受程度进行适当调整。第一天治疗时可每天 3 次,每次 30min;第二天 2 次,1h/ 次;第三天 1 次,1h/ 次;以后每天延长 1h,直至每次连续治疗 8h,到骨发育成熟后停止。

电刺激治疗可与矫形器联合应用,即白天戴矫形器,夜晚行电刺激治疗。在治疗过程中应定期复查,在第一个月治疗结束后应详细检查,以确定治疗是否有效。以后每 3 个月复查 1 次。

4. 牵引治疗　单纯牵引不能矫正脊柱侧凸,但预先逐步牵伸挛缩组织可使侧凸在手术中得到最大矫正,并可预防脊髓神经损伤,因此常作为手术前的准备。牵引的方法包括颈牵引、卧位反悬吊牵引及 Cortel 牵引等多种方法。临床上脊柱侧凸反向悬吊牵引应用较多,其装置由牵引带、滑车、绳索及重锤组成。患者侧卧于牵引带中,侧弯的凸侧向下,牵引重量 10~40kg。牵引时将凸侧顶点牵离床面5~10cm。若作为术前准备,一般牵引时间为 2 周左右,使凹侧组织松解,使脊柱得到有效的伸展,有利于手术达到良好效果。

（二）脊柱侧凸的术后康复治疗

脊柱侧凸的术后康复治疗与一般骨科术后治疗无本质区别,术后须预防肺部感染、泌尿系统感染、下肢深静脉血栓等并发症。可进行肺功能训练、四肢等长收缩及等张收缩练习、抗阻训练、踝泵运动等,具体可参考四肢骨折术后康复训练。此外,为了预防内固定物移位或断裂,患者应保持正确的坐姿,不做上身前屈动作,且上肢禁止提拉重物;术后半年内,要减轻身体负重,尽量减少脊柱活动,并预防外伤;除洗澡和睡觉外,其余时间均要穿戴矫形器,穿戴时间 3 个月以上,根据复查结果决定去除时间。

三、预防

脊柱侧凸是危害青少年和儿童的常见病,如不及时发现、及时治疗,可发展成非常严重的畸形,并可影响心肺功能,严重者甚至导致瘫痪。学龄儿童应注意保持良好的坐姿和站姿,加强肌肉锻炼,可在学校内推广脊柱侧凸防治知识,定期进行脊柱侧凸的筛查。

本章小结

　　脊柱侧凸是危害青少年和儿童的常见病,可引起外观畸形,并可影响心肺功能,严重者甚至导致瘫痪。因此通过身体形态检查、脊柱侧凸角度测量等方法正确评估脊柱侧凸的情况,并采取姿势训练、体操训练、体操矫正或穿戴矫形器等康复治疗措施,以达到纠正或控制脊柱侧凸,改善呼吸肌控制能力,增加肺容量,加强协调性、脊柱的本体感受和运动控制等目的。

（陶　萍）

思考题

1. 如何对脊柱侧凸患者进行身体形态的检查?
2. 如何根据 Cobb 角的角度指导患者进行康复治疗?
3. 如何指导脊柱侧凸患者进行矫正体操训练?
4. 如何确定脊柱侧凸电刺激的部位并进行电极板的放置?

扫一扫,测一测

思路解析

第二十一章　骨质疏松症康复

学习目标

1. 掌握　骨质疏松症的临床表现、康复评定内容及方法;骨质疏松症的运动疗法、作业疗法及物理因子疗法。

2. 熟悉　骨质疏松症的定义、诊断标准、X线表现和预防。

3. 了解　骨质疏松症危险因素、分类及药物治疗。

4. 具有基本临床康复思维,能够对骨质疏松症患者进行正确的康复评定,并根据结果制订治疗计划,进行正确操作。

5. 能与患者及家属进行良好沟通,开展康复教育;能与相关医务人员进行专业交流与团结协作开展康复治疗工作。

病例导学

患者,女性,72岁,退休教师,因"腰痛伴活动受限 1d"入院。1d前患者无明显诱因出现腰部疼痛,呈持续性疼痛,疼痛性质不明,活动时疼痛加重,休息后逐渐缓解。翻身、起床困难,腰部活动受限,不伴双下肢放射痛、麻木感,无双下肢乏力。查体:脊柱胸椎段后凸畸形,腰椎段棘突叩、压痛,腰椎段椎旁软组织压痛,未扪及条索状物,腰部活动度因疼痛不能配合检查。双下肢直腿抬高试验阴性,加强试验阴性。

问题与思考:

1. 为明确诊断该患者应做什么检查?

2. 需要从哪些方面对患者进行评定?

第一节　概　　述

组图:骨质疏松症

一、基本概念

骨质疏松症(osteoporosis,OP)是一种以骨量减少、骨组织微结构破坏,导致骨强度降低、骨脆性增加、易发生骨折为特征的全身性骨病。该病可发生于不同性别和任何年龄,但多见于绝经后妇女和老年男性。随着人口逐渐老龄化,骨质疏松症已成为越来越严重的公共健康问题。

笔记

二、危险因素

骨质疏松症的危险因素分为不可控因素与可控因素。

1. 不可控因素 主要有种族(患骨质疏松症的风险白种人高于黄种人,而黄种人高于黑种人)、老龄化、女性绝经、脆性骨折家族史。

2. 可控因素 包括体力活动少、吸烟、过量饮酒、过多饮用含咖啡因的饮料、营养失衡、蛋白质摄入过多或不足、钙和 / 或维生素 D 缺乏、高钠饮食、体质量过低,有影响骨代谢的疾病或服用影响骨代谢药物等。

三、分类

骨质疏松症分为原发性和继发性两大类。

1. 原发性骨质疏松症 指身体及骨骼本身生理功能退化而引起的骨质疏松,包括绝经后骨质疏松症(Ⅰ型)、老年性骨质疏松症(Ⅱ型)和特发性骨质疏松症三类。绝经后骨质疏松症一般发生在女性绝经后 5~10 年内;老年骨质疏松症一般指 70 岁以后发生的骨质疏松。特发性骨质疏松症包括青少年和成年特发性骨质疏松症,可能与基因缺陷和遗传因素有关。

2. 继发性骨质疏松症 是指继发于其他疾病或药物,常继发于营养缺乏性疾病、吸收障碍性疾病、内分泌疾病或免疫抑制剂、糖皮质激素等长期应用。

四、临床表现

疼痛、脆性骨折和脊柱变形是骨质疏松症最典型的临床表现。但许多骨质疏松症患者早期常无明显的症状,往往在骨折发生后经 X 线摄片或骨密度检查,才发现已有骨质疏松改变。

1. 疼痛 最常见部位是腰背部疼痛,其他还包括四肢关节痛、足跟部疼痛以及一些肢体的放射痛、麻木感、刺痛感等。腰背疼痛最初发生在从静息状态转为运动状态时,以后逐渐发展为持续性,夜间或负重活动时疼痛加重,并可能伴有肌肉痉挛,甚至活动受限。

2. 骨折 骨质疏松性骨折属于脆性骨折,通常指受到轻微创伤或日常活动中即发生的骨折。常见部位包括胸腰椎、髋部、股骨近端、桡骨远端,少数骨折发生在肱骨近端,其中脊椎压缩性骨折发生率最高。

3. 身长缩短 骨质疏松时,椎体内部骨小梁萎缩,数量减少,疏松而脆弱的椎体受压致椎体缩短,每椎体缩短 2mm 左右,身长平均缩短 3~6cm。

4. 驼背 椎体前部几乎多为松质骨组成,而且此部位负重量大,当骨质疏松时容易压缩变形,使脊椎前倾,背凸加剧,形成驼背。随着年龄增长,骨质疏松程度加重,驼背曲度加大,致使膝关节屈曲显著。

5. 呼吸功能下降 多发性胸椎压缩性骨折可导致胸廓畸形,甚至影响心肺功能,使肺活量和最大换气量显著减少,患者可出现胸闷、气短、呼吸困难等症状。严重的腰椎压缩性骨折可能会导致腹部脏器功能异常,引起便秘、腹痛、腹胀、食欲减低等不适。

五、辅助检查

(一) X 线检查

X 线检查可观察骨组织的形态结构,也是对骨质疏松症所致各种骨折进行定性和定位诊断的一种较好方法,常用摄片部位包括椎体、髋部、腕部、掌骨、跟骨和管状骨等。X 线片可见骨结构模糊、骨小梁减少或消失、骨小梁间隙增宽、骨皮质变薄,椎体发生骨折呈双凹变形或楔形变形等。一般认为,X 线片检查提示典型骨质疏松时,其骨矿含量的丢失已达 30% 以上。

(二) 生化检查

1. 一般生化标志物 如血钙、血磷、血清磷酸酶、尿钙、尿磷、25- 羟维生素 D 的测定。通常血清钙、磷和碱性磷酸酶值在正常范围,部分人 25- 羟维生素 D 不足或缺乏,当有骨折时血清碱性磷酸酶值有轻度升高。

2102

组图:骨质疏松性骨折 X 线片

笔记

2. 骨形成标志物　骨形成标志物是成骨细胞在其不同发育阶段直接或间接的表达产物,反映成骨细胞功能和骨形成状况,如血清碱性磷酸酶、血清骨钙素、Ⅰ型前胶原羧基端前肽等。一般认为,骨形成指标的增高与绝经后妇女明显增加的骨流失率相关。

3. 骨吸收标志物　多数骨吸收标志物都是骨胶原的代谢产物,如血清、尿Ⅰ型胶原C端肽、尿羟脯氨酸、尿游离脱氧吡啶酚、尿胶原吡啶交联或Ⅰ型胶原交联N末端肽,但也有非胶原蛋白标志物如血浆抗酒石酸盐酸性磷酸酶等。血清、尿Ⅰ型胶原C端肽及尿游离脱氧吡啶酚水平的升高与髋骨、椎骨骨折的高风险性相关。

第二节　康复评定

一、一般项目评定

1. 疼痛评定　根据病情选用相应的评估方法,如简式McGill疼痛问卷(MPQ)、威斯康星疼痛简明问卷(WPI)或视觉模拟评分(VAS)法等。

2. 肌力评定　可采用徒手肌力检查法。对骨质疏松症患者进行此项检查时,阻力的施加要柔和,不要过猛,以免造成损伤。

3. 关节活动度评定　可采用关节量角器测量关节活动范围,包括主动活动度和被动活动度。主要对腰、膝关节进行评定。

4. 平衡功能评定　平衡功能下降是骨质疏松症患者易跌倒并由此而发生骨折的重要原因之一,通过平衡功能评定可预测被试者跌倒的风险及其程度,可用Berg平衡量表进行评定。

图片:Berg平衡量表

5. 日常生活活动能力评定　骨质疏松症给患者的日常生活带来了严重的影响,所以评定患者日常生活活动能力具有十分重要意义。常采用Barthel指数法进行评定。

二、骨密度测定

骨密度下降是诊断骨质疏松症的重要指标,也是导致骨折发生的重要危险因素之一。骨密度测定包括单光子吸收测定法、单能X线吸收测定法、双能X线吸收测定法、定量CT法和定量超声测定法等多种方法,其中双能X线吸收法测定,是骨质疏松诊断的金标准。可测量任意部位,测定部位的骨密度可预测该部位的骨折风险,常用的推荐测量部位是1~4腰椎、股骨颈和全髋。世界卫生组织推荐的诊断标准为:骨密度值低于同性别、同种族健康成人的骨峰值不足1个标准差属正常;降低1~2.5个标准差之间为骨量低下(骨量减少);降低程度等于和大于2.5个标准差为骨质疏松;骨密度降低程度符合骨质疏松诊断标准同时伴有一处或多处骨折时为严重骨质疏松。现在通常用T-Score(T值)表示,即T值≥-1.0为正常,-2.5<T值<-1.0为骨量减少,T值≤-2.5为骨质疏松。

组图:双能X线测定法

图片:骨质疏松症诊断标准

知识拓展

骨质疏松性骨折的风险预测

世界卫生组织(WHO)推荐的骨折风险预测工具(fracture risk assessment tool,FRAX)是根据患者的临床危险因素及股骨颈骨密度建立模型,用于评估患者未来10年髋部骨折及主要骨质疏松性骨折(椎体、前臂、髋部或肩部)的概率。需要FRAX评估风险者:具有一个或多个骨质疏松性骨折临床危险因素,未发生骨折且骨量减少者(骨密度为T值-1.0~-2.5),可通过FRAX计算患者未来10年发生主要骨质疏松性骨折及髋部骨折的概率。对于FRAX评估阈值为骨折高风险者,建议进行骨密度测量,并考虑给予治疗。

第三节　康复治疗

一、康复治疗目标

骨质疏松症患者的康复治疗目标是缓解或控制疼痛;防治骨折;减缓骨量丢失,提高骨量;防止失用综合征;改善和恢复机体运动功能,提高日常生活活动能力,提高生活质量。

二、康复治疗方法

(一) 运动疗法

运动疗法是防治骨质疏松症的非常重要的方法。1989 年 WHO 明确提出运动疗法是防治骨质疏松症的三大原则之一。运动能促进性激素的分泌、促进钙吸收、增加骨皮质血流量、促进骨形成、促进运动应力负荷在骨内产生微电位、促进骨形成。例如踏步、跳跃可刺激髋骨,抑制破骨细胞的吸收;负重训练有利于增加腰椎骨密度;慢跑、爬楼梯能维持骨量和保持骨的弹性;等长抗阻训练有促进骨矿化作用,且由于训练时不产生关节的运动,不会引起剧烈疼痛,对合并有骨性关节病的骨质疏松症患者较为适合。若能坚持长期有计划、有规律的运动,建立良好的生活习惯,不仅可以改善身体的灵活性、力量、姿势及平衡,还可维持和提高骨密度,降低跌倒和骨折风险。

1. 运动方式　据美国运动医学会推荐的骨质疏松预防和治疗运动方案指南,运动方式包括承重耐力训练、抗阻力量训练、柔韧性和协调性训练。训练前应做适当的预备运动,以增加心肺及躯体运动适应性,防止运动性不适和损伤。预备运动包括全身柔软体操、慢跑、呼吸练习及牵伸肌群练习等,时间约 10min。预备运动完成后,可进行抗阻训练和耐力训练。一般选择骨质疏松好发部位的相关肌群进行运动训练,如体操训练可预防腰椎骨质疏松所造成的骨折,爬楼梯、踩功率车可预防骨质疏松造成的股骨和髋部骨折等,时间 20~40min。老年患者可采取慢跑或步行为主的耐力运动,每日慢跑 2km 或步行 3km 左右。运动训练结束时,做 5~10min 的肌肉放松运动,以缓解运动中肌肉紧张度,调节神经体液,防止机体在运动结束后的不适反应。此外,我国传统健身方法太极拳等可增加髋部及腰椎骨密度,增强肌肉量,改善韧带及肌肉、肌腱的柔韧性,提高本体感觉,加强平衡能力,降低跌倒风险。

2. 运动强度及频率　视年龄和体力而定,一般应从低强度开始,在耐受强度范围内,每周 3~5 次,以次日不感疲劳为度。

3. 运动疗法的禁忌证　严重的心功能不全及严重心律失常、近期的心肌梗死、主动脉瘤、严重的肝肾功能不全和严重的骨关节病。

4. 运动疗法的注意事项　骨质疏松性骨折患者急性期均应在复位、固定的前提下进行运动治疗。运动中应避免暴发性练习动作,运动强度应从小逐渐加大,以防发生运动损伤。以等长运动为主,少做等张运动,对脊柱骨折禁用等张屈曲运动。

(二) 作业疗法

有目的、有针对性地从日常生活、工作学习、社会交往等活动中选择一些作业,以完成任务的方式来对患者进行训练,既可以对骨质疏松症患者的躯体功能进行训练,还能提高其日常生活活动能力,从而改善其躯体、心理功能,达到全面康复的目的。

(三) 物理因子疗法

脉冲电磁场、全身振动等物理因子治疗可增加骨量;超短波、微波、经皮神经电刺激、中频脉冲、针灸等治疗可减轻疼痛;对骨质疏松骨折或者骨折延迟愈合可选择低强度脉冲超声波、体外冲击波等治疗以促进骨折愈合。神经肌肉电刺激治疗可增强肌力、促进神经修复、改善肢体功能。联合治疗方式与治疗剂量需依据患者病情与自身耐受程度选择。

(四) 药物治疗

骨的重构包括三个阶段,即骨的重吸收、骨的形成和骨基质的矿化,药物治疗以促进骨形成与骨

图片:低频脉冲电磁场治疗仪

矿化、抑制骨吸收为基本原则。

1. 抑制骨吸收药物　主要有雌激素(如己烯雌酚或 17β- 雌二醇)、选择性雌激素受体调节剂(如雷诺昔芬)、降钙素、二膦酸盐(如阿仑膦酸钠)、黄体酮衍生物(如依普黄酮)等。

2. 促进骨形成药物　此类药物主要有甲状腺素、氟化物、他汀类药物、细胞控制因子等,此类药物能刺激成骨细胞活性,使新生骨组织矿化成骨,减低骨脆性,增加骨密度及骨量。

3. 促进骨矿化药物　此类药物主要有钙制剂和维生素 D,是防治骨质疏松症的基础药物。

(五) 矫形器及辅助器具的使用

骨质疏松患者常出现疼痛、骨折,并伴有不同程度的步态异常和平衡障碍。因此使用一些日常生活活动辅助用具,如穿鞋器、长柄取物器、步行架等,可减轻活动的负担和难度。为确保治疗顺利进行,可在治疗中为患者制作合适的支具、保护器和矫形器,以缓解疼痛、减重助行、矫正畸形、预防骨折发生。如给胸椎骨折患者配置胸腰矫形器或胸围之类的保护器,限制脊柱的过度屈伸,缓解症状并预防椎体再次骨折等。

图片:脊柱外固定矫形器

(六) 饮食疗法

建议摄入富含钙、低盐和适量蛋白质的均衡膳食,以补充体内与骨代谢有关物质的不足。推荐每日蛋白质摄入量为 0.8~1.0g/kg,并每天摄入牛奶 300ml 或相当量的奶制品,含钙高的食物如牛奶、果、豆制品、黑芝麻和鱼虾类等。

图片:中国营养学会膳食钙参考摄入量

(七) 其他

1. 心理治疗　向患者介绍有关疾病的知识,帮助患者认识自己所患疾病的病因、治疗、预防及预后,给患者以解释、暗示、鼓励等心理支持,增强其战胜疾病的信心,消除悲观、焦虑情绪。鼓励患者参加社交活动,适当娱乐、听音乐,使情绪放松以减轻疼痛,这样不仅有利于缓解患者的心理压力,减轻症状,提高疗效,促进康复,还有利于改善患者的生命质量。

2. 外科治疗　骨质疏松性骨折复位、固定很关键,可以增强骨结构的稳定性,防止骨折再次发生。

3. 病因治疗　继发性骨质疏松症的病因治疗是最基础的治疗方法。

三、预防

本病的预防比治疗更重要,预防包括三个层次,即无病防病(一级预防)、有病早治(二级预防)和康复医疗(三级预防)。

1. 一级预防　从儿童、青少年期起,建立科学的生活方式,合理营养、足量运动、避免不良生活习惯的养成,以尽可能提高峰值骨量。围绝经期妇女应避免加速骨丢失的高危因素,及时、有效的雌激素替代治疗可以避免或延缓骨质疏松症的发生。

组图:亚洲人骨质疏松自我筛查工具

2. 二级预防　着重于对高危人群的骨密度检测,以早期发现骨质疏松症患者,并进行有针对性、有效的治疗,防止骨量继续快速丢失和骨折发生。

3. 三级预防　对已发病或已发生骨折的患者进行必要的康复治疗,尽可能地改善生活质量,并避免再发生骨折。

本章小结

骨质疏松症是中老年人多发的全身性骨病,其预防比治疗更重要,典型的临床表现是疼痛、脆性骨折和脊柱变形,双能 X 线吸收法测定是骨质疏松诊断的金标准。运动疗法是本病重要的康复治疗方法,该病引起的疼痛可选择性地运用各种物理因子疗法,同时有目的、针对性地从生活、工作、社交等活动中选择一些作业,以完成任务的方式来对患者进行训练,可改善其日常生活和心理功能。

(周蜜娟)

笔记

思考题

1. 简述骨质疏松症的临床表现。
2. 如何合理应用运动疗法对骨质疏松症患者进行康复治疗?

扫一扫,测一测

思路解析

第四篇　心肺和代谢疾病康复

第二十二章　高血压病康复

学习目标

1. 掌握　高血压病患者的康复评定方法和康复治疗方法。
2. 熟悉　高血压病患者的康复治疗目标。
3. 了解　高血压病康复治疗的机制。
4. 具有基本临床康复思维与素养,能正确测量血压,熟悉高血压病临床分类及分级;具有指导高血压病患者康复训练及评估康复疗效的能力,能对患者在治疗或训练过程中出现的简单问题进行处理。
5. 能与患者及家属进行良好沟通,开展健康教育;能与相关医务人员进行专业交流与团结协作开展康复治疗工作。

病例导学

　　患者,女性,58岁,5年前体检时发现血压升高,高于140/90mmHg,之后多次体检测血压均高于正常,血压波动于(150~170)/(95~105)mmHg,诊断为高血压2级,一直未予重视,药物治疗时断时续,血压控制差,波动大,时感头晕不适。近日无明显诱因出现头晕,在家多次自测血压均高于140/90mmHg,起病以来无肢体麻木及活动障碍,无腹痛、腹泻,无周期性瘫痪,无烦渴、多尿,无黑蒙、晕厥,精神、饮食、睡眠均可,大、小便正常,体重无明显变化。否认吸烟、饮酒史。入院查体:T 37℃,P 87次/min,R 20次/min,BP 160/102mmHg,一般状态尚可,步入病房,神志清楚,检查配合。心肺听诊未见异常,腹软,无压痛、反跳痛、肌紧张,肝脾未触及,双下肢无水肿。

　　问题与思考:

1. 该患者目前处于高血压几级?
2. 根据目前患者病情,请为其制订康复治疗目标。
3. 请为该患者的制订康复治疗方案。

第一节　概　述

一、基本概念

　　人群中血压呈连续正态分布,正常血压和高血压的划分无明确界限,但血压波动与心血管和肾脏

笔记

255

不良事件连续相关,因此高血压的诊断标准根据临床及流行病学资料界定,《中国高血压指南(2017版)》将高血压定义为未使用降压药物情况下,诊室收缩压≥140mmHg 和／或舒张压≥90mmHg。

高血压病可分为原发性高血压(primary hypertension)和继发性高血压。其中原发性高血压约占高血压病患者的95%,是指以原发性血压升高为主要临床表现伴或不伴有多种心血管危险因素的综合征,是多种心、脑血管疾病的重要病因和危险因素,是心血管疾病死亡的主要原因之一。继发性高血压是指某些确定的疾病或病因引起的高血压,约占所有高血压的5%。继发性高血压一般针对其原发病因治疗,不作为康复治疗的对象,本节重点介绍原发性高血压的康复治疗。

二、流行病学

原发性高血压是全球分布的疾病,全球大约有 10 亿高血压病患者,我国近年来高血压病的发病率逐年上升。2002 年卫生部的调查资料表明我国 18 岁以上成年人高血压患病率已达到 18.80%;《2014年中国心血管病报告数据》显示,我国有高血压病患者 2.7 亿;《中国高血压指南(2017 版)》表明,我国有 2.9 亿~3 亿高血压病患者,1/3 成人患有高血压病。高血压病是心脑血管疾病发病的第一危险因素,我国 71% 的脑卒中和 54% 的心肌梗死(心梗)死亡与高血压病有关。

我国高血压患病率和流行存在地区、城乡和民族差异,随年龄增长而升高。北方高于南方,沿海地区高于内地,城市高于农村,高原少数民族地区患病率较高。在性别方面,青年期男性高于女性,中年后女性稍高于男性。

三、病理生理

心脏和血管是高血压病理生理作用的主要靶器官,早期可无明显病理改变。长期高血压引起的心室肥厚和扩大、动脉粥样硬化形成和发展、全身小动脉血管壁/腔比值增加和管腔内径缩小,导致心、脑、肾等器官、组织缺血。具体表现为:①长期压力负荷增高,多种生长因子刺激使心肌细胞肥大、间质纤维化,引起左室肥厚、扩张,左冠状动脉血流储备下降,耗氧量增加时,出现心内膜下心肌缺血;②脑动脉形成微动脉瘤破裂出血所致脑出血;③长期肾小球内囊压升高使肾小球纤维化、萎缩,肾动脉硬化,导致肾衰竭;④视网膜小动脉长期痉挛,继而硬化,血压急骤升高时引起视网膜渗出和出血。

四、临床特征

高血压起病缓慢,缺乏特殊临床表现,导致诊断延迟,仅在测量血压时发生心、脑、肾等并发症时才被发现。常见症状有头晕、头痛、颈项板紧、疲劳、心悸等,部分患者还可出现受累器官症状,如胸闷、气短、心绞痛、多尿等。另外,有些症状可能是降压药的不良反应。

第二节　康　复　评　定

一、病史及体格检查

(一)病史

1. 遗传因素　高血压病具有明显的家族聚集性,约 60% 高血压病患者有高血压病家族史。

2. 环境因素　环境因素在高血压发病有关因素中占 60%,包括:①饮食,钠盐摄入量与高血压发生和血压水平呈正相关,钾盐摄入量与血压呈负相关,高蛋白、饱和脂肪酸饮食、饮酒、叶酸缺乏都属于升压因素。②精神应激,城市脑力工作者、从事精神紧张度高的职业者、长期生活在噪声环境中高血压患病率高。③吸烟,吸烟可使交感神经末梢释放去甲肾上腺素使血压增高。

3. 其他因素　肥胖(尤其是腹型肥胖),口服避孕药、麻黄碱、非甾体抗炎药等药物和睡眠呼吸暂停通气综合征患者易患高血压。

(二)体格检查

高血压病患者体征较少,颈部、背部两侧肋脊角、上腹部脐两侧、腰部肋脊处血管杂音较常见,心脏听诊可有主动脉瓣第二心音亢进、收缩期杂音或收缩早期喀喇音。长期高血压病患者可出现脑血管病、心力衰竭、冠心病、慢性肾衰竭的表现。

二、血压评定

高血压病的诊断标准及分期

1. 高血压病的诊断标准　《中国高血压指南(2017 版)》将高血压定义为：

(1) 诊室血压：在未用抗高血压药的情况下，非同日 3 次测量，收缩压≥140mmHg 和 / 或舒张压≥90mmHg，可诊断为高血压病，既往患有高血压病史，现在服抗高血压药，虽血压 <140/90mmHg，仍诊断为高血压病。

(2) 家庭血压：≥135/85mmHg。

(3) 动态血压：白天均值≥135/85mmHg，或 24h 平均值≥130/80mmHg 诊断为高血压病。

2. 高血压病分类　按照血压升高的水平进一步对高血压病进行分级。血压水平的定义与分类见表 22-1。

表 22-1　血压水平的定义与分类(WHO/ISH)

高血压病类别	收缩压(mmHg)		舒张压(mmHg)
正常血压	<120	和	<80
正常高值	120~139	和 / 或	80~89
高血压病	≥140	和 / 或	≥90
1 级高血压(轻度)	140~159	和 / 或	90~99
2 级高血压(中度)	160~179	和 / 或	100~109
3 级高血压(重度)	≥180	和 / 或	≥110
单纯收缩期高血压	≥140	和	<90

注：当收缩压和舒张压分属于不同分级时，以较高的级别作为标准

3. 高血压病分级　参照 2013 年 ESH/ESC 高血压病治疗指南，根据血压分级、心血管危险因素、无症状器官损害(OD)和是否患有糖尿病、有症状的心血管疾病(CVD)或慢性肾病(CKD)等对心血管风险进行分级(表 22-2)。

表 22-2　高血压病分级(mmHg)

其他危险因素，无症状器官损害或疾病	1 级高血压 SBP 140~159 或 DBP 90~99	2 级高血压 SBP 160~179 或 DBP 100~109	3 级高血压 SBP≥180 或 DBP≥110
无	低危	中危	高危
1~2 个其他危险因素	中危	中危	很高危
≥3 个其他危险因素，或靶器官损害	高危	高危	很高危
临床并发症或并糖尿病	很高危	很高危	很高危

注：DBP= 舒张压；SBP= 收缩压

三、相关脏器功能评定

心电图或超声心动图示左心室肥大；颈动脉超声科检查动脉粥样斑块或动脉内膜增厚；肾小球滤过率降低或血肌酐水平升高，尿微量蛋白达 30~300mg/dl，提示肾功能下降。

四、全身耐力评定

耐力是指持续进行活动的能力，与心肺功能、肌利用氧能力和神经调节能力有关，高血压主要影响患者心肺耐力。心肺耐力是循环呼吸系统保证机体长时间肌肉活动时营养和氧的供应以及运走代谢废物的能力，主要影响因素有心率、心排血量、最大摄氧量和代谢当量。随着高血压对心脏功能的

影响,患者心排血量、最大摄氧量均有所下降,全身耐力下降。

 **知识拓展**

国际高血压学会与高血压日

高血压病是常见的心血管病,是全球范围内的重大公共卫生问题。自 20 世纪 70 年代以来,各个国家都极其重视高血压病的防治工作,成立了国际高血压学会(ISH),其主要任务是教育全民要有科学的、合理的生活方式,预防高血压病发生,宣传治疗高血压病的重要性等。1978 年 4 月 7 日,世界卫生组织和国际心脏病学会联合会将每年 5 月的第二个星期六作为世界高血压日,1998 年开始,我国将每年 10 月 8 日定为"全国高血压日",旨在普及高血压知识,提高国民对高血压病危害的认识,动员全社会参与高血压病的预防和控制。

第三节　康复治疗

高血压病目前尚无根治方法,但大量临床试验证明,收缩压下降 10~20mmHg 或舒张压下降 5~6mmHg,3~5 年内脑卒中、心血管病死亡率与冠心病死亡率事件分别减少 38%、20% 与 16%,心力衰竭减少 50% 以上。因此,通过降压治疗最终达到减少高血压病患者心、脑血管疾病的发生率和死亡率是治疗的根本。近年来康复医学的运动疗法、心理调节、健康教育对高血压病的控制效果已经被肯定。

一、适应证与禁忌证

1. 适应证　Ⅰ~Ⅱ级原发性高血压以及部分病情稳定的Ⅲ级原发性高血压患者。对于目前血压属于正常偏高者,也有助于预防高血压的发生,达到一级预防的目的。运动锻炼对于以舒张期血压增高为主的患者作用更为显著。

2. 禁忌证　任何临床情况不稳均应属于禁忌证,包括急进性高血压;重症高血压或高血压危象;病情不稳定的Ⅲ级原发性高血压;合并其他严重并发症,如严重心律失常、心动过速、脑血管痉挛、心力衰竭、不稳定型心绞痛;出现明显降压药的不良反应而未能控制;运动中血压过度增高(>220/110mmHg)。

二、康复治疗机制

(一)调整自主神经系统功能

有氧训练可降低交感神经系统兴奋性,气功及放松训练可提高迷走神经系统张力,缓解小动脉痉挛。运动后血压下降的患者,运动停止 60min 后,其腓总神经中交感神经传导速度仍然明显降低。

(二)降低外周阻力

运动训练时活动肌群内的血管扩张、毛细血管的密度或数量增加、血液循环和代谢改善、总外周阻力降低,从而有利于降低血压,特别是舒张压。药物治疗对于单纯舒张期高血压的作用不佳,而运动则有良好的作用。

(三)降低血容量

运动锻炼可以提高尿钠的排泄,相对降低血容量,从而降低血压。

(四)调整内分泌异常

运动训练可以调整自主神经功能和内分泌的异常,降低胰岛素抵抗,改善机体糖代谢和降低血脂,帮助调整血压。

(五)血管运动中枢适应性改变

运动中的血压增高可作用于大脑皮质和皮质下血管运动中枢,重新设定机体的血压水平,使运动后血压能够平衡在较低水平。

(六)纠正高血压危险因素

运动与放松训练均有助于改善患者的情绪,而许多情感因素也是高血压病的危险因素,如负性情

 笔记

绪、易怒、容易紧张和担心的个性。有氧锻炼既可以降低轻度高血压病患者的血压,还可以帮助患者有效地控制精神压力,这种作用可能是通过减少心血管对应激的反应性来实现的。此外,运动训练和饮食控制相结合,可以有效地降低血液低密度脂蛋白胆固醇的含量,增加高密度脂蛋白胆固醇的含量,减轻动脉粥样硬化。

三、康复治疗目标

将原发性高血压患者血压降到最大耐受程度或理想水平的同时,全面降低心血管疾病的其他危险因素和高血压并发症所引起的致残率和病死率。

目前一般主张血压控制目标值应 <140/90mmHg,糖尿病、慢性肾病、心力衰竭或病情稳定的冠心病患者,血压控制目标值应 <130/80mmHg,对于老年人收缩期高血压患者,收缩压控制于 150mmHg 以下,如果能耐受可降至 140mmHg 以下,但舒张压不宜低于 60mmHg。

四、康复治疗方法

对于诊断明确的高血压病患者,应采取积极的治疗措施降低动脉血压至上述目标水平,以控制并减少与高血压有关的心、脑、肾等重要器官的损害。降压药物治疗效果肯定,但副作用多而且需要终生用药。运动训练不仅可以降低高血压病患者的血压,而且还可以降低患者的死亡率。尤其是我国的气功,不仅有运动训练的作用,还可以舒缓情绪,调整心理平衡,具有更大的优越性。除此之外,纠正危险因素、改变生活方式,都可以有效地防治高血压病。有学者认为高血压病的康复治疗是非药物治疗的主体,而运动则是康复治疗的主体。危险因素纠正、运动治疗、行为治疗以及药物治疗等共同构成了高血压病的综合治疗。康复治疗对高血压病的疗效:对轻、中度高血压有肯定的降压效果,重度高血压可增强降压药的疗效,减少药物用量,改善症状;降低合并症的发生率及高血压病的死亡率。

(一) 纠正危险因素

过量饮酒、吸烟、嗜盐、高血压家族史、性格急躁以及超体重均为高血压病的主要危险因素。应强调:

1. 日常起居生活规律,坚持戒烟,避免长期大量饮酒。2013 版 ESH/ ESC 高血压病治疗指南建议饮酒的高血压病男性饮酒量每日不超过 20~30g 乙醇,女性不超过 10~20g 乙醇,总酒精消耗量男性每周不应超过 140g,女性不应超多 80g。

2. 减少钠盐摄入,建议饮食中氯化钠摄入 5~6g/d。

3. 降低体重,建议非高血压者维持健康的体重(BMI 约为 25kg/m^2)和控制腰围(男性 <102cm,女性 <88cm)来预防高血压,高血压病患者 BMI 处于 22.5~25kg/m^2 时死亡率最低。

4. 减少胆固醇和饱和脂肪酸摄取,每日胆固醇摄取 <300mg,脂肪占总热量的 30% 以下,饱和脂肪酸占总热量的 10% 以下。运动与饮食相结合在血脂和血压改善方面作用最强。

5. 避免使用激素、避孕药等升压药物。

6. 改善行为方式,避免过分情绪激动,逐步学会适当的应激处理技术和心态。

(二) 运动疗法

运动疗法是康复治疗的主体,轻症患者可以运动治疗为主,2 级以上的患者则应在降压药物的基础上进行运动治疗。适当的运动治疗可以减少药物用量,降低药物不良反应,稳定血压。不提倡高强度运动。

1. 运动处方　包括运动方式、运动量(强度、时间、频率)及注意事项。

(1) 运动强度:是运动处方的最主要部分,关系到运动的安全性和有效性。通常用自觉费力程度分级、心率、代谢当量、最大耗氧量等四种表示方式,其中后两种比较常用。

1) 自觉费力程度分级(rate of perceived exertion, RPE):也称主观用力记分(表 22-3)。RPE 是由 Borg 最早提出的根据运动者自我感觉用力程度衡量相对运动水平的半定量指标。最早采用的记分方法为 10 级,以后改良为 15 级分法,主要优点是将 RPE 乘以 10 即为该用力水平时的心率(HR,次 /min)。此表在医学界广泛应用了四十年,运动生理学家和医生们在为患者做运动测验时,都利用这个量表与患者保持沟通,受测者可以立即描述出当时主观上感觉的吃力程度。它可以单独使用,也可以和测量

表 22-3　Borg 的自觉运动强度分级 15 级计分表

分值	自觉费力程度分级	分值	自觉费力程度分级
6~7 级	非常非常轻松	14~15 级	吃力
8~9 级	非常轻松	16~17 级	非常吃力
10~11 级	轻松	18~20 级	非常非常吃力
12~13 级	有些吃力		

心率的方法同时使用,以监测运动强度是否适当。研究证明 RPE 与心率、摄氧量、肺通气量和乳酸水平呈线性相关,12~13 级相当于最大心率的 60%,16 级相当于 90%,高血压病患者应在 12~16 级范围内运动,参加者在训练过程中掌握了心率与 RPE 之间关系后,可用 RPE 来调节运动强度。

Borg 自觉运动强度分级 10 级计分法的内容说明:

0 级——没什么感觉。如休息时的感觉,完全无疲惫,呼吸完全平稳。

1 级——很弱。在桌前工作或阅读时的感觉,丝毫不觉疲惫,呼吸平稳。

2 级——弱。穿衣服时可能出现的感觉,稍感疲惫或无疲惫感,呼吸平稳。

3 级——温和。慢慢走过房间打开电视机时可能出现的感觉,稍感疲惫,轻微地察觉到呼吸,但气息缓慢而自然。

4 级——稍强。户外缓慢步行时可能产生的感觉,感到轻微疲惫,呼吸微微上扬但依然自在。在热身的初期阶段可能会有此感觉。

5 级——强。轻快地走向商店时可能出现的感觉,轻微的疲惫,可以察觉到自己的呼吸,气息比第 4 级还急促一些,热身结束时会有此感觉。

6 级——中强。约会迟到或急忙走路时可能出现的感觉,感到疲惫,但可以维持这样较快的步调,呼吸急促,可以察觉得到。

7 级——很强。激烈运动时可能出现的感觉,感到疲惫,但能够维持到运动结束,呼吸急促不太情愿说话,这是维持运动训练的底线强度。

8 级——非常强。做非常剧烈的运动时可能出现的感觉,感到极度疲惫,不确定是否能维持这样的强度到运动结束,呼吸非常急促,可以与人对话,但不想说话。

9 级——超强。极度剧烈运动下所出现的感觉,极度的疲惫,自觉不能持续到运动结束,呼吸非常吃力,而且无法与人交谈。许多专业运动员达到这个级数也非常困难。

10 级——极强。极彻底的精疲力竭,无法持久的最高运动强度。

2) 心率:正常成年人安静时的心率在 60~100 次 /min。安静或睡眠时心率减慢,运动时或情绪激动时心率加快;此外,各种病理情况或药物影响也可使心率发生加快或减慢。动力性运动时首先由于迷走神经撤退导致 HR 迅速增快,发生在运动后即刻甚至在运动前的瞬间。最大 HR(HR$_{max}$)与年龄相关,可以推导为:HR$_{max}$=220 − 年龄(岁)。但是这种推导有 15% 的个体差异,需要在应用时加以注意。静力性运动中心率反应明显低于动力性运动,亚极量运动时一般在 90~110 次 /min,即使极量运动也很少超过 130 次 /min。心率与耗氧量有直接关系,且心率容易测得,所以常被当做运动强度指标。一般健康者的运动强度定为最大心率的 70%~85%(相当于 60%~80% 最大耗氧量)。对于高血压病患者,最大心率最好由运动试验直接测得,运动强度一般取 60%~70% 最大心率。对于应用心血管活性药物者,HR 反应则难以直接反映运动的情况,这时可使用代谢当量来表示运动强度。

3) 代谢当量:代谢当量(metabolic equivalent,METs)是以安静、坐位时的能量消耗为基础,表达各种活动时相对能量代谢水平的常用指标。1MET 相当于 VO$_2$ 3.5ml/(kg·min)。代谢当量可标志运动强度,制订运动处方。

4) 最大氧耗量

(2) 运动时间:通常 70% 最大心率的运动强度,持续时间为 20~30min;高于此强度,持续时间可为 10~15min;低于此强度,则为 45~60min。

(3) 运动频率:即运动次数,它取决于运动强度和运动持续时间。高强度、长时间的运动,次数可以减少;低强度、短时间的运动,则次数应增多。通常中等强度的运动,每周至少 3~4 次。

(4) 运动形式:高血压病的运动训练强调中小强度、较长时间、大肌群参与、具有节律性反复重复的动力性有氧运动。常见的运动形式有以下肢为主的步行、踏车、上下楼、慢跑等;以上肢为主的运动包括无支持的上举运动,上举负荷可逐渐增加,以及上肢在支持下的抗阻运动,如上肢组合训练器、上肢功率计;还有包括上、下肢同时参与的运动,如游泳、划船训练器等。从疗效而言,下肢运动比上肢运动更有效,上下肢均参与运动或交替进行运动训练的效果,比单纯上肢或下肢运动更好。

(5) 热身运动:每次运动开始时,应先进行 10~15min 的热身运动。主要包括两部分,一是低强度的有氧运动,例如缓慢步行,目的是升高体温,使机体尤其是心血管系统做好准备;二是肌肉伸展和关节活动,目的是避免运动中肌肉和关节受到损伤。

(6) 运动程序:运动训练形式包括:①连续型,指无间歇期的连续运动。②间断型,指运动时有间歇期。间歇时,可以完全停止运动,即被动休息,亦可以进行低强度运动,即主动休息。③循环型,指几种运动形式交替重复连续进行。④间断循环型,指在循环运动中加入间歇期。

(7) 整理运动(凉身运动):在每次运动训练结束时,应有恢复期,使机体逐渐恢复到运动前的状态,避免由于突然停止运动而引起并发症。整理运动包括低强度有氧运动、调整呼吸、肌肉伸展、关节活动等,一般持续 5~10min。

2. 运动方法

(1) 医疗步行:高血压病患者长时间的平地步行可以使小血管扩张,血管阻力降低,血压下降尤其是舒张压明显的下降。国内有步行运动对老年原发性高血压病的康复作用的研究。其中步行组坚持每周至少 5d,每次步行 35~45min,100~120 步 /min。每周测一次血压,连续随访 3 个月。结果:步行组明显优于对照组。步行组的高血脂、高血黏度、高血糖和头痛、头晕、耳鸣等症状也比对照组明显改善。高血压病患者步行一般以 80~120 步 /min 为宜。若自觉费力程度较轻或自我感觉较好,还可以慢跑。不过,最好步行、慢跑交替进行。采用步行程序的患者靶心率应较安静心率增加 25~30 次 /min,使用 β 受体阻滞剂的患者心率增加 10~15 次即可。有人主张运动开始时运动强度可以达到最大心率的60%~70%,运动过程中达到 40%~50% 即可,每次步行以 3000~5000m 为宜。在运动后 3~5min 或整理运动后,心率应该恢复正常,运动后疲劳感在 1~2h 内应消除。只要运动后自我感觉良好,心跳和疲劳感经适当休息后很快消失,就说明运动量是适宜的。

(2) 抗阻运动:采用相当于 40% 最大一次收缩力的运动强度,做大肌群的抗阻收缩,每节运动重复10~30s,10~15 节为一个循环,每次训练 1~2 个循环,每周 3 次,8~12 周为一个疗程。有研究表明患者在一次动力性运动数分钟后,血压可以明显低于安静水平,并可持续 1~3h,甚至可持续到 13h。在长期训练后,甚至安静时的血压也有所下降。可见适宜的个体化运动疗法可以有效地辅助降低血压,减少药物使用量,是高血压病治疗的必要组成部分。

(3) 降压体操:参照太极拳、八段锦的长处,我国编制了适合高血压的降压体操,通过四肢较大幅度的活动,降低周围血管阻力,从而降低血压。

在做降压体操时应按节次循序渐进,不宜做长时间低头动作,不要跳跃,不快速旋转,不使劲憋气,不紧张用力,以避免血压波动或增加心脏负担。

高血压体疗运动量宜小不宜大,因为大运动量活动可以使血压波动过大和心率加快,会引起头痛头晕甚至脑血管意外。一般运动时心率控制 102~125 次 /min。

(4) 坚持运动:当通过一定时期的运动训练产生效果后,应以较低的运动强度坚持长期训练。研究发现,若停止运动 2 周,体力便开始下降;若停止数月,疗效可以完全消失,体力降至训练前水平。患者不能坚持也是受“无症状表现”的影响,因为高血压患者没有明显不适感觉时,他们治疗的依从性也就会下降。

(5) 运动的安全监护:在参加运动之前应进行运动的安全教育,特别是有冠心病、脑动脉硬化等合并症的患者,在运动期间应进行必要的监护和指导。住院患者康复运动中,收缩压 >220mmHg 或舒张压 >110mmHg 应停止运动。

(三) 气功和放松训练

1. 气功　气功是各种内功的总称,其特点是通过意念活动调节机体功能。因此它不仅是一种运动训练,而且可以调节心理平衡,对降低血压效果明显。据上海市高血压研究所的报告,一次气功练习,松功 5min 后,血压可以降低 18/16mmHg,坚持练功 1 年降压的有效率可达 80%。

用于高血压病的气功主要是松静功,练功的基本原则是放松、安静、自然、下降和协调。放松首先是精神松弛,同时肌肉也应松弛,肌肉的松弛可以使血流速度加快,外周血管阻力降低。练功时还要在"静"字上下功夫,使意念活动从复杂到简单,得以"入静",使大脑皮层处于保护性的抑制状态。所谓自然,是指练功时姿势、意念和呼吸都要自然,只有自然才得以入静。下降是指血气下降,即"意守丹田"感觉血气下降,呼吸调和,头脑清醒,血压下降。协调指练功时姿势、意识、呼吸要协调,身心放松。

练功宜采用坐位,宽衣松带,解除大小便,选择幽静的房间,练功时间一般以 30min 左右为宜。练功是否成功,降压是否有效,主要看是否能"入静"和"得气",此时除注意力集中,头脑清醒外,还可感到肢端温度上升并有汗意。

2. 太极拳 太极拳是低强度的持续运动,可以扩张血管,给心脏以温和的锻炼。太极拳的特点是动作缓慢柔和、姿势放松,动中有静,刚柔相济,内外结合,上下相随,有类似气功的作用。练拳应循序渐进,开始时可先练成套的简化的太极拳,体力较差者也可以只打半套。能连续打两套后再改练老式太极拳,也可以在练拳时把架子打的低一些,动作幅度大一些,或延长打拳的时间,以增加运动量。简化太极拳最高可使心率达 105 次 /min,老式太极拳可达 134 次 /min,一般而言简化太极拳更为适合。

3. 放松训练

(1) 目的:放松训练的目的是使患者逐步建立起一种新的健康的行为反应模式,即遇到紧张刺激事件或不如意的处境时,能根据所学习的方法进行自我身心调节,避免过度的情绪波动而影响心身健康。有研究表明,骨骼肌松弛时,高血压病患者心率、平均动脉压和外周阻力均下降,焦虑抑郁情绪减轻,心身放松训练具有改善高血压病患者的心理行为障碍和近期降压作用。

(2) 准备工作:使患者了解高血压病与心理、社会因素、情绪反应及个性缺陷的密切关系,并向他们解释每个人可以通过反复学习和训练,学会对自身生理活动和情绪反应进行自我调节和控制,从而有利于改善心身症状,降低血压。

(3) 方法:静坐于舒适位置,闭目,双足分开,与肩同宽,两手放在双腿上,用默想法放松所有的肌肉,从足部开始向上至面部,保持肌肉高度的放松,放松训练时通过鼻呼吸,呼吸时默念"一"字,持续 20min,每天一次。

(四) 生物反馈

常用的生物反馈包括心率反馈、皮肤电位反馈以及血压反馈。即将患者的心率、血压以及自主神经功能状态通过声、光、颜色或数字反馈给患者,促使患者能理解和控制自己的血压反应。

(五) 其他

放松性按摩或穴位按摩、音乐疗法等。

本章小结

原发性高血压是危害居民健康的常见病、多发病,是多种心脑血管疾病的重要因素和危险因素,是心、脑血管疾病死亡的主要原因之一,且随着人民生活水平的不断提高,其发病率有逐年上升的趋势。世界卫生组织和国际高血压学会根据血压值将高血压分为轻、中、重三级和一个亚组,并根据靶器官损害程度将高血压病分为 I、II、III 期。

目前高血压病尚无根治方法,临床主张终身服用降压药物控制血压。众所周知,运动具有调整神经系统功能、增加外周血管顺应性、降低血容量、调整内分泌、调节患者情绪、减轻精神压力等作用。因此,在规范使用降压药物治疗的基础上,通过有效的运动疗法(医疗步行、降压体操、气功、太极拳等),配合放松训练、行为干预等方法,可以调节血压、减少降压药物用量、降低心脑血管疾病的发病率和死亡率,提高体力活动能力和生活质量。

(刘　瑾)

思考题

1. 简述高血压病的类别与临床分期。
2. 简述高血压病康复治疗的机制。
3. 请为Ⅱ级高血压患者制订一份运动处方。

扫一扫,测一测

思路解析

学习目标

1. 掌握 基本概念、冠心病的康复分期及临床应用、康复评定、康复治疗方案及实施。
2. 熟悉 冠心病的危险因素、冠心病的主要功能障碍、冠心病康复治疗原理。
3. 了解 冠心病的临床分型、临床表现。
4. 具有良好的临床思维能力、分析解决问题的能力，能阅读正常运动心电图，熟悉缺血状态下运动心电图的改变，能够正确地摆放心电电极，熟练操作心电运动试验；具有指导患者康复训练及评估康复疗效的能力，能对患者在治疗或训练过程中出现的简单问题进行处理。
5. 能与患者及家属进行良好沟通，开展康复教育；能与相关医务人员进行专业交流与团结协作开展康复治疗工作。

病例导学

　　患者，男性，55岁，胸骨后压榨性痛伴恶心、呕吐2h。患者于2h前搬重物时突然感到胸骨后疼痛，压榨性，有濒死感，休息与口含硝酸甘油均不能缓解，伴大汗、恶心，呕吐过两次，为胃内容物，二便正常。既往无高血压和心绞痛病史，无药物过敏史，吸烟20余年，每天1包。查体：T 36.8℃，P 100次/min，R 20次/min，BP 100/60mmHg。急性痛苦病容，平卧位，无皮疹和发绀，浅表淋巴结未触及，巩膜不黄，颈软，颈静脉无怒张，心界不大，心率100次/min，有期前收缩5~6次/min，心尖部有S4，肺清无啰音，腹平软，肝脾未触及，下肢不肿。心电图示：V_{1-5}导联ST段升高，V_{1-5}导联QRS波呈Qr型，T波倒置和室性期前收缩。

　　问题与思考：

　　1. 该患者属于康复分期的哪一期？
　　2. 怎么设定康复治疗目标？
　　3. 如何制订康复治疗方案？

第一节　概　　述

一、基本概念

(一) 冠心病

冠状动脉粥样硬化性心脏病或称冠状动脉性心脏病 (coronary artery heart disease, CHD)，简称为冠心病,是由于血脂增高、血管壁损伤等导致冠状动脉壁脂质沉积形成粥样硬化斑块,在粥样硬化斑块的基础上逐渐形成血栓,造成冠状动脉管腔狭窄甚至阻塞,导致心肌缺血缺氧甚至坏死。主要表现为心绞痛、心律失常、心力衰竭,严重时发生急性心肌梗死或猝死。

冠心病是最常见的心血管疾病之一,多发生于40岁以后,男性多于女性,脑力劳动者多于体力劳动者,北方高于南方,城市多于农村。随着生活方式的改变,近年来我国冠心病患病年龄呈现年轻化趋势,发病率也在不断增加。

由于心肌供血不足,严重限制患者的体力活动和生活质量,而体力活动的降低加剧了全身失健和脂质代谢异常,使冠状动脉粥样硬化发展加快,病情恶化,形成恶性循环,冠心病已经成为主要致死和致残原因之一。

图片:冠心病病理生理

（二）冠心病康复

冠心病康复是指综合采用积极主动的身体、心理、行为和社会活动的训练与再训练,减轻心肌耗氧量,增加心肌供氧量,从而帮助患者缓解症状,改善心血管功能,在生理、心理、社会、职业和娱乐等方面达到理想状态,提高生活质量。同时强调积极干预冠心病危险因素,阻止或延缓疾病的发展过程,减轻残疾和减少再次发作的危险。

冠心病康复涵盖心肌梗死、心绞痛、隐匿性冠心病、冠状动脉分流术(CABG)后和冠状动脉腔内成形术(PTCA)后等。冠心病康复治疗措施会影响其周围人群对冠心病危险因素的认识,从而有利于尚未患冠心病的人改变不良的生活方式,达到预防冠心病的目的,所以冠心病康复的措施可扩展到尚未发病的人群。

二、危险因素

冠心病发病的危险因素常见的有糖尿病、高血压、高胆固醇血症、代谢综合征、肥胖症、吸烟等;还有一些不能改变的因素,如家族遗传史、年龄、性别等(表23-1)。

表23-1　冠心病的危险因素

可逆性	不可逆性
高血压病	遗传（家庭早发性冠心病史）
低高密度脂蛋白血症（<0.9mmol/L）	性别（男性）
高胆固醇血症（>5.20mmol/L）	年龄
高脂蛋白 A	
高甘油三酯血症（>2.8mmol/L）	
肥胖（腹型肥胖）	
高胰岛素血症	
糖尿病	
代谢综合征	
吸烟	
缺乏运动	

1. **糖尿病**　糖尿病是冠心病发展及再发的最重要危险性因素之一。糖尿病患者由于胰岛素分泌不足,作为能量来源的葡萄糖大量流失,人体靠分解脂肪供给能量,使大量的甘油三酯、胆固醇及游离脂肪酸进入血液,从而为动脉粥样硬化和糖尿病微血管病变提供了条件,促进了冠心病的发生和发展。严格的血糖控制,通过减缓动脉粥样硬化的形成以及减少后续并发症如肾型高血压的发生,可以降低冠心病的风险。

2. **高血压病**　凡是高血压病情较重或病程较长者多半会并发轻重不等的冠心病。由于长期高血压使血管内压力持续增高,血液对管壁的冲击力显著加大,结果使血管内壁发生机械性损伤;血管内膜一旦损伤,胆固醇、甘油三酯很容易渗入血管壁,并在那里沉积而形成微血栓,这些微血栓又不断吸引血脂,增加沉积。另外,高血压时,血管长期处于痉挛状态,使管壁营养不良,也易引起胆固醇等脂质沉着。有效的血压控制对于冠心病患者是极为重要的。

3. 高胆固醇血症　高胆固醇血症时血脂含量长期处于高水平,机体对血脂的调节作用发生紊乱,此时如果在精神紧张、情绪剧烈波动、血压升高及吸烟过多的情况下可导致动脉内膜损伤,使本来不能渗入动脉血管壁内的血脂成分渗入了动脉管壁之中,并逐渐在那里沉积起来,形成微小血栓,使管腔逐渐变窄,血流受阻,并且使动脉管壁弹性降低,质地变硬形成动脉粥样硬化。研究表明降低血脂可以延缓冠心病的进展。

4. 代谢综合征　代谢综合征是多个危险性因素并存的状态,包括高血压、腹型肥胖、血脂异常和胰岛素抵抗。当出现代谢综合征时,患者发生致死性冠心病的概率增加4倍。要预防代谢综合征,主要是控制体重增长,改变行为习惯,例如增加锻炼、避免久坐、减少热量摄入、减少盐的摄入等。

5. 肥胖症　肥胖使心脏负担加重和血压上升,由于过多地食用高热量食物,使血脂增高,冠状动脉粥样硬化形成并加重,肥胖后体力活动减少又妨碍了冠状动脉粥样硬化病变部位侧支循环的形成。减肥可以减轻高血压、高血脂等的危险因素,也可减轻心脏负担。因此,为了预防冠心病,应坚持运动锻炼,注意预防肥胖。

6. 吸烟　吸烟是最主要的可逆性心血管危险因素之一。卷烟的烟雾中含有3000多种有害物质,其中危害最大的是煤焦油、尼古丁、一氧化碳等。一氧化碳与血红蛋白的结合力比氧与血红蛋白的结合力约大250倍,吸烟后进入血液的一氧化碳抢先与血红蛋白结合,导致血液含氧量明显减少,碳氧血红蛋白可引起动脉内壁水肿,妨碍血液流通,在此基础上胆固醇易于沉积,血小板易于附着,从而为动脉粥样硬化奠定了基础。冠心病患者戒烟后,心绞痛发生次数明显减少。因此,戒烟对防治冠心病有着积极作用。

7. 遗传因素　冠心病有家族发病的倾向,这说明冠心病与遗传因素有关。冠心病的病变基础是冠状动脉粥样硬化,而动脉粥样硬化与内分泌功能失调、饮食结构不当及家族遗传等因素有关。美国学者研究发现:大约每500人中有1人,其动脉硬化是通过基因缺陷遗传的。

8. 性别　男性冠心病发病率明显高于女性。主要是雌激素起了十分重要的作用,雌激素通过对血脂的影响抑制了动脉粥样硬化的过程,从而减少了女性冠心病的发生。女性在绝经期后由于雌性激素分泌减少,这种保护作用明显减弱,因此冠心病的发病率迅速上升。另外,男性所处的人际关系更复杂,精神更紧张也是原因之一。

9. 寒冷刺激　调查资料表明,在我国北方寒冷地区,冠心病的发病率明显高于南方。由于低温刺激引起体表小血管痉挛导致动脉血管的收缩、舒张功能发生障碍,血液流速减慢而不能完成正常的循环功能,为了进行功能补偿,心脏必须加强工作以维持正常血流速度,从而加重了心脏的负担。当寒冷刺激使心脏负担加重时,即可导致心肌缺血、缺氧,轻则发生心绞痛,重则导致心肌梗死。

10. 饮食　在冠心病的发病过程中,高胆固醇血症是其重要原因之一,而高胆固醇血症又与饮食有密切的关系。胆固醇和甘油三酯是导致心血管病发病的最具有临床意义的两种血脂,它们的来源是从食物中摄取和体内合成,如果为了一饱口福,经常大鱼大肉,摄入过多的动物脂肪,那么血液中的胆固醇、甘油三酯就会增高。在正常情况下,碳水化合物食物主要生理功能是为机体提供热量,但食入过量时未被消耗的部分被肝脏转化为脂肪,储存在体内。因此,经常过度饮食不加节制的人易患冠心病。

三、临床分型

冠心病临床上可分为心绞痛型、心肌梗死型、无症状型(隐匿型)、心力衰竭和心律失常型、心脏性猝死等五种类型。

(一) 心绞痛型

典型发作表现为突然发生胸骨上、中段压榨性、闷胀性或窒息性疼痛,可放射至心前区、左肩及左上肢,历时1~5min,休息或含服硝酸甘油片1~2min内消失。分为稳定性和不稳定性两类。

1. 稳定型心绞痛　主要指劳力性心绞痛,其诱因明确,与用力、激动、劳累有关,病情稳定。

2. 不稳定型心绞痛　包括初发性心绞痛、卧位性心绞痛、增剧性心绞痛、夜间心绞痛、变异型心绞痛、心梗后心绞痛。

(二) 心肌梗死型

疼痛性质和部位类似心绞痛,但疼痛的程度较重,范围较广,持续时间也较长,休息或含服硝酸甘油不能缓解。常伴有烦躁不安、面色苍白、出冷汗、恐惧等症状。根据病变部位可分为穿壁性心肌梗死和心内膜下心肌梗死;根据病程可以分为急性心肌梗死(acute myocardial infarction,AMI)和陈旧性心肌梗死(发病后 3 个月)。

(三) 无症状型(隐匿型)

有明确心肌缺血的实验室表现,如静息或负荷试验有心电图 ST 段压低,T 波倒置等;有冠心病危险因素,如高血压、超体重、糖尿病等;但无明显的临床症状。

(四) 心力衰竭和心律失常型

有心绞痛、心肌梗死病史,心脏逐渐增大,心律失常,最终心力衰竭。

(五) 心脏性猝死

突然发病,心脏骤停而突然死亡。多为缺血心肌局部发生电生理紊乱,引起严重的室性心律失常所致。

20 世纪 80 年代以来提出急性冠脉综合征(acute coronary syndrome,ACS)的概念,ACS 是以冠状动脉粥样硬化斑块破裂或侵袭,继发完全或不完全闭塞性血栓形成为病理基础的一组临床综合征,包括急性 ST 段抬高心肌梗死、急性非 ST 段抬高心肌梗死和不稳定型心绞痛(UA)。ACS 是一种常见的严重的心血管疾病,是冠心病的一种严重类型。常见于老年、男性及绝经后女性、吸烟、高血压、糖尿病、高脂血症、腹型肥胖及有早发冠心病家族史的患者。ACS 患者常常表现为发作性胸痛、胸闷等症状,可导致心律失常、心力衰竭,甚至猝死,严重影响患者的生活质量和寿命。如及时采取恰当的治疗方式,则可大大降低病死率,并减少并发症,改善患者的预后。

四、主要功能障碍

冠心病患者除了由于心肌供血不足直接导致的心脏功能障碍之外,还有一系列继发性躯体和心理障碍,这些功能障碍往往被临床忽视,然而对患者的生活质量有直接影响,因此是康复治疗的重要目标。

(一) 心血管功能障碍

冠心病患者往往减少体力活动,从而降低了心血管系统的适应性,导致循环功能降低。这种心血管功能衰退只有通过适当的运动训练才能逐渐恢复。

(二) 呼吸功能障碍

长期心血管功能障碍可导致肺循环功能障碍,使肺血管和肺泡气体交换的效率降低,吸氧能力下降,诱发或加重缺氧症状。呼吸功能训练是需要引起重视的环节。

(三) 运动功能障碍

冠心病患者因缺乏运动而导致机体吸氧能力减退、肌肉萎缩和氧化代谢能力降低,从而限制了全身运动耐力。运动训练的适应性改变是提高运动功能的重要环节。

(四) 代谢功能障碍

主要是脂质代谢和糖代谢障碍,血胆固醇和甘油三酯增高,高密度脂蛋白胆固醇降低。脂肪和能量物质摄入过多而缺乏运动是基本原因。缺乏运动还可导致胰岛素抵抗,除了引起糖代谢障碍外,还可促使形成高胰岛素血症和血脂升高。

(五) 行为障碍

冠心病患者往往伴有不良生活习惯、心理障碍等,也是影响患者日常生活和治疗的重要因素。

(六) 心理功能障碍

冠心病患者往往存在抑郁、焦虑等心理障碍。

五、康复治疗分期

根据冠心病康复治疗措施的特征,国际上一般将康复治疗分为三期。

I期(住院期):急性心肌梗死或急性冠脉综合征住院期康复,包括冠状动脉分流术(CABG)和经皮腔内冠状动脉成形术(PTCA)早期,发达国家3~7d,国内1~2周。

II期(恢复期):指患者出院开始,至病情稳定性完全建立为止,时间5~6周。

III期(维持监护阶段):病情处于较长期稳定状态,或二期过程结束的冠心病患者,包括陈旧性心肌梗死、稳定型心绞痛及隐性冠心病;PTCA或CABG后的康复也属于此期。康复程序一般为2~3个月,自我康复训练应该持续终生。

六、适应证和禁忌证

(一) 适应证

1. I期患者生命体征稳定,无明显心绞痛,安静心率<110次/min;过去8h内没有新发或再发胸痛;无明显心力衰竭失代偿征兆;过去8h内没有新发心律失常或心电图改变。

2. II期患者生命体征稳定,运动能力达到3代谢当量(METs)以上,家庭活动时无显著症状和体征。

3. III期临床病情稳定者,包括:陈旧性心肌梗死,稳定型劳力性心绞痛,隐匿性冠心病,冠状动脉分流术和腔内成形术后,心脏移植术后,安装起搏器后。过去被列为禁忌证的一些情况如病情稳定的心功能减退、室壁瘤等现正在被逐步列入适应证的范畴。

(二) 禁忌证

凡是康复训练过程中可诱发临床病情恶化的情况都列为禁忌证,包括原发病临床病情不稳定或合并新临床病症。稳定与不稳定是相对概念,与康复医疗人员的技术水平、训练监护条件、治疗方案理念都有关系。例如不理解或不合作康复治疗者不宜进行康复治疗。

第二节 康复评定

一、心功能分级

目前主要采用美国纽约心脏病学会(NYHA)1928年提出的一项分级方案,主要是根据患者自觉的活动能力划分为四级(表23-2)。

表23-2 NYHA心功能分级

心功能	临床情况
I级	患者患有心脏病,但活动量不受限制,平时一般活动不引起疲乏、心悸、呼吸困难或心绞痛
II级	心脏病患者的体力活动受到轻度的限制,休息时无自觉症状,但一般体力活动下可出现疲乏、心悸、呼吸困难或心绞痛
III级	心脏病患者体力活动明显受限,小于平时一般活动即引起上述的症状。
IV级	心脏病患者不能从事任何体力活动。休息状态下出现心衰的症状,体力活动后加重

1994年美国心脏病学会(AHA)对NYHA的心功能分级方案再次修订时,采用并行的两种分级方案。第一种即上述的四级方案,第二种是客观的评估,即根据客观的检查手段如心电图、负荷试验、X线、超声心动图等来评估心脏病变的严重程度,分为A、B、C、D四级:

A级:无心血管疾病的客观依据。

B级:客观检查示有轻度的心血管疾病。

C 级:有中度心血管疾病的客观依据。

D 级:有严重心血管疾病的表现。

Killip 分级用于评估急性心肌梗死患者的心功能状态:

Ⅰ级:无肺部啰音和第三心音。

Ⅱ级:肺部有啰音,但啰音的范围小于 1/2 肺野。

Ⅲ级:肺部啰音的范围大于 1/2 肺野(肺水肿)。

Ⅳ级:休克。

二、运动功能评定

(一) 心电运动试验

心电运动试验(exercise stress testing,ECG)是指通过分级运动的方式,充分调动心血管的生理储备能力,诱发相应的生理和病理生理表现以确定最大心脏负荷能力;或通过运动试验,了解患者运动训练的安全性。它是心脏康复训练最常用的评定方法,也是协助康复训练方案制订的重要基础。常用运动试验类型:

1. 症状限制性运动试验　以运动诱发呼吸或循环不良的症状和体征、心电图异常及心血管运动反应异常作为运动终点的试验方法,是主观和客观指标结合的最大运动量试验。常用于诊断冠心病、评定心功能和体力活动能力、制订运动处方等。

2. 低水平运动试验　常以预定较低水平的运动负荷、心率、血压和症状为终止指标。适用于急性心肌梗死后或病情较重者。

(二) 超声心动图运动试验

超声心动图可以直接反映心肌活动的情况,从而揭示心肌收缩和舒张功能,还可以反映心脏内血流变化情况,所以有利于提供运动心电图所不能显示的重要信息。运动超声心动图比安静时检查更加有利于揭示潜在的异常,从而提高试验的敏感性。检查一般采用卧位踏车的方式,以保持在运动时超声探头可以稳定地固定在胸壁,减少检测干扰。较少采用坐位踏车或活动平板方式。运动方案可以参照心电运动试验。

(三) 6min 步行试验

6min 步行试验是一项简单易行、安全、方便的试验,用以评定慢性心衰患者的运动耐力。适用于没有运动试验条件或病情较严重而不能耐受平板运动的患者。要求患者在平直走廊里尽可能快地行走,测定 6min 的步行距离,若 6min 步行距离 <150m,表明为重度心功能不全;150~425m 为中度心功能不全;426~550m 为轻度心功能不全。本试验除用以评价心脏的储备功能外,常用以评价心衰治疗的疗效。

(四) 代谢当量测定

代谢当量(metabolic equivalent,METs)是以安静、坐位时的能量消耗为基础,表达各种活动时相对能量代谢水平的常用指标。METs 可由最大耗氧量(VO_{2max})推算而来,1METs 相当于 VO_{2max} 3.5ml/(kg·min),它稍高于基础代谢[约 3.3ml/(kg·min)],是能量代谢的另一种表达方式。METs 的最大优点是将人体所消耗的能量标准化,从而使不同年龄、性别、体重的个体间得以进行比较。METs 在康复医学中具有极其重要的应用价值,具体表现在以下几个方面:

1. 判断体力活动能力和预后　关键的最高 METs 判断值为:

<5METs,65 岁以下的患者预后不良。

5METs,日常生活受限,相当于急性心肌梗死恢复期的功能储备。

10METs,正常健康水平,药物治疗预后与其他手术或介入治疗效果相当。

13METs,即使运动试验异常,预后仍然良好。

18METs,有氧运动员水平。

22METs,高水平运动员。

2. 判断心功能及相应的活动水平　由于心功能与运动能力密切相关,因此最高 METs 与心功能直接相关(表 23-3)。

表 23-3　各级心功能时的代谢当量及其可进行的体力活动

心功能	METs	可进行的体力活动
Ⅰ级	≥7	携带 10.90kg(24磅)重物连续上 8 级台阶,携带 36.32kg(80磅)重物进行铲雪、滑雪,打篮球、回力球、手球或踢足球,慢跑或走(速度为 8.045km/h)
Ⅱ级	≥5,<7	携带 10.90kg(24磅)以下的重物上 8 级台阶,性生活,养花种草类型的工作,步行(速度为 6.436km/h)
Ⅲ级	≥2,<5	徒手走下 8 级台阶,可以自己淋浴、换床单、拖地、擦窗,步行(速度为 4.023km/h),打保龄球、连续穿衣
Ⅳ级	<2	不能进行上述活动

3. 表示运动强度,制订运动处方　通过对各种活动的耗氧量测定发现,不同的人在从事相同的活动时其 METs 基本相等。因此,可以用 METs 来表示任何一种活动的运动强度。此外,METs 与能量消耗直接相关,所以在需要控制能量摄取与消耗比例的情况下(如糖尿病和肥胖症的康复),采用 METs 是最佳选择。热量是指能量消耗的绝对值,METs 是能量消耗水平的相对值,两者之间有明确的线性关系,计算公式为:

$$热量 =METs×3.5× 体重(kg)÷200$$

在计算上可以先确定每周的能耗总量(运动总量)以及运动训练次数或天数,将每周总量分解为每天总量,然后确定运动强度,查表选择适当的活动方式,将全天的 METs 总量分解到各项活动中,形成运动处方。

4. 区分残疾程度　一般将最大 METs<5 作为残疾标准。

5. 指导日常生活活动与职业活动　心血管疾病患者不可能进行所有的日常生活活动或职业活动,因此,需要在确定患者的安全运动强度后,根据 METs 表选择合适的活动(表 23-4)。注意职业活动(每天 8h)的平均能量消耗水平不应该超过患者峰值 METs 的 40%,峰值强度不可超过峰值 METs 的 70%~80%(表 23-5)。

表 23-4　各项日常生活活动和职业活动的代谢当量

活动	METs	活动	METs
生活活动			
修面	1.0	步行 1.6km/h	1.5~2.0
自己进食	1.4	步行 2.4km/h	2.0~2.5
床上用便盆	4.0	散步 4.0km/h	3.0
坐厕	3.6	步行 5.0km/h	3.4
穿衣	2.0	步行 6.5km/h	5.6
站立	1.0	步行 8.0km/h	6.7
洗手	2.0	下楼	5.2
淋浴	3.5	上楼	9.0
坐床	1.2	骑车(慢速)	3.5
坐床边	2.0	骑车(中速)	5.7
坐椅	1.2	慢跑 9.7km/h	10.2
自我料理			
坐位自己吃饭	1.5	备饭	3.0
上下床	1.65	铺床	3.9
穿脱衣	2.5~3.5	扫地	4.5
站立热水淋浴	3.5	擦地(跪姿)	5.3
挂衣	2.4	擦窗	3.4
园艺工作	5.6	拖地	7.7
劈木头	6.7		

续表

活动	METs	活动	METs
职业活动			
秘书(坐)	1.6	焊接工	3.4
机器组装	3.4	轻的木工活	4.5
挖坑	7.8	油漆	4.5
织毛线	1.5~2.0	开车	2.8
写作	2.0	缝纫(坐)	1.6
娱乐活动			
打牌	1.5~2.0	桌球	2.3
手风琴	2.3	弹钢琴	2.5
小提琴	2.6	长笛	2.0
交谊舞(慢)	2.9	击鼓	3.8
交谊舞(快)	5.5	排球(非竞赛性)	2.9
有氧舞蹈	6.0	羽毛球	5.5
跳绳	12.0	游泳(慢)	4.5
网球	6.0	游泳(快)	7.0
乒乓球	4.5		

表 23-5　METs 与工作能力

最高运动能力	工作强度	平均 METs	峰值 METs
≥7METs	重体力劳动	2.8~3.2	5.6~6.4
≥5METs	中度体力劳动	<2.0	<4.0
3~4METs	轻体力劳动	1.2~1.6	2.4~3.2
2~3METs	坐位工作,不能跑、跪、爬,站立或走动时间不能超过 10% 工作时间		

三、危险因素评估

通过血压、血糖、血脂、体重指数测定及饮食行为习惯调查,明确冠心病危险因素。

四、心理评定

通过抑郁及焦虑量表测定患者情绪及心理情况,可以使用汉密尔顿抑郁量表、汉密尔顿焦虑量表。

五、危险分层

综合患者既往史、本次发病情况、冠心病的危险因素、平常的生活方式与运动习惯以及常规辅助检查,如心肌损伤标志物、超声心动图(判断有无心脏扩大、左心室射血分数)、运动负荷试验和心理评估等对患者进行评定及危险分层(表 23-6)。

六、行为类型评定

行为类型是美国著名心脏病专家 M.Friedman 和 R.H.Roseman 于 20 世纪 50 年代首次提出的概念。他们发现许多冠心病患者都有表现出共同而典型的行为特点,如雄心勃勃,争强好胜,醉心于工作,但缺乏耐心,容易产生敌意情绪,常有时间匆忙感和时间紧迫感等,他们把这类人的行为表现特点称为"A 型行为类型"(TABP)。此行为类型的人应激反应较强烈,因此,需要将应激处理作为康复的基本内容。B 型行为是与 A 型行为相反的一种类型,缺乏竞争性,喜欢不紧张的工作,喜欢过松散的生活,无时间紧迫感,有耐心,无主动的敌意。

271

表 23-6　冠心病患者心脏康复危险分层

危险分层	运动或恢复期症状及心电图改变	心律失常	再血管化后并发症	心理障碍	左心室射血分数	功能储备（METs）	血肌钙蛋白浓度
低危	运动或恢复期无心绞痛症状或心电图缺血改变	无休息或运动引起的复杂心律失常	AMI 溶栓血管再通，PCI 或 CABG 后血管再通且无合并症	无心理障碍（抑郁、焦虑等）	>50%	≥7.0	正常
中危	中度运动(5.0~6.9METs)或恢复期出现心绞痛症状或心电图缺血改变	休息或运动时未出现复杂室性心律失常	AMI、PCI 或 CABG 后无合并心源性休克或心力衰竭	无严重心理障碍（抑郁、焦虑等）	40%~49%	5.0~7.0	正常
高危	低水平运动(<5.0METs)或恢复期出现心绞痛症状或心电图缺血改变	休息或运动时出现复杂室性心律失常	AMI、PCI 或 CABG 后合并心源性休克或心力衰竭	严重心理障碍	<40%	≤5.0	正常

急性心肌梗死诊断标准（WHO）

(1) 严重胸痛持续 30min 以上。

(2) 发病时间 8h 以内。

(3) 心电图至少两个相邻导联有 ST 段抬高（胸前导联抬高≥0.2mV，肢体导联≥0.1mV）。

(4) 心肌酶标记物如 TnT、TnI、CK-MB 或 CK 升高大于正常值上限的 2 倍，并有特征性动态改变。

急性冠脉综合征（ACS）诊断标准

(1) ST 段抬高的 ACS：缺血性胸痛≥30min，硝酸甘油不缓解，心电图至少 2 个肢体导联或相邻 2 个以上的胸前导联，ST 段抬高≥0.1mV。

(2) ST 段不抬高的 ACS：初发劳力性心绞痛或者恶化劳力性心绞痛，可有心肌缺血的客观证据。①胸痛伴 ST 段压低≥0.05mV，或出现与胸痛相关的 T 波变化，或倒置 T 波伪改善；②既往患急性心肌梗死、行 PTCA 或冠状动脉旁路移植手术；③既往冠状动脉造影明确冠心病的诊断；④TnT 或者 TnI 增高。ST 段不抬高的心肌梗死与不稳定型心绞痛的鉴别：CK-MB 增高≥正常上限的 2 倍。

第三节　康复治疗

一、康复治疗原理

（一）I 期康复

通过适当活动，减少或消除绝对卧床休息所带来的不良影响。过分卧床休息可导致：①血容量减少（心血管反馈调节机制），导致每搏量和心排血量降低，代偿性心率加快；②回心血量增加，心脏前负荷增大，心脏射血阻力相对增高，心肌耗氧量相对增加；③血流缓慢，血液黏滞性相对增加，血栓和栓塞的概率增加；④横膈活动降低，通气及换气功能障碍，排痰困难，合并肺炎和肺栓塞的概率增加；⑤运动耐力降低，最大吸氧量每天降低约 0.9%；⑥胰岛素受体敏感性降低，葡萄糖耐量降低；⑦患者恐惧和焦虑情绪增加，肾上腺皮质激素分泌增高。

（二）Ⅱ期康复

设立Ⅱ期康复是基于心肌梗死瘢痕形成需要6周左右的时间,而在心肌瘢痕形成之前,患者病情仍然有恶化的可能性,进行较大强度运动的危险性较大。因此,患者在此期主要是要保持适当的体力活动,逐步适应家庭活动,等待病情完全稳定,准备参加Ⅲ期康复锻炼。

（三）Ⅲ期康复

1. 外周效应　指心脏之外的组织和器官发生的适应性改变,是公认的冠心病和各类心血管疾病康复治疗机制(表23-7)。外周效应需要数周时间才能形成,停止训练则丧失,因此训练必须持之以恒。

表23-7　冠心病Ⅲ期康复的外周效应

功能改善	生物学特征
肌肉氧摄取能力提高	长期康复训练后肌肉毛细血管密度和数量增加,毛细血管开放的数量和口径增加,血液-细胞气体交换的面积和效率相对增加,外周骨骼肌氧摄取能力提高,动静脉氧差增大
肌肉氧利用能力改善	肌细胞线粒体数量、质量和氧化酶活性提高,氧利用率增强
能量代谢改善	肌细胞胰岛素受体开放数量增加,葡萄糖进入细胞的速率和数量增加,从而运动能量代谢效率改善,血流需求相对减少
交感兴奋性降低	血液儿茶酚胺含量降低,降低运动心血管应激反应
肌肉机械效率提高	肌肉收缩的机械效率提高,使定量运动时能量消耗相对减少
最大运动能力提高	由于定量运动时心脏负荷减轻,心肌耗氧量降低,最大运动能力相应提高

2. 中心效应　指康复训练对心脏的直接作用,主要为心脏侧支循环形成(冠脉生物旁路移植),冠状动脉供血量提高,心肌内在收缩性相应提高。冠状动脉狭窄或完全闭塞后所累及的部位形成侧支循环,这一现象已在临床和动物实验中得到了证实。反复心绞痛患者进展为心肌梗死的概率低于初发心绞痛者;冠状动脉狭窄程度越重,心绞痛持续时间越长,侧支循环形成量越多,发展为心肌梗死越少或心肌坏死的程度越轻,提示侧支循环有一定程度的心肌保护作用。慢性冠状动脉狭窄的猪模型经过运动训练后,心肌侧支循环的生成显著超过不运动对照组,与运动刺激的血管内皮生长因子(VEGF)、成纤维细胞生长因子(FGF)等的表达增加有关。长期运动训练与形成充分的侧支循环血流量直接相关。此外长期运动后,心脏舒张期延长有利于血供的进一步恢复;血液流速快于非运动组;运动状态下β肾上腺素能受体活性偏高,有助于侧支循环的扩张,而β受体阻滞剂可抑制这一效应。

3. 危险因素控制　指心血管危险因子的控制,是康复治疗和预防的重要方面,主要包括:①改善高血糖及糖耐量异常;②控制高血压;③改善脂质代谢异常;④改善血液高凝状态;⑤帮助戒烟。

二、康复治疗目标

（一）Ⅰ期康复治疗目标

1. 低水平运动试验阴性,可以按正常节奏连续行走100~200m或上下1~2层楼而无症状和体征。

2. 运动能力达到2~3METs,能够适应家庭生活。

3. 使患者理解冠心病的危险因素及注意事项,在心理上适应疾病的发作和处理生活中的相关问题。

（二）Ⅱ期康复治疗目标

1. 逐步恢复一般日常生活活动能力,包括轻度家务劳动、娱乐活动等。

2. 运动能力达到4~6METs,提高生活质量。对于体力活动没有更高要求的患者可停留在此期。

（三）Ⅲ期康复治疗目标

1. 巩固Ⅱ期康复成果,控制危险因素。

2. 改善或提高体力活动能力和心血管功能,恢复发病前的生活和工作。

三、康复治疗方案及实施

（一）Ⅰ期康复

患者一旦脱离急性危险期,病情处于稳定状态,即可开始康复。通常康复干预于入院24h内开始,

图片:外周作用机制

如果病情不稳定应延迟至 3~7d 以后酌情进行。康复训练内容包括床上、床边和床下活动、个人生活活动、大小便处理、步行训练、教育心理治疗和危险因素控制。早期康复计划见表 23-8。

表 23-8　4 步早期运动及日常生活指导计划

步骤	代谢当量（METs）	活动类型	心率反应适合水平（与静息心率比较）
第 1 步	1.0	被动活动 缓慢翻身、坐起 床边椅子坐立 床边坐便	增加 5~15 次 /min
第 2 步	1.0~2.0	床边坐位热身 床旁行走	增加 10~15 次 /min
第 3 步	2.0~3.0	床边站立热身 大厅走动 5~10min，2~3 次 /d	增加 10~20 次 /min
第 4 步	3.0~4.0	站立热身 大厅走动 5~10min，3~4 次 /d 上 1 层楼梯或固定踏车训练 坐位淋浴	增加 15~25 次 /min

康复治疗的基本原则是根据患者的自我感觉，以循序渐进地增加活动量为原则，尽量进行可以耐受的日常活动（表 23-9）。康复治疗采用团队合作模式，即由心脏科医师、康复科医师、康复治疗师（物理治疗、作业治疗、心理治疗等）、护士、营养师等共同工作。

表 23-9　冠心病Ⅰ期康复日常活动参考

日常活动	步骤						
	1	2	3	4	5	6	7
冠心病知识宣教	+	+	+	+	+	+	+
腹式呼吸	10min	20min	30min	30min×2	—		
腕踝动（不抗阻）	10 次	20 次	30 次	30 次 ×2			
腕踝动（抗阻）	—	10 次	20 次	30 次	30 次 ×2		
膝肘动（不抗阻）			10 次	20 次	30 次	30 次 ×2	
膝肘动（抗阻）				10 次	20 次	30 次	30 次 ×2
自己进食	—	—	帮助	独立	独立	独立	独立
自己洗漱	—	—	帮助	帮助	独立	独立	独立
坐厕	—	—	帮助	帮助	独立	独立	独立
床上靠坐	5min	10min	20min	30min	30min×2	—	—
床上不靠坐	—	5min	10min	20min	30min	30min×2	
床边坐（有依托）	—		5min	10min	20min	30min	30min×2
床边坐（无依托）	—			5min	10min	20min	30min
站（有依托）	—		5min	10min	20min	30min	
站（无依托）	—			5min	10min	20min	30min
床边行走				5min	10min	20min	30min
走廊行走					5min	10min	20min
下一层楼						1 次	2 次
上一层楼							1~2 次

注：帮助，指在他人帮助下完成；独立，指患者独立完成

1. 床上活动　活动一般从床上的肢体活动开始,包括呼吸训练。肢体活动一般从远端肢体的小关节活动开始,从不抗地心引力的活动开始,强调活动时呼吸自然、平稳,没有任何憋气和用力的现象。然后可以逐步开始抗阻活动,抗阻活动可以采用捏气球、皮球或拉皮筋等,一般不需要专用器械。徒手体操也十分有效。吃饭、洗脸、刷牙、穿衣等日常生活活动可以早期进行。

2. 呼吸训练　主要指腹式呼吸。腹式呼吸的要点是在吸气时腹部浮起,让膈肌尽量下降;呼气时腹部收缩,把肺的气体尽量排出。呼气与吸气之间要均匀连贯,可以比较缓慢,但是不可憋气。

3. 坐位训练　坐位是重要的康复起始点,应该从第一天就开始。开始坐时可以有依托,例如把枕头或被子放在背后,或将床头抬高。有依托坐位的能量消耗与卧位相同,但是上身直立体位使回心血量减少,同时射血阻力降低,心脏负荷实际上低于卧位。在有依托坐位适应之后,患者可以逐步过渡到无依托独立坐。

4. 步行训练　从床边站立开始,先克服直立性低血压。在站立无问题之后,开始床边步行(1.5~2.0METs),以便在疲劳或不适时能够及时上床休息。此阶段开始时最好进行若干次心电监护活动。此阶段患者的活动范围明显增大,因此监护需要加强。要特别注意避免上肢高于心脏水平的活动,例如患者自己手举盐水瓶上厕所,此类活动的心脏负荷增加很大,常是诱发意外的原因。

5. 排便　患者排便务必保持通畅。卧位排便时由于臀部位置提高,回心血量增加,使心脏负荷增加,同时由于排便时必须克服体位所造成的重力,所以需要额外用力(4METs)。因此卧位排便对患者不利。而在床边放置简易的坐便器,让患者坐位排便,其心脏负荷和能量消耗均小于卧床排便(3.6METs),也比较容易排便。因此应该尽早让患者坐位排便,但是禁忌蹲位大便或在大便时过分用力。如果出现便秘,应该使用通便剂。患者有腹泻时也需要注意严密观察,因为过分的肠道活动可以诱发迷走反射,导致心律失常或心电不稳。

6. 上楼　上下楼的活动是保证患者出院后在家庭活动安全的重要环节。下楼的运动负荷不大,而上楼的运动负荷主要取决于上楼的速度。必须保持非常缓慢的上楼速度。一般每上一级台阶可以稍事休息,以保证没有任何症状。

7. 心理康复与常识宣教　患者在急性发病后,往往有显著的焦虑和恐惧感。护士和康复治疗师必须安排对于患者的医学常识教育,使其理解冠心病的发病特点、注意事项和预防再次发作的方法。特别强调戒烟、低脂低盐饮食、规律的生活、个性修养等。

8. 康复方案调整与监护　如果患者在训练过程中没有不良反应,运动或活动时心率增加<10次/min,次日训练可以进入下一阶段。运动中心率增加在20次/min左右,则需要继续同一级别的运动。心率增加超过20次/min,或出现任何不良反应,则应该退回到前一阶段运动,甚至暂时停止运动训练。为了保证活动的安全性,可以在医学或心电监护下开始所有的新活动。在无任何异常的情况下,重复性的活动不一定要连续监护。

9. 出院前评估及治疗策略　当患者顺利达到训练目标后,可以进行症状限制性或亚极量心电运动试验,或在心电监护下进行步行。如果确认患者可连续步行200m无症状和无心电图异常,可以安排出院。患者出现合并症或运动试验异常者则需要进一步检查,并适当延长住院时间。出院前应根据患者的病情进行运动能力评估,作为日常活动和运动康复计划的客观依据,告知患者出院后的注意事项,提醒患者复诊并进行Ⅱ期康复的积极宣教。

由于患者住院时间日益缩短,国际上主张3~5d出院,所以Ⅰ期康复趋向于具有合并症及较复杂的患者。早期出院患者的康复治疗不一定遵循固定的模式。

（二）Ⅱ期康复

一般在出院后1~6个月进行。PCI、CABG术后常规2~5周进行。主要进行室内外散步、医疗体操(如降压舒心操、太极拳等)、气功(以静功为主)、家庭卫生、厨房活动、园艺活动或在邻近区域购物、作业治疗。

每周运动总量以700~2000kcal为宜,实际运用时以MET来表达,热量=代谢当量（MET_S）×3.5×体重（kg）/200;主观上以患者运动时稍出汗、轻度气促、但不影响对话,早晨起床时感觉舒适,无持续不适感。运动强度(靶强度):①最大心率的70%~85%;②最大METs或VO_{2max}的40%~85%(最准确);③无氧阈水平相当于VO_{2max}的60%左右;④靶心率=170(180-年龄);⑤主观劳累计分13分。运动时

视频:冠心病
Ⅰ期康复训练

间:靶强度 15~20min,准备活动与结束活动各 5~10min。训练频率:每周 3~5 次。

一般活动毋需医学监测,在进行较大强度活动时,可采用远程心电图监护系统监测,或由有经验的康复治疗师观察数次康复治疗过程,以确定安全性。无并发症的患者可在家属帮助下逐渐用力,活动时不可有气喘和疲劳。所有上肢超过心脏平面的活动均为高强度运动,应该避免或减少。训练时要注意保持一定的活动量,但日常生活和工作时应采用能量节省策略,比如制订合理的工作或日常活动程序,减少不必要的动作和体力消耗等,以尽可能提高工作和体能效率。每周需要门诊随访一次。任何不适均应暂停运动,及时就诊。冠心病Ⅱ期康复参考方案见表 23-10。

表 23-10　冠心病Ⅱ期康复参考方案

活动内容	第一周	第二周	第三周	第四周
门诊宣教	1 次	1 次	1 次	1 次
散步	15min	20min	30min	30min×2 次
厨房工作	5min	10min	5min×2 次	5min×3 次
看书或电视	15min×2 次	20min×2 次	30min×2 次	5min×3 次
降压舒心操	保健按摩学习	保健按摩 ×1 次	保健按摩 ×2 次	保健按摩 ×2 次
缓慢上下楼	1 层 ×2 次	2 层 ×2 次	3 层 ×1 次	3 层 ×2 次

出院后的家庭活动可以分为以下 6 个阶段。

1. 第一阶段

(1) 活动:可以缓慢上下楼,但要避免任何疲劳。

(2) 个人卫生:可以自己洗澡,但要避免洗澡水过热,也要避免过冷、过热的环境。

(3) 家务:可以洗碗筷、蔬菜、铺床,提 2kg 左右的重物,短时间园艺工作。

(4) 娱乐:可以打扑克、下棋、看电视、阅读、针织、缝纫、短时间乘车。

(5) 需要避免的活动:提举超过 2kg 的重物,过度弯腰、情绪沮丧、过度兴奋、应激。

2. 第二阶段

(1) 个人卫生:可以外出理发。

(2) 家务活动:可以洗小件衣服或使用洗衣机(但不可洗大件衣物)、晾衣服、坐位熨小件衣物、使用缝纫机、掸尘、擦桌子、梳头、简单烹饪、提 4kg 左右的重物。

(3) 娱乐活动:可以进行轻微的体力活动娱乐。

(4) 性生活:在患者可以上下两层楼或可以步行 1km 而无任何不适时,患者可以恢复性生活,但是要注意采取相对比较放松的方式。性生活之前可以服用或备用硝酸甘油类药物,必要时可以先向有关医生咨询。适当的性生活对恢复患者的心理状态有重要作用。

(5) 需要避免的活动:长时间活动,烫发之类的高温环境,提举超过 4kg 的重物,参与涉及经济或法律问题的活动。

3. 第三阶段

(1) 家务活动:可以长时间熨烫衣物、铺床、提 4.5kg 左右的重物。

(2) 娱乐活动:轻度园艺工作,在家练习打高尔夫球、桌球、室内游泳(放松性),短距离公共交通,短距离开车,探亲访友。

(3) 步行活动:连续步行 1km,每次 10~15min,每天 1~2 次。

(4) 需要避免的活动:提举过重的物体,活动时间过长。

4. 第四阶段

(1) 家务活动:可以与他人一起外出购物、正常烹饪、提 5kg 左右的重物。

(2) 娱乐活动:小型油画制作或木工制作、家庭小修理、室外打扫。

(3) 步行活动:连续步行,每次 20~25min,每天 2 次。

(4) 需要避免的活动:提举过重的物体,使用电动工具,如电钻、电锯等。

5. 第五阶段

（1）家务活动：可以独立外出购物，短时间吸尘或拖地，提 5.5kg 左右的重物。

（2）娱乐活动：家庭修理性活动、钓鱼、保龄球类活动。

（3）步行活动：连续步行，每次 25~30min，每天 2 次。

（4）需要避免的活动：提举过重的物体，过强的等长收缩运动。

6. 第六阶段

（1）家务活动：清洗浴缸、窗户，可以提 9kg 左右的重物（如果没有任何不适）。

（2）娱乐活动：慢节奏跳舞；外出野餐，去影院和剧场。

（3）步行活动：可列为日常生活活动，每次 30min，每天 2 次。

（4）需要避免的活动：剧烈运动，如举重、锯木、开大卡车、攀高、挖掘等，以及竞技性活动，如各种比赛。

（三）Ⅲ期康复

Ⅲ期康复为发生主要心血管事件 1 年后，维持已形成的健康生活方式和运动习惯，继续运动康复、纠正危险因素和社会心理状态的恢复，家庭康复为主。

1. 康复训练基本原则

（1）循序渐进原则：遵循学习适应和训练适应机制。学习适应掌握某一运动技能时，是一个由兴奋、扩散、泛化，至抑制、集中、分化的过程，是任何技能的学习和掌握都必须经历的规律。训练适应是指人体效应提高由小到大，由不明显到明显，由低级到高级的积累发展过程。

（2）持之以恒原则：训练效应是量变到质变的过程，训练效果的维持同样需要长期锻炼。一般认为，额定训练时间产生的训练效应将在停止训练类似的时间后消失。运动训练没有一劳永逸的效果。

（3）兴趣性原则：兴趣可以提高患者参与并坚持康复治疗的主动性和顺应性。如果康复运动治疗方法单一，又不注意定时定期改变方法，或采取群体竞赛的形式，穿插一些活动性游戏，则患者常感到参加运动治疗枯燥无味，长期治疗就成为负担，导致不少患者中途退出的现象。

（4）全面性原则：冠心病患者往往合并有其他的脏器疾病和功能障碍，同时患者也常有心理障碍和工作 / 娱乐、家庭 / 社会等诸方面的问题，因此冠心病的康复绝不仅仅是心血管系统的问题，对患者要从整体看待，进行全面康复。

（5）个体化原则：因人而异地制订康复方案。

2. 康复训练方法

（1）运动方式：包括有氧训练、力量训练、柔韧性训练、作业训练、医疗体操、气功等。运动形式可以分为间断性和连续性运动。①间断性运动：指基本训练期有若干次高峰靶强度，高峰强度之间强度降低。其优点是可以获得较强的运动刺激，同时时间较短，不至于引起不可逆的病理性改变。主要缺点是需要不断调节运动强度，操作比较麻烦。②连续性运动：指训练的靶强度持续不变，这是传统的操作方式，主要优点是简便，患者相对比较容易适应。

（2）运动量：运动量要达至一定的阈值才能产生训练效应。每次的总运动量（以热量表达）应在 2931~8374kJ（700~2000kcal）（相当于步行或慢跑 10~32km）。运动量小于 2931kJ（700kcal）/ 周只能维持身体活动水平，而不能提高运动能力。运动量超过 8374kJ/ 周（2000kcal/ 周）则不增加训练效应。运动总量无明显性别差异。METs 消除了体重影响，比热量在计算上更为实用。合适运动量的主要标志：运动时稍出汗，轻度呼吸加快但不影响对话，早晨起床时感舒适，无持续疲劳感和其他不适感。

运动量的基本要素：运动强度、运动时间和运动频率。①运动强度：运动训练所规定达到的强度称之为靶强度，可用 HR、HR 储备、METs、RPE 等方式表达。靶强度与最大强度的差值是训练的安全系数。靶强度一般为 40%~85% VO_{2max} 或 METs，或 80%HR 储备，或 70%~85%HR_{max}。靶强度越高，产生心脏中心训练效应的可能性就越大。②运动时间：指每次运动锻炼的时间。靶强度运动一般持续 10~60min。在额定运动总量的前提下，训练时间与强度成反比。准备活动和结束活动的时间另外计算。③运动频率：运动频率指每周训练的次数。国际上多数采用每周 3~5d 的频率。

（3）注意事项：①选择适当的运动，避免竞技性运动。②在感觉良好时运动，感冒或发热后，要在症状和体征消失两天以上才能恢复运动。③注意周围环境因素对运动反应的影响，包括：寒冷和炎热气候要相对降低运动量和运动强度，训练的理想环境是 4~28℃，空气湿度 <6%，风速不超过 7m/s。避

免在阳光下和炎热气温时剧烈运动;穿戴宽松、舒适、透气的衣服和鞋;上坡时要减慢速度。饭后不做剧烈运动。④患者需要理解个人能力的限制,应定期检查和修正运动处方,避免过度训练。药物治疗发生变化时,要注意相应地调整运动方案。参加训练前应该进行尽可能充分的身体检查。对于参加剧烈运动者尽可能先进行运动试验。⑤警惕症状,运动时如发现下列症状:上身不适(包括胸、臂、颈或下颌,可表现为酸痛、烧灼感、缩窄感或胀痛)、无力、气短、骨关节不适(关节痛或背痛)等,应停止运动,及时就医。⑥训练必须持之以恒,如间隔 4~7d 以上,再开始运动时宜稍降低强度。

(4) 训练实施:每次训练都必须包括准备活动、训练活动和结束活动。①准备活动:主要目的是预热(warm-up),即让肌肉、关节、韧带和心血管系统逐步适应训练期的运动应激,运动强度较小。运动方式包括牵伸运动及大肌群活动,要确保全身主要关节和肌肉都有所活动,一般采用医疗体操、太极拳等,也可附加小强度步行。②训练活动:指达到靶强度的训练活动,中低强度训练的主要目的是达到最佳外周适应。高强度训练的目的在于刺激心肌侧支循环生成。③结束活动:主要目的是冷却(warm-down),即让高度兴奋的心血管应激逐步降低,适应运动停止后血流动力学改变。运动方式可与训练方式相同,但强度逐步减小。

充分的准备与结束活动是防止训练意外的重要环节,训练时的心血管意外 75% 均发生在这两个时期。此外,合理的准备与结束活动对预防运动损伤也有积极的作用。

3. 康复训练与药物治疗的关系 康复训练和临床药物治疗是心脏病康复中相辅相成的两个主要方面。适当的药物治疗可以相对增强患者的运动能力,提高训练水平和效果。同时运动训练的有益效应有助于减少用药量,有的患者甚至可以基本停止用药。药物可对患者运动时的心血管反应产生影响,因此在制订运动处方的时候,必须要慎重考虑药物的作用。

(1) 硝酸甘油:代表药品为硝酸甘油和硝酸异山梨酯(消心痛)。这一类药物有较强的扩张血管的作用,通过降低心脏的前后负荷,降低心肌耗氧量,从而提高患者的运动能力。在使用此类药物时,应注意少数患者可产生过分的血管扩张,导致直立性低血压。运动训练的准备和结束活动要充分。扩张性头痛是常见的副作用。

(2) β 受体阻滞剂:β 受体阻滞剂包括普萘洛尔(心得安)、美托洛尔(美多心安)、阿替洛尔(氨酰心安)等,其药理作用主要是通过减慢心率和降低心肌收缩力,降低心肌耗氧量,从而提高运动能力。在运动训练时,患者的心率增加可明显减小,因而所能达到的靶心率可能低于不用药时。在制订运动处方时,可以参考患者在用药状态下心电运动试验的结果,或以 RPE 作为尺度。在调整药物剂量时,应相应地改变靶心率或运动强度。在必须停止用药或降低药物剂量时,应注意防止撤药综合征,一般应在两周左右的时间逐渐减少并停止用药。

(3) 钙拮抗剂:钙拮抗剂包括硝苯地平(心痛定)、维拉帕米(异搏停)和地尔硫䓬(硫氮唑酮)。其主要作用为降低外周血管阻力和心肌的收缩性,从而降低心肌耗氧量,增强运动能力。使用地尔硫䓬可轻度减慢心率,而在使用硝苯地平期间,心率可有所加快,因此训练时应注意患者的心率反应。这类药物的典型不良反应与血管扩张有关,包括头痛、颜面潮红以及头晕。踝部水肿和心悸也是常见的不良反应,应与心源性症状鉴别。

(4) 肾素 - 血管紧张素转换酶抑制剂:肾素 - 血管紧张素转换酶抑制剂(ACEI)目前在高血压、心衰和冠心病患者的应用日趋广泛。其主要的不良反应是直立性低血压。在运动时要密切注意患者血压反应,特别是在合并使用血管扩张剂或 β 受体阻滞剂时,要有适当和充分的准备和结束活动。该药的另一不良反应是干咳。

4. 性功能障碍及其康复 患者在遭受心脏意外事件后的康复治疗中,恢复正常性功能是其目标之一。有两项间接试验可以了解患者有无能力:一是上二层楼试验(尽可能快地上二层楼梯,可同时做心电监测),通常性生活中心排血量约比安静时提高 50%,这和快速上二层楼梯的反应相似;二是观察患者能否完成 5~6METs 的活动,因为性生活时最高能量消耗相当于 4~5METs,事实上在日常生活中,看一场精彩球赛电视广播时的心率已可能超过性生活中的最高心率。但应注意大量进食后不宜性生活,并劝导应至少在心梗 6 周后。良好的康复治疗效应可降低性生活时最高心率 5.5%。

总之,冠心病的康复治疗在冠心病防治中占有重要的位置,是提高患者个人生活质量的重要手段,应加以重视。

本章小结

　　冠状动脉粥样硬化性心脏病是最常见的心血管疾病之一,其发作形式包括心绞痛、心肌梗死和心脏性猝死。心绞痛是心肌缺血的形式,心肌梗死是心肌坏死的发作形式,而心脏性猝死是最严重的发作形式。冠心病康复的目的,就是要改善和提高心脏功能,降低残疾,评估和改善冠心病危险因素,而且改善心脏状况。这些目的,主要通过康复治疗组指导进行有处方的运动训练和教育程序来实现。目前,积极有效的康复治疗已经成为冠心病各阶段的基本医疗组成部分。

（张绍岚）

思考题

1. 何谓冠心病康复?
2. 冠心病的危险因素及主要功能障碍有哪些?
3. 冠心病康复的禁忌证有哪些?
4. 简述冠心病康复治疗原理。
5. 简述冠心病的康复分期及各期康复目标。

扫一扫,测一测

思路解析

笔记

第二十四章　慢性充血性心力衰竭康复

24章 PPT

学习目标

1. **掌握**　慢性心力衰竭患者的康复评定方法和康复治疗方法。
2. **熟悉**　慢性心力衰竭患者的分期和分级。
3. **了解**　慢性心力衰竭患者的康复治疗目标。
4. 有基本临床康复思维与素养,能熟悉心力衰竭患者心电图、X线改变,能够正确地摆放心电电极,熟练操作心电运动试验;具有指导患者康复训练及评估康复疗效的能力,能对患者在治疗或训练过程中出现的简单问题进行处理。
5. 能与患者及家属进行良好沟通,开展健康教育;能与相关医务人员进行专业交流与团结协作开展康复治疗工作。

病例导学

患者,女性,35岁,因"发热、呼吸急促、心悸2周"入院。7岁时常因咽喉肿痛而行扁桃体摘除术,16岁因膝关节肿痛、发热住院治疗,诊断为风湿性关节炎,经系统抗风湿治疗后痊愈。4年前,患者开始出现劳动时自觉心慌、气促,近半年来此症状加重,同时出现下肢水肿。入院查体:P 132次/min,R 32次/min,BP 110/80mmHg,口唇青紫,半卧位,颈静脉怒张,心界向两侧扩大,心尖区可闻及Ⅲ~Ⅳ级双期杂音,肺动脉瓣区第2心音亢进,两肺满布湿啰音,腹部膨隆,有移动性浊音,肝脏肋下3cm,脾脏肋下1.5cm,下肢明显凹陷性水肿。实验室检查:红细胞计数 3.0×10^{12}/L,白细胞计数 1.5×10^9/L,中性粒细胞0.9,淋巴细胞0.1,尿量每日300~500ml,有少量蛋白和红细胞,尿胆原(++)。入院后给予强心、利尿、抗感染治疗,现生命体征平稳,进食、穿衣、洗漱不引起不适,上楼、家务劳动时偶有心慌、气喘等不适。

问题与思考:
1. 制订康复治疗方案前,该患者还需要进行哪些评定?
2. 根据美国纽约心脏病学会(NYHA)提出的分级,目前患者的心功能几级?
3. 根据患者心功能状态,为其制订一份运动处方。

笔记

第一节　概　　述

一、基本概念

慢性心力衰竭(chronic heart failure,CHF)又称慢性充血性心力衰竭(心衰),是指各种心脏结构或功能性疾病导致心室充盈和/或射血能力受损,心排血量不能满足机体需要,以肺循环和/或体循环淤血,器官、组织血液灌注不足为临床表现的一组综合征,主要表现为呼吸困难、体力活动受限和体液潴留。是大多数心血管疾病的归宿,患者常有代偿性心脏扩大或肥厚及其他代偿机制参与。

我国2003年抽样统计成人患病率约为0.9%,发达国家心衰患病率为1%~2%,每年发病率为0.5%~1%。随着年龄的增加,心衰患者1年死亡率高达50%。

心衰一直被认为是运动康复治疗的禁忌证,直到1979年Lee等报道了运动康复治疗对心衰患者是安全的,且可以提高心衰患者的运动耐力。有氧运动是慢性心衰患者有效的二级预防措施,对改善心衰患者的运动耐力和心力储备、改善血管内皮功能、调节神经激素水平及功能、改善生活质量均有一定作用。欧洲心脏运动协会心脏康复和运动生理工作组和美国心脏学会运动心脏康复和预防分会建议,运动锻炼应作为心脏康复的一部分而应用于所有的稳定心衰患者。

二、病因

1. 基本病因　主要由原发心肌损害和心脏长期容量和/或压力负荷过重导致心肌功能由代偿最终发展为失代偿,大致可以分为原发性心肌损害(如缺血性心肌损害、心肌炎和心肌病等)和长心脏负荷过重(如高血压、心脏瓣膜关闭不全等)两大类。冠心病、高血压已成为引起慢性心衰最主要的病因。

2. 诱发因素　在基本病因的基础上,心衰患者发病往往有一些加重心脏负担的诱因,常见的有:①感染;②心律失常;③血容量增加(如静脉输液过多、过快,摄入过多的钠盐等);④劳累或情绪激动;⑤治疗不当(如不恰当的使用降压药或利尿药等);⑥原有心脏病加重或并发其他疾病(如冠心病发生心肌梗死)。

三、分期与分级

(一) 分期

1. 前心衰阶段(pre-heart failure)　患者体征。

2. 前临床心衰阶段(pre-clinical heart failure)　患者无心衰的症状和/或体征,但已发展为结构性心脏病,如左心室肥厚、既往心肌梗死等。

3. 临床心衰阶段(clinical heart failure)　患者已有基础结构性心脏病,既往或目前有心衰的症状和/或体征。

4. 难治性终末期心衰阶段(refractory end-stage heart failure)　患者虽经严格优化内科治疗,但休息时仍有症状,常伴心源性恶病质,须反复长期住院。

(二) 分级

1928年美国纽约心脏病学会(NYHA)提出的分级,沿用至今。

Ⅰ级:患者患有心脏病,但日常活动量不受限制,一般活动不引起疲乏、心悸、呼吸困难或心绞痛。

Ⅱ级:心脏病患者的体力活动受到轻度的限制,休息时无自觉症状,但平时一般活动下可出现疲乏、心悸、呼吸困难或心绞痛。

Ⅲ级:心脏病患者体力活动明显受限,小于平时,一般活动即引起上述的症状。

Ⅳ级:心脏病患者不能从事任何体力活动,休息状态下也出现心衰的症状,体力活动后加重。

(三) 6min 步行试验

6min步行试验是目前评定心衰简单易行、安全方便的方法。要求患者在平直走廊里尽快行走,测定6min的步行距离,6min步行距离<150m,为重度心衰,150~425m为中度心衰,426~550m为轻度心衰。

四、临床表现及诊断标准

1. 症状　在原有心脏病症状的基础上出现程度不同的呼吸困难或喘息、咳嗽(特别是夜间)、咳痰、咯血,体力活动能力显著下降,易疲劳、心慌、心悸,有时头晕、胸闷,肾脏功能损害时出现少尿、夜尿增加。

2. 体征　在原有心脏病体征的基础上出现口唇发绀,颈静脉怒张,下肢凹陷性水肿,肺底部啰音,心界扩大,心率加快,第三心音奔马律,肝脾大,肝-颈静脉逆流症阳性。部分患者有胸腔积液、腹腔积液。

3. 诊断标准　CHF 的诊断标准有多种,目前国际公认的 Framingham 的标准(表 24-1),符合两项主要标准或一项主要标准加两项次要标准可确诊。主要和次要标准均包括治疗 5d 以上体重减轻≥4.5kg。

表 24-1　CHF 诊断标准

主要标准	1. 阵发性夜间呼吸困难
	2. 颈静脉怒张
	3. 肺啰音
	4. 心脏扩大
	5. 第三心音呈奔马律及静脉压增高($>16cmH_2O$)
次要标准	1. 踝部水肿
	2. 夜间咳嗽
	3. 活动后呼吸困难
	4. 肝大
	5. 胸腔积液
	6. 肺活量降低至最大肺活量的 1/3
	7. 心动过速(≥120 次/min)

第二节　康　复　评　定

一、心电运动试验

心电运动试验是指通过逐步增加运动负荷,以心电图为主要检测手段,并通过试验前、试验中、试验结束后心电和症状、体征的反应来判断心肺功能的试验方法,是评价心脏储备功能和运动耐力的首选方法,也是制订运动处方及判断疗效的根据。常采用 Bruce 方案、Naughton 方案。不稳定心衰是心电运动试验的绝对禁忌证,病情稳定的患者可谨慎应用。

二、呼吸气体分析

呼吸气体分析的方法是通过通气量及呼出气体中氧和二氧化碳的含量,并以此推断吸氧量、二氧化碳排出量等各项代谢的参数,具有无创、无痛苦的特点,可以在各种活动进行反复、长时间的动态观察。

1. 最大摄氧量(VO_{2max})　VO_{2max} 指机体在运动时所能摄取的最大氧量,即运动量虽继续增加,耗氧量已达峰值不再增加时的值,是综合反映心肺功能状态和体力活动能力的最好生理指标。心功能正常时,此值应 $>20ml/(kg\cdot min)$,轻至中度心功能受损时为 $16\sim20ml/(kg\cdot min)$,中至重度损害时为 $10\sim15ml/(kg\cdot min)$,极重度损害时则 $<10ml/(kg\cdot min)$。

2. 无氧代谢阈值(AT)　AT 是指运动负荷增加,组织对氧的需求超过循环所能提供的供给量,机体通过无氧代谢供养,由氧代谢到无氧代谢的临界点称为无氧代谢阈值。正常值应大于 VO_{2max} 的 40%,此值越低说明心功能越差。AT 更能反映肌肉线粒体利用氧的能力,因此临床将 AT 和 VO_{2max} 结合一起判断 CHF 患者的运动耐力。

3. 代谢当量(METs)　NYHA 心功能分级与代谢当量对应,可以指导日常活动与运动(表 24-2)。

表24-2　心功能和活动水平的关系

心功能分级	活动时代谢当量水平	心功能分级	活动时代谢当量水平
Ⅰ级	≥7	Ⅲ级	2~5
Ⅱ级	5~7	Ⅳ级	<2

三、生存质量评定

生存质量(QOL)评定包括身体功能、心理状况、独立能力、社会关系、生活环境、宗教信仰与精神寄托等方面,可采取访谈、观察和量表法进行评定,CHF患者因心功能不全至身体功能下降、日常活动能力受限,生存质量评分下降。常用的评价量表有 SF-36、WHO-QOL100、SWLS(Satisfaction with Life Scale)等。

第三节　康　复　治　疗

一、康复治疗目的

在临床治疗基础上,通过安全、有效的康复治疗可以降低安静心率和亚极量运动心率,改善通气功能和运动肌肉的血流量,提高最大吸氧量、运动耐力和无氧阈,提高心功能,增加射血分数,逆转心脏重构及改善与运动有关的症状、体力活动能力,从而达到减轻症状、延长寿命、降低住院率、死亡率,提高生活质量、保持一定社交和工作能力的目的。

二、康复治疗方法

(一)物理治疗

CHF患者的康复治疗以运动治疗为主,尤其是有氧运动,已经成为CHF患者有效的二级预防措施。ACC/AHA公布的成人CHF诊疗指南将CHF患者运动治疗作为一级推荐——无论是高强度或低强度的运动,都可使心衰患者获益,且这种获益短至3周即可显现。因此,NYHA心功能Ⅱ~Ⅲ级的稳定性心衰患者,若无严重心律失常或其他运动禁忌证,应接受运动康复治疗。

CHF患者的运动治疗应在专科医生的指导下,根据心功能分级、危险分层,选择合适的运动方式、运动强度,制订个体化的运动方案。

1. 运动危险分级　为确保稳定性CHF患者康复治疗的稳定性,美国心脏协会(AHA)对符合康复治疗标准的患者进行危险分层,具体情况见表24-3。

表24-3　美国心脏协会(AHA)的危险分层标准

危险级别	NYHA	运动能力	临床特征	监管及EKG监测
A			外表健康	毋需
B	Ⅰ级、Ⅱ级	≤6METs	无充血性心衰表现,静息状态无心肌缺血或心绞痛,运动试验≤6METs时SBP适度升高,静息或运动时出现阵发性或非阵发性心动过速,有自我调节运动能力	只需在制订的运动阶段初期进行指导,6~12次EKG和血压监测
C	≥Ⅲ级	≤6METs	运动负荷≤6METs时发生心绞痛或缺血性ST段压低,运动时SBP低于静息时SBP,运动时非持续性室速,有心脏骤停史,有可能危及生命的医学情况	运动整个过程需要医疗监督指导和心电及血压监测,直到安全性建立
D	≥Ⅳ级	≤6METs	失代偿心衰,未控制的心律失常,可因运动而加剧病情	不推荐进行以增强适应为目的的活动,应重点恢复到C级或更高级

2. 适应证与禁忌证　CHF患者运动康复存在一定风险,必须严格把握适应证与禁忌证。根据ACC/AHA成人CHF诊断和治疗指南慢性心衰的分级标准,被列为B级和C级的稳定性心衰患者均

应考虑进行运动康复。不稳定性 CHF 则作为运动康复的禁忌证,为确保安全,一些稳定性慢性心衰也被列为禁忌证(表 24-4)。

表 24-4　稳定 CHF 患者运动训练的禁忌证

相对禁忌证	绝对禁忌证
1. 在过去的 1~3d 内体重增加≥1.8kg	1. 在过去的 3~5d 休息或劳力时运动耐量或呼吸困难进行性恶化
2. 正在接受间断或持续的多巴酚丁胺治疗	2. 低功率(<2METs)时出现明显缺血
3. 运动时收缩压下降	3. 未控制的糖尿病
4. NYHA 心功能Ⅳ级	4. 急性全身性疾病或发热
5. 休息或劳力时出现复杂的室性心律失常	5. 近期栓塞
6. 仰卧位休息时心率≥100 次/min	6. 血栓性静脉炎
7. 先前存在合并症	7. 活动性心包炎或心肌炎
	8. 中重度的主动脉狭窄
	9. 需要手术的反流性瓣膜性心脏病
	10. 过去 3 周内的心肌梗死
	11. 新发生的心房颤动

3. 运动处方的制订　运动处方的主要因素包括运动强度、运动方式、持续时间、运动频率。

(1) 运动强度:对 CHF 患者而言,运动强度是运动处方中最重要的内容,直接关系到运动的效果和安全性。运动强度可参照心率、VO_{2max}、AT 等制订。传统的运动强度是按心率来确定的,即运动靶强度是最大心率(HR_{max}) =220– 年龄(岁),但以此作为 CHF 患者运动靶强度存在较大风险,且随着 β 受体阻滞剂作为 CHF 患者的预防用药,以 HR_{max} 作为靶强度存在更大隐患。因此以 VO_{2max} 作为靶强度则相对安全,一般 70%~75% VO_{2max} 最为常用,在训练的起始阶段运动强度为一般为 60%~65%VO_{2max},以防止过度疲劳和合并症。如果不能直接测定气体代谢,应采取较低强度的运动方案,以尽可能防止高估运动能力而造成训练过度。另外,主观用力计分(RPE)是衡量运动强度十分有效的指标,通常 RPE 分值在 15~16 时,是达到通气阈和发生呼吸困难的强度,CHF 患者一般可耐受 RPE 分值 11~13 的强度。运动强度与患者心功能关系见表 24-5。

表 24-5　心功能水平与运动强度的关系

心功能分级	运动强度
Ⅰ级	最大活动水平:持续活动 5.0kcal,间断活动 6.6kcal,最大代谢当量为 6.5METs,主观劳累计分在 13~15;活动强度可以较大
Ⅱ级	最大持续活动水平为 2.5kcal,间歇活动时为 4.0kcal,最大代谢当量为 4.5METs,主观劳累计分 9~11;活动强度明显减小,活动时间不宜过长,活动时心率增加不超过 20 次/min
Ⅲ级	最大持续活动水平为 2.0kcal,间歇活动时为 2.7kcal,最大代谢当量为 3.0METs,主观劳累计分为 7;以腹式呼吸、放松训练为宜,可作不抗阻的简单四肢活动,活动时间一般数分钟;活动时心率增加不超过 10~15 次/min。每次运动时间可达到 30min
Ⅳ级	最大持续活动水平 1.5kcal,间歇活动时为 2.0kcal,最大代谢当量为 1.5METs;只做腹式呼吸和放松训练等不增加心脏负荷的活动;可作四肢被动活动;活动时心率和血压一般无明显增加,甚至有所下降;WHO 提出可以进行缓慢的步行,每次 10~15min,1~2 次/d,但必须无症状

(2) 运动方式:运动方式的选择可按运动方式对应的代谢当量(METs)选择相应运动强度的有氧运动类型,日常活动的代谢当量见表 24-6。

(3) 训练节奏:运动训练开始时,为避免长时间训练引起疲劳,一般应控制 5~10min,且运动 2~4min 休息 1min;此后,运动时间可以按 1~2min 的节奏增加,直到 30~40min。完整的运动处方包括热身运动、整理运动的时间,针对 CHF 患者体力衰弱的情况,可以适当延长热身运动时间至 10~15min,运动时间为 20~30min,每周 3~5 次。

表 24-6 常用有氧运动的 METs

活动	METs	活动	METs
坐床	1.2	步行 1.6km/h	1.5~2.0
坐床边	2.0	步行 2.4km/h	2.0~2.5
坐椅	1.2	散步 4.0km/h	3.0
上楼	9.0	步行 5.0km/h	3.4
下楼	5.2	步行 6.5km/h	5.6
骑车（慢速）	3.5	步行 8.0km/h	6.7
骑车（中速）	5.7	游泳（慢）	4.5

4. 运动处方的实施 建议分三阶段实施。第一阶段在心电图、血压等监护下进行，多在医院完成。第二阶段须在医务人员指导下，包括对运动康复知识的培训、营养指导、疾病知识的培训，可以在医院进行。第三阶段为家庭运动计划，如果成功完成前两阶段运动训练，未出现任何不良事件，可制订继续的家庭运动计划，定期随访。表 24-7 是 HF-ACTION 研究的连续有氧运动方案。

表 24-7 HF-ACTION 研究的连续有氧运动方案

训练地点	周	每周次数	有氧运动时间（min）	运动强度 HRR%（心率储备百分数）	运动方式
最初医院监测阶段	1~2	3	15~30	60	走路或踏车
医院监测阶段	3~6	3	30~35	70	走路或踏车
医院/家庭	7~12	3 或 2	30~35	70	走路或踏车
家庭	13 周至治疗结束	5	40	60~70	走路或踏车

5. 修改或终止运动训练的标准 运动治疗过程中，如出现以下情况，则需要修改运动处方或终止运动计划：明显呼吸困难或乏力、运动中呼吸频率 >40 次 /min、出现 S_3 或者肺内啰音、肺内啰音增加、第二心音亢进、脉压 <10mmHg、运动时血压过高（SBP 200mmHg，DBP 100mmHg）或降低（运动加量时血压下降 >10mmHg）、运动中室上性或室性早搏增加、大汗、苍白或者意识不清。

（二）心理治疗

心理治疗具有改善或消除 CHF 患者焦虑、抑郁和绝望心理的作用。一般采用心理安慰、支持和疏导的治疗方法，鼓励患者正确认识疾病，树立战胜疾病的信心，积极配合治疗，使 CHF 患者从支持系统中得到帮助、消除心理障碍。

（三）其他

1. 呼吸肌训练 呼吸肌衰竭是 CHF 患者呼吸困难的因素之一，选择性地进行呼吸肌训练，有助于改善患者的呼吸能力，进而提高患者的运动能力。机制：①抗阻呼吸训练可提高膈肌耐力，增加氧化酶和脂肪分解酶的活性；②通过呼吸肌训练，最大持续通气能力提高，肺活量增加，亚极量、极量运动能力明显提升，呼吸功能得到改善。常用的呼吸训练方法包括：主动过度呼吸、吸气阻力负荷和吸气阈负荷，其中吸气阻力负荷最为常用，即采用小口径呼吸管或可调式活瓣的方式增加呼吸阻力。

2. 饮食 CHF 患者血容量增加，体内水钠潴留，应给予低盐低脂饮食。食盐的摄入量轻度心衰患者每日 5g 左右，中度 2.5g，重度 1g。选择富含必需氨基酸的优质蛋白，如牛奶、瘦肉、鱼类等，多食新鲜蔬菜、水果及豆制品；少食多餐、不暴饮暴食；食物粗细搭配。限制水分摄入，一般患者液体摄入量为每日 1000~1500ml（夏季可增加至 2000~3000ml）。

3. 药物治疗 根据心衰诊断与治疗指南，强调阻断神经内分泌系统过度激活和阻断心肌重构治疗，推荐将 β 受体阻滞剂、血管紧张素转化酶抑制剂（ACEI）或血管紧张素 Ⅱ 受体拮抗剂（ARB）和醛固酮拮抗剂作为 CHF 的基本治疗，并可应用利尿剂及洋地黄类药物。

4. 康复辅具 对严重心衰、行走困难的患者使用轮椅代替其步行功能，增强社会交往能力。

知识拓展

"顽固性心衰"与 CHF 的治疗新进展

部分 CHF 患者经各种治疗,心衰不见好转,甚至还有进展,临床称之为"顽固性心衰"或"难治性心衰",对此类患者应努力寻找潜在的原因进行积极治疗,并尝试采用一些先进的治疗方案。

1. 心脏同步治疗(CRT) 适用于各种扩张型心肌病伴有 QRS 波增宽 >12ms 的 CHF 患者,可安置三腔心脏起搏器使左、右心室恢复同步收缩。

2. 心脏机械辅助装置治疗 心脏机械辅助装置是一种将血液由静脉系统或心脏引出,直接泵入动脉系统,全部或部分替代心室做功的人工机械装置。主要应用于心脏功能恢复前的辅助治疗(心源性休克、心脏直视手术术后不能脱离体外循环等情况)、CHF 患者移植前的过渡治疗、终末替代治疗。

3. 心脏移植治疗 心脏移植是目前公认的治疗终末期心脏疾病最有效的方法,但由于心脏供体来源有限、移植后出现再灌注损伤、移植后排异反应、手术费用高等因素,该方法难以大规模推广。

4. 干细胞移植治疗 用分离的细胞经体外纯化、培养和增殖后,通过直接心肌注射、静脉注射或冠状动脉导管注射等途径移植至心脏的特定区域,移植后的细胞进一步分化为心肌细胞,代替或修复坏死或病态的心肌细胞,改善心功能。

5. 基因治疗 从分子生物学的角度分析,CHF 是基因表达异常的结果,用一定的方法和技术将目的基因以一定的手段导入体内,或通过修补或补充失去正常功能的心肌基因以及表达产物,或抑制某些基因的过度表达,从而达到治疗的目的。

本章小结

充血性 CHF 是大多数心血管疾病的转归,是严重影响居民健康和生存质量的疾病。为减轻心脏的负担,一直以来,CHF 患者以休息为主,尽量避免进行运动,但大量临床实践证明:运动康复治疗对心衰患者是安全的,且可以提高心衰患者的运动耐力,尤其是有氧运动。因此,在规范临床治疗的基础上,部分稳定性 CHF 患者可进行康复治疗。

康复治疗时,首先应对患者进行有效的康复评定,准确判断适应证与禁忌证,再根据患者心功能状况选择合适的有氧运动进行运动治疗,并配合心理治疗、呼吸肌训练等,可以达到缓解症状、提高运动耐量、改善生活质量、阻止或延缓心肌损害进一步加重、降低死亡率、延长生存期的目的。

(刘 瑾)

思考题

1. 试述慢性心力衰竭患者 NYHA 分级。
2. 简述慢性心力衰竭患者运动康复的适应证与禁忌证。
3. 请为心功能 II 级的患者制订一份运动处方。

扫一扫,测一测

思路解析

学习目标

1. 掌握　慢性阻塞性肺疾病的定义、临床表现、严重程度分级与病程分期、6min 步行距离试验、呼吸训练、排痰训练及运动训练。

2. 熟悉　慢性阻塞性肺疾病的肺功能检查、症状评估、综合评估、生活指导及健康宣教。

3. 了解　慢性阻塞性肺疾病的病因及主要危险因素。

4. 具备指导患者进行康复训练及评估康复疗效的能力，能对患者在治疗或训练过程中出现的简单问题进行处理。

5. 能与患者及家属进行良好沟通，能对患者进行健康宣教。

病例导学

患者，女性，58 岁，退休工人，患有中度到重度慢性阻塞性肺疾病，伴有骨质疏松症。需要坐着洗澡，但是能自己完成其他所有的日常生活活动。她的主要困难是拿着重物行走和上坡及上楼梯。烟龄 40 年，现已戒烟 6 个月，常用药物包括普米克和万托林。她希望能改善体能，从而可以每天带着狗散步 30min 以及照顾孙子。患者体重为 56kg，身高 152cm。肺功能检测结果示：FEV_1/FVC 为 57%（0.89/1.55），FEV_1 预计值是 43%。静止心率是 78 次/min，静止血氧饱和度是 96%。在两次 6min 步行测试中也没有休息，她的最远步行距离是 456m 步行后，血氧饱和度是 94%。同时有非常严重的气促（气短指数 7 分）。

问题与思考：

1. 对该患者，您会设定怎样的运动方案？

2. 如对该患者进行步行训练，您设定的步行时间是几分钟？步行距离是多少？

第一节　概　述

一、基本概念

慢性阻塞性肺疾病（chronic obstructive pulmonary disease，COPD），简称慢阻肺，是一种常见的、可以预防和治疗的疾病，以持续性呼吸系统症状和气流受限为特征，通常是由于明显暴露于有毒颗粒或气体引起的气道和/或肺泡异常所导致。慢性气流受限是慢阻肺的特征，由小气道疾病（阻塞性支气管炎）

笔记

和肺实质破坏(肺气肿)共同引起,二者在不同患者所占比重不同。这些变化并不总是同时出现,但随着时间的推移以不同的速度进展。慢性炎症导致气道结构改变、小气道狭窄和肺实质的破坏,从而导致肺泡与小气道的附着丧失以及肺弹性回缩力的降低;随即,这些改变又会极大地削弱气道在呼气时保持开放的能力。小气道损伤同样参与气流受限的发生,而黏膜纤毛功能失调则是本病的一个特征性特点。

慢阻肺致残率和死亡率很高,全球 40 岁以上发病率已高达 9%~10%,基于《慢性阻塞性肺疾病全球倡议》(Global Initiative for Chronic Obstructive Lung Disease,GOLD)和其他大型流行病学研究,随着发展中国家吸烟率的升高,高收入国家老龄化加剧,预计到 2030 年可能每年有超过 450 万人死于慢阻肺和相关疾病。此外,慢阻肺带来了显著的经济和社会负担,美国慢阻肺预算直接花费为 320 亿美元,间接花费为 204 亿美元;欧盟慢阻肺的直接花费为 386 亿欧元。基于老龄化等原因,未来几十年内慢阻肺的发病率和产生的负担会进一步增加。

二、病因及主要危险因素

慢阻肺是长期累积的有毒气体和颗粒暴露,以及包括遗传因素、气道高反应以及幼年时肺发育不良等多种患者宿主因素之间复杂的相互作用的结果。慢阻肺的发病率通常与吸烟情况直接相关,其最主要的危险因素是吸烟,而室外、职业性和室内的空气污染(主要来自燃烧木材和其他生物燃料)也是慢阻肺的危险因素。同时,寿命延长会使慢阻肺的危险因素产生的长期影响更加明显。

(一)遗传因素

已报道的遗传性危险因素是严重的先天性 α_1 抗胰蛋白酶缺乏,尽管 α_1 抗胰蛋白酶缺乏仅与世界上小部分人群有关,但它体现了遗传与环境暴露相互作用导致慢阻肺的机制。在重度慢阻肺患者的吸烟人群中,已观察到气流阻塞具有显著的家族性风险,这提示遗传因素与环境因素可能共同影响对本病的易感性。单一基因,例如基因编码的金属基质蛋白酶 12(MMP 12)基因,已被认为与肺功能下降相关。尽管一些全基因组相关研究已经开始将遗传位点和慢阻肺表型(或 FEV_1 或 FEV_1/FVC 作为表型)进行关联,包括 α-烟碱乙酰胆碱受体基因和 hedge-hog 相互作用蛋白及一些其他的标记物;然而,这些基因是直接导致慢阻肺还是仅仅作为致病基因的标记物仍不明确。

(二)年龄和性别

年龄经常被列作慢阻肺的危险因素。目前尚不清楚是正常衰老本身会导致慢阻肺还是年龄反映了生存期暴露积累总量。气道和肺实质的老化类似一些慢阻肺相关的结构的改变。既往大部分研究显示慢阻肺的发病率与死亡率在男性要高于女性,但是近期研究表明,本病的发生在男性与女性相当,可能反映了吸烟模式的变化。尽管有争议,甚至还有一些研究提示,女性较男性对烟草的作用更加敏感,相同吸烟量会导致女性患上更严重的疾病。这种观点已经在动物研究和人的病理标本中证实,显示在相同的吸烟暴露下,与男性慢阻肺患者相比,女性慢阻肺患者的小气道病变更重。

(三)肺生长与发育

妊娠和出生的过程、童年及青春期的危险因素暴露史影响肺生长。在胚胎及童年时期,任何可影响肺脏生长的因素均具有潜在的增加慢阻肺风险的作用。例如,一项大规模研究及多因素分析证实,出生体重与成年后 FEV_1 呈正相关,另一些研究发现儿童早期肺部感染对成年后的肺功能亦有影响。在生命早期出现的危险因素被命名为"儿童期不利因素",其对于预测成年肺功能的重要性等同于重度吸烟。另一项最近的研究评估三个纵向队列研究发现约 50% 患者发展为慢阻肺是由于 FEV_1 随时间加速下降,另外 50% 发展为慢阻肺是由于异常的肺生长和发育(肺功能正常的下降)。

(四)颗粒物暴露

1. **吸烟** 是目前最常见的导致慢阻肺的危险因素。与不吸烟者相比,吸烟者出现呼吸症状和肺功能异常的比例更高,每年 FEV_1 下降的速度更快,慢阻肺相关的死亡率更高。其他类型的烟草(如烟斗、雪茄、水烟)和大麻也同样是慢阻肺的危险因素。被动吸烟(又称环境性吸烟,ETS)也会导致呼吸症状和慢阻肺,这是由于吸入的颗粒物和气体增加了肺脏总负担。怀孕期间吸烟,可能会影响宫内胎儿的肺脏生长发育及免疫系统的形成,进而使胎儿面临日后患病的风险。

2. **职业性暴露** 也是慢阻肺的危险因素,这些暴露包括有机与无机粉尘、化学物质、烟雾。研究显示,不论男性还是女性,由患者报告的工作间粉尘和烟雾暴露,不仅与气流受限和呼吸症状增加相关,而且 CT 扫描也显示更多的肺气肿和气体陷闭。

3. 室内空气污染　木材、动物粪便、农作物残梗、煤炭以明火或在通风功能不佳的火炉中燃烧,可导致很严重的室内空气污染。不断有研究证实,因在通风条件较差的室内燃烧生物性燃料进行取暖或烹饪而造成室内空气污染是导致慢阻肺的一个很重要的危险因素。

4. 室外空气污染　室外空气污染在慢阻肺致病中的地位尚不清楚,在不吸烟的成人中似乎不很重要。但是,有证据表明空气污染对肺成熟和发育有重要影响。

（五）社会经济状态

较低的社会经济状态和慢阻肺的风险增加有关,但是贫穷如何参与本病的起病仍不清楚。已有充分证据表明,发生慢阻肺的风险与社会经济状态呈负相关。上述关联是否反映了低社会经济状态与暴露于室内及室外空气污染物、拥挤、营养状态差、感染或其他因素相关,尚不明确。

（六）哮喘和气道高反应

1. 哮喘　可能是发生慢性气流受限和慢阻肺的危险因素。有研究显示:纠正吸烟因素后,成年哮喘患者发生慢阻肺的风险是无哮喘者的 12 倍;约 20% 的哮喘患者发生不可逆气流受限,弥散功能下降;普通人群中自我报告的哮喘和 FEV_1 进一步下降相关;11% 的哮喘儿童符合肺功能受损,并符合成年早期慢阻肺肺功能分类标准。

2. 气道高反应　在欧洲社区呼吸健康调查中,气道高反应是仅次于吸烟的重要的慢阻肺危险因素。气道高反应在临床上可不被诊断为哮喘而独立存在,其在普通人群研究中显示作为慢阻肺和呼吸死亡率的独立危险因素,对于轻度慢阻肺患者亦提示存在肺功能进一步下降的危险。

（七）慢性支气管炎

研究发现气道黏液高分泌和 FEV_1 下降有关,在年轻的成年吸烟者,慢性支气管炎增加慢阻肺发生的风险。慢性支气管炎增加急性加重发作次数和重度急性加重的风险。

（八）感染

幼年时有严重的呼吸道感染史与成年时肺功能下降及呼吸症状增加有关。对感染的易感性在慢阻肺急性加重期有重要作用,但是对疾病的发展作用如何尚不清楚。有证据表明 HIV 感染可加速吸烟相关的肺气肿和慢阻肺发生,已发现结核病是慢阻肺的危险因素。

三、临床表现

慢性进行性加重的呼吸困难是慢阻肺最特征性的症状。此外约 30% 的患者可伴有咳嗽和咳痰。这些症状会日益变化,并先于气流受限多年而存在。

（一）呼吸困难

呼吸困难是慢阻肺最重要的表现,是使患者致残和焦虑不安的主要原因。典型者常把呼吸困难描述为呼吸费力、胸部紧缩感、气不够用或者喘息。

（二）咳嗽

慢性咳嗽通常是慢阻肺的首发症状。但这一症状常被忽视,因为患者常认为这是吸烟或接触环境刺激物的结果。初起咳嗽呈间歇性,以后每天或整日均有咳嗽。慢阻肺的慢性咳嗽可不伴有咳痰,也有部分患者虽有明显气流受限,但并无咳嗽症状。

（三）咳痰

慢阻肺患者通常咳嗽时伴有少量黏液性痰。由于文化习惯和性别因素,患者的咳痰量常很难评估,因为患者有时可能会把咳出的痰咽下,而不是咳出来。此外,咳痰可以是间歇性的,可伴有加重和缓解。有些患者痰量较多,可能会合并支气管扩张。脓性痰表明痰中炎性介质成分增多,可能提示有细菌感染导致慢阻肺急性加重,但这并不绝对。

（四）喘息和胸闷

喘息和胸闷在不同时间变化很大,甚至在一天之内的不同时间段也会存在变异。有些患者不用听诊,在喉部即可听见喘鸣音,有时可听到满肺弥漫性吸气相或呼气相哮鸣音。胸闷多在活动后出现,常不能明确定位,与肋间肌等长收缩有关。

(五) 肺外(全身)效应

慢阻肺本身也可以有明显的肺外(全身)效应,包括体重下降、营养不良、骨骼肌功能障碍等。

(六) 慢性共患疾病

常发生于慢阻肺患者的共患疾病包括心血管疾病、骨骼肌功能障碍、代谢综合征、骨质疏松、抑郁和肺癌。

1. 心血管疾病　慢阻肺患者较非慢阻肺者心血管疾病发生风险增加 2~3 倍。近年研究认为慢阻肺可能是缺血性心脏病和心脏性猝死的重要危险因素,发生机制尚未完全明确,可能与气流受限、缺氧、全身炎症反应与氧化应激、血管内皮功能减退、弹性蛋白的生成和降解失衡、治疗药物使用有关。

2. 外周骨骼肌功能障碍　慢阻肺患者特别是中到重度患者外周骨骼肌普遍存在不同程度的功能障碍,即外周骨骼肌功能障碍(peripheral skeletal muscle dysfunction,PSMD),其特征表现为骨骼肌减少(肌肉细胞的丧失)和剩余肌细胞的功能异常。慢阻肺合并外周骨骼肌功能障碍后,患者不是单纯的身体质量下降,而是躯体结构改变,存在脂肪质量下降、骨骼肌尤其外周骨骼肌质量下降、骨骼肌纤维转换、骨骼肌氧化代谢表型改变,表现为肌力下降,耐力下降,易疲劳等功能障碍。这也是患者活动能力下降,生活质量下降,预后差,影响患者最终存活率更重要的原因。此外,慢阻肺患者合并骨质疏松发生率高达 36%~60%。GOLD 指出,Ⅳ期慢阻肺患者中 75% 出现骨量减少,10%~15% 的轻中度患者可出现骨量减少。慢阻肺患者易发生骨质疏松,可能与缺氧和营养不良、运动能力下降、吸烟、骨血液循环障碍、糖皮质激素使用、全身炎症反应等有关。

3. 抑郁和焦虑　慢阻肺患者存在不同程度的心理紊乱,最主要的是抑郁或焦虑。约 50% 的慢阻肺患者同时存在抑郁、焦虑。这主要与疾病的反复发作和迁延不愈、疾病困扰、肺功能每况愈下、营养不良和体重下降等诸多因素使患者的劳动力、生活自理能力丧失,长期居家静养,社交活动明显减少,同时诊疗费用不断增加,家庭经济地位下降有关。另外,抑郁、焦虑也与肺疾病的全身性特征有关。但也有研究认为慢阻肺患者存在不同程度的抑郁和／或焦虑可能仅仅是疾病的生理学反应,也可能与全身炎症反应有关。此外,一些常用的治疗药物如 β_2 受体激动剂、茶碱、喹诺酮类抗生素、大剂量糖皮质激素也可诱发或加重抑郁、焦虑障碍。

4. 其他　如慢阻肺患者神经系统存在异常,自主神经系统发生改变,尤其在低体重患者表现得更明显。此外,慢阻肺患者贫血总患病率与慢性心衰患者接近,且慢阻肺患者可能容易患胃食管反流病(gastroesophageal reflex disease,GERD)。

四、严重程度分级与病程分期

(一) 严重程度分级

具体分级标准见表 25-1。

表 25-1　COPD 临床严重程度分级

级别	分级标准
Ⅰ级(轻度)	$FEV_1/FVC<70\%$,$FEV_1≥80\%$ 预计值,有或无慢性咳嗽、咳痰症状
Ⅱ级(中度)	$FEV_1/FVC≤70\%$,$50\%≤FEV_1≤80\%$ 预计值,有或无慢性咳嗽、咳痰症状
Ⅲ级(重度)	$FEV_1/FVC<70\%$,$30\%≤FEV_1<50\%$ 预计值,有或无慢性咳嗽、咳痰症状,有或无慢性咳嗽、咳痰、呼吸困难症状
Ⅳ级(极重度)	$FEV_1/FVC<70\%$,$FEV_1<30\%$ 预计值,或 $FEV_1<50\%$ 预计值,伴有慢性呼吸衰竭

注:以吸入支气管扩张剂后的 FEV_1 为基础的分级。FEV_1:用力呼气第一秒的排气量;FVC:用力肺活量;呼吸衰竭:动脉血氧分压(PaO_2)小于 8.0kPa(60mmHg)伴或不伴动脉 PCO_2 大于 6.7kPa(50mmHg),在海平面呼吸空气时

(二) 病程分期

1. 急性加重期(慢性阻塞性肺疾病急性加重)　指在疾病过程中,短期内咳嗽、咳痰、气短和／或喘息加重,痰量增多,呈脓性或黏液脓性,可伴发热等症状。

2. 稳定期　指患者咳嗽、咳痰、气短等症状稳定或症状较轻。

五、康复治疗适应证及禁忌证

(一)适应证

适用于病情稳定的慢阻肺患者,只要患者存在呼吸困难、运动耐力减退、活动受限就是肺康复的适应证。

(二)禁忌证

合并严重肺动脉高压,不稳定型心绞痛及近期发生的心肌梗死,认知功能障碍,充血性心力衰竭,明显肝功能异常,转移癌,近期的脊柱损伤、肋骨骨折,咯血等。

第二节　康复评定

一、病史

(一)现病史

1. 症状发生和发展模式　典型的慢阻肺多于成年以后发病,呼吸困难逐渐加重,好发于秋冬寒冷季节;部分患者在就诊前可能已经出现多年的社交活动受限。

2. 呼吸疾病急性加重及以前的住院情况。

3. 共患疾病情况　如心脏病、骨质疏松症、肌肉骨骼疾病、恶性肿瘤等,这些疾病也可导致活动受限。

4. 对患者生活的影响　包括活动受限程度、误工、对经济的影响,对日常家庭生活、情绪(抑郁或焦虑)、健康和性生活的影响。

(二)既往史

包括哮喘、过敏、鼻窦炎或鼻息肉;儿童时期呼吸道感染,其他慢性呼吸系统疾病和非呼吸系统疾病。

(三)家族史

包括慢阻肺及其他慢性呼吸系统疾病。

(四)个人史

如吸烟史、职业性或环境有害物质接触史(危险因素)。

(五)社会史

患者可获得的社会和家庭支持。

二、体格检查

检查项目包括肺气肿的程度、横膈的活动度、呼吸方式;肺部啰音的分布、性质、强弱;心脏的大小、心音和杂音的性质、响度;肝脏的大小,有无肝-颈静脉反流征;下肢有无水肿等与心肺功能相关的症状。

需要指出的是,虽然体格检查很重要,但对慢阻肺而言,并没有太多的诊断意义。通常当肺功能明显受损时,才会出现气流受限的体征,并且这些体征的敏感性和特异性都很低。慢阻肺时可出现很多体征,但没有这些体征也并不能排除慢阻肺。

三、肺功能检查

肺功能检查是检测气流受限最为客观、重复性良好的指标,而且无创伤,随时可以进行测试。肺功能应该测定用力肺活量(FVC)和第一秒用力呼气容积(FEV_1),并且计算二者比值(FEV_1/FVC)。有时 FEV_1/VC(肺活量)也用来代替 FEV_1/FVC,但这在气流明显受限患者会导致比值偏低。肺功能指标应该基于年龄、身高、性别、种族等参考值做评估。

(一)气流受限严重程度

采用肺功能严重度分级,即 FEV_1 占预计值80%、50%、30% 为分级标准。慢阻肺患者气流受限严重程度的分级分为4级(表25-2)。

表 25-2　慢阻肺患者气流受限严重程度分级

GOLD 分级	分级标准
GOLD 1:轻度	$FEV_1/FVC<70\%$,$FEV_1\geqslant80\%$ 预计值
GOLD 2:中度	$FEV_1/FVC<70\%$,$50\%\leqslant FEV_1<80\%$ 预计值
GOLD 3:重度	$FEV_1/FVC<70\%$,$30\%\leqslant FEV_1<50\%$ 预计值
GOLD 4:极重度	$FEV_1/FVC<70\%$,$FEV_1<30\%$ 预计值

（二）最大吸气压及最大呼气压

可以反映呼吸肌的力量,在有条件的单位可以作为评价的指标。

四、症状评估

当前已经有数种评估慢阻肺症状的问卷,全球策略修订版选用改良英国 MRC 呼吸困难指数（mMRC）或慢阻肺评估测试（COPD Assessment Test,CAT）（表 25-3, 表 25-4）。CAT 包括 8 个常见临床问题,以评估慢阻肺患者的健康损害,评分范围 0~40 分。CAT 与圣乔治呼吸问卷（St George's Respiratory Questionnaire,SGRQ）相关性很好,其可靠性和反应性均较满意。

表 25-3　改良英国 MRC 呼吸困难指数（mMRC）

mMR 分级	mMRC 评估呼吸困难严重程度
mMRC 0	我仅在费力运动时出现呼吸困难
mMRC 1	我平地快步行走或步行爬小坡时出现气短
mMRC 2	我由于气短,平地行走时比同龄人慢或者需要停下来休息
mMRC 3	我在平地行走 100m 左右或数分钟后需要停下来喘气
mMRC 4	我因严重呼吸困难以致不能离开家,或在穿衣服、脱衣服时出现呼吸困难

表 25-4　慢阻肺评估测试（CAT）问卷

姓名:　　　性别:　　　年龄:　　　住院号:　　　日期:
请标记最能反映你当前情况的选项,在圆圈中打"√"。每个问题只能标记一个选项。

我从不咳嗽	⓪①②③④⑤	我一直在咳嗽
我一点痰也没有	⓪①②③④⑤	我有很多很多痰
我没有任何胸闷的感觉	⓪①②③④⑤	我有很严重的胸闷感觉
当我爬坡或上一层楼梯时,我没有气喘的感觉	⓪①②③④⑤	当爬坡或上一层楼梯时,我感觉非常喘不过气来
我在家里能够做任何事情	⓪①②③④⑤	我在家里做任何事情都很受影响
尽管我有肺部疾病,但我对外出离家很有信心	⓪①②③④⑤	尽管我有肺部疾病,我对外出离家一点信心都没用
我的睡眠非常好	⓪①②③④⑤	由于我有肺部疾病,我的睡眠相当差
我精力旺盛	⓪①②③④⑤	我一点精力都没有
合计得分		
COPD CAT 分值范围是 0~40 评定:0~10 分者为"轻微影响",11~20 分者为"中等影响" 　　　21~30 分者为"严重影响",31~40 分者为"非常严重影响"		

五、急性加重风险的评估

慢阻肺急性加重定义为呼吸症状急性恶化,导致需要额外的治疗。这些事件可分为轻度(仅需要短效支气管扩张剂治疗)、中度(需要短效支气管扩张剂、抗生素和/或口服糖皮质激素治疗)和重度(患者需要住院或急诊就医)。重度急性加重也可导致急性呼吸衰竭。很多大型研究显示,不同 GOLD 肺功能分级的患者急性加重频率差异很大。频繁急性加重(每年≥2 次)的最好预测指标就是既往的急性加重事件。

六、慢性共患疾病的评估

由于慢阻肺常发生于长期吸烟的中年人,因此,患者常伴有不同程度的与老龄化、吸烟、酗酒、营养不良、活动不便等相关的慢性共患疾病的存在。共患疾病在轻、中、重度气流受限患者均可发生,是影响慢阻肺患者住院和死亡风险的独立危险因素,因此,对于每一个患者,均应常规关注共患疾病,并给予适当的评估与治疗。

七、修订后的慢阻肺综合评估

按照修订后的评估系统(ABCD 评价工具),患者应进行肺功能检查气流受限的严重程度(即肺功能分级),还需要用 mMRC 评估呼吸困难的评分,或者用 CAT 评估所有症状的评分,最后详细记录既往的急性加重史(包括住院史)。修订后的评估系统中,数字代表了气流受限的严重程度(肺功能 1~4 级),而字母(A 组 ~D 组)包含了患者的症状负荷和急性加重史,用于指导治疗方案的选择。在整体人群水平,FEV_1 是预测重要临床结果(如死亡率和住院),以及指导非药物治疗(如肺减容或肺移植手术)的重要因素,但对于个体用药指导,FEV_1 准确性不足,并不能单独用于指导慢阻肺治疗。

图片:修订后的 ABCD 评价工具

八、其他评估

(一)影像学检查

慢阻肺相关的影像学改变包括肺过度充气(侧位片膈肌低平、胸骨后气腔容积增大等),肺透亮度增加,血管纹理纤细稀少。胸片对于慢阻肺的诊断用处不大,但它可以用来除外其他一些疾病,同时可以确定患者是否存在明显的共患疾病,包括呼吸疾病(如肺纤维化、支气管扩张、胸膜疾病)、骨骼疾病(如脊柱后侧凸)、心脏疾病(如心脏扩大)。胸部 CT 并不常规推荐,除非用来筛查有无支气管扩张和肺癌,因为肺气肿会增加肺癌风险。CT 检查则还有助于伴随疾病的鉴别诊断。另外,对预计行外科或支气管镜下肺减容术者,CT 检查则是很有必要的,因为判断肺气肿的分布情况是决定手术合适与否的一个重要的决定因素。拟行肺移植的患者也需要行肺 CT 检查。

(二)血氧或动脉血气分析

脉氧仪可以用来评估慢阻肺患者的氧合情况,从而判断患者是否需要辅助氧疗。脉氧监测应该用来评估所有 $FEV_1<35\%$,或者临床提示有呼吸衰竭或者右心衰竭的慢阻肺患者。如果外周氧饱和度 <92%,则应该查动脉或毛细血管血气分析。

(三)运动能力评定

目前用来客观评价慢阻肺患者运动耐力受损的方法包括自测步行距离和在实验室进行的递增运动试验,能够很好地反映患者的生活质量和预后,运动能力在死亡前一年可能会有所下降。步行测试可用于评估残疾和死亡风险,并用于评估肺康复的有效性。目前应用的两种步行试验包括往返步行试验和 6min 步行距离试验。而需要在实验室内进行的检查,如踏车或运动平板,则可以明确患者伴随的心脏等其他疾病。监测患者的身体活动可能比评估运动能力能更好地反映预后,但这需要用到加速度仪或者多传感器装置。

(四)精神心理评价

慢阻肺患者由于呼吸困难和对窒息的恐惧,经常处于焦虑、紧张状态。此外,慢阻肺患者由于慢性缺氧,可以引起器质性的脑损害,表现出认知和情绪障碍等,因此需要从四个方面评价慢阻肺患者的精神心理状态。

1. 情绪方面 包括抑郁、焦虑、愤怒、内疚、困窘,避免表达强烈的情绪。
2. 认知方面 包括轻度缺失、精神运动性速率损伤、解决问题的能力减弱,注意力受损。
3. 社会方面 社会活动减少、家庭角色改变、独立性降低。
4. 行为方面 包括 ADL 受损、吸烟、营养失调、运动容量减低、不服从医疗。
5. 日常生活能力评定(表 25-5)

表 25-5 慢阻肺患者日常生活能力评定

分级	表现
0 级	虽存在不同程度的肺气肿,但活动如常人,对日常生活无影响,活动时无气短
1 级	一般劳动时出现气短
2 级	平地步行无气短,速度较快或登楼、上坡时,同行的同龄健康人不觉气短而自己有气短
3 级	慢走不及百步即有气短
4 级	讲话或穿衣等轻微动作时即有气短
5 级	安静时出现气短,无法平卧

第三节 康复治疗

一、康复治疗机制

1. 提高运动耐力,改善呼吸困难 慢阻肺患者运动受限的主要原因不是骨骼肌异常,而是心肺功能障碍。心血管和呼吸系统是限制 VO_{2max} 的主要因素,运动训练的目的就是改善心肺系统协调工作的能力,显著提高慢阻肺患者的 VO_{2max},提高运动耐力。

2. 促进外周组织发生适应性改变 这些变化包括肌肉的毛细血管密度和数量增加,运动时毛细血管开放的数量和口径增加,肌肉运动时血液 - 细胞气体交换的面积和效率增加,肌细胞中线粒体大小、数量、呼吸酶容量增加,从而使摄氧能力提高。

二、康复治疗目标

改善顽固和持续的功能障碍(气道功能和体力活动能力)、提高生活质量、降低住院率、延长寿命、减少经济损耗、稳定或逆转肺部疾病引起的生理或精神病理学的改变,以期在肺障碍程度和生活条件允许下恢复至最佳功能状态。

三、康复治疗方法

(一) 呼吸训练

指导患者掌握正确的呼吸技术,并把此技术融入到日常生活活动中去。呼吸训练必须在开始运动训练之前进行。其要点是建立膈肌呼吸,减少呼吸频率,协调呼吸即在呼气动作完成后吸气,调整吸气和呼气的时间比例。

1. 机制和意义 呼吸由脑桥和延髓中的呼吸中枢控制,同时受大脑皮质调节,正常平静呼吸时主要靠膈肌收缩下降,使胸腔内压减小,主动吸气,由于胸廓和肺的弹性回缩而被动呼气。深呼吸时,肋间外肌参与主动吸气,肋间内肌参与主动呼气。正常呼吸时,膈肌运动占呼吸功的 70%(呼吸功即肺与胸廓扩张时做的功)。呼吸困难时,辅助呼吸肌也参与,COPD 患者横膈下降,平坦而松弛,加上肺膨胀过度失去弹性回缩力,横膈难以上升,甚至深呼吸时也只能活动 1~2cm,其运动只占呼吸功的 30%;为弥补呼吸量的不足,在平静呼吸时,肋间肌甚至辅助呼吸肌也参与,即以胸式呼吸代替,吸气费力,呼气也主动进行,并且呼吸频率加快。重度膈肌疲劳时,可出现错误的呼吸,即吸气时收缩腹肌,使横膈无法活动。同时吸气时肋间肌参与,胸内负压增加,横膈被动上移,结果腹压下降,腹壁回缩,称腹部矛盾呼吸(反常呼吸)。

膈肌呼吸是通过增大横膈的活动范围以提高肺的伸缩性来增加通气的。横膈活动增加 1cm,可增加肺通气量 250~300ml。深而慢的呼吸可减少呼吸频率,增加潮气量和肺泡通气量,提高血氧饱和度。膈肌较薄,活动时耗氧不多,又减少了辅助呼吸肌的不必要的使用,因而膈肌呼吸可以提高呼吸效率,缓解呼吸困难。此外缓慢膈肌呼吸还可防止气道过早萎陷,减少功能残气量。

2. 建立腹式呼吸模式

(1) 放松:用辅助呼吸肌群减少呼吸肌的耗氧量,缓解呼吸困难。具体方法为:①前倾依靠位,指患者坐于桌前或床前,两臂置于棉被或枕下,以固定肩带并放松肩带肌群,头靠于枕上放松颈肌。前倾位还可降低腹肌张力,使腹肌在吸气时容易隆起,增加腹压,有助于腹式呼吸模式的建立。②椅后依靠位:患者坐在有扶手的座椅上,头稍后仰靠于椅背,完全放松坐 5~15min。③前倾站位:自由站立,两手指互握置于身后并稍向下拉以固定肩带,同时身体稍前倾以放松腹肌。也可前倾站立,两手支撑于前方的矮桌上以固定肩带。此体位不仅起到放松肩部和腹部肌群的作用,而且是腹式呼吸的有利体位。

(2) 缩唇呼气法:此方法可增加呼气时的阻力,这种阻力可向内传至支气管,使支气管内保持一定的压力,防止支气管及小支气管被增高的肺内压过早压瘪,促进肺泡内气体排出,减少肺内残气量,从而可以吸入更多的新鲜空气,缓解缺氧症状。具体方法为经鼻腔吸气,呼气时将嘴缩紧,如吹口哨样,在 4~6s 内将气体缓慢呼出。吸与呼之间比为 1:2。

(3) 暗示呼吸法:通过触觉诱导腹式呼吸,常用的方法有以下几种。①双手置上腹部法:患者仰卧位或坐位,双手置于上腹部(剑突下、脐上方)。吸气时腹部缓缓隆起,双手加压做对抗练习;呼气时腹部下陷,两手随之下沉,在呼气末稍用力加压,以增加腹内压,使膈肌进一步抬高。如此反复练习,可增加膈肌活动度。②两手分置胸腹法:患者仰卧位或坐位,一手置于胸部(通常置于两乳间胸骨处),一手置于上腹部,位置同①。呼气时置于腹部的手随之下沉,并稍加压;吸气时腹部对抗加压的手,并缓缓隆起。呼吸过程中置于胸部的手基本不动。此法可用于纠正不正确的腹式呼吸方法。③下胸季肋部布带束胸法:患者取坐位,用一宽布带交叉束于下胸季肋部,两手抓住布带两头。呼气时收紧布带(约束胸廓下部,同时增高胸内压);吸气时对抗加压的布带而扩展下胸部,同时徐徐放松束带,反复进行。④抬臀呼气法:仰卧位,两足置于床架上。呼气时抬高臀部,利用腹内脏器的重量将膈肌向胸腔推压,迫使膈肌上抬,吸气时还原,以增加潮气量。

(4) 缓慢呼吸:这是与呼吸急促相对而言的缓慢呼吸。这一呼吸方法有助于减少解剖死腔,提高肺泡通气量。但过度缓慢呼吸可增加呼吸功,反而增加耗氧,因此每分呼吸频率宜控制在 10 次左右。通常先呼气后吸气,呼吸方法同前。COPD 患者有低氧血症时,主要依靠二氧化碳来刺激呼吸,腹式呼吸后二氧化碳含量常较快降低,从而使呼吸的驱动力下降。呼吸过频容易出现过度换气综合征(头昏、目眩、胸闷等),有的患者还可因呼吸过分用力而加重呼吸困难。因此每次练习的次数不宜过多,即练习 3~4 次,休息片刻再练,逐步做到习惯在日常活动中使用腹式呼吸。

视频:呼吸训练

(5) 膈肌体外反搏呼吸法:使用低频通电装置或体外膈肌反搏仪。刺激电极位于胸锁乳突肌外侧、锁骨上 2~3cm 处(膈神经部位)。先用短时间低强度刺激,当确定刺激部位正确时,即可用脉冲波进行刺激治疗。每天 1~2 次,每次 30~60min。

(二) 排痰训练

包括体位引流排痰、手法排痰(胸部叩击、震颤、挤压)、咳嗽排痰、主动呼吸循环技术(ACBT)及物理因子治疗等。目的是促进呼吸道分泌物排出,减少支气管和肺的感染。

1. 体位引流(postural drainage,PD) 主要利用重力促进各个肺段内积聚分泌物的排出,不同的病变部位采用不同的引流体位,目的是使病变部位的肺段向主支气管垂直引流。一般取侧卧,仰卧或俯卧位时的头低臀高位及半卧位,体位可借助放置枕头、抬高床脚或特制治疗床来摆放。通常配合手法排痰和促进咳嗽反射。Petty 介绍了最常用的 5 种基本体位(表 25-6)。

体位引流的适应证与禁忌证:体位引流适用于痰量每天多于 30ml 或痰量中等但用其他方法不能排出痰液者。心肌梗死、心功能不全、肺水肿、肺栓塞、胸膜渗出、急性胸部外伤、出血性疾病均禁忌进行体位引流。

表 25-6 体位引流常用的 5 种基本体位及引流肺区

体位	引流肺区
1. 倾斜的俯卧位,头低 45°	引流两肺下叶和后底区
2. 倾斜左右侧卧位,头低 45°	引流左右肺下叶和外底区
3. 倾斜仰卧位,头低 45°	引流两肺下叶前底区
4. 倾斜左右半侧卧位	引流右肺中叶和左肺上叶的舌叶
5. 半卧位向后靠	引流两肺上叶前区
6. 半卧位向前倾	引流两肺上叶肺尖及后区

体位引流注意事项:①引流应在饭前 1h、饭后 2h 进行,否则易致呕吐。②由于头低臀高位并不舒适,有些患者不耐受,会出现心慌、气促等症状,此时应立即恢复平卧或坐位,情况严重时加用氧气。③引流的体位不宜刻板执行,必须采用患者所能接受而易于排痰的体位。④引流频率视痰量而定,痰量少者,每天上、下午各引流 1 次,痰量多者宜每天引流 3~4 次。⑤每次引流一个部位,时间 5~10min,如有数个部位,则总时间不超过 30~45min,以免疲劳。

2. **手法排痰** 治疗者通过手法促使患者气道内的分泌物移动,有助于黏稠的痰液脱离支气管壁,便于排出。具体方法包括叩击法(percussion)、震颤法(vibration)和挤压法(squeezing)。

(1) 叩击法:是指治疗者手指并拢,掌指关节屈曲,约成 120°,运用腕动力量从胸背下部向上方双手轮流叩击拍打 30~45s,频率为 100~480 次/min,患者可自由呼吸。

(2) 震颤法:是治疗者将手置于胸壁,此时嘱患者做深呼吸,在深呼气时震颤频率挤压患者胸部,连续做 3~5 次。

(3) 挤压法:是治疗者在呼气时挤压患者胸部,促进排痰。在体位引流过程中进行叩击与震颤等方法,可加强排痰效果。

3. **咳嗽训练** 咳嗽是呼吸系统的防御功能之一,COPD 患者痰液较黏稠,加之咳嗽机制受损,最大呼气流速下降,纤毛活动受损,因此更应教会患者正确的咳嗽方法,以促进痰液排出,减少感染的机会。第一步,先进行深吸气,以达到必要吸气容量。第二步,吸气后要有短暂闭气,以使气在肺内得到最大分布,同时气管到肺泡的驱动压尽可能保持持久。第三步,当气体分布达到最大范围后闭气,以进一步增强气道中的压力。第四步,通过增加腹内压来增加肺内压,使呼气时产生高速气流。第五步,当肺泡内压力明显增高时,突然将声门打开,即可形成由肺内冲出的高速气流,促使痰液移动,随咳嗽排出体外。

4. **主动呼吸循环技术**(active cycle of breathing technology,ACBT) 是一种气道廓清技术,通过呼吸控制、胸廓扩张运动和用力呼气技术的循环,达到松动和清除支气管分泌物的目的。ACBT 是一种可变化的弹性治疗方法,可以根据每个患者气道分泌物的情况进行调整,患者可以主动完成或经过辅助完成。

(1) 呼吸控制(breathing control,BC):即正常呼吸,其方法是通过最小的用力来达到最大程度的有效呼吸,常用腹式呼吸。它在 ACBT 中介于两个主动部分之间的休息间歇,目的是使肺部和胸壁回复至其静息位置。

(2) 胸廓扩张运动(thoracic expansion exercises,TEE):是指着重于吸气的深呼吸运动,在吸气末通常需屏气 3s,然后完成被动呼气动作。胸廓扩张运动有助于肺组织的重新扩张,并协助排除和清理过量的支气管分泌物。操作时治疗师将手置于需要进行胸廓扩张运动的胸壁上,通过本体感受刺激可以使胸廓扩张更明显。每次循环中,胸廓扩张运动进行 3 次左右后需暂停,然后进行呼吸控制,否则过多的深呼吸会引起通气过度,容易疲劳,从而减少患者能完成的哈气次数。

(3) 用力呼气技术(forced expiration technique,FET):由 1~2 次哈气(huffing)组成,随后进行呼吸控制一段时间再重新开始。任一用力呼气动作都可以引起等压点至口腔之间气道的动态压缩和坍陷,这是利用哈气或咳嗽清理气道的重要机制之一。操作时指导患者在吸气后进行用力呼气动作。呼气时间应该足够长,以便将位于更远端气道内的分泌物松动咳出,时间太短可能会无效,但是,如果呼气时间持续太久,可能会引起不必要的咳嗽。一般以中、低等深度的吸气开始,当分泌物已经达到中央气道时再进行高肺容积位的哈气或咳嗽。

ACBT 是一种比较灵活的方案,任何患者,只要存在支气管分泌物过量的问题,都可以单独应用 ACBT 或辅以其他技术。

5. 物理因子治疗 如超短波治疗、超声雾化治疗等有助于消炎、抗痉挛,利于排痰及保护黏液痰和纤毛的功能。用超短波治疗时将电极前后对置于病变肺区,应用无热量或微热量,每天1次,15~20次一个疗程。超声雾化治疗每次 20~30min,每天 1 次,7~10 次为一个疗程。

(三)运动训练

运动耐力下降是慢阻肺患者的主诉之一,因此运动训练是肺康复中的重要组成部分。训练项目包括下肢运动训练,上肢运动训练,柔韧性、牵拉(伸展)运动,呼吸肌训练和平衡训练。一个个体化的运动计划需要按以下项目处方:模式、强度、时间、频率、类型(间歇性或连续性)以及调整难度。每个患者的运动处方需要按他们的运动耐力和肌力测试结果而决定。

1. 下肢运动训练

(1)下肢耐力训练:对于慢性阻塞性肺疾病患者来说,肺康复计划必须包括下肢耐力训练。

1)模式:所有患者均要使用步行训练,如条件允许可使用功率自行车训练。对于有严重气短的患者,在步行训练时,使用有滑轮的步行辅助器以支撑肩胛骨或使用固定自行车训练。这种身体前倾的姿势有助横膈膜(膈肌)保持穹隆状,改善它的长度/张力关系;还可使辅助呼吸的肌肉能更有效地工作。但是这种姿势可导致运动时的换气限制稍为下降,因而使下肢肌肉如股四头肌、腓肠肌、臀大肌等达至更高的活动量。对于在运动期间血氧饱和度下降的患者,骑自行车时血含氧量下降的幅度较步行时低。但是,要达到活动功能上最大的改变,使用步行作为训练方法可能比较合适。同时,高强度运动训练能够引起最大的训练效果。

2)强度:步行训练开始的强度为 6min 步行测试平均速度的 80% 或递增穿梭步行测试中达到的最高速度的 75%,功率自行车开始的运动训练强度为最高自行车功率的 60%。但在很多的地方,最高的自行车功率是没有被测量的,因此处方运动强度可使用 Borg 测量表(0~10 分)中 3~4 分的气短程度或自觉用力系数程度作调节。

3)时间:建议下肢耐力运动训练的最短时间为 30min,比较衰弱的患者,初期的运动时间可以缩短到 10min。运动时间应该在计划的前两周内调整至 30min。如果具备固定自行车,计划可分为 15min 自行车训练和 15min 步行训练。

4)频率:下肢耐力运动训练指导每周 3 次,家庭运动训练每周 1 或 2 次;或运动训练指导每周 2 次,家庭运动训练每周 2 或 3 次。

5)种类:①连续性或间歇性训练。连续性训练是指在整段运动时间内均以处方的运动强度做运动;间歇性训练是指在运动期间作短暂的高强度运动,伴以短暂的恢复(休息或低强度运动)作交替。间歇性训练可能较适合那些不能在指定时间内连续地按处方的强度做运动的患者(即由于严重气短、在运动中出现明显的血氧下降、有明显疲倦症状或出现因其他疾病而引起的不适症状等)。②循环训练。包括柔韧性、牵拉(伸展)和平衡训练。除非在循环训练中有运动站与重复耐力训练(例如在适当高强度下作 15min 自行车和 15min 步行训练),否则,循环训练不能取代下肢耐力训练。③热身和缓和运动。可以在运动训练进行热身和缓和运动,包括柔韧性、牵拉(伸展)和平衡训练。

(2)下肢肌力训练:慢性阻塞性肺病患者因骨骼肌衰弱导致下肢肌力下降,从而影响下肢的运动能力。而肌力训练可以提升肌肉力量、最高运动能力和持久性(耐力时间)。

1)模式:可以使用或不使用负重设备,负重的肌力训练如腿部推蹬、股四头肌伸直,不负重的肌力训练如半蹲、直腿抬高、踏台阶或上楼梯、在慢慢调低坐高的椅子上从坐到站。

2)强度:根据 1RM 或 10RM 设定运动强度。虽然检测 1RM 在健康人士当中是用作肌力训练的基础,但是对于体力衰退或年老的患者,检测 1RM 的做法可能为关节或韧带增加过大的负荷。因此,一般使用 10RM 作检测。

3)方案:完成特定的运动 1 组(10 次),使用的重量是只能举起 10 次的重量(即 10RM),然后休息。增加组数,在特定的重量下增加至 3 组,每组运动之间的休息时间不超过 2min。当患者能完成特定运动 3 组后,可以增加重量。

4) 时间:根据完成指定的运动组数而决定。

5) 频率:每周 2 次或 3 次,确保在肌力训练之间有最少 1d 的休息。

2. 上肢运动训练 肩带部很多肌群为辅助呼吸肌群,如胸大肌、胸小肌、背阔肌、前锯肌、斜方肌等。躯干固定时可起辅助肩带和肩关节活动的作用。而上肢固定时,这些肌群又可作为辅助呼吸肌群参与呼吸活动。COPD 患者在上肢活动时,由于这些肌群减少了对胸廓的辅助活动,易于产生气短、气促,从而对上肢活动不能耐受。而日常生活中的很多活动如做饭、洗衣、清扫等都离不开上肢活动,为了加强患者对上肢活动的耐受性,COPD 的康复应包括上肢训练。

(1) 上肢耐力训练

1) 模式:选择没有支撑的上肢运动,如上臂持物上举。应注意运动时不能屏气,并可在运动时配合呼吸训练(即举起手臂时吸气,放下手臂时呼气)。训练时患者坐在有靠背的椅子上,若掌握正确的动作或技巧,则可在站立位进行。

2) 强度:可按负重次数或气短指数设定运动强度,为了达到耐力训练的效果,应进行低重量且高重复的上肢耐力运动。若按负重次数设定运动强度,开始时使用一个患者在指定上肢运动能举起最少 15 次的重量,当患者能完成每一个运动 15 次后(1 组),可以增加运动量至 3 组,并逐步提升负重量。气短指数的 2 分相当于没有支撑的增量上肢运动测试中最高耗氧量的 75%。因此,当患者进行上肢耐力训练时,可在此气短指数或稍微高一点的程度下(气短指数的 2~3 分)做运动。

3) 时间:按患者能完成的组数决定,患者的目标应该是完成最少 10min 没有支撑的上肢运动(约 5min 完成 3 组运动,然后重复)。

4) 频率:同下肢耐力训练。

5) 种类:同下肢耐力训练。

(2) 上肢肌力训练:增强上肢肌力将有助慢性阻塞性患者进行功能上的活动,这些肌肉包括胸大肌、背阔肌、斜方肌、肱二头肌和肱三头肌。

1) 模式:可以使用或不使用负重设备,使用负重设备的肌力训练如使用手提重量(哑铃)以锻炼肱二头肌和肱三头肌,高拉训练机以锻炼背阔肌,胸部推举机以锻炼胸大肌等。不使用负重设备的肌力训练如靠墙挺身以锻炼胸大肌,使用橡胶练力带的阻力以锻炼胸大肌及背阔肌。

2) 强度:根据 1RM 或 10RM 处方运动强度。为避免测试患者的 1RM,可使用次极量运动强度测试估计患者的 1RM(具体做法是:找出患者只能举起 2~3 次的重量,而该重量大概相等于 1RM 的 80%,从而计算出 1RM。)开始训练时,可使用患者 1RM 重量的 50%~60%,完成特定的运动 1 组(10 次),并逐渐增加至 80%,当患者能完成该运动 3 组后,可以增加重量。

3) 方案:完成特定的运动 1 组(10 次),然后休息,休息时间短于 2min。当患者能完成特定运动 3 组后,可以增加 5% 重量或增加大概 0.5~5kg 的重量。注意不能屏气,可结合呼吸训练(即举起上肢时吸气,放下时呼气)。

4) 时间:根据完成指定的运动组数而决定。

5) 频率:每周 2 次或 3 次,确保在肌力训练之间有最少 1d 的休息。

3. 柔韧性和牵拉(伸展)运动 患者在每次运动训练时只用 5min 做柔韧性和牵拉(伸展)运动,应把此运动纳入家庭运动计划中。

(1) 柔韧性运动:是为了使关节在其活动范围内活动从而促进或保持其柔韧性。在进行柔韧性运动时,应该注意以下事项:患者需要缓慢并顺畅地完成每一个运动 2~3 次;在做每个运动时,患者应该在没有引起疼痛的情况下尽可能做到最大的幅度。对于慢性阻塞性肺疾病患者在呼吸时容许胸廓的活动是很重要的,因此应进行脊柱关节的柔韧性训练(尤其是胸椎),如躯体转动(尽量轻轻地将躯体从一边转到另一边的最远处)。

(2) 牵拉(伸展)运动:由于气促,很多 COPD 患者会使用前倾的姿势,因而造成胸大肌变短。因此,将牵拉(伸展)运动包括在内是非常重要的,运动的目的在于维持胸大肌的长度,并有助于改善姿势。常见的牵拉(伸展)运动包括胸大肌牵拉(伸展)、三头肌牵拉(伸展)和腘绳肌牵拉(伸展)。此外,对于那些自诉有股四头肌绷紧或在自行车训练后感到疼痛的患者,会加上额外的运动如股四头肌牵拉(伸展)运动。在进行牵拉(伸展)运动时,需注意以下几点。①告知患者在做每一个牵拉(伸展)运动时需要保持牵拉 5~10s。②告知患者需要重复每一个牵拉(伸展)运动 2~3 次。③患者需要慢慢牵拉(伸展)肌肉直到感觉肌肉牵拉点,但是并没有痛的感觉。④当达到牵拉点,告知患者"停留(保持)在该处"。⑤如果患者自觉能继续牵拉,鼓励患者逐渐增加牵拉。⑥鼓励患者在牵拉时保持呼吸,有些患者在牵拉时会屏气,另一些则因为气促而不能保持牵拉至 5s。

4. 呼吸肌训练　呼吸肌易疲劳是患者通气受限和呼吸衰竭的原因之一,而呼吸肌训练可以改善呼吸肌耐力,缓解呼吸困难。因此要加强呼吸肌的训练,具体训练方法如下。

(1) 吸气肌训练:采用口径可以调节的呼气管,在患者可接受的前提下,将吸气阻力增大,吸气阻力每周逐步递增 -4~$-2cmH_2O$。初始练习时间为每次 3~5min,每天 3~5 次,以后可增加至每次 20~30min,以增加吸气肌耐力。

(2) 呼气肌训练:①腹肌训练。腹肌是最主要的呼气肌。COPD 患者常有腹肌无力,使腹腔失去有效的压力,从而减少了对膈肌的支托能力和外展下胸廓的能力。训练时患者取仰卧位,腹部放置沙袋做挺腹练习(腹部吸气时隆起,呼吸时下陷),初始沙袋为 1.5~2.5kg,以后可以逐步增加至 5~10kg,每次腹肌练习 5min。也可在仰卧位做双下肢屈髋屈膝、两膝尽量贴近胸壁的练习,以增强腹肌。②吹蜡烛法,指将点燃的蜡烛放在口前 10cm 处,吸气后用力吹蜡烛,使蜡烛火焰飘动。每次训练 3~5min,休息数分钟后反复训练。每 1~2d 将蜡烛与口的距离加大,直到距离增加到 80~90cm。③吹瓶法:用两个有刻度的玻璃瓶,瓶的容积为 2000ml,各装入 1000ml 水。将两个瓶用胶管或玻璃管连接,在其中的一个瓶插入吹气用的玻璃管或胶管,另一个瓶插入一根排气管。训练时用吹气管吹气,使另一个瓶的液面升高 30mm 左右,休息片刻后反复进行。以液面升高的程度作为呼气阻力的标志。可以逐渐增加训练时的呼气阻力,直到达到满意的程度为止。

5. 平衡训练　虽然没有证据显示慢性阻塞性肺病患者比相应的健康人士较容易跌倒,但是常见的跌倒风险(例如下肢肌力下降、日常生活活动减少、站立平衡能力降低)却与慢性阻塞性肺病有关。因此,保持或促进平衡是非常重要的,尤其是平衡力较差或有高跌倒风险的患者。以下运动有助于改善平衡力,例如单脚站立、腿往外侧踢、上下台阶(开始时可以握住椅背以协助平衡)、太极等。

(四) 日常生活指导

1. 能量节省技术　在训练时要求患者费力,以提高身体功能的储备力。但是在实际生活和工作活动中,要尽量节省体力,避免不必要的耗氧,完成更多的活动。节省能量可遵循以下原则:

(1) 事先准备好日常家务杂事或活动所需的物品或资料,并放在一处。

(2) 把特定工作所需要的物品放在活动开始就要用的地方。

(3) 尽量坐位,并使工作中减少不必要的伸手或弯腰。

(4) 移动物品时要用双手,搬动笨重物体时要用推车。

(5) 工作中尽量左右活动,避免不必要的前后活动。

(6) 活动要缓慢而连贯地进行。

(7) 工作中要经常休息,至少每小时休息 10min,轻重工作要交替进行。

(8) 工作中,缩唇并缓慢呼气。

2. 营养　营养状态是 COPD 患者症状、残疾及预后的重要决定因素。通常 COPD 患者绝大多数存在营养不良,往往出现体重下降、肌肉萎缩等情况,并直接影响呼吸肌。约 25% 的 COPD 患者身体质量指数下降,是患者死亡的独立危险因素。改善营养状态可增强呼吸肌力量,最大限度地改善患者整体健康状态。另一方面,由于缺乏体力活动和进食过度,部分患者也有可能出现肥胖症状。肥胖会增加呼吸系统做功,尤其是那些需要承载身体重量的活动,如爬坡、上下楼、走路等,减肥锻炼是这类患者需要强调的内容。总之,COPD 患者一般给予低脂、复合碳水化合物饮食,伴有高碳酸血症者,应给予必要的饮示指导,饮食中应避免过多的液体量引起水肿和加重心脏负担。

3. 心理行为矫正　长期的慢性过程常使 COPD 患者焦虑、沮丧,不能正确对待疾病,因此,心理及行为干预是非常必要的。通过指导患者学会放松肌肉,减压及控制惊慌,有助于减轻呼吸困难及焦虑。热情关心、同情、帮助患者,通过耐心细致地说服和解释,使患者消除不必要的顾虑。鼓励患者参加力所能及的社会交往和活动,并动员患者的家属和朋友一起做工作。

视频:运动训练

(五) 健康宣教

健康宣教除了呼吸系统的解剖、生理、病理生理、药物使用等,还应包括以下内容:

1. 氧气的使用　长期低流量吸氧(<5L/min)可提高患者的生活质量,使 COPD 患者的生存率提高2倍。供氧可以持续给氧,也可间歇给氧。大多数学者主张以夜间供氧为主,不但患者易于接受,且可以解决夜间低氧血症,降低 COPD 患者夜间的猝死率。在氧气使用过程中主要应防止火灾及爆炸,在吸氧过程中应禁止吸烟。

2. 感冒预防　COPD 患者易患感冒,继发细菌感染后加重支气管炎症。可采用防感冒按摩、冷水洗脸、食醋熏蒸等方法增强体质,预防感冒。

3. 戒烟　各种年龄及各期的 COPD 患者均应戒烟。戒烟有助于减少呼吸道的黏液分泌,降低感染的危险性,减轻支气管壁的炎症,使支气管扩张剂发挥更大作用。

本章小结

　　COPD 是一种具有气流受限特征的可以预防和治疗的疾病,气流受限不完全可逆,呈进行性发展,COPD 主要累及肺脏,但也可以引起全身的不良反应。综合性的肺康复治疗可以改善 COPD 患者的呼吸困难症状,提高运动耐量和健康相关生活质量(HRQL),减少急性加重率和住院天数,还能在没有心理干预的条件下改善患者心理障碍及社会适应能力,具有良好的社会和经济收益。COPD 的肺康复方案是以运动疗法为中心的综合治疗,改善心肺耐力与周围肌肉耐力是肺康复的直接目的,对于 COPD 患者来说只要存在呼吸困难、运动耐力减退、活动受限就是肺康复的适应证。

(陶　萍)

思考题

1. 修订后的慢阻肺综合评估考虑了哪些因素的评估? 有什么临床意义?
2. 简述体位引流常用的 5 种基本体位及引流肺区。
3. 主动呼吸循环技术包括哪几个环节? 临床上如何根据患者的表现来应用此项技术?

扫一扫,测一测

思路解析

第二十六章　糖尿病康复

学习目标

1. 掌握　糖尿病的概念、临床分型、运动处方,糖尿病足的治疗与预防。
2. 熟悉　糖尿病的临床表现、常见并发症及康复评定。
3. 了解　糖尿病的病因、危险因素及综合治疗方法。
4. 具备指导患者进行康复训练及评估康复疗效的能力,能对患者在治疗或训练过程中出现的简单问题进行处理。
5. 能与患者及家属进行良好沟通,能对患者进行健康宣教。

病例导学

患者,男性,65 岁,近日诊断为糖尿病,空腹血糖在 6.5~7.5mmol/L,餐后血糖在 13.0~13.5mmol/L。查体:一般情况可,身高 160cm,体重 70kg,血压 130/85mmHg,心肺查体阴性。既往体健,喜暴饮暴食。家族中母亲是糖尿病患者。

问题与思考:

1. 该患者属于 1 型糖尿病还是 2 型糖尿病?
2. 请为该患者制订一套合适的康复治疗方案。

第一节　概　　述

一、基本概念

糖尿病(diabetes mellitus,DM)是一组以血浆葡萄糖(简称血糖)水平升高为特征的代谢性疾病群。引起血糖升高的病理生理机制是胰岛素分泌缺陷和 / 或胰岛素作用缺陷。临床上早期无症状,血糖明显升高时可出现多尿、多饮、体重减轻,有时尚可伴多食及视物模糊。糖尿病可危及生命的急性并发症为酮症酸中毒及非酮症性高渗综合征。糖尿病患者长期血糖升高可致器官组织损害,引起脏器功能障碍以致功能衰竭。在这些慢性并发症中,视网膜病变可导致视力丧失;肾病变可导致肾衰竭;周围神经病变可导致下肢溃疡、坏疽、截肢和关节病变的危险;自主神经病变可引起胃肠道、泌尿生殖系及心血管等症状与性功能障碍;周围血管及心脑血管合并症明显增加,并常合并有高血压、脂代谢异常。如不进行积极防治,将降低糖尿病患者的生活质量,寿命缩短,病死率增高。

二、流行病学

近年来,随着世界各国社会经济的发展和居民生活水平的提高,糖尿病的发病率及患病率逐年升高,是仅次于心脑血管疾病和肿瘤之后的第三大非传染性疾病。2016 年 4 月 6 日世界卫生组织(WHO)发布的《全球糖尿病报告》指出:2014 年全球共有患者 4.22 亿人,约占全球人口总数的 8.5%,而 1980 年这一数字仅为 1.08 亿,约占全球人口 4.7%。2012 年,糖尿病导致了全球 150 万人死亡,此外,血糖超出理想值也会增加心血管疾病和其他疾病的风险,并造成 220 万人死亡。报告同时指出,中国约有 1.1 亿例糖尿病患者,约占中国成年人总数的 1/10;若不尽快采取行动,预计该数字将在 2040 年增至 1.5 亿人。更为严重的是,中国近半数成年人处于糖尿病前期,约为 5 亿人,这不仅带来罹患 2 型糖尿病的风险,也带来罹患心血管病等其他疾病的风险。

三、病因

目前认为,糖尿病是一种多基因、多因素疾病,是遗传因素和环境因素共同作用的结果,其确切病因尚未明确。糖尿病的发病机制可归纳为不同病因导致胰岛 B 细胞分泌缺陷及(或)周围组织胰岛素作用不足。1 型及 2 型糖尿病的危险因素见表 26-1。

表 26-1　糖尿病的危险因素

糖尿病分型	危险因素
1 型糖尿病	遗传易感性 自身免疫 病毒感染 牛乳喂养 药物及化学物
2 型糖尿病	遗传易感性 体力活动减少和 / 或能量摄入增多 肥胖病(总体脂增多或腹内体脂相对或者绝对增多) 胎儿及新生儿期营养不良 中老年 吸烟、药物及应激(可能)

四、临床分型

按照世界卫生组织(WHO)及国际糖尿病联盟(IDF)专家组的建议,糖尿病可分为 1 型、2 型、妊娠糖尿病及其他特殊类型 4 种。

（一）1 型糖尿病

以往称为胰岛素依赖型糖尿病,约占糖尿病患者总数的 10%,常发生于儿童和青少年,但也可发生于任何年龄,甚至 80~90 岁时也可患病。病因是由于胰岛 B 细胞受到细胞介导的自身免疫性破坏,自身不能合成和分泌胰岛素。起病时血清中可存在多种自身抗体。1 型糖尿病发病时糖尿病症状较明显,容易发生酮症,即有酮症倾向,需依靠外源胰岛素存活,一旦中止胰岛素治疗则威胁生命。在接受胰岛素治疗后,胰岛 B 细胞功能改善,B 细胞数量也有所增加,临床症状好转,可以减少胰岛素的用量,即蜜月期,可持续数月。过后,病情进展,仍然要靠外援胰岛素控制血糖水平和遏制酮体生成。

（二）2 型糖尿病

以往称为非胰岛素依赖型糖尿病,约占糖尿病患者总数的 90%,发病年龄多数在 35 岁以后。起病缓慢、隐匿,部分患者是在健康检查或检查其他疾病时发现的。胰岛细胞分泌胰岛素或多,或少,或正常,而分泌高峰后移。胰岛素靶细胞上的胰岛素受体或受体后缺陷在发病中占重要地位。2 型糖尿病患者中约 60% 是体重超重或肥胖。长期的过量饮食,摄取高热量,体重逐渐增加,以至肥胖,肥胖后导致胰岛素抵抗,血糖升高,无明显酮症倾向。多数患者在饮食控制及口服降糖药治疗后可稳定控制血糖;但仍有一些患者,尤其是非常胖的患者需要外源胰岛素控制血糖。因此,外源胰岛素治疗不能作为1型与2型糖尿病的鉴别指标。2型糖尿病有明显的家族遗传性,与HLA抗原频率无关联,与自身免疫反应无关联,血清中不存在胰岛细胞抗体及胰岛素自身抗体。

(三) 妊娠糖尿病(GDM)

妊娠妇女原来未发现糖尿病,在妊娠期,通常在妊娠中期或后期才发现的糖尿病,称为妊娠糖尿病(妊娠前已有糖尿病的,是糖尿病患者妊娠期,称为糖尿病妊娠)。在妊娠中期以后,尤其是在妊娠后期,胎盘分泌多种对抗胰岛素的激素,如胎盘泌乳素等,并且靶细胞膜上胰岛素受体数量减少。对于妊娠糖尿病,应积极控制血糖,以避免高血糖对胎儿造成的不良影响。大部分妊娠期糖尿病患者分娩后血糖恢复正常,但仍有在产后5~10年有发生糖尿病的高度危险性。因此,在分娩3个月以后,根据其血糖水平再做糖尿病临床分型,50%~70%的妊娠糖尿病在分娩后表现为2型糖尿病,一部分患者糖耐量恢复正常,仅个别患者转变为1型糖尿病。

(四) 其他特殊类型糖尿病

其他特殊类型糖尿病主要包括:①遗传缺陷导致细胞功能受损;②遗传缺陷导致胰岛素抵抗;③胰腺外分泌病变;④内分泌疾病;⑤药物及化学诱导;⑥感染,主要为病毒感染,如先天性风疹、柯萨奇病毒、巨细胞病毒感染等;⑦免疫介导的罕见病类,如僵直综合征伴糖尿病,抗胰岛素受体抗体生成导致糖尿病。

五、临床表现

糖尿病的临床表现可归纳为糖、脂肪及蛋白质代谢紊乱症候群和不同器官并发症及伴发病的功能障碍两方面表现。初诊时糖尿病患者可呈现以下一种或几种表现:

1. **慢性物质代谢紊乱**　患者可因血糖升高后尿糖排出增多致渗透性利尿而引起多尿、烦渴及多饮。组织糖利用障碍致脂肪及蛋白质分解增加而出现乏力、体重减轻,儿童尚可见生长发育受阻。组织能量供应不足可出现易饥及多食。此外,高血糖致眼晶状体渗透压改变影响屈光度而出现视物模糊。

2. **急性物质代谢紊乱**　可因严重物质代谢紊乱而呈现酮症酸中毒或非酮症性高渗综合征。

3. **器官功能障碍**　患者可因眼、肾、神经、心血管疾病等并发症或伴发病导致器官功能不全等表现就诊而发现糖尿病。

4. **感染**　患者可因并发皮肤、外阴、泌尿道感染或肺结核就诊而发现糖尿病。

5. **无糖尿病症状**　患者并无任何糖尿病症状,仅在常规健康检查、手术前或妊娠常规化验中被发现。必须指出,糖尿病流行病学调查表明至少约半数糖尿病患者无任何症状,仅在检测血糖后方始确诊。

六、常见并发症

糖尿病并发症发生率高,造成组织器官毁损,具有致残致死性,危害严重。

(一) 急性并发症

急性并发症常见有酮症酸中毒、非酮症高渗性昏迷、乳酸性酸中毒。

1. **糖尿病酮症酸中毒**　是最常见的急性并发症,由于体内胰岛素极度缺乏,抗胰岛素激素增加,组织细胞不能有效利用葡萄糖导致血糖显著升高,脂肪分解加速,产生高酮血症和代谢性酸中毒及明显水、电解质紊乱,严重者出现不同程度的意识障碍甚至昏迷,如不及时救治可导致死亡。1、2型糖尿病均可发生酮症酸中毒,但1型糖尿病是胰岛素绝对缺乏,常表现为无诱因酮症酸中毒;2型糖尿病发生常有诱因,如在某些应激情况下也可发生,且随病程延长,胰岛细胞衰竭越严重,越容易发生酮症酸中毒。

糖尿病酮症酸中毒临床发病诱因有:①各种感染,如呼吸道感染、泌尿道感染、皮肤感染等;②胰岛素应用不当,如长期用量不足或突然中断;③饮食不当,暴饮暴食;④精神刺激等其他因素。

2. **非酮症高渗性昏迷**　高渗性昏迷是糖尿病的严重急性并发症,大多发生在老年2型糖尿病。主要表现为血糖极高、脱水及血浆渗透压增高,但没有明显的酮症酸中毒症状,患者的神志可以正常,但多嗜睡、蒙眬,严重者不省人事及深昏迷。值得注意的是发生高渗性昏迷患者中,半数发病前无糖尿病病史,或不知患有糖尿病,即使有糖尿病也多为轻症 2 型糖尿病,不需要胰岛素治疗的糖尿病患者。

糖尿病发生高渗性昏迷的原因在于:一是体内胰岛素相对不足的情况下,对抗胰岛素增加及肝糖释放增加,导致严重高血糖;二是老年人、肾动脉硬化、肾糖阈增高、葡萄糖排出障碍,导致血糖明显增高。

糖尿病非酮症高渗性昏迷临床发病诱因有:①所有能引起血糖增高的因素,如各种感染合并症、各种应激因素、各种增加糖异生或血糖生高的药物(如糖皮质激素)、糖摄入过多、合并某些糖代谢障碍的内分泌疾病(如甲亢)、肢端肥大症、皮质醇增多症、嗜铬细胞瘤等;②所有能引起脱水的因素:利尿剂、水摄入量不足、失水过多(如呕吐、腹泻)、脱水治疗、透析治疗、大面积烧伤患者;③肾功能不全。

3. 乳酸性酸中毒　糖尿病合并乳酸性酸中毒的发生率不高,但病死率很高。大多发生在伴有肝、肾功能不全,或伴有慢性心肺功能不全等缺氧性疾病患者,尤其是同时服用苯乙双胍者。主要是由于体内无氧酵解的糖代谢产物——乳酸大量堆积导致高乳酸血症,进一步出现体液 pH 降低,导致乳酸性酸中毒。

(二) 慢性并发症

由于胰岛素广泛用于临床,糖尿病酮症酸中毒和感染的死亡率明显降低,但各种慢性并发症如血管病变的发病率和病死率却明显增多。糖尿病并发症的病因和发病机制相当复杂,许多研究证明,长期高血糖是发生糖尿病慢性并发症的关键因素。

1. 心血管并发症　心血管疾病是糖尿病患者致残、致死,并造成经济损失的主要原因,因心血管疾病而死亡的糖尿病患者中,冠心病约占一半。糖尿病人群的心血管疾病年发病率比年龄及性别相同的非糖尿病人群高 2~3 倍。2 型糖尿病是冠心病的独立危险因素。因此在处理糖尿病时,可以有效地进行早期的干预防治,以最大限度降低心血管疾病的发生率与死亡率。

2. 糖尿病脑血管病　糖尿病脑血管病以脑动脉粥样硬化所致缺血性脑病最为常见,如短暂性脑缺血发作(transient ischemic attack,TIA)、腔隙性脑梗死、多发性脑梗死、脑血栓形成等。由于糖尿病高血压发生率甚高(20%~60%),亦可发生出血性脑病。糖尿病脑血管病的危险因素包括高血糖、高血压、血脂异常、血液流变学异常、吸烟以及慢性炎症状态等。其中高血压尤为重要,为糖尿病缺血性脑病的独立危险因素。

3. 糖尿病眼病　糖尿病患者眼的各部位均可出现病变,如角膜异常、虹膜新生血管、视神经病变等,糖尿病患者青光眼和白内障的患病率高于相同年龄非糖尿病患者。糖尿病视网膜病变是糖尿病患者失明的主要原因,各型糖尿病的视网膜病变患病率随患病时间和年龄的增长而上升。99% 的 1 型糖尿病和 60% 的 2 型糖尿病,病程在 20 年以上者,几乎都有不同程度的视网膜病变。

4. 糖尿病肾病　20%~30% 的 1 型或 2 型糖尿病患者发生糖尿病肾病。其中一部分进展为终末期肾病。由于 2 型糖尿病患者的数量大,因此目前在西方国家进行透析的肾病患者中一半以上为糖尿病患者。1 型或 2 型糖尿病患者微量白蛋白尿的出现,不仅标志着早期肾病的存在,而且极大地增加心血管疾病患病率及死亡危险性,因此应予以高度重视。

5. 糖尿病足　糖尿病足是糖尿病下肢血管病变、神经病变和感染共同作用的结果,严重者可致足溃疡,甚至截肢。

6. 糖尿病骨关节病　糖尿病骨关节病的发生率为 0.1%~0.4%,主要系神经病变所致,感染可加重其损伤。本病发生率虽然不高,但可致关节脱位、畸形,严重影响关节功能,使患者生活质量降低。

7. 糖尿病与口腔疾病　糖尿病患者机体对细菌的抗感染能力下降,口腔颌面部组织及口腔内的牙龈和牙周组织易发生感染,可引起齿槽溢脓、牙槽骨吸收、牙齿松动。发生在颌面部软组织的感染,起病急,炎症扩展迅速,发病初期就可以使全身情况突然恶化,治疗不及时可引起死亡。

(三) 伴发病及感染

1. 低血糖症　糖尿病肥胖者常伴有餐后高胰岛素血症,因此可出现餐后晚期低血糖症状,但程度较轻。低血糖可加重糖尿病,对已有冠状动脉粥样硬化的患者,易使心脏功能受损,供氧受阻碍,产生心律失常。反复低血糖或严重低血糖时,可使患者脑功能受损,表现为记忆力减退、反应迟钝等,如果不及时抢救,昏迷 6h 以上,可造成不可逆性脑组织损坏,甚至死亡。

2. 代谢综合征　向心性肥胖、高血压、血脂异常、胆石症、高尿酸血症以及多囊卵巢综合征等经常与糖尿病簇聚发生(即代谢综合征),更增加了糖尿病心血管病变的危险性。

3. 勃起功能障碍　十分常见,约半数的 2 型糖尿病患者有之,主要为糖尿病自主神经病变所致。

4. 急、慢性感染　糖尿病患者细胞免疫及体液免疫功能减低,常易伴发尿路、胆道感染、皮肤的真菌或细菌感染,以及肺炎和肺结核等。

第二节　康　复　评　定

糖尿病患者的康复评定主要包括生理功能评定、心理状况评定、运动耐力评估、日常生活活动能力评定及社会参与能力评定。

一、生理功能评定

糖尿病生理功能评定包括生化指标测定、靶器官损害程度评定及糖尿病康复疗效评定三部分。

(一) 生化指标测定

包括血糖、糖化血红蛋白 A_1、血脂、肝肾功能等。按照世界卫生组织的标准,空腹血糖≥7.0mmol/L (126mg/dl) 和 / 或餐后 2h 血糖≥11.1mmol/L(200mg/dl), 即可诊断为糖尿病。空腹血糖(FPG) ≥6.1mmol/L(110mg/dl)但 <7.0mmol/L(126mg/d)称为空腹血糖受损(IFG)。其中糖化血红蛋白 A_1 测定可反映抽血前 2~3 个月血糖的总水平,可弥补空腹血糖只反映瞬时血糖值之不足,是糖尿病控制的重要检测指标之一,其正常值为 3.2%~6.4%,糖尿病患者常高于正常值。

(二) 靶器官损害程度评定

主要包括视网膜、周围神经、心、脑、肾及足等靶器官功能水平的评定,其评定内容及方法如下:

1. 眼　每半年查一次视力及眼底,排除糖尿病视网膜病变。对于眼底病变可疑者或有增殖前期,增殖期视网膜病变者,应进一步做眼底荧光造影。

2. 肾脏　每半年查一次尿常规、镜检、24h 尿微量白蛋白或尿白蛋白与肌酐比值、血肌酐和尿素氮,排除糖尿病肾病。

3. 神经系统　每半年到一年复查肌电图,进行神经传导速度测定和痛觉阈值测定;或进行四肢腱反射、音叉振动觉、触觉等检查排除糖尿病周围神经病变。

4. 足　定期评估足背动脉、胫后动脉搏动情况和缺血表现、皮肤色泽、有否破溃、溃疡、真菌感染、胼胝等;也可每年查一次双下肢血管彩超,或者可以用糖尿病足诊断箱检查是否有糖尿病足的发生危险。

5. 肝肾功能　因为糖尿病患者每天用药,建议半年查一次肝肾功能,必要时调整药物。

6. 如果有冠心病或脑血管疾病者建议复查心电图、心脏彩超,必要时复查头颅 CT。

(三) 糖尿病康复疗效评定

糖尿病康复治疗疗效的评价实际上与临床治疗疗效评价是一致的。糖尿病的控制目标见表 26-2,对判断糖尿病康复治疗的疗效具有较好的参考价值。

表 26-2　糖尿病的控制目标(血糖值)[mmol/L(mg/dl)]

	理想控制	较好控制	控制差
空腹	低于 6.1(110)	6.1~7.8(110~140)	高于 7.8(140)
餐后 2h	低于 8.0(144)	8.0~10.0(144~180)	高于 10.0(180)
糖化血红蛋白 A_{IC}(%)	低于 7.0	7.0~9.0	高于 9.0

二、心理状况评定

糖尿病患者心理障碍的发生率可高达 30%~50%,主要表现为焦虑症、强迫症、恐惧症及抑郁症等。一般选择相应的量表进行测试评定,如 Hamilton 焦虑量表(HAMA)、Hamilton 抑郁量表(HAMD)、简明精神病评定量表（Brief Psychiatric Rating Scale，BPRS）、症状自评量表（SCL-90）等。

三、运动耐力评定

糖尿病患者在进行康复治疗前，应充分询问病史，结合体检，对其运动耐力进行评定。运动耐力试验的目的是确定糖尿病患者的心脏负荷能力及身体运动耐力，以保证康复治疗的有效性和安全性。年龄超过 40 岁的糖尿病患者，尤其有 10 年以上糖尿病史或有高血压、冠心病及脑血管病的症状和体征者，都应进行运动耐力试验。

运动试验的方式多采用运动平板和功率自行车，合并感觉异常、下肢溃疡、足部畸形等可改用上肢功量计。还应在运动耐受性试验或运动疗法前后检查血糖，注意低血糖的发生。监视血糖水平对中、重型糖尿病患者运动疗法的实施是至关重要的，否则极易发生意外。

四、日常生活活动能力评定

糖尿病患者日常生活活动能力评定可采用改良 Barthel 指数评定表，高级日常生活活动能力（包括认知和社会交流能力）的评定可采用功能独立性评定量表（FIM）。

五、社会参与能力评定

主要进行生活质量评定、劳动力评定和职业评定。

第三节　康　复　治　疗

一、康复治疗目标

糖尿病的主要康复治疗目标：使血糖达到或接近正常水平；纠正代谢紊乱，减轻或消除临床症状；防止或延缓并发症的发生，避免引起心、脑、肾、眼、血管和神经等病变；控制体重，维持较好的健康和劳动能力；儿童保持正常的生长发育；提高老年人生活质量，延长寿命，降低病死率和致残率。

康复治疗原则：早期治疗、长期治疗、综合治疗、治疗措施个体化。

二、康复治疗方法

糖尿病的康复治疗主要包括饮食治疗、运动治疗、药物治疗、糖尿病健康教育、自我监测血糖及心理治疗。其中起直接作用的是饮食治疗、运动治疗和药物治疗三方面，而糖尿病教育和自我血糖监测则是保证这三种治疗方法正确发挥作用的必要手段。目前外科手术也逐步用于治疗糖尿病，主要适用于 2 型糖尿病伴重度肥胖的患者。

（一）饮食治疗

饮食治疗是糖尿病的基本治疗措施之一。其目的在于控制热量的摄入，减轻胰岛的负担，控制血糖升高以减轻症状和减缓合并症的发生与发展；维持合理的体重，特别是使儿童得到正常的生长和发育；保持患者基本的营养需求，使患者身心处于最佳状态。因此，不论是 1 型糖尿病还是 2 型糖尿病都应重视饮食治疗，并应严格和长期执行。具体方法如下：

1. 制订每日摄入的总热量　首先，按患者身高计算出理想体重，标准体重（kg）= 身高（cm）-105；然后，根据标准体重和工作性质，参考原来的生活习惯等因素，计算每日所需的总热量。成人卧床休息状态下每日每千克理想体重给予热量 105~126kJ（25~30kcal），轻体力劳动者为 126~146kJ（30~35kcal），中度体力劳动者为 146~167kJ（35~40kcal），重体力劳动者为 167kJ（40kcal）以上。青少年、孕妇、哺乳期妇女、营养不良和消瘦及伴有消耗性疾病者应酌情增加，肥胖者酌减。通过调整总热量的摄入量，使患者的体重逐渐控制在理想体重的 ±5% 范围内。

2. 营养素的热量分配　根据患者的病情、饮食习惯、生活方式等调整营养素的热量分配，做到比例合理和个体化。比较合理的饮食结构为：①碳水化合物的摄入量占总热量的 50%~60%；②脂肪量一般按每天每千克体重 0.6~1.0g 计算,热量不超过全天总热量的 30%,所有脂肪以不饱和脂肪酸为宜;③蛋白质的摄入量按成人每天每千克体重 0.8~1.2g 计算,约占总热量的 15%;孕妇、哺乳期妇女、营养不良及有消耗性疾病者,可酌情加至 1.5g 左右,个别可达 2g,占总热量的 20%;儿童糖尿病患者可按每千克体重 2~4g 计算;肾脏病变者,可给予低蛋白膳食,占总热量的 10% 左右;④充足的食物纤维,无机盐及适量的维生素。

健康状况良好且膳食多样化的糖尿病患者很少发生维生素与矿物质等微量元素缺乏。食物纤维不被小肠消化吸收,但能带来饱感,有助于减食减重,并能延缓糖和脂肪的吸收。可溶性食物纤维(谷物、麦片、豆类中含量较多)能吸附肠道内的胆固醇,延缓碳水化合物的吸收,有助于降低血糖和胆固醇水平。

3. 制订食谱　每日总热量及营养素的组成确定后,根据各种食物的产热量确定食谱。每克碳水化合物和蛋白质均产热 16.8kJ(4kcal),每克脂肪产热 37.8kJ(9kcal)。根据生活习惯、病情和药物治疗的需要,可按每日三餐分配为 1/5、2/5、2/5 或 1/3、1/3、1/3;也可按四餐分配为 1/7、2/7、2/7、2/7。

4. 其他　糖尿病患者每日的食盐摄入量不应超过 7g,合并肾病者应少于 6g,有高血压者应少于 3g。糖尿病患者应忌酒,饮酒可干扰血糖控制和饮食治疗计划的执行,大量饮酒可诱发酮症酸中毒,长期饮酒可引起酒精性肝硬化、胰腺炎等。

5. 饮食治疗注意事项

(1) 不同类型饮食方法不同:肥胖 2 型糖尿病患者的重点是控制热量的摄入,以减轻体重。1 型糖尿病用胰岛素或口服降糖药的 2 型糖尿病患者,若同时进行运动疗法,在降低血糖的同时应注意防止低血糖,饮食管理的要求更为严格,必须做到定时定量,增加餐次,并注意根据活动量或运动量的变化调整饮食量。

(2) 饮食处方前应进行饮食营养调查:结合患者平时的食量、心理特点、平日活动量等确定饮食摄入量,不宜单纯应用理论计算的数据而不考虑个体差异。要充分尊重患者个人的饮食习惯、经济条件和市场条件,尽量争取患者能与家属一起进餐。

(3) 有并发症的患者应个别指导:阻止或减轻相应脏器的功能损害,如合并糖尿病肾病时,饮食疗法指导的原则是低蛋白高热量饮食。合并高脂血症患者的饮食疗法指导原则是:高胆固醇血症者以低胆固醇饮食为主;高甘油三酯血症者以限制糖类为主的饮食疗法。

(二) 运动治疗

1. 作用机制

(1) 运动可以通过增加机体能量的消耗,减少脂质在骨骼肌细胞、胰腺细胞及肝细胞中的堆积,减少脂质对骨骼肌细胞、胰腺细胞及肝细胞的毒性作用,增加骨骼肌细胞摄取葡萄糖和胰腺细胞分泌胰岛素的能力。

(2) 近年的研究显示,运动对糖尿病胰岛素的改善并不作用于受体水平,而可能是作用于受体后水平。运动使骨骼肌细胞内葡萄糖转运蛋白 4(glucose transport 4,GLUT4)基因转录增加,使 GLUT4 的 mRNA 含量增加,促进 GLUT4 从细胞内易位至细胞膜,加强葡萄糖的转运和利用,从而降低血糖。

(3) 长期运动还可作为一种生理性刺激,诱导骨骼肌细胞线粒体适应,修复糖尿病对肌肉线粒体造成的损伤。

(4) 运动能促进机体的新陈代谢,减轻精神紧张及焦虑情绪,改善中枢神经系统的调节机制,增加机体的抵抗力,对预防糖尿病的慢性并发症有一定作用。

2. 适应证和禁忌证

(1) 适应证:主要适用于轻度和中度 2 型糖尿病患者,尤其是肥胖者。病情稳定的 1 型糖尿病患者也可进行运动锻炼。

(2) 禁忌证:①急性并发症如酮症、酮症酸中毒及高渗状态;②空腹血糖 >15.0mmo/L 或有严重的低血糖倾向;③感染;④心力衰竭或心律失常;⑤严重糖尿病肾病;⑥严重糖尿病视网膜病变;⑦严重糖尿病足;⑧新近发生的血栓。

3. 运动处方

(1) 运动方式:适用于糖尿病患者的训练是低至中等强度的有氧运动。常采用有较多肌群参加的持续性周期性运动。一般选择患者感兴趣、简单、易坚持的项目,如步行、慢跑、登楼、游泳、划船、有氧体操、球类等活动,也可利用活动平板、功率自行车等器械来进行,运动方式因人而异。1型糖尿病患者多为儿童和青少年,可根据他们的兴趣爱好及运动能力选择运动项目,如游泳、踢球、跳绳、舞蹈等娱乐性运动训练,以提高他们的积极性。合并周围神经病变的糖尿病患者可进行游泳、上肢运动、低阻力功率车等训练;下肢及足部溃疡者不宜慢走、跑步,可采用上肢运动和腹肌训练;视网膜病变者宜选择步行或低阻力功率车;老年糖尿病患者适合平道快走或步行、太极拳、体操、自行车及轻度家务劳动等低强度的运动。

(2) 运动强度:运动量是运动方案的核心,运动量的大小由运动强度、运动持续时间和运动频率三个因素决定。在制订和实施运动计划的过程中,必须根据个体化差异、肥胖程度、糖尿病的类型和并发症的不同,给患者制订出将风险降低至最低的个体化运动处方。运动量是否合适,应以患者运动后的反应作为评判标准。运动后精力充沛,不感疲劳,心率常在运动后10min内恢复至安静时心率说明运动量合适。运动强度决定了运动治疗的效果,一般以运动中的心率作为评定运动强度的指标。临床上将能获得较好运动效果,并能确保安全的运动心率称为靶心率(THR)。靶心率的确定最好通过运动试验获得,即取运动试验中最高心率的60%~80%作为靶心率,开始时宜用低运动强度进行运动,适应后逐步增加至高限。如果无条件做运动试验,靶心率可通过以下公式获得:靶心率=220-年龄(岁)×(60%~80%),或靶心率=安静心率+(最高心率-安静心率)×(60%~80%)。

(3) 运动时间:运动时间是准备活动、运动训练和放松活动三部分时间的总和。每次运动一般为40min,其中达到靶心率的运动训练时间以20~30min为宜,因为运动时间过短达不到体内代谢效应,而如果运动时间过长或运动强度过大,易产生疲劳、诱发酮症,加重病情。训练一般可从10min开始,适应后逐渐增加至30~40min,其中可穿插必要的休息。

(4) 运动频率:一般每周运动3~4次或每天1次。次数过少,运动间歇超过3~4d,则运动训练的效果及运动蓄积效应将减少,已获得改善的胰岛素敏感性将会消失,这样就难以达到运动的效果。

4. 运动注意事项

(1) 制订运动方案前,应对患者进行全面检查,详细询问病史,并进行血糖、血脂、血酮体、肝肾功能、血压、心电图、运动负荷试验、X线胸片、关节和足的检查。

(2) 运动实施前后必须要有热身活动和放松运动,以避免心脑血管意外发生或肌肉关节损伤。

(3) 避免空腹运动,在餐后进行运动时,应注意避开药物作用的高峰期,或适当减少口服降糖药或胰岛素的剂量,以免发生低血糖。

(4) 定期测量体重、血糖和血脂等代谢指标,以评价运动疗法的效果。

5. 运动中特殊情况的处理

(1) 运动性低血糖:运动时发生低血糖的原因包括:运动前血糖水平偏低;胰岛素用量较大、运动时间恰在胰岛素作用的高峰期;运动强度过大或持续时间过长;运动前摄入糖类食品过少或不摄取。

为避免运动中发生低血糖,应做到:①以餐后30min到1h运动为宜;②运动前胰岛素或口服降糖药减量;③运动中注意补充糖分,如糖水或甜饮料等;④胰岛素注射部位原则上以腹壁脐旁为好,避开运动肌群,以免加快该部位胰岛素的吸收,诱发低血糖。

(2) 合并症患者的运动安排:当糖尿病患者合并轻度视网膜病变、外周血管病变及周围神经病变时,只要在适应证范围内,仍可根据合并症的情况适当选择运动方式(表26-3)。

表26-3 糖尿病并发症患者康复运动方式

并发症	运动方式
外周血管病(跛行)	上肢运动,结合步行和游泳
周围神经病变	游泳、上肢运动、低阻力功率车
下肢及足部溃疡	上肢运动、腹肌训练,避免压迫或负重
截肢后康复	上肢运动
视网膜病变	步行或低阻力功率车
视网膜治疗术后	避免等长运动和上肢运动

（三）药物治疗

主要包括口服降糖药和注射胰岛素。目前常用的口服降糖药物大致分为三类：促胰岛素分泌剂、胰岛素增敏剂和 α-葡萄糖苷酶抑制剂。在这三类药物中促胰岛素分泌剂可以引起低血糖，而后两类一般不引起低血糖。可根据病情选用一种或两种药物联合治疗。胰岛素分为短效胰岛素、中长效胰岛素和预混胰岛素，均在餐前 30min 进行皮下注射；应根据病情选择制剂和剂量，监测血糖，调整胰岛素用量。

（四）健康教育

被公认为是治疗成败的关键，是贯穿糖尿病治疗始终的一条极其重要的措施。良好的健康教育可充分调动患者的主观能动性，积极配合治疗，有利于疾病控制，防止各种并发症的发生和发展，降低经济耗费和负担，使患者和国家均受益。健康教育的对象包括糖尿病防治专业人员、医务人员、患者及其家属和公众卫生保健人员。康复教育的主要内容包括：

1. 对疾病的认识　包括各种急慢性并发症的发生率及危害性。

2. 饮食疗法指导　包括饮食治疗的意义、目的、重要性和具体实施方法。

3. 运动疗法指导　包括运动治疗在糖尿病治疗中的意义、方法和运动中的注意事项。

4. 药物的介绍　如口服降糖药的种类、适应证、作用、不良反应和服用方法；胰岛素的种类、使用方法和自我注射技术指导。

5. 血糖的自我监测。

6. 糖尿病日记　观察和记录每天饮食、精神状态、体力活动、胰岛素注射以及血糖、尿糖、尿酮的检查结果等。

7. 心理疏导　正确认识疾病，树立战胜疾病的信心。

8. 其他　介绍如何进行皮肤护理、足护理以及应急情况的处理如低血糖。

通过健康教育使患者自觉地执行康复治疗方案，改变不健康的生活习惯（如吸烟、酗酒、摄盐过多、过于肥胖、体力活动太少等），控制危险因素和疾病的进一步发展。

（五）自我监测血糖

可为糖尿病患者和医务人员提供动态数据，为调整药物剂量提供依据。实践证明，长期良好的病情控制可在一定程度上延缓或预防并发症的发生。

（六）心理治疗

糖尿病是一种慢性疾病，病程长，患者常会出现各种心理障碍，从而影响患者的情绪，不利于病情的稳定。有研究表明，糖尿病患者在疲劳、焦虑、失望和激动时，可见血糖升高，对胰岛素的需求量增加。另外，在应激状态下，肾上腺素、去甲肾上腺素分泌增多，胰岛素的分泌受抑制，致使血胰岛素水平下降，血糖升高。因此，在治疗糖尿病的同时，必须重视心理康复治疗，减少各种不良心理刺激，并学会正确对待自身疾病，取得对自身疾病的正确认识，树立信心，保持心理平衡，从而有利于控制糖尿病。

1. 精神分析法　也称心理分析法，是通过与糖尿病患者有计划、有目的地交谈，听取患者对病情的叙述，帮助患者对糖尿病有完整的认识，建立起战胜疾病的信心。

2. 生物反馈疗法　是借助肌电或血压等生物反馈训练，放松肌肉，同时消除心理紧张，间接利于血糖的控制。

3. 音乐疗法　通过欣赏轻松、愉快的音乐，消除烦恼和焦虑，消除心理障碍。

4. 其他　可举办形式多样的糖尿病教育与生活指导座谈会、经验交流会、观光旅游等活动，帮助患者消除心理障碍，有利于病情稳定。

（七）手术治疗

研究表明，手术治疗可明显改善肥胖伴 2 型糖尿病患者的血糖控制水平，甚至可以使一些患者的糖尿病症状缓解。此外，非糖尿病肥胖患者在接受手术治疗后发生糖尿病的风险也显著下降。因此，目前临床上逐步将手术治疗作为伴有肥胖的 2 型糖尿病患者的治疗方法；尤其对药物控制不理想的严重肥胖的 2 型糖尿病患者更有治疗价值。常用的手术方式有"腹腔镜下可调节胃束带术"和"腹腔镜胃旁路术"等。

第四节 糖尿病足的康复

一、定义

根据 WHO 的定义,糖尿病足是由糖尿病引起的下肢远端神经异常和不同程度的周围血管病变,从而引起的足部感染、溃疡和/或深部组织破坏的病变。发病年龄多在 40 岁以上,且发病率随年龄增加而增高。糖尿病足的主要后果是足溃疡和截肢,是导致糖尿病患者日常生活能力下降、遗留残疾的主要原因之一,其中 5%~10% 的患者需行截肢手术。在非创伤性截肢中,糖尿病足患者占 50% 以上。

二、分类和分级

(一) 糖尿病足分类

按照病变性质分为神经性足病、缺血性足病和混合性足病。

1. 神经性足病　神经病变在病因上起主要作用,由于血液循环良好,足部皮肤温暖,可以触及明显的动脉搏动,但皮肤干燥、麻木,痛觉不明显。由于感觉、运动和自主神经病变同时存在,导致患者保护性的感觉消失、皮肤干燥并出现爪形趾。神经性足病的并发症包括神经性溃疡(主要发生于足底)和神经性关节病(Charcot 关节)、坏疽、神经性水肿。

2. 缺血性足病　单纯缺血无神经病变所致足病,很少见。

3. 混合性足病　神经-缺血性足病,这些患者同时有周围神经病变和周围血管病变,足背动脉搏动消失。这类患者表现足部冰凉,可伴有休息时疼痛,足边缘部有溃疡或坏疽。是否出现痛性神经病变,取决于神经病变的严重程度。糖尿病患者的血管病变呈双侧狭窄伴节段性扩张,尤以远端更为明显。神经缺血性足病的并发症包括间歇性跛行、静息痛、溃疡、坏疽。区别神经性溃疡和神经-缺血性足病的意义在于其治疗方法和预后是不同的。国内糖尿病足溃疡主要是神经-缺血性,单纯的神经性溃疡很少见。

(二) 糖尿病足分级

依据糖尿病足的病情严重程度,目前存在许多糖尿病足的分级系统,其中包括 Wagner 分级系统、Texas 分级系统、简单分级系统、糖尿病足溃疡严重程度评分(Diabetic Ulcer Severity Score,DUSS)系统等。

1. Wagner 分级系统　为常用经典的分级方法(表 26-4),很好地描述了糖尿病足的范围程度,但没有体现糖尿病足的自然病程,很难区别坏疽是由于缺血还是感染造成。而缺血还是感染其治疗及预后是有区别的。

表 26-4　糖尿病足的 Wagner 分级

分级	临床表现
0 级	皮肤无开放性病灶,表现为肢端供血不足,颜色发绀或苍白,肢端发凉、麻木、感觉迟钝或丧失,肢端刺痛或灼痛,常伴有足趾或足的畸形等
1 级	肢端皮肤有开放性病灶,如水疱、血疱、鸡眼或胼胝、冻伤或烫伤及其他皮肤损伤所引起的浅表溃疡,但病灶尚未波及深部组织
2 级	感染病灶已侵犯深部肌肉组织,常有轻度蜂窝织炎、多发性脓灶及窦道形成,或感染沿肌间隙扩大,造成足底、足背贯通性溃疡或坏疽,脓性分泌物较多,足或指趾皮肤灶性干性坏疽,但肌腱韧带尚无破坏
3 级	肌腱韧带组织破坏,蜂窝织炎融合形成大脓腔,脓性分泌物及坏死组织增多,足或少数足趾干性坏疽,但骨质破坏尚不明显
4 级	严重感染已造成骨质破坏、骨髓炎、骨关节破坏或已形成假关节、部分足趾或部分手足发生湿性或干性严重坏疽或坏死
5 级	足的大部或全部感染或缺血,导致严重的湿性或干性坏疽,肢端变黑,常波及踝关节及小腿

2. Texas 分级系统　美国 Texas 大学糖尿病足分类方法（表 26-5）评估了溃疡深度、感染和缺血的程度,考虑了病因与程度两方面的因素。适用于科研,尤其在判断预后方面优于 Wagner 分级系统。

表 26-5　Texas 大学糖尿病足分级分期方法

分级		分期		分级		分期	
1	足部溃疡病史	A	无感染无缺血	3	溃疡深达肌腱	C	合并缺血
2	表浅溃疡	B	合并感染	4	溃疡累及关节	D	合并感染和缺血

3. 简单分级系统　由 Edmonds 和 Foster 建立（表 26-6）,能够清楚地区别糖尿病足的神经病变和神经缺血性病变。该分级系统是在区分神经性病变和神经 - 缺血性病变基础上进行的。可依此分级系统选择治疗方法。

表 26-6　简单分级系统

分级	临床表现
1 级	低危人群,无神经病变和血管病变
2 级	高危人群,有神经或者血管病变,加上危险因素,如胼胝、水肿和足畸形
3 级	溃疡形成
4 级	足感染
5 级	坏疽
6 级	无法挽回的足病

4. 糖尿病足溃疡严重程度评分系统（DUSS 系统）　由德国蒂宾根大学 Beckert 等提出,该系统能较准确地预测糖尿病足溃疡患者的预后。DUSS 系统对四项临床指标进行评分:①是否可触及足动脉搏动（有为 0 分,无为 1 分）;②溃疡是否深达骨面（否为 0 分,是为 1 分）;③溃疡位置（足趾为 0 分,其他部位为 1 分）;④是否为多发溃疡（否为 0 分,是为 1 分）。最高评分为 4 分,得分为 0 分者的溃疡愈合率显著增高,而得分高者的溃疡愈合率降低。

三、康复评定

（一）神经检测

1. SWME 检测　用尼龙单丝探针对足部进行刺激,评估足部的感觉,正常足部保护性感觉阈值是 5.07,感觉低于此阈值水平有发生足部溃疡的危险。

2. 痛觉检查　针刺足底 9 个不同部位和足背 1 个部位,2 个以上部位无感觉表明痛觉显著丧失。

3. 振动觉试验　使用生物振动阈测定仪进行足部检查,感觉阈值大于 25V 者,说明足部发生溃疡的危险性明显增加;或使用有刻度的音叉在脚拇指末关节处检查,可诊断患者有无振动觉减退,如检查 3 次中有 2 次答错,表明音叉振动感觉缺失。

（二）足部供血评定

（1）间歇性跛行:糖尿病周围血管病变导致足部供血不良,患者出现间歇性跛行,足背动脉搏动减弱或消失。若踝 - 肱压力指数（ABI）≤0.9 提示有糖尿病周围血管病变存在;ABI≤0.5 提示有严重的糖尿病周围血管病变（ABI= 踝动脉收缩压 / 肱动脉收缩压）。

（2）经皮氧分压（$TcPO_2$）:主要是反映皮肤微循环状态的指标,$TcPO_2$≤30mmHg 提示足部有发生溃疡的危险;$TcPO_2$≤20mmHg 溃疡几乎无愈合的可能,预示有截肢的危险。

四、康复治疗

糖尿病足一般采用综合治疗,包括内科、外科和康复治疗三个方面。治疗前,首先要鉴别溃疡的性质是属于神经性溃疡、缺血性溃疡还是感染性溃疡,再采取不同的治疗方法。神经性溃疡常见于反复受压的部位,如跖骨头的足底面、胼胝的中央,常伴有感觉缺失或异常,而局部供血良好,治疗主要

视频:糖尿病
康复治疗

是减压,特别要注意患者的鞋袜是否合适。缺血性溃疡多见于足背外侧、足趾尖部或足跟部,局部感觉正常,但皮肤温度低、足背动脉和/或胫后动脉搏动明显减弱或不能触及,治疗则要重视改善下肢血供,对轻至中度缺血的患者可以实施内科治疗,对病变严重的患者可予介入治疗或血管外科成形手术。对于合并感染的足溃疡,需定期去除感染和坏死组织,只要患者局部供血良好,必须进行彻底清创;根据创面的性质和渗出物的多少,选用合适的敷料,在细菌培养的基础上选择有效的抗生素进行治疗。

1. 内科治疗　控制血糖、控制感染,用药物改善下肢循环等。

2. 外科治疗　包括动脉重建术、截肢术等。

3. 康复治疗　改善下肢循环及治疗感染溃烂的创口和坏疽。

(1) 改善下肢循环:①推拿,适合早期轻度糖尿病足的患者。推拿患肢,从足趾开始向上关节,每次 20min,每天 1~2 次,有助于静脉和淋巴液回流和水肿的消退。②运动治疗:第一节患者平卧,患肢伸直抬高 45°,做足趾的屈伸活动 30 次,每天 1~2 回。第二节患者平卧,患肢伸直抬高 45°,做踝关节的伸屈活动 30 次,每天 1~2 回。第三节以患肢为左侧为例,患者平卧,身体左侧靠床缘,患肢伸直抬高 45°,维持 2~3min,最后平放于床上 2~3min。如此重复 5~6 次,每天 1~2 回。视病情轻重,患者可选做 1~2 节均可,持之以恒,会有收效。③正负压治疗:需借助 1~2 个正负压治疗仪来进行。将患肢放入一个有机玻璃舱内,然后用电脑控制,注入或吸出空气,使压强在 -6.8~13.4kPa 交替进行,每相均维持 30s,每次做 1h,每天 1 次。其治疗原理是,负相阶段下肢动脉灌注非常快而充分,正相阶段静脉和淋巴液回流非常快而充分。反复进行,下肢的血液循环可得到被动的有效加强。另外,在负相阶段,透过玻璃舱可看到感染深而积脓患足的脓液被吸引出来,利于引流。经临床实践,在上述压强范围内,未发生脓毒血症或菌血症。

(2) 感染溃烂创口和坏疽的处理:①漩涡浴治疗。对感染溃烂的创口最好进行漩涡浴治疗,水温 38~42℃,溶液中加入 0.5% 甲硝唑 250ml 或其他抗感染药物,治疗时喷水嘴对准治疗的重点部位。视创口的大小、脓液的多寡,每天治疗 1~2 次,每次 30min。其作用是将创口的脓、血、痂和腐烂组织清除干净,大大减少创面的细菌数量。②超短波治疗。电极于患部对置,无热量,10~15min,可抗感染并促进溃痛愈合。③紫外线治疗。小剂量紫外线(1~2 级红斑量)可促进新鲜溃疡愈合,大剂量紫外线(3~4 级红斑量)可清除溃疡表面感染坏死组织。④红外线治疗。温热量局部照射可促进新鲜溃疡加速愈合,如患者合并肢体感觉缺血应慎用,如溃疡面有脓性分泌物则禁用。⑤He-Ne 激光治疗。可刺激血管扩张,促进上皮细胞及毛细血管再生,减少炎症渗出使组织代谢加强,促进肉芽组织生长,从而达到抗感染、镇痛、加速溃疡面愈合的作用,时间 15min,照射时应保持光束与溃疡面相垂直,溃疡面若有渗出液应及时蘸干,每日照射 1 次,15 次为一疗程,疗程间隔 1 周,照射完毕用无菌纱布敷盖溃疡面。⑥高压氧治疗。可降低血糖,提高机体对胰岛素的敏感性,增加血液氧含量,改善缺氧状态。⑦清创。糖尿病足的清创可采用蚕食的方式。每隔 1~2d 清创一次,把坏死、腐烂的组织剪去。当创面有肉芽组织形成时,应尽量撕去创面周边的痂皮,使创面周边皮肤生发层细胞匍匐地向中央爬行生长。

五、预防

积极控制糖尿病,严格控制高血糖,同时需严格控制高血脂及各种导致动脉粥样硬化的因素。糖尿病患者应定期进行足部检查,至少每年进行一次,对高危患者足部检查应更频繁(每 3~6 个月一次)。保持足部卫生,每天用温水洗脚,但避免热水烫伤;鞋袜要清洁、宽松、柔软、合脚,通气要良好。第一次穿新鞋要试走 1~2min,以判断是否合脚;不宜赤足行走和穿拖鞋外出。自行用刀片剪修胼胝要小心,不要削得太深,避免出血而引起感染;使用鸡眼膏要注意,因其是腐蚀性药物,腐蚀过深易引发感染。适当运动,戒烟。足部有畸形或其他足病时,要及时到足科或骨科就医,以获得科学专业的治疗。

笔记

本章小结

　　糖尿病是由遗传因素和环境因素相互作用所致的、以持续性血糖升高为特征的全身代谢性疾病。糖尿病未出现并发症以前,患者的器官功能无障碍,日常生活活动不受任何影响,一旦出现慢性并发症则会伴有相应器官的功能障碍,从而影响患者的日常生活活动和社会活动的参与。糖尿病的康复治疗应以饮食治疗和运动治疗为基础,根据不同的病情予以药物(口服降糖药、胰岛素)治疗;同时,健康教育及血糖自我检测是保证治疗实施的必要手段。总之,早期、长期、综合、个体化的康复治疗,不仅可以把血糖控制在正常水平,还可以防止或延缓并发症,减少心脑血管事件,降低病死率和致残率。

(陶　萍)

思考题

1. 糖尿病患者运动疗法的适应证和禁忌证分别有哪些?
2. 如何避免糖尿病患者运动中发生低血糖?
3. 为了改善糖尿病患者下肢循环,可以采取哪些康复治疗措施?

扫一扫,测一测

思路解析

第二十七章　肥胖症康复

27章 PPT

学习目标

1. 掌握　肥胖症的概念、康复评定和康复治疗方法。
2. 熟悉　肥胖症的分类、病因、临床表现、三级预防。
3. 了解　肥胖症的流行病学。
4. 具备指导患者进行康复训练及评估康复疗效的能力，能对患者在治疗或训练过程中出现的简单问题进行处理。
5. 能与患者进行良好沟通，开展生活及行为方式的干预。

病例导学

患者，男性，35岁，办公室文员，身高176cm，体重92kg，既往体健，家族史无特殊。

问题与思考：

1. 请为该患者推荐合适的饮食治疗方法。
2. 若该患者想通过运动增强减肥效果，请为他制订合适的运动处方。

第一节　概　　述

一、基本概念

肥胖症（obesity）现在已被定义为由遗传、环境、行为等多方面因素引起的复杂慢性疾病，并可引起严重的并发症，如2型糖尿病、高血压、呼吸睡眠暂停综合征等。

2016年3月31日，英国著名医学杂志《柳叶刀》（Lancet）发表全球成年人体重调查报告，调查结果显示：2014年全球成年人中有6.41亿人肥胖，占成年人总数的八分之一；且中国超越美国，成为全球肥胖人口最多的国家，其中，中国男性肥胖人数4320万人，女性肥胖人数4640万人，高居世界第一；此外，报告预计，肥胖人群数量至2025年将增加到11亿，其中男性和女性肥胖者分别占总人口的18%和21%。因此，目前WHO已将肥胖定性为全球最大的慢性疾病，并将其与高血压病、高血脂、高血糖一起列为世界四大医学社会问题。

二、分类

肥胖症有多种不同的分类方式,通俗的方法是将其分为单纯性肥胖、继发性肥胖和药物性肥胖。

(一) 单纯性肥胖

单纯性肥胖是各类肥胖中最常见的一种,约占肥胖人群的95%。单纯性肥胖主要由遗传因素及营养过度引起,肥胖是临床上的主要表现,无明显神经、内分泌系统形态和功能改变,但伴有脂肪、糖代谢调节过程障碍。单纯性肥胖又可分为体质性肥胖和营养性肥胖。

1. 体质性肥胖　是由于脂肪细胞增生所致,与25岁以前营养过度有关。多半有家族性遗传历史。超重的儿童通常成为超重的成人。据报道,0~13岁时超重者中,到31岁时有42%的女性及18%的男性成为肥胖症患者。在胎儿期第30周至出生后1岁半,脂肪细胞有一极为活跃的增殖期,称"敏感期"。在此期如营养过度,就可导致脂肪细胞增多。故儿童期特别是10岁以内,保持正常体重甚为重要。

2. 营养性肥胖　亦称获得性(外源性)肥胖,多由于20~25岁以后营养过度,摄取热量超过机体各种新陈代谢活动过程所需要;或由于体力活动过少或因某种原因需较长期卧床休息,热量消耗少而引起肥胖。本类型肥胖主要是脂肪细胞肥大和脂肪细胞增生所致。体质性肥胖,也可再发生获得性肥胖,而成为混合型。

(二) 继发性肥胖

继发性肥胖是由内分泌疾病或代谢障碍性疾病引起的一类肥胖,占肥胖症的2%~5%。肥胖只是这类患者的重要症状之一,同时还会有其他各种各样的临床表现。常见的继发性肥胖有:由下丘脑病变引起的下丘脑性肥胖症,由垂体病变引起的垂体性肥胖症,由胰腺病引起的胰源性肥胖症以及甲状腺功能减退、肾上腺皮质功能亢进、性腺功能不全等病因引起的肥胖症。

1. 下丘脑性肥胖　可由下丘脑本身病变或垂体病变影响下丘脑,或由中脑、第三脑室病变引起。病变性质可为炎症、肿瘤、损伤等。部分患者原因不明,主要表现为中枢神经症状、自主神经和内分泌代谢功能障碍。因下丘脑食欲中枢损害致食欲异常,如多食,而致肥胖。下丘脑释放激素分泌异常导致靶腺功能紊乱,如性功能异常或性早熟,甲状腺功能异常,肾上腺皮质功能亢进,闭经泌乳,尿崩症等各种表现。神经系统障碍可有嗜睡或失眠、发作性睡病、深睡眠症或发作性嗜睡强食症,发热或体温过低,过度兴奋、哭笑无常、幻觉及激怒等精神障碍,间脑性癫痫,多汗或汗闭,手足发绀,括约肌功能障碍,智力发育不全或减退。

2. 胰源性肥胖症　常见于轻型2型糖尿病早期,胰岛B细胞瘤及功能性自发性低血糖症。常因多食而肥胖。

3. 垂体性肥胖症　垂体前叶分泌ACTH细胞瘤,分泌过多的ACTH,使双侧肾上腺皮质增生,产生过多的皮质醇,导致向心性肥胖,称为库欣病。垂体分泌其他激素的肿瘤,因瘤体增大压迫瘤外组织,可产生继发性性腺、甲状腺功能减退,导致肥胖。除肥胖外,常有垂体周围组织压迫症状,如头痛、视力障碍及视野缺损。影像学检查可发现蝶鞍改变。

4. 甲状腺性肥胖症　见于甲状腺功能减退症患者。较之肥胖更为明显的症状有面容臃肿,皮肤呈苍白色,乏力、脱发,反应迟钝,表情淡漠。血清T3、T4减低,TSH增高,TRH兴奋试验反应增强。

5. 肾上腺性肥胖症　常见于肾上腺皮质腺瘤或腺癌,自主分泌过多的皮质醇,引起继发性肥胖。特点是向心性肥胖、满月脸、水牛背、多血质外貌、皮肤紫纹、高血压及糖耐量减退或糖尿病。血、尿皮质醇增高,ACTH降低。影像学检查示肾上腺肿瘤。

6. 性腺功能减退性肥胖症　多见于女子绝经后及男子睾丸发育不良等情况。大部分是由于性腺功能减退而致肥胖。性腺性肥胖全身脂肪积聚较匀称,以胸腹、股、背部为明显。可伴高血压、紫纹、糖耐量曲线减低。

(三) 药物性肥胖

有些药物在有效地治疗某种疾病的同时,还有使患者身体肥胖的作用。如应用肾上腺皮质激素类药物、治疗精神病的吩噻嗪类药物,一般情况而言,只要停止使用这些药物后,肥胖情况可自行改善,但也有患者从此而成为"顽固性肥胖"患者。

三、病因

大多数学者认为过量的能量摄入和静止型的生活方式是导致肥胖症的主要原因。少数情况下，食物过量摄入与遗传、生理和心理疾病有关，当然也有文化差异和机械化大生产的因素。

(一) 饮食结构不合理或摄食行为异常

饮食结构不合理，尤其是高热量的快餐类食物和软饮料所占的比例显著增加。同时饮食不规律，或进食太快，喜吃干食等异常摄食行为也是导致肥胖的因素。

(二) 静止型生活方式

静止型生活方式在肥胖症发病过程中起着重要作用。机械化大生产、交通方式改变以及城市化是导致体力活动日益减少的原因。而运动量不足不仅使单纯的能量消耗减少，而且肌肉组织会由于胰岛素抵抗性增大，直接导致糖耐量减低而诱发肥胖的发生。

(三) 遗传因素

与其他的疾病相同，肥胖症也是基因和环境因素相互作用的结果。基因多态性存在于多种调节食欲和代谢的基因中，当热量提供充足时，可导致肥胖。肥胖是一系列少见遗传病的主要症状，比如Prader-Willi 综合征、Bardet-Biedl 综合征、瘦素受体突变所导致的先天性瘦素缺乏症，以及黑皮素受体突变等。7% 早发性严重肥胖(定义为 10 岁前发病，且 BMI 大于正常水平 3 个标准差以上)的患者具有单一位点基因突变。除上述综合征以外，FTO 基因多态性与肥胖症似乎存在一定的联系。同时研究表明父母均肥胖的后代有 80% 也是肥胖症患者，而体重正常的父母的后代只有 10% 是肥胖症患者。

(四) 生理和心理疾病的影响

某些生理或心理疾病，以及治疗他们的药物能增加肥胖症的患病风险。生理疾病包括上述的罕见遗传病，以及一些先天性或者获得性的疾病，如甲状腺功能减退、库欣综合征、生长激素缺乏症等，还有进食障碍如暴食障碍(binge eating disorder)和夜间进食综合征(night eating syndrome)。

(五) 性别

女性肥胖者比男性肥胖者多。因为在人体的皮下结缔组织中有一种胶原蛋白，其结构对脂肪的分布有着不小的影响，女性体内的胶原蛋白呈线性，男性体内的胶原蛋白呈交叉隔离状，显然后者能够更好地控制脂肪。

(六) 情绪因素

研究证明心理应激和各种消极的情绪反应如焦虑、恐惧、愤怒、忧郁也能促使人们对某种食物的强烈食欲。

(七) 药物

某些药物可以导致体重增加和体质构成改变，包括胰岛素、硫酰脲、噻唑烷二酮、不典型的抗精神病药、抗抑郁药、糖皮质激素、某些抗癫痫药(比如苯妥英钠、丙戊酸钠、苯噻啶)以及某些剂型的激素类避孕药。

(八) 其他

最新研究发现，肝部堆积过多脂肪是肥胖的原因之一。此外，如睡眠不足、内分泌干扰物(能影响脂肪酸代谢的食物)、环境温度变化减少、吸烟人数减少(吸烟能抑制食欲)、药物滥用、人种和人群年龄结构的重新分布、晚育、宫内发育或者是代际效应、选择性配对等也是导致肥胖症发病率和患病率增高的原因。

四、临床表现

(一) 一般表现

单纯性肥胖可见于任何年龄，幼年型者自幼肥胖；成年型者多起病于 20~25 岁；但临床以 40~50 岁的中壮年女性为多，60~70 岁以上的老年人亦不少见。约 1/2 成年肥胖者有幼年肥胖史，一般呈体重缓慢增加(女性分娩后除外)，若短时间内体重迅速增加，应考虑继发性肥胖。男性脂肪分布以颈项部、躯干部和头部为主，而女性则以下腹部、胸部乳房及臀部为主。

轻至中度原发性肥胖可无任何自觉症状，重度肥胖者则多有怕热，活动能力降低，甚至活动时有轻度气促,睡眠时打鼾。可有高血压、糖尿病、痛风等临床表现。

(二) 并发症

肥胖是一种慢性疾病状态,是诱发多种严重疾病的危险因素,大量临床实验证实,肥胖至少会影响到人体九个系统或脏器病变。2016 年 AACE/ACE 指南指出肥胖症的并发症主要包括代谢综合征、2 型糖尿病、血脂异常、高血压、非酒精性脂肪性肝病、多囊卵巢综合征、女性不育、男性性腺功能低减、睡眠呼吸暂停综合征、哮喘/气道高反应性、骨性关节炎、压力性尿失禁、胃食管反流病、抑郁等。

1. 心血管系统综合征　肥胖症患者并发冠心病、高血压的概率明显高于非肥胖者,其发生率一般为非肥胖者的 5~10 倍,尤其是腰臀比值高的中心型肥胖患者。部分肥胖者存在左室功能受损和肥胖性心肌病变。肥胖患者猝死发生率明显升高,可能与心肌的肥厚、心脏传导系统的脂肪浸润造成的心律失常及心脏缺血的发生有关。此外,高血压在肥胖患者中比较常见,也是加重心、肾病变的主要危险因素。

2. 呼吸功能改变　肥胖患者肺活量降低且肺的顺应性下降,可导致多种肺功能异常,如肥胖性低换气综合征,临床以嗜睡、肥胖、肺泡性低换气症为特征,常伴有阻塞性睡眠呼吸困难。严重者可致肥胖性肺心功能不全综合征亦称为 Pick-Wickian 综合征,或肥胖通气不良综合征,是一种特殊类型的肺源性心脏病。肥胖性肺心功能不全综合征多发于极度肥胖的患者,是肥胖症患者中一种常见、严重的并发症。发生的主要原因与患者胸腔、腹腔内脂肪组织增多,导致主持呼吸功能的胸腔容积缩小,膈肌运动受限,患者肺部通、换气功能受限所致。临床主要表现为不能平卧、心悸、口唇发绀、全身水肿、呼吸困难的症状。随着病情的发展,患者出现间歇或潮式呼吸、神志不清、嗜睡或昏睡,甚至出现肺动脉高压导致的心力衰竭,此种心衰往往对强心剂、利尿剂反应差。此外,重度肥胖者,尚可引起睡眠窒息,偶见猝死的报道。

3. 消化系统综合征　食欲亢进、善饥多食、便秘腹胀较常见。肥胖者可有不同程度的肝脂肪变性而肿大,伴胆石症者有慢性消化不良,此外还可出现胃食管反流病、疝气等。

4. 内分泌及生殖系统改变　脂肪含量增加导致机体对胰岛素反应能力下降,从而导致胰岛素抵抗,表现为糖耐量的异常甚至出现糖尿病。此外肥胖者多伴有血雌激素水平增高,肥胖女孩,月经初潮提前;成年女性肥胖者常有月经紊乱或闭经。青少年肥胖者,不育症的发生率增加,常伴有多囊卵巢并需手术治疗。男性伴有性欲降低和女性化,并且与雌激素相关肿瘤的发病率明显增高。

5. 肌肉骨骼病变　由于长期负重增加,因此腰痛及骨性关节炎在肥胖症患者中比较普遍,尤以膝关节退行性病变最多见。此外,大约有 10% 的患者合并有高尿酸血症,容易发生痛风,并导致患者活动障碍。

6. 心理表现　肥胖者常常存在着悲观、焦虑、抑郁、负疚感等不良心态,这些心理负担常可表现为某些躯体症状,如头痛、腹痛、失眠等。

7. 其他　肥胖症多伴有脂代谢的紊乱,会出现高三酰甘油血症、高胆固醇血症和低高密度脂蛋白胆固醇血症等。同时由于静脉循环障碍,易发生下肢静脉曲张、栓塞性静脉炎、静脉血栓等。患者皮肤上可有淡紫纹或白纹,分布于臀外侧、大腿内侧、膝关节、下腹部等处,皱褶处易磨损,引起皮炎、皮癣,乃至擦烂。平时汗多怕热、抵抗力较低而易感染。

第二节　康复评定

肥胖症与体重有关,但应注意肥胖症并非单纯的体重增加,若体重增加是肌肉发达,则不应认为肥胖症。反之,近年来有学者提出"正常体重代谢性肥胖"的概念,指某些个体虽然体重在正常范围,但存在高胰岛素血症和胰岛素抵抗,有易患 2 型糖尿病、高甘油三酯血症和冠心病的倾向,因此,应全面衡量。目前常用的判定方法有标准体重、体重指数、腰围、腰臀比等。

一、标准体重

成人标准体重计算方法:标准体重(kg)= 身高(cm)−105。根据体重超过标准体重的百分比,即(体

重 – 标准体重)/ 标准体重 ×100%,可将肥胖症分为三度:

　　轻度肥胖:即体重超过标准体重的 20%~29%。

　　中度肥胖:即体重超过标准体重的 30%~50%。

　　重度肥胖:即体重超过标准体重的 50% 以上。

二、体重指数

　　体重指数又称身体质量指数,简称 BMI,BMI= 体重(kg)/[身高(m)]^2。目前 BMI 在国际上广泛使用,是诊断和评估肥胖严重程度最重要的指标。所有的成年人每年都应进行 BMI 评估,大部分地区以 BMI≥25kg/m^2 作为超重的标准,东亚、东南亚、南亚人群以 ≥23kg/m^2 作为标准。WHO 对体重指数的划分(表 27-1)主要是根据西方正常人群的 BMI 值分布与心血管等慢性疾病发病率和死亡率的关系来考虑的。2000 年国际肥胖特别工作组提出亚洲成年人体重指数正常范围为 18.5~22.9kg/m^2,≥23.0kg/m^2 为超重,23.0~24.9kg/m^2 为肥胖症前期,25.0~29.9kg/m^2 为 I 级肥胖,≥30.0 为 kg/m^2 为 II 级肥胖。2003 年《中国成人超重和肥胖症预防控制指南》提出对中国成人判断超重和肥胖程度的界限值(表 27-2)。

表 27-1　WHO 对成人 BMI 的划分

体重分类	BMI	发生肥胖或相关疾病的危险
体重过低	<18.5	低(发生其他临床问题的危险相对增加)
正常范围	18.5~24.99	平均范围
体重超重	≥25	
肥胖前期	25~29.99	增加
I 级肥胖	30~34.99	中度增加
II 级肥胖	35~39.99	重度增加
III 级肥胖	≥40	极度增加

表 27-2　中国成人超重和肥胖的体重指数

分类	体重指数	分类	体重指数
体重过低	<18.5	超重	24.0~27.9
体重正常	18.5~23.9	肥胖	≥28

　　BMI 能直接反映绝大部分成人体内脂肪的百分比,但也有人指出按照 BMI 过分简化的计算方法,肌肉非常发达的人也会被算作超重和患肥胖症。所以对于健美爱好者或者孕妇之类的特殊群体并不适用,而需要采用其他方法,如腰围或腰臀比。

三、腰围和臀围比

(一) 腰围(WC)

　　腰围是反映脂肪总量和脂肪分布结构的综合指标。腰围较腰臀比更简单可靠,现在更倾向于用腰围代替腰臀比预测中央性脂肪含量。《2016 年美国临床内分泌医师学会 / 美国内分泌学会肥胖症综合管理临床实践指南》指出:当为患者评估肥胖相关疾病的风险时,所有 BMI<35kg/m^2 的患者都应测量腰围。WHO 推荐的测量方法是:被测者站立位,两脚分开 25~30cm,体重均匀分配,测量位置在水平位髂前上棘和第 12 肋下缘连线的中点,测量者坐在被测者的一旁,将软尺紧贴软组织,但不能压迫,测量值精确到 0.1cm。WHO 建议男性腰围 >94cm、女性腰围 >80cm 为肥胖症。中国肥胖问题工作组建议对中国成人来说,男性腰围 85cm、女性腰围 80cm 为腹型肥胖的临界值。

(二) 腰臀比(WHR)

　　腰臀比是腰围和臀围的比值,也被作为测量腹部脂肪的方法。臀围是环绕臀部最突出点测出的身体水平周径。男性腰臀比 >1.0,女性腰臀比 >0.85 是向心性肥胖的诊断标准。

四、体脂肪率

是将脂肪含量用其占总体重的百分比的形式表示。正常成人男性脂肪组织重量占体重的 15%~18%，女性占 20%~25%。随年龄增长，体脂所占比例相应增加。一般认为男性体脂 >25%、女性 >33% 是诊断肥胖的标准。

（一）间接测量法

采用国家体育科学研究所生产的皮褶厚度计测量受试对象的臂部、肩胛部、腹部、髂部、大腿部 5 个部位皮褶厚度。通过对不同部位皮褶厚度的测量，利用 4 种体密度推算公式计算体密度，代入体脂率回归议程计算体脂率。

（二）直接测量法

直接测量体脂肪率具有一定的难度，测定方法包括密度测定法、皮肤皱褶厚度测量及测量生物电阻。

1. 密度测定法　是测量患者在水下的体重，即静水体重。测量时需特殊设备，其结果受肺残气量、腹腔内气体及体液总量的影响。是最为精确但较为昂贵的方法。

2. 皮肤皱褶厚度测量　即测量特定部位皮下脂肪的厚度，一定程度上可以反映身体脂肪含量，是较为简单但精确度稍差的方法。具体测量方法如下：被测试者自然站立，测试者用拇指和示指将其皮肤和皮下脂肪捏起测定皮下脂肪厚度，用卡尺或皮脂厚度计来测量。也可直接采用脂肪厚度测量计测量，测量单位为毫米（mm）。常用测量部位为肱三头肌肌腹部、右肩胛下角下方 5cm 处。成人两处相加，男性 >4cm，女性 >5cm 即可诊断为肥胖。

3. 测量生物电阻　但该方法与 BMI 相比并没有显著的优势。

4. 其他　如 CT 扫描、磁共振成像（MRI）以及双能 X 线吸收法（DEXA）。通过腹腔 CT 横断扫描，若 V/S（腹腔内脂肪和皮下脂肪面积比）≥0.4 为内脏脂肪型肥胖；V/S<0.4，则为皮下脂肪型肥胖。这些方法多用于研究，且由于仪器本身（如 CT 和 MRI）对患者的体重和腰围有一定的要求，因而限制了其在重度肥胖患者中的使用。

值得注意的是，评价肥胖的标准是人为制订的，这一标准涉及健康成人的标准值、年龄、性别、种族、骨骼类型及采用的诊断方法等因素。此外，由于存在不同的成熟阶段和各年龄段生长发育速度不一，儿童和青少年的脂肪测量面临一些特殊问题，脂肪测量方法应与儿童当时所处的成熟阶段相关。脂肪增加较快有两个阶段，分别为 5~7 岁和青春发育早期。虽然成人用一个固定的切点来定义肥胖症，但对儿童则需用年龄加以校正。

需要提出的是，BMI 及腰围等检查适用于评估超重和肥胖的严重程度，但单独这两项指标是无法衡量超重/肥胖对身体的损害，所以对于超重/肥胖患者并发症的评估是至关重要的。

第三节　康复治疗

在肥胖症的诊治过程中，对并发症的诊治同样重要。2016 年 AACE/ACE 指南制订了不同肥胖相关并发症的减重目标及临床目标（表 27-3），并首次将慢性疾病的诊治分级概念引入肥胖症的诊治中（表 27-4），强调了肥胖症的早期预防、疾病管理及并发症防治的重要性，这为肥胖症系统规范化的诊治提供了整体框架。

一、饮食治疗

饮食治疗是综合治疗的基础。只有长期坚持正确、全面的饮食治疗，改变不良的生活方式与生活习惯，做好平衡膳食，在此基础上增加运动，才能达到治疗的目的。

（一）饮食治疗原则

饮食治疗的总体原则是控制饮食，减少能量物质的摄入。可从以下几方面着手。

表 27-3 超重及肥胖相关并发症减重及临床治疗目标

诊断	并发症	减重目标	临床目标
超重/肥胖（BMI≥25kg/m²，部分地区 BMI≥23kg/m²）	MS 及糖尿病前期	10%	预防 T2DM
	T2DM	5%~15% 或更多	HbA1c 下降；降糖药物使用减少；糖尿病缓解（尤其对于病程短的患者）
	血脂异常	5%~15% 或更多	TG 下降；HDL-C 升高；非 HDL-C 下降
	高血压	5%~15% 或更多	SBP 和 DBP 下降；减少降压药物的使用
	非酒精性脂肪性肝病	5% 或更多	减少肝细胞内脂肪堆积
	脂肪性肝炎	10%~40%	减轻肝脏炎症和纤维化
	多囊卵巢综合征	5%~15% 或更多	排卵；月经规律；多毛减轻；增加 IS；雄激素水平下降
	女性不孕	10% 或更多	排卵；怀孕及生育
	男性性腺功能低下	5%~10% 或更多	血清睾酮水平增加
	睡眠呼吸暂停	7%~11% 或更多	改善症状；睡眠呼吸暂停低通气减轻
	哮喘/气道高反应性	7%~8% 或更多	改善第一秒用力呼气量；改善症状
	骨关节炎	≥10%	改善症状
		5%~10% 或更多联合运动	增加功能
	压力性尿失禁	5%~10% 或更多	减少尿失禁发作次数
	胃食管反流病	10% 或更多	减少症状发作的次数；减轻症状发作的程度
	抑郁	不确定	减轻症状；改善抑郁量表评分

表 27-4 肥胖症的三级预防

干预阶段	定义和目标	预防方法
一级预防	预防超重和肥胖的发生	健康教育；营造健康的生活环境；促进健康饮食习惯和规律的体力活动
二级预防	预防超重或肥胖患者体重的进一步增加和肥胖相关并发症的发展	通过 BMI 进行筛查；肥胖诊断和并发症评估；生活方式及行为干预 ± 减重药物治疗
三级预防	通过减重治疗消除或改善肥胖相关并发症并预防疾病的进展	生活方式、行为干预及减重药物治疗；可考虑手术治疗

1. 日常饮食热能调查　了解每天能量的摄入与活动消耗情况，按照热能负平衡的原则制订饮食处方。

2. 控制膳食总热量　根据患者的具体情况，如年龄、劳动强度、治疗前的进食热量以及病情等，参照正常供给量，结合减肥目标来决定。成年肥胖者，如每周减少体重 0.5~1.0kg，每天必须减少摄食的热量为 552~1104kcal；若每月减少体重 0.5~1.0kg，则每天必须减少摄食的热量为 125~250kcal 为宜。但每日每人的膳食所供能量至少应为 1003.8kcal，这是最低安全水平。

3. 限制碳水化合物　碳水化合物是主要能源物质之一，其所供能量以占膳食总能量的 40%~55% 为宜，重度肥胖症患者的碳水化合物供应至少也应占 20%，以维持机体器官的能量代谢，防止酮症的发生。还应坚持多糖膳食，少用果糖、麦芽糖等。应保证膳食中碳水化合物的比值，碳水化合物的量过高或过低都将影响机体的代谢。要严格控制低分子糖类摄入及晚餐后和睡前的碳水化合物摄入。

4. 严格控制脂肪摄入　脂肪供能宜为总能量的 25%~30%，尤其要控制饱和脂肪酸的摄入，同时每日膳食胆固醇的供给量应低于 300mg。即使肥胖患者无心血管疾病，无高胆固醇血症，也不能超过 500mg。应尽量少吃或不吃油炸食品及内脏肺腑类食品。

5. 保证蛋白质供给　采用低能膳食的中度以上肥胖者,蛋白质供能应控制在总热量的20%~30%,即每千克体重1g左右。要保证优质蛋白质的供给,如多选用鱼类、瘦肉类。在严格限制膳食能量供给的情况下,蛋白质过多摄入将会导致肝、肾功能损伤。

6. 补充维生素、矿物质　提倡戒酒,肥胖患者常伴有糖尿病、高脂血症、冠心病等,故需补充各种脂溶性和水溶性维生素。膳食中应注意补充 B 族维生素和维生素 C,适当补充各种颜色的新鲜蔬菜、水果。因酒不利于脂肪和糖代谢,故应尽量少饮或适量饮酒,提倡戒酒。

7. 水　水分每日摄取量不少于 1000ml,根据各人的肥胖程度与肾功能情况酌情提供。

(二) 饮食治疗方法

肥胖的饮食治疗是指通过限制能量的摄入,动员体内储存的能量释放,减少体内脂肪贮存量,减轻体重的一种治疗方法。常用的方法有饮食限制疗法、低能量疗法、超低能量疗法以及绝食疗法。

1. 饮食限制疗法　适合于超重或轻度肥胖者。适当限制患者的总热量,一般在 1200~1800kcal,可采用高蛋白(40%~50%)、低脂肪(20%)、低糖类(20%~25%)饮食;或高糖类、低蛋白(35g/d)、低脂肪(10%)饮食。前一种方案热量低,虽然脂肪减少,却有生酮作用,可因早期酮症而引起大量水、盐从尿中出,造成体重降低的假象。后一种方案强调食用水果、蔬菜、谷类,不用奶制品、砂糖,用低钠、铁、必需脂肪酸和脂溶性维生素,脂肪含量低、低热能而有足够的蛋白质,是医院较多采用的饮食方案之一。

2. 低热量饮食疗法(low calorie diet, LCD)　适用于中度肥胖的患者,是肥胖患者常用的饮食控制方法。总热量控制在每天 600~1200kcal,饮食设计中适当提高蛋白质的比例(25%),每天 60g,并给予高生物价蛋白质,碳水化合物占 20%,脂肪占 20%,这种饮食可保证常量元素和微量元素的供给。此疗法具有抗生酮作用,可在较长时间内达到减重效果,患者较易接受。若饮食总热量在 1000kcal 以下,应供给维生素和矿物质的补充剂。

3. 超低热量饮食疗法(very low calorie diet, VLCD)　仅适用于重度肥胖及采用低热量饮食加运动治疗无效的肥胖患者,是一种快速减肥的饮食控制方法。除补充人体所必需的蛋白质、维生素、微量元素及食物纤维外,将每天的能量摄入限制在 600kcal 以内,选含蛋白质 25~100g、糖类 30~80g、脂肪 3g 以下液状食品,采用胶原作为蛋白质的成分。市场上已有商品化的 VLCD 食品,但必须严格掌握禁忌证,严重心脑血管病变、造血器官障碍、肝肾功能障碍者等应禁忌使用。超低热量饮食治疗通常减肥幅度较大,初期效果好,以后逐渐减缓,停止后可发生反弹。此时配合行为治疗可以维持减肥疗效。由于超低热量饮食治疗可引起组织蛋白分解增多,而出现不良反应。因此,当体重下降到一定程度时,应逐步过渡到低热量平衡饮食。

上述三种饮食疗法的优缺点见表 27-5。

表 27-5　三种饮食治疗方法的比较

	饮食限制疗法	低能量疗法	超低能量疗法
热量[kcal/(kg·d)]	20~30	10~20	<10
每日(kcal)	1200~1800	600~1200	<600
体重减少效果	小,缓慢		大,急速
长期治疗	可能	可能	困难
治疗方法	门诊	以门诊为主	以病房为主
营养素平衡	容易	稍困难	困难,确保蛋白摄取
副作用	无	几乎无	多
体重反弹	较少	易出现	多见

4. 绝食疗法　仅适用于重度肥胖采用低热量饮食加运动治疗无效的肥胖患者,可分为间歇绝食疗法和完全绝食疗法。前者是指在原低热量饮食的基础上,每周完全禁食 24~48h;后者是指连续绝食1~2 周,绝食疗法期间饮水不限。这种疗法的缺点是不仅丢失脂肪,而且蛋白质丢失过多,产生较多不

良反应。有一种间歇绝食设计为"补充蛋白质"的禁食(热量400~700kcal),采用优质蛋白,可提供配方食品,或用瘦肉、禽类、鱼肉等。这种饮食可使每周体重降低1.5~2.5kg,有一定的危险性,使用不宜超过16周。因此绝食疗法实际应用很少。

二、运动治疗

单纯饮食控制对多数轻度肥胖者可产生明显的减肥效果,但对中度或重度肥胖者来说,严格的饮食控制不容易长期坚持。并且进行饮食治疗时,随着摄入能量的减少、体重的减轻,机体会产生保护性代谢率降低,到达新的能量平衡状态,导致减肥的停滞。肥胖的基础是能量的消耗不足,因此,在饮食控制的基础上,应强调运动锻炼的重要性(表27-6)。

表27-6 不同减肥方法对机体的影响

观察指标	饮食限制	饮食限制结合运动锻炼
营养状态	下降	不变
心肺功能	减弱	改善
肌肉重量	减少	增加
体脂肪丢失	少	多
高密度脂蛋白	下降	增高
产热效应	减少	增加或不变
糖耐量	降低	改善
胰岛素敏感性	降低	改善
抑郁、焦虑等精神症状	多见	少见或无
体能	下降	增强
代谢紊乱	多见	少见或无
计划实施	不易坚持	易坚持
减肥效果	不持久	持久

近年来运动锻炼治疗肥胖越来越受到重视,运动疗法可纠正因饮食控制引起的不良反应,增进心肺适应性,减少心血管危险因素,增加能量的消耗,增强自我有效感和舒适感,减轻患者的心理负担,使减肥治疗能长期稳固地坚持下去。

(一)运动处方

1. 运动方式 选择以大肌群参与的动力型、节律性的有氧运动,步行、快走、健身操、自行车和游泳等,有助于维持能量平衡、长期保持肥胖者的体重不反弹、提高心肺功能。其中自行车和游泳尤其适合肥胖者,水中运动是最有前途的减肥手段,除改善有氧运动能力外,还可依靠浮力,减轻关节负荷。此外,还可以利用水的导热性能,将运动中产生的热量排出体外。除游泳外,水中运动还包括水中行走、跑步、跳跃、踢水、球类游戏等多种形式。应结合患者的具体情况进行选择。

同时,还可配合力量性练习,两者结合不仅能降低体脂,还可以改善体型,增强肌力,既增进健康又增加健美;同时还可以改善胰岛素抵抗。力量性练习主要是躯干和四肢大肌群的运动,可以利用自身体重进行仰卧起坐、下蹲起立的方式,也可利用哑铃、拉力器等运动器械进行锻炼。

2. 运动强度 运动强度关系到运动处方的有效性和安全性。普遍认为有氧运动中,以50%~70%VO_{2max}或60%~80%的最大心率为宜。开始进行时,运动强度应从50%VO_{2max}或60%的最大心率开始,逐渐增加。运动中患者可以自测心率衡量运动强度,以测量桡动脉的脉搏为例:一般来说,30~40岁者,运动心率应控制在110~150次/min;40~49岁者,以105~145次/min为宜;50~60岁者,心率应在100~140次/min;60岁以上者,100~130次/min较为合适。

3. 运动时间 有氧运动时,每次运动时间应持续30~60min,其中包括准备运动时间5~10min,靶运动强度运动时间 20~40min,放松运动时间 5~10min。力量练习时可取最大肌力的 60%~80% 作为运动负荷,重复 20~30 次 / 组,每隔 2~3 周增加运动负荷。根据不同年龄和体质配合运动强度调节运动量,中老年或体质较差的肥胖者可进行运动强度较低、时间较长的运动项目,而年轻、体质较好的肥胖者可进行强度较大、时间相对较短的运动。

4. 运动频率　一般认为每周至少 3 次,5~7 次较为理想。若患者情况允许,有氧运动也可每天早晚各一次,以增加热量的消耗,提高减肥效果。

（二）注意事项

1. 运动治疗与饮食治疗应配合进行,以增强减肥疗效。

2. 运动前后应有充分的热身运动和放松运动,以防止心脑血管意外的发生。

3. 采用有氧运动的方式,运动要循序渐进,并注意安全。

4. 肥胖者由于体重的原因,尤其是 60 岁以上患者常合并骨关节退行性改变,运动中容易损伤膝、踝等关节,运动时宜穿轻便软底鞋,并指导患者选择适当的下肢减重运动方式。

5. 多采用集体治疗法,有利于患者之间的相互交流,树立信心,长期坚持。

值得一提的是,刚开始运动的前 2~3 周体重不易下降,但脂肪细胞会减少;当体重开始降低后,脂肪细胞体积自然会缩小,而一旦运动中断,脂肪细胞体积会恢复原状。因此,运动减肥是一个长期的过程,需要有目的、有计划地进行。在具体设计运动处方时应参考患者每天日常生活活动的能量消耗,将其总量的 10% 定为日运动量,然后根据患者的个体情况(运动爱好、运动场所等)转换成具体的运动种类及时间,指导实施后再根据疗效及反应进行调整。

三、行为方式干预

行为方式干预旨在通过各种方式,帮助肥胖者改善不良的行为及其生活方式,建立健康的饮食和运动习惯,增加患者对治疗的依从性,从而达到减轻体重,成功维持体形的目的。主要包括认识行为改变的准备动机、认知重组、目标确定、自我监督、刺激控制、应激处理、社会支持、反弹干预等组成成分。

（一）认识准备动机

进行体重干预时,每个患者的准备动机是不同的。转化理论模型认为患者要经历 5 个动机准备阶段:沉思前、沉思、准备、行动和保持。并且阶段运行不是直线式的,而是前后反复的。此外,目标行为应是具体行为。患者可能会因目标行为的不同而处于不同的动机准备阶段。理解这些行为改变的准备动机,可以帮助治疗师制订符合患者当前动机的干预方案。同样,也可以帮助患者理解这些准备动机,让患者能够了解自己的动机以及行为改变的复杂性。

（二）认知重组

认知重组是让肥胖症者以积极的方式思考问题,改变肥胖症者不合实际的目标和不正确的想法。许多肥胖症患者自卑、自我形象差,认为减肥是徒劳的事情,或认为肥胖没有危害身体健康,毋需减肥;或抱有不切实际的目标,想短时间减肥立即见效,从而采用不切实际的减肥方法。这些想法都是错误的,治疗师在治疗时要对患者进行认知重组。

首先,要让患者明确改变不健康行为的益处。要强化患者对减肥益处的意识,如减肥有利于身体健康、可以预防疾病、提升自我形象等。

其次,要让患者意识到行为改变中的障碍。障碍包括环境和心理的障碍,这些障碍将刺激旧行为,让患者继续消费美味、高热量的食物。肥胖症患者通常还要面对心理压力大、健康条件差、自我身体形象差、自卑等心理障碍。因此,要帮助患者明确这些障碍物,教给他们解决问题的技能,让他们制订出克服具体障碍的个人策略。

（三）目标确定

确定一个现实的短期和长期的行为目标在整个减肥过程中是非常重要的。一个有效的目标应具有四个特征:①目标必须是具体的可使体重减轻的行为;②目标必须是可以测量的;③目标必须是现实的;④目标必须在一定的时间范围内可以实现。在体重管理干预中,一周体重减轻 0.5~1.0kg 的短期目标和 6 个月减轻体重 5%~10% 的长期目标被看作是合理的。

(四) 自我监督

自我监督是指行为的观察和记录,是行为治疗中最重要的成分。自我监督通常包括食物进食日记、运动记录、体重记录三种。其中食物进食日记是要记录食物类型、量、能量、进食时间、地点以及进食的感觉等;运动记录是要记录运动的频率、持续时间、运动的强度等;体重记录是记录体重或脂肪的变化,以及称重的地点和频率。还可以记录坐的时间、看电视和电脑使用时间。

自我监督可以增强患者的行为意识,不仅在实际治疗阶段很重要,而且在保持阶段也很重要。研究证明,自我监督关系到行为治疗的效果。

(五) 刺激控制

刺激控制是指识别与不良的饮食和起居方式有关的因素。控制这些因素,即诱因,可帮助肥胖者更成功地进行体重控制。控制诱因的方法常有列出购买商品单据,消除家中的高脂食品,限制进食的时间和地点,避免高危地点。

(六) 应激处理

应激处理是指教会患者识别和应对应激和紧张。应激处理能有效地帮助患者应付高危环境,学会一些避免过多摄入的方法。应激处理的手段包括全身放松、运动、膈肌呼吸、仔细思考等,可帮助患者减轻紧张,减弱交感神经兴奋,从应激环境中转移出来。如看到自己喜爱的食物时,可先尝试做自己感兴趣的事,然后再回到餐桌,这时,食欲就有可能得到抑制。

(七) 社会支持

减肥虽属个人行为,但离不开家庭成员、朋友及同事的支持。对患者良好的饮食习惯和运动方式应给予肯定和赞赏,对使用一些非健康的如使用泻药、呕吐、节食等策略需制止。对待患者行为的一点进步也应奖励和肯定,这样才能强化这些新行为的习得。在治疗时,如有条件应以团体的形式进行,这样小组成员可以相互理解,共同分担忧愁、探讨克服障碍的方法、共同实行新行为等。同时,随着网络、电子信息技术的发展,电子媒体也可以给患者提供社会支持。

(八) 反弹干预

一旦患者能成功采用使体重减轻的健康行为时,治疗的焦点就要转移到保持和反弹干预上。不少研究表明,治疗后体重反弹是普遍的。因此,首先要告诉患者体重反弹是正常的,让患者不必担心。其次,要让患者自己多预测和认识引起体重反弹的危险环境或情感,并教给患者相应的预防措施,如怎样控制不良情绪造成的多吃、怎样在节假日或者旅游时控制饮食等等。另外,还应强化患者对不良饮食过失的认知评估。

行为方式干预可帮助肥胖者控制体重,改善整体形象以及解决与饮食和运动有关的长期问题,正确地使用行为治疗技术是减肥成功的保障。同时需和其他方法整合才能有效治疗肥胖症,并需要持久的干预,而非短暂、限时的治疗,否则难以收到长期的效果。

四、药物治疗

药物治疗只是肥胖症的辅助治疗方法,不应单独应用。药物联合饮食疗法、运动疗法及行为方式干预等生活方式的改善相比仅仅改善生活方式可以更有效地减轻体重,尤其对于肥胖合并相关并发症的患者,药物联合生活方式的改善可作为首选治疗方案。由于肥胖的治疗是长期规划,短期的药物治疗并不能得到长期的获益,因此,对于减重药物的选择需要全方面考虑,包括药物的有效性及不良反应,并发症、用药史,这些是个体化减重药物治疗的基石。目前,治疗肥胖的药物主要分为食欲抑制剂、营养吸收抑制剂、脂肪合成阻滞剂、胰岛素分泌抑制剂、代谢刺激剂和脂肪细胞增殖抑制剂,较常用的药物有西布曲明(神经递质再摄取抑制剂)和奥利司他(脂酶抑制剂)。

五、其他治疗

(一) 手术治疗

对于 BMI≥40kg/m², 无其他合并情况的患者适合行肥胖外科手术治疗;BMI≥35kg/m², 同时有 1 个或更多肥胖相关并发症的患者(如 2 型糖尿病、高血压、阻塞性睡眠呼吸暂停、肥胖低通气综合征、非酒精性脂肪性肝病、胃食管疾病、非酒精性脂肪肝炎、哮喘、静脉淤血性疾病、严重的尿失禁、退行性关节炎等)有肥胖外科手术治疗指征。对于 BMI 为 30~34.9kg/m²,合并糖尿病或代谢综合征者,有手术意愿的也可考虑行外科手术治疗。

1. 脂肪抽吸术 为新兴起的一项减肥技术,它利用负压吸引器连通一根特制的金属管,通过金属管侧孔在皮下脂肪层反复抽吸去除皮下脂肪的堆积,达到减肥重塑体形的目的。

2. 超声碎脂术 利用超声波作用于疏松、肿胀的脂肪,使之乳化,再用负压将乳化液吸除。较单纯负压吸引术更具出血少、操作轻松、脂肪抽出效率高等优点。但这种治疗方法在使用上有一定的局限性,仅适合于局部皮下脂肪堆积的轻、中度肥胖者,对全身性肥胖,或伴有内分泌代谢紊乱、凝血机制异常、心脑血管疾病者禁忌。

(二) 中医治疗

祖国传统医学如针灸、中医中药也有很多行之有效的减肥方法,肥胖者可结合自身的具体情况适当选用。

1. 针灸治疗

(1) 毫针法:以祛湿化痰,通经活络为治则。

主穴选曲池、天枢、阴陵泉、丰隆、带脉、三阴交、太冲。配穴:腹部肥胖者,加归来、下脘、中极;便秘者,加支沟、天枢。毫针泻法。

(2) 耳针法:选胃、内分泌、三焦、脾。毫针刺或用王不留行籽贴压,每次餐前 30min 压耳穴 3~5min,有灼热感为宜。

(3) 穴位埋线:是将一段长约 1cm 的医用羊肠线通过特制的针具,将其埋置在穴位内,羊肠线是一种特制的蛋白,可以被人体所吸收,所以埋入穴位的线不用取出。羊肠线在穴位内的吸收过程即是对穴位的持续刺激过程,通过这种刺激来调节人体的脏腑经络、气血阴阳,从而调整人体的代谢功能和内分泌机制,使人体代谢能量增多,吸收能量减少,从而使积聚的脂肪量减少,达到减肥的目的。它弥补了针灸原有的扎针时间短、扎针次数多、疗效不持久、病愈后不易巩固的缺陷。植入人体内的生物蛋白线在体内停留 15~30d 就会自然被身体溶解或吸收,穴位埋线一般半个月治疗 1 次。穴位埋线是针灸减肥方法的延伸,更是一种特色疗法,可以治疗单纯性肥胖症及由此引发的痤疮、疲劳综合征、便秘、月经失调、性功能减退、高血压、高血脂、脂肪肝等疾病。

埋线注意事项:①严格无菌操作,防止感染发生,头号肠线埋在皮下要有一定深度;②根据不同部位选择埋线的角度和深度,防止伤及内脏、脊髓、大血管和神经,以免造成不良后果;③治疗时同一个穴位不能反复重复使用;④埋线当天不要洗澡。

2. 中药治疗

(1) 痰湿壅阻型:治宜化痰渗湿,药用陈皮 10g、法半夏 10g、茯苓 15g、苍术 10g、泽泻 15g、莱菔子 15g。

(2) 胃热滞脾型:治宜清泄胃热、通腑化浊,药用生大黄 5g、枳实 9g、泽泻 15g、山栀 10g、泽兰 12g、生山楂 30g、朴硝(冲)6g、白蒺藜 12g。

(3) 脾虚湿阻型:治宜健脾益气化湿,以参苓白术散加减,药用人参(另煎)10g、苍术 10g、白术 10g、猪苓 12g、茯苓 12g、泽泻 15g、厚朴 10g、薏苡仁 10g、砂仁(后下)3g、石菖蒲 10g。

(4) 气滞血瘀型:治宜疏肝理气、活血化瘀,以柴胡疏肝散加减,药用柴胡 10g、枳实 15g、赤芍 10g、白芍 10g、川芎 12g、石决明 15g、生山楂 30g、紫丹参 20g、桃仁 10g。

(5) 疏肝消肥汤:柴胡 12g、枳实 12g、当归 12g、香附 12g、郁金 12g、泽泻 12g、丹参 30g、生山楂 50g、荷叶 10g、水蛭 6g、大黄 6g,随证加减治疗,总有效率 88%。

总之,肥胖症的治疗是一项长期艰苦的工作,在治疗前应根据肥胖者的实际情况制订一个个体化的、切实可行的康复治疗计划,治疗上应提倡多学科合作,将饮食治疗、运动治疗、行为方式干预和祖国传统医学等方法有机结合起来,并贯穿于肥胖者的整个日常生活中。在治疗过程中应定期检查各项指标,确定减肥的疗效,不断调整治疗计划,提高减肥的成功率。

本章小结

　　肥胖症是目前全球最大的慢性疾病,且是诱发高血压病、糖尿病、高脂血症、代谢综合征等多种严重疾病的危险因素,因此对肥胖症的规范评估与治疗显得越来越重要。BMI 及腰围测量是评估肥胖或超重的重要方法。此外,对于超重或肥胖患者并发症的评估也是至关重要的。治疗上应进行综合治疗,以饮食治疗、运动治疗及行为方式干预为主,必要时可辅以药物治疗,对具有手术指征的患者也可进行手术治疗,以此控制肥胖症的发展及并发症的发生。

（陶　萍）

思考题

1. 肥胖症患者想通过运动达到减肥目的时需注意哪些问题?
2. 如何评价行为方式干预在肥胖症康复中的作用?
3. 哪些肥胖症患者能进行手术治疗?

扫一扫,测一测

思路解析

第五篇 外科相关疾病康复

第二十八章 外科急性感染康复

病例导学

患者,男性,78 岁,农民。1 个月前患者右侧腰骶部出现多个疖肿,在家自行涂抹红霉素软膏,无明显效果,且疖肿范围扩大。近 4d 来,患者出现畏寒、发热症状,伴全身关节疼痛、乏力、食欲减退。门诊就诊时出现寒战、高热,查体:T 39.8℃,P 120 次 /min,R 24 次 /min,BP 130/80mmHg,神志清,双瞳孔等大等圆,对光反射正常,心肺腹检查未见异常,右侧腰骶部见片状红色疖肿,其下方右臀部皮下可扪及一直径约 3cm 肿块,表面皮温增高,界清,压痛明显,且有波动感。血常规:WBC 15×10^9/L,N% 90%。

问题与思考:
1. 此时该患者右臀部肿块考虑什么诊断?
2. 应做哪些检查进一步确诊?
3. 如何制订康复治疗方案?

第一节 概 述

一、定义及分类

(一) 基本概念

1. 定义 外科感染一般指需要外科治疗的感染和皮肤软组织感染,包括创伤、手术、烧伤等并发症的感染。它在外科领域中最常见,占所有外科疾病的 1/3~1/2。外科感染常在正常皮肤、黏膜屏障受到破坏时发生,感染常为多种病原体所导致,感染的发生与致病微生物的数量与毒力有关。所谓毒力是指病原体入侵宿主、穿透、繁殖和生成毒素或胞外酶的能力。通常情况下机体的上皮、黏膜屏障与免疫功能能够阻挡病原体入侵。皮肤、黏膜上皮的缺损;手术操作、静脉插管的污染等为病原菌入侵开放了通道;局部组织缺血、坏死;管腔阻塞使分泌物淤积均有利于病原菌的繁殖与入侵;全身抵抗力下降亦是引发感染的条件。

2. 特点　该类感染具有几个特点:

(1) 常为多种细菌引起的混合性感染。

(2) 多数外科感染与组织损伤,手术介入性操作有关。

(3) 有明显的局部症状和体征,严重时可有全身表现。

(4) 常依赖于手术及换药处理。

(二) 分类

根据不同侧重,外科感染可以进行不同的分类,根据病原菌种类、病变性质以及病程可进行如下分类:

1. 按致病菌种类和病变性质分类

(1) 非特异性感染:又称化脓性或一般性感染,占外科感染的大多数。常见致病菌有金黄色葡萄球菌、大肠埃希菌、乙型溶血性链球菌、拟杆菌和铜绿假单胞菌等。感染可由一种或几种病原菌共同导致,一般先有急性炎症反应,进而可致局部化脓,如疖、痈、手部感染、淋巴结炎、乳腺炎和阑尾炎和腹膜炎等。手术后感染多属此类。

(2) 特异性感染:是指由一些特殊的病菌、真菌等引起的感染,如结核分枝杆菌、破伤风杆菌、产气荚膜杆菌、白念珠菌、新型隐球菌等。不同的病原菌可分别引起比较独特的病理变化过程。

本章节学习的是急性非特异性外科感染。

2. 按病变进程分类

(1) 急性感染:病变以急性炎症为主,病程多在 3 周以内。

(2) 慢性感染:病程持续超过 2 个月的感染。

(3) 亚急性感染:病变介于急性与慢性感染之间。

二、常见病因

外科急性感染的发生发展,主要取决于病原微生物、机体防御功能和环境三个因素。病原微生物的入侵及其致病性是其常见原因,细菌污染是感染发生的前提,可来源于外界(外源性),如泥土、尘埃、利器或他人,也可来源于患者自身(内源性),如皮肤、毛发、消化道。就外科急性感染而言,内源性细菌污染占据主要地位。外科急性感染的病原菌很多,包括细菌、真菌、病毒、立克次体、支原体等,其中最为常见的是细菌引起的化脓性感染。

(一) 葡萄球菌

葡萄球菌是最多见的革兰阳性化脓性球菌,因排列为葡萄状,故称为葡萄球菌。临床常见菌种是金黄色葡萄球菌、表皮葡萄球菌、腐生葡萄球菌。葡萄球菌广泛分布于自然界,在空气、土壤和水中均有存在,也存在于人类的皮肤表面、毛囊、皮脂腺管内、鼻咽和肠道中。葡萄球菌可引起局部毛囊炎、疖肿、痈、蜂窝织炎等化脓性感染,重症者可发展成为化脓性脑膜炎、败血症和脓毒血症。金黄色葡萄球菌主要产生溶血素、杀白细胞素和血浆凝固酶,毒力甚强。它感染的特点是局限性组织坏死,脓液稠厚,色黄,不臭,也能引起全身性感染,由于局限化脓的特性,常伴有转移性脓肿。

(二) 链球菌

链球菌是一类呈链状排列的革兰阳性球菌。在自然界分布很广,水、空气、尘埃等均有存在。也存在于口、鼻、咽和肠腔内。链球菌种类很多,溶血性链球菌、草绿色链球菌和粪链球菌是三种常见的致病菌。溶血性链球菌能产生溶血素和多种酶,如透明质酸酶、纤维蛋白酶和其他蛋白质酶,破坏纤维质所形成的脓肿壁,使感染容易扩散而缺乏局限化的倾向。脓液的特点是比较稀薄、色淡红、量较多。典型的感染有急性蜂窝织炎、丹毒、淋巴管炎、扁桃体炎、产褥热及败血症等。

草绿色链球菌是一些胆道感染和亚急性心内膜炎的致病菌。此类链球菌常在扁桃体、鼻咽部或牙龈中发生病灶性感染。也可在拔牙或切除扁桃体时，细菌侵入血流，引起全身性感染。粪链球菌是肠道和阑尾穿孔引起的急性腹膜炎的混合致病菌之一，也常引起泌尿系感染（如尿道炎、膀胱炎、肾盂肾炎等）。

（三）大肠杆菌

大肠杆菌栖居于人和动物的肠道，新生儿出生后不久则经口侵入肠道，随即大量繁殖，并寄生终生。每克粪内约有 10^8 个大肠杆菌，对维生素 K 的合成有重要作用。大肠杆菌为兼性革兰阴性厌氧菌，多数菌株为周生鞭毛运动，少数不运动，它的最适生长温度为 35℃，最适生长 pH 为 7.0~7.4，胆盐能抑制大肠杆菌的生长。

大肠杆菌若侵入肠道以外的组织器官，可引起化脓性感染，如急性胆囊炎、细菌性肝脓肿等。单纯大肠杆菌产生的脓液并无臭味，但常因和其他致病菌一起造成混合感染，使其产生的脓液稠厚、有恶臭或粪臭。

（四）铜绿假单胞菌

铜绿假单胞菌感染伤口后可形成蓝绿色脓液，故被命名为铜绿假单胞菌。它在自然界分布很广，正常人的皮肤、肠道和呼吸道等处都有寄生，土壤、空气和水中也广泛存在，医院内环境及用具多有铜绿假单胞菌污染。本菌存在的重要条件是潮湿环境。铜绿假单胞菌为革兰阴性需氧菌，在菌体一端有一根鞭毛，运动活泼。生长最适温度为 35℃。铜绿假单胞菌在培养基中可产生它特有的绿脓素。此色素为一种水溶性、蓝绿色、无荧光的吩嗪类色素。但应注意的是，有些铜绿假单胞菌不产生色素。

铜绿假单胞菌为条件致病菌，是院内感染的主要致病菌之一。铜绿假单胞菌还可引起伤口感染、压疮、脓肿、化脓性中耳炎等。铜绿假单胞菌能产生多种毒素和酶类，如胞外黏液质、溶血素、脂肪酶、酯酶、卵磷脂酶、弹性蛋白酶、DNA 酶、磷酸酯酶、内毒素和外毒素等。铜绿假单胞菌感染产生的脓液呈蓝绿色，具有特殊的甜腥臭味。

（五）变形杆菌

变形杆菌是革兰阴性菌，多数单个存在，周身鞭毛，需氧或兼性厌氧，适宜生长温度为 10~43℃，能迅速发酵葡萄糖并产生少量气体。变形杆菌广泛分布于自然界，如水、土壤、腐败的有机物中。在人体存在于肠道和前尿道内，是尿路感染、急性腹膜炎和大面积烧伤感染的致病菌之一。变形杆菌对大多数抗菌药物有耐药性，故在抗菌药物治疗后，原来的混合感染可以变为单纯的变形杆菌感染，脓液具有特殊的恶臭。

（六）克雷伯杆菌

克雷伯杆菌是不运动革兰阴性杆菌，单个，成对或成短链状排列。能发酵葡萄糖产酸产气，最适宜生长温度为 35~37℃，最适合的 pH 为 7.2。在人体内常见于肠道、呼吸道和泌尿道，受感染患者的痰液和尿液中也可分离到。常可引起肺炎、败血症和化脓性感染。

（七）肠杆菌

肠杆菌是周生鞭毛的革兰阴性杆菌，分为阴沟杆菌、产气杆菌和聚团肠杆菌，均存在于肠道中，一般没有致病力，偶尔在脓液、血液和其他病理标本中发现阴沟杆菌，近年来发现阴沟杆菌为医院内感染的最常见条件致病菌。另外，聚团肠杆菌和产气杆菌对人体也具有致病性。

（八）沙雷菌

沙雷菌是具有周生鞭毛的革兰阴性能运动的杆菌，适宜生长的温度为 25~30℃，存在于肠道中，亦可从尿液、脓液、血液和脑脊液中分离出来。文献报道沙雷菌能引起多种感染，如尿路感染、肺炎、脓胸等，亦为医院内感染的重要条件致病菌之一。

（九）淋病奈瑟菌

淋病奈瑟菌是革兰阴性双球菌，菌体呈肾形，成双排列，无鞭毛，无荚膜，无芽胞，本菌为需氧菌，最适生长温度为 35℃，最适 pH 为 7.5，它的抵抗力极弱，对冷、热、干燥和化学消毒剂都很敏感。淋病奈瑟菌是淋病的病原菌，是严格的人体寄生菌，可引起男性的尿道炎、前列腺炎、附睾炎、关节炎，女性尿道炎、阴道炎和子宫颈炎。

三、病理变化

外科急性感染的病理变化是因致病菌入侵在局部引起急性炎症反应。致病菌侵入组织并繁殖，产生多种酶与毒素，可以激活凝血、补体、激肽系统以及血小板和巨噬细胞等，导致炎症介质的生成，引起血管扩张与通透性增加，白细胞和吞噬细胞进入感染部位发挥吞噬作用，单核 - 巨噬细胞通过释放促炎细胞因子协助炎症及吞噬过程。病灶内含活菌、游离血细胞及死菌、细胞组织的崩解产物，引发炎症反应的作用是使入侵微生物局限化并最终被清除，同时局部出现红、肿、热、痛等炎症的特征性表现。部分炎症介质、细胞因子和病菌毒素等还可进入血流，引起全身性反应。

病变的演变与结局取决于病原菌的毒性、机体的抵抗力、感染的部位以及治疗措施是否得当，可能出现下列几种结果：

1. 炎症好转　经有效的药物治疗，吞噬细胞和免疫成分能较快地制止病原体，清除组织细胞崩解产物与死菌，炎症消退，感染就可以治愈。

2. 局部化脓　人体抵抗力占优势，感染局限化，组织细胞崩解物和渗液可形成脓性物质，积聚于创面和组织间，或形成脓肿。

3. 炎症扩展　病菌毒性大，数量多或（和）宿主抵抗力明显不足，感染迅速扩展，病菌可定植于血液出现菌血症，机体对于感染的过程反应还可引起全身炎症反应而形成脓毒症，对宿主造成很大的损害。

4. 转为慢性炎症　病菌大部分被消灭，但尚有少量残存，组织炎症持续存在，中性粒细胞减少而成纤维细胞和纤维增加，变为慢性炎症。

四、临床表现

1. 局部症状　急性炎症有红、肿、热、痛和功能障碍的典型表现。红，表示局部毛细血管扩张、充血；肿，因血管扩张，管壁通透性增加，白细胞和血浆渗出血管，进入组织间隙，引起肿胀；热，血管扩展，血流增加，使局部有灼热感；痛，肿胀和细菌毒素对神经末梢的压迫和刺激作用；功能障碍，疼痛和肿胀都能影响局部功能。体表与浅处的化脓性感染均有局部疼痛和触痛，皮肤肿胀、色红、温度增高，还可以发现肿块和硬结；慢性感染也有局部肿胀或硬结肿块，但疼痛大多不明显；体表病变脓肿形成时，触诊可有波动感。如病变的位置深，则局部症状不明显。

2. 全身症状　感染轻微可无全身症状，感染重时常有发热、呼吸心跳加快、头痛乏力、全身不适、食欲减退等表现。严重脓毒症时可有尿少、神志不清、乳酸血症等器官灌注不足的表现，甚至出现休克和多器官功能障碍等表现。

3. 特殊症状　某些感染可有特殊的临床表现，如气性坏疽和其他产气菌如蜂窝织炎可出现皮下捻发音。

五、诊断要点

首先应认真询问病史和作体格检查，得出初步诊断，然后选择必要的辅助检查手段进一步确诊。

（一）病史

详细认真地了解患者发病情况、发病时间、有无伴发症状等。

（二）临床检查

1. 全身状态　生命体征、营养、皮肤、淋巴结等。

2. 局部表现　是否有红、肿、热、痛、功能障碍等表现，位置表浅的化脓性感染的诊断并不困难。波动感是诊断脓肿的主要依据，但应注意与血肿、动脉瘤或动静脉瘘区别。深部脓肿波动可不明显，但表面组织常有水肿，局部有压痛，可有发热与白细胞计数增加，穿刺有助于诊断。

（三）辅助检查

包括实验室检查、病原体的鉴定及影像学检查等。

1. 实验室检查　白细胞计数及分类是常用检测方法。WBC>10×10^9/L 或 <4×10^9/L，或发现未成熟白细胞，提示重症感染。其他化验项目如血常规、尿常规、血浆蛋白、肝功能等，可根据初诊结果

选择。

2. 病原体的鉴定

(1) 取脓液或病灶渗液涂片行革兰染色后,在显微镜下观察,可以分辨病菌的革兰染色性和菌体形态。

(2) 取脓液、血、尿、痰或穿刺液作细菌培养以及药物敏感试验,可培养出细菌和选择敏感药物。

(3) 采用其他特殊检测手段明确病因,如结核、包虫病、巨细胞病毒感染等。

3. 影像学检查　主要用于内在感染的诊断。超声检查可用以探测肝、胆、肾等的病变,还可发现胸腹腔、关节腔的积液。骨关节病变常需 X 线摄片,胸部病变可用 X 线透视或摄片。CT、MRI 等可发现体内多种病变,诊断率较高,应根据情况选择性使用。

六、康复治疗目的

外科急性感染治疗目的是控制感染的发生发展,消灭致病细菌,引流坏死的组织,清除病灶,增强患者的抗感染与修复能力,使病灶早期愈合,避免导致创口经久不愈,甚至产生溃疡、窦道或瘘管,最终导致出现瘢痕、色素沉着等后遗症。

早期目的是使炎症局限化,抑制细菌生长,改善局部血液循环,消肿止痛;中期主要是控制细菌蔓延,引流变性坏死的组织,杀菌消炎;后期主要是促进新生组织再生,增强组织抗感染与修复能力,避免产生瘢痕等后遗症。

七、康复治疗原则

外科急性感染的康复治疗原则,是消除感染病因和毒性物质(脓液、坏死组织等),控制病原菌生长,增强人体的抗感染和修复能力,促使组织修复。较轻或范围较小的浅部感染可根据感染的部位,感染病灶的特点选用合适的外用药、热敷、物理因子等治疗;感染较重或范围较大者,先根据病灶特点经验性选用抗生素内服或注射治疗,同时配合物理因子、手术等处理,如有脓液和坏死组织则送细菌培养。深部感染一般根据疾病种类选择可能的敏感抗生素注射用药,同时手术切开,配合物理因子杀菌消炎,根据送检的脓液和坏死组织培养结果选用敏感抗生素。全身性感染更需积极进行全身疗法,配合支持治疗,必要时应扩大切开手术。

八、康复治疗方法

(一) 局部疗法

1. 局部制动、休息　可减轻疼痛,而且有利于炎症局限化和消肿。感染在肢体,可抬高患肢。必要时,可用夹板或石膏夹板固定。

2. 外用药物治疗　有改善局部血液循环,散瘀消肿,加速感染局限化,以及促使肉芽生长等作用,大多适用于浅部感染,但有时也用于深部感染。常用药物:

(1) 硫酸镁溶液:纱布浸湿局部湿敷,可用于蜂窝织炎、淋巴结炎等。

(2) 如意金黄散或鱼石脂软膏:外涂于患处,适用于浅部或稍深的感染初期或中期。

(3) 生肌膏:破溃清创后的伤口可用生肌膏促进组织修复等。

3. 物理因子疗法　有抗炎抑菌,镇痛,改善局部血液循环,增加局部抵抗力,促进吸收或局限化的作用。常用方法:

(1) 短波和超短波:具有改善局部血液循环,消炎镇痛,降低感觉神经兴奋性作用,炎症的急性期可用超短波,亚急性和慢性期则用短波。

(2) 微波:作用机制同短波和超短波,采用电磁波体表辐射,能产生消炎镇痛的作用。

(3) 红外线:近红外线能直接作用于皮肤的血管、淋巴管、神经末梢及其他皮下组织,能增加细胞的吞噬功能,消除肿胀,促进炎症消散,还可改善组织营养,促进肉芽组织增生,加快创面愈合,主要用于感染的后期。

(4) 紫外线:对细菌或病毒的杀灭或抑制作用强,尤其是短波紫外线有明显的杀菌作用。小剂量紫外线还可刺激细胞分裂增殖,促进肉芽和上皮的生长,加速创面愈合。

（5）激光：小剂量激光具有消炎、镇痛、止痒、消肿、促进肉芽组织增生等作用，适用于感染的各期。

4. 手术治疗　包括脓肿的切开引流和感染病灶的切除。脓肿虽穿破但引流不畅者，可行扩大引流术。局部炎症剧烈，迅速扩展，或全身中毒症状明显者，可切开减压，引流渗出物，以减轻局部和全身症状，阻止感染继续扩展。

（二）全身疗法

用于严重感染，特别是全身性感染。

1. 支持疗法　目的是改善患者全身症状和增加抵抗力。保证患者休息，进食高热量、富含维生素的食物。高热和不能进食的患者可采用物理降温和静脉补液，贫血、低蛋白血症或全身消耗者可输血，对严重感染者可用胎盘球蛋白、丙种球蛋白，或在使用足量有效抗生素前提下给予肾上腺皮质激素。

2. 抗菌药物　对较重、范围较大或有扩展趋势的感染，可根据各种致病菌引起感染的一般规律、临床表现及脓肿性状等初步判断致病菌类型，选择相应的抗生素，如能做细菌培养和敏感试验，则更可作为选用药物的指导。2~3d 后疗效不佳时，应更换药物。应注意，及时正确处理局部感染灶是抗生素发挥应有疗效的前提。

> **抗菌药物在外科感染中的使用**
>
> 抗菌药物主要适用于：①未局限化的外科感染，如急性蜂窝织炎、淋巴管炎、丹毒、脓毒症等。②结合手术治疗外科感染，如脓肿、气性坏疽等手术时，使用抗生素提高手术的安全性与感染治愈率。轻微感染可以采用口服抗生素治疗，较严重感染则通常需静脉给药。
>
> 治疗的最初阶段，由于还未确定感染病原菌以及药敏情况，抗菌药物的选用是经验性的。主要依据各种致病菌引起感染的一般规律、临床表现、脓液性状等估计致病菌种，选择适当抗菌药物。也可根据感染部位推断致病菌的种类，不同部位的感染都有它的主要致病菌，如一般软组织感染以革兰阳性球菌为主。应根据抗菌谱选择有效的抗菌药物，同时应考虑抗菌药物的临床药理学与药物代谢动力学特点。

第二节　常见外科急性感染康复

一、疖

（一）概述

疖是单个毛囊及其所属皮脂腺的急性化脓性感染，主要致病菌是金黄色葡萄球菌，偶可因表皮葡萄球菌或其他致病菌致病，好发于颈项、头面、背部等皮脂腺丰富和受摩擦部位，与局部皮肤不洁、擦伤、皮下毛囊与皮脂腺分泌物排泄不畅或机体抵抗力降低有关。多个疖同时在身体各部位发生或反复发作称为疖病，常见于营养不良的小儿和糖尿病患者。

（二）诊断要点

1. 症状　颈项、头面、背部等好发区域，以毛囊及皮脂腺为中心的红、肿、痛；单一疖肿一般无全身症状；疖病则常有发热、食欲减退等全身症状。

2. 体征　体表皮肤以毛囊及皮脂腺为中心的红、肿、痛的炎性肿块，化脓后顶端有黄色小点（脓栓），破溃后有少量脓液溢出，周围淋巴结可肿大。

（三）康复治疗

1. 物理治疗

（1）光疗法

1）紫外线疗法：①局部照射。用紫外线强红斑量照射患处，有明显的消炎、止痛作用。②中心重叠照射法。病灶局部用强红斑量，周围皮肤用红斑量。多用于范围大、炎症重者。③已切开排脓的疖

图片：疖

2801

肿,如分泌物多,创面不洁,可用超红斑量照射(创面周围涂上凡士林保护皮肤),促使创面坏死组织脱落;创面干净后,肉芽组织比较新鲜时,用 1 级红斑量或亚红斑量照射,可促进伤口愈合。④全身照射,用于疖病。

2) 激光疗法:可用 He-Ne 激光,散焦,照射患处,1 次/d。

(2) 电疗法

1) 超短波疗法:两板状电极对置于患病部位,无热量至微热量,10~15min/ 次,每天 1~2 次,与紫外线疗法合并应用疗效更好。多用于范围大、炎症重者,一般 1~3 次可愈。

2) 微波疗法:圆形辐射器照射患病部位,辐射器距离体表 5~10cm,无热量,15~20min/ 次,1 次/d,用于范围较大的疖肿。

3) 毫米波疗法:圆形辐射器置于患处,距离表皮 1cm,20~30min/ 次,1 次/d。用于范围较大的疖肿。

(3) 其他:也可采用直流电离子导入疗法、磁疗法等,多用于疖病。

2. 药物治疗　疖病需同时使用抗生素治疗。

二、痈

(一) 概述

痈是多个相邻毛囊和皮脂腺或汗腺的化脓性感染,或由多个疖肿融合而成,其病因与疖相似,致病菌主要为金黄色葡萄球菌。好发于项部、背部等皮肤韧厚处。常见于糖尿病患者或身体衰弱者。

(二) 诊断要点

1. 症状　患病区域红、肿、剧痛,常伴有轻度寒战、发热、食欲减退等全身症状。

2. 体征　患病皮肤呈大片酱红色微隆起的炎症浸润区,边界不清,触之坚硬、剧痛,随之中心皮肤多有坏死,表面有多个脓栓,似莲蓬状,脱落缓慢,破溃后中央塌陷似蜂窝,有脓血样分泌物溢出,易向四周和深部发展,发生淋巴管炎、淋巴结炎和静脉炎。

图片:痈

3. 化验检查　血常规中白细胞及中性粒细胞计数可增多。分泌物或脓液涂片镜检初步了解病原菌性质,细菌培养和药敏试验明确病原菌和指导用药。

(三) 康复治疗

1. 物理治疗

(1) 光疗法:紫外线疗法,参照"疖"治疗方法。

(2) 电疗法:超短波和短波照射对控制感染扩散、促进炎症消散有良好效果。

1) 超短波疗法:参照"疖"治疗方法。

2) 微波疗法:参照"疖"治疗方法。

3) 直流电抗生素离子导入疗法:根据病原菌导入敏感抗生素。

(3) 其他:还可采用毫米波疗法、短波疗法、磁疗法等。

2. 药物治疗　早期可用鱼石脂软膏、50% 硫酸镁或 75% 乙醇外敷,抗生素原则上应根据药敏试验选择有效抗生素。一般可选青霉素、半合成青霉素、红霉素或头孢菌素等。应注意给予足够剂量和疗程。

3. 支持疗法　通常给患者易消化、高能量流质饮食。严重感染者应注意营养支持,维持水和电解质平衡、酸碱平衡。对糖尿病患者应用降糖药控制血糖,有效治疗糖尿病。

4. 手术　小部分痈早期取出脓栓,换药后,坏死组织脱落,创面逐渐愈合。大部分患者尤其是病变范围大、多个脓栓破溃后呈蜂窝状时,常需手术切开引流。引流切口应做成"+"形或"++"形,长度超过病变范围,深达筋膜或筋膜下,切断所有纤维间隔。

三、急性蜂窝织炎

(一) 概述

急性蜂窝织炎是皮下、筋膜下、肌间隙或深部疏松结缔组织的一种急性弥漫性化脓性感染。其特点是病变不易局限,扩散迅速,与正常组织无明显界限。本病常见的是皮下疏松结缔组织的急性细菌感染。致病菌主要是溶血性链球菌、金黄色葡萄球菌,偶见大肠埃希菌、厌氧性细菌等,亦可为混合感染。炎症可由皮肤或软组织损伤后感染引起,亦可由局部化脓性感染灶直接扩散或经淋巴、血流传播而发生。

(二) 诊断要点

1. 症状　患病区红、肿、热、痛,边界不清,扩展迅速;可有畏寒、发热等全身症状;严重者可发生脓毒血症。

2. 体征　局部红、肿、热,中心区色深,暗红色,周围色浅,边界不清楚,压痛明显。可形成脓肿,脓肿破溃有较大量脓液流出;伴产气性细菌感染时,局部可有捻发音。常伴有周围淋巴管炎和淋巴结炎。

3. 化验检查　血中白细胞和中性粒细胞计数增多。

(三) 康复治疗

1. 物理治疗　目的是控制病变蔓延,减轻症状,促进炎症局限和吸收。可采用超短波、直流电药物离子导入疗法(患病区导入青霉素、链霉素、庆大霉素等,青霉素、链霉素用前做皮试)、紫外线患区照射等。

2. 药物　按感染程度选择口服抗生素,如第一代头孢菌素、大环内酯类等,或肌肉注射、静滴青霉素、头孢菌素等。

3. 局部处理　早期可外敷中药(蒲公英、金银花等)、50% 硫酸镁溶液、75% 乙醇溶液等,一旦形成脓肿,应立即切开引流,对捻发音性蜂窝织炎应及早做广泛的切开引流。

四、丹毒

(一) 概述

丹毒是由 β-溶血性链球菌,从皮肤或黏膜微小损伤处侵入皮肤、黏膜网状淋巴管而引起的急性炎症。其特点是炎症蔓延快,不化脓,常有高热等全身症状,治愈后易复发,好发于下肢和面部。

(二) 诊断要点

1. 症状　发病急,常有畏寒、高热、头痛不适等全身症状。

2. 体征　病变局部片状皮肤红疹、中间较淡,边缘清楚、且稍隆起,压之褪色,去压后红色即恢复,有时红肿区有水疱。附近淋巴结常肿大,且有压痛。

3. 化验检查　血中白细胞和中性粒细胞数增加。

(三) 康复治疗

1. 一般治疗　休息,下肢丹毒应抬高患肢。中药(蒲公英、金银花等)、50% 硫酸镁等湿热敷,积极治疗有关的手癣、足癣、溃疡等,防止复发。

2. 物理治疗　运用超短波、微波、紫外线等可消炎杀菌,直流电离子导入疗法可直接向患区导入青霉素或庆大霉素等抗生素而杀菌(青霉素须皮试阴性才能用)。后期如病变区纤维化、硬结形成还可用磁疗法、超声波疗法。

3. 药物治疗　全身应用抗菌药物,静脉滴注青霉素、头孢类等敏感抗生素。

五、脓肿

(一) 概述

急性感染后,组织或器官内病变组织坏死、液化,形成局部脓液积聚,并有一完整脓壁时,称为脓肿。致病菌多为金黄色葡萄球菌。脓肿常继发于各种化脓性感染,如急性蜂窝织炎、急性淋巴结炎、疖等,也可发生在局部损伤的血肿或异物存留处,亦可从远处感染灶经血流转移而形成脓肿。脓肿由于其深浅位置不同,可出现不同的临床表现。

(二) 诊断要点

1. 浅部　脓肿表现为局部红、肿、热、痛及压痛,有波动感,一般无全身症状。

2. 深部　脓肿为局部弥漫性肿胀、疼痛及压痛,波动感不明显,常有全身症状。试验穿刺可抽出脓液,即可确诊,也可作超声波协诊。

(三) 康复治疗

1. 一般治疗　休息,四肢脓肿应抬高患肢。中药(蒲公英、金银花等)、50% 硫酸镁等湿热敷。

2. 物理治疗　运用超短波、微波、紫外线等可消炎杀菌,消肿止痛,直流电离子导入疗法可直接向患区导入青霉素或庆大霉素等抗生素而杀菌(青霉素须皮试阴性才能用)。

3. 药物治疗　全身应用抗菌药物,静脉滴注青霉素、头孢类等敏感抗生素。

4. 手术治疗　如经上述处理病情不能控制,应及时切开引流,切口应选在波动明显处并与皮纹平行,切口应够长,并选择低位,以利引流。深部脓肿,应先行穿刺定位,然后逐层切开引流。

本章小结

　　外科感染一般指需要外科治疗的感染和皮肤软组织感染,在外科领域中最常见,占所有外科疾病的 1/3~1/2。而外科急性感染指的是其中的急性非特异性感染,常见致病菌有金黄色葡萄球菌、大肠埃希菌、乙型溶血性链球菌、拟杆菌和铜绿假单胞菌等,典型临床表现是局部红、肿、热、痛和功能障碍,伴或不伴全身症状。常见外科急性感染疖、痈、蜂窝织炎、丹毒、脓肿等各有不同的致病特点和临床表现,掌握其各自的诊断要点,早期诊断并积极地介入康复治疗,能很好地控制病情发展,及早治愈感染,从而使患者得到完全康复。

(蒋竞杭)

思考题

1. 外科急性感染的结局和影响因素是什么?

2. 从哪几方面来诊断急性外科感染?

3. 外科急性感染的常见物理因子疗法有哪些?

4. 对一名 30 岁男性小腿丹毒患者如何进行康复治疗?

扫一扫,测一测

思路解析

第二十九章 周围血管和淋巴管疾病康复

学习目标

1. **掌握** 静脉炎和血栓性浅静脉炎、下肢深静脉血栓形成、血栓闭塞性脉管炎、急性淋巴管炎和淋巴结炎及肢体淋巴水肿的康复评定、康复治疗方案及实施。

2. **熟悉** 静脉炎和血栓性浅静脉炎、下肢深静脉血栓形成、血栓闭塞性脉管炎、急性淋巴管炎和淋巴结炎及肢体淋巴水肿的临床分型和表现、主要功能障碍及分期康复治疗原理。

3. **了解** 静脉炎和血栓性浅静脉炎、下肢深静脉血栓形成、血栓闭塞性脉管炎、急性淋巴管炎和淋巴结炎及肢体淋巴水肿的基本概念、发病原因、病理和临床辅助检查。

4. 具有基本临床康复思维与素养,具有指导患者康复训练及评估康复疗效的能力,能对患者在治疗或训练过程中出现的简单问题进行处理。

5. 能与患者及家属进行良好沟通,开展健康教育;能与相关医务人员进行专业交流与团结协作开展康复治疗工作。

病例导学

患者,男性,51岁,渔场养殖工人,因"左小腿怕冷5年,伴酸沉感2年,间歇性跛行半年,疼痛伴发热5d"行住院治疗。查体:T 38.6℃,左下肢萎缩明显,皮色青,皮温低,汗毛稀少,趾甲增厚无光泽,第1、2、3趾及足背远端青紫发黑,第1、2趾趾腹处呈干性坏死,第3趾内侧破溃,足背动脉未触及搏动。血象:WBC 11.3×10^9/L,N 81%。

问题与思考:

1. 该患者属于何种疾病的哪一康复分期?
2. 康复治疗目标如何设定?
3. 相应的康复治疗方案有哪些?

第一节 概 述

一、基本概念

周围血管和淋巴管疾病(disease peripheral blood vessel & lymphatics)是指累及到心脏和颅内血管以外的外周血管病的通称,包括动脉、静脉和淋巴性疾病,其中动、静脉的病变较为多见,分为狭窄、闭塞、扩张、破裂和静脉瓣膜功能不全五大类。本章重点论述静脉炎和血栓性浅静脉炎、下肢深静脉血栓形成、血栓闭塞性脉管炎、急性淋巴管炎和淋巴结炎及肢体淋巴水肿的康复。

二、临床表现

周围血管和淋巴管疾病表现各有异同,一些关键主诉和体征可提示诊断、判断病情。

(一) 疼痛

1. 间歇性疼痛

(1) 间歇性跛行:见于慢性动脉阻塞或静脉功能不全,步行时出现小腿疼痛,表现为沉重、乏力、胀痛、钝痛、痉挛痛或锐痛,休息片刻后疼痛缓解。

(2) 体位性疼痛

1) 动脉阻塞性疾病时,抬高患肢因供血减少而加重症状,伴有肢体远端皮肤苍白,患肢下垂则疼痛缓解。

2) 静脉疾病时,抬高患肢有利于静脉回流而减轻症状,患肢下垂则诱发或加重胀痛。

(3) 温度差性疼痛

1) 动脉阻塞性疾病时,热环境能舒张血管并促进组织代谢,从而减轻因寒冷、机体代谢低下导致的疼痛等症状,但超出血管饱和容积则会加重症状。

2) 血管痉挛性疾病,在热环境下血管舒张、疼痛减轻,寒冷刺激则使血管痉挛及疼痛加重。

2. 持续性疼痛

(1) 动脉性静息痛

1) 急性病变如动脉栓塞,因缺氧导致细胞渗透压增加,非细菌性炎性物质的分泌等,可引起急骤而严重的持续性疼痛。

2) 由慢性动脉阻塞引起者,症状常于夜间加重。

(2) 静脉性静息痛:肢体远端因严重淤血而有持续性胀痛,伴有静脉回流障碍的其他表现,如肢体肿胀及静脉曲张等。

3. 炎症及缺血坏死性静息痛

(1) 动脉、静脉或淋巴管的急性炎症,局部有持续性疼痛。

(2) 由动脉阻塞造成组织缺血坏死,或静脉性溃疡周围炎,因激惹邻近的感觉神经引起持续性疼痛。

(3) 由缺血性神经炎引起的持续性疼痛,常伴有间歇性剧痛及感觉异常。

(二) 水肿

1. 静脉性水肿　下肢深静脉回流障碍的组织间隙水肿呈凹陷性,以踝部与小腿最明显,通常不累及足;常伴有小腿胀痛、色素沉着或足靴区溃疡。抬高患肢水肿可减轻或消退。

2. 淋巴水肿　淋巴管阻塞时,水肿呈凹陷性或坚实,具海绵状特性,即加压后凹陷,解除压迫后恢复原状。以足及踝部明显,逐渐向近侧扩展,形成范围广泛的水肿,抬高患肢无明显改善;皮肤增厚且粗糙,后期形成典型的"象皮肿"。

(三) 感觉异常

1. 沉重感

(1) 行走不久即出现,休息片刻可消失,提示早期动脉供血不足。

(2) 静脉疾病时常于久站、久走后出现,平卧或抬高患肢后消失。

2. 异样感觉　可有麻木、麻痹、针刺或蚁行等异样感觉,或皮肤感觉减退。

3. 感觉丧失　严重的动脉狭窄继发血栓形成,或急性动脉阻塞时,肢体远端浅感觉减退或丧失,深感觉亦可随之丧失。

(四) 皮肤温度改变

1. 动脉阻塞性疾病时,血流量减少,皮温降低。

2. 静脉阻塞性疾病时,由于血液淤积,皮温高于正常。

3. 比较双侧肢体对应部位的皮温,如相差 2℃ 以上有临床意义。

(五) 色泽改变

1. 皮色呈苍白色或发白伴有皮温降低,提示动脉供血不足;皮色暗红伴有皮温轻度升高,是静脉淤血的征象。

2. 指压性色泽改变

(1) 重压皮肤数秒后骤然放开,动脉缺血时由苍白色恢复原色的时间延缓。

(2) 在发白区指压后不出现暂时性苍白,提示局部组织已发生不可逆的缺血性改变,将发生浅层或深部组织坏死。

3. 运动性色泽改变　运动后肢体远端皮肤呈苍白色者,提示动脉供血不足。

4. 体位性色泽改变　肢体抬高试验(Buerger 试验)是诊断血栓闭塞性脉管炎的一个有意义的试验。

(1) 患者平卧,先抬高患侧下肢 70°~80°,或高举上肢过头持续 60s,肢体远端皮肤呈苍白或蜡白色,提示动脉供血不足;再将下肢下垂于床沿或上肢下垂于身旁,恢复时间超过 45s 且色泽不均匀者,进一步提示动脉供血障碍。

(2) 肢体持续下垂出现明显潮红或发绀者,提示为静脉逆流或回流障碍性疾病。

(六) 血管形态改变

1. 动脉形态改变　动脉搏动减弱或消失,杂音,扪触呈屈曲状,增硬或结节。

2. 静脉形态改变　静脉曲张、硬结、压痛并与皮肤粘连,可扪及伴触痛的索状物。

(七) 营养性改变

1. 皮肤营养障碍性改变

(1) 动脉缺血引起皮肤松弛,汗毛脱落,趾(指)甲生长缓慢、变形发脆,较长时间的缺血可引起肌萎缩。

(2) 静脉淤血性改变好发于小腿足靴区,皮肤光薄,色素沉着,伴有皮炎、湿疹、皮下脂质硬化及皮肤萎缩。

(3) 淋巴回流障碍时,皮肤和皮下组织纤维化,皮肤干燥、粗糙,出现疣状增生,后期呈典型的"象皮腿"。

2. 溃疡或坏疽

(1) 动脉缺血性溃疡好发于肢体远端,趾(指)端或足跟,溃疡边缘常呈锯齿状,底为灰白色肉芽组织,挤压时不易出血,有剧烈疼痛。

(2) 静脉性溃疡好发于足靴区,即小腿下 1/3,尤以内侧多见:初期溃疡浅,类圆形,单个或多个,之后较大且不规则,底部常为湿润的肉芽组织覆盖,易出血,周围有皮炎、水肿和色素沉着等,愈合缓慢且易复发。

(3) 肢体出现坏疽性病灶,提示动脉供血已不能满足静息时组织代谢的需要,以致发生不可逆转性变化;初为干性坏疽,继发感染后可转变为湿性坏疽。

知识拓展

周围血管和淋巴管类属于祖国传统中医学的"脉络"范畴,其正常生理活动主要靠以下几个脏的功能来实现:

1. "心主血脉",即心推动血液在脉管中运行。

2. "肝主疏泄",即肝通过对气机(气的运动)的调畅来推动血液运行。

3. "脾主升清"和"脾主肌肉",即脾将营养物质吸收转化为气血津液充养机体,包括维持骨骼肌和血管平滑肌的张力及静脉瓣的弹性,从而促进血液的回流。

4. "肾主藏精",即通过对营养物质的贮存、转化和投放来维系和激发全身功能。

5. "肺主气司呼吸"和"肺朝百脉",即肺通过宣发肃降来实现气体交换和辅助心脏以促进血液的运行。

　　现代医学认为:寒冷、血液高凝状态、血流滞缓、血管神经调节障碍、静脉壁损伤、先天性淋巴管发育不良或继发淋巴回流障碍等因素导致周围血管和淋巴管疾病,其中,血栓闭塞性脉管炎和肢体淋巴水肿的治疗效果不佳,下肢深静脉血栓常会产生血管阻塞或静脉瓣膜功能不全等后遗症。遵循中医学整体观念和辨证论治的原则,采取清热解毒、利湿化瘀、舒筋通络、益气活血、温阳化水、去腐生肌等治法,以中药内服、外用结合针灸按摩诸法,可以有效干预相应致病因子及病理环节,从而突破临床瓶颈,提高治疗和康复效果。

第二节　周围血管疾病康复

一、静脉炎和血栓性浅静脉炎

(一) 基本概念

　　静脉炎(phlebophlogosis)是指静脉管壁及血管周围炎性细胞浸润,静脉管壁增厚甚至发生静脉血栓,临床以浅部静脉炎多见,合并静脉血栓时则称为血栓性浅静脉炎(superficial thrombophlebitis),多见于术后、妊娠、长期站立或蹲卧、心脏病等人群,下肢的大隐静脉及其属支、腹壁浅静脉的曲张段为好发部位。

(二) 临床表现

　　1. 症状和体征　浅静脉炎的患部有红、肿、热、痛等症状,皮肤温度升高,可触及索状静脉;深部静脉炎局部压痛,但不易触到条索状物,受累患肢呈现弥漫性肿胀,常伴体温升高、全身不适、血沉加快等全身症状。

　　2. 辅助检查　静脉造影可显示血栓部位,血管超声多普勒可协助诊断。

(三) 功能障碍

　　1. 运动功能障碍　疼痛可导致受累肢体不同程度的受限。

　　2. 心理功能障碍　因持续疼痛可产生焦虑情绪。

　　3. 日常生活活动能力障碍　病情较重者可受限。

(四) 康复评定

　　1. 疼痛评定　常用视觉模拟评分法(VAS),口述分级评分法。

　　2. 肢体围度测量　测量并与健侧对比。

　　3. 心理功能评定　采用 Zung 抑郁自评量表(SDS)、Zung 焦虑自评量表(SAS)。

　　4. 日常生活活动能力评定　常用改良 Barthel 指数。

(五) 康复治疗

　　1. 急性期　以消炎、止痛、消除水肿及改善侧支循环为主。

　　(1) 常规治疗:卧床休息,抬高患肢,补充营养。按医嘱指导患者应用抗炎药物及镇痛剂,避免使用留置针。

　　(2) 物理治疗:对于浅静脉血栓患者,须注意在治疗过程中预防血栓脱落。

　　1) 紫外线疗法:沿受累静脉及其两侧照射,Ⅱ~Ⅲ级红斑量开始,逐次增加 1~2MED,每日或隔日一次,共 3~5 次。

　　2) 超短波疗法:患区对置或并置,无热量,每天一次,每次 8~10min,可与紫外线合用。

　　3) 可见光、TDP 照射疗法:距离 30~40cm,温热量,每日 1~2 次,每次 15~20min,共 10~15 次。

　　4) 压迫疗法:可对抗静脉压及改善血液回流。使用医用弹力袜循序减压,从踝部开始建立支撑压力,向上逐渐递减,至大腿处减至初始踝部的 25%~45%,以清晨起床前穿着直至晚间上床时脱去为宜。

　　(3) 心理治疗:疾病宣教解除患者疑虑,辅以安慰和心理疏导。

　　(4) 中国传统康复治疗:此期以清热解毒、利湿行瘀为主,可选用金银花、虎杖、玄参、薏苡仁、苍术、当归、牛膝、黄柏等煎汤内服，如四妙勇安汤、四妙丸;用硝黄合剂(芒硝、蒲公英各 50g,独活、黄柏各 30g)煎汤熏洗、湿敷患处，每次 30min,每日 2~3 次。

2. 急性期后及慢性期　以促进炎症吸收、血栓机化和血管软化，加强侧支循环，恢复肢体功能为目标。

(1) 物理治疗

1) 直流电离子透入疗法:5%~10% 碘化钾或碘化钠溶液阴极透入，并置或对置法，电流密度 0.05~0.1mA,每日一次，每次 15~20min,共 10~15 次。

2) 微波疗法:2450MHz,圆形或长方形辐射器距离 5~10cm,功率 20~50W,每日一次，每次 8~15min,共 10~15 次。

3) 音频电疗法:条状或板状电极，并置或对置，耐受为度，每日一次，每次 15~20min,共 15~30 次。亦可酌情应用超声波、共鸣火花等疗法。

(2) 中国传统康复治疗

1) 中药:此期以除湿化瘀、舒筋活络为治则。选用黄芪、威灵仙、鸡血藤、苍术、地龙、当归、赤芍、升麻、桃仁、红花、乳香、没药，如当归四逆汤煎汤内服及熏洗。

2) 针灸:①皮肤针叩刺患处以微微渗血为度。②上肢可艾灸大椎、肩井、肩髃、曲池穴;下肢选涌泉、三阴交、足三里、血海、髀关穴;胸腹部取膻中、中脘、神阙、关元、气海穴。

3) 推拿按摩:以手代针行搓揉、按压、摩擦等手法。

二、下肢深静脉血栓形成

(一) 基本概念

下肢深静脉血栓形成(deep vein thrombosis,DVT)是由于下肢静脉血流滞缓、血液高凝状态以及静脉壁损伤等多因素综合作用下形成的血管非正常凝结。急性期引发的肺栓塞是本病导致猝死的原因之一。临床因治疗效果欠佳，常遗留下肢深静脉阻塞或静脉瓣膜功能不全。

(二) 临床表现

1. 症状和体征

(1) 下肢肿胀:受阻远端静脉压升高，毛细血管淤血导致内皮细胞缺氧而渗透压增加所致;另一方面，血栓可机化、再血管化和再内膜化，静脉管腔通畅度有所改善，但纤维组织收缩影响管腔结构以及瓣膜自身被破坏，导致瓣膜功能不全。

(2) 疼痛和压痛:因血栓引起的炎症反应使患肢局部产生持续性疼痛及压痛。

(3) 浅静脉曲张:静脉回流障碍及静脉压增高，血液经交通支至浅静脉回流而出现代偿性曲张。

(4) 股青肿:因血栓向心性蔓延，整个下肢静脉系统回流严重受阻，组织张力极度增高，致使下肢动脉痉挛，肢体缺血甚至坏死，为本病最重阶段。

2. 临床分型　按发病部位分为三型。

(1) 周围型:为小腿肌肉静脉丛血栓形成。多发生于术后，以小腿疼痛或胀感、腓肠肌压痛、足踝部轻度肿胀为表现，易被漏诊。膝关节伸直位下的足背屈可激发炎症性腓肠肌疼痛，称为 Homans 征(直腿伸踝试验)阳性。

(2) 中央型:为髂股静脉血栓形成。起病急,左侧多见(与血管毗邻受压有关),腹股沟韧带以下患肢肿胀,局部疼痛及压痛,浅静脉扩张明显,股三角可扪及股静脉血栓所致条索状物,伴中度发热;若血栓脱落可形成肺栓塞,出现胸痛、咳嗽、呼吸困难甚至发绀、休克及死亡。

(3) 混合型:即股青肿,为广泛性髂股深静脉闭塞,属最严重型。疼痛剧烈,整个肢体肿胀,皮肤紧张、发亮、发绀及起水疱,皮肤温度急降,足背、胫后动脉搏动消失;体温常达 39℃,全身反应明显,可出现休克及肢体静脉性坏疽。

3. 辅助检查　超声波新型显像仪、电阻抗体积描记、静脉测压、静脉造影可确诊。

(三) 功能障碍

包括运动功能障碍、心理功能障碍及日常生活活动能力障碍。

（四）康复评定

1. 血栓部位、程度、大小、静脉通畅度及侧支循环等情况可结合辅助检查进行评定。

2. 疼痛评定、肢体围度测量、心理功能评定及日常生活活动能力评定。

（五）康复治疗

急性期以消炎止痛、活血化瘀、促进血管再通、防止血栓加重和脱落为主；急性过后（体温正常，肿痛基本消失，患者可下地活动）和慢性期以改善循环、消除肿胀、促进血栓机化和侧支循环建立及改善肢体功能为主。

1. 常规治疗　急性期卧床休息 1~2 周，忌挤压、按摩肿胀下肢；垫高床脚 20~25cm 使下肢高于心脏平面；多饮温水降低血液黏稠度。遵医嘱指导患者应用抗炎、镇痛等药物。

2. 物理治疗　适用于周围型及发病 3d 以上的中央型和混合型。注意在血栓机化期，任何强烈的热疗、按摩等治疗均有增加血栓脱落从而造成栓塞的危险。

（1）物理因子治疗：参照血栓性静脉炎。

（2）运动疗法：①卧位患肢等长收缩、等张运动，每次 10~20min，每天 2~3 次。②酌情下床活动，必要时给予康复辅助具如拐杖、轮椅，每次 10~20min，并逐渐加时，每日 3~4 次，但应避免久坐、久站和劳累。

（3）压力治疗：穿着弹力袜或使用弹力绷带，小腿部使用 1~2 周，腘部使用不超过 6 周，髂股部可用 3~6 个月。但下肢缺血者慎用。

3. 心理治疗　疾病宣教解除患者疑虑，辅以安慰和心理疏导。

4. 中国传统康复治疗

（1）急性期：湿热淤阻为主要证型，予四妙丸和通络活血方加减煎汤内服；芒硝 60g、土茯苓 30g、透骨草 30g、伸筋草 30g、海桐皮 30g、当归 15g 煎汤熏洗后，金黄膏掺芒硝、三七粉贴敷。

（2）缓解期：本期以气虚血瘀为主。

1）中药：予补阳还五汤、五苓散合真武汤加减煎汤内服；芒硝 60g、赤小豆 30g、土茯苓 30g、透骨草 30g、伸筋草 30g、苏木 30g、红花 15g、桂枝 15g 煎汤熏洗后，冲和膏掺芒硝、三七粉贴敷。

2）针灸：艾灸或温针灸，取腰腹部及下肢穴，每次 30min，7 次一疗程。

3）推拿按摩。

5. 并发慢性下肢静脉阻塞未再通或再通不完全，侧支代偿不足肿胀难以消退，生活工作受限者，可采取手术治疗。

三、血栓闭塞性脉管炎

（一）基本概念

血栓闭塞性脉管炎（thromboangiitis obliterans，TAO），简称脉管炎，是一种慢性的周期性加重的全身中、小动脉阻塞性疾病。

本病多见于青壮年男性，好发于下肢动脉，部分患者伴小腿及足部反复游走性血栓浅静脉炎；其发病可能与吸烟、寒冷、感染、前列腺功能紊乱、血管神经调节障碍、外伤、血液凝固性增高等因素有关。

（二）临床表现

1. 症状和体征　因血管阻塞部位、范围的不同，侧支循环建立情况以及有无感染而异。初发单侧下肢，再累及对侧下肢甚至上肢；患肢疼痛，抬高后皮色变苍白，下垂时呈潮红或瘀紫色，压迫趾（指）甲床或旁侧皮肤则回血恢复缓慢；足背、胫后和／或腘动脉搏动减弱、消失，感觉和运动功能减退。

2. 辅助检查　多普勒彩色超声血管或血液测定，血液流变学检测，肢体节段性测压、动脉造影可确诊。

（三）功能障碍

包括感觉和运动功能障碍及日常生活活动能力及社会参与能力障碍。

（四）康复评定

1. 临床分期评定　以肢体缺血程度为据。

341

（1）局部缺血期：出现游走性脉管炎，见间歇性跛行，休息后可缓解；患肢远端低温、麻木。

（2）营养障碍期：病情进展，动脉搏动消失，持续性剧痛影响食欲及睡眠，肌肉逐渐萎缩。

（3）坏疽期：患肢远端溃疡、坏死，合并感染可出现全身症状。

2. 坏疽程度评定

（1）Ⅰ期：局限于趾（指）部。

（2）Ⅱ期：延及趾跖（掌指）关节和跖（掌）部。

（3）Ⅲ期：波及足跟、踝关节甚则踝关节以上。

3. 疼痛评定、肢体围度测量及心理功能评定。

（五）康复治疗

以解除血管痉挛，缓解疼痛，改善血液循环，预防感染、冻伤为原则，渐至促进血栓机化，促进侧支循环，以期改善肢体功能及提高生活质量。

1. 常规治疗　卧床休息，抬高患肢，补充营养；按照医嘱指导患者应用抗炎、扩张血管等药物及镇痛剂；有必要给予康复辅助具如假肢、轮椅、拐杖。

2. 物理因子治疗

（1）紫外线疗法：①早期沿血管走行区照射。Ⅰ级红斑量开始，逐次增加 1MED，直至 8~10MED，每日一区，3~5 次为一疗程，可降低交感神经紧张度以镇痛、促进侧支循环。②局灶照射。适用于合并感染化脓者。亚红斑量开始，逐渐加量，以耐受为度。③神经节段反射区照射。腰骶部为主，Ⅱ级红斑量开始，逐次增加 1~2MED，直至 8~10MED，每日或隔日一次，3~4 次为一疗程。

（2）超短波疗法：①对置或并置，无热量至微热量，每次 10~15min，每天一次，10~15 次为一疗程。②交感神经节部位，微热量，每次 12~20min，12~20 次为一疗程。以上二法交替使用，适用于合并炎症及坏疽者，以消炎、镇痛、扩血管。

（3）电水浴疗法：取 30% 毛冬青煎液，阴极导入，水温 38~40℃，15~20mA，20~30min，每日 1 次，15~20 次一疗程，适用于早期患者。

还可选用超声间动电疗法、高压氧疗法、磁场疗法、离子化空气疗法、He-Ne 激光疗法、光电浴、共鸣火花电疗法等。

3. 运动疗法　采用 Burger 运动，患者平卧，抬高患肢 45° 并维持 1~2min，两足于床边 2~5min 做屈伸及旋转 10 次，放平患肢休息 2min，反复共 5 遍结束，每日可进行数次。

4. 坏疽溃疡的处理

（1）干性坏疽：酒精消毒，无菌敷料外敷，不宜药膏腐蚀。

（2）感染面：抗菌药溶液湿敷，或全蝎膏、玉红膏外敷；忌强刺激性药物外敷。

（3）溃疡面界限清楚者行清创术。

（4）肉芽面较大者，游离植皮促进早愈合。

（5）周期性发作、肢端循环恶化、创面经久不愈者，摄片证实死骨或骨髓炎，经保守治疗不效者，可行截肢术。

5. 心理治疗　疾病宣教消除患肢忧虑不安情绪，给予生活关怀、安慰和心理疏导。

6. 中国传统康复治疗

（1）中药：①阴寒型，以温经散寒、活血化瘀为主，阳和汤加减，用药有熟地 30g、肉桂 3g、麻黄 2g、鹿角胶 9g、白芥子 6g、姜炭 2g、生甘草 3g 可资参考。②湿热型，治以清利湿热、凉血化瘀，如四妙勇安汤、茵陈赤小豆汤加减。③热毒型，如四妙活血汤加减用以清热解毒、活血化瘀。④气血两亏型，顾步汤、人参养荣汤加减以补养气血活血。

（2）针灸：疼痛为主症者，以调节血管、缓解痉挛，促进血液循环为治则。①大椎、身柱、命门，四肢病变区阿是穴密集下针，起针后挤出其中黑血。②亦可每次选 2~3 个穴用以丹参注射液，每穴 0.5ml 注射。③耳针取心、肝、肾、交感、肾上腺、皮质区、三焦、肢体相应点，每次选 3~5 个穴毫针强刺激。④丰隆、承山穴埋线疗法，2 周一次。

（3）推拿按摩。

7. 对于保守治疗无效的疼痛，可选腰交感神经切除术、动脉血栓内膜削除术等手术治疗。

第三节　淋巴系统疾病康复

一、急性淋巴管炎和淋巴结炎

（一）基本概念

急性淋巴管炎（acute lymphangitis）是致病菌从损伤的皮肤或黏膜侵入淋巴管所致的急性炎症,以淋巴管壁水肿、增厚,周围组织充血、细胞浸润为主要病理改变。进一步侵入淋巴结,则引起急性淋巴结炎（acute lymphadenitis）。

（二）临床表现

1. 症状和体征　常有原发感染病灶,近旁见一条或数条"红线",肿胀、发硬或压痛,延及淋巴结增生、充血、肿胀及压痛,伴患处皮肤潮红、发热或脓肿破溃,可出现畏寒和发热等全身症状。

2. 辅助检查　血常规检查示白细胞增多。

（三）功能障碍

包括运动功能障碍和心理功能障碍。

（四）康复评定

疼痛评定和心理功能评定。

（五）康复治疗

物理因子配合抗菌药物治疗,积极治疗原发病灶。

1. 急性淋巴管炎　以控制感染、消肿止痛为主。物理治疗参照静脉炎急性期的治疗。

(1) 紫外线疗法、超短波疗法、可见光、TDP 照射疗法等。

(2) 微波疗法:无热量 10~20min,每天 1 次,共 4~6 次。

2. 急性淋巴结炎　抗炎、促进浸润吸收以控制病情发展;已化脓者使病灶局限、液化以利切开引流,加速创口愈合。

(1) 紫外线疗法:患处中心重叠照射,从Ⅰ级红斑量开始,逐次增加 1~2MED,2~3 次后由每日一次减为隔日一次,5~6 次一疗程。破溃者参照软组织创伤进行。

(2) 微波疗法:频率 915MHz,无热量至微热量,每次 6~12min,每日 1 次。

(3) 激光疗法:He-Ne 激光适用于早期及破溃期,CO_2 激光适用于早期。

此外还可选用超短波疗法、直流电药物离子导入疗法、磁疗等。

3. 心理治疗　安慰和心理疏导、生活关怀。

4. 中国传统康复治疗　此处主要讲中药治疗,针灸、推拿按摩治疗参照静脉炎

(1) 急性淋巴管炎:①火毒入络,治以清热泻火,解毒通络,五味消毒饮加减,药用野菊花、蒲公英、忍冬藤、紫花地丁、生地、赤芍、生甘草、桑枝或川牛膝、车前子。②火毒入营,病重、多伴全身症状者,清瘟败毒饮加减以清热解毒、清营凉血。

(2) 急性淋巴结炎:治以清热解毒、散结消肿,连翘败毒丸加减煎汤内服,药用连翘、柴胡、白芷、黄连、苦参、大黄等;夏枯草膏外敷。

二、肢体淋巴水肿

（一）基本概念

肢体淋巴水肿（extremity lymphoedema）是由于先天性淋巴管发育不良或继发淋巴回流障碍引起的肢体浅层软组织内体液积聚,继发纤维结缔组织增生、脂肪硬化、筋膜增厚及整个患肢变粗的病理状态。

原发性淋巴水肿以远端阻塞型最常见,好发青春期女性,与肿瘤、静脉血栓等引起的阻塞有关;继发性淋巴水肿可发展为象皮肿,易致皮肤破裂而引发链球菌感染,手术、外伤、放射性照射、淋巴管肉瘤和丝虫病等为主要发病因素。

（二）临床表现

1. 急性淋巴水肿　肢体肿胀明显，淋巴管扩张使得毛细淋巴管形成，静脉交通支开放促进侧支循环建立，水肿多可自行消退。

2. 慢性淋巴水肿

（1）水肿期：浅层软组织内淋巴液积聚引起肢体水肿均匀增粗，指压有凹陷，抬高患肢可消退。

（2）脂肪增生期：脂肪增生硬化，纤维结缔组织增生、筋膜增厚使得肿胀肢体韧性增加，水肿发展为非凹陷性。

（3）纤维增生期：皮肤增厚，表皮过度角化粗糙，皮下组织增生及纤维化至坚硬如象皮，甚或出现疣状增生、淋巴瘘管或溃疡，肢体极度增粗，故称象皮肿。

3. 水肿程度分级

（1）轻度：肢体呈凹陷性轻、中度肿胀，抬高后可减退或消失，无或仅有轻度纤维化，皮肤无纤维化样损害。

（2）中度：非凹陷性水肿，抬高患肢水肿消退不明显；纤维化明显，皮肤中度纤维化；患肢明显增粗，但两侧肢体周长相差不足 5cm。

（3）重度：患肢明显增粗，两侧肢体周长相差大于 5cm。

（4）严重的晚期水肿：皮肤肿胀极度纤维化，伴肢体角化和棘状物生成，呈象皮样皮肤变化，肢体异常增粗。

4. 辅助检查　早期采用诊断性穿刺，淋巴管造影，放射性核素淋巴造影可明确诊断。

（三）功能障碍

1. 运动功能障碍　多因后期高蛋白水肿诱发皮肤感染，溃疡，瘘管或象皮肿所致。

2. 心理功能障碍

3. 日常生活活动能力

4. 社会参与能力障碍

（四）康复评定

1. 肢体围度测量

2. 心理功能评定

3. 日常生活活动能力　常用改良 Barthel 评定、工具性日常生活活动能力量表（IADL）。

4. 社会参与能力评定　社会活动能力评定概括问卷。

5. 生存质量评定（QOL）

（五）康复治疗

现代医学尚缺乏治疗淋巴水肿的有效方法。目前以预防发病(控制感染性疾病如丝虫病、真菌病、手术及放疗灼伤肿瘤术中应避免损失淋巴组织，加强妊娠保健等)及对轻度病症进行干预为主，借以改善循环，消除肿胀和改善肢体功能。重症需手术治疗。

1. 常规治疗

（1）药物治疗：苯吡喃酮、抗菌药、利尿剂、动脉内注射自体淋巴细胞等。

（2）手术治疗：术前须行以上保守治疗。分促进淋巴回流、重建淋巴回流通道或切除病变组织三种。

2. 物理治疗

（1）间歇气压疗法：外加压装置间歇挤压肿胀肢体以促进水肿消退，再选用弹力袜、袖或弹力绷带包扎患肢。

（2）复合理疗法

1）第一阶段：①皮肤护理。②手法按摩，从患肢近端非水肿部位开始，逐渐过渡到肢端。③治疗性康复锻炼，必要时给予康复辅具。④多层弹力绷带加压包扎。

2）第二阶段：低张力绷带包扎维持。压力疗法为康复重要环节，还可控制丹毒发病；夜间松开绷带并抬高患肢；术后则应长期量体配戴弹力套袖、套袜。

（3）辐射热疗法(烘绑疗法)：将患肢送入烘疗机箱，远红外线及微波炉加热至均温 80℃，每次 1h，每日 1 次,20 次一疗程。

3. 心理治疗 疾病宣教,安慰和心理疏导。

4. 中国传统康复治疗

(1) 中药:早期,益气健脾渗湿和活血通络,药用参苓白术散、四物汤;或益气活血利湿,药用补阳还五汤、五皮饮。后期,以湿热下注,痰水互结为主要证型,选用萆薢渗湿汤、四妙勇安丸、桃红四物汤。

(2) 针灸:艾灸或温针灸,取涌泉、太溪、三阴交、足三里、阳陵泉、阴陵泉、委中、肾俞、命门等穴。

(3) 推拿按摩。

本章小结

　　周围血管和淋巴管疾病的发生常与脉管损伤、感染、受寒、血液高凝状态及体液回流障碍等因素有关,其中,静脉炎和血栓性浅静脉炎、淋巴结炎因位置表浅,发病时间较短,通过抗炎及康复治疗,一般预后较好;而下肢深静脉血栓形成、血栓闭塞性脉管炎和肢体淋巴水肿则因病变部位较深,波及范围较广,病程较长,现代医学的局部康复结合传统康复整体和辨证治疗,多能有效干预和控制病情,乃至逆转病理改变,从而改善和提高周围血管的功能,降低静脉阻塞、瓣膜功能不全等后遗症的发生,以及减少或避免因坏疽截肢导致残疾。

(马洪朝)

思考题

1. 静脉炎和血栓性浅静脉炎好发于身体什么部位?试从发病人群特点解释其原因?

2. 压迫疗法从踝部开始建立支撑压力,向上逐渐递减,至大腿处减至 25%~45%,以清晨起床前穿着直至夜间上床时脱去为宜,请问其治疗原理是什么?

3. 临床上,下肢深静脉血栓形成常见的后遗症有哪些?借助传统康复理念和方法有什么现实意义?

4. 试述下肢深静脉血栓形成的临床分型和"股青肿"的形成机制,康复治疗的禁忌有哪些?

5. 血栓闭塞性脉管炎的临床分期如何确定?坏疽溃疡的处理包括什么?

6. 急性淋巴管炎和淋巴结炎有哪些典型表现?

7. 肢体淋巴水肿"象皮腿"的成因是什么?

扫一扫,测一测

思路解析

第三十章 烧伤后康复

学习目标

1. 掌握　烧伤定义、烧伤的康复评定、康复治疗目标、康复治疗原则、正确的体位摆放、ROM训练和挛缩的处理、肥厚性瘢痕的压力治疗。
2. 熟悉　烧伤的临床分期、常见功能障碍。
3. 了解　早期和后期的创面治疗、临床处理。
4. 具有良好的临床思维能力、分析解决问题的能力，能准确评定烧伤面积、烧伤深度及烧伤严重程度；能选择适当的理疗方法、正确的体位摆放；能规范地进行 ROM 训练，能正确处理肥厚性瘢痕和挛缩等。
5. 能与患者及家属进行良好沟通，开展康复教育；能与相关医务人员进行专业交流与团结协作开展康复治疗工作。

病例导学

患儿，6 岁，开水烫伤颈部、双上肢、胸腹部后 2h。查颈部大量水疱，基底潮红，痛觉敏感。余创面基底红白相间，痛觉迟钝。

问题与思考：

1. 该患儿烫伤总面积、深度、严重程度如何？
2. 请为此患儿制订康复治疗方案。

第一节　概　　述

一、基本概念

烧伤(burn)是指由热力(火焰、灼热气体、液体或固体等)、电能、化学物质、激光、放射线等作用于人体皮肤、黏膜、肌肉骨骼等所造成的组织损伤。烧伤中以热烧伤最常见，占 85%~90% 以上，临床上也有将热液、蒸汽所致的烧伤称为烫伤(scalding)。其他因子所致的烧伤则冠以病因称之，如电烧伤、化学烧伤等。烧伤后常发生功能障碍，其程度取决于烧伤面积、部位和烧伤深度。

二、临床分期

根据烧伤后的病理生理和临床特点,一般将烧伤的临床过程划分为四期,即体液渗出期、急性感染期、创面修复期及康复期。

(一) 体液渗出期(休克期)

体液渗出期又称休克期是指大面积烧伤后 48h 内,烧伤区毛细血管的通透性增加,血管内大量血浆渗出创面或渗入组织;同时,皮肤烧伤后失去屏障作用,大量水分丧失,引起有效循环血容量的锐减,从而导致低血容量性休克。故此期以体液渗出、组织水肿、低血容量性休克为主要特征。由于严重的低血容量和大量红细胞破坏,常并发急性肾衰竭。

这种渗出过程,在伤后 6~8h 最快,伤后 48h 渗出达高峰,然后逐渐回吸收。

(二) 急性感染期

一般在烧伤伤后 1~2 周,以脓毒血症发生率高、代谢障碍和内脏并发症发生率高为主要特征。皮肤烧伤使人体失去一道天然屏障,坏死创面有利于细菌繁殖,严重的烧伤又使人体的调理机制受抑制,使人体的抵抗力下降,容易发生创面感染甚至脓毒血症。

烧伤后的整个病程有三个感染高峰期。①烧伤 48h 后,创面开始由渗出转为回吸收,渗出液中的坏死组织分解产物和细菌毒素被回吸收入血液循环中,引起全身中毒症状,但细菌培养为阴性,称为创面脓毒症。②2~3 周后,创面形成的焦痂开始自溶,与深面组织分离,称为自溶焦痂,自溶焦痂下的细菌和毒素可进入血液循环称为中期菌血症。③如创面长期不愈合,患者的抵抗力日渐低下,感染创面之细菌侵入血液循环,称后期菌血症。

(三) 创面修复期

烧伤后 5~8d 开始进入创面修复期,浅Ⅱ度和部分深Ⅱ度创面可自愈,Ⅲ度创面(一般小于 3cm×3cm)可由创缘的上皮扩展覆盖,较大的只能靠皮肤移植修复。烧伤创面的修复时间与烧伤创面深浅有直接关系,Ⅰ度烧伤 1~3d 愈合,浅Ⅱ度烧伤 1~2 周愈合,深Ⅱ度烧伤 3~5 周愈合,Ⅲ度烧伤 5~9 周愈合,修复时间根据治疗情况而定。

图片:创面修复期

(四) 康复期

烧伤创面愈合后需要一个恢复锻炼过程称为康复期。康复期长短根据具体情况而定,一般需要经过 6~18 个月。

三、常见功能障碍

烧伤后由于组织器官的损害、并发症的出现、长期制动带来的不良影响、心理状态的改变等,严重影响患者的功能恢复,如不及时处理或处理不当,常常造成新的或更严重的功能障碍。常见功能障碍有:

(一) 运动功能障碍

较大面积或深度烧伤可严重影响患者的肢体功能,出现关节活动受限、肌力下降和失用性肌萎缩、软组织挛缩、畸形和皮肤瘢痕、姿势异常等,从而导致患者运动功能障碍。

(二) 感觉功能障碍

烧伤后患者的感觉障碍主要表现为疼痛不适、触觉异常,严重者可有温度觉、压觉、本体觉的丧失。

(三) 心理障碍

烧伤后患者由于疼痛、隔离、不能自理、身体毁容和畸形、损伤时的惊恐场面、经济上的压力等原因感到极度痛苦,产生强烈的情绪反应。主要表现为患者担心永久性畸形和毁容、慢性疼痛感、缺乏自信,情绪压抑、烦躁、愤怒、敌意、依赖等。

(四) 日常生活活动障碍

较大面积或深度烧伤可严重影响患者的肢体功能,从而导致患者日常生活活动障碍,日常生活活动障碍的程度主要取决于烧伤的部位、深度、面积,对肢体功能产生的实际影响,患者的心理状态、家庭成员的态度、患者所处的环境等。

（五）工作能力障碍

患者通常数月，甚至数年不能工作，有的不能重返原工作岗位，有的甚至永久性丧失工作能力。

四、临床处理

小面积烧伤（成人Ⅱ度烧伤面积小于20%，儿童小于10%）伤情轻，治疗重点在于处理好创面；面积超过上述限度的大面积烧伤可引起明显的全身反应，早期即可发生休克等。因此必须在伤后重视全身治疗，已有休克等危象者更应在处理创面前先着手治疗。

（一）全身治疗

大面积深度烧伤的全身治疗措施包括复苏、补液、抗感染、支持疗法及防治并发症。

1. 复苏　烧伤患者可能存在严重的复合伤，如窒息、大出血、脑外伤、血气胸等，因此需要立即估计患者的呼吸和循环功能情况，进行必要的急救和复苏处理，并给予镇静止痛以防止神经源性休克，然后再详细询问病史和进行体格检查，以判断患者的伤情。

2. 补液　创面的大量渗出引起患者严重的低血容量性休克，需要快速足量补液，迅速恢复有效循环血容量，使患者度过休克关。

3. 抗感染　消毒隔离、正确处理创面、全身支持疗法和合理使用抗生素是防治烧伤感染的基本措施。选用敏感的抗生素，并根据血液和创面细菌培养与药物敏感试验的结果调整用药，以确保抗生素治疗的有效性。

4. 支持疗法　烧伤患者处于高消耗的负氮平衡状态，全身营养状况低下，红细胞破坏严重，体液失调，因此需每日或隔日输新鲜血，补充高能量、高蛋白和多种维生素，纠正体液平衡失调。

5. 防治并发症　严重烧伤可导致患者全身各系统的并发症，以肺部并发症最常见，如肺部感染、肺水肿、肺不张；其次是急性肾衰竭、应激性溃疡等，严重者可发生多器官功能衰竭。上述并发症多与休克或感染同时发生，因此抗感染和抗休克治疗是防治并发症的基础，其他措施包括：补碱利尿，防治急性肾衰竭；维持呼吸道通畅和吸氧，防治肺部并发症；抗酸和保护胃黏膜，防治应激性溃疡等。

（二）创面处理

正确处理创面是烧伤治疗成败的关键，处理原则：

1. Ⅰ度烧伤　保持创面清洁和防止创面的进一步损伤，3~5d创面即可愈合，不遗留瘢痕。

2. 浅Ⅱ度烧伤　清创后，创面外涂抗生素和具有收敛作用的烧伤药物，再酌情选用包扎疗法或暴露疗法，如无感染，创面可于2周左右痊愈，不留瘢痕。

3. 深Ⅱ度及Ⅲ度烧伤　清创后，原则上尽可能采用暴露疗法，争取去痂（大面积分次去痂）植皮修复创面。植皮创面瘢痕愈合，不同程度地影响患者容貌和生理功能，需要进一步的康复治疗。

第二节　康　复　评　定

烧伤的康复评定内容包括烧伤面积、深度、程度、肥厚性瘢痕、关节活动度、日常生活活动能力、职业能力、心理功能等。

一、烧伤面积评定

烧伤面积的评定目前比较常用的是中国九分法，小面积烧伤可采用手掌法计算。

（一）中国九分法

中国九分法是以烧伤皮肤面积占全身体表面积的百分数来计算（图30-1、表30-1）。

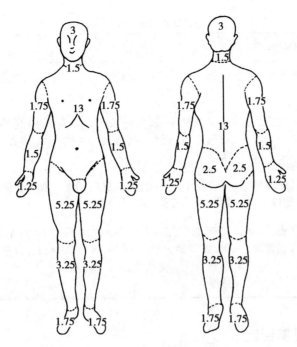

图 30-1　中国九分法示意图

表 30-1　中国九分法

部位		占成人体表面积(%)		占儿童体表面积(%)
头颈部	头部	3	9(1×9)	9+(12- 年龄)
	面部	3		
	颈部	3		
双上肢	双上臂	7	18(2×9)	18
	双前臂	6		
	双手	5		
躯干	躯干前	13	27(3×9)	27
	躯干后	13		
	会阴	1		
双下肢 (含臀部)	双臀	5	46(5×9+1)	46-(12- 年龄)
	双大腿	21		
	双小腿	13		
	双足	7		

（二）手掌法

手掌法是以患者手掌(包括手指掌面,手指并拢)面积为体表总面积的1%,以此计算小面积烧伤;大面积烧伤时用100减去用患者手掌测量未伤皮肤,以此计算烧伤面积。

二、烧伤深度评定

烧伤深度的评定采用三度四分法,即Ⅰ度、浅Ⅱ度、深Ⅱ度和Ⅲ度(表 30-2、图 30-2)。

349

表 30-2　烧伤深度评定

深度	组织损伤层次	临床特点	创面愈合情况
Ⅰ度 （红斑型）	仅伤及表皮浅层,生发层健在	表面红斑状、干燥、烧灼感	3~7d 脱屑痊愈,短期内有色素沉着
浅Ⅱ度 （水疱型）	伤及表皮生发层、真皮乳头层	局部红肿明显,水疱较大,水疱剥落后创面红润、潮湿、疼痛明显	如无感染,1~2 周愈合,一般不留瘢痕,多数有色素沉着
深Ⅱ度 （水疱型）	伤及皮肤真皮深层,仅残留皮肤附件	可有较小的水疱,去疱皮后创面微湿,红白相间,痛觉较迟钝	如无感染,3~4 周愈合,常有瘢痕
Ⅲ度 （焦痂型）	伤及全层皮肤,甚至到皮下、肌肉或骨等	焦痂如皮革、蜡白、焦黄或炭化,痛觉消失;痂下可见树枝状栓塞血管,或可见皮下、肌肉、骨等	3~4 周后焦痂脱落,不能自愈,需要植皮后愈合,遗留瘢痕

三、烧伤严重程度评定

按烧伤面积和烧伤深度两项指标,将烧伤分为轻度、中度、重度和特重度(表 30-3)。

表 30-3　烧伤严重程度

严重程度	烧伤面积和烧伤深度
轻度烧伤	Ⅱ度烧伤,烧伤总面积在 9% 以下
中度烧伤	Ⅱ度烧伤,烧伤总面积在 10%~29%;或Ⅲ度烧伤总面积不足 10%
重度烧伤	烧伤总面积在 30%~49%;或Ⅲ度烧伤总面积 10%~19%;或Ⅱ度、Ⅲ度烧伤总面积虽不到上述百分比,但已发生休克等并发症、呼吸道烧伤或有较重的复合伤
特重烧伤	烧伤总面积在 50% 以上;或Ⅲ度烧伤总面积在 20% 以上;或已有严重并发症

四、肥厚性瘢痕评定

肥厚性瘢痕评定主要评定瘢痕的部位、大小、厚度、弹性、成熟程度及与周围组织(器官)的关系,对关节功能的影响程度等。常用评定方法:

(一) 临床评定

通过肉眼观察和照相比较肥厚性瘢痕的颜色、厚度、弹性质地、面积。颜色分稍红、粉红、红、紫红、深紫红;弹性可分很软、软、稍硬、硬、坚硬;厚度分为很薄、薄、稍厚、厚、很厚;根据是否伴随痒、痛症状分为无、偶有、需药物控制 3 个等级。弹性可用弹力计测定,并记载受伤时间。亦可采用温哥华瘢痕量表(Vancouver)评定瘢痕(表 30-4)。

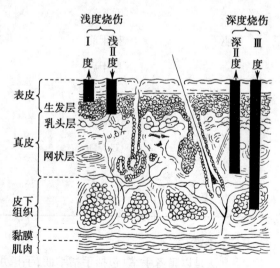
图 30-2　烧伤深度分度示意图

笔记

表 30-4　Vancouver 瘢痕量表

项目		评分标准
色素沉着（M）	0	正常颜色：与身体其他部位颜色相似
	1	较浅色素：浅白色或浅粉红色
	2	混合色泽：深浅混杂
	3	色素沉着：较身体其他部位颜色深
血液循环（V）	0	正常：与身体其他部位颜色相似
	1	粉红色
	2	红色
	3	紫色
柔软程度（P）	0	正常
	1	柔软：很小外力作用即变形
	2	较软：压力作用下即变形
	3	坚硬：外力作用下不变形，不易被推动或呈块状移动
	4	带状：绳索样，伸展瘢痕时组织变白
	5	挛缩：瘢痕永久性缩短，导致畸形
瘢痕厚度（H）	0	正常：平坦
	1	$0mm<H\leq1mm$
	2	$1mm<H\leq2mm$
	3	$2mm<H\leq4mm$
	4	$H>4mm$

（二）仪器评定

1. 超声波测定　高分辨率脉冲超声波的分辨率达 0.05mm，频率 10~15MHz，根据两个主要峰之间的距离计算出瘢痕的厚度。

2. 经皮氧分压（$TCPO_2$）测定　可反映肥厚性瘢痕的代谢情况。

3. 血氧测量计测定　用血氧测量计测定瘢痕的 $TCPO_2$，肥厚性瘢痕的 $TCPO_2$ 明显高于正常瘢痕和正常皮肤，且与治疗效果成反比。

4. 血或尿羟脯氨酸含量的测定　可反映肥厚性瘢痕的胶原代谢情况。瘢痕面积与血、尿中的羟脯氨酸含量成正比，与病程无明显关系。

5. 血管热刺激舒张指数测定　可反映瘢痕内血管的交感神经支配情况，也反映瘢痕的成熟程度。正常皮肤血管在热因子刺激时明显扩张，而瘢痕增生期血管因缺乏神经支配及特殊结构特征，在热刺激时无明显扩张，热刺激舒张指数下降，随着瘢痕成熟过程，热刺激舒张指数升高。

（三）瘢痕评分

常用于瘢痕情况的分析，评测中需要仪器测量及精确记录。Baryza 等设计了一种简易的瘢痕评价工具，它是一块塑料透明板，上有瘢痕评分内容，包括色素沉着、高度、柔软度及血管性状 4 项，该工具可作为瘢痕的评定指标。

五、关节活动度评定

深度烧伤创面愈合后，因瘢痕的过度增生和挛缩，引起关节活动范围减少甚至丧失。评定关节活动范围的目的，在于明确关节活动障碍的程度及对日常生活活动的影响，作为选择康复治疗方法的参考和评定康复治疗效果的手段。

六、日常生活活动能力评定

大面积深度烧伤患者的创面愈合慢,创面愈合后的瘢痕过度增生和挛缩常引起患者运动功能障碍和日常生活活动障碍。在评定日常生活活动能力时,应对患者在完成日常生活活动时所做的每个动作的姿势、速度、应变性、正确性等方面进行综合计分。评定烧伤患者的日常生活活动能力可使用Barthel指数分级或Katz指数分级等方法,其中以Barthel指数更为实用。Barthel指数将日常生活活动能力分为3级:大于60分者为良;41~60分者为中,有功能障碍,稍依赖;小于40分者为差,依赖明显或完全依赖。国内也有人制订烧伤患者的日常生活活动能力评定表,具体内容包括:床上活动、梳头洗头、洗澡淋浴、用匙吃、写字、用便器、穿衣、开关门、室外行走、携物行走、从床上起立、从靠背椅上起立、上下汽车、上下楼梯等。根据每项内容的评定标准评定患者日常生活活的功能障碍程度。

七、职业能力评定

烧伤患者能否自强、自立,能否重返社会与他人平等地生活,能否重新就业是关键环节之一。影响就业能力的因素主要有智能、体能和技能因素,欲了解烧伤患者就业能力的受损和残存情况,就要评定患者的就业能力。在残疾者就业能力评定方面,目前国际上多用的是美国国际残疾人中心(International Center for the Disabled,ICD)研究出来的"康复中工作评定和定向试验(Testing Orientation and Work Evaluation in Rehabilitation,TOWER)",但由于过于烦琐,现改为一种简缩版,称为"Micro-Tower",Tower一词在英语中为"塔"字,故我国简称为"微塔法"。

八、心理功能评定

烧伤患者在经历了严重的创伤后,由于损伤时的惊恐场面、身体毁容和畸形、疼痛、隔离、生活不能自理及经济上的压力等原因,导致强烈的情绪反应,具体表现为:

1. 焦虑　早期患者处于急性心理应激状态,庆幸自己脱离了灾害现场,但仍面临死亡的威胁,又开始担心自己能否生存下去,这些都给患者构成了巨大的精神压力。剧烈的疼痛,难以适应的隔离治疗环境以及死亡的威胁,使患者处于忧虑、恐惧、焦灼之中,患者出现交感神经或副交感神经功能亢进、失眠、头痛等。评定焦虑的程度,可以根据患者躁动、恐惧等表现作出判断,客观评定常采用国际通用的汉密尔顿焦虑自评量表进行评定。

2. 抑郁　患者知道自己的伤情,面对艰难的创面修复和可能产生的后遗症,对自己的预后悲观失望,甚至丧失康复的信心,表现为抑郁、悲观,并可由此导致行为的倒退,如烦躁、停止服药、不服从治疗等。评定时可根据患者的临床表现,如情绪低落、冷漠、失眠等作出判断,客观评定可使用国际通用的汉密尔顿抑郁量表进行评定。

第三节　康　复　治　疗

一、康复治疗目标

(一) 近期目标

维持并逐步增加未受伤及受伤部位关节活动范围(ROM),减轻水肿、疼痛,改善肌力、耐力,预防挛缩,减少瘢痕增生。

(二) 长期目标

改善关节肌肉力量以及ROM,提高运动能力、灵活性、协调性,逐步恢复身体转移、行走能力。

(三) 可参照的离院标准

能独立完成站立、行走、就餐、如厕等日常生活活动,实现基本自理。

(四) 终极目标

实现烧伤患者良好的家庭和社会回归。通过康复治疗,使患者尽可能回归到伤前的生活状态:

①拥有独立完成日常生活的能力和相应的学习、工作能力;②更好的外观;③良好的创伤后心理适应。

二、康复治疗原则及禁忌证

(一) 康复治疗原则

提倡"早期、全程、综合、持久"烧伤康复原则。

1. 早期康复 是指从烧伤一开始就进行康复干预,如体位摆放、关节的主动活动与被动运动都应重视。

2. 全程康复 指从受伤到烧伤瘢痕稳定全过程中重视康复。

3. 综合康复 指康复措施采取多种手段相结合,合并或交替使用。

4. 持久康复 指康复措施不能间断,直至瘢痕稳定。

(二) 禁忌证

1. 患者出现休克、严重全身性感染、肺水肿、肺功能不全、脑水肿等不稳定的临床情况时,禁忌进行肌力练习、耐力训练等。

2. 手背烧伤、关节或肌腱暴露、关节深部疼痛及皮肤移植 5~7d 内,运动疗法要慎重进行。

三、烧伤早期康复治疗

(一) 康复治疗目的

应尽早开始,目的是减轻疼痛,预防和控制感染,促进肉芽和上皮生长,加速创面愈合,预防关节挛缩畸形和瘢痕增生,促进肢体功能恢复。

(二) 康复治疗方法

1. 早期创面处理 目的是保护和促进新鲜肉芽组织生长,预防或控制感染,促进烧伤的愈合,减轻瘢痕程度。对烧伤创面除进行清创、去痂、抗感染外,配合适当的理疗,有助于促进创面愈合,防治感染。常用的理疗方法有:

(1) 紫外线照射:可加快局部组织的血液循环,抑制细菌生长,刺激结缔组织和上皮细胞生长,可消肿止痛、预防感染、促进坏死脱落。伤后即可采用,越早疗效越好,其剂量根据病情而定。当创面脓性分泌物或坏死组织多,肉芽生长不良时,用中或强红斑量照射;分泌物较少或脱痂露出新鲜肉芽组织时,减至弱红斑量;浅而新鲜的创面可用亚红斑量照射,直至创面愈合。

(2) 红外线照射:小面积烧伤时采用红外线照射,能减少创面渗出,促进创面干燥结痂,防治感染,并有一定的保温作用。红外线照射的距离以患者有舒适的温热感为准,每次照射 10~30min,每日 1 次,15~20 次为一个疗程。

(3) 电光浴:大面积烧伤可用全身电光浴照射法,温度 30~33℃或稍高些,照射时间 20~30min,每日 1 次,疗程根据病情来定。能促进创面干燥、结痂、减少血浆渗出,预防及控制创面感染,具有一定的保温作用。

(4) 超短波:可使局部血管扩张,单核 - 巨噬细胞系统功能增强,白细胞和抗体增加,抑制细菌繁殖,加速结缔组织再生,因而能促进坏死组织分离脱落,控制炎症。采用并置法或对置法,微热量,每次 10~15min,常用于小创面的治疗。

(5) 冷疗法:对中小面积和较浅的烧伤,特别是四肢的表浅烧伤,可进行冷水浸泡、冲洗或冷敷,能减少组织中的热量,收缩周围血管,减轻热对组织的进一步损害,并能减轻疼痛。冷疗温度以 5~10℃为宜,持续 30min 以上,以去除冷疗后创面不痛或稍痛为准。

(6) 水疗:水的温热作用可以减轻疼痛,清除创面分泌物,减轻感染,促进坏死组织脱落,有利于创面愈合。35~36℃漩涡浴有利于创面焦痂脱落。局部烧伤的治疗,水温可稍高,37.7~38.8℃,每次 30min。患者可在水中先浸泡 5~10min,清理创面后开始主动运动,从小关节开始至大关节逐步进行,然后由治疗师对患者每个关节进行被动活动,活动至最大范围,每次治疗 30~60min。

(7) 高压氧治疗:可以促进创面愈合、植皮的生长,减少增生性瘢痕的形成。

2. 体位摆放 体位摆放可限制水肿的形成,维持关节活动度,防止挛缩和畸形。烧伤后 24~48h 胶原合成和挛缩就开始发生,因此,对于关节的浅Ⅱ度以上烧伤,应尽早强调正确的体位摆放,以预防肢体的挛缩与畸形。由于创面(或植皮创面)有收缩倾向,患者常自然地置肢体于舒适的屈曲位,而这样的体位极易导致和加重挛缩的发生。所以,体位摆放的总原则就是采取伸展和外展位,但应配合经常性的主动活动和定时的体位变换。

(1) 体位摆放原则

1) 根据深度烧伤愈合后瘢痕挛缩的好发部位,从早期开始使体位保持在功能位和对抗挛缩位,以预防瘢痕挛缩导致的畸形或功能障碍。

2) 伤后 48h 之内应平卧,休克期后若头面部有烧伤,床头抬高 30° 左右,有利于头面部消肿,1 周后恢复平卧。

(2) 常见烧伤部位体位摆放体位摆放需要持续到下床以后的一段时间,必要时可用矫形器辅助固定。由于静止的体位摆放不能长期耐受,可每 2~4h 作适当的体位改变(表 30-5)。

表 30-5　烧伤后体位摆放与矫形器应用

烧伤部位	体位摆放	矫形器应用
头面部	仰卧位时头居中位,避免耳受压。每半小时头侧偏左右交替一次,以免面颊萎缩	俯卧位用吊带悬吊前额,颅面悬空。口唇周围烧伤可用口唇扩张器及矫形器,鼻孔烧伤可用鼻孔扩张管及矫形器
颈部	颈前烧伤时,可在患者颈肩部放一个小长枕,使颈部处于轻度后伸体位,但应保证患者保持口部闭合;颈后或两侧烧伤时,保持患者颈部于中立位	软颈围,或内加塑胶海绵的低温热塑颈围
肩部	肩关节外展 60° ~90°,腋下烧伤时,肩关节外展 90° ~100° 和外旋位	上肢牵引或腋部矫形器,两肩胛间垫枕,肩部轻度旋后
肘部	上肢屈侧烧伤时,保持肘关节完全伸展位,但白天要做肘部的关节活动;上肢伸侧烧伤时,应保持屈肘 70° ~90° 位,前臂保持中立位	肘部伸展或屈曲矫形器
手部	手背烧伤时,腕关节掌屈位,掌指关节屈曲,诸指间关节伸直,拇指外展。手掌侧烧伤时,腕、掌指、指间关节均伸直。全手烧伤时,腕关节置于微背伸位,各指蹼间用无菌纱布隔开,掌指关节自然屈曲 40° ~50°,指间关节伸直,拇指保持外展对掌位	手功能位矫形器,必要时可作间断固定,白天取下活动
脊柱	保持脊柱成一条直线,以预防脊柱侧弯,尤其是身体一侧烧伤者	
髋部	保持髋关节中立伸展位,大腿内侧烧伤,髋外展 15° ~30°	髋关节伸展位矫形器,髋关节外展位矫形器
膝部	膝关节前侧烧伤,膝部微屈 10° ~20°,也可在膝关节后侧垫高 15° ~30°。膝关节后侧烧伤,膝关节保持伸直位	膝关节矫形器
踝部	踝关节保持在中立位	踝关节中立位矫形器

3. 矫形器应用　矫形器是用以固定体位的有效措施,在患者不能自觉地维持正确的功能体位时,可以帮助体位摆放。合适的矫形器除能帮患者制动外,还可保护组织和减轻水肿。烧伤后早期就应根据患者需要设计合适的矫形器,如热塑夹板、牵引装置等。

(1) 手部烧伤:可用热塑夹板固定,以减轻水肿和维持关节的正确功能位置。虎口握绷带卷,指蹼填纱布以维持手指的功能位。夹板置腕部处于轻度背伸、掌指关节屈曲、诸指指间关节伸直、拇指外展位。

(2) 下肢烧伤:应特别注意保护胫前肌和跟腱。烧伤后下肢水肿,可用矫形器并抬高患肢,由远及近的弹性绷带包扎也是有效方法。

(3) 足踝部烧伤:可穿双层贴身足垫,以保护足部,减少压力,减少行走时的疼痛。使用海绵踝 - 足矫形器可减轻卧床时足跟受压和避免压迫腓神经,并使踝部处于中立位。足底蹬方盒或支撑板可防止足下垂。

(4) 躯干、臀部、肢体的弹性绷带包扎:可以防止受凉或矫形器操作所引起的发绀、疼痛、起疱等不适感。若患者活动太多,绷带容易缠绕引起压迫和循环障碍,可改用紧身衣或裁制压力衣。

使用矫形器每日至少要除去 3 次作主动锻炼,尤其是夹板固定,要详细观察创面情况,适时调整固定位置以防压疮。

4. 运动治疗　早期运动治疗的目的是保持烧伤区和非烧伤区的肌力与关节活动度,控制肿胀,预防烧伤部位的挛缩和畸形,改善机体循环与组织代谢,促进创伤修复。宜少量多次进行。

(1) 被动关节活动:被动关节活动可预防组织粘连和关节挛缩。对患者所有关节做全范围被动活动练习,每天至少 3~4 次,有条件者,上午一次在水中进行,下午在床上进行,每一关节活动至少 10 次,要求达到全关节活动范围。睡前也应进行一次活动。

(2) 主动关节活动和助力关节活动:能自行活动的患者可进行主动活动和助力活动,除增加关节活动度外,还可改善血液循环,减轻水肿,保持肌肉力量。身体情况允许的患者鼓励早期下床和做最大范围的主动活动,必要时给予辅助具,如助行器、踝矫形器等。

(3) 牵引:对瘢痕部位关节进行牵引治疗,可以有效地预防瘢痕挛缩。

5. 心理康复　由于突然的不良刺激,使患者产生焦虑、恐惧等不良心理反应,进行及时的心理治疗,可改善患者的心理状态,树立患者对康复治疗的信心,积极配合治疗,促进功能恢复。烧伤后由于瘢痕增生、肢体畸形、功能障碍等,患者易产生悲观、厌世等情绪,进行安抚、疏导、行为矫正等治疗,使其达到最佳心理状态,早日重返家庭和社会。安慰开导患者稳定情绪,克服急躁心理,向患者及家属介绍烧伤康复的有关知识,鼓励患者积极配合治疗。

四、烧伤后期康复治疗

(一) 康复治疗目的

1. 预防或控制瘢痕增生,促进瘢痕成熟。
2. 预防或纠正挛缩和畸形。
3. 帮助患者最大限度实现日常生活活动的独立。
4. 促进患者早日重返家庭和社会。

(二) 康复治疗方法

1. 后期创面治疗　目的是促进残余创面愈合,促进烧伤区新生皮肤的老化,软化瘢痕,减轻疼痛和瘙痒。采用超声波、音频、蜡疗、直流电碘离子导入等理疗方法,可以止痒、止痛、松解粘连、软化和减轻瘢痕。

(1) 超声波:瘢痕凹凸不平,宜选用水下法或水囊法,采用小剂量或中剂量,每次 5~10min,1 次 /d。

(2) 音频电疗:瘢痕处,每次 20min,1~2 次 /d。

(3) 蜡疗:根据不同部位可采用水浴法、刷蜡法或蜡饼法,1~2 次 /d。此法不适用于肥厚性瘢痕增殖期。应用于创面的石蜡必须严格消毒,不得重复使用。

(4) 直流电碘离子导入:衬垫法或电水浴法,1% 碘化钾,阴极导入,0.05~0.1mA/cm^2,15~20min,1 次 /d。注意瘢痕凹凸不平时用电水浴疗法。

2. 压力治疗

(1) 压力治疗原理:压力治疗是目前公认的预防和治疗增生性瘢痕最有效的方法。压力治疗是指应用机械压力施加于肥厚性瘢痕的体表,可以通过减轻和消除病理变化而达到治疗目的。一般施以毛细血管压力 3.3kPa(25mmHg),可以减少局部血液供应和组织水分,阻碍胶原纤维的合成、毛细血管的增生和肌成纤维细胞的收缩,并能使胶原纤维重新排列。

(2) 适应证:①烧伤后 10d 内愈合的伤口不需要预防性加压。②11~20d 愈合的伤口需要预防性加压。③21d 以上愈合的伤口必须预防性加压。

(3) 压力治疗方法:主要有弹力绷带、压力衣等。①弹力绷带:弹力绷带加压包扎可促进血液回流,减轻水肿,且操作方法简单。弹力绷带由远及近作 8 字形缠绕肢体、躯干。在弹力绷带内可放置夹板或加压敷料,压力的大小可根据边缘组织隆起的程度判断。缺点是压力不均匀,且易松散脱落。②压力衣:为烧伤患者特制的压力衣是更有效的加压方法,每天24h穿着。如压力衣弹性丧失或患者身材有改变,应重新量体订制。

(4) 注意事项:①加压时机:创面愈合后越早开始越好。②每天必须持续加压包扎23h以上,坚持12~18个月,甚至更长时间,直至瘢痕成熟。

3. 运动治疗　植皮愈合后,鼓励患者进行最大限度的主动活动,以改善血液循环、减轻水肿和炎症反应、防止关节功能障碍。可采用以下方法:

(1) 徒手操和棍棒操:主要活动受影响的关节,以达到改善关节活动能力的目的。具体方法可根据需要自行设计与编排。

(2) 器械训练:是利用器械来改善患者运动功能的一种运动方法。可根据功能训练需要选择不同的运动器械。对挛缩的瘢痕可采用滑轮重锤牵伸及沙袋加压牵伸。对手指屈曲和握拳障碍可采用握力练习器、捏橡皮球等锻炼。对手指伸直障碍可在分指板上运动。对于肩肘关节功能障碍可在滑轮装置上运动,或使用划船器、举重器械进行锻炼。对髋膝关节功能障碍可采用固定自行车上运动。对踝关节功能障碍可采用半圆形滚动器练习踝关节的屈伸运动。

(3) 被动关节活动:根据病情需要,可施行关节松动术。

(4) 瘢痕牵张与按摩:通过对瘢痕的牵张与按摩,可使瘢痕的胶原纤维向顺应拉力的方向蠕变,并重新排列,还可推动局部水肿的移动,分解瘢痕与深层组织的粘连,从而使瘢痕变软变薄。①牵张:可以徒手进行,也可以借助于器械,但强调持续、低负荷、反复进行。②按摩:先在瘢痕表面均匀涂抹羊脂膏或其他含油脂较多的润肤用品,治疗师用拇指指腹在瘢痕表面及四周做环形按摩,按摩时用力沉、缓、垂直按压,保持拇指指腹与瘢痕表面紧密接触,并配合推、挤、提、捏的动作。因新愈合的上皮较娇嫩,易起水疱和发生破溃,所以,刚开始按摩时需用轻手法,随着瘢痕组织的不断老化,再不断增加按摩的力度,切勿在一个部位长时间按摩。

4. 作业治疗　浅度烧伤在创面愈合后,由于不影响肢体功能,即可恢复劳动能力和日常生活活动能力。大面积深度烧伤严重影响肢体功能,需要进行作业疗法训练才能恢复劳动与生活能力。

(1) 日常生活活动能力训练:鼓励患者以正常的运动模式,在正常的时间框架内实现日常生活活动的全面独立。日常生活活动能力训练的内容包括翻身训练、离床活动、洗漱训练、进食训练、穿脱衣训练、如厕训练和洗澡训练等。对于完成活动有困难者,可以提供辅助用具,如患者握匙有困难,可将餐具用绷带等固定在手上练习进食。

(2) 功能性作业疗法训练:训练的内容包括增加肌力、耐力、体力的功能性训练,对瘢痕的自我牵张,提高手的灵活性、协调性和操作技能等。如手持锤子敲打,手持钳子的钳工操作;切菜或劈柴等简单的家务劳动,且在一定时间内完成,应经常重复练习直至掌握为止。

(3) 工作能力的训练:为患者重返家庭和社会作准备。根据患者原来的职业性质选择训练项目,如曾从事木工者训练锯木;电工训练安装灯具;脑力劳动者训练书写、敲键盘、绘画等;妇女可训练缝衣服、编织毛衣等。

5. 矫形器应用　牵张瘢痕,保持已有的关节活动功能。

6. 康复宣教　对患者及家属进行康复宣教,宣教的内容包括伤口的护理技术、体位摆放的原则和方法、瘢痕挛缩的影响、保持日常生活活动能力独立的重要性、继续活动与锻炼的必要性、瘢痕的护理与防护、瘢痕的控制技术与原则、加压包扎的方法与注意事项等。

7. 心理康复　针对患者不同的心理状态给予心理安抚与疏导,必要时寻求心理医生的帮助。

五、预后

烧伤患者的预后,除了与烧伤的面积和深度有关外,还与创面的处理和康复治疗是否及时得当有关。积极的创面处理能使患者早日完成创面修复,适当的康复治疗措施能最大限度地恢复患者的日常生活活动能力和劳动能力。我国在烧伤救治方面积累了丰富的经验,处于世界领先水平,使烧伤面积在90%以上的患者能获得救治,并达到功能恢复,使患者重返家庭,重返社会。

本章小结

　　由于烧伤因子、温度高低及作用时间长短的不同,烧伤伤情复杂。损伤不仅限于皮肤,也可深达肌肉及骨骼,甚至合并呼吸道烧伤。烧伤面积越大、深度越深,对组织的损伤就越大,人体的残障也越严重。随着医疗水平的提高、治疗手段的进步,修复创面、挽救生命已不再是烧伤治疗的唯一目标,预防和减轻畸形、恢复功能、改善外观、帮助患者重返家庭和社会越来越受到重视,烧伤康复的理念及康复技术正逐渐为众多烧伤医疗单位和患者所接受。因此,在烧伤的治疗中,康复医疗占有非常重要的位置。

(张绍岚)

思考题

　　1. 如何评定烧伤的深度和严重程度?

　　2. 成人被烧伤面部、胸、腹、会阴、两上肢,另外两大腿外各有一小片(共约一掌面积),均有水疱,如何判断面积和深度?

　　3. 简述烧伤患者正确的体位摆放。

　　4. 烧伤早期康复治疗目标及治疗方法是什么?

　　5. 烧伤后期康复治疗目标及治疗方法是什么?

扫一扫,测一测

思路解析

第六篇　儿童疾病康复

第三十一章　儿童脑性瘫痪康复

学习目标

1. 掌握　脑性瘫痪的概念、康复评定方法及基本的康复治疗方法。
2. 熟悉　脑性瘫痪临床分型、严重程度判断、早期诊断方法及各型脑性瘫痪的临床特点。
3. 了解　脑性瘫痪主要病因、预防措施及家庭护理方法。
4. 具有基本临床康复思维与素养，能根据脑性瘫痪临床分型熟练进行康复功能评定、制订康复治疗方案，能应用运动疗法、作业疗法、言语疗法及物理因子疗法等方法，对患者实施基本的康复治疗；具有指导患者康复训练及评估康复疗效的能力，能对患者在治疗或训练过程中出现的简单问题进行处理。
5. 能与患者及家属进行良好沟通，开展健康教育；能与相关医务人员进行专业交流与团结协作开展康复治疗工作。

病例导学

　　患儿，4岁，因"运动发育落后"收住院。患儿为第一胎第一产，孕33周顺产，出生体重1.9kg，生后有"新生儿缺氧缺血性脑病"史。生后患儿运动、智力发育一直落后于正常同龄儿，入院时患儿只能弯腰撑手坐，不会独坐，不能独站独行。双手精细动作稍差。语言理解、表达能力较差，反应迟钝。查体：双下肢硬直，扶站时双下肢屈曲，双脚尖着地。扶行时双下肢交叉剪刀步。双下肢关节活动度差，近端肌力低。髋关节负重、控制能力差。辅助检查：头颅CT示脑白质发育不良。脑电图：广泛轻度异常。

　　问题与思考：

1. 该患儿疾病诊断、分型及依据是什么？
2. 如何设定近期康复治疗目标？
3. 如何制订近期体疗训练方案？
4. 如何评定近期康复治疗效果？

第一节 概 述

一、基本概念

脑性瘫痪(cerebral palsy,CP)简称脑瘫,又称 little 病,其定义经过了多次变化,依据 2006 版国际脑瘫定义的原则,第六届全国儿童康复、第十三届全国小儿脑瘫康复学术会议于 2014 年 4 月通过了我国脑性瘫痪定义:脑性瘫痪是一组持续存在的中枢性运动和姿势发育障碍、活动受限症候群,这种症候群是由于发育中的胎儿或婴幼儿脑部非进行性损伤所致。脑瘫的运动障碍常伴有感觉、知觉、认知、交流和行为障碍,以及癫痫和继发性肌肉、骨骼问题。该定义更加准确和全面,指出运动发育和姿势异常是脑瘫的核心表现,临床康复治疗和研究应以解决脑瘫患儿的运动功能障碍为主;脑瘫定义中的本质特征是发育,应该充分考虑发育性;在新的定义中加入了活动受限的词汇;肌肉、骨骼问题首次被加入定义中,指出脑瘫患儿常伴有继发性肌肉、骨骼问题,如肌肉肌腱挛缩、骨骼扭转、髋关节脱位和脊柱畸形等。新的定义更加遵循 ICF 核心要素,即涵盖了脑瘫患儿的躯体功能和结构、活动及参与、环境因素三大方面,从身体水平、个体水平和社会水平对脑瘫患者的功能进行评价。脑瘫概念的核心内容为三要素:大脑在生长发育时期受到损伤;病变是非进行性的;临床症状可随年龄的增长和脑的发育成熟而改变,但其中枢神经系统的病变是永久性的。这三点对脑瘫的诊断及与其他疾病鉴别都很重要。

脑瘫的发病率在发达国家为 2‰~2.5‰,我国报道的脑性瘫痪发病率为 1.5‰~5‰。脑瘫严重影响儿童生长发育、功能活动和接受教育的能力,对患者及其家庭、社会都是沉重的负担,也严重影响人口素质的提高。因此,一旦发现脑瘫就要积极康复。

二、主要病因

脑瘫的直接病因是脑损伤和脑发育缺陷,很多原因都可以构成高危因素,可将其简单地划分为三个阶段,即出生前、围生期和出生后。

(一) 出生前因素

1. 子宫内感染 如巨细胞病毒、风疹病毒、弓形虫等。

2. 胎儿期中毒 如一氧化碳中毒、汞中毒等。

3. 妊娠期疾病 如糖尿病、高血压病、吸烟、嗜酒、用药不当及精神刺激等。

4. 母亲与胎儿 Rh 血型不相容。

5. 遗传因素 近年来研究认为,遗传因素对脑瘫的影响越来越重要。

6. 其他 前置胎盘、先兆流产以及放射线等物理、化学因素的影响。

(二) 围生期因素

1. 异常产 产程过长或急产、产伤、胎位异常、脐带过短等。

2. 胎龄及异常体重 胎龄 <32 周、胎龄 >42 周,出生体重 <2000g、出生体重 >4000g。特别是在早产未成熟儿和足月小样儿中,缺血缺氧性脑病和颅内出血的发生率明显增高。

3. 双胎或多胎等。

(三) 出生后因素

1. 新生儿期脑炎、脑膜炎等直接造成脑损伤的疾病。

2. 新生儿溶血、新生儿呼吸窘迫综合征、败血症、重度肺炎、胆红素脑病(核黄疸)、低血糖等。

3. 脑外伤、一氧化碳中毒等。

上述因素均可引起婴儿的脑损伤,导致以肢体运动功能障碍为主要表现的临床综合征。一般脑性瘫痪出生前因素占 15%~20%,围生期因素占 70%~80%,出生后因素占 15%~20%。其中窒息、早产儿、重症黄疸为脑性瘫痪的三大主要致病因素。但近年来,重症黄疸引起的脑性瘫痪减少,未成熟儿脑性瘫痪发病也减少,出生前因素导致脑性瘫痪的比例有增多趋势,情况在不断变化。

三、临床分型

(一)临床分型

参考 2006 版国际脑性瘫痪定义、分型和分级标准,ICD-10 和近几年的国外文献,第六届全国儿童康复、第十三届全国小儿脑瘫康复学术会议于 2014 年 4 月制定我国脑性瘫痪新的临床分型。痉挛型为脑性瘫痪患儿中占比例最高的一型,占 60%~70%。其中包括痉挛型四肢瘫、痉挛型双瘫和痉挛型偏瘫。一般以窒息与低体重儿易发本型,其病损部位主要在大脑皮层运动区的锥体系统。

1. 痉挛型四肢瘫(spastic quadriplegia)　以锥体系受损为主,包括皮质运动区损伤。牵张反射亢进是本型的特征。四肢肌张力增高,上肢背伸、内收、内旋,拇指内收,躯干前屈,下肢内收、内旋、交叉、膝关节屈曲、剪刀步、尖足、足内外翻,拱背坐,腱反射亢进、踝阵挛、折刀征和锥体束征等。

2. 痉挛型双瘫(spastic diplegia)　症状同痉挛型四肢瘫,主要表现为双下肢痉挛及功能障碍重于双上肢。

上述两种类型脑瘫呈现典型的异常姿势,具体见图 31-1。

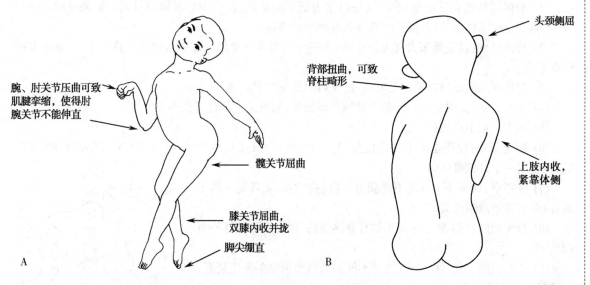

图 31-1　脑瘫呈现典型的异常姿势

3. 痉挛型偏瘫(spastic hemiplegia)　症状同痉挛型四肢瘫,表现在一侧肢体。

4. 不随意运动型(dyskinetic)　约占脑瘫患儿的 20%,以锥体外系受损为主,主要包括舞蹈性手足徐动(choreo-athetosis)和肌张力障碍(dystonic);该型最明显特征是非对称性姿势,头部和四肢出现不随意运动,即进行某种动作时常夹杂许多多余动作,四肢、头部不停地晃动,难以自我控制。该型肌张力可高可低,可随年龄改变。腱反射正常、锥体外系征 TLR(+)、不对称性颈强直反射(ATNR)(+)。静止时肌张力低下,随意运动时增强,对刺激敏感,表情奇特,挤眉弄眼,颈部不稳定,构音与发音障碍,流涎、摄食困难,婴儿期多表现为肌张力低下。

5. 共济失调型(ataxia)　约占脑瘫患儿的 5%,以小脑受损为主,以及锥体系、锥体外系损伤。主要特点是由于运动感觉和平衡感觉障碍造成不协调运动。为获得平衡,两脚左右分离较远,步态蹒跚,方向性差。运动笨拙、不协调,可有意向性震颤及眼球震颤,平衡障碍、站立时重心在足跟部、基底宽、醉汉步态、身体僵硬。肌张力可偏低、运动速度慢、头部活动少、分离动作差。闭目难立征(+)、指鼻试验(+)、腱反射正常。

6. 混合型(mixed types)　具有两型以上的特点。

(二)根据病情严重程度分类

1. 轻度　生活完全自理。

2. 中度　生活部分自理。

3. 重度　生活完全不能自理。

2 岁以下脑瘫程度分度参考表 31-1。

表 31-1 2 岁以下脑瘫程度分度参考表

	大运动	精细动作	智力
轻度	会爬,能扶行,但姿势异常	不会拇、示指捏,会拇指和其他指捏	MDI>70
中度	会坐,姿势异常,不会爬,不会扶站	能大把抓,不会拇指和其他指捏	MDI 50~70
重度	不会坐,不会爬	无主动抓握动作	MDI<50

四、临床表现

(一) 早期表现

脑瘫的表现由于病因及分型的不同而各异。

1. 出生后 1~6 个月内异常表现

(1) 身体发软及自发运动减少:这是肌张力低下的症状,在一个月时即可见到。如果持续 4 个月以上,则为重症脑损伤、智力低下或肌肉系统疾病的表现。

(2) 身体发硬:这是肌张力亢进的症状,在一个月时即可见到。如果持续 4 个月以上,具有重要的诊断意义。

(3) 对外界刺激反应迟钝或无反应:这是智力低下的早期表现。

(4) 头围异常:头围是脑的形态发育的客观指标,脑瘫患儿往往有头围异常。

(5) 体重增加不良,吮吸无力。

(6) 固定姿势:往往是由于脑损伤使肌张力异常所致,如角弓反张、蛙位、倒 "U" 形姿势(图 31-2)等,在生后一个月就可见到。

(7) 手握拳:如果 4 个月还不能张开,或拇指内收,尤其是一侧上肢存在,有重要诊断意义。

(8) 身体扭曲:3~4 个月的婴儿如有身体扭曲,往往提示锥体外系损伤。

(9) 头部控制不良:如 4 个月俯卧不能抬头或坐位时头不能竖直,往往是脑损伤的重要标志。

(10) 斜视:3~4 个月的婴儿有斜视及眼球运动不良时,提示有脑损伤的存在。

(11) 不能伸手抓物:如 4~5 个月不能伸手抓物,可诊断为智力低下或脑瘫。

图 31-2 倒 "U" 形姿势

2. 出生后 6~12 个月的异常表现 有些脑损伤较轻微,在婴儿早期往往无明显症状,但在婴儿后半期(6~12 个月)则有一些其他症状表现。

(1) 不能翻身:6 个月以后还不能翻身,有诊断意义。

(2) 不能使用下肢:6~7 个月不能使用下肢短暂地支持体重。

(3) 不能使用单手:7~10 个月的婴儿不能使用单手抓玩。

(4) 指对指精细动作不灵活:如捏小东西、解扣、系腰带不灵活、不协调,在 7~10 个月出现有诊断意义。

(5) 不能独坐:7 个月不能独坐。

(6) 不能独站:10 个月不能独站。

(7) 尖足站立:10 个月存在尖足站立。

(8) 不能迈步:13~15 个月以后,还不会迈步。

(二) 主要障碍

脑瘫儿童大脑受损部位和范围各不相同,因此产生的障碍也各不相同。

1. 运动障碍

(1) 运动发育落后或异常:主要表现在粗大运动和精细运动两方面。运动发育不能按照正常规律达到同一年龄段儿童运动发育的水平。

（2）肌张力异常：脑瘫儿童的肌张力异常有四种表现形式。①肌张力过高：可以导致患儿的躯干及肢体变得僵硬；②肌张力过低：患儿肢体松软，往往不能维持正常的体位，如坐、站等；③肌张力波动，忽高忽低：患儿表现为四肢到面部的快速抽动或徐动样动作，对运动的自主控制能力非常差；④肌张力不协调：患儿各相关肌群张力的配合差，表现为平衡能力低下、共济失调、运动迟缓和不安全。

（3）姿势异常：脑瘫患儿异常姿势多种多样，与肌张力异常、原始反射延迟消失有关。

（4）反射及运动反应异常：反射是指机体对外界环境刺激所产生的一种固定的规律性反应。运动反应是指人体对外界条件变化所产生的自动、自主地反应。脑瘫儿童在这方面的异常主要表现在三方面。①原始反射持续存在：如觅食反射和抓握反射等；②病理反射的出现：如病理性的非对称性紧张性颈反射和紧张性迷路反射等；③复杂的运动反应迟缓或缺如，病理性运动反射出现：复杂的运动反应迟缓或缺如表现在直立反应、平衡反应和保护性伸展反应的缺如，使患儿不能保持姿势的平衡和运动的安全性等。病理性运动反射出现如联合反应的出现，妨碍患儿选择性动作的产生。

2. 感觉障碍　一般情况下，脑瘫儿童的感觉障碍要比运动障碍轻，但感觉障碍往往使运动障碍加重，从而给患儿造成不良影响。主要包括：

（1）视觉障碍：如斜视、视力缺损等，全盲极其少见。

（2）听觉障碍：据统计，约有20%的脑瘫儿童伴有听力受损。

（3）触觉障碍：可见于某些偏瘫型的患儿。

3. 癫痫　可见于40%左右的脑瘫儿童，癫痫发作可始于任何年龄段。

4. 日常生活活动能力低下

（1）进食困难：脑瘫儿童由于吸吮反射受损，坐位平衡能力低下，上肢运动障碍以及口腔运动与吞咽不协调等，出现进食与饮水问题。

（2）如厕困难：因运动少，脑瘫儿童可能出现便秘现象。同时，其进出厕所和保持蹲位或坐位平衡亦可出现困难。

（3）跌伤：由于患儿平衡反应能力差，较正常儿童更容易摔倒受伤。

5. 言语与语言障碍　部分患儿伴有口吃、发音不清、失语等。

6. 智力低下　并不是每个脑瘫儿童都存在智力低下。有些患儿，特别是手足徐动型患儿的智力往往是正常水平。

7. 人格与行为异常　由于存在运动和交往上的困难，脑瘫儿童人格发展可受到影响，在做某件事时更容易受挫或发怒。这类脑瘫儿童的主要表现可为内向、过分依赖他人、孤僻或是固执、任性等。

8. 学习困难　一方面与智力有关，另一方面和患儿的运动功能受损及感知觉功能障碍，使其对外界刺激与信息的感知及处理受限有关。

值得注意的是，脑瘫儿童尽管存在以上诸多方面的问题，但仍然具有许多方面的潜能，如果开发得当，他们是完全有可能达到生活自理、回归社会并为社会做出贡献。

五、诊断与鉴别诊断

（一）诊断

脑瘫的诊断主要依靠病史及体格检查、脑电图、CT 及 MRI 等。CT 及 MRI 能了解颅脑结构有无异常，对探讨脑瘫的病因及判断预后可能有所帮助，但不能据此肯定或否定诊断，脑电图可以了解是否合并癫痫，对治疗有参考价值。诊断脑瘫应符合以下几个条件：

1. 必备条件

（1）中枢性运动障碍持续存在：婴幼儿脑发育早期（不成熟期）发生：抬头、翻身、坐、爬、站和走等大运动功能和精细运动功能障碍，或显著发育落后。功能障碍是持久性、非进行性，但并非一成不变，轻症可逐渐缓解，重症可逐渐加重，最后可致肌肉、关节的继发性损伤。

（2）运动和姿势发育异常：包括动态和静态，以及俯卧位、仰卧位、坐位和立位时的姿势异常，应根据不同年龄段的姿势发育而判断。运动时出现运动模式的异常。

（3）反射发育异常：主要表现有原始反射延缓消失和立直反射（如保护性伸展反射）及平衡反应的

延迟出现或不出现,可有病理反射阳性。

(4) 肌张力及肌力异常:大多数脑瘫患儿的肌力是降低的;痉挛型脑瘫肌张力增高、不随意运动型脑瘫肌张力变化(在兴奋或运动时增高,安静时减低)。可通过检查腱反射、静止性肌张力、姿势性肌张力和运动性肌张力来判断。主要通过检查肌肉硬度、手掌屈角、双下肢股角、腘窝角、肢体运动幅度、关节伸展度、足背屈角、围巾征和跟耳试验等确定。

2. 参考条件

(1) 有引起脑瘫的病因学依据。

(2) 可有头颅影像学佐证(52%~92%)。

(二) 鉴别诊断

脑瘫主要与以下疾病进行鉴别:

1. 运动发育落后 / 障碍性疾病

(1) 发育指标 / 里程碑延迟(developmental delay/delayed milestone):包括单纯的运动发育落后(motor delay)、语言发育落后(language delay)或认知发育落后(cognition delay)。运动发育落后包括粗大运动和精细运动。最新的研究认为该病也应包括睡眠模式变化的落后。小儿 6 周龄时对声音或视觉刺激无反应、3 月龄时无社交反应、6 月龄时头控仍差、9 月龄时不会坐、12 月龄时不会用手指物、18 月龄不会走路和不会说单字、2 岁时不会跑和不能说词语、3 岁时不能爬楼梯或用简单的语句交流时应进行评估。爬的动作可能因孩子不需要进行而脱漏,故不应作为发育里程碑的指标。单纯一个方面发育落后的小儿 90% 不需要进行医疗干预,将来可以发育正常。大约 10% 的患儿需要进行医疗干预。早期筛查、早期干预有利于预后。

(2) 全面性发育落后(global developmental delay,GDD):5 岁以下处于发育早期的儿童,存在多个发育里程碑的落后,因年龄过小而不能完成一个标准化智力功能的系统性测试,病情的严重性等级不能确切地被评估,则诊断 GDD。但过一段时间后应再次进行评估。发病率为 3% 左右。常见的病因有遗传性疾病、胚胎期的药物或毒物致畸、环境剥夺、宫内营养不良、宫内缺氧、宫内感染、创伤、早产儿脑病、婴幼儿期的中枢神经系统外伤和感染、铅中毒等。

(3) 发育协调障碍(developmental coordination disorder,DCD):①运动协调性的获得和执行低于正常同龄人应该获得的运动技能,动作笨拙、缓慢、不精确。②这种运动障碍会持续而明显地影响日常生活和学业、工作,甚至娱乐。③障碍在发育早期出现。④运动技能的缺失不能用智力低下或视觉障碍解释,也不是由脑瘫、肌营养不良和退行性疾病引起的运动障碍所致。

(4) 孤独症谱系障碍(autism spectrum disorder,ASD):①持续性多情境下目前存在或曾经有过的社会沟通及社会交往的缺失。②限制性的、重复的行为、兴趣或活动模式异常。要求至少表现为以下 4 项中的 2 项,可以是现症的,也可以病史形式出现:刻板或重复的运动动作、使用物体或言语;坚持相同性,缺乏弹性的或仪式化的语言或非语言的行为模式;高度受限的固定的兴趣,其强度和专注度方面是异常的;对感觉输入的过度反应或反应不足,或在对环境的感受方面不寻常的兴趣。③症状在发育早期出现,也许早期由于社会环境的限制,症状不明显,或由阶段性的学习掩盖。④症状导致了在社会很多重要领域中非常严重的功能缺陷。⑤缺陷不能用智力残疾或 GDD 解释,有时智力残疾和 ASD 共同存在时,社会交流能力通常会低于智力残疾水平。有些 ASD 患儿可伴有运动发育迟缓,易误认为 GDD 或脑瘫早期的表现。

2. 骨骼疾病

(1) 发育性先天性髋关节脱臼(developmental dysplasia of the hip,DDH):是由于遗传、臀位产、捆腿等因素造成单侧或双侧髋关节不稳定,股骨头与髋臼对位不良的一种疾病。智力和上肢运动功能正常、站立困难,骨盆 X 线片、CT 和 MRI 均可诊断。

(2) 先天性韧带松弛症(inborn laxity of ligament):患者大运动发育落后,独走延迟、走不稳、易摔倒、上下楼费力,关节活动范围明显增大及过伸、内收或外展,肌力正常、腱反射正常、无病理反射、无惊厥、智力正常,可有家族史,随年龄增大症状逐渐好转。

3. 脊髓疾病 应排外小婴儿脊髓灰质炎和脊髓炎遗留的下肢瘫痪;必要时做脊髓 MRI 排外脊髓空洞症(syringomyelia)、脊髓压迫症(compressive myelopathy)和脊髓性肌萎缩等。

4. 内分泌疾病 先天性甲状腺功能减退症:存在反应低下、哭声低微、体温低、呼吸脉搏慢、智力低下和肌张力低下等生理功能低下的表现,因运动发育落后易与脑瘫相混淆。特殊面容、血清游离甲状腺素降低、TSH 增高和骨龄落后可鉴别。

5. 自身免疫病 多发性硬化(multiple sclerosis,MS)是以中枢神经系统白质炎性脱髓鞘病变为主要特点的自身免疫病。本病最常累及的部位为脑室周围白质、视神经、脊髓、脑干和小脑,主要临床特点为中枢神经系统白质散在分布的多病灶与病程中呈现的缓解复发,症状和体征的空间多发性和病程的时间多发性。运动发育异常的 5 个早期信号:①身体发软。②踢蹬动作明显少。③行走时步态异常。④两侧运动不对称。⑤不会准确抓握。

6. 常见的遗传性疾病 有些遗传性疾病有运动障碍、姿势异常和肌张力改变,容易误诊为脑瘫,如强直性肌营养不良(myotonic muscle dystrophy)、杜氏肌营养不良(Duchenne muscle dystrophy,DMD)、唐氏综合征(Down 综合征)、婴儿型进行性脊髓性肌萎缩症(spinal muscular atrophy,SMA)等。

六、临床治疗

(一) 药物治疗

1. 促进脑损伤修复和发育的药物 维生素、微量元素、必需脂肪酸、氨基酸、蛋白质等。

2. 脑细胞活化剂 脑活素、脑神经生长素等。

3. 改善运动障碍的药物

(1) 降低肌张力药物:苯二氮䓬类、巴氯芬(氯苯氨丁酸)、硝苯呋海因等。

(2) 控制不自主运动和震颤等锥体外系症状的药物:盐酸苯海索(安坦)、美多巴、金刚烷胺、溴隐亭、司来吉兰、东莨菪碱等。

4. 行为异常治疗药物 注意力缺陷可用哌甲酯(利他林)、右旋苯丙氨;抑郁型行为可用抗抑郁药;躁狂型行为可用氯丙嗪、氟哌啶醇等。

(二) 手术治疗

目的是减少痉挛、改善肌力平衡、矫正畸形、稳定关节等。目前主要采用的手术治疗方法包括选择性脊神经后根切断术和矫形手术。

(三) 其他

包括针灸、按摩、物理因子治疗等。

第二节 康 复 评 定

一、康复评定目的

脑瘫患儿的功能障碍表现复杂,除严重的运动和姿势障碍之外,还有智力、语言、社会适应能力等多方面的功能障碍。因此,对脑瘫患儿的功能评定,必须采用全面的、综合性的康复功能评定。另外,脑瘫患儿处于一个发育过程中,其功能障碍的程度和状况受环境、发育情况的影响较大,故脑瘫患儿的功能评定是一个动态的评定。通过全面的、综合性的、动态的评定,主要达到以下目的:

1. 详细了解患儿功能障碍的性质、程度和影响范围。

2. 详细了解患儿发育程度和发育障碍的状况以及发育障碍对患儿功能障碍的影响。

3. 对患儿身体功能状况、家庭和社会环境情况进行收集,掌握患儿功能障碍的特点,为制订康复训练计划、判定治疗效果等提供科学、客观的依据。

4. 为判定残疾等级提供依据。

5. 为享有平等权利、义务及参与社会活动提供客观依据。

二、康复评定内容

(一) 身体发育程度评定

患儿身体发育程度评定应包括一般状况、精神心理状态以及智力评定。一般状态的评定有利于了解患儿的身体素质,患儿对康复治疗的承受能力。脑瘫患儿常存在精神心理障碍,因此治疗前应对患儿的心理、精神状态进行评定,注意性格特点、情绪、行为、反应能力等。运动障碍与感知认知障碍有关,因此,掌握婴幼儿智力情况,对于制订合理可行的康复治疗方案很有必要。

(二) 运动功能评定

1. 运动功能发育评定　评定小儿各阶段的运动功能发育主要观察全身的粗大运动和上肢的精细运动。如小儿在各种体位时的自发运动模式,随月龄推移而变化。作为正常运动基础的正常姿势反射,它的发育延迟或不完善,可使小儿的原始运动模式表现时间延长,使主动运动的产生受到限制,因此运用正常的发育表现模式可以评价不同年龄段的小儿运动功能发育状况。

运动功能发育异常主要表现为发育落后和发育分离。一般认为,运动功能发育落后的诊断标准是:发育落后于正常发育阶段3个月以上。而发育的分离是指在与发育相关的各个领域上的发育的阶段有明显异常,如脑瘫患儿运动功能发育与精神发育的阶段并不均衡,出现两者的分离。

(1) 全身粗大运动的发育:粗大运动发育又称姿势发育,主要指小儿整体性动作行为的发育。小儿的粗大运动发育具有一定的规律,对小儿粗大运动的发育状况的评价有助于儿童脑瘫的诊断和功能评价,为下一步的治疗提供依据。对粗大运动发育的评定,可选择Peabody运动发育量表(PDEMS)和脑瘫儿童粗大运动功能评估量表(GMFM)。①1周龄期。足月产的新生儿几乎没有自发的全身运动,终日在睡眠状态中度过。哭泣时可出现运动,主要是因莫勒(Moro)反射和非对称紧张性颈反射而出现的运动。取俯卧位时,髋和膝关节屈曲在腹部下方,上肢放在头的侧边,全身呈屈曲模式。头部可略向左右移动,即使俯卧位全身的屈曲优势位仍不发生改变,髋关节略微外展,拇指紧握在手掌内。②1~2月龄期。可将头瞬间抬起,全身姿势仍是屈曲优势位。③2~4月龄期。仰卧位时可将上肢缓慢举起来,4个月龄头部和躯干可呈"直线状"。能翻身成俯卧位,俯卧位时,用肘和前臂支撑上半部身体,保持头部垂直,巡视周围。④5~7月龄期。俯卧位能完全伸展两肘,用手掌支撑床面,使胸部抬起,腹部与下肢仍旧伏在床上。能够熟练地从仰卧位翻身到俯卧位。这个时期可用前臂触着床做腹式爬行或扶着东西坐起。⑤8~11月龄期。不需要帮助,自己取坐位。8~10月龄期基本完成仰卧位-俯卧位-坐位的体位转换,此期用手扶着物体也能够站立。站立位的实现表明了运动模式随着年龄变化而发生根本性变化。此阶段坐位比较稳定,一手扶着物体站立,另一手可轻轻上举。去掉支持物,让其独自站立需要11个月左右。⑥12月龄期。进入该阶段小儿大体上完成了从仰卧位转动躯干成为俯卧位,经过四肢爬行位,高爬行位(即用手掌和足底爬行)进入站立的动作。初期需要助力或支持物,到2岁时可不需要任何支持物(或手扶着),用单膝姿势就可以站立起来。此阶段不论仰卧位或俯卧位,只要转动部分躯干,就可以站立起来,5岁以后直接从仰卧位起来成为站立位,而毋需转动躯干。⑦1岁后的步行。约1岁时能够步行移动,最初用两手扶持着行走,以后用单手支撑,随后独自步行,这个过渡期极短。初期步行模式为左右足间距较大,不稳定,呈双上肢上举维持平衡的姿势。约15月龄时,手的位置下降到腰的高度,18月龄时可与骶骨平齐,随后出现步行中左右上肢交替摆动。在幼儿运动发育中,能够步行是一个划时代的变化,但并无确定的时间,一般成熟较早的小儿,8~10月龄时便可出现步行,平均出现时间为12~15月龄。虽无任何疾病,但发育缓慢的小儿也有在1~2岁时仍不会步行,这可能与成长过程中的环境、性格、营养等个体差异因素有关。约15月龄时,一个人独自上下楼梯,也可用四肢爬上很高的楼梯。下楼梯比较困难,4~5岁后才可以独自一人走下来。初学走路时,身体时有向前方"突进现象",多为重心前移或平衡破坏,这不是走路的需要,而是为防止跌倒的反应。18月龄时走路已稳定,不会摔跤,甚至开始跑步,但姿势僵硬,跑步多在2岁以后形成,而熟练掌握上肢交替摆动的跑步约在5岁。平衡能力在1岁后提高较快,能够做到扶持物体单足站立,3岁时可单足站立2s左右。跳跃动作一般在5~6岁时出现,女孩略早于男孩。约3岁时形成向高处蹦或从高处往低处蹦的动作。

(2) 精细运动的发育:上肢的精细运动主要表现在手指方面的功能发育情况。上肢运动中主要的动作是把手伸向物体、抓住物体和放开物体。小儿出生后的2个月内双手一直呈握拳状。通常新生儿不能向物体伸手,某些情况下也可表现出"伸手"样动作。如果保持头部稳定,让新生儿背靠坐着,伸手的动作诸如用手抱脸等。4个月时一直握拳的手松开,伸向身边的物体(如玩具等),并能抓住,不论何物都往嘴里送。6个月时能用单手向目的物伸抓,能使物体在两手之间传递。8~9个月时,这种动作更协调熟练,能分别用左右手同时拿着东西,如果再给第三个东西,会放下一个手中的东西,去取新给的东西。

手指的把持动作最初是用全部手指和手掌抓握。而后发展成拇指、示指和中指的对抓动作,最后发展成拇指与示指的抓捏动作,一般在 10~12 个月时完成该动作(图 31-3)。

图 31-3　拇指与示指的抓捏动作

抓捏动作完成后,如果能够自由进餐,则手指的技能也会提高。但最初都使用饭匙等粗柄用具就餐,这与使用手指尖的精细动作不同,前者的握持动作居优势位,前臂为旋后位。手指的独立使用或分离运动需要到 2 岁后才能实现,也有个别小儿到 5~6 岁时才能完成上述动作。

抛扔东西的动作约在 2 岁半时开始出现。最初是从桌子或椅子上往下"拂落"东西,逐渐出现用手向远处抛扔东西的动作,笨拙的手腕也变得灵活起来,对躯干重心的控制能力增强后,投扔物体的动作更灵巧。这个变化在 2 岁半到 3 岁之间出现,投扔的距离、力度及准确性均提高。到了成年人则运动变得更加灵活、技巧、协调和快速,形成了完全的随意运动。

2. 肌力评定　是脑瘫患儿运动功能评定的重要组成部分,对不同年龄段的患儿,肌力评定要求不同。发育前期,患儿主动运动较少,对其进行肌力评定,治疗意义不大;当患儿会坐、爬、站或行走时,对其进行肌力评定具有重要的实用价值。临床上多采用徒手肌力检查(MMT),其结果分为 0、1、2、3、4、5 共六级,对于判定功能障碍的程度,制订康复治疗计划,辅助器具的选择等都十分重要。每级的指标依据受试肌肉收缩时所产生的肌肉活动、带动的关节活动范围、抵抗重力和阻力的情况而判定。

3. 肌张力评定

(1) 肌张力评定分类表:肌张力表现形式有静止性肌张力、姿势性肌张力和运动性肌张力。脑瘫患儿由于反应过激或过迟而出现肌张力过高或过低,评定指标量化比较困难,年龄小的患儿常做以下检查(表 31-2)。

表 31-2　肌张力评定分类表

检查方法			评定	
			肌张力增强	肌张力低下
安静时	肌肉形态	望诊:肌肉的外观	丰满	平坦
	肌肉硬度	触诊:肌肉的硬度	硬	软
	伸展性	过伸展检查,被动检查	活动受限	关节过伸展
			抗阻力↑	抗阻力↓
活动时	摆动度	摆动运动检查	振幅减少	振幅增加
	姿势变化	姿势性肌张力检查	肌紧张	无肌紧张变化
	主动运动	主动运动检查	过度抵抗	关节过度伸展

1) 静止性肌张力:是指肌肉处于安静时的肌张力。检查多取仰卧位,保持患儿安静、放松,主要对肌肉形态、肌肉硬度、肢体活动度等内容进行评价。

2) 姿势性肌张力:是在主动运动或被动运动时,姿势变化产生的肌张力。可以利用四肢的各种姿势转换,观察四肢肌张力的变化。利用各种平衡反应观察躯干姿势性肌张力,也可转动小儿头部,发生姿势改变时观察肌张力的变化。

3) 运动性肌张力:多在身体运动时检查,观察主动肌与拮抗肌之间的肌张力变化。锥体束损伤时,被动运动各关节,开始抵抗增强,然后突然减弱,称为折刀现象。肌张力增高有选择地分布,上肢以屈肌及旋前肌明显,下肢以伸肌明显。锥体外系损伤时,被动运动时的抵抗始终增强且均一,称为铅管样现象,如伴有震颤,则表现为齿轮样现象。除上述表现外,可有活动时肌张力的突然增强。

（2）Ashworth 评定法：目前多采用改良 Ashworth 评定量表（Modified Ashworth Scale，MAS）（表31-3）。①操作方法：检查者评定时，受检者处于舒适体位，一般采用仰卧位，分别对双侧上、下肢进行被动关节活动。②特点：改良的 Ashworth 分级法具有较好的评定者间信度，评定方法也较为便捷；但这一方法不能区分痉挛和其他肌张力增高的障碍问题。

表 31-3　改良 Ashworth 分级量表

级别	评定标准
0 级	无肌张力增加
1 级	肌张力略微增加，受累部分被动屈伸时，在关节活动范围之末时出现突然卡住然后呈现最小的阻力或释放
1⁺ 级	肌张力轻度增加，表现为被动屈伸时，在关节活动范围后 50% 范围内出现突然卡住，然后均呈现最小的阻力
2 级	肌张力较明显的增加，通过关节活动范围的大部分时，肌张力均较明显的增加，但受累部分仍能较容易地被移动
3 级	肌张力严重增高，被动活动困难
4 级	僵直，受累部分被动屈伸时呈现僵直状态，不能活动

另外，尚可通过抱起患儿时的感觉、触摸、被动运动及主动运动时的感觉，对姿势的观察来分析评定。

4. 关节活动度评定　脑瘫患儿应在被动运动下进行对关节活动范围的测定。当关节活动受限时，还应测定主动运动的关节活动范围，并与前者相比较。决定活动度的因素有：关节解剖结构的变化，产生关节运动的原动肌（收缩）肌张力，与原动肌相对抗的拮抗肌（伸展）肌张力。测量可采用目测，但准确的测量多使用量角器。脑瘫易发生挛缩，患儿容易出现关节的变形。变形后容易造成肢体的形态变化，因此还要注意测量肢体的长度以及肢体的周径。通常采用的方法如下：

（1）头部侧向转动试验：正常时下颌可达肩峰，左右对称，肌张力增高时阻力增大，下颌难以达肩峰。

（2）臂弹回试验：使小儿上肢伸展后，突然松手，正常时在伸展上肢时有抵抗，松手后马上恢复原来的屈曲位置。

（3）围巾征：将小儿手通过前胸拉向对侧肩部，使上臂围绕颈部，尽可能向后拉，观察肘关节是否过中线，新生儿不过中线，4~6 个月小儿过中线。肌张力低下时，手臂会像围巾一样紧紧围在脖子上，无间隙；肌张力增高时肘不过中线。

（4）腘窝角：小儿仰卧位，屈曲大腿使其紧贴到胸腹部，然后伸直小腿，观察大腿与小腿之间的角度（图31-4）。肌张力增高时角度减小，降低时角度增大。正常 4 个月龄后应大于 90°。

（5）足背屈角：小儿仰卧位，检查者一手固定小腿远端，另一手托住足底向足背推，观察足从中立位开始背屈的角度（图31-5）。肌张力增高时足背屈角减小，降低时足背屈角增大。

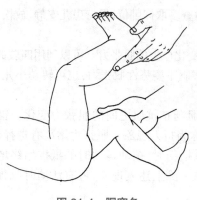

图 31-4　腘窝角

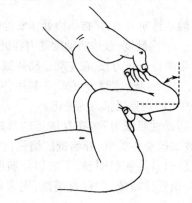

图 31-5　足背屈角

（6）跟耳试验：小儿仰卧位，检查者牵拉足部尽量靠向同侧耳部，骨盆不离开床面，观察足跟与髋关节的连线与桌面的角度。正常 4 个月龄后应大于 90°，或足跟可触及耳垂。

（7）股角（又称内收肌角）：小儿仰卧位，检查者握住小儿膝部，使下肢伸直并缓缓拉向两侧，尽可能达到最大角度，观察两大腿之间的角度，左右两侧不对称时应分别记录。肌张力增高时角度减小，降低时角度增大（图 31-6）。正常 4 个月龄后应大于 90°。

（8）牵拉试验：小儿呈仰卧位，检查者握住小儿双手向小儿前上方牵拉，正常小儿 5 个月时头不再后垂，上肢主动屈肘用力。肌张力低下时头后垂，不能主动屈肘。

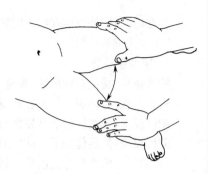

图 31-6 股角

1 岁以下正常婴幼儿各关节活动范围见表 31-4。

表 31-4 1 岁以下正常婴幼儿关节活动范围参考表

项目	1~3 个月	4~6 个月	7~9 个月	10~12 个月
腘窝角	80°~100°	90°~120°	110°~160°	150°~170°
足背屈角	60°~70°	60°~70°	60°~70°	60°~70°
跟耳试验	80°~100°	120°~150°	120°~150°	140°~170°
股角	40°~80°	70°~110°	100°~140°	130°~150°

（三）神经发育综合评定

神经发育综合评定主要针对各类反射和反应的出现与消失的时机，以及反射和反应的表现状况。正常情况下，胎儿在母亲妊娠后期、婴儿在出生时或出生后的一段时间里会陆续出现一些脊髓、脑干以及大脑皮质水平的反射。与浅、深反射不同，该类反射与人体的运动发育过程密切相关，即只有在某一个水平的反射出现后才能完成与之相应的运动动作，故又将此类反射称为发育性反射。随着神经系统的发育成熟，脊髓和某些脑干水平的原始反射在婴幼儿时期由中枢神经系统进行整合或抑制。一经整合，这些反射便不再以原有的形式存在，通常不能再被引出。因此，脊髓和脑干水平反射的出现与消失意味着中枢神经系统发育的成熟过程。原始反射的存在超过了应该消失的时间，多为反射发育异常，也是神经发育异常或受损的表现。自动反应是身体的位置在空间发生变化时，颈部、躯干自动恢复正常姿势的反应，包括翻正反应、平衡反应、保护性伸展反应等。神经发育迟缓或受损会出现自动反应延迟或者消失。

1. 脊髓水平反射　脊髓水平反射是运动反射，它可以协调肢体肌肉出现完全的屈曲和伸展动作模式。脊髓水平反射包括屈肌收缩反射、伸肌伸张反射、交叉伸展反射、莫勒反射、抓握反射等。脊髓水平反射的反应最容易用肉眼观察到，是运动反应的一部分，具有典型特点。

脊髓水平反射多在妊娠 28 周时出现。出生后两个月消失为正常。如果 2 个月以后仍继续存在，提示中枢神经系统成熟迟滞、神经反射发育迟滞。评定方法与结果分析如下：

（1）屈肌收缩反射

检查体位：受检者仰卧位，头呈中立位，双下肢伸展。

检查方法：刺激一侧足底。

阳性反应：受刺激的下肢出现失去控制的屈曲反射，髋、膝屈曲、踝关节背屈、足趾伸展。

阴性反应：受刺激后仍保持伸展的下肢不动或有意识地使受刺激的下肢缩回躲开。

存在时间：阳性反应在出生时到 2 个月内存在，2 个月以后消失。

（2）伸肌伸张反射

检查体位：受检者仰卧位，头呈中立位，一侧下肢伸展，另一侧下肢屈曲。

检查方法：刺激呈屈曲位的下肢足底部。

阳性反应：受刺激的下肢失去控制地呈伸展位。

阴性反应：受刺激的下肢无反应。

存在时间:阳性反应在出生时到2个月内存在,2个月以后消失。

(3) 交叉伸展反射

1) 屈伸位姿势

检查体位:受检者仰卧位,头呈中立位,一侧下肢伸展,另一侧下肢屈曲。

检查方法:将伸展位的下肢做屈曲运动。

阳性反应:伸展位的下肢屈曲时,屈曲位的下肢立即伸展。

阴性反应:伸展位的下肢屈曲时,屈曲位的下肢仍呈屈曲。

存在时间:阳性反应在出生时到2个月内存在,2个月以后消失。

2) 伸展位姿势

检查体位:受检者仰卧位,头呈中立位,双下肢伸展位。

检查方法:在一侧下肢大腿内侧给予轻轻叩打刺激。

阳性反应:对侧下肢呈现内收、内旋、踝关节跖屈的剪刀状体位。

阴性反应:对侧下肢无反应。

存在时间:阳性反应在出生时到2个月内存在,2个月以后消失。

(4) 莫勒(Moro)反射(拥抱反射)(图31-7)

检查体位:受检者半仰卧位,检查者一手置于患儿颈后部。

检查方法:检查者突然将手撤除,受检者头部和躯干突然倒向后方。

阳性反应:受检者上肢外展外旋,伸展(或屈曲),手指伸展并外展,吓哭后双上肢屈曲、内收并于胸前交叉。

阴性反应:受检者无反应。

存在时间:阳性反应在出生时到4个月内存在,4个月以后消失。

(5) 抓握反射(图31-8)

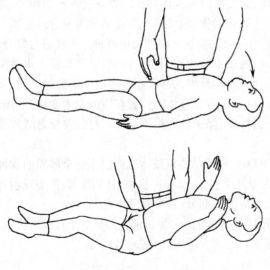

图31-7 莫勒(Moro)反射　　　　图31-8 抓握反射

检查体位:受检者卧位。

检查方法:对受检者手掌或脚掌持续加压。

阳性反应:手指或足趾屈曲。

阴性反应:受检者无反应。

存在时间:手掌抓握阳性反应在出生时至出生后4~6个月;足趾跖屈阳性反应在出生时至出生后9个月。

2. 脑干水平反射　脑干水平反射是精细的姿势反射。它是肌肉张力的调整反应,而不是用肉眼能够观察到的运动反应。全身肌张力随着头部与身体的位置关系变化以及体位变化而发生变化。事实上,脑干水平反射几乎不产生运动,它主要是通过调整肌张力对姿势产生影响,故又将脑干水平反射称为调整反射。

脑干水平反射在正常小儿出生时出现,根据反射的不同,维持4个月到8、9岁不等。反射在该消失的月(年)龄消失为正常;如超过应当消失的月(年)龄反射仍存在,提示中枢神经系统发育迟滞如脑瘫患儿。中枢神经损伤导致肢体偏瘫的成年患者也可以再现脑干水平的姿势反射。评定方法与结果分析如下:

(1) 非对称性紧张性颈反射(asymmetrical tonic neck reflex,ATNR)

检查体位:受检者仰卧位,头中立位,上下肢伸展。

检查方法:检查者将受检查者头部转向一侧。

阳性反应:颜面侧上、下肢伸展或伸肌肌张力增高;枕侧的上、下肢屈曲或屈肌张力增高,犹如"击剑"姿势(图31-9)。

阴性反应:四肢无姿势反应。

存在时间:阳性反应在出生时到6个月内存在,6个月以后消失。

(2) 对称性紧张性颈反射(symmetrical tonic neck reflex,STNR)

1) 屈颈法(图31-10)

图31-9　非对称性紧张性颈反射

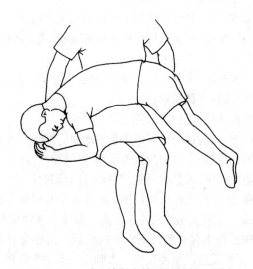

图31-10　对称性紧张性颈反射(屈颈法)

检查体位:受检者膝手卧位,或趴在检查者腿上。

检查方法:尽量被动使受检者头部前屈。

阳性反应:上肢屈曲或屈肌张力增高,下肢伸展或伸肌张力增高,呈现上肢屈曲和下肢伸展状态。

阴性反应:未见四肢肌张力变化。

存在时间:阳性反应在出生时到6个月内存在,6个月以后消失。

2) 伸颈法(图31-11)

检查体位:受检者膝手卧位,或趴在检查者腿上。

检查方法:尽量被动使受检者头部后伸。

阳性反应:两上肢伸展或伸肌的肌张力增高,两下肢屈曲或屈肌的肌张力增高,呈现上肢伸展和下肢屈曲状态。

阴性反应:未见四肢肌张力变化。

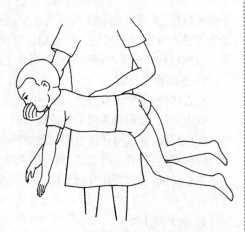

图31-11　对称性紧张性颈反射(伸颈法)

存在时间:阳性反应在出生时到 6 个月内存在,6 个月以后消失。

(3) 紧张性迷路反射(tonic labyrinthine reflex,TLR)

1) 仰卧位姿势

检查体位:受检者仰卧位,头中立位,双侧上下肢伸展。

检查方法:保持仰卧位。

阳性反应:颈部、四肢伸肌张力全部增高,被动屈曲其关节时受限。

阴性反应:无伸肌张力变化,被动屈曲关节无阻力改变。

存在时间:阳性反应在出生时到 6 个月内存在,6 个月以后消失。

2) 俯卧位姿势

检查体位:受检者取俯卧位,头中立位,双侧上下肢伸展。

检查方法:保持俯卧位。

阳性反应:颈部、四肢屈肌张力全部增高,被动伸展颈背部、四肢关节或内旋肩胛骨受限。

阴性反应:上述屈肌张力未见增加。

存在时间:阳性反应在出生时到 6 个月内存在,6 个月以后消失。

(4) 联合反应:指当身体某一部位进行抗阻运动或主动用力时,没有主动运动的患侧肌群产生的反应。

检查体位:受检者仰卧位。

检查方法:身体任何部位的抗阻力随意运动。

阳性反应:对侧肢体出现同样的动作,或身体的其他部位肌张力增高,产生动作。

阴性反应:未见上述表现。

出现时间:一般出生时即有,直到 8~9 岁后消失。

(5) 阳性支持反射

检查体位:受检者保持立位。

检查方法:让受检者前脚掌向地面施加压力或着地跳数次。

阳性反应:下肢伸肌张力增高,僵硬伸展,甚至引起膝反张,踝关节跖屈,难以支持身体平衡。

阴性反应:未见肌紧张,下肢可任意屈曲。

存在时间:阳性反应在出生后 3~8 个月内存在,8 个月以后消失。

3. 中脑及大脑皮质水平反射 临床上将中脑及大脑皮质水平的反射称为"反应"。它特指婴儿时期出现并终生存在的较高水平的反射。这些反射是正常姿势控制和运动的重要组成部分,包括翻正反应、保护反应及平衡反应。大脑皮质水平反应的发育标志着平衡反应发育成熟,人类进化到两足动物的阶段。只有在这种水平上的反应出现时,才可能出现高水平的、复杂的运动功能。某种反应在当出现的时候未出现,提示为神经反射发育迟滞或异常。脑卒中和脑外伤时,患者的各种反应也可遭到破坏而消失。

(1) 翻正反应:用于维持头与正常直立位或维持头与躯干的正常对线关系,包括颈部翻正反应、躯干翻正反应、头部迷路翻正反应及视觉翻正反应。上述各种翻正反应消失或终生存在实际上反映了姿势调整发育的成熟过程。由于翻正反应的出现,促进了基本运动行为的形成,如翻身、坐起和爬行等。检查过程中应重点观察受检者当体位改变后为恢复正常对线和头的位置所做的自动调整表现。

1) 颈部翻正反应

检查体位:受检者仰卧位,头呈中立位,上下肢伸展。

检查方法:受检者头部主动或被动向一侧旋转。

阳性反应:整个身体随着头部的旋转而向相同的方向旋转。

阴性反应:尽管头转动了,但身体未随之转动。

存在时间:阳性反应在出生后 6 个月内存在,6 个月以后消失;出生 1 个月后仍为阴性反应为反射发育迟缓。

2) 躯干翻正反应

检查体位:受检者仰卧位,头呈中立位,上下肢伸展。

检查方法:让受检者头部主动或被动向一侧旋转。

阳性反应:身体分节旋转,即头部先旋转,接着两肩旋转,最后骨盆旋转。

阴性反应:身体如同阳性颈部翻正反应,同时做整体性转动。

存在时间:阳性反应在出生后 6~18 个月内存在,6 个月之前为阴性反应。

3) 头部迷路翻正反应

检查体位:将受检者眼睛蒙住,检查体位可呈仰卧位、俯卧位、直立悬空位。

检查方法:检查者用双手将受检者托起或将受检者向前、后、左、右侧各个方向倾斜。

阳性反应:受检者主动地将头抬起至正常位,即面部与地面垂直,口呈水平位。

阴性反应:不能将头调整成与地面垂直的位置,呈现垂头无力。

存在时间:出生后 2~6 个月时出现,终生存在。

4) 视觉翻正反应

检查体位:受检者始终睁眼,可呈仰卧位、俯卧位、直立悬空位。

检查方法:检查者用双手将受检者托起或将其向前、后、左、右侧各个方向倾斜。

阳性反应:受检者主动地抬起头至正常位,即面部与地面垂直,口呈水平位。

阴性反应:不能将头调整成与地面垂直的位置。

存在时间:出生后 2 个月时出现,终生存在。如果 6~8 个月后仍为阴性反应可提示反射发育迟缓。

(2) 保护性伸展反应:对重心超出支持面时引起的位移刺激达到稳定和支持身体的目的。因此,当身体向支持面倾斜时双上肢和双下肢伸展以支撑体重。

检查体位:受检者可取坐位、跪位、站立位或倒立位。

检查方法:受检者通过主动或被动地移动身体使重心超出支撑面。

阳性反应:双上肢或双下肢伸张并外展以支撑身体和保护身体不摔倒。

阴性反应:无上述动作出现。

存在时间:上肢,出生后 4~6 个月出现;下肢,出生后 6~9 个月出现。终生存在。

(3) 平衡反应:当身体重心或支持面发生变化时为了维持平衡所作出的应对反应。这些反应需要正常的肌张力作为保证。随着平衡反应的成熟,运动发育进入了两足动物的阶段。身体为了适应重心的变化而出现一系列的调整。因此,平衡反应是人站立和行走的重要条件之一,平衡反应状况可以通过活动的支撑面和随意运动或破坏被检查者体位而获得。

1) 倾斜反应

检查体位:受检者于平衡板或体操球上呈仰卧位、俯卧位、膝手卧位或站立位。

检查方法:通过倾斜平衡板或移动体操球来改变身体重心。

阳性反应:头部和躯干出现调整,即平衡板翘起的一侧躯干向上弯曲,同侧上、下肢伸展并外展;对侧肢体出现保护性伸展反应(图 31-12)。

阴性反应:无躯干屈曲及上下肢伸展动作(图 31-13)。

存在时间:阳性反应俯卧位,出生后 6 个月出现;仰卧位和坐位出生后 7~8 个月出现;膝手卧位,出生后 9~12 个月出现;站立位,出生后 12~21 个月出现。各种倾斜反应终生存在。

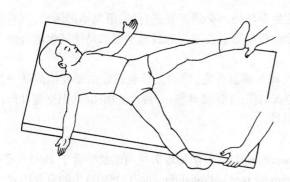 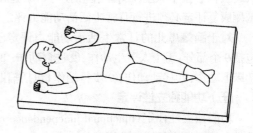

图 31-12 倾斜反应 - 阳性反应　　　　　图 31-13 倾斜反应 - 阴性反应

2）姿势固定性反应

检查体位：受检者呈坐位、膝手卧位、跪位或站立位。

检查方法：通过外力（检查者推受检者躯干或将上肢向一侧牵拉）或随意运动来改变重心与支持面的位置关系。

阳性反应：推受检者时，头、躯干向受力侧屈曲，受力侧上、下肢伸展、外展；对侧可见保护性伸展反应。牵拉一侧上肢时，被牵拉肢体的对侧出现上述平衡反应即躯干侧弯，上下肢伸展、外展。

阴性反应：无上述自动反应，也无保护性伸展反应。

存在时间：阳性反应坐位，出生后7~8个月出现；膝手卧位，出生后9~12个月出现；跪位，出生后15个月出现；站立位，出生后12~21个月出现。上述反应均终生存在。

3）迈步平衡反应

检查体位：受检者取立位，检查者握住其双上肢。

检查方法：向左、右、前及后方推动受检者。

阳性反应：为了维持平衡，脚相应地向侧方（图31-14）或前方（图31-15）、后方迈出一步，头或躯干出现调整动作。

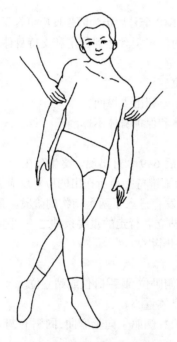
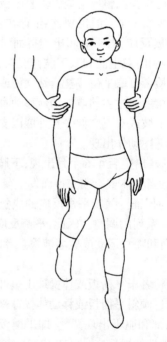

图31-14　迈步平衡反应（侧方）　　　图31-15　迈步平衡反应（前方）

阴性反应：头及躯干不能调整，无法保持平衡。

存在时间：出生后15~18个月出现阳性反应，且终生存在。

（四）日常生活活动能力评定

日常生活活动能力是指为了维持生存及适应生存环境而必须反复进行的、最基本的活动。包括衣、食、住、行、个人卫生等动作和技巧。家庭和社会对脑瘫患儿康复的最基本要求是使其生活自理，脑瘫康复评定必须进行日常生活活动能力评定。

对于脑瘫患儿的日常生活活动能力评定已经成为康复评定，特别是作业评定的重要组成部分。包括9个部分：①个人卫生动作；②进食动作；③更衣动作；④排便动作；⑤器具使用；⑥认识交流动作；⑦床上动作；⑧移动动作；⑨步行动作（包括辅助器具）。

（五）功能独立性评定

功能独立性评定（functional independence measure，FIM）是美国物理医学与康复学会于1983年倡导成立的医学康复统一数据系统（uniform data system for medical rehabilitation，UDSMR）中的重要内容。FIM的内容有两大类、六个方面。每个方面又分为2~6项，总共18项。两大类是指躯体运动功能和认知功能。其中躯体运动功能包括自我照料、括约肌控制、转移和行走四个方面 13 个项目;认知功能包括交流和社会认知两个方面 5 个项目。

（六）智力评定

智力测验是评定智力水平的一种科学手段,可以得知患儿智力发育水平,作为对了解脑瘫患儿是否合并智力障碍客观指标的参考,以便为康复教育和防治提供客观依据,并可早期发现智力低下合并症,及早开展特殊教育。常用的评定方法是采用评定用量表,智力评定所应用的智力量表分为筛查和诊断两种。最常见的筛查测验手段是丹佛发育筛查测验,适用于从出生至 6 岁儿童。另外,还有绘人测验、图片词汇测验、新生儿行为量表等。诊断性检测是我国修订的韦氏儿童智力量表、斯坦福 - 比奈智力量表等。

（七）特殊感觉障碍评定

1. 视觉障碍评定　可粗略检查患儿是否伴有斜视、弱视、屈光不正、散光、视神经萎缩等。

2. 听觉障碍评定　运用声音反射或电反应测听检查患儿是否伴有听力障碍。

（八）感知认知评定

感知觉检查按一般临床方法进行,而认知等高级脑功能障碍因脑瘫患儿往往年龄小,加之伴有智力障碍,检查起来困难,准确性差,所以一般只做智力评定,不再详细检查。

（九）言语功能评定

小儿的言语是随着发育的成长逐步达到完善的,在言语评定之前需要掌握小儿言语发育规律。脑瘫患儿言语功能障碍主要为语言发育迟缓和运动性构音障碍。

1. 语言发育迟缓　是指在发育过程中的儿童其语言发育未达到与其年龄相应的水平。呈现语言发育迟缓的儿童多数具有精神发育延迟或异常。评定时可采用修订的中国汉语版 S-S(sign-significance)检查法。

2. 运动性构音障碍　是由于参与发音的器官(包括肺、声带、软腭、舌、下颌、口唇)的肌肉系统及神经系统的疾病所致的语言运动功能障碍,结果使构音出现各种症状。如语音欠清晰、鼻音重、语速减慢、发音困难等。评定时可采用河北省人民医院康复中心修订的 Frenchay 构音障碍评定法。

第三节　康复治疗

一、康复治疗目标

采用各种有益的手段,对脑瘫患儿进行全面的康复治疗,减轻致残因素造成的后果,最大限度地改善功能,提高运动能力、言语功能和生活自理能力等,争取达到能够生活自理和接受教育(正常教育或特殊教育),最大限度地回归社会。

（一）总体目标

1. 防治畸形。

2. 使肌张力趋于正常化。

3. 鼓励对称性的活动和双手的活动。

4. 促进接近正常和正常的运动和技能。

5. 早期限制较轻侧肢体对较重侧肢体的代偿。

6. 努力改善较重的一侧肢体。

7. 鼓励儿童学做与日常生活有关的活动。

（二）痉挛型脑性瘫痪的康复治疗目标

1. 减轻痉挛。

2. 阻止异常的姿势和运动。

3. 促进总体模式的分离。

4. 尽量避免诱发 ATNR 等反射活动,特别是头持续地转向一侧。

5. 应用反射性抑制技术（RIP 技术）。

6. 预防肢体变形。

（三）不随意运动型脑性瘫痪的康复治疗目标

1. 增强头、肩胛带、躯干和髋关节的稳定性。

2. 鼓励保持在不自主运动最少的位置上。

3. 促进分段运动。

4. 学会双手抓握以控制不随意运动。

（四）共济失调型脑性瘫痪的康复治疗目标

1. 提高膝立、站立和步行的平衡能力。

2. 学会稳定的站立和步行。

3. 控制不稳定地摇晃身体，尤其是双手。

（五）肌张力低下型脑性瘫痪的康复治疗目标

1. 促进自发运动出现。

2. 提高肌力、肌张力，增加肌容积。

二、康复治疗基本原则

（一）"三早原则"

早发现、早确诊和早治疗的"三早原则"能够让患儿取得较好疗效。关于早期的时间没有统一认识，多数专家认为应该在 6 个月以前。

脑瘫的早期诊断、早期治疗不仅缩短了康复期，使运动趋于正常化，而且防止了继发性损害，更重要的是，由于运动功能的改善，使患儿能广泛接触外界，又促进了患儿智力的开发，十分有利于以后的成长发育。

知识拓展

脑性瘫痪的三级预防

小儿脑瘫的早期发现、早期干预、早期康复治疗，是抑制异常运动发育，促进正常运动发育，防止挛缩和畸形的关键。

做好脑瘫的三级预防和并发、继发损伤的预防，对于脑瘫的预后十分重要。三级预防：①主要是防止脑瘫的产生，研究和采取正确的措施，预防能够导致脑瘫的各种原因。②是对已经造成损害的脑瘫患儿，采取各种措施防止发生残疾。③是对已经发生残疾的脑瘫患儿，应通过各种措施，预防残障的发生。力争保存现存功能，并提供教育及职业康复机会，以减少残障给个人、家庭、社会造成的不利影响。

（二）综合治疗原则

任何单一治疗的价值都是有限的，必须综合采用各种方法尽可能减轻残疾，满足儿童的整体需要。这些方法包括各种必要的物理治疗、作业治疗、药物、手术以及康复工程手段等。

（三）与日常生活相结合原则

脑瘫患儿的病程长，多伴有不同程度的 ADL 障碍，其异常运动和姿势模式体现在 ADL 中，因此康复必须与日常生活活动紧密结合。对家长进行健康教育有利于提高脑瘫儿童的 ADL。应通过行为干预、日常生活能力的训练、心理护理、家长培训与参与等综合措施的实施提高和巩固康复效果。

（四）康复训练与游戏相结合原则

脑瘫儿童同样具有儿童的天性，需要趣味、游戏、轻松愉快的氛围，需要引导、诱发，不断感知、感受、反复学习和实践，从而建立正常模式，促进身心发育。患儿按照自己的节奏和喜好自由地动手动脑、玩耍表达，在游戏中释放压力，促进情绪和脑的发展。游戏是患儿学习的最好途径，在康复训练中贯穿游戏，使治疗活动更有趣味，增加脑瘫儿童康复训练的兴趣和主动性。有关儿童情绪发展的研究发现，游戏可促进情绪的发展。脑科学研究者提出，儿童游戏的早期经验使脑成形并使其具有独特的神经结构,对儿童的智力水平起重要作用。游戏介于训练与真实生活之间,有利于脑瘫儿童把所学的技能转移应用到实际生活中去。

(五) 遵循循证医学的原则

循证医学的核心思想是"任何医疗卫生方案、决策的确定都应遵循客观的临床科学研究产生的最佳证据",从而制订出科学的预防对策和措施,达到预防疾病、促进健康和提高生命质量的目的。小儿脑瘫康复治疗也提倡遵循循证医学的原则,防止盲目地强调某种方法的奇妙性、滥用药物,盲目的应用某些仪器设备或临床治疗方法。

(六) 集中式康复与社区康复相结合

社区康复可以为脑瘫患儿在自己熟悉的环境中提供有效的、快捷的康复治疗。此种形式既适合城市,也适合农村。正确的社区康复训练为脑瘫儿童康复提供了一个经济、易行、有效的方法,能使更多的脑瘫儿童及早得到康复。社区康复有专业康复工作者的指导,把专业治疗融于患儿的社区环境和日常生活中,家长积极参与康复训练,可以提高脑瘫儿童全面康复效果。

三、常见康复治疗学派

(一) Bobath 疗法

Bobath 疗法(Bobath therapy)是神经发育学疗法(neurodevelopment treatment,NDT)之一,它是由英国物理治疗师 Berta Bobath 及其丈夫 Karel Bobath 共同创立的治疗脑瘫的理论与方法,是当代治疗小儿脑瘫的主要手段之一,在世界范围广泛应用。Bobath 疗法主要采用反射性抑制异常姿势和运动,促进正确的运动感觉和运动模式的方法进行治疗,疗效显著。

Bobath 认为:运动功能的整合中枢包括脊髓、脑干、中脑、皮质等多个水平,下位中枢受上位中枢控制。脑损伤引起的症状,除运动发育迟缓外,必然出现上位中枢控制解除的释放症状,即各种原始反射亢进的异常姿势和运动,尤其是中脑和皮质损伤引起的翻正反应和平衡反应障碍,在脑瘫发病过程中起重要作用。因此,Bobath 提出了两种基本的治疗法则:抑制异常姿势和运动模式,尤其针对异常紧张性姿势反射的抑制;促进正常姿势和运动模式,特别强调对翻正反应和平衡反应的促进。

脑瘫患儿和正常小儿不同,存在着精细运动和随意运动等多方面功能障碍,因而表现出复杂离奇的动作和各种异常。这种异常不仅是运动功能障碍,还有语言、性格、视觉、听觉、智力等多方面不同程度的障碍。这些障碍常重复出现,在一个脑瘫患儿身上同时存在着两个以上障碍的情况,称为"脑损伤综合征"。在治疗脑瘫时也发现随着运动功能改善,其他伴随障碍也同时有不同程度的改善,因此,Bobath 认为治疗脑瘫必须从多方面着手,按照小儿生长发育的规律进行治疗。

(二) Vojta 疗法

Vojta 疗法又称 Vojta 诱导疗法,是德国学者 Vojta 博士总结创立的,由反射性俯爬与反射性翻身组成的,诱导出反射性移动运动的促通治疗手法。反射性俯爬与反射性翻身是 Vojta 疗法的核心。

Vojta 疗法的基本原理是通过诱发反射性移动运动,促进正常反射通路与运动模式,抑制异常反射通路与运动模式来达到治疗的目的。越早期治疗效果越好。因为患病早期尤其 3 个月以内,异常姿势尚未固定化,脑损伤的结果只是引起运动协调化的障碍。6 个月以后会产生继发性损伤,使器质性损害更加明显。如果在继发病变出现前进行治疗,可以使功能障碍得到改善。这种功能障碍的改善又可防止脑的继发性损害,因而可以得到良好的治疗效果。

Vojta 疗法应用范围广。从新生儿到年长儿都可以应用,是早期治疗较好的方法。手法简单、容易掌握,在治疗中可培训家长,便于开展家庭疗育,效果明显。

(三) 引导式教育

引导式教育(conductive education,CE)又称 Petö 疗法或集团指导疗法,是由匈牙利学者 Petö Andras 教授创立,是国际公认的治疗小儿脑瘫最有效的方法之一,其显著特点是最大限度地引导、调动脑瘫患儿自主运动的潜力,以娱乐性和节律性意向激发患儿的兴趣及参与意识。通过引导员不断给予科学的诱导技巧、意识供给或口令,让患儿主动地进行训练,与科学的被动训练相结合,大大提高了康复效果;同时将运动、语言、理解、智力开发、社会交往和行为矫正等有机地结合在一起进行全面的康复训练,使患儿在德、智、体、个性培养和行为塑造等方面得到全面的康复和发展。

（四）感觉统合疗法

感觉统合疗法是指大脑将身体各部位感觉器官如眼、耳、口、鼻、皮肤等，输入的各种感觉刺激信息如视、听、嗅、味、触等，进行组织加工、综合处理的过程。只有经过感觉统合，人类才能完成那些复杂而高级的认知活动，包括注意力、记忆力、语言能力、组织能力、逻辑和思维能力等。

脑瘫患儿的大脑对输入的感觉信息不能在中枢神经系统内形成有效的整合，产生一系列障碍，从而影响发展。感觉统合训练是为了使脑瘫患儿充分感知各种刺激，在大脑进行感觉的整合，并作出适应性反应，因此，感觉统合训练的目的不在于增强运动技能，而是改善大脑处理感觉信息与组织并构成感觉信息。感觉统合训练主要采取游戏形式，使患儿乐于接受，主动参与。同时，游戏项目的设计是个体化和有针对性的。

（五）上田正疗法

上田正疗法是由日本的一位小儿外科医生上田正于1988年创立的一种治疗小儿脑瘫的手法。该法是在长期临床实践中产生的疗法，对重度脑瘫缓解痉挛，效果特别明显。其机制有待进一步研究。上田正对"中枢是末梢的奴隶"的观点赞同，认为可能是末梢（手足）的过分紧张造成了异常姿势，认为解除四肢、躯干的过紧张，异常姿势便会消失。此法由5种基本手技和4种辅助手技组成。5种基本手技包括颈部法、肩-骨盆法、肩胛带法、上肢法、下肢法。4种辅助手技：颈部第一法、骨盆带法、下肢第二法、上下对角线法。

此法尤其适用于痉挛型较重患儿，可上下肢同时治疗，减少治疗时间，减轻患儿因治疗时间过长而产生的恐惧感和不合作。

四、康复治疗方法

（一）运动治疗

1. 控制关键点　治疗师在康复训练中控制患儿身体某些特定部位，可以达到抑制异常模式和促进正常姿势、运动的目的，这种操作称为控制关键点。控制关键点是Bobath技术中抑制异常运动模式的重要环节。关键点多选择在身体的近端，随着治疗的进展逐渐以被动保持来减少操作，并移向肘关节、腕关节、手指、膝关节、踝关节和足趾远端部位，同时逐渐增加脑瘫患儿主动性运动。将这些关键点组合起来，针对患儿情况，在仰卧位、俯卧位、四爬位、立位等各种体位下进行操作。

（1）头部关键点的控制：①头部背屈。通过使患儿颈部伸展，可以使全身伸展占优势，抑制全身屈曲模式，而完成促进伸展模式（图31-16）。由于头部背屈，促使全身伸展模式的操作，在俯卧位和立位是有效的，而在坐位上进行此手法操作可能会妨碍髋关节的屈曲。②头部前屈。头部前屈可以在俯卧位、坐位、立位等体位进行（图31-17）。通过使患儿头部前屈，可以使全身屈曲模式占优势，对全身伸展模式起到抑制，而完成促进屈曲模式。但应注意的是若患儿存在对称性紧张性颈反射，头前屈则会出现髋关节、下肢的伸展模式和脊柱后弯现象。③头部回旋。通过使患儿头部回旋，可抑制全身性伸展模式和全身性屈曲模式，同时能诱导出体轴回旋，四肢的外展、外旋模式和内收、内旋模式（图31-18）。对于痉挛、强直和阵发性痉挛等肌张力过强的重症患儿，应避免直接操作头部，应利用肩胛带、躯干部的关键点来控制头位，重症病例可制作特殊椅子来保持良好的坐位姿势，以保持头位。

（2）肩胛带及上肢关键点的控制：①肩胛带外展。保持肩胛带外展则全身屈曲占优势，能抑制头向后方过伸展的全身伸展模式（图31-19）。只要是伸展上肢做诱导伸出时，就能保证肩胛带外展。②肩胛带内收。通过手法使肩胛带内收，可使全身以伸展占优势，可以抑制因头部前屈形成的全身性屈曲模式，并促进抗重力伸展活动

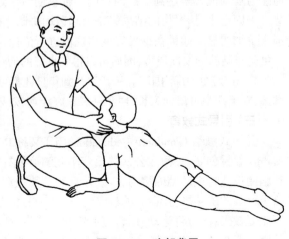

图31-16　头部背屈

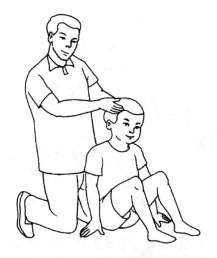

图 31-17　头部前屈

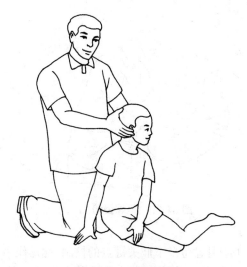

图 31-18　头部回旋

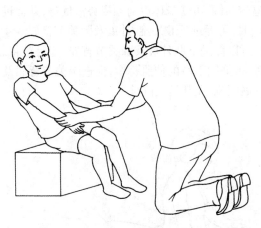

图 31-19　肩胛带外展

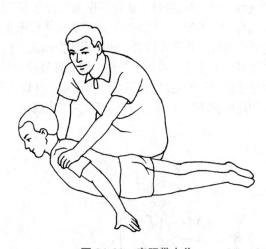

图 31-20　肩胛带内收

（图 31-20）。本法可直接操作肩胛带，或通过控制上肢来保持肩胛带的肢位变化。

上肢和肩关节联合活动常有很好的治疗效果。如通过在前臂旋后、肘关节伸展状态下使肩关节完全外旋的手法，可抑制全身的屈曲，增加全身的伸展；前臂旋后伴同拇指外展的手法，可促进其余四指的伸展。

（3）躯干（脊柱）关键点的控制：①躯干前屈。通过使患儿躯干前屈，全身成为屈曲位，可以抑制全身性伸展模式，达到促进屈曲姿势和屈曲运动的目的（图 31-21）。紧张性的不随意运动型患儿，若在仰卧位呈现明显的全身性伸展模式，可应用躯干前屈的手法，达到减少全身过伸展的目的，这就是所谓的"抱球姿势"（图 31-22）。此外，还应注意肌紧张异常的不随意运动型患儿，其坐到椅子或轮椅上，头和背部向后紧靠椅背时，常会出现躯干过伸展现象，可以在其头部和背部设计背靠，使躯干保持前屈位来避免。②躯干后伸。通过使患儿躯干后伸，形成全身伸展模式，能抑制全身性屈曲模式，达到促进伸展姿势和伸展运动的目的（图 31-23）。③躯干回旋。通过使患儿躯干回旋，可以破坏全身性屈曲和伸展模式，促进正常的体轴回旋运动和四肢回旋运动。

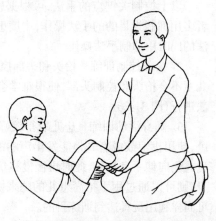

图 31-21　躯干前屈

图 31-22　抱球姿势

图 31-23　躯干后伸

（4）骨盆带及下肢关键点的控制：此操作主要在坐位和立位使用。①骨盆带后倾。坐位时，通过手法操作使患儿骨盆带后倾，可使上半身以屈曲模式占优势，下肢以伸展模式占优势（图 31-24）。立位时，通过手法操作使患儿骨盆带后倾，可使身体以后倾姿势占优势，并促进全身伸展模式。②骨盆带前倾。坐位时，通过手法操作使患儿骨盆带前倾，可使上半身以伸展模式占优势，下肢以屈曲模式占优势（图 31-25）。立位时，通过手法操作使患儿骨盆带前倾，可使身体以前倾姿势占优势，并促进全身屈曲模式。③下肢屈曲。通过手法操作使下肢屈曲时，可促进下肢外旋、外展及踝关节背屈。④下肢伸展位上外旋。通过手法使下肢在伸展位上外旋，可以促进下肢外展及踝关节背屈；⑤足趾背屈：通过手法操作使足趾，特别是外侧的第 3~4 趾背屈时，可抑制下肢的伸肌痉挛，促进踝关节背屈及下肢的外旋、外展。但是，这样会使髋关节和膝关节的伸展困难，尤其是立位时应注意。

图 31-24　骨盆带后倾

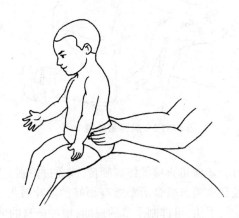

图 31-25　骨盆带前倾

以上控制关键点的手法，可根据患儿的肌肉痉挛、强直等程度不同，单独或综合应用。一般重度者多用抑制为目的的手法操作，中度患儿则在抑制的同时加用促通的手法操作，轻度患儿在用促通手法的同时用抑制手法操作。

2. 头部控制训练　抬头和头部控制能力是正常儿童发育过程中最先需要掌握的技能之一。如果儿童不会抬头和控制头部，便很难学会其他活动。该项训练可以在卧位、坐位的条件下采用不同的方法进行（图 31-26）。

3. 翻身活动训练　患儿取得较好的头部控制能力的同时应进行翻身活动训练。首先，让患儿俯卧，使用拨浪鼓或者其他能发出声响的玩具在其面前吸引他的注意力，慢慢将玩具移动到侧方，鼓励患儿侧向伸手拿玩具，此时再慢慢将玩具高度抬高，吸引患儿转身至侧卧甚至仰卧。如果患儿不能翻身，则可以通过用手抬高患儿的腿来协助他翻身。同样，也要进行从仰卧位翻身至侧卧位的练习，也可同样利用玩具达到训练目的。

4. 坐位平衡训练　如果患儿在坐位时不能保持平衡，首先可以训练他的上肢保护性反应能力。

方法:让患儿俯卧在一圆筒状物体或 Bobath 球上,缓慢地侧向滚动圆筒状物体或 Bobath 球,鼓励患儿伸手保护自己,即上肢伸展保护反射的训练。也可以让患儿俯卧于训练者的身上进行该项目的练习。当患儿获得了较好的保护性反应能力后,可让其坐起,双手在髋以上扶着患儿的身体,使其向两侧方及前后摇晃,训练他的平衡能力(图 31-27)。此外,还应训练患儿在坐位时伸手拿东西和抗外力干扰平衡等能力。

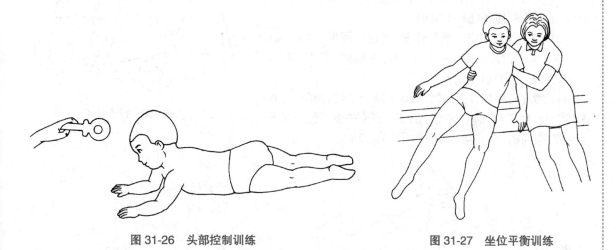

图 31-26　头部控制训练　　　　　　　　图 31-27　坐位平衡训练

5. 爬行训练　当患儿在俯卧位能够很好地对头部进行控制时,应开始进行爬行训练。其方法是:让患儿处于四肢跪位,将患儿喜欢的玩具置于其前方较远处,鼓励患儿爬过去取该玩具。如果患儿不能挪动下肢向前爬行,则可以通过抬高其髋部对他进行帮助(图 31-28)。

除了向前爬行,还应该进行侧向爬行、向后爬行的训练。有下肢痉挛的患儿,还可以制作简单的爬行车,让其俯卧于上练习爬行。

6. 站立训练　训练刚开始时,应用双手扶住患儿的髋部,让其双腿分开以便获得较大支持面而使其站立。可向侧方轻推患儿,使其学会重心的左右转移。也可以向前后方向轻推患儿,以训练其站立平衡的能力。随着患儿站立平衡能力的改善,可将双手移至患儿的肩部来给予支持,或者是仅仅让其抓住一条绳索或带子来给予支持(图 31-29)。

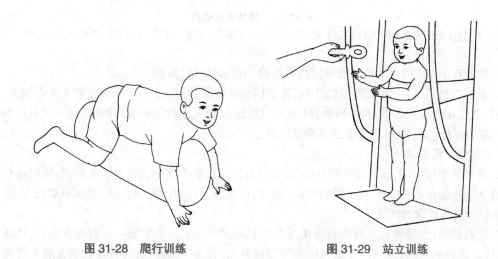

图 31-28　爬行训练　　　　　　　　　图 31-29　站立训练

7. 行走训练　可以让患儿在平行杠中练习行走。也可提供学步车练习行走。当患儿行走能力改善,但仍然害怕跌倒时,可以用一条宽布带交叉系于其胸前,训练人员牵着布带,跟在患儿后面与其一起练习行走(图 31-30)。

(二) 作业治疗

作业治疗的重点包括:①保持正常姿势;②促进上肢功能发育;③促进日常生活活动能力训练;④促进感觉、知觉运动功能发育。

1. 保持正常姿势

(1) 俯卧位前臂支持体重(图 31-31A)或双手支持体重:抬头、抗重力肌伸展(图 31-31B)。

(2) 仰卧位双手空中抓物作业,固定肩胛带(图 31-31C);也可以在仰卧位设计抬头动作,保持正常姿势(图 31-31D)。

2. 促进上肢功能发育

(1) 增加肩胛带自主控制、提高上肢稳定性:俯卧位,双肘撑起上身,做左右、前后的重心转移。俯卧在滚筒上,双手交替支撑,做向前、向后爬行的动作(图 31-32A)。

图 31-30　行走训练

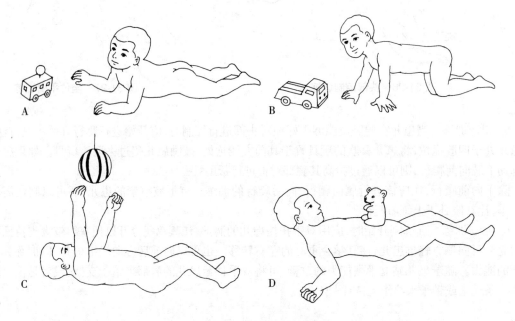

图 31-31　保持正常姿势

A. 前臂支持体重;B. 双手支持体重;C. 仰卧位伸手抓物,固定肩胛带;D. 仰卧位保持正常姿势

(2) 诱发双手在中线上的活动:侧卧位,肩前伸,用手玩玩具(图 31-32B)。

(3) 手的抓物训练:将其大拇指桡外展,其余四指就容易伸展;用一只手通过患儿掌心握住,然后将腕关节背屈并施加一定压力,保持数秒(图 31-32C)。待患儿手伸展后,治疗师可把小玩具放到他手中,并稍用力握患儿的手,这样可促进其拿住玩具。

3. 日常生活活动训练

(1) 进食训练:进食是孩子最先发展的、满足自身需要的能力之一。进食训练包括:正确进食的体位,通过下颌控制技术(图 31-33)控制口部功能,纠正流涎,增加唇、舌的力量,增加咀嚼能力,控制伸舌、饮水以及自我进食的训练。

(2) 穿衣训练:因脑瘫患儿所表现的情况各不相同,所以,不宜采取统一的训练方法,需具体情况具体对待。建议采取的方法有:①如为偏瘫型脑瘫患儿,宜先穿偏瘫侧;②将衣物放在患儿能看得见和易取到的地方;③如上肢有屈曲痉挛,应先对上肢进行缓慢的牵伸,然后再将其放入衣袖内;④如下肢有伸直痉挛,治疗师可将双手置于患儿的下腰部并轻轻用力,使其上身前倾,髋、膝屈曲,然后再进行衣物的穿着;⑤刚开始穿衣训练时,可选择宽松的、易于穿脱的衣物;⑥开始穿衣活动训练时,应让患儿从完成最后一步的动作做起,以让患儿获得成功感,从而提高对穿衣训练的兴趣,然后,逐渐增加

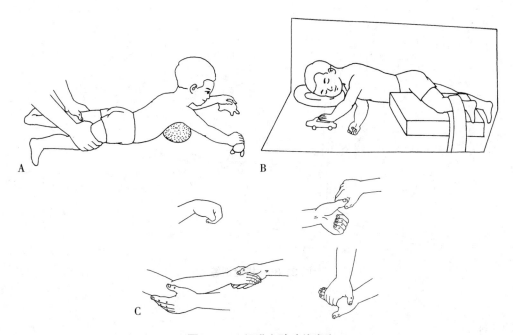

图 31-32　促进上肢功能发育
A.向前、向后爬行的动作;B.诱发双手在中线上的活动;C.拿起东西的训练

所完成动作的步骤。如患儿能完成所有步骤的穿衣动作,应给他足够的时间,避免催促,在他完成得好或努力尝试时要给予鼓励;⑦对于经常将衣服穿倒或穿错左右鞋的患儿,应在衣服或鞋子上做其能够识别的提醒标记;⑧必要时,可使用辅助用具或对衣物进行改良,如用松紧带代替裤带,尼龙搭扣代替纽扣等以提高患儿在穿衣方面的独立能力。

(3) 如厕训练:通过如厕训练可帮助患儿保持身体的清洁和干燥,它对患儿独立与尊严的发展十分重要。具备膀胱、直肠的控制能力是保证如厕训练取得成功的先决条件。患儿必须具备头部和躯干控制,能用臀部坐住,膝部弯曲并分开,两脚平贴于地面才能独立坐于便器上,因此,适当的排便体位将有助于如厕训练取得成功。可将便器置于木盒内、墙角或三角椅内,此种方法可有效地帮助患儿保持双肩及双臂向前,髋部屈曲,提高其坐位的稳定性和安全性。此外,唯有定时、规律的排便才可能将如厕训练引向成功。当患儿坐在便器上时,要让其明白坐在便器上的目的,不要同时给他玩具,以免分散注意力。如厕训练适于2岁以上的患儿。如坐便盆时保持的体位应是髋关节屈曲位,两下肢分开,肩与上肢尽量向前(图 31-34)。训练独立排泄时,让患儿用一只手抓住栏杆,另一只手脱下裤子,身体慢慢下移,坐于便盆上,完成排泄动作。站立困难的患儿可应用膝立位独立完成排便动作(图 31-35)。

4. 促进感知觉及认知功能发育　促进感知觉及认知功能发育的训练方法主要包括:①对身体、方向、距离、位置关系的认识;②视觉、听觉、触觉等刺激;③注意力训练;④记忆力训练;⑤其他提高智力

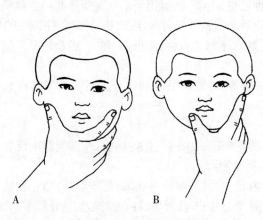

图 31-33　下颌控制技术

图 31-34　如厕训练

图 31-35　排泄训练

水平的训练等。

(三) 言语治疗

脑瘫患儿大多伴有不同程度的言语功能障碍,其临床症状由于脑损伤部位和范围不同而表现不同,主要表现为发声障碍、构音器官(下颌、口唇、舌等)障碍和语言发育迟缓等。言语功能障碍的存在常常导致患儿智力、社交等方面的障碍,阻碍患儿将来生活自理和参与社会生活。

对脑瘫患儿的言语治疗主要包括:控制全身的异常动作,构音器官训练(呼吸训练、舌的训练、吸吮训练和咀嚼训练),发音训练和语言沟通训练。语言学习的最终目的是沟通。提高脑瘫患儿运用语言沟通的能力是语言训练中最重要的也是最复杂的。需要做大量的准备工作,需要学校和家庭共同努力,要充分发挥家庭在脑瘫儿童语言训练中的重要作用。因为家庭是脑瘫患儿生活的环境,所以是语言学习最好的环境。

(四) 物理因子治疗

1. 水疗　水疗是利用水的物理特性进行康复训练的方法。水的浮力、水波的冲击、水温的刺激,可以使患儿肌肉松弛,缓解痉挛,改善关节活动,从而使患儿能够在水中比较容易地自我控制,调整姿势以完成各种正常姿势和运动。水的压力还可以促进血液循环,促进胸腹的运动使呼吸加快,改善呼吸功能。呼吸循环功能的改善可以增强患儿的抵抗力,促进神经系统的发育。

2. 电疗法、超声波疗法　包括功能性电刺激、经络导平仪、神经肌肉电刺激、痉挛肌电刺激、肌电生物反馈等。

3. 传导热疗　常用石蜡、水、泥、蒸汽以及化学热袋等,达到改善血液循环、缓解肌肉紧张等作用。

4. 经颅磁刺激技术　重复经颅磁刺激技术(repetitive transcranial magnetic stimulation,rTMS)作为脑瘫患儿康复治疗的一项辅助治疗手段,其有效性已被证实。其运用于治疗脑瘫患儿的主要机制可能是:rTMS通过影响一系列大脑神经电活动和代谢活动增强神经可塑性,改善局部血液循环;rTMS作用于大脑皮质运动区可以通过皮质脊髓束抑制脊髓水平的兴奋性,降低 α 和 γ 运动神经元的兴奋性,从而降低肢体肌张力,缓解痉挛。

5. 高压氧　通过提高血氧分压、提高组织氧储备、对血液黏度和内分泌系统的影响而起辅助作用。

(五) 矫形器及辅助器具的应用

1. 应用矫形器及辅助器具的目的　①预防、矫正畸形;②支撑、保持功能;③抑制肌肉反射性痉挛;④促进运动功能发育;⑤保护功能;⑥改善整体活动能力。

2. 矫形器的选用　①手部矫形器:矫正拇指内收、腕关节掌屈等;②踝足矫形器:防止和矫正足的变形;③短下肢矫形器:矫正尖足、足内翻、足外翻等;④长下肢矫形器:支持体重,防止膝关节屈曲、挛缩,抑制膝关节过伸展,促进膝关节稳定;⑤髋关节矫形器:固定腰椎,限制腰椎的屈伸;⑥骨盆矫形器:防止髋关节过度伸展,限制髋关节内、外旋和过度内收或外展,防止髋关节屈曲挛缩,抑制髋关节不随意运动;⑦脊柱矫形器:体重的支撑,限制脊柱运动,脊柱对线的维持及矫正,缓解疼痛,防止进一步损伤,协助无力的肌肉,并预防和矫正畸形。

矫形器在脑瘫患儿康复中应用的关键在于根据患儿个体情况选择最佳配戴时机和类型,且需要根据患儿发育成长状态和功能障碍的变化及时进行调整。

辅助器具包括坐位、立位、步行、移动、日常生活等不同用途的器具。

(六) 其他治疗

1. 药物治疗　主要针对原发病,如苯丙酮尿症患儿的治疗,以及改善脑循环、促进脑功能的药物。另外,巴氯芬、乙哌立松(妙钠)等缓解肌肉痉挛的药物在临床上也广泛使用,但该类药物不良反应较大,须掌握好适应证和剂量。

2. 手术治疗　严重的痉挛型患儿,可采用选择性脊神经后根切断术(SPR)进行治疗。对有严重的挛缩畸形的患儿,可视需要采取肌腱切断延长等矫形手术。

3. A型肉毒杆菌毒素肌内注射治疗　主要针对痉挛型脑瘫患儿,通过对痉挛肌肉运动点的A型肉毒杆菌毒素注射,可以有效地缓解痉挛肌肉的张力,减轻疼痛,防止挛缩畸形。但需要注意掌握适应证和药物用量。

4. 中国传统康复治疗　中医认为脑瘫属于五软、五迟、五硬范畴,属于儿科的疑难杂症。中医中药治疗小儿脑瘫的方法有:中药治疗,针刺疗法的头针、体针、手针、耳针、电针等,推拿按摩疗法的各种手法,穴位注射,中药药浴、熏蒸等。集中药、推拿按摩、针灸为一体的中医综合疗法,可缓解肌张力、预防挛缩,有效控制流涎,提高咀嚼、吞咽、言语、交流能力和智力水平,促进康复训练的效果。

(七) 心理康复及教育康复

1. 心理康复　心理康复是指通过日常的接触及各种教育训练活动,减少或消除脑瘫患儿的心理障碍,调整与他人的关系,恢复和形成学龄前脑瘫患儿正常的心态和人格。在康复训练中尽可能多地提供成功的体验,及时给予表扬和鼓励,用成功的体验来帮助他们树立自信,对他们因能力而造成的失误不予批评,对他们遇到的困难给予尽量的关怀和帮助,使他们能接纳他人,愿意与他人交往和游戏,也为他们融入社会群体打下基础。

2. 教育康复　脑瘫患儿与健康儿童同样享有受教育的权利,而且应尽量和健康儿童一起接受教育。脑瘫患儿的智力水平可以因为脑损伤、运动受限、心理行为异常、并发症以及社会因素而低于正常水平,因此,脑瘫的教育康复同样提倡早期进行,必要时特殊教育和普通教育同时进行。学龄前脑瘫患儿以医疗康复为主,学龄脑瘫患儿以教育为主。脑瘫患儿的教育在我国可以选择以下几种:①残健结合的一体化教育;②特殊教育;③康复机构的教育;④社区教育;⑤其他形式的教育等。医护人员应与学校、家长密切配合,利用一切可能条件为脑瘫患儿提供受教育的机会。

(八) 社区康复

社区康复为脑瘫患儿提供了利用简单、通俗易懂的康复技术,低资金投入,充分发挥患儿自己的积极性,家庭成员参与等多项便利条件,使患儿得到连续不断、持久的康复训练,达到理想的康复效果。因此,定期到康复机构接受康复评定和指导性的康复治疗,长期以家庭或社区康复站点为基地,进行康复训练和治疗,是脑瘫患儿实现全面康复效果的必由之路。

(九) 社会康复

社会康复是脑瘫全面康复的一部分,是指从社会的角度采取各种措施,为脑瘫患儿创造适合其生存、创造、发展、实现自身价值的环境,享受同等权利,达到积极参与社会生活的目的。在训练脑瘫患儿生活自理的同时为脑瘫患儿创造走向社会的条件。

(十) 康复护理

康复护理的最终目的是使脑瘫患儿的各项生存功能得到最大限度的恢复或代偿,重建部分肢体功能,降低其残障程度、改善生存质量,以解除或减少家人及社会的负担。

1. 脑瘫患儿正确的抱姿、卧姿、坐姿

(1) 抱起方法:目的是容易抱起并预防异常体位。将患儿翻向一侧并扶着头,弯腿,抱起,靠近你的身体,用同样的方式放下。

（2）抱着：用可以纠正异常体位的方式抱着他。将患儿双上肢放前，尽量抱得直一些，头竖直以便眼看四周。

（3）痉挛型患儿的抱法：让患儿双臂伸直，髋部和膝盖弯曲，将他翻向一侧并扶着他的头，使患儿的双臂围着家长的颈部或伸向背部，双腿分开放在自己的腰部两侧。长期处于僵直状态的患儿，先把身体卷曲起来，也就是把双腿先分开，再弯起来，双手分开，头略微下垂，利于与患儿进行交流。

（4）不随意运动型患儿的抱法：让患儿双手合在一起，双腿靠拢，关节屈曲，并尽量贴近胸部，做好这姿势后，再将患儿抱在胸前，也可以抱在身体的一侧。

（5）弛缓型患儿的抱法：患儿头颈部无自控能力，抱时除了帮助他把双腿卷起，头微下垂外，最重要的是给他一个很好的依靠。家长把一手从患儿腋下穿过，另一手掌托住他的臀部。这种抱法使患儿双手活动范围增大，利于自主活动的目的，同时躯干的控制能力也会得到提高。

（6）卧姿：适宜的卧姿为侧卧位，能抑制全身伸肌痉挛，改善全身痉挛状态。

（7）坐姿：脑瘫患儿正确的坐姿是端坐位：坐在椅子上时头保持正直，胸背挺直，髋、膝、踝部均屈曲成90°角。脚掌平放在地面上。但有少数患儿因异常姿势反射的影响，坐在椅子上时，头部向后仰或左右摇晃，肩胛带痉挛收缩，肩关节外旋，肘关节屈曲，双臂上抬，双手握拳，髋关节不能屈曲90°，双下肢内收内旋，足跖屈，还有一些肌张力低下的患儿，在坐位时头部屈曲，不能伸直腰背部。因此，很有必要对他们进行正确的坐姿训练。

2. 日常生活活动能力护理 选择适当的方式方法帮助和培养患儿饮水、进食、更衣、如厕、沐浴等能力。

本章小结

脑性瘫痪是造成儿童残疾的主要疾病之一，虽然至今尚无完全治愈脑瘫的方法，但随着现代康复医学的发展和进步，现在已在儿童康复界形成共识：综合康复治疗手段的应用是改善脑瘫患儿的身心功能，提高患儿的日常生活能力的主要方法，并为患儿最终回归家庭和社会打下坚实的基础。综合康复治疗手段包括物理治疗、作业治疗、语言 - 言语治疗、传统医学康复治疗、引导式教育、感觉统合治疗、药物治疗、使用辅助器具和矫形器，以及矫形手术治疗等。脑瘫患儿的整个康复治疗过程一定要遵循儿童发育的特点及需求，根据每个患儿的情况和特点选择和制订康复治疗方案，制订好近期及远期康复目标，并定期评估，最终达到最大限度降低患儿的功能受限程度，以达到患儿的最大程度的功能独立。最终使患儿回归家庭、回归社会。

（王 颖）

思考题

1. 简述脑性瘫痪概念。
2. 脑性瘫痪的临床表现有哪些？
3. 简述脑性瘫痪的主要功能障碍。
4. 如何诊断脑性瘫痪？
5. 脑性瘫痪的基本康复治疗原则有哪些？
6. Bobath 疗法中如何进行关键点的控制？

扫一扫，测一测

思路解析

第三十二章　儿童发育、精神与行为障碍康复

学习目标

1. **掌握**　注意缺陷多动障碍、孤独症和智力低下概念、康复评定、康复治疗目标和方法。
2. **熟悉**　注意缺陷多动障碍、孤独症和智力低下临床表现和预防。
3. **了解**　注意缺陷多动障碍、孤独症和智力低下诊断和临床治疗。
4. 具有基本临床康复思维与素养，能针对不同患儿进行合适的康复功能评定，拟定康复治疗目标及康复治疗方案；能够熟练操作对不同患儿实施基本的康复治疗；具有指导患者康复训练及评估康复疗效的能力，能对患者在治疗或训练过程中出现的简单问题进行准确处理。
5. 能与患者及家属进行良好沟通，开展健康教育；能与相关医务人员进行专业交流与团结协作开展康复治疗工作。

病例导学

患儿，男，4岁，因"言语减少，唤名无反应，兴趣减少半年"入院。患儿为第一胎第一产，足月顺产，出生时体重 3.2kg。两岁时会说"爸爸、妈妈、妈妈抱"等，但近半年不爱说话，叫她名字时没有反应，好像没听见；对大人的话似乎不理解，也不能区分亲人和陌生人；兴趣减少，只对事物感兴趣，听到自己喜爱的食物名称时马上做出反应；不会用言语表达个人的欲望和需求。体格检查和辅助检查无明显异常。

问题与思考：
1. 该患儿可能诊断为什么疾病？依据是什么？
2. 该患儿康复目标是什么？
3. 该患儿康复治疗方法有哪些？

第一节　概　述

一、基本概念

儿童发育障碍（development disability）是指在儿童发育时期（18 岁以前），由于各种原因影响其正常心身成长和发育的过程，均称为发育障碍。注意儿童在发育期间所发生的疾病或外伤，只要不影响正常心身成长和发育，均不属于发育障碍的范畴。儿童精神与行为障碍是指发生于儿童和少年期（18

387

岁以前)的各种精神疾病和行为异常。

儿童发育一般指运动、认知、语言和社会交往等潜力的逐渐提高;精神是指人的意识、思维活动和一般心理状态;行为则是能为他人觉察评估的外部表现。儿童发育、精神和行为障碍常见,如注意缺陷多动障碍、孤独症和智力低下等。

二、病因

1. 胎儿期　染色体异常或遗传性疾病所致的先天性异常,病毒感染所致的器官发育缺损等。
2. 婴幼儿期　脑炎、脑膜炎等后遗症,头部外伤,恶劣的养育环境等。

三、临床表现

发育障碍儿童常伴有智力障碍、行为能力障碍、情绪障碍、言语障碍、身体功能障碍、运动功能障碍、感觉功能障碍和社会功能障碍等。不同的疾病临床表现不同,具体表现将在下面的内容中予以详述。

四、康复治疗

儿童发育障碍由于病因不清、病程较长、病情复杂,常伴有精神与行为异常,所以在治疗上,除了传统治疗外,有针对性的康复治疗尤为重要。不同疾病康复治疗方法不同。

本节将重点介绍儿童注意缺陷多动障碍、孤独症和智力低下等疾病的康复。

第二节　儿童注意缺陷多动障碍的康复

一、概述

儿童注意缺陷多动障碍(attention deficit hyperkinetic disorder,ADHD)又称儿童多动障碍(hyperkinetic disorder),是儿童期较为常见的一种行为障碍,主要表现为与年龄不相称的注意力集中困难、持续时间短暂、活动过度及冲动等症状,同时还伴有多种心理障碍如品行障碍、对立违抗性障碍、情绪障碍及学习障碍等。患儿智力正常或接近正常。国外报告发病率占学龄儿童的 3%~6%,国内报告为 4.31%~5.83%,绝大多数患儿在学龄前起病,男童发病率明显高于女童,男女性别比约为 4∶1。

(一)病因和发病机制

至今尚不明确,可能与下列因素有关:

1. 生物学因素

(1)遗传因素:多年研究发现 ADHD 儿童的亲属心理障碍往往比非 ADHD 儿童的亲属多,尤其是抑郁、酗酒、品行问题或反社会行为、多动等。研究发现同卵双生子同病风险率是 79%,而异卵双生子只有 32%,但是后者与其他儿童 3%~5% 的患病率相比,风险高了 6~10 倍。

综上所述,各方面的研究都表明:ADHD 的发病与遗传因素密切相关。

(2)环境因素:①母亲怀孕期间吸烟、饮酒、感染、中毒、服药和营养不良等,可增加孩子出现 ADHD 的风险;②一些研究表明,儿童体内高血铅水平可能和多动、注意力不集中有关。

(3)大脑发育异常:①注意缺陷多动障碍可能是神经递质失调如去甲肾上腺素、多巴胺、5-羟色胺这三个系统出现失调所致的行为障碍;②神经影像学研究发现患儿前额叶体积减小、右侧尾状核增大或左侧尾状核缩小、苍白球体积减小、胼胝体体积减小等。

2. 社会心理因素

(1)家庭环境因素:不良的家庭环境对儿童不良行为的形成起示范和强化作用,包括家庭关系严重不和睦、不当的教育方式和父母经济阶层低等是注意缺陷多动障碍重要影响因素。

(2)学校因素:学校缺乏安全感如老师对患儿缺乏理解,采取打骂或侮辱人格的方法,将严重影响儿童行为和情绪的发展,导致多动的发生,甚至产生反社会行为等。

（3）社会因素：不良的社会风气，如抽烟、酗酒，甚至吸毒对儿童心理将产生巨大的影响。社会竞争激烈、生活工作节奏加快、学习压力增大等均可增加儿童的社会心理压力及精神紧张刺激，引起心理行为异常。

（二）临床表现

ADHD 临床表现多种多样，并常因年龄、环境和周围人的态度而不同，三大核心症状为活动过度、注意力集中困难、情绪不稳和冲动任性。

1. 活动过度　大多开始于幼儿早期，进入学校后，在学校规章制度的限制下，表现更加突出。患儿表现格外活泼，上课时小动作不停，屁股在椅子上扭动，喜欢招惹他人，常与同学争吵或打架等。活动过度最引人注意。

2. 注意力集中困难　ADHD 患儿的注意很容易受环境的影响而分散，因而注意力集中的时间短暂。他们在玩游戏时常显得不专心，上课时专心听课时间短暂，不能听清或听不全老师布置的作业等。

3. 情绪不稳和冲动任性　ADHD 患儿由于缺乏克制力，常对一些不愉快的刺激作出过分反应，以致在冲动之下伤人或破坏东西。他们的情绪不稳定，会无故叫喊或哭闹，没有耐心。

患本病的男孩和女孩在表现上有很大区别，女孩多动症状少，注意障碍突出，伴随品行问题者较少，但伴随情绪问题较多、伴随学习困难相对多。

此外，注意缺陷多动障碍患儿 30%~60% 伴有对立违抗障碍，20%~30% 伴有品行障碍，20%~30% 伴有焦虑障碍，20%~60% 伴有学习障碍等。

（三）诊断

1. 询问病史　ADHD 患儿病史必须由与患儿关系密切的家长或教师提供，要求正确和完整。需要询问母亲怀孕期间有无有害物质的接触史、有无嗜烟酒史、围生期有无窒息史、家族中有无多动史、患儿发育及健康史等，需要询问注意力方面是否存在缺陷，是否有多动和冲动表现，如果有，要询问起病年龄和持续时间，以及这些状况的存在导致了哪些社会功能的损害。

2. 体格检查

（1）一般检查：检查体格及神经系统，如视觉、听力、甲状腺功能等，神经系统检查主要包括肌张力、协调和共济运动、触觉辨别、有无特殊阳性体征或病理反射。

（2）精神状况检查：对儿童进行观察、交谈以评定儿童的症状，儿童对自己问题的了解和解释，情绪状态、认知能力及其他精神症状。

3. 诊断标准　目前国际分类和诊断标准中有两大类为很多国家采用，我国精神病学界也制订了诊断标准，包括 1994 年美国精神病学会出版的《精神障碍诊断与统计手册》第 4 版（DSM-Ⅳ）、1989 年世界卫生组织出版的《国际疾病分类》（第 10 版）（ICD-10）和 2001 年中华医学会的精神科分会制订的《中国精神障碍分类方案与诊断标准（第 3 版）》（CCMD-3）。一般来说，国内发达地区精神病院，尤其是精神医学研究机构，用于国际协作、交流的，多使用 DSM-Ⅳ和 ICD-10 的诊断标准；而其他地区的以治疗性为主的精神病院多采用 ICD-10 或 CCMD-3 的诊断标准。

4. 其他辅助检查　可协助诊断，如头部 CT、MRI、脑电图、视觉、听力测试、血多巴胺、去甲肾上腺素或代谢产物的检测等，还包括心理评估、行为评定量表、教师评价和家庭功能评价等。

（四）临床治疗

1. 早期干预　医师根据患儿情况制订治疗计划，父母、家庭成员和老师应积极参与治疗，尽可能多地了解儿童注意缺陷多动障碍相关知识，配合专业人员共同进行早期干预。

2. 药物治疗　主要有中枢兴奋剂如哌甲酯等，去甲肾上腺素调节药物如托莫西汀，抗抑郁剂如丙米嗪、安非他酮、舍曲林和氟西汀等。

3. 康复治疗　包括行为矫正治疗、认知行为治疗、家庭治疗、学校干预、感统训练和脑电生物反馈治疗等。

二、康复评定

（一）身体状况评定

包括一般状况、精神状况和智力评定等。

(二) 常用儿童注意缺陷多动障碍行为评定量表

包括 Conners 儿童行为评定量表、ADHD 评定量表、儿童活动水平评定量表和家庭场合问卷等。

1. Conners 儿童行为评定量表　该表由 Conners 于 1969 年创制,是筛查儿童行为问题(特别是多动症)使用最广泛的量表。在国外目前使用的是 Conners 于 1997 年基于 DSM-Ⅳ 诊断标准制定的修订版,称为 CRS-R。Conners 儿童行为评定量表是目前最常用的儿童多动障碍行为评定量表,主要包括父母症状问卷、教师评定量表和父母教师问卷,常用的是前两种。适用于 3~17 岁儿童。

2. ADHD 评定量表　该量表是美国学校心理学教授 DuPaul 根据 DSM-Ⅳ 诊断标准编制的评定量表,广泛用于儿童多动障碍的心理评估及追踪治疗效果等,分为家庭版和学校版两种。

ADHD 评定量表共 18 个条目,由两个分量表组成,分别是注意缺陷分量表和多动 - 冲动分量表,各 9 个条目。根据儿童最近 6 个月的表现,由家长评定。每个条目按 0~3 分四级评分,可分别计算分量表分和总分。

3. 儿童活动水平评定量表　是由美国 Routh 修订的用于评定儿童活动水平的父母用评定量表。主要用于临床评定儿童多动症的多动水平、疗效追踪,也可以用于流行病学调查辅助筛查多动症儿童。该表主要是评价儿童就餐、看电视、玩耍、睡眠、外出时的活动情况。量表共有 22 个条目,按 0~2 三级及 “不适用” 计分(即项目对儿童不适用则不计分),活动水平总分由单个条目的得分相加得到。

4. 家庭场合问卷　是由 Barkley 编制的从多场合评估儿童的多动行为为目标的问卷。为父母用评定量表。ICD-10 在多动障碍的诊断标准中要求儿童发生多动等行为问题必须出现在 2 个场合以上。儿童多动障碍的行为问题常表现在家庭、学校以及各种公共场合。此量表共包含了 16 个场合,如玩耍、吃饭、穿衣、洗漱、看电视、家中来客、在公共场所、做家庭作业时等,每个场合按 0~9 级计分,如果有 5 个场合有问题提示该儿童有多动障碍。

三、康复治疗

(一) 康复治疗目标

1. 缓解和改善临床症状,提高患儿自我控制能力,使其主动注意力提高,注意时间延长。
2. 改善认知行为,树立患儿自信心,培养良好的行为和习惯,减少和克服冲动、攻击和违抗行为。
3. 增强学习能力和社会适应能力,全面提高患儿生活质量。

(二) 康复治疗方法

1. 行为矫正治疗　也称行为疗法,是根据学习的理论,对个体进行反复训练,以达到矫正不良行为的一种心理治疗。常用的方法有阳性强化法、消除法和惩罚法。

(1) 阳性强化法:依据操作性条件反射原理,即在一种所要求的行为出现之后,给予一种奖励强化,如赞扬、奖励等,以增加这种要求行为的发生。过程包括:①确定目标。选择一种有强化因素引起的行为反应(良好行为),这种行为能够发生,且可以稳定存在。②选择强化物。即奖赏,但奖赏的方式及内容要恰当,最好能立即实现,不需要很长时间,而且患儿喜欢、不易很快满足。③制订治疗方案。简单明了,切实可行,患儿理解并配合。④及时兑现强化物。不能随意改变。⑤逐渐脱离强化。良好行为代替了不良行为且稳定存在后,可考虑逐渐脱离强化训练。

(2) 消除法:不良的行为可以通过消除的方法加以消除或减少。即某一不良行为如果得不到强化,就会逐渐减少发生频率直至完全消失。

(3) 惩罚法:也称厌恶疗法,即当不良行为出现时就予以痛苦刺激,经过一段时间的反复训练后,不良行为就和恐惧及不愉快体验建立起了条件联系。因此,每当患者想作出不适当的行为时,便会出现恐惧及厌恶体验,为了避免这种不愉快的体验,患者只有放弃原有的不适当行为,从而达到治疗的目的。注意惩罚不能简单地理解为训斥、恐吓或粗暴的打骂。可以采取暂时隔离法、给予批评、采取生气或冷淡的态度或限制其喜欢的活动等。同时应让其明确惩罚的目标行为。

2. 认知行为治疗　通过纠正患儿不合理的、消极的信念、观点和认识过程,使患者的情感和行为得到相应改变。

3. 家庭治疗　家长要正确对待患有注意缺陷多动障碍的孩子,即儿童注意缺陷多动障碍是一种疾病,不是儿童的故意行为。家长要提高自身素质和修养,做好榜样,要和孩子沟通,了解他们的困难,维护他们的自尊心,增强他们的信心,切忌打骂。

4. 学校干预　学龄期患儿大部分日常活动都是在学校度过,大多数问题都表现在学校,因此,学校干预非常重要。

(1) 课堂管理:教师对患有注意缺陷多动障碍的学生良好的和进步的行为要予以鼓励和表扬,增强他们的信心;对其不良行为,应给予适当的处分和批评。不能指责、训斥、羞辱和歧视,更不能谩骂和殴打,以防产生逆反心理和不良后果。

(2) 课间管理:减少患者在课间活动中因其活动过多,盲目乱跑乱撞及行为的冲动性而导致外伤或与其他学生发生争执及打架现象。

(3) 学习技能训练:对患有注意缺陷多动障碍学生的学习技能训练,尤其是对伴有特殊学习技能障碍(如阅读障碍、拼读障碍、计算障碍等)和言语、语言发育障碍的患者,训练一般需要由特殊教育教师或在儿童特殊教育学校进行。采取有针对性地进行特殊学习技能缺陷矫治训练(知觉运动、语言、运动技巧、阅读、计算能力等)、语音矫正训练和语言矫正训练、一般学习技能训练(如注意力集中训练、学习表现自我评估训练、答题准确性和完整性训练、自我放松训练等)。

5. 感统训练　有相当比例的注意缺陷多动障碍患儿同时伴有感觉统合方面的问题,如感知觉异常、精细动作困难、协调性差和平衡功能不好等。感统训练方法包括:①加强触觉学习;②增强前庭-本体感觉;③手脚及身体协调训练;④触觉学习-身体协调相结合;⑤增强运动企划能力;⑥整体感统统合功能。

6. 脑电生物反馈治疗　应用现代技术将患者意识不到的脑电信号,转变成患者可以意识到的信号(视觉信号或听觉信号),然后根据操作性条件反射原理,通过训练有选择性地强化适宜的脑电波,抑制不利的脑电波,并以奖励的方式反馈给患者而反复强化的训练治疗。

(三) 康复预后和预防

1. 康复预后　注意缺陷多动障碍患者从幼年到成年病程是连贯的。随着年龄的增加,注意缺陷显得更为突出,多动往往仍然存在而表现得隐袭,各种共患病相继发生。迁延至青少年乃至成人的发生率为10%~60%。通过积极的康复治疗,能够矫正不良行为、提高注意力、延长注意时间、树立患儿自信心、增强学习能力和社会适应能力,全面提高患儿生活质量。

2. 康复预防

(1) 婚前检查:避免遗传性疾病,避免近亲结婚,适龄结婚,勿过于晚育及多胎。

(2) 孕期保健:保持心情愉快、情绪稳定,定期进行产前检查,避免不良嗜好(如吸烟、饮酒、吸食毒品等),保证营养、注意卫生、预防疾病、慎用药物,避免接触有害物质和放射线。

(3) 围生期保健:提倡自然分娩,注意产前胎儿监护,避免产伤和新生儿窒息缺氧,提倡母乳喂养,保证婴儿营养均衡。

(4) 创造温馨和谐的家庭环境:正确教育孩子,让孩子养成良好的习惯。

第三节　儿童孤独症的康复

一、概述

儿童孤独症(childhood autism)又称儿童自闭症,是一类发生在儿童期的神经发育障碍性疾病,是孤独症谱系障碍(autism spectrum disorder, ASD)中最有代表性的疾病。ASD 是以孤独症为代表的一组异质性疾病的总称,是以社会交往和社会交流缺陷以及限制性重复性行为、兴趣和活动两大核心表现为特征。它包含 DSM-Ⅳ 中四种独立的障碍:孤独症样障碍(孤独症)、阿斯伯格障碍、儿童瓦解性障碍及广泛性发育障碍未分类。先前独立的四种障碍实际是一种障碍在两大核心特征方面不同程度的表现。除上述核心表现外还涉及感知、认知、情感、思维、运动功能、生活自理能力和社会适应等多方面的功能障碍,其中特异性的感知觉与认知障碍往往伴随患者一生,严重阻碍发育期儿童综合能力发展。

儿童孤独症通常起病于 3 岁之前。它是由多种因素引起的以社会交往障碍、言语发育障碍、兴趣范围狭窄以及刻板重复的行为方式为基本临床特征的一组复杂的行为综合征。2~5 岁是孤独症行为最为明显的阶段。因为患者缺乏社会交往的能力和兴趣,沉浸在自我封闭的世界里,故称为"孤独症"。

早期流行病学研究表明,典型孤独症的患病率为 2/万 ~5/万。2013 年美国公布的孤独症发病率 1/88(1.1%),男女比例为 3.98:1,男女患病率差异显著,女童病情更为严重,且有认知障碍家族史者偏多。第二次全国残疾人抽样调查结果显示,我国 0~6 岁精神残疾(含多重)儿童占 0~6 岁儿童总数的 1.1%,约为 11.1 万人,其中孤独症导致的精神残疾儿童占 36.9%,约为 4.1 万人。WHO 根据我国现有总人口数量估计,孤独症儿童总数在 100 万 ~150 万人,已占各类精神残疾的首位。

(一)病因和发病机制

至今尚不明确,病因复杂,可能与下列因素有关:

1. 遗传因素　对有孤独症患者的家族的研究发现,儿童孤独症同胞患病率为 3%~5%,是一般人群发病率的 50~100 倍。某些遗传疾病(如苯丙酮尿症、结节性硬化等)常伴有典型的孤独症症状。

2. 孕产期高危因素　母亲育龄偏大、妊娠期有精神抑郁、吸烟史、病毒感染、高热、服药史、剖宫产、患儿早产、出生时低体重、产伤、呼吸窘迫综合征及先天畸形等,均可导致儿童孤独症的发生。但现在研究学者普遍认为,上述因素并非本病的直接原因,它们只是加强了已存在的遗传易感性,增加了发病的危险。

3. 神经生物学异常　许多患儿合并脑电图异常、脑器质性病变如脑瘫、癫痫、先天性疱疹、弓形虫病等。

4. 家庭环境　不正确的教养方式如打骂或惩罚,可引起患儿的情绪障碍,可能与孤独症患儿攻击、自伤等行为有关。

(二)临床表现

在生命初期不能通过正常方式与他人和周围环境建立联系,只要有可能,他们就不理会、忽略或阻隔外界的影响。

1. 社会交往障碍　是孤独症的核心症状。孤独症患儿不能进行社会交往,对社会、熟人和陌生人不加区别地表现出冷漠。他们非常被动,能够接受社交性的亲近,但不会主动开始这种社会互动。孤独症患儿对同龄人没有任何兴趣,自己的兄弟姐妹也不例外,对父母或其他亲人缺乏依恋感,往往对某些物品产生依恋,如某个玩具或一些奇怪的东西。

2. 语言发育障碍　语言发育迟缓是孤独症的重要表现。20%~25% 的患儿一辈子不说话,能够发展言语能力的孩子在时间上也会比正常孩子晚很多,并且言语能力也非常有限,这也是父母最早和最容易引起注意的症状。患儿所使用的词汇很少,重复性语言较多,常自言自语不知所云。患儿在语调、语速及节律方面也存在异常,常语调单一,有时用高尖的声音说话,不能控制音量。

3. 兴趣和行为异常　患儿兴趣狭窄和异常,往往对无生命的物品特别感兴趣,不许他人改变事物的固定模式。他们不能够在已有经验的基础上进行创造性思考,常常重复刻板的动作,如来回踱步、拍手、转圈或摆弄玩具等。在行为方面患儿常有攻击性行为,包括自伤和攻击他人。模仿他人动作是与生俱来的一种能力,对孤独症患儿来说,通常是滞后的,有些病情严重的患儿,一辈子也不会模仿。

4. 智力和认知功能障碍　25% 的患儿智力水平正常(IQ>70),25% 的患儿出现轻度智力障碍(IQ 50~70),50% 的患儿存在中重度智力障碍(IQ≤50)。但极少数患儿智力发育呈"岛状"成熟现象,对音乐、绘画、计算、推算日期、背诵和机械记忆等有超常能力,被称为"白痴天才"。在认知功能方面,患儿存在注意力过于分散,对某些刺激过于敏感,而对其他刺激则又反应迟钝;缺乏想象力,存在语言认知障碍,只能理解他们熟悉的物品名称或简单指令。

5. 感知觉障碍　患儿对特殊的感觉刺激反应异常,有时对触觉、痛觉、声和光等感觉过敏,有时又特别迟钝。

(三)诊断

1. 询问病史　详细了解患儿的生长发育过程,包括运动、言语、认知能力等。针对发育落后的领域和异常行为要进行询问,注意出现的年龄、持续时间、频率及对日常生活的影响程度。

2. 精神检查　主要采用观察法,患儿常存在兴趣狭隘、有刻板动作、对父母和亲人淡漠、回避与人目光对视、缺乏交流等。

3. 常用量表　有助于评估诊断儿童孤独症及了解患儿的智力情况,如儿童孤独症评定量表

(Childhood Autism Rating Scale,CARS)、孤独症行为检查量表(Autism Behavior Checklist,ABC)、格赛尔发育量表(Gesell Development Schedules,GDS)、毕保德图画 - 词汇测验(Peabody Picture Vocabulary Test,PPTV)等。儿童孤独症的早期诊断较为困难,尤其在 2 岁以前。对于婴幼儿语言发育落后和行为异常者,可应用婴幼儿孤独症筛查表(Checklist for Autism in Toddlers,CHAT)进行筛查。

4. 辅助检查　可协助诊断,如头部 CT、头部 MRI、脑电图、诱发电位、血铅、血汞和染色体检测等。

(四) 临床治疗

1. 治疗原则　早期诊断、早期治疗,持之以恒,以康复治疗为主,药物治疗为辅。

2. 治疗方法

(1) 早期干预:父母和家庭成员应积极参与治疗,尽可能多地了解孤独症相关知识,配合专业人员共同进行早期干预。

(2) 药物治疗:由于儿童孤独症病因尚不明确,而且个体差异很大,所以迄今为止,没有特效药物可以治疗,某些药物只能改善症状。如氟哌啶醇能改善刻板重复动作,哌甲酯等中枢兴奋剂可改善注意力不集中和多动。

(3) 康复治疗:包括语言康复治疗、智力开发、行为治疗、社会交往能力训练、日常生活技能训练及中医传统康复治疗等。

二、康复评定

(一) 身体状况评定

包括一般状况、精神状况和智力评定等。

(二) 常用评定量表

1. 儿童孤独症评定量表(CARS)　本量表由 Schoplen 于 1980 年编制,是目前使用最广泛的自闭症测试量表之一,适用于 2 岁以上儿童。CARS 包括 15 个评定项目,每一项目都附加有说明,指出检查要点,让评定者有统一的观察重点与操作方法。量表是按 1、2、3、4 四级评分标准。每级评分依次为"与年龄相当的行为表现""轻度异常""中度异常""严重异常"。每一级评分都有具体的描述性说明(表 32-1)。

表 32-1　儿童孤独症评定量表(CARS)

项目	计分	评价内容
人际关系	1	与年龄相符的害羞、自卫及表示不同意
	2	缺乏一定眼光接触,不愿意、回避、过分害羞,对检查者反应有轻度缺陷
	3	回避人,要使劲打扰他才能得到反应
	4	强烈的回避,对检查者很少有反应,只有检查者强烈地打扰,才能产生反应
模仿(词和动作)	1	与年龄相符的模仿
	2	大部分时间都在模仿,有时激动,有时延缓
	3	在检查者强烈要求下才有时模仿
	4	很少用语言或运动模仿别人
情感反应	1	与年龄、情景相适应的情感反应
	2	对不同情感刺激有相应的反应,情感可能受限或过分
	3	不适当的情感反应,反应相当受限或过分,或往往对刺激无反应
	4	极刻板的情感反应,很少与环境有联系,对检查者无情感反应
躯体运动能力	1	与年龄相适应的运动和意识
	2	躯体运动方面有点特殊(如有某些刻板运动、笨拙、缺乏协调性)
	3	中度特殊的手指或身体姿势功能失调的征象,摇动、旋转、手指舞动、脚尖行走
	4	如上述情况严重、广泛发生

续表

项目	计分	评价内容
与非生命物体的关系	1	适合年龄的兴趣运用和探索
	2	轻度地对东西缺乏兴趣或不适当地使用物体,像婴儿一样要东西,猛敲东西,或者迷恋于物体发出的吱吱叫声或不停地开灯、关灯
	3	对多数物体缺乏兴趣或表现有些特别,如重复转动某件物体,反复用手指尖捏起东西,旋转轮子
	4	对物体不适当的兴趣、使用和探究,如"中度异常"所述情况频繁发生,且很难使其分心
对环境变化适应	1	对环境变化产生与年龄相适应的反应
	2	对环境改变产生某些反应,倾向维持某一物体活动或坚持相同的反应形式
	3	对环境改变出现烦躁、沮丧的征象,受其他干扰时很难被吸引过来
	4	对改变产生严重的反应,假如坚持把新环境强加给她,该儿童可能会逃跑
视觉反应	1	适合年龄的视觉反应,可与其他感觉系统反应整合
	2	有时必须提醒他去注意物体,有时全神贯注于"镜像",有时回避眼光接触,有时凝视空间,有时着迷于灯光
	3	经常要提醒他正在干什么,喜欢看亮的物体,即使强迫他,也只有很少的眼光接触,盯着看人或凝视空间
	4	对物体和人存在严重的视觉回避,着迷于使用"余光"
听觉反应	1	适合年龄的听觉反应
	2	对听觉刺激或某些特殊声音缺乏一些反应,反应可能延迟,有时必须重复声音刺激,有时会对大的声音敏感或对此声音分心
	3	对听觉不构成反应,或必须重复数次刺激才产生反应,或对某些声音敏感
	4	对声音全面回避,对声音类型不加注意或极度敏感
近处感觉反应	1	对疼痛产生适当强度的反应,正常触觉和嗅觉
	2	对疼痛或轻度触碰、气味、味道等有点缺乏适当的反应,有时出现一些婴儿吸吮物体的表现
	3	对疼痛或意外伤害缺乏反应,比较集中于触觉、嗅觉、味觉
	4	过度地集中于触觉的探究感觉,而不是功能的作用(吸吮、舔或摩擦),完全忽略疼痛或过分地作出反应
焦虑反应	1	对情景产生与年龄相适应的反应,并且反应无延长
	2	轻度焦虑反应
	3	中度焦虑反应
	4	严重焦虑反应,如儿童在进行会见时可能不能坐下,或很害怕,或退缩等
语言交流	1	适合年龄的语言
	2	语言迟钝,多数语言有意义,但有一点模仿语言
	3	缺乏语言,或把有意义的语言与不适当的语言(模仿语言或莫名其妙的话)相混淆
	4	严重的不正常语言,实际上缺乏可理解的语言或运用特殊的离奇语言
非语言交流	1	与年龄相仿的非语言交流
	2	非语言交流迟钝,交流中仅有简单或含糊的反应,如指出或支取他/她想要的东西
	3	缺乏非语言交流,不会利用非语言交流,或不会对非语言交流做出反应
	4	特别古怪的和不可理解的非语言交流

续表

项目	计分	评价内容
活动水平	1	正常活动水平,不多动亦不少动
	2	轻度不安静或有轻度活动缓慢,但一般可控制
	3	活动相当多,并且控制其活动量有困难,或相当不活动或运动缓慢,检查者很频繁地控制或以极大努力才能得到反应
	4	极不正常的活动水平,要么是不停,要么是冷淡的,对任何事件很难有反应,差不多不断地需要大人的控制
智力功能	1	正常智力功能
	2	轻度智力低下,技能低下表现在各个领域
	3	中度智力低下,某些技能明显迟钝
	4	智力功能严重障碍,某些技能明显迟钝,另外一些在年龄水平以上或不寻常
总的印象	1	不是孤独症
	2	轻微或轻度孤独症
	3	孤独症的中度征象
	4	非常多的孤独症征象

2. 孤独症行为检查量表(ABC) 本量表由 Krug 于 1978 年编制,由患者父母或与患者共同生活达两周以上的人评定,适用年龄为 8 个月到 28 岁。该量表由 57 个描述孤独症患儿在感觉、行为、情绪、语言等方面异常表现的项目,可归纳为 5 个因子:感觉、交往、躯体运动、语言、生活自理,总分为 158 分,57 分为疑诊,67 分为确诊。每项的评分按其在量表中的符合情况分别给予 1、2、3、4 分,并均有注明。该量表信度、效度均较高,阳性符合率可达 85%。比其他精神疾病的鉴别能力强,问卷数量适中,评定时间只需 10~15min。

三、康复治疗

(一)康复治疗目标

1. 提高生活自理能力。
2. 学习语言交流、促进社会交往。
3. 矫正异常行为。
4. 提高自我生存和发展的能力。

(二)康复治疗方法

1. 语言康复治疗 语言交流困难是孤独症患儿的主要表现,影响了他们的沟通能力。

(1)图片交换沟通系统:是由美国安德鲁·邦第(AS.Bondy)等人研究发展出来的一套沟通训练系统。对于几乎没有或者根本没有语言沟通能力的孤独症患儿来说,图片是一种比较好的表达交流工具。在训练过程中,需要 1~2 名治疗师,使用的图片最好是拍摄的真实照片,以便患儿能够更好地理解图片,从而更好地表达自己的需求。治疗师可以根据儿童能力发展的情况,适时地增加图片的数量与提高复杂程度,在此基础上引导儿童自发的提出要求,并学习到一定的社会交往技能。这种方法着重引导孤独症患儿沟通的主动性,强调他们反应的自发性,让他们从训练之初便处于沟通的主动位置,这与其他语言教学方法只注重沟通技巧的方法有着很大的区别。

(2)音乐治疗:音乐治疗对孤独症患儿的语言康复有一定的作用。音乐与语言具有共同的元素,如语调的抑扬好比旋律上的高低,语言的节奏好比音乐的节奏,语言上的轻重好比音乐上的轻重等。歌唱和说话是利用同一生理结构控制。因此学习唱歌便可同时促进语言发声的技巧。另外,音乐治疗还能对患儿进行听觉综合训练,通过让患儿聆听经过调制的音乐来矫正听觉系统对声音处理失调的现象,同时刺激患儿的大脑活动,对情绪暴躁、有攻击行为与自伤行为的患儿,能起到一定的镇静、安神与专注的作用。

(3) 自发语言训练:要让孤独症患儿开口说话,非常重要的三个环节是:①善于发现并利用孩子的兴趣爱好。②运用适当有效的辅助与消退手段。③要奖励孩子的沟通与语言行为。首先治疗师主动向患儿示范应该说的词句,而不是等他们说错了告诉他们错了,再加以纠正;然后在与患儿沟通的时候,适当的等待或期待是有必要的。在和他们说话后,不必要马上得到回应,应给其适当的反应等待时间,一般 5~10s;孩子在作出语言反应前,治疗师可进行语言、手势和躯体动作等提示来进行引导。

2. 智力开发 治疗师可利用患儿感兴趣事物,提高他们的注意力和观察力。孤独症患儿擅长机械记忆,治疗师可以充分利用其机械记忆强的特点,让他们将抽象材料记住,然后去体验,从而促进对抽象材料的理解。在记忆的基础上,治疗师灵活运用多种方式发展患儿逻辑思维能力,如借助手势、表情和姿势来传达信息,有助于他们接受概念,从而提高他们的智力水平。

3. 行为治疗 本法在治疗儿童孤独症中起着十分重要的作用,主要通过行为干预来增强学习的效果,消除不良行为。此种疗法采取上课的形式,以"一对一"的方法对患儿的配合力、模仿力和不良行为进行训练和矫正,对患儿的认知、语言、精细动作、运动和交往以及生活自理能力等方面进行教授。通过行为训练,使患儿的依从性和模仿力增强,减少不适当的行为,增加与正常群体儿童的交往行为,提高适应家庭群体活动的能力。

4. 社会交往能力训练 利用由美国儿童心理学家 Steven Gutstein 博士创立的人际关系发展干预疗法,对孤独症患儿进行康复治疗。他认为孤独症患儿缺乏"动态智力",包括经验分析、动态分析、灵活性与创造性地解决问题、远见与自我意识和恢复力。其出发点是先培养学习技能的动机、兴趣,在此基础上细致并系统地学习各种构建复杂世界的技能,培养患儿的社交能力,使患儿成为一个独立的思考者与问题解决者。这是一种在家庭开展、由父母操作、不受地点与设备的局限、可时刻进行的训练方法。父母与孩子的各项互动能够促进患儿的交流能力,特别是能显著提高患儿的情感交流能力。

5. 日常生活技能训练 是孤独症患儿必不可少的训练内容之一,包括进食、穿脱衣服、如厕、洗脸和手等。行为塑造法是指通过不断强化,逐渐形成某种新行为的过程。运用行为塑造法要注意以下五点:①确定目标行为:目标行为要明确、清晰,说明行为发生的次数、行为的强度等。②选择初始行为:了解患儿已有的行为水平,以便确定初始行为。这一初始行为应与目标行为接近或相似,并且在个体身上时有发生,以便可以强化。③选择适当的强化物。④设计塑造步骤:这是一个关键性的步骤,即确定从初始行为到目标行为之间需要几个阶段。设定的步子大小要适当,步子太大没有效果,太小则浪费时间,也让患儿厌烦。⑤把握塑造进度:程序不能太快和太慢,一般借助经验法判断,例如 10 次行为中有 8 次以上能完成,则可以进入下一步训练。

6. 中医传统康复治疗 包括中药治疗、针灸治疗、穴位注射治疗和推拿治疗等。

(三) 康复预后和预防

儿童孤独症的预后取决于患儿病情的严重程度、儿童智力水平、教育和干预的时机及干预程度。通常患儿发现越早、干预时机越早,训练强度、程度越高,效果越好。本病起病隐匿、病程漫长,属于终身残疾。大多数父母常忽略儿童的早期症状,或父母早期已经发现儿童异常,但由于部分医务人员对孤独症缺乏必要的认识,而造成误诊或漏诊,延误病情。因此儿童孤独症的康复和预防方法主要有:宣传普及孤独症知识;纠正家长的错误观念;提高专业医生的知识和技术水平;重视早期诊断和早期治疗等。

第四节 儿童智力低下的康复

一、概述

智力低下(mental retardation,MR),又称智力障碍、智力残疾、精神发育迟滞、智力落后、智能障碍等。儿童智力低下是一组精神发育不全或受阻的综合征,其特征为智力低下和社会适应困难,起病于发育成熟以前(18 岁以前)。本症可单独出现,也可同时伴有其他精神障碍或躯体疾病。其智力发育明显低于同龄儿童的平均水平。一般 IQ 在 70(或 75)以下即为智力明显低于平均水平。适应性行为包括个人生活能力和履行社会职责两个方面。根据智力低下的定义,诊断智力低下应注意以下三点:①智力功能低于同龄的正常人。②智力功能低下发生在发育阶段,即 18 岁以前。③在适应社会环境方面有障碍。

(一) 病因和发病机制

依据 WHO 1985 年分类法和全国协作组的调查结果,病因分为以下几类:

1. 感染和中毒　感染指出生前、后的脑部感染,如风疹病毒、巨细胞病毒、弓形虫、单纯疱疹病毒及其他多种病毒感染。中毒包括高胆红素血症、毒血症、铅中毒、酒精中毒以及长期服用过量的苯妥英钠或苯巴比妥等药物。

2. 脑的机械损伤和缺氧　出生前、后及分娩时都可因物理或机械因素造成脑损伤,如产伤、颅脑外伤。围生期或出生后缺血缺氧也可损害脑组织,如孕妇严重失血、贫血、心力衰竭、肺部疾患和新生儿窒息、颅内出血等,以及溺水、麻醉意外、癫痫持续发作后的脑缺氧。

3. 代谢、营养和内分泌疾患　体内氨基酸、碳水化合物、脂肪、黏多糖、嘌呤等物质代谢出现障碍都可影响神经细胞的发育及功能,如苯丙酮尿症、半乳糖血症。生前、生后营养不足特别是蛋白质、铁等物质缺乏将会使胎儿、婴儿的脑细胞数目形成减少或功能低下。内分泌疾患也会影响智力发育,如甲状腺功能减退。

4. 脑部肉眼(大体)疾病　包括肿瘤、不明原因的变性疾病、神经皮肤综合征、脑血管病等。

5. 脑的先天发育畸形、遗传代谢性疾病(综合征)　先天畸形包括脑积水、小头畸形、神经管闭合不全、脑畸形等;遗传性综合征如肾上腺脑白质营养不良等。

6. 染色体畸变　染色体畸变包括常染色体或性染色体的数目或结构改变,如唐氏综合征(先天愚型)、18-三体综合征、猫叫综合征、脆性 X 综合征、先天性睾丸发育不全综合征、先天性卵巢发育不全综合征等。

7. 其他围生期因素　包括早产儿、低体重儿、胎儿宫内生长发育迟缓、母亲营养疾病、妊娠期高血压疾病等。

8. 伴发于精神疾病　如婴儿孤独症、儿童期精神分裂症等。

9. 社会心理因素　此类患儿没有脑的器质性病变,主要由精神心理损害和感觉剥夺等不良环境因素造成,如严重缺乏早期合适刺激和教育。

10. 特殊感官缺陷　包括聋、哑、盲等特殊感官缺陷。

此外,还有一些经过详细询问病史、高危因素、相关检查及筛查找不到任何病因线索,即为病因不明。

(二) 智力低下的分级

依据 IQ 和适应性行为缺陷将智力低下分为轻度、中度、重度和极重度四级。

1. 轻度智力低下(精神病学又称愚笨)

(1) IQ 在 50~69,心理年龄为 9~12 岁。

(2) 学习成绩差(在普通学校中学习时常不及格或留级)或工作能力差(只能完成较简单的手工劳动)。

(3) 能生活自理。

(4) 无明显言语障碍,但对语言的理解和使用能力有不同程度的延迟。

2. 中度智力低下(又称愚笨)

(1) IQ 在 34~49,心理年龄为 6~9 岁。

(2) 不能适应普通学校学习,可进行个位数的加、减法计算;可从事简单劳动,但质量低、效率差。

(3) 可学会自理简单生活,但需督促、帮助。

(4) 可掌握简单生活用语,但词汇贫乏。

3. 重度智力低下(又称痴愚)

(1) IQ 在 20~40,心理年龄为 3~6 岁。

(2) 表现显著的运动损害或其他相关的缺陷,不能学习和劳动。

(3) 生活不能自理。

(4) 言语功能严重受损,不能进行有效的语言交流。

4. 极重度智力低下(又称白痴)

(1) IQ 在 20 以下,心理年龄约为 3 岁以下。

(2) 社会功能完全丧失,不会逃避危险。

(3) 生活完全不能自理,大小便失禁。

(4) 言语功能丧失。

(三) 诊断

在诊断过程中,应详细收集儿童的生长发育史,全面进行体格和神经精神检查,将不同年龄儿童在不同发育阶段的生长发育指标与正常同龄儿童进行对照和比较,判定其智力水平和适应能力,作出临床判断。同时,配合适宜的智力测验方法,即可作出诊断并确定本病的严重程度。

(四) 临床治疗

1. 病因治疗　已经查明病因者,如慢性疾病、中毒、长期营养不良、听力及视力障碍,则应尽可能设法去除病因,使其智力部分或完全恢复。甲状腺功能减退,苯丙酮尿症等内分泌代谢异常患儿应早期诊断,早期采用甲状腺激素替代或苯丙酮尿症特殊饮食疗法,改善其智力水平。社会心理文化原因造成的智力低下,改变环境条件,让其生活在友好和睦的家庭中,加强教养,则可使其智力取得进步。

2. 药物治疗　目前多采用营养神经的药物,或促进神经细胞恢复的药物如氨基酸 - 低分子肽(脑活素)、胞二磷胆碱、吡拉西坦(脑复康)、吡硫醇、细胞色素 C、脑神经生长素等。

3. 康复治疗　包括运动能力、感知能力、认知能力、语言交往、生活自理、社会适应等方面的训练。开办特殊教育,根据年龄大小和智力低下的严重程度对患者进行训练,使其达到尽可能高的智力水平。

二、康复评定

智力低下主要表现为智力功能和适应性行为两方面的障碍。因此,智力测试为智力低下的主要评定内容。

(一) 智力低下儿童筛查量表

运用尽可能简便的方法,以获得被查儿童在智力发育方面的信息,并据此确定所测儿童是否需要作进一步诊断性测验和评价。包括丹佛发育筛查测验、0~6 岁小儿神经心理发育量表、画人测验、瑞文测验和团体儿童智力测验等。

(二) 智力测验

包括比纳 - 西蒙智力量表与智力年龄、斯坦福 - 比纳智力量表与比率智商、韦克斯勒智力量表与离差智商等,其中韦克斯勒儿童智力量表是当今世界上应用最为广泛的儿童智力量表,介绍如下:

1. 韦克斯勒学龄前儿童智力量表(WPPSI)　该表适合 4~6.5 岁儿童。WPPSI 共有 11 个分测验,计算智商只用 10 个分测验。每套测验分为言语测验和操作测验两大部分。

2. 韦克斯勒学龄儿童智力量表　该表适合 6~16 岁儿童,量表分为言语测验和操作测验两大部分,每部分包括 6 个分测验。实施顺序是先做一个言语分测验,再做一个操作分测验,交替进行以维持儿童的兴趣,避免疲劳和厌倦,这个过程需要 1.5h。测验按照完成答题的速度和作业的正确性来评分,并依据原始分数和年龄查到量表分再查到智商,可分别得出言语智商、操作智商和总智商。

3. 适应行为评定量表　包括婴儿 - 初中学生社会生活能力量表、适应行为诊断量表、儿童适应行为评定量表、3~7 岁儿童社会适应行为评定量表等。

(三) 智力残疾的等级及判定

根据世界卫生组织(WHO)和美国智力低下协会(AAMD)的智力残疾的分级标准,按其智力商数(IQ)及社会适应行为来划分智力残疾的等级。

1. 一级智力残疾(极重度)　IQ 值在 20 或 25 以下。适应行为极差,面容明显呆滞;终生生活全部需由他人照料;运动感觉功能极差,如通过训练,只在下肢、手及颌的运动方面有所反应。

2. 二级智力低下(重度)　IQ 值在 20~35 或 25~40。适应行为差;生活能力即使经过训练也很难达到自理,仍需要他人照料;运动、语言发育差,与人交往能力也差。

3. 三级智力低下(中度)　IQ 值在 30~50 或 40~55,适应行为不完全;实用技能不完全,生活能部分自理,能进行简单的家务劳动;具有初步的卫生和安全常识,但阅读和计算能力很差;对周围环境辨别能力差,能以简单方式与人交往。

4. 四级智力低下(轻度)　IQ 值在 50~70 或 55~75。适应行为低于一般人的水平;具有相当的实用技能,如能生活自理,能承担一般的家务劳动或工作,但缺乏技巧和创造性;一般在指导下能适应社会;经过特别教育,可以获得一定的阅读和计算能力;对周围环境有较好的辨别能力,能比较恰当地与人交往。

(四) 语言能力评定

大多数智力低下的儿童合并有语言障碍,部分智力低下儿童是以发音迟缓、语言表达能力差为初诊症状就诊。

1. 儿童语言发育的阶段性　1996 年 Laureat 根据儿童在各个年龄阶段的语言特征,将儿童语言的准备期和发展期分为 7 个阶段。

(1) 无意识交流阶段:0~4 个月。

(2) 有意识交流阶段:4~9 个月。

(3) 单词阶段:9~18 个月。

(4) 词语组合阶段:18~24 个月。

(5) 早期造句阶段:24~36 个月。

(6) 熟练造句阶段:3~5 岁。

(7) 语法派生阶段:5 岁以上。

2. 智力低下儿童较常见的语言障碍类型

(1) 语言发育迟缓:即其语言的接受和表达均较实际年龄迟缓。在学习过程中,语言的理解迟缓,导致语言的表达也迟缓。另外,模仿语言等言语状态也可能存在迟缓。

(2) 发音器官功能障碍:包括呼吸、发音异常以及构音器官运动障碍。

(3) 语言环境影响:语言学习早期,被剥夺或脱离语言环境。

目前,我国较常用于儿童的言语 - 语言障碍检查法包括:构音障碍检查法、语言发育迟缓检查法。

三、康复治疗

(一) 康复治疗目标

提高患儿动作、语言与交往、认知和生活自理等能力。鼓励家长积极参与到智力低下儿童的康复治疗中,进行家庭强化训练。开办特殊学校或康复训练专业班,根据年龄大小和智力低下的严重程度对患者进行训练,使其达到尽可能高的智力水平。

(二) 康复治疗方法

1. 家庭强化康复训练

(1) 运动能力训练:按照运动发育的规律进行抬头、翻身、坐、爬、站立、行走及跑跳训练等。

(2) 感知能力训练:运用图片、音乐、玩具等,训练患儿视觉、听觉、触觉等能力。

(3) 认知能力训练:通过游戏如指点身体器官、开盖子、请客等,完成指令,熟悉家庭成员等。

(4) 生活自理能力训练:通过帮助娃娃搞好生活等游戏,熟悉日常生活中的活动,提高自己的生活自理能力。

(5) 社会适应能力训练:多带患儿到不同的环境中去体验如游玩、购物等,提高患儿的社会适应能力。

(6) 语言交往能力训练:首先改善患儿构音器官和训练发音,再进行语句的训练,最后进行交谈式训练。对于无语言表达能力的患儿,可进行替代治疗,如哑语等。

2. 开办特殊学校或康复训练专业班　开办特殊学校或康复训练专业班可集运动治疗、作业治疗、言语交流、感知觉运动结合和音乐、游戏教学为一体,将康复训练和康复教学有机地结合,使受训的智力低下患儿运动、语言、日常生活、感知、认知和社会适应等方面都得到康复。康复教育和康复训练由综合素质较高的康复医师和康复引导员担任,他们在与患儿心理沟通的基础上,对患儿作出各项功能评估,制订具体的教学和康复计划,并按计划具体实施。训练过程中,注意视听相结合,多次重复,不断强化,以达到尽可能高的水平。

(三) 预防

1. 一级预防　方法包括:①卫生教育和营养指导;②产前和围生期保健(高危妊娠管理,新生儿重症监护,劝阻孕妇饮酒、吸烟,避免或停用对胎儿发育有不利影响的药物);③传染病(病毒、细菌、原虫)的免疫接种;④遗传代谢疾病检查及咨询(避免近亲结婚、发现携带者);⑤环境保护(防止理化污染、中毒及噪声损害);⑥减少颅脑外伤及意外事故,正确治疗脑部疾病,控制癫痫发作;⑦加强学前教育和早期训练;⑧禁止对小儿忽视和虐待。采取上述措施的目的在于预防智力低下的发生。

2. 二级预防　方法包括:①对高危新生儿进行随访,早发现、早治疗,尤其应注意早期营养(蛋白质和铁、锌等微量元素)供应和适当的环境刺激对智力发育有良好作用;②对学龄前儿童定期进行健康检查(体格、营养、精神心理发育、视觉和听觉);③新生儿代谢疾病(如甲状腺功能减退、苯丙酮尿症)筛查;④产前诊断、羊水检查(染色体病、神经管畸形、代谢疾病)。二级预防在于早期诊断并给予特殊处理。

3. 三级预防　需要社会、学校、家庭各方面协作进行综合预防。早期发现智力低下患儿,早期干预和刺激;对家庭给以有效的帮助,保持家庭结构完整,使智力低下患儿的功能有所提高。

本章小结

　　儿童在发育过程中出现发育、精神与行为障碍较为常见,对儿童身心健康影响很大,但往往被家长忽视或被过分夸大,因此区别正常和异常的儿童行为非常必要,目前有多种量表可用于帮助区分。

　　儿童的行为问题一般可分为以下几种:①生物功能行为问题:如遗尿、遗便、多梦、睡眠不安、夜惊、食欲不佳、过分挑食等;②运动行为问题:如习惯性交叉擦腿、咬指甲、吸吮手指、咬或吸衣服、挖鼻孔、咬或吸唇、活动过多等;③社会行为问题:如破坏、偷窃、说谎、攻击等;④性格行为问题:如惊恐、害羞、忧郁、社交退缩、交往不良、易激动、烦闹、胆怯、过分依赖、要求注意、过分敏感、嫉妒、发脾气等;⑤语言问题:如口吃。男孩的行为问题常多于女孩,男孩多表现为运动和社会行为问题,女孩多为性格行为问题。儿童行为问题的发生与父母对子女的期望、教养方式、父母的文化、学习环境等显著相关。多数儿童的行为问题可在正确的引导下得到纠正。

(王　颖)

思考题

1. 注意缺陷多动障碍患儿如何进行行为矫正康复?
2. 孤独症患儿如何进行语言康复治疗?
3. 智力低下患儿康复治疗目标是什么,如何预防?

扫一扫,测一测

思路解析

笔记

第三十三章　儿童进行性肌营养不良康复

学习目标

1. 掌握　基本概念;康复评定;康复治疗技术。
2. 熟悉　临床类型;DMD 的临床表现;DMD 功能障碍。
3. 了解　DMD 的病因与病理;其他类型肌营养不良。
4. 具有基本临床康复思维与素养,能根据儿童进行性肌营养不良临床分型熟练进行康复功能评定、制订康复治疗方案,能应用运动疗法、作业疗法、康复工程技术及物理因子疗法等方法,对患者实施基本的康复治疗;具有指导患者康复训练及评估康复疗效的能力,能对患者在治疗或训练过程中出现的简单问题进行处理。
5. 能与患者及家属进行良好沟通,开展健康教育;能与相关医务人员进行专业交流与团结协作开展康复治疗工作。

病例导学

　　患儿,男性,10 岁,因"4 年前开始的全身无力,步态不稳,进行性加重"就诊。患儿 G_1P_1,胎生期和围生期无异常,1 岁半会开始步行。未患其他疾病,于 6 岁开始无原因出现全身无力,走路不稳,并逐渐加重,至今已经不能自己上楼梯,但目前仍在家长照料下坚持上学。

　　检查所见:患儿自己步入病室,意识清晰,对周围反应灵敏,可正确回答问题。患儿消瘦,心肺正常,可见翼状肩胛,腰椎前弯和腓肠肌的假性肥大,Gower 征阳性,步行时呈鸭样步行,腱反射消失。

　　问题与思考:

1. 该患儿可能患有什么疾病? 依据是什么?
2. 该病主要功能障碍有哪些? 如何进行评定?
3. 怎样制订康复治疗方案?

第一节　概　述

一、基本概念

儿童进行性肌营养不良(progressive muscular dystrophy,PMD)为一大类与遗传因素相关的、原发的肌肉变性疾病。临床以缓慢进行性加重的对称性肌肉无力与肌萎缩为特征,可累及肢体和头面部肌肉,少数可累及心肌,无感觉障碍。本病大多有家族史,根据临床特征不同可分为多种类型,各型由于肌肉变性的程度和分布不同,出现不同程度的运动功能丧失,甚至丧失全部劳动和生活能力,最终呼吸无力致呼吸衰竭死亡,给患儿及家庭带来严重困难。

二、临床类型

(一) 进行性肌营养不良的临床类型

根据遗传方式、发病年龄、累及肌肉、有无肌肉假性肥大、病程及预后的不同,可分为不同的临床类型(表33-1)。其中假肥大型肌营养不良(Duchenne muscular dystrophy,DMD)为儿童中最常见的一种肌病,发病率在我国报告为每3500~4000名出生男婴中有一例患儿。

表33-1　进行性肌营养不良的临床类型

类型	遗传型	主要累及肌肉	假性肥大	发病年龄	病程
假肥大型					
严重型	性连隐性遗传	躯干和四肢近端	100%	3~5 岁	快
良性型	性连隐性遗传	躯干和四肢近端	90%	5~15 岁	慢
面肩肱型	常染色体显性或隐性遗传	面肌、肱二头肌、肩胛带	罕见或无	10~30 岁	慢
肢带型	常染色体隐性遗传、散发型	肩胛带肌、骨盆带肌	<30%	10~30 岁	中等
远端型	常染色体显性遗传、散发型	双手肌、前臂肌群、胫前肌、腓肠肌	少	10~60 岁	慢
眼型或眼咽型	常染色体显性遗传或散发	双眼肌、咽喉肌	无	30 岁左右	慢
先天性					
关节挛缩型	常染色体隐性遗传	全身	无	新生儿	不定
福山型	常染色体隐性遗传	腰带肌、四肢肌	无	新生儿	快

(二) 假肥大型进行性肌营养不良

假肥大型进行性肌营养不良又分为两种类型,即 Duchenne 型(严重型)和 Becker 型(良性型),常见的是前一种。在临床上 Duchenne 型也直接被称为假肥大型肌营养不良,是进行性肌营养不良中最严重的一个类型。

1. Duchenne 型肌营养不良的病因和病理　本组疾病的遗传方式不尽相同,其中假肥大型肌营养不良(DMD)的病因学研究已有明确的结果。是 X 连锁隐性遗传,男性发病,女性携带基因,基因位点在 X 染色体短臂 2 带,区(XP2.13),该基因编码一种细胞骨架蛋白,称抗肌萎缩蛋白(dystrophin,Dys),分布在骨骼肌和心肌细胞膜的质膜面上,起细胞支架作用,可保护肌膜抵抗收缩时产生的力而不致受损。患儿因该基因缺乏,所以不能产生抗肌萎缩蛋白,肌膜不稳定,在收缩时损伤,出现肌肉的变性坏死,导致肌肉无力与萎缩。肌肉的基本病理改变为肌纤维变性、坏死与再生并存,肌纤维有的萎缩,有的代偿性增大,大小不等呈相嵌分布。肌纤维肥大的部分呈玻璃样变,肌细胞间质可见大量的脂肪和结缔组织,即假性肥大。Duchenne 型肌营养不良的肌肉活检标本用免疫组织化学法染色,可见 Dys 缺失或异常。

2. Duchenne 型肌营养不良的临床分期和表现

(1) 婴幼儿期(1~3 岁):本病患儿均为男性,早年起病,常在 3 岁以前出现症状,但婴儿较为罕见,起病隐袭,以骨盆带肌肉无力最为突出,主要表现为运动发育迟缓。初起病时双下肢无力,呈现蹭爬,行走延迟,患儿在 1.5~2 岁开始行走,步态拖沓,上台阶时用手辅助。言语发育迟缓,肺活量低。

(2) 学龄前期(3~6 岁):本病多在 3~5 岁发病,在学龄前期患儿逐渐出现本病的特异性运动姿势。①起病时双下肢无力,步行不稳,容易跌倒,由于髂腰肌和股四头肌无力而上台阶、蹲位站起困难。②从仰卧位起身时,由于腹肌和髂腰肌无力,表现为 Gower 征,即"攀爬性起立"(图33-1),患儿首先翻

图 33-1　攀爬性起立

身呈坐位,让膝关节及髋关节屈曲,手支撑躯干呈四点跪位,然后双腿支撑躯干,双手按压膝部起身,此时躯干慢慢立直。③因骨盆带肌无力,髋膝无力常导致腰椎过度前凸,走路时向两侧摇摆,呈典型鸭步。在起身行走期,可观察到双下肢腓肠肌假性肥大,为本病的特征性表现(图33-2)。④肩胛带肌同时受累,举臂无力,因前锯肌和斜方肌无力,不能固定肩胛内缘,使肩胛游离呈翼状支于背部,称为翼状肩胛。

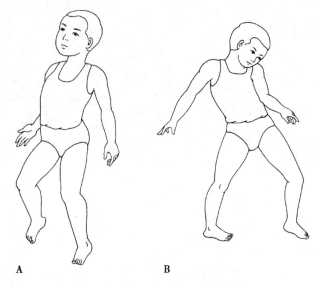

图33-2　腰椎过度前凸、腓肠肌假性肥大、鸭步

(3) 学龄期(6~11岁):随着病情的进展,躯干和四肢肌力严重下降,由于功能失用,出现明显的肌肉挛缩和关节畸形。前臂外旋受限,跟腱挛缩形成尖足畸形,膝关节屈曲畸形,胸椎侧弯。9岁以后从床上站立困难,不能保持立位,平地活动困难,行走时需要矫形器和助行器,多数9~11岁时不能行走,最后需要轮椅。学习困难,肺活量低。

(4)青春期(12岁以后):随着病情的进一步发展,青春期时,肢体和躯干肌肉力量急剧下降,11~12岁以后基本丧失活动能力,卧位不能坐起,甚至发展为不能翻身,强迫卧床。肌力下降波及上肢前臂及手肌,上肢上举困难,手关节出现挛缩和变形,进一步限制上肢的功能。椎旁肌明显肌力弱,腰椎侧弯进一步进展,出现显著脊柱侧弯。呼吸肌明显力弱,咳痰困难,吞咽障碍,25岁或迟至30岁以前,常因肺功能不全而死亡。亦有10%的患者伴发心脏功能障碍而死亡。

3. Duchenne型肌营养不良的辅助检查

(1)血清酶测定

1)血清肌酸磷酸激酶(CPK):CPK增高是诊断本病重要而敏感的指标,可在出生后或出现临床症状之前已有增高,早期较正常人升高数十倍,当病程迁延时活力逐渐下降,但仍比正常人高。

2)血清肌红蛋白(MB):在本病早期及基因携带者中也多显著增高。

3)血清丙酮酸酶(PK):也很敏感,多增高。

4)其他酶:如醛缩酶(ALD)、乳酸脱氢酶(LDH)、天门冬氨酸氨基转移酶(AST)、丙氨酸氨基转移酶(ALT)等,也可增高,但均非肌病的特异改变,亦不敏感。

(2)尿检查:尿肌酸排出增多,肌酐减少。

(3)肌电图:为一重要的电生理学检查,具有肌源性损害肌电图特征。

(4)基因检查:多重PCR,DMD基因外显子缺乏;印迹杂交法,FSHD基因诊断;DNA测序,LGMD基因的突变碱基。

(5)肌肉活检:可见肌纤维不同程度增大、变性坏死以及结缔组织增生和脂肪浸润,如前述的病理改变,若有条件可应用CT或MRI检查技术,能发现肌肉变性的程度和范围,可为临床提供肌肉活检的优选部位。

(6)其他检查:X线摄片、心电图、CT、MRI、心脏彩超等。BMD、DMD应做智力检测。

4. 主要功能障碍

(1)肌力低下与关节挛缩变形:本病为肌源性疾病,肌无力自躯干和四肢近端开始,缓慢进展,下肢重于上肢。下肢骨盆带肌无力,导致起立、行走障碍;肩胛带肌无力,举臂无力,ADL能力逐渐低下;躯干肌力低下,导致不良姿势的产生,进一步发展为脊柱和胸廓变形,脊柱侧弯、胸廓变形是呼吸功能低下的主要原因之一。

(2)起立、行走障碍:在患儿2~3岁时表现为起立、行走的早期障碍特点,小儿容易摔倒,走路或跑的步幅受到限制,多数家长在此期发现小儿的异常。3~5岁时表现为特殊立位姿势,患儿立位时两足岔开,骨盆前倾,腰椎前凸,足底着地困难;步态呈鸭步;卧位或坐位起立时呈攀爬性起立;病情严重时将丧失行走能力。

（3）床上动作障碍：患儿起立、行走困难时，在床上的移动主要靠爬行（图33-3）。①首先是四爬，其特征是两肩胛骨内侧缘翘起呈翼状肩胛，肩关节外展，手手指向侧方或后方。②当四爬困难时，在床上移动主要靠"蹭爬"。③最后坐位保持亦困难。在早期当肌力、关节活动度改变不明显时，可以保持各种姿势的坐位，后期随着障碍的进展，患儿的坐位保持困难，强迫卧位。

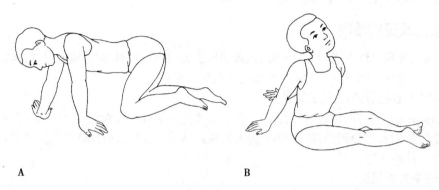

图 33-3　床上动作

（4）ADL障碍：随病情进展ADL能力逐渐低下，由于入浴、排泄、进食、洗漱、更衣等日常生活活动，需要体位及姿势变换较大，必须给予必要的辅助。

（5）呼吸功能障碍：由于呼吸肌麻痹导致肺通气量下降，胸廓运动及肺的顺应性相继消失，早期出现呼吸窘迫，心率加快，血压升高，晚期呼吸极度困难，需要机械通气，出现低氧血症及高碳酸血症，导致呼吸性酸中毒，最后因呼吸功能衰竭而死亡。

（6）心脏功能障碍：多数患儿心肌受损，伴发心肌功能障碍，少数（约10%）患儿心肌受损严重可产生充血性心力衰竭，心功能不全多由疲劳、过食、入浴及呼吸道感染诱发，是引起死亡的主要原因之一。

（三）其他类型的肌营养不良

1. Becker型肌营养不良（BMD）　又称良性假肥大型肌营养不良症。BMD比DMD少见，与DMD相同的是X性连锁隐性遗传、腓肠肌肥大、近端肢体无力、血清CPK增高，肌肉病理呈肌病表现。不同的是BMD常在10岁以后起病，临床症状较轻，首发症状为骨盆带及股部肌力弱，进展缓慢，病程长，有的可在15岁以后仍可保持运动功能，出现症状后25年或25年以上才不能行走，预后较好，存活时间不等，长者可与正常人相同。

2. 面肩肱型肌营养不良　面肩肱型肌营养不良属于常染色体隐性或显性遗传，常在青春期起病，小儿少见，男女均可发病。首先面肌无力，常不对称，表现为不能撅嘴，闭目不合，皱眉，口轮匝肌可有假性肥大以致口唇肥厚，形成突唇，呈特殊的肌病面容，表现为"斧头脸"；早期上肢受累，病变逐渐侵犯肩胛带、三角肌、肱二头肌、肱三头肌和胸大肌的上半部；肩胛肌受累可出现翼状肩胛，体检时要患者双手平举推墙则表现明显；同时两臂不能上举而成垂肩，上臂肌肉萎缩，但前臂及手部肌肉不被侵犯，表现上肢细瘦；晚期病变可向躯干和骨盆带蔓延，波及下肢肌肉，偶有腓肠肌肥大，病情进展缓慢，一般不影响寿命，少数患者因病情严重而需用轮椅；心脏多不受累；智力正常。

3. 肢带型肌营养不良　肢带型肌营养不良男女均可发病，多数青少年起病。以骨盆带无力起病，表现为腰椎前凸，上台阶及蹲下站起困难，步态呈鸭步，进展缓慢，逐渐累及肩胛带，而出现两臂上举困难，双臂举不过肩，翼状肩胛等症状；头面部肌肉一般不受累，有时可伴有腓肠肌假性肥大；晚期亦可出现肌肉挛缩，行动不能，平均于发病后20年左右丧失行动能力；无智力障碍，病情严重程度和进展速度差异很大，病情结局较良好，一般不影响寿命。

4. 远端型肌营养不良　男女均可患病，通常10~60岁起病，表现为进行性远端小肌肉萎缩，逐步向近端发展，进展缓慢，不影响寿命；首发症状为肢体远端受累，2岁时可见对称性足下垂，双手鱼际肌受累，可表现为双手无力及肌萎缩；主要累及双手肌、前臂肌、胫前肌和腓肠肌，出现走路姿势异常和持物困难，晚期亦可影响近端肩胛带及骨盆带肌肉。

5. 眼型肌营养不良　30 岁左右发病,女性多于男性,受累的肌肉为眼肌,首发症状为眼睑下垂,多为双侧,进展缓慢,累及整个眼外肌时,可出现眼球固定。

6. 眼咽型肌营养不良　是常染色体显性遗传,常发生于 30~50 岁,首发症状为眼睑下垂和眼球运动障碍,双侧对称,逐步累及咽喉肌,出现吞咽困难,构音不清。

7. 先天性肌营养不良　先天性肌营养不良包括以关节挛缩为主的良性型,以及合并有脑损伤的福山型,发生于新生儿,为常染色体隐性遗传性疾病。

三、诊断及鉴别诊断

根据临床表现和遗传方式,尤其是基因检测和抗肌萎缩蛋白检测,配合肌电图、肌肉病理检查及血清肌酶测定,一般均能作出明确诊断。但应与下列疾病相鉴别。

(一) 少年型近端型脊髓性肌萎缩症

本病又称 Kugelberg-welander 进行性肌萎缩,为常染色体显性遗传疾病,青少年起病,主要表现为四肢近端肌萎缩,对称性分布,与肌病相似,但有肌束震颤,肌电图为神经源性损害,肌肉病理为群组性萎缩,符合失神经支配。

(二) 慢性多发性肌炎

无遗传病史,病情进展较缓慢,症状常有起伏,肌无力的程度比肌萎缩明显,常有疼痛和压痛,血沉增快,血清肌酶正常或轻度升高,肌肉病理符合肌炎的改变,皮质类固醇治疗效果较好。

(三) 重症肌无力

重症肌无力在运动后加重,休息后减轻,无肌肉萎缩和假性肌肥大,抗胆碱酯酶剂治疗有效,肌电图和肌肉活检有助于鉴别。

(四) 强直性肌营养不良

该病少见,为常染色体显性遗传,任何年龄均可发病,多首先累及远端手部和足部的小肌肉,无假性肥大,早期常表现为肢体远端的无力,偶见面肌、眼肌或咽喉肌无力,进展缓慢,逐渐出现肌强直和肌萎缩,肌肉萎缩以四肢远端为主,可发展至面肌、咬肌、颞肌及胸锁乳突肌,故患者面部瘦长,呈斧头面、鹅颈,有的患者还可出现言语不清、吞咽困难,大多数患者有白内障、脱发、性功能障碍、不孕、智力低下等表现,晚期可出现瘫痪和心肌损害,血清酶正常或轻度升高,肌电图及肌肉病理有助于鉴别。

四、预防

做好遗传咨询是预防本病重要措施。对儿童进行性肌营养不良采取预防措施非常重要,通过家系分析可以检出携带者,DMD 患儿的女性亲属可能是携带者。分为三种情况。①肯定携带者:有一个或一个以上男患儿的母亲,同时患儿的姨表兄弟或舅父也患同样病者。②很可能携带者:有两名以上患者的母亲,但母系亲属中无先证者。③可能携带者:散发病例的母亲或者患者的同胞姐妹。目前已能够应用基因诊断的方法检出病变基因携带者,对已怀孕的基因携带者进行产前基因检查,如发现胎儿异常,则应早期采取人工流产以防止患儿出生。

第二节　康　复　评　定

一、肌力评定

小儿肌力检查采用 MMT 徒手肌力检查法,但对于假肥大型进行性肌营养不良患儿,患儿合作程度较差,有时难以完成。同时注意使用时,要在原有评定标准的基础上,采用更详细的标准级别,添加"+""-"的方法进行改进和补充。

二、关节活动度评定

关节挛缩是假肥大型肌营养不良的主要功能障碍,定期用关节角度尺测量关节活动度很重要。

在测量关节活动度时由于挛缩的存在,被测者不能从解剖 0° 位,即从开始位运动,应准确记录实际开始位的角度,结合关节的正常运动范围,判断其运动受限的情况。例如膝关节屈曲运动范围,记录结果为 0° ~150° 提示无关节活动受限,记录为 20° ~150° 提示膝关节伸展受限。本病患儿中踝关节背屈、髋关节和膝关节伸展能力丧失、髂胫束痉挛、肘关节屈曲最常见,因此应重点检查。评价时若关节运动开始位已经有挛缩,为准确记录开始位的角度,应注意正确的体位和方法。

（一）髋关节屈曲挛缩

测量髋关节屈曲挛缩时患儿仰卧于硬板床上,让一侧髋、膝关节尽量屈曲,膝盖用力抵胸,直至腰椎平贴于床面,伸展另一侧下肢,但注意避免外展,此时另一侧的髋关节不能伸展,大腿与床面形成夹角,即为髋关节屈曲挛缩的程度,准确测量躯干中轴线与股骨外髁轴线之间的夹角,记录为屈曲角度,即髋屈曲开始位的角度(图 33-4)。髋关节屈曲正常值 0° ~125° 。

（二）阔筋膜张肌挛缩

当阔筋膜张肌挛缩时(阔筋膜张肌有紧张髂胫束、屈大腿、伸小腿的功能)应取俯卧位,让大腿外展尽可能排除髋关节屈曲挛缩的影响,膝关节屈曲 90° ,并在骶部加压,内收大腿加大屈髋,测量腿后中线与后髂嵴的夹角(图 33-5)。

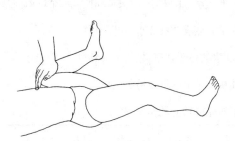
图 33-4　髋屈曲关节活动度检查

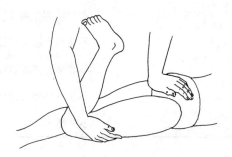
图 33-5　髂胫束伸展度检查

（三）膝关节屈曲挛缩角度

膝关节屈曲挛缩取仰卧位,小腿作最大程度伸展,测量股骨外髁与大转子、外踝连线的夹角。膝关节屈曲正常值 0° ~150° 。

（四）踝关节跖屈挛缩

应取仰卧位,膝关节屈曲,应对跖面下压,测量腓骨纵轴与第五跖骨纵轴之间的夹角。踝关节背屈正常值 0° ~20° 。

（五）肘关节屈曲挛缩

应取肘伸展位,测量肱骨与桡骨轴线间的角度。肘关节屈曲正常值 0° ~150° 。

三、上下肢功能评定

对患儿进行功能障碍进展程度的检查与评定时,下肢一般用步行功能障碍来划分,将患儿的动作能力划分为 10 级(表 33-2);上肢检查时坐在椅子上进行测试,固定躯干以防止产生代偿动作,上肢从体侧下垂肢位开始检查,挛缩、变形时从该挛缩、变形肢位开始,主要查看前臂回旋,腕关节及手指的运动(表 33-3)。

表 33-2　假肥大型肌营养不良下肢功能障碍的分级(Vignos)

功能障碍度(级)	动作
1	能行走,能登楼梯,不需要手的辅助
2	能行走,登楼梯手按膝
3	能行走,虽然在扶持下登楼梯,但速度缓慢(12s 能登 4 个标准台阶)
4	能行走和自坐位站起,不需扶持,但不能登楼梯

续表

功能障碍度（级）	动作
5	尚能在不扶持下行走，但已不能登楼梯和自坐位站起
6	只能在扶持或用长腿支具下行走
7	需平衡支助，在长腿支具下行走
8	已不能行走，可在长腿支具下站立
9	坐轮椅
10	强迫卧床

表33-3　假肥大型肌营养不良上肢功能障碍的分级（Vignos）

分级	动作
1	上肢能从自然下垂位外展过头并触及头部
2	上肢虽能外展过头，但运动范围缩小，肘关节屈曲或靠辅助肌肉帮助
3	不能举手过头，但能举起盛满200ml水的杯子到口
4	不能举起盛满200ml水的杯子到口，只能举手到口
5	不能举手到口，但能从桌子上握拳或捡起网球
6	不能举手到口，且不能完成功能动作

四、日常生活活动能力评定

3岁左右的患儿要考虑评定ADL能力，以及有关功能代偿、是否需要辅助等。现简要介绍日本厚生省进行性肌营养不良对策研究班制定的ADL评价表。该量表包括头部和躯干功能(7项)、上肢功能(5项)、下肢功能(12项)三大类总计24项，采取0~4分的5级评分法。判断时必须仔细观察哪些为可，哪些为否，每项4分(独立完成)~0分(不能完成或全辅助)，5个阶段实施。

五、呼吸功能评定

为了采取适当的呼吸管理，必须进行呼吸功能评定，掌握呼吸障碍进展的程度，包括测定肺活量、肺活量百分比、最大通气量、用力肺活量及血气分析等。此外还应注意，结合脊柱及胸廓变形的种类、程度，咳痰的性质、量、痰液潴留的部位，是否伴有呼吸系统疾病等情况作出综合评定。

第三节　康　复　治　疗

一、康复治疗基本内容

针对进行性肌力下降和关节挛缩的发生，进行性肌营养不良的康复处理包括：恢复与重建运动功能；矫正和改善肢体挛缩和变形；维持其现有的动作能力及ADL能力，延缓活动受限进行性发展；积极使用支具及辅助具，防止功能进一步丧失；对住宅和生活环境进行改造以适应患儿居住；维持和改善心肺功能以延长生命；给患儿心理上的援助；同时对教育、职业等方面受到制约者，也要给予一定的援助(表33-4)。

表 33-4　DMD 型肌营养不良的康复方法

残疾	康复处理方法
肌肉失能	肌力保持、关节挛缩变形的预防与矫治、心肺功能管理
个人能力低下	ADL 能力的维持、辅助具的使用训练与适应、环境的改造、心理的康复
社会功能不利	教育康复、职业康复、社会保障

二、关节活动度训练

疾病早期就应开始关节活动度的训练,主要采用被动运动的方法。一方面对包括肩、肘、腕、指间、髋、膝、踝及脊柱在内的全身各主要关节,进行可动范围内的被动活动;另一方面要进行关节被动牵伸训练,尤其是被动牵拉跟腱、腘绳肌、髂胫肌、屈髋肌及足外翻肌。这些被动运动的实施是防止关节挛缩变形的主要措施,一般每日 1~2 次,每个关节应进行全方位的关节活动,每次 10~30 回合,每次伸展持续 5~10s。疾病早期被动运动应结合按摩,并应教会患儿的家长掌握此项技术,长期坚持进行。各关节的牵伸重点如下:

1. 髋关节　屈肌群、阔筋膜张肌、股直肌的伸展。

2. 膝关节　股二头肌的伸展。

3. 踝关节　腓肠肌的伸展。

4. 肩关节　肩胛带及肩关节周围肌群的伸展。

5. 肘关节　肱二头肌及上臂肌群的伸展。

6. 腕关节　手指、腕关节及手指肌群的伸展。

7. 躯干　患儿长期坐在轮椅上,要注意让患儿一天之内分数次保持卧位姿势,这样有利于伸展脊柱,防止脊柱变形进一步恶化。

三、肌力增强训练

合理、有计划地采取主动的肌力增强训练,有利于维持肌肉的正常功能。但由于肌肉失用性萎缩和肌肉无力,会导致肌肉活动时易疲劳,因此要回避过度的肌力增强训练。早期可从日常动作中获得肌力的增强,并可维持患儿基本的功能,可进行起立、行走训练、蹲起、上下楼梯及床上动作等项目的运动训练。每次 30min,一日内以 2~3 次为宜,每次运动以不感到疲劳为度。随着运动障碍的加重,应选择障碍程度较轻的肌肉锻炼,对已有障碍的肌肉,在肌肉能力允许的范围内做抗重力或减重运动。

1. 起立、行走训练　在步行期(Vignos 分级 1~7 级)可对患儿进行步行训练,以保持步行能力。当患儿进行步行训练困难时,可采用长下肢矫形器,辅助患儿膝关节固定,来完成站立和行走,尽量使患儿行走能力延长。

2. 床上动作训练　步行不能期(Vignos 分级 9 级),要注意维持患儿在床上的动作能力,如肢体的基本姿势转换,翻身、坐起、四爬、蹲爬等爬行训练。肢体的伸展屈曲,举肩展臂,脊柱的运动等。

四、物理因子疗法

假肥大型肌营养不良应用物理因子疗法的目的在于改善肌肉组织的微循环,加强和锻炼肌肉,促进代偿性肥大,转化和改善挛缩的肌腱组织等,下述方法可供选用。

1. 红外线疗法　红外线的治疗作用是改善局部血液循环,降低肌张力,缓解肌痉挛,可选择局部肢体或各个肢体轮流进行,每次 20~30min,每日 1 次,15~30 次为 1 疗程。

2. 神经肌肉电刺激疗法　选用短脉冲的方形波电刺激,通常选择股四头肌、臀大肌、三角肌、肱二头肌等维持人体运动和生活功能的肌肉。每块肌肉治疗 5~10min,30 次为 1 疗程,可以延缓肌肉萎缩、保持肌肉功能。

3. 干扰电疗法　干扰电疗法在不引起疼痛的情况下,可显著增大作用电流强度,引起骨骼肌收缩反应强度和活动范围增大。每日或隔日治疗 1 次,治疗时间一般 20~30min,15~20 次为 1 疗程。同样选择维持人体运动和生活功能的肌肉,使其产生收缩性活动。

4. **超短波疗法**　超短波可穿透至较深部位,热效应作用较均匀。通常选择下肢,将电极放在腰部及双足底,无热量及微热量,10~15min,每日 1 次,15~30 次为 1 疗程。

5. **超声波疗法**　骨骼肌对超声波非常敏感,治疗剂量超声波可使肌肉松弛、肌张力降低,对易发生挛缩的髂胫束、股二头肌、腓肠肌进行超声波疗法时,宜采用直接接触移动法,移动过程中保持一定的均匀的压力,移动的速度为每秒 2~4cm,剂量为 0.6~0.5W/cm^2,每次 6~10min,每日 1 次,10~30 次为 1 疗程。

6. **石蜡疗法**　对于改善局部血液循环、软化挛缩组织均有一定帮助。采用蜡饼法、蜡袋法,每次 30min,每日 1 次,15~30 次为 1 疗程。

五、矫形器的使用

矫形器的使用主要是针对患儿下肢和躯干的功能障碍,其作用是调动肌肉的残存肌力,弥补肌肉动力学上的不平衡,维持躯干的稳定性,维持和支持获得步行能力。矫形器的使用可以提高患儿的 ADL 能力、预防下肢关节挛缩与躯干变形、给患者提供心理援助、减轻护理工作量。因此矫形器的使用是进行性肌营养不良的主要康复措施。

(一) 下肢矫形器

在行走不能期,从行走显著困难的 Vignos 分级第 6 级开始,为了维持及改善起立及行走功能而使用下肢矫形器,可选用不同的支具。

1. **金属支条式膝踝足矫形器(KAFO)**　这种长下肢矫形器的特点是在矫形器的膝关节前面安装有两个弹簧,膝接头使用能弯曲 25° 的制动器,踝关节使用维持足跖屈的制动器,左右垂直条用坚固的钢材制成。它可以辅助患儿膝关节伸展,在行走时便于下肢伸出。

2. **塑料和金属支条混合型膝踝足矫形器**　此种 KAFO 带有金属支条、膝关节铰链及踝关节,经模塑制成,具有与肢体吻合好、重量轻、容易清洁的特点。可以补充膝关节减弱的伸展肌力,并把膝关节保持轻度弯曲位,这类矫形器容易从铰链与塑料连接件部位拆开,因此利于儿童使用中随着生长发育需要的延长。

(二) 脊柱矫形器

在步行能力丧失后,由于躯干肌与骨盆周围肌萎缩,坐位保持亦趋困难,通常使用躯干支撑器提供援助,用以支撑体重,维持脊椎处于伸展位,使患者保持坐位。使用脊柱矫形器可以使患儿的病变部位固定或保持在容易发挥功能而且舒适的位置,防止肌力不平衡,防止重力或引起组织挛缩与变形的异常力所导致的进行性脊柱变形,并对已经变形的脊柱进行矫正。

六、呼吸功能训练

假肥大型肌营养不良晚期主要表现为心肺功能不全。患儿呼吸肌呈进行性无力,加上脊柱与胸廓的变形等均可导致患儿的呼吸功能不全,最后因呼吸力弱、呼吸麻痹而死亡。因此进行呼吸功能训练,改善呼吸功能是延长患者生命的重要环节。呼吸功能训练的目的是强化残存呼吸肌,增加肺活量,促进气道分泌物咳出,实行体位排痰,预防肺并发症,扩张胸廓,预防肋间挛缩并维持其活动性。呼吸训练包括放松训练、恢复生理性呼吸运动形式、呼吸肌肌力增强训练及维持和扩大胸廓活动度的训练。在临床上,应根据患者的状态选择不同的训练方法。

(一) 深呼吸训练

这是增大肺活量及改善肺通气功能的最基本训练。首先是腹式呼吸训练,治疗师将手掌置于患儿上腹部,令患儿注意力集中于该处,缓慢地由鼻尽量深吸气,鼓起腹部完成吸气动作,同时治疗师给上腹部以轻度压迫,当达到最大吸气位时,用嘴自然呼气;其次是屏气训练,最大吸气后的屏气训练可预防肺泡萎缩,且屏气后出现的大吸气对扩张胸廓也有作用,通常要指导患者每小时练习 5 次左右;其他还有叹气式呼吸,亦可通过吹气球、吹灭蜡烛等进行抵抗呼吸训练,以增加死腔和呼气压。

(二) 排痰训练

包括辅助咳嗽训练、体位排痰法、胸壁叩打法、振动法等,根据患儿具体情况,可单独使用某一种方法,也可将各种方法形成不同的组合,以起到排出痰液的效果。对于较重的假肥大型肌营养不良患儿,平时的卧位姿势就要注意保持省力而又适合于痰液排出的体位,如侧卧位可提高排痰的效果。

(三) 徒手胸廓扩张法

由于呼吸肌的肌力低下,使胸廓扩张回缩运动消失,必然导致胸廓紧缩,失去弹性,为防止其发生,需进行手法扩张。一般认为恢复胸廓的柔软性,每天2次,而保持胸廓的柔软性则每天1次即可。具体操作方法如下(图33-6):

1. 肋骨扭转手法 治疗师的一手放在胸廓的下面,指尖置于脊椎的横突,另一手置于前胸壁,手掌的根部靠近胸骨缘,然后双手同时相对用力(沿肋骨走向用力),在胸廓后方的手从胸廓下部向上部

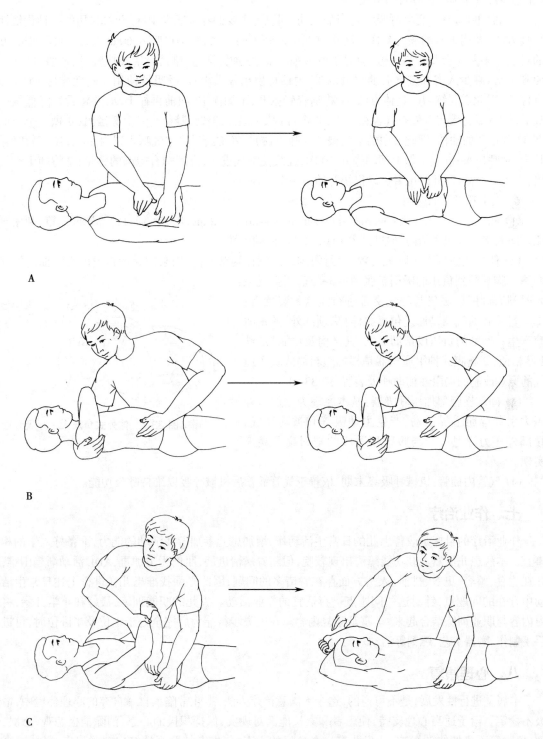

图33-6 徒手胸廓扩张法
A. 肋骨扭转手法;B. 胸廓扭转手法;C. 背部过伸手法

扭转。每根肋骨依次行手法治疗,上位肋骨与下位肋骨的运动方向相反。

2. 躯干扭转手法 治疗师一侧前臂插入患者肩下,从背后达对侧腋窝附近,另一手固定胸廓下部。然后固定手沿图中箭头方向斜向上背部加压,另一侧上肢肘关节屈曲将患者躯干向前方旋转,但不要将患者抬起,使胸廓产生扭转的力。

3. 背部过伸展手法 令患者双手抱肘,治疗师一手置于患者肩胛骨下角,指尖达横突,腕关节屈曲将患者上胸部托起,另一手帮助患者上举上肢至头顶,同时令患者深吸气。

4. 徒手胸廓压迫法 徒手将胸廓下压,然后慢慢松开,以增加胸廓的顺应性,对晚期呼吸困难明显的患者,可作为辅助呼吸的手段。

5. 舌咽呼吸法 舌咽呼吸法是当膈肌、肋间肌等主要的呼吸肌发生麻痹时,采用的一种代偿性的呼吸方法,即用舌和咽喉的泵样运动将空气送入肺中的方法,平均可吸入 60ml 气体。此种呼吸方法的难点是不易体会及较易疲劳,但对于改善肺功能(增加肺活量、维持胸廓顺应性、增强咳嗽反射)和便利生活(减少入浴和进食后的呼吸困难、说话可发出较大声音、呼吸器使用间断期维持呼吸)方面有好处,因此需要练习。具体方法:①将嘴轻轻张开,下颚向下,向前再往上动,并将舌背降低做一个吸的动作;②将嘴闭合使空气含在口中;③将舌背提高至软腭处,避免空气由鼻溢出;④做一个类似吞咽、喉部挤压的动作,因此口中的空气被咽入肺中(初学者常会误将空气咽入胃内);⑤让空气暂时存于肺中,别呼出来;⑥重复做上述动作 6~10 次,连续使空气进入,直到肺有饱满的感觉;⑦将肺中空气呼出,完成一个循环,此时患者可以很快开始另一个循环。

6. 人工呼吸器的应用

(1) 间歇正压人工呼吸(intermittent positive pressure breathing,IPPB):通过口鼻罩或面罩,利用泵的原理间断将空气送入肺内,促进排出 CO_2,保持肺的顺应性。

(2) 体外式负压人工呼吸装置:用封闭的气囊围在胸壁上,利用泵的原理将囊内空气抽出使气囊变瘪。胸廓受到负压的吸引扩张,肺部吸气,当空气泵入时,肺部呼气,吸气与呼气交替进行。这种装置有:①塑料筒式通气器是通过包裹躯体(除颈部外)的密闭筒产生一间断的负压以帮助通气,其结构及功能与"铁肺"相似;②胸腹式护甲通气器是根据塑料筒式负压通气的原理改制的局限性辅助呼吸装置(图 33-7)。

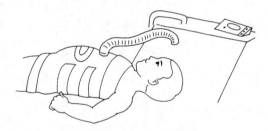

图 33-7 体外式负压人工呼吸装置

(3) 间歇性腹部加压呼吸器:基本原理为增加腹外压力引起膈肌上提运动,产生主动吸气和被动呼气。腹部外压力通过一个与腹壁相适应的塑料扁平囊来实现。

(4) 气管内插管:机械呼吸终末期,依赖于气管插管后机械呼吸以维持呼吸功能。

七、作业治疗

作业治疗的目标是改善患儿的日常生活动作,增加患儿参加游戏活动的能力,准备好入学的相关事宜。本病患儿虽然上肢功能障碍出现较晚,但随着病情进展,肌肉无力加重,ADL 活动渐趋困难,患儿在进食、整容、更衣、排泄、入浴方面存在着诸多的问题,因此必须找准患儿在进行上述日常生活活动中存在的问题点,针对这些问题点进行适宜的作业活动。患儿的职能训练,最好在小学开始,将学习内容与职业训练结合起来,丰富其康复内容。在丧失步行能力后完全处于坐位及半卧位时,可进行手工制作、陶器工艺、雕刻等活动。

八、心理康复

本病呈进行性发展,是不可逆的,迄今无满意治疗方法,患儿常陷入自暴自弃的心理环境中,情绪极不稳定。给予适当心理支持,使患者和家长能面对现实,保持积极的心态,消除消极悲观、恐惧、忧郁、急躁等不良情绪的影响,让患儿有一个良好的心态,使患者从悲观情绪中解脱出来,坚持康复治疗,提高对生活的信心。同时教育患儿家长一定要帮助其克服依赖心理,树立独立思想。

九、教育康复

大部分患儿可完成小学四年级前阶段的学习,以后由于行动困难常辍学,创造合适的学习环境,帮助患儿继续学习是全社会的责任,不仅有助于树立患者的康复信心,也能加强其文化修养。在学校里安排在一层的教室学习,即使在行动困难不能上学的条件下,亦应鼓励病儿通过电视、网络学习知识。

十、家庭护理

1. 在精神方面为患者创造一个良好环境,保持合理的期望,避免过度保护。

2. 患儿营养方面,应给予高蛋白、高维生素、低脂肪的膳食。由于本病患者运动困难、活动量小,过量饮食可造成肥胖,从而进一步加重运动困难和促进畸形形成。因此应节制饮食,多吃蔬菜、水果,少食脂肪和过量的糖类,保持消瘦型体形。

3. 患者本人要克服困难,进行力所能及的锻炼,亦不要过劳。上肢可练习抬举、扩胸等;腰部可练习仰卧起坐;下肢可练习起蹲、上楼、跳跃、侧压腿等;防止脊柱畸形,保持良好坐姿,劳累后宜平卧休息。

4. 合理安排规律的生活和学习。

5. 平时注意避风寒,多饮水,保持心情舒畅,防止感冒的发生。

本章小结

儿童进行性肌营养不良是一组与遗传因素相关的疾病,临床上假肥大型肌营养不良病情最严重。强调康复治疗是重点学习内容,强调采取积极正确的康复治疗是提高患儿生活质量、延缓生命的有效途径。同时学习中要注意,由于本组疾病目前尚无有效治疗方法,采取预防措施更为重要。主要措施是检出基因携带者和产前检查,如发现患儿为 DMD 或 BMD,则应早期进行人工流产以防止患儿出生。

（王　颖）

思考题

1. 什么叫进行性肌营养不良? 其中 DMD 型的临床特征是什么?
2. 如何用 Vignos 功能障碍分级表对 DMD 型患儿进行障碍进展程度评定?
3. 进行性肌营养不良患儿康复处理原则及具体的康复治疗方法有哪些?
4. 如何对假肥大性肌营养不良患儿进行呼吸功能训练?

扫一扫,测一测

思路解析

第七篇　恶性肿瘤康复

　　肿瘤是指机体在各种致癌因素作用下,局部组织的细胞基因突变,导致异常增生所形成的局部肿块。根据肿瘤的生物学特性及其对机体的危害性,将肿瘤分为良性肿瘤和恶性肿瘤两大类。良性肿瘤(benign tumor)容易清除干净,一般不转移、不复发,对器官、组织只有挤压和阻塞作用。恶性肿瘤(malignant tumor)包括癌症(cancer)和肉瘤,癌症是指起源于上皮组织的恶性肿瘤,是恶性肿瘤中最常见的一类;起源于间叶组织的恶性肿瘤统称为肉瘤。恶性肿瘤早期即可发生浸润和转移,侵犯、破坏邻近的组织和器官的结构和功能,引起坏死出血合并感染,是严重危害人类生命与健康的常见病、多发病。

　　WHO 报告显示,2008 年全世界约有 1270 万癌症新增患者,760 万死于癌症,尤其在发展中国家,癌症新增例数达 56%;据推测到 2020 年前,全球癌症发病率将增加 50%,即每年将新增 1500 万癌症患者。不仅如此,癌症的死亡人数也在全球迅猛上升,2030 年这个数字可能会增至 1320 万。随着社会、经济发展,人口增长及老龄化,我国居民的癌症发生率和死亡率正处于快速上升期,据 WHO 预测数据,到 2020 年,中国新发癌症病例为 388 万,死亡为 276 万。随着医学科学及相关学科的发展,恶性肿瘤的早期诊断及可选择的抗肿瘤治疗水平不断提高,使得恶性肿瘤患者的生存时间不断延长。然而,尽管目前抗肿瘤治疗手段在向减少创伤及保留功能方向发展,但是在恶性肿瘤患者中仍有较高的致残率。调查数据显示,最常见的致残原因中,恶性肿瘤位列第 13 位。因此,每一个恶性肿瘤患者都需要后续的康复治疗。

第三十四章　恶性肿瘤康复概论

学习目标

　　1. 掌握　恶性肿瘤康复的基本概念;恶性肿瘤的康复治疗目标;恶性肿瘤的康复治疗原则和方法。

　　2. 熟悉　恶性肿瘤的康复评定。

　　3. 了解　恶性肿瘤的病因;恶性肿瘤的诊断;恶性肿瘤的临床治疗。

　　4. 具有良好的临床思维能力、分析解决问题的能力,建立积极的康复理念,能合理选用恶性肿瘤的康复评定方法,能正确设定恶性肿瘤的康复治疗目标,并规范制订康复治疗方案。

　　5. 能与患者及家属进行良好沟通,开展肿瘤康复的宣教;能与相关医务人员进行专业交流与团结协作开展康复治疗工作。

第一节 概　述

一、基本概念

Baldonado 与 Stahl 将恶性肿瘤患者的康复定义为："在肿瘤患者的整个疾病的过程中预防、维持、恢复、再教育的过程"。恶性肿瘤患者康复的目的是提高恶性肿瘤治愈率、延长患者生存期、改善功能状况、提高生活质量，帮助患者回归家庭和社会。

恶性肿瘤康复指对恶性肿瘤患者的功能障碍采取相应的康复医学措施，使之增进健康，改善功能，提高生活质量，回归社会。恶性肿瘤的康复评定、康复治疗的基本原则和方法与一般病症相同，但具有恶性肿瘤本身的特点。

恶性肿瘤患者康复需求主要体现在三个方面。①身体方面：患者渴望尽快清除体内的肿瘤，同时也希望能及时解除疼痛、咳嗽、呼吸困难、恶心、厌食、营养不良等躯体痛苦，减轻各种治疗带来的不良反应，需要增强体质，为各种治疗及适应家庭和社会生活提供良好的身体条件。②心理方面：恶性肿瘤的难治性、长时间的疾病折磨以及疾病引起的社会适应性的明显降低等都使患者产生较严重的心理问题或心理障碍，患者需要得到理解、支持、鼓励和安慰，以减轻心理障碍。③社会方面：患者仍然具有社会属性，有得到家庭及社会支持、受人尊重、建立人际关系、参加社会活动、重新工作等权利和需求，这些都需要通过康复治疗来给予指导和解决。

二、病因

恶性肿瘤的病因尚未完全明确。目前，较为明确的与恶性肿瘤有关的因素可分为外源性和内源性两大类。

(一) 外源性因素

1. 化学因素　人们最先认识的肿瘤病因是化学致癌因素。流行病学与病因学研究证实，具有致癌作用的化学物质超过 2000 种，依据其作用方式分为直接致癌物、间接致癌物和促癌物三种。常见的化学致癌物包括多环芳香烃类、芳香胺与偶氮染料和亚硝胺类等。

2. 生物因素　生物因素（感染原）是人类肿瘤的主要病因之一。流行病学调查表明，全球 17% 的新发恶性肿瘤病例是由感染性疾病引起的，主要为病毒感染，目前至少有 8 种病毒已被证明与人的肿瘤相关，如乙型（丙型）肝炎病毒与原发性肝癌、EB 病毒与淋巴瘤和鼻咽癌、人类乳头瘤病毒与宫颈癌和口腔癌等。其次，还有细菌，如幽门螺杆菌与胃癌及胃黏膜相关淋巴组织淋巴瘤。再次，是寄生虫，如埃及血吸虫、日本血吸虫与结肠直肠癌等。

3. 物理因素　人类对某些物理因素致癌的认识已有近百年的历史，到目前为止已经肯定的物理致癌因素主要有电离辐射、紫外线辐射和一些矿物纤维。目前，一般认为物理致癌因素主要与某些职业性癌症关系密切。

(二) 内源性因素

1. 遗传因素　目前认为，基因组遗传变异在肿瘤的发生发展过程中起重要作用，一些携带变异基因的人对环境致癌因素格外敏感而易患癌症。真正直接遗传的肿瘤只是少数不常见的肿瘤，遗传因素在大多数肿瘤发生中的作用是增加了机体发生肿瘤的倾向性和对致癌因子的易感性，即遗传易感性，包括染色体不稳定、基因不稳定以及微卫星不稳定。如家族性结肠腺瘤性息肉者，因存在胚系细胞 APC 基因突变，40 岁以后大部分均有大肠癌变；Brca-1、Brca-2 突变与乳腺癌发生相关，发生率达 80% 以上。

2. 内分泌因素　体内激素水平异常是肿瘤诱发因素之一，如雌激素和催乳素与乳腺癌有关，雌激素与子宫内膜癌相关，雄激素与前列腺癌相关等，生长激素可以刺激癌的发展。

3. 免疫因素　先天性或后天性免疫缺陷者易发生恶性肿瘤，如丙种球蛋白缺乏症患者易患白血病和淋巴造血系统肿瘤；获得性免疫缺陷综合征（艾滋病）患者恶性肿瘤发生率明显增高。但大多数恶性肿瘤发生于免疫功能"正常"的人群，主要原因在于恶性肿瘤能逃脱免疫系统的监视并破坏机体免疫系统,机制尚不完全清楚。

因此,恶性肿瘤的发生是内外因素长期共同作用的结果。

三、临床表现

恶性肿瘤的临床表现因其所在的器官、部位以及发展程度不同而不同,一般早期多无明显症状,即便有症状也常无特异性,等患者出现特异性症状时,肿瘤常已经属于晚期。一般将癌症的临床表现分为局部表现和全身性症状两个方面。

(一) 局部表现

主要有局部肿块、疼痛、溃疡、出血、梗阻和转移症状等。

(二) 全身症状

早期恶性肿瘤多无明显全身症状。部分患者可出现体重减轻、食欲减退、恶病质、大量出汗(夜间盗汗)、贫血、乏力等非特异性症状。此外,10%~20% 的患者在发病前或发病时会产生与转移、消耗无关的全身和系统症状,称肿瘤旁副综合征。表现为肿瘤热、恶病质、高钙血症、抗利尿激素异常分泌综合征、类癌综合征等。

四、诊断

恶性肿瘤的早期诊断对改善患者预后非常重要,诊断肿瘤的方法和手段有多种,临床上将恶性肿瘤的诊断形式按级别的高低分为以下五级:

(一) 临床诊断

根据临床症状、体征,结合疾病发展规律,在排除非肿瘤性疾病后作出诊断,一般不能作为治疗依据。

(二) 手术诊断

经手术或各种内镜检查,仅以肉眼看到的肿瘤而作出的诊断,未经病理学证实。

(三) 理化诊断

在临床上符合恶性肿瘤表现,并有理化检查阳性结果支持,如 X 线、B 超、CT 和 MRI 检查,或癌胚抗原、甲胎蛋白等肿瘤标志物测定等。

(四) 细胞病理学诊断

根据各种脱落细胞、穿刺细胞学检查而作出的诊断。

(五) 组织病理学诊断

各种恶性肿瘤组织经粗针穿刺、钳取、切取、切除后,制成病理切片的诊断,是恶性肿瘤诊断的金标准。

 知识拓展

组织病理学检查的作用

1. 明确肿瘤的性质,即明确是良性肿瘤还是恶性肿瘤。

2. 明确肿瘤的组织来源(分型)。

3. 明确肿瘤细胞的分化程度,即恶性程度的高低(分级)。

4. 大体组织标本可以明确肿瘤所在部位、大小、大体类型、肉眼所见浸润深度、上下切缘与肿瘤的距离。

5. 明确手术切缘状况(R0、R1 或 R2)。

6. 明确有无血管、淋巴管及神经侵犯。

7. 明确区域淋巴结有无转移、淋巴结转移数目及淋巴结包膜有无侵犯。

8. 用于鉴别诊断。

9. 分子病理学检查用于指导个体化治疗,如分子靶向治疗等。

10. 反映新辅助治疗的疗效,并为下一步的辅助治疗提供依据。

11. 预测肿瘤的预后。

五、临床治疗

恶性肿瘤的临床治疗方法主要包括手术治疗、化学治疗、放射治疗、靶向治疗和免疫治疗,其他治疗方法如综合治疗、中医中药治疗、基因治疗、内分泌治疗、姑息治疗等。

(一) 手术治疗

手术治疗亦称外科治疗,是通过手术的方法将肿瘤病灶清除,达到治疗目的。大部分尚未扩散的肿瘤常可通过手术治疗治愈,同时手术可以了解肿瘤的准确部位和分期,指导下一步治疗。对于在多数早中期恶性肿瘤患者来说,手术是首选的、有效的治疗方法。

(二) 化学治疗

化学治疗简称化疗,即用化学药物治疗恶性肿瘤。多种化学药物作用于细胞生长繁殖的不同环节,抑制或杀灭肿瘤细胞,达到治疗目的。随着临床研究及应用的增多,化疗已从姑息性治疗向根治性治疗过渡。

(三) 放射治疗

放射治疗简称放疗,是通过电离辐射来杀死肿瘤细胞,达到治疗肿瘤的目的。放疗在肿瘤治疗过程中发挥着重要作用,大约有 70% 以上的恶性肿瘤需要使用放疗。

(四) 靶向治疗

靶向治疗就是针对肿瘤发生、发展过程中的关键大分子,包括参与肿瘤发生发展过程中的细胞信号传导和其他生物学途径的靶点(参与肿瘤细胞分化、周期调控、凋亡、浸润和转移等过程中,从 DNA 至蛋白、酶水平的任何亚细胞分子);通过特异性阻断肿瘤细胞的信号转导,来控制其基因表达和改变生物学行为,或是通过强力阻止肿瘤血管生成,从而抑制肿瘤细胞的生长和增殖,发挥抗肿瘤作用。

(五) 免疫治疗

免疫治疗是利用人体内的免疫机制来对抗肿瘤细胞。已经有许多对抗癌症的免疫疗法在研究中。目前较有进展的就是癌症疫苗疗法和单克隆抗体疗法,而免疫细胞疗法则是最近这几年最新发展的治疗技术。

(六) 综合治疗

进入 21 世纪后,临床医学的三个特点:循证、个体化和规范化在临床肿瘤学所取得的成果均使得肿瘤的综合治疗更为合理。肿瘤综合治疗的定义为:"根据患者的机体状况,肿瘤的病理类型、侵犯范围(病期)和发展趋向,有计划地、合理地应用现有的治疗手段,以期较大幅度地提高治愈率。"

另外,姑息治疗(palliative care)是肿瘤综合治疗必不可少的组成部分。WHO 姑息治疗的定义是:"改善那些伴有致命性疾病的患者及其亲属的生活质量的所有医学手段。"姑息治疗通过早期发现、准确评估以及对疼痛和其他躯体、社会、心理及精神等各种问题的治疗,达到预防和缓解这些痛苦的目的。

第二节　康复评定

大多数人类恶性肿瘤是环境因素与遗传因素相互作用的结果。康复评定主要对个人因素、环境因素、社会与家庭支持等背景性因素评定,身体结构与功能的损伤严重程度的评定。患者活动能力和参与能力因肿瘤种类、治疗方式等不同,受限和局限性程度也不同,可根据具体情况进行相应的评定。

一、生理功能评定

(一) 躯体功能评定

1. 恶性肿瘤患者的躯体功能障碍　恶性肿瘤所引起的躯体功能障碍可分为两大类。

(1) 恶性肿瘤本身所致功能障碍:①原发性损伤,如骨关节肿瘤破坏骨关节致肢体活动功能障碍。②继发性损伤,如恶性肿瘤对体质的消耗引起营养不良、贫血,长期卧床缺乏活动引起肌力减退、肌肉萎缩、关节纤维性挛缩、下肢静脉血栓形成等。

(2) 恶性肿瘤治疗所致功能障碍:①手术损伤,如喉癌全喉切除术后丧失发声、言语交流能力;乳腺癌根治术后肩关节活动障碍与上肢淋巴性水肿;肺癌肺叶切除术后肺呼吸功能降低。②化疗损伤,如骨髓造血功能抑制、多发性神经病变。③放疗损伤,如骨髓造血功能抑制,鼻咽癌放疗后腮腺唾液分泌减少、颞颌关节活动功能障碍。

2. 躯体功能评定方法　根据恶性肿瘤患者病情的原发性和继发性反应的特点,恶性肿瘤患者各系统器官的功能评定多侧重于:关节活动度评定、肌力评定、步行能力评定、肢体围度测量、骨折等;中枢神经功能、周围神经功能、心肺功能等评定。恶性肿瘤患者躯体功能评定的原则和方法与一般伤病的功能评定相同。

（二）癌痛评定

恶性肿瘤患者疼痛评定的原则和方法与一般疼痛评定相同,多采用目测类比测痛法(VAS)、McGill疼痛问卷法。此外,根据患者应用镇痛药物的种类和方式,将癌痛分为0~4级(表34-1)。

表 34-1　癌痛五级评定标准

级别	应用镇痛药物情况	级别	应用镇痛药物情况
0 级	不用	3 级	需口服与(或)肌内注射麻醉剂
1 级	需非麻醉性镇痛药	4 级	需用静脉注射麻醉剂
2 级	需口服麻醉剂		

二、心理功能评定

（一）恶性肿瘤患者的心理反应

一般认为,恶性肿瘤患者的心理反应通常要经过否认期、愤恨期、妥协期、抑郁期和接受期5个阶段。Massie MJ 及 Heijigeastein E 等列举了被诊断为恶性肿瘤的患者所表现出来的特殊的正常心理反应(表34-2)。

表 34-2　恶性肿瘤患者的正常心理反应

症状	持续时间
1 期:最初反应	
怀疑和否认("误诊""病检时混淆了玻片")、绝望("我一直知道是这样的""我不接受治疗,治疗无济于事")	2~5d
2 期:烦躁不安	
包括焦虑、抑郁情绪、厌食、失眠、易怒、注意力不集中、日常活动能力受限	7~14d
3 期:适应	
适应新情况、正视出现的问题、找到乐观的理由、重新参加各项活动(包括新的或修改的治疗方案)	>14d 至数月

而 Rundell 及 Wise 等则归纳了恶性肿瘤患者对肿瘤诊断治疗及其发展过程的正常及异常的心理反应(表34-3)。

国内罗叙东等发现,恶性肿瘤住院患者心理反应表现为6个阶段:恐惧与否认期、自卑失望期、需要层次紊乱期、癌症个体接受期、丧失感期、接受期。

值得注意的是,不同心理特征的患者在心理变化分期方面存在很大差异,各期持续时间也不尽相同,出现顺序也有所不同。

（二）心理评定方法

对恶性肿瘤患者心理评定的方法与一般伤病的心理评定相同,主要采用以下评定方法。

1. 情绪测验　采用汉密尔顿抑郁量表、汉密尔顿焦虑量表(详见康复评定技术)。

2. 人格测验　采用艾森克人格问卷。

表 34-3　患者对恶性肿瘤的正常或异常心理反应

阶段	正常的、适应性反应	异常的、适应不良性反应
确诊前	关心各种与诊断有关的信息	过度警觉状态、焦虑
	担心患癌症后可能有的疼痛、损容、死亡等	因自我暗示而出现类癌症症状、恐癌症状
	情感震惊	完全否认、拒绝治疗
	怀疑诊断的准确性	认为必死无疑、放弃治疗
诊断期	部分的否认	临床抑郁
	愤怒、敌意、受迫害感	寻找江湖郎中
	焦虑	
	抑郁	
治疗期		
外科	害怕疼痛与死亡	拖延手术
	害怕麻醉	寻求非外科治疗
	体象改变的悲伤反应	术后反应性抑郁
放疗	害怕 X 线不良反应	类精神病性症状如幻觉、妄想
	害怕被遗弃	
化疗	害怕不良反应	药源性精神病
	焦虑、轻度抑郁	严重的"囚禁"精神病性反应
	体象改变	器质性大脑综合征/谵妄
	隔离	
治疗后	恢复正常的应对方式	严重的治疗后焦虑和抑郁
	担心复发	
	治疗后焦虑和抑郁	
复发期	情感震荡	严重的反应性抑郁，伴失眠、厌食、不安、焦虑和易激惹
	怀疑诊断准确性	
	部分的否认	
	愤怒、敌意、受迫害感	
	焦虑	
	抑郁	
疾病恶化期	疯狂地搜寻新的信息，四处求治及试用各种偏方	抑郁
终末期	害怕被遗弃	抑郁
	害怕无法保持镇静以及失去尊严	急性谵妄
	害怕疼痛	
	事业未竟感	
	对未知的恐惧	

三、活动能力评定

(一) 日常生活活动能力评定

可采用 Barthel 指数、功能独立性评测(FIM 量表)等方法评定。

(二) Karnofsky 患者活动状况评定

Karnofsky 所制定的患者活动状况评定量表,最初用于恶性肿瘤患者的评定,后来也用于其他疾病的评定,主要根据患者能否自理生活、是否需要他人照顾、能否进行正常生活和工作的情况进行评定(表 34-4)。

表 34-4 Karnofsky 活动状况评定分级标准

分数	患者活动状况	生活独立性
100	正常,无疾病表现	不需特殊照顾
90	能正常活动,有轻微症状、体征	
80	勉强能正常活动,有某些症状、体征	
70	能自我料理生活,但不能胜任正常工作	不能正常工作,基本能自理生活
60	需他人帮助,生活基本自理	
50	需要一定的帮助和护理	
40	不能活动,需特殊照顾	不能自我照料,病情发展需特殊照顾
30	严重不能活动,需住院照顾	
20	病情严重,需住院积极治疗	
10	病危,濒临死亡	
0	死亡	

四、参与能力评定

恶性肿瘤患者参与局限性的主要原因是身体的残疾和心理障碍。

1. 社会生活能力评定　可选用功能活动问卷、社会功能缺陷筛选表。

2. 职业能力评定　常用微塔法、Mclean Hospital 工作评估表、Valpar 评定系统等。目前应用较多的是残疾评定和生活质量评定。

五、营养评定

营养不良在恶性肿瘤患者中普遍存在。恶性肿瘤患者入院后应常规进行营养评估,以了解患者的营养状况,从而确立营养诊断。营养不良可分为消瘦型营养不良、蛋白质营养不良、混合型营养不良三类。

(一) 恶性肿瘤患者的主要营养问题

1. 恶性肿瘤的影响　恶性肿瘤可引起体内脂肪、蛋白质、碳水化合物、维生素、无机盐等营养物质的代谢失常;不少患者常因食欲减退、食物摄入困难、消化吸收不良而致体重减轻、身体虚弱,进而活动减少,食欲更差,形成恶性循环,营养不良,机体抗病能力严重降低,疾病恶化。因此,营养不良既是恶性肿瘤的后果,又是加重病情的因素之一。

2. 抗肿瘤治疗的影响

(1) 手术治疗的影响:各种手术都可能消耗体质,引起食欲减退等反应,特别是头颈部手术可引起口腔及上消化道的水肿反应;切除舌、颌骨与咀嚼肌时可造成咀嚼、吞咽困难;唾液腺(涎腺)的切除可引起口咽干燥;胃肠道手术可引起胃肠道运动与分泌功能障碍,因而导致营养缺乏、电解质紊乱等。

(2) 化疗的影响:化疗可引起不良反应,如唇炎、舌炎、口腔溃疡、消化道溃疡、厌食、恶心呕吐、便秘或腹泻等。

（3）放射治疗的影响：约有 90% 以上的患者在接受大剂量放射治疗后体重下降。有些部位放疗所引起的消化道反应严重，如：头颈部放疗可引起唾液分泌减少、咀嚼与吞咽困难；上消化道的放疗可引起口腔、食管与胃的放射性炎症，恶心呕吐；腹部与盆腔的放疗可引起消化吸收不良、腹泻。这些反应均可导致摄食减少、吸收不良、营养不良。

（4）靶向治疗的影响：靶向治疗可引起舌炎、口腔溃疡、恶心呕吐、腹泻等消化道不良反应。

（二）营养评定方法

营养评定可分营养筛选和综合评定两个步骤。

综合评定经过营养不良粗筛，进一步了解病史、体格检查、利用一些客观指标如血浆蛋白水平、机体测量如动态的体重身高变化及机体组成测定等，与主观评定相结合来完成营养评估。可根据具体情况选择综合营养评定法、主观全面评定（subjective global assessment，SGA）、营养评定指数（nutritional assessment index，NAI）等方法。

六、生活质量评定

英国的 Raven 根据患者的肿瘤是否得到治疗、控制及残疾状况，将肿瘤患者的生活质量分为三级（表 34-5）。

表 34-5　Raven 生活质量分级

肿瘤状况	残疾状况	生活质量
	无症状	能正常生活
肿瘤已治疗，得到控制	因肿瘤治疗而出现残疾：	生活质量好
	器官的截断或切除（如截肢、乳房切除、生殖器官切除等）	
	器官的切开或大手术（如气管造口、结肠造口、回肠导管、颌面术后缺损、器官成形或重建术后等）	
	内分泌置换治疗（如甲状腺切除、肾上腺切除、垂体切除等）	
	心理反应、精神信念改变等	
	其他如：家庭、职业、社会活动等问题	
	因肿瘤本身而出现残疾：	生活质量好
	全身性反应（如营养不良、贫血、恶病质、疼痛、焦虑、恐惧等）	
	局部残疾（如软组织与骨的破坏、病理性骨折、膀胱与直肠功能障碍、周围神经瘫痪、四肢瘫、截瘫、偏瘫等）	
	其他如家庭、职业、社会活动等问题	
肿瘤未得到控制	因肿瘤本身治疗而出现残疾	生活质量较差，生存期有限

Raven 生活质量分级只能对肿瘤患者的残疾作大致的分类，对其生活质量作大体的分级，没达到量化评定。

第三节　康复治疗

一、康复治疗目标

随着现代医学的迅猛发展，恶性肿瘤的诊治水平不断增高，1/3 的恶性肿瘤可以通过改变生活方式等方法有效预防；1/3 的恶性肿瘤经早期诊断、早期治疗可以获得治愈；1/3 的恶性肿瘤依靠综合治疗能达到延长生存期、改善生活质量的目的，这已成为国际社会的广泛共识和明智选择。由于在恶性

肿瘤发生发展的不同阶段,不同恶性肿瘤及其不同程度功能障碍的康复目标不同。Dietz 将肿瘤患者的康复目标分为以下四种:

(一) 预防性康复

在恶性肿瘤患者抗肿瘤治疗前及治疗过程中进行康复治疗的目的是:尽可能减轻恶性肿瘤病症及其可能引起的功能障碍对患者精神上造成的冲击,预防残疾的发生,减轻可能发生的功能障碍及残疾的程度。

(二) 恢复性康复

通过手术、化疗及放疗等抗肿瘤治疗,恶性肿瘤得到治愈或控制时进行康复治疗的目的是:促进患者恢复健康,使患者功能障碍减轻至最低程度,以便能生活自理,参加力所能及的工作,回归社会。

(三) 支持性康复

在患者抗肿瘤治疗过程中或恶性肿瘤仍存在并有进展时,进行康复治疗的目的是:减缓恶性肿瘤的发展、改善患者的身体健康和功能,提高生活自理能力,预防继发性残疾和并发症的发生,延长生存期。

(四) 姑息性康复

晚期恶性肿瘤患者病情继续恶化时进行康复治疗的目的是:尽可能改善患者的一般情况,控制疼痛,预防或减轻继发性残疾和并发症的发生和发展,使患者得到精神上的支持和安慰。

二、康复治疗原则

(一) 早期同步

恶性肿瘤一经确诊,开始抗肿瘤治疗前即应开始康复治疗,并在抗肿瘤治疗过程中、治疗结束后、终末期的各个不同阶段坚持不懈、持之以恒,不应等到恶性肿瘤治愈或形成残疾后才开始。因此,恶性肿瘤的康复治疗应该贯穿于抗肿瘤治疗的始终。

(二) 综合措施

恶性肿瘤的康复治疗应采用心理治疗、物理治疗、作业治疗、矫形治疗、康复工程、言语治疗、营养支持疗法及康复护理等综合措施。

(三) 全面康复

恶性肿瘤的康复治疗应包括恶性肿瘤本身或抗肿瘤治疗造成的心理障碍、躯体功能障碍的康复、全身健康的康复、形体外貌的康复及职业康复等。

(四) 团队协作

恶性肿瘤康复治疗的任务应由有关临床科室、康复医学科、矫形外科、康复辅助器具部门以及患者的家属亲友、工作单位、社会福利部门等共同配合来完成,其中,以临床科和康复医学科为主。民政部门、残疾人联合会、肿瘤基金会等可以进行社会的组织动员,并提供有力的社会支持。康复志愿者及其组织也是一支可以发挥特殊作用的力量。

三、康复治疗方法

恶性肿瘤患者在抗肿瘤治疗前后多存在不同程度的身心功能障碍,需要康复治疗,改善身心功能,增进身体健康,提高生存质量。恶性肿瘤的康复治疗日益受到重视,已成为抗肿瘤治疗和康复医学的重要组成部分。

(一) 心理康复

心理康复应贯穿抗肿瘤治疗的全过程。恶性肿瘤一经确诊,常导致患者恐惧、抑郁、悲观、绝望等负面心理反应;在抗肿瘤治疗前后,患者会对手术、化疗、放疗等治疗的效果、副作用产生疑惑、恐惧心理,甚至因此延误治疗或丧失治疗机会;恶性肿瘤康复期的患者常担心肿瘤复发或转移,影响正常工作和生活;晚期肿瘤患者在有限的生存期内会产生绝望、厌世恐惧等心理。

因此,针对处于不同阶段患者的心理特点进行有针对性的心理干预是康复治疗的重要内容,有助于患者正确对待疾病规律和治疗,以积极的心态面对生活甚至死亡。

(二) 躯体康复

恶性肿瘤患者的躯体康复应在专业的康复医生指导下有计划、有针对性地进行,患者可进行适合自己体力的运动和功能锻炼。推荐低强度有氧运动,以增强肌力,保持或改善关节活动范围,提高心肺功能与耐力。注意监测患者的疲劳程度,防止过度劳累。

(三) 癌痛康复

60% 恶性肿瘤患者伴随有疼痛,25%~30% 的患者存在严重疼痛;对于老年肿瘤患者,疼痛、乏力、失眠等症状常伴随着机体功能状况的下降。疼痛又可加重患者的忧虑、抑郁,影响患者的生活质量,甚至形成一种威胁,晚期肿瘤患者常因难以忍受疼痛的折磨而要求提前结束生命。

1. 康复目标 恶性肿瘤疼痛性质复杂,不易预防,不同病期的疼痛的康复目标不同。

(1) 对肿瘤可以控制的患者,应采取积极治疗减轻或消除其疼痛,防止急性疼痛转为慢性疼痛。

(2) 对肿瘤不能完全控制的患者,要在治疗肿瘤的同时减轻或控制疼痛。

(3) 对晚期肿瘤患者,应尽量减轻其疼痛的程度。

2. 康复措施

(1) 药物治疗:1986 年 WHO 提出的"三阶梯止痛"是经过验证的肿瘤疼痛治疗的基石,目前公认仍是癌痛治疗的最基本原则。其主要内容包括五个方面:

1) 首选口服给药:应尽量选择无创、简便、安全的给药途径;患者能口服药物时应首选口服镇痛药。

2) 按阶梯给药:根据疼痛程度按阶梯选择镇痛药物。对轻度疼痛的患者主要选用对乙酰氨基酚或非甾体抗炎药(NSAIDs),如阿司匹林、对乙酰氨基酚(扑热息痛);中度疼痛应选用弱阿片类药物,如可待因;重度疼痛则选用强阿片类药物,如吗啡。

3) 按时给药:癌痛多表现为持续性慢性过程,按时给药能保持镇痛药物在体内稳定的血药浓度,有效缓解基础性疼痛。

4) 个体化治疗:制订镇痛方案前应全面评估患者的具体情况,如肝肾功能、基础性疾病、全身状况等,有针对性地开展个体化镇痛治疗。

5) 注意具体细节:镇痛治疗时细节不单纯指对药物毒性不良反应的及时、准确的处理,更是指可能影响镇痛效果的所有潜在因素,既包括疼痛的全面评估、准确的药物治疗、动态随访等,又包括患者的心理、精神、宗教信仰、家庭、经济状况及社会支持等多方面。

(2) 物理治疗:常采用热敷、冷敷、经皮电神经刺激疗法(TENS)、按摩、针灸、夹板固定等物理治疗方法,对癌症疼痛有较好的止痛效果。

(3) 放射治疗:放射治疗对恶性肿瘤疼痛(尤其是骨转移的疼痛)有较好、较快的止痛效果。

(4) 神经阻断:对上述治疗方法效果欠佳的患者,可在局部痛点、外周神经、自主神经、硬膜外、蛛网膜下腔及肿瘤组织中注入乙醇或石炭酸进行神经阻断,有较好的止痛效果。

(5) 神经外科手术:对顽固性疼痛,可以进行神经松解、神经切断、脊神经根后支切断、脊髓前柱切断等神经外科手术。

(6) 心理治疗:对所有恶性肿瘤疼痛患者都应给予心理支持和必要的镇痛知识宣教,去除患者对阿片类药物的恐惧心理及副作用的担心等。

(四) 营养康复

1. 为恶性肿瘤患者制订一个能提供适量蛋白质与热量、合理、平衡的食谱,保证每天能摄入足够的营养。食谱要经常变化,充分利用食物的外形、色泽及调料等,烹制各种色、香、味俱佳的菜肴,以提高食欲。

2. 少量多餐,在"三餐"之间可适当补充一些高蛋白、高营养的饮食。

3. 进餐的环境要舒适,尽可能与其他人共同进餐。餐前心情要愉快,稍微活动 5~10min,以增加食欲。

(五) 其他对症治疗

包括改善恶病质-畏食综合征、减轻疲劳、虚弱等症状的治疗。

(六) 康复教育

对恶性肿瘤患者的康复教育包括宣传恶性肿瘤防治知识、恶性肿瘤患者心理变化的特点、康复治疗的目标和内容等;还应倡导积极健康的生活方式,鼓励患者有规律的生活起居、多参加户外或集体活动、做一些力所能及的家务,多和亲友沟通、保持乐观积极的心态等。

本章小结

　　随着医学的发展,已成为常见病的恶性肿瘤并非均属不治之症,恶性肿瘤患者的寿命在不断延长,恶性肿瘤康复已成为日益迫切的社会问题。事实已经证明,随着康复范围的不断扩大,康复措施及手段的日新月异,已使有些恶性肿瘤患者在体力和精神上恢复到常人水平。

　　恶性肿瘤患者的康复治疗,注重于机体功能的恢复或重建,缓解疼痛。需要优化安排患者的日常活动,以确保患者的生活质量。康复治疗可以改善患者机体功能,保持机体独立性。康复治疗在肿瘤治疗过程中具有独一无二的地位,应贯穿于肿瘤治疗的全过程。

(刘红旗)

思考题

1. 何谓恶性肿瘤康复?
2. 恶性肿瘤康复评定方法有哪些?
3. 简述恶性肿瘤的康复治疗目标。
4. 简述恶性肿瘤的康复治疗原则和康复治疗措施。

扫一扫,测一测

思路解析

第三十五章　常见恶性肿瘤术后康复

学习目标

1. 掌握　肺癌术后康复治疗;乳腺癌术后康复治疗;结/直肠癌术后康复治疗。
2. 熟悉　肺癌术后康复评定;乳腺癌术后康复评定;结/直肠癌术后康复评定;食管癌术后康复治疗;喉癌术后康复治疗。
3. 了解　常见恶性肿瘤发病情况及临床治疗。
4. 具有良好的临床思维能力、分析解决问题的能力,具有对肺癌、乳腺癌、结直肠癌、食管癌和喉癌等术后患者进行康复评定和康复训练的能力,能对患者在治疗或训练过程中出现的简单问题进行处理。
5. 能与患者及家属进行良好沟通,开展肿瘤康复的宣教;能与相关医务人员进行专业交流与团结协作开展康复治疗工作。

病例导学

患者,女性,70岁,因"左肺癌术后1年,腰痛1个月"入院。查体第4、5腰椎压痛。查全身骨扫描结果为左肺癌术后,腰椎多发转移。现患者疼痛较剧烈,曾于当地医院就诊,口服布洛芬以及曲马多止痛治疗,效果欠佳。入院后予以口服硫酸吗啡控释片(美施康定)治疗,疼痛控制理想。

问题与思考:
1. 如何设定该患者的康复目标?
2. 如何制订康复治疗方案?

第一节　肺癌术后康复

一、概述

肺癌在世界许多国家和地区发病率和死亡率都在逐年增加,男性更为明显。肺癌也是我国目前发病率和死亡率最高的恶性肿瘤,从2015年中国癌症统计数据看,我国每年预期新发肺癌患者约70万,预期因肺癌死亡的患者约60万,数字令人触目惊心,肺癌已成为严重影响人民身体健康的最常见恶性肿瘤。目前,肺癌的治疗仍以手术治疗、化学治疗、放射治疗和靶向治疗为主,手术切除是肺癌的主要治疗手段,术后因胸痛而咳嗽困难、呼吸受限、肺功能减退,这些功能障碍需进行康复治疗。

二、康复评定

(一) 心理评定

由于肺癌术后胸部切口大、切口痛对呼吸、咳嗽的顾虑较大,且患者对肺癌的复发、转移、不易控制等忧虑较多,常有抑郁、焦虑等。主要采用汉密尔顿抑郁量表和汉密尔顿焦虑量表评定。

(二) 肺功能评定

由于手术切除肺叶或一侧全肺会造成肺功能明显减退,因此,应根据临床表现对患者进行肺通气功能、换气功能、呼吸肌力量测定、运动负荷试验等方面评定。通过评定,可以明确呼吸功能减退程度,预测耐受呼吸康复训练的能力,制订康复治疗方案,评价康复治疗效果等。

三、康复治疗

(一) 心理康复

肺癌患者术后因胸部切口大、切口痛,对呼吸、咳嗽的顾虑较大,影响呼吸道分泌物的排出和肺功能的恢复,故术前就应向患者说明手术的必要性和术后呼吸与咳嗽的重要性,使其相信有控制的呼吸与咳嗽不会使切口裂开,并教会患者呼吸、咳嗽的动作,使其能够很好地配合术后康复。

(二) 康复护理

1. 术后胸部包扎力度应适当,以免影响呼吸时胸廓的扩张。注意保持胸腔引流管通畅,防止引流管堵塞、扭曲或脱落。

2. 使患者采取有利于呼吸道分泌物排出的体位。患侧全肺切除者应卧于术侧,以免限制健侧肺呼吸;平卧时,头与躯干抬高 30°~45°,以免腹腔脏器上顶而妨碍横膈活动、压迫肺下部;每 1h 翻身 1 次,进行胸背部拍打、振动,鼓励患者咳嗽,防止呼吸道分泌物坠积。

3. 保持周围环境空气清新、湿润,温度适中,无烟尘,没有烟酒等刺激气味,必要时可作超声雾化吸入,保持呼吸道湿润。

4. 患者应忌烟酒与辛辣食物。

(三) 呼吸功能训练

1. 术前就应对患者进行腹式呼吸、咳嗽、咳痰动作的训练。

2. 术后早期胸部切口疼痛时先作腹式呼吸,疼痛减轻后进行自然的胸式呼吸,切口拆线后进行胸式深呼吸,并逐步过渡到吹瓶子、吹气球等有阻力的呼吸功能训练,以促使肺叶充分扩张,防止发生肺不张或感染。

3. 不同的手术部位应采用不同方式的局部呼吸功能训练:①为加强肺上部通气,可两手叉腰,充分放松肩胛带,进行深呼吸。②为加强肺下部通气和膈肌运动,可做深呼吸,吸气时尽量高举两上肢,勿使两上肢低于头部,呼气时两上肢还原。③为加强一侧肺下部通气和膈肌运动,身体屈向对侧,做深呼吸,吸气时尽量高举同侧上肢,呼气时还原。

视频:呼吸训练

(四) 咳嗽训练

术后要鼓励患者咳嗽,采取有利于呼吸道分泌物排出的体位。用手按压术侧胸壁,吸气时两手放松,咳嗽时再紧按胸部,以减少术侧胸部的震动、减轻胸痛,促进分泌物排出;如胸腔引流管未拔除时,咳嗽前要夹住引流管。咳嗽可使肺叶扩张,排出残腔内气体、液体,帮助建立胸膜腔负压。

(五) 下肢运动训练

术后卧床期间应注意多作下肢活动,防止下肢静脉血栓形成;体力有所恢复后,应尽早下地活动,呼吸体操与全身体操相结合,并进行步行、登梯等活动,以增大肺通气量,改善全身状况。

(六) 矫正胸廓、脊柱畸形

术后因两侧肺容量不等而造成胸廓两侧不对称、脊柱侧弯畸形时,应进行矫正畸形的体操。

第二节 乳腺癌术后康复

一、概述

乳腺癌是女性最常见的恶性肿瘤之一,约占女性新发癌症的15%,发病率居女性恶性肿瘤的首位,在30~59岁的女性中发病率最高,是45岁以下女性因癌症死亡的首要原因,严重危害女性的身心健康。目前,通过采用综合治疗手段,乳腺癌已成为疗效最佳的实体肿瘤之一。乳腺癌的手术种类较多,国内仍以根治术为主。根治性手术的范围大,包括整个乳房、胸大肌和胸小肌、腋窝淋巴结等,损伤较重,术后并发症较多,但早期康复治疗的效果较好,一般可恢复生活自理、工作和社会活动。

二、康复评定

(一)心理评定

乳腺癌根治术后患者常常由于自身形象受到损害,表现出焦虑、抑郁、恐惧等不良情绪,容易消沉郁闷,面对生活缺乏勇气和自信心。常采用汉密尔顿抑郁量表、汉密尔顿焦虑量表等情绪测验和艾森克人格问卷评定。

(二)肩关节活动范围评定

包括肩关节主动活动范围和被动活动范围的测量,应注意两侧对比。

(三)上肢围径测量

包括上臂、前臂围径的测量,注意两侧对比。

三、康复治疗

(一)心理康复

乳腺癌患者特有的心理障碍不多,少数年轻女性患者可能对根治术后一侧乳房缺如、肩胸畸形有顾虑。术前可对患者说明手术的必要性、术后注意事项和康复的可能性,解除顾虑,使其术后能很好地配合康复治疗。鼓励患者多参加一些有意义的社交活动,帮助其树立起生活的勇气和信心,放下心理负担,使患者能够尽快地投入到生活和工作中。

(二)呼吸功能训练

1. 患侧胸壁手术切口较大,加压包扎会影响呼吸时的胸廓活动,最好术前先教患者作呼吸练习,术后要定时改变体位,拍打胸背部,促进呼吸道分泌物排出。

2. 鼓励患者深呼吸,促使肺叶扩张,可防止肺部感染,同时可增加胸壁活动,有利于术区皮肤的放松。

3. 患者能坐起或下地时需作深呼吸练习,双手放在上胸部锁骨下方,鼻吸口呼,吸气时双肩缓慢向外旋转,使胸廓扩张,呼气时胸廓放松。

(三)肩关节及上肢功能训练

根治术广泛切除了患侧乳房、胸肌、筋膜、脂肪等大量组织,造成术侧肩胸皮肤、皮下组织张力高,术后容易发生术侧肩关节及上肢的活动范围受限,应注意早期功能训练。

1. 术后应使患者采取半卧位,术侧上肢处于功能位,肩外展,肘屈曲或自由放置,以枕头支持前臂和手。术后1~2d开始肩关节被动活动,开始时外展和前屈不得超过40°;术后第四天起前屈可每天增加10°~15°,但不能超过患者的耐受范围。手术切口引流条没有撤除前必须将外展限制在45°以内,以后可逐步增加;内旋和外旋不受限制。等长收缩不产生关节活动,不会增加切口的张力,不影响切口的愈合,故可早期积极采用。

2. 肘、前臂、腕和手的主动活动从术后第一天即可开始,并逐步增加活动范围和力量。

3. 切口引流条撤除后,即可开始逐步用术侧上肢进行洗漱、梳头、进食等活动。

4. 术后 2 周切口拆线后,可逐步加大活动范围,做上肢钟摆样运动、耸肩旋肩运动、深呼吸运动、双臂上举运动、手指爬墙运动、护枕展翅运动,并可适当增加抗阻运动和器械运动。

视频:乳腺癌
术后主动运动

乳腺癌术后患者肩关节及上肢活动的医疗体操

1. 钟摆样运动　坐位或立位,身体前倾,术侧上肢自然下垂,做向前后内外方向的摆动,做内收活动时使术侧上肢的摆动超过身体中线。

2. 耸肩旋肩运动　坐位或立位,缓慢耸肩,使肩上提达耳朵水平,然后下降,再使肩在水平面上作缓慢的内旋和外旋活动。

3. 双臂上举运动　立位,双手紧握,伸肘、缓慢上举过头,达到尽可能的高度,然后缓慢放下。

4. 手指爬墙运动　立位,面对墙壁,足趾离墙约 30cm,双手指尖抵墙面,缓慢向上爬,使双臂保持平行,连续练习数次,然后改为侧立位,使术侧肩对墙壁,肩外展,手指尖抵墙面,缓慢向上爬,连续练习数次。肩活动范围有改善时,逐渐缩小足趾与墙的距离。

5. 护枕展翅运动　坐位,双手"十指交叉",上举至额部,然后移向后枕部,将双肘移向前方,再分开移向耳部。最后将交叉的双手举至头上,再降回到起始位。以上所有动作均宜缓慢进行。

5. 逐渐增加日常生活的活动项目和负荷量

(1) 出院前,可作负荷小于 0.5kg 的轻量活动,如持杯倒水、进食、洗脸、化妆、梳头、操作家用电器、打电话、翻书报等。

(2) 出院回家后的最初 2 周,可作负荷约为 1kg 的中量活动,如洗头、一般打扫房间、烹饪、折叠衣服等。

(3) 回家 1 个月时,可作负荷约为 1.5kg 的中等重量活动,如挂衣入柜、铺床叠被、抓公共汽车把手等。

(4) 回家 2 个月时,可作较大重量活动,如提手提包、提菜篮、背包、轻度体育活动等。

肩关节和上肢功能的康复训练需坚持 6~12 个月。

(四) 淋巴水肿康复

由于术侧淋巴结被广泛切除、腋静脉血栓形成、术侧上肢被强力牵张及手术损伤的组织粘连压迫等因素均可导致术侧上肢淋巴回流障碍,形成水肿。患者自觉肢体沉重,影响活动,且容易发生破损、感染持久不愈等,轻者可在数月至数年内逐渐消退,重者持续多年不消退。具体康复措施如下:

1. 抬高患肢　术后应经常将术侧上肢抬至心脏水平,促进血液和淋巴回流;以后应注意避免上肢下垂或作重体力活动。

2. 运动与按摩　术侧上肢宜作适度活动,做向心性轻柔的手法按摩,以促进淋巴回流;但应避免术后过早、过强活动,以免加重水肿。

3. 压迫性治疗　水肿较严重时可应用间断性、序贯性气压袖套,2~12h/d;或穿弹性压力袖套、用弹力绷带(在上肢高举时套上袖套、绑上绷带),以压迫约束上肢,促进淋巴回流。

4. 患肢护理　术后即应禁止在术侧上肢进行静脉穿刺、输液、测量血压等操作。注意保持患肢皮肤清洁润滑,劳动时戴防护手套,患肢避免使用腐蚀性洗涤剂,避免外伤、皮肤破损。皮肤一旦破损,应及时进行抗感染治疗。

5. 其他治疗　必要时低盐饮食,用利尿药。严重者试行瘢痕松解术,解除瘢痕对血管、淋巴管的压迫。

(五) 形体康复

对乳房切除后的形体缺陷可以通过穿宽松上衣来掩饰,或使用外用乳房假体,必要时进行乳房重建术。

(六) 幻乳觉康复

个别患者术后产生幻乳觉,宜采用对症治疗,如戴假乳、轻柔按摩、经皮神经电刺激疗法等。

第三节　结直肠癌术后康复

一、概述

随着社会的发展和生活方式的改变,特别是饮食结构方面的变化,结直肠癌(colorectal cancer, CRC)的发病率日益上升,已成为全球范围内发病率上升最快的恶性肿瘤之一。据 2005 年流行病学统计,结直肠癌(CRC)已经上升为全世界第 3 位最常见的恶性肿瘤。我国结直肠癌的发病率和死亡率仍然在上升,每年新病例已超过 17 万,死亡近 10 万。近年来,科技的发展给结直肠癌的诊治带来了巨大进步,5 年生存率有了显著提高。尤其是早期发现的病变,通过手术和术后辅助治疗,5 年生存率超过 90%;即使肿瘤侵犯较深、累及周围淋巴结,通过手术和术后辅助治疗,5 年生存率也能达到 67%,结直肠癌的预后是消化道肿瘤中最好的。部分结直肠癌根治术患者需作腹壁造口,改变通常的排便途径,往往不易为患者所接受。

二、康复评定

(一) 心理评定

结直肠癌根治术腹壁造口的患者特有的心理障碍主要是排便途径改变,因经常配戴粪袋,不容易搞好卫生,而不愿参加社会活动,情绪抑郁、烦躁。心理评定主要采用情绪评定和人格测验。

(二) 排便功能评定

包括饮食种类、大便性状与次数等。

(三) 腹壁造口评定

包括腹壁造口、造口直径及周围皮肤情况。

三、康复治疗

(一) 心理康复

进行结直肠癌根治术的患者最大的心理障碍是认为术后腹壁造口不卫生,会妨碍生活、妨碍与他人接触,甚至为此拒绝手术。因此,术前应向患者充分解释手术的必要性和术后的康复措施,解除其顾虑,使其能很好地配合手术与术后康复。可采用一般性心理治疗、个别心理治疗、患者互助治疗、肌肉放松训练和内心意念引导等。

(二) 排便功能康复

1. 术前对腹壁造口部位的选择　术前就应考虑到造口是否会被腹壁皱褶阻挡而致视线不可及、不易护理,造口周围皮肤是否有异常情况而致术后容易发生并发症。

2. 术后排便习惯的建立　术后开始进食后即要参照患者过去的排便习惯,每天定时灌肠,促进定时排便规律的建立。一般经 7~10d 即可建立起定时排便 1~2 次的习惯。

3. 术后饮食的调整　术后早期不吃含纤维素多的食物,以防粪便的量和次数过多,以后根据患者粪便的性状,随时调整饮食种类,选用低脂肪、高蛋白、高热量、对肠道刺激小的细软食物,保持足够的饮水量,防止大便干秘嵌塞或腹泻;不吃产气多的食物,不吸烟,不吃口香糖,以防产气、排气过多。对大便干秘者一般不主张用粪便软化剂。

(三) 腹壁造口的康复护理

术后应教会患者安装粪袋,使粪袋紧贴腹壁造口处,不泄漏,粪袋更换后要及时清洗晾干保存,最好使用一次性粪袋。每次排便后或定时用温水或肥皂水清洗造口,并擦干,保持造口清洁干燥,避免粪便浸渍刺激;造口周围皮肤发生糜烂、湿疹、感染、过敏时应及时对症处理,加强造口皮肤护理;为防止造口周围瘢痕挛缩,发生造口狭窄,可自术后 1~2 周起,用手指戴上涂有液状石蜡的指套伸入腹壁造口探查扩张,每周 1 次,持续扩张 2~3 个月,使造口直径保持在 2.5cm 左右,狭窄严重时需手术切除瘢痕。

（四）日常生活康复

结直肠癌治愈后为了维持健康,恢复正常的日常生活活动,须注意以下问题:

1. 建立良好排便习惯,学会正确使用粪袋。

2. 消除臭味　正确选择食品,防止消化功能紊乱减少产臭;始终保持人工肛门周围皮肤清洁;人工粪袋要勤倒、勤洗,每次用后以肥皂水洗刷干净,最好再用 2% 来苏尔溶液浸泡 30min 后晾干备用;人工粪袋内放除臭剂,或使用消臭型人工粪袋;口服活性炭粉 1~2g,每日 3 次,可消除臭味。

3. 正确调节饮食　结直肠癌患者术后应注意适应胃肠道功能,选择合适的食品,尤其在手术后几个月内,尽量食用容易消化的食物。

4. 工作、运动　术后 3 个月避免做腹内压增加的动作,如持重物、抬重物等,避免剧烈运动。

（五）社会康复

穿戴粪袋者宜穿宽松衣服,做好粪袋的护理,完全可以恢复正常社会活动、人际交往和工作;远途外出时不要吃喝生冷食物与饮料,可口服含鸦片的复方樟脑酊等药物,减少肠蠕动和排气,可以避免发生令人不愉快的情况。

第四节　食管癌术后康复

一、概述

食管癌是全世界高发恶性肿瘤之一,我国是世界食管癌发病率和死亡率最高的国家,年平均死亡率约为 17.19/10 万,占全部恶性肿瘤死因的第四位,严重地威胁人们的健康和生命。目前,早、中期的食管癌主要采用手术治疗,患者手术后的生存率不断提高,但术后健康的全面恢复,生活质量的提高,还需要采取有效的康复治疗措施。

二、康复评定

（一）心理评定

患者常因术后不能正常进食、疼痛等而抑郁、焦虑。

（二）躯体功能评定

关节活动度评定、肌力评定等。

三、康复治疗

（一）心理康复

患者多见的情绪障碍为抑郁、焦虑,因此,术前应让患者了解手术效果和可能出现的并发症及预防措施,使其有心理准备。必要时可请接受过类似手术且取得良好效果的患者现身说法,同时要取得亲属的积极配合和支持。控制情绪反应对于顺利开展治疗和术后康复是非常重要的。心理治疗方法主要以支持治疗为主,适当配合认知疗法、放松训练等,必要时配合药物治疗。

（二）术侧肢体功能训练

患者术后完全清醒后可取半卧位,指导患者开始做五指同时屈伸、握拳运动,每次 3~5min;术后第一天开始肘部屈伸运动,鼓励患者用患侧手刷牙、洗脸;术后第二天开始梳头运动,颈部不要倾斜,肘部抬高,保持自然位置;术后第三天开始做患侧上肢上举过头等上臂运动;术后第四天开始做肩关节旋转运动,每日 3 次,每次 3~5min,并随着体质的恢复,逐渐增加运动量。术后及时进行肢体功能康复训练可避免因长期卧床及术中切断了斜方肌等原因引起肢体产生失用性肌肉萎缩。

（三）进食训练

食管癌术后,患者消化道的正常生理状态被改变,胃被上拉至胸腔形成“胸胃”;支配胃蠕动功能的迷走神经被切断,术后患者可能没有饱和饿的感觉;胃 - 食管吻合口没有贲门括约肌的功能,平卧时容易引起胃内容物反流而导致反流性食管炎的发生;重新吻合的食管结构特殊和脆弱,一旦饮食方面

处理不当就会导致术后吻合口瘘或吻合口狭窄等情况的发生,所以患者术后应遵医嘱循序渐进地饮食。具体步骤如下:

1. 禁食期　术后早期,由于胃肠功能没有恢复及吻合口生长的需要,患者需要停留胃管进行胃肠减压,此期应绝对禁食。医生会根据患者的情况选择静脉输注高营养物质或通过肠内营养管输注由营养室特别配制的肠内营养液,输注肠内营养液的量和速度由少而慢、逐渐增加和加快。在此过程中,应密切观察患者,了解有无腹痛、腹胀、腹泻等情况发生,随时调整营养液的配方、输注的速度和每天的量。

2. 流质期　术后 1 周左右,患者的胃肠功能开始逐步恢复,有肛门排气或大便,食管里面的吻合口也逐渐生长愈合了,这时需作 X 线钡餐检查,以确认吻合口生长无异常后,可将胃管与负压瓶分离,并嘱咐患者分次试饮少量的温开水观察 1d,无呛咳、腹胀等不适后,第二天将胃管拔掉,通知患者开始少量多餐进食流质食物,一般的标准是每次 50ml,每隔 2h 一次。刚开始进食时,由于胃肠道较长时间没有东西消化,主张以浓稠的米汤为主,不宜过早喝营养丰富的肉汤类,待胃肠重新适应食物的消化后,可开始喝一些营养丰富的肉类汤(包括肉米汤),每 3h 一次,每次 100ml;逐渐增加至 200ml,并延长时间间隔。

3. 半流期　经过 3~5d 的流质期饮食后,患者开始进食少渣、易消化的肉末粥、面条、鸡蛋羹、豆腐等半流质食物,进食时应细嚼慢咽。

4. 正常饮食期　一般从开始进食后的第二周起,患者就应尝试进食以馒头、蛋糕、软饭等成团状的普通食物,辅以炖烂的肉菜、香蕉等比较柔软的水果,以维持均衡的营养,避免进食过长、过粗、过硬以及带刺的食物,禁止进食煎炸、辛辣的食物,尽量减少进食甜食,每日进食 5~7 餐,餐后应漱口并且饮 50ml 温开水,以达到清洁食管的作用。

(四) 胃肠功能维护

食管癌术后,患者应少量多餐,循序渐进地进食,每天以 5~7 餐为宜,进餐后 2h 内不能平卧,30min 内应适当散步,睡觉前 2h 禁食,睡觉时床头抬高 30°,避免胃内容物反流。

第五节　喉癌术后康复

一、概述

喉癌是头颈部常见的恶性肿瘤之一,是一种与生活方式(如吸烟、饮酒等)有关的恶性肿瘤。随着内镜诊断技术和影像学诊断技术的发展,以及喉癌治疗水平的提高,早期喉癌的治疗取得了较为满意的效果,既能根治肿瘤,又能保留发音、呼吸和吞咽三大功能。喉癌的治疗手段包括手术治疗、化学治疗、放射治疗和免疫治疗等,目前多主张采用以手术为主的综合治疗。喉癌切除术后患者失去喉,没有发音器官,不能进行言语交流,并且改变了上呼吸道的通气途径,患者往往不易适应,常出现相关的心理反应。做好喉癌手术患者的康复治疗对提高手术成功率及患者的生活质量,减少并发症起着重要的作用。

二、康复评定

(一) 心理评定

患者对术后不能进行言语交流、需长期气管造口,精神十分痛苦,出现明显抑郁、焦虑、烦躁不安,甚至拒绝手术或术后想结束生命。需做情绪测验和人格测验。

(二) 气管造口评定

观察套管内、造口内每日分泌物的量、颜色、气味及黏稠度等,造口是否通畅,造口周围皮肤有无感染。

(三) 吞咽功能评定

观察进食时有无呛咳、声音变化等,测定吞咽动作时喉结与舌骨在 30~60s 上下活动的次数和幅度。

（四）言语功能评定

可以发声时，应评定发声的清晰度、音色、声时、连贯性、流畅性。

（五）其他

如肩关节活动范围评定、斜方肌肌力评定和神经电生理检查（强度-时间曲线、肌电图等）。

三、康复治疗

（一）心理康复

患者主要的心理障碍是术后无喉，不能进行言语交流，因此，术前应向患者充分解释手术的必要性和术后功能康复的措施，解除其顾虑，使其能很好地配合手术与康复；术后早期教会患者进行非言语交流的方式和其他康复治疗技术，使患者尽快适应新情况；如有可能，可请喉癌术后康复治疗较好的患者来与患者交流，增强患者对康复的信心和决心。

（二）康复护理

1. 术后患者可能发生喉部水肿、呼吸困难，应注意口腔护理，及时清除上呼吸道分泌物，叩击背部促进呼吸道分泌物排出。

2. 定时清除气管套管内的分泌物，保持套管内清洁、通畅，保持套管口周围组织清洁，每天更换套管并进行消毒，防止感染。拔去插管后，气管造口前方覆盖一块双层清洁湿纱布以保护造口，防止呼吸道感染。

3. 患者应忌烟酒和辛辣食物，防止刺激。

4. 保持周围环境空气清新、无烟尘刺激，温度、湿度适宜，必要时可进行超声雾化吸入，保持呼吸道湿润。

（三）吞咽功能训练

术后第一天起给予患者鼻饲，第四天开始训练吞咽活动，3~4h/ 次，每次数分钟。全喉切除术后10d 开始进食训练。

（四）言语功能训练

1. 非言语方式交流　术后早期教会患者用手势、书写、文字画板等方式进行无声的非言语方式交流。

2. 食管言语训练　患者出院后即可进行食管言语训练，教患者学习食管发声，使咽缩肌收缩形成类似声带的皱襞，使空气进入食管，以嗳气的方式徐徐放出气体，使皱襞振动，发生基音，再经过颊、腭、舌、齿、唇等构音器官加工成言语，一般经过 4~6 个月专门训练即可掌握。食管言语训练是全喉切除术后最简便可行的言语康复方法，食管言语优点是不需借助人工装置、不需手术、方法简便、音色和清晰度较好；缺点是：基音低、音量较小，声时短，发音断续，不能讲较长的句子。

3. 人工喉和电子喉　食管发声训练失败者，可以采用人工喉、电子喉等人工发声装置。人工喉是将呼气时的气流从气管引至口腔同时冲击橡皮膜而发音，再经口腔调节构成语言。缺点是配戴和携带不便。电子喉是利用音频振荡器发持续音，将其置于患者颊部或颈部做说话动作，即可发出声音。但所发出的声音略欠自然。

4. 有条件时可进行喉重建术。

（五）肩关节功能康复

根治术中切断胸锁乳突肌和副神经（支配斜方肌），术后会出现肩下垂、肩活动功能障碍，有的还发生肩关节周围炎。可进行温热疗法、低中频电疗、超声波治疗、按摩和主动运动、抗阻运动训练等，以改善肩关节活动功能。功能障碍严重者，可用吊带牵拉、支持肩臂或进行神经肌肉移植手术。

（六）形体康复

为掩饰气管造口者的缺陷，患者不宜穿无领袒胸的衣服，可用低领掩盖颈前造口，但不可妨碍造口通气呼吸。肩下垂者可穿有垫肩的衣服。

本章小结

　　恶性肿瘤是一种易转移复发的疾病,康复治疗上不仅需要多学科综合治疗、治疗方案个体化、保存功能,而且需要重视姑息,加强康复教育、心理与行为干预,为恶性肿瘤患者改善功能状况、提高生活质量打下基础。

　　本章主要介绍了肺癌术后、乳腺癌术后、结/直肠癌术后、食管癌术后和喉癌术后康复评定及康复治疗方法,通过学习可以学到科学的恶性肿瘤康复知识和有效的康复方法。

（刘红旗）

思考题

　　1. 如何制订肺癌患者及乳腺癌患者术后康复治疗方案?

　　2. 结直肠癌、食管癌和喉癌术后如何康复?

扫一扫,测一测

思路解析

第八篇　继发疾病与并发症康复

第三十六章　慢性疼痛康复

学习目标

1. 掌握　慢性疼痛的基本概念和康复评定的常用方法。
2. 熟悉　慢性疼痛的临床表现及特征;各种治疗慢性疼痛的方法。
3. 了解　慢性疼痛的诊断标准及临床处理方法。
4. 具有基本临床康复思维与素养,熟悉引起疼痛的原因,能熟练操作视觉模拟评分法、口述分级评分法、数字疼痛评分法等;具有指导患者康复训练及评估康复疗效的能力,能对患者在治疗或训练过程中出现的简单问题进行处理。
5. 能与患者及家属进行良好沟通,开展健康教育;能与相关医务人员进行专业交流与团结协作开展康复治疗工作。

病例导学

患者,男性,25 岁,4 个月前行左下肢截肢术,术后一直疼痛难忍,口服非甾类抗炎药双氯芬酸钠肠溶片,每次 50mg,每日 3 次,疗效不佳,生活质量差,饮食睡眠差,每晚需服用地西泮方能勉强入睡,睡眠质量较差。患者备受折磨,有过自杀行为,被家人及时阻止。患者为减轻疼痛,入院求诊。

问题与思考:
1. 该患者目前的诊断是什么?
2. 如何评估患者的疼痛?
3. 慢性疼痛有哪些综合康复治疗措施?

第一节　概　　述

一、基本概念

疼痛(pain)是一种令人不快的主观情绪上的感受,它伴随着现有的或潜在的组织损伤,是疾病康复中最常见、最痛苦的症状。但大多数情况下,疼痛并没有得到相应的重视和有效的控制,如果持续长时间的疼痛得不到恰当的处理,往往给患者带来比疾病本身更严重的痛苦,影响睡眠、进食、活动等日常生活,因此给予有效的康复治疗是十分必要的。

痛感常与躯体感觉、情绪、认知等因素有关,属于一种主观感受。1986 年国际疼痛研究协会(IASP)将之定义为:疼痛是与现存或潜在的组织损伤有关的或可用损伤来描述的一种不愉快的感觉和情绪体验。从生理学角度看包含痛觉和痛反应:痛觉是指存在躯体某一部位的厌恶和不愉快的感觉,属于个人的主观知觉体验,表现为痛苦、焦虑等;痛反应是指机体对疼痛刺激产生的一系列生理病理反应,如呼吸急促、血压升高、瞳孔扩大、心率加快以及出汗、骨骼肌收缩等。

疼痛是患者初次就诊时的常见主诉,是迄今尚未被完全理解的外周和中枢神经系统相互影响的复杂过程。疼痛总是主观的,是机体对伤害性刺激产生的一系列感觉反应,是个体经受或叙述有严重的躯体不适或不舒服,伴有不愉快感。

二、病因及临床分类

(一) 病因

疼痛是许多疾病的常见症状,如阑尾炎的腹痛、冠心病发作时的胸痛等。有些疼痛本身就是一种疾病,如带状疱疹后遗神经痛、三叉神经痛等。其发生的常见原因,主要有以下五类。

1. 创伤 创伤引起的疼痛主要是皮肤、肌肉、韧带、筋膜、骨的损伤引起的疼痛,如骨折、急性或慢性腰扭伤、烧伤等。

2. 炎症 生物源性炎症、化学源性炎症会导致疼痛。如风湿性关节炎、类风湿关节炎、强直性脊柱炎等。

3. 神经病理性原因 神经病理性疼痛是由于末梢神经至中枢神经系统任何部位的神经病变和损害,出现痛觉过敏、痛觉异常,如带状疱疹后遗神经痛、糖尿病性神经病变等。

4. 癌症 癌症会引起癌痛,这是由于肿瘤压迫浸润周围器官、神经,从而引起疼痛,常见于肝癌、胃癌、胰腺癌、胆管癌和恶性肿瘤骨转移的疼痛。

5. 精神(心理)性原因 会引起精神(心理)性疼痛,主要是由于心理障碍引起的疼痛,往往无确切的躯体病变和阳性检查结果,患者常主诉周身痛或多处顽固性痛。可伴有其他心理障碍表现,如失眠、多梦、困倦等。

(二) 临床分类

疼痛的分类可根据疼痛的病因、部位、发作频率、强度、持续的时间和病理等进行不同的分类。本文仅介绍根据疼痛的部位及持续时间分类。

1. 根据疼痛发生部位分类 根据疼痛部位的组织器官和系统可分为躯体痛、内脏痛和中枢痛。

(1) 躯体痛:疼痛部位在浅表或较浅部,多为局限性,疼痛剧烈、定位清楚。如原发性头痛、肩周炎、膝关节炎等。

(2) 内脏痛:为深部痛,疼痛定位不准确,可呈隐痛、胀痛、牵拉痛或绞痛。如胆石症的胆绞痛、肾输尿管结石的肾绞痛、胃痛等。

(3) 中枢痛:主要指脊髓、脑干、丘脑和大脑皮层等中枢神经疾病,如脑出血、脊髓损伤等引起的疼痛。

2. 从临床实用角度,常根据疼痛持续时间将其分为急性疼痛和慢性疼痛。

(1) 急性疼痛:主要有明确的伤害性刺激,具有局限性特点,性质常为锐痛,如皮肤、深部组织、内脏的疾病和 / 或损伤所致的疼痛,病程一般不超过 3 个月。但如未接受正规治疗或治疗不当,则会引起疼痛的持续存在,导致发展为慢性疼痛。

人体急性疼痛的反应是机体对伤害性刺激所做出的一种正常的防御性反应,这种内在的主观经验是预防和警告潜在伤害的基础,是一种有用的生物效应,可对受损的机体部分进行保护。当有害刺激被消除后,急性疼痛通常也得到控制。

(2) 慢性疼痛:慢性疼痛的界定意见不一,大多数学者将其定义为持续 6 个月以上的疼痛,也有学者以 3 个月为界。慢性疼痛可以分为两大类,一类是进行性机体组织破坏所致,如癌症性疼痛;另一类虽有持续的疼痛,但却没有进行性机体组织破坏,称为慢性良性疼痛综合征,临床上常见的有头痛、颈腰部疼痛、关节炎、创伤后痛、肌筋膜性疼痛、纤维肌痛、神经病理性疼痛等。康复治疗中多见后一类。

　　慢性疼痛可对患者生活的多方面产生影响,慢性持续的反复疼痛,可影响患者的睡眠,改变患者的情绪,特别表现为焦虑和抑郁,同时对疼痛的害怕引起行为的改变,使患者的生活活动能力降低,严重影响生活质量。

三、临床表现

　　1. 急性疼痛　急性疼痛分为躯体痛、内脏痛和神经病理性疼痛。躯体痛和内脏痛与明确损伤和疾病有关。神经病理性疼痛临床表现:有明确的损伤史,但无损伤区也可出现疼痛。疼痛伴随感觉障碍,呈阵发性或自发性疼痛。可感觉过敏,表现为非伤害性刺激引起疼痛,伤害性刺激引起更强的疼痛。可伴随异常感觉,如蚁走感等。可疼痛累加,反复刺激可使疼痛强度增强。疼痛的性质可表现为不同于伤害性刺激的感觉,如烧灼样、刀割样。阿片类治疗效果不佳。

　　2. 慢性疼痛　主要表现为慢性疼痛三联征:疼痛、睡眠与情绪。具体表现有情绪抑郁或焦虑、易疲劳、活动减少、性欲下降、失眠、大量使用药物和乙醇、对他人产生依赖以及与损伤不相称的功能障碍等。慢性疼痛常产生疼痛之外的各种表现:①疼痛组织的代谢改变;②运动控制不良;③自主神经功能不良;④中枢神经系统功能不良;⑤自我感觉差;⑥心理障碍。慢性疼痛多见于女性,有心理疾病者、缺乏家庭及社会支持者、不愿意工作或对工作状况不满意者、失业者等亦多见。

　　慢性疼痛与急性疼痛相比较而言,存在着一定的差别。急性疼痛是疾病的一种症状,而慢性疼痛不仅是一种症状,其本身就是一种疾病,为主要不适,导致患者出现躯体功能障碍、心理障碍、治疗障碍等问题;心理反应不同,急性疼痛常伴随着焦虑,而慢性疼痛常伴随着抑郁;一旦慢性疼痛形成之后,则疼痛完全缓解的可能性极小,且容易出现药物成瘾。

慢性疼痛的特征

　　Grabois 和 Sternbach 也对慢性疼痛的特征进行了描述。

　　1. Grabois 总结慢性疼痛的一些特征。

　　(1) 疼痛症状在疾病应该已经痊愈的情况下仍持续存在。

　　(2) 伴有行为和情绪改变:沮丧、"疼痛行为"、喜怒无常和焦虑。

　　(3) 伴有活动受限:适应能力下降、肌力和柔韧性下降。

　　(4) 导致工作能力下降、经济窘迫。

　　(5) 可有婚姻、家庭和社会关系改变:关系紧张、冲突、退缩、过分依赖。

　　(6) 疼痛常与机体的器质性病理改变无明确关系。

　　(7) 不恰当或过多地使用药物和其他医疗服务。

　　(8) 常因保险或工伤赔偿问题而发生纠纷或法律诉讼。

　　2. Sternbach 观察了慢性疼痛患者的表现,归纳为六个方面的特征。

　　(1) 主诉的戏剧化。

　　(2) 滥用药物。

　　(3) 功能失调或失用。

　　(4) 依赖他人。

　　(5) 情绪压抑。

　　(6) 有与病情不相称的残疾 / 功能障碍。

四、辅助检查

　　疼痛往往和组织损伤或疾病相关,因此,必须进行必要的辅助检查来帮助疼痛的诊断。

　　(一) 血常规与血生化

　　1. 血常规　红细胞计数与血红蛋白减少,在疼痛临床多见于类风湿关节炎、强直性脊柱炎患者。白细胞计数增多,常提示感染。

437

2. 红细胞沉降率　红细胞沉降率(血沉)增快见于风湿等炎症性疾病的活动期、恶性肿瘤、创伤及组织坏死如心肌梗死、贫血等。

3. 抗链球菌溶血素 O 试验　如明显升高,有助于活动性风湿病的确诊。

4. 类风湿因子　正常时为阴性,如呈阳性,提示类风湿关节炎。

5. 血尿酸　血尿酸增高,同时表现为关节疼痛,主要考虑痛风。

(二) 其他检查

1. 影像学检查　影像学检查在疼痛的临床诊断中占有非常重要的地位。

(1) X 线检查:适用于骨和含气组织的显像。适合进行该检查的疼痛性疾病有颈椎病、腰椎间盘突出症等。

(2) CT 检查:特别适用于脑、肝、胰、肾以及颈腰椎椎管病变的诊断,如腰痛可进行 CT 检查。

(3) MRI 检查:对颅脑、脊柱、脊髓、关节及软组织病变的诊断价值较高,故在疼痛临床中应用较为广泛。

2. 肌电图　肌电图可以通过神经肌肉单位活动的生物电流来判断神经肌肉的功能状态,区别病损是肌源性还是神经源性,并可确定神经损伤的程度和部位。

3. 诊断性神经阻滞　必要时进行诊断性神经阻滞来帮助疼痛诊断。

五、诊断标准

疼痛的诊断应该根据患者疼痛病损,进行相关体格检查,同时进行必要的辅助检查,来帮助疼痛的诊断。诊断要点如下。

1. 性别和年龄　有许多痛症有明显的性别、年龄之差,如肋软骨炎多发生在 20 岁左右的青年、退变性疾病常见于老年人、骨质疏松常见于老年妇女。

2. 职业　长期坐位、伏案工作多见于颈、腰痛。

3. 疼痛诱因与起病原因　许多疼痛性疾病有明显的诱发因素,如颈腰痛在劳累后加重,神经血管性疼痛在精神紧张时加重等。

4. 疼痛的特点

(1) 性质:疼痛的性质对临床诊断有重要的作用。①酸痛多为肌肉组织痛;②局部胀痛或跳痛多为软组织内血肿、外伤后水肿;③放射痛多见于神经根受压;④风湿痛多为游走性;⑤神经病理性疼痛表现为自发性或诱发性疼痛。

(2) 伴随症状:疼痛伴随症状较复杂。剧烈疼痛均伴有烦躁不安、心率加快、呼吸加快、瞳孔缩小等交感神经兴奋症状。常见的伴随症状还包括头痛时伴头晕、恶心、呕吐、视物模糊、耳鸣等;颈痛伴有手麻、头晕等。

5. 部位　分清局部疼痛、皮肤节段性疼痛、左右侧。

6. 体格检查　重点进行运动功能与神经功能检查。

六、临床处理

(一) 急性疼痛

1. 重视对患者的教育及心理辅导　争取患者积极参与教育活动包括告知疼痛的客观存在,有义务帮助患者尽量减轻疼痛,让患者了解镇痛的意义与风险,告知疼痛的评估方法,介绍可选择的治疗药物与方法,共同商定治疗方案。

2. 加强随访与评估　观察全身的变化、疼痛的变化、变化的原因,避免掩盖症状、延误治疗。

3. 早治疗　疼痛一旦形成,并且持续,持续的伤害性刺激能使中枢神经系统致敏,致敏后的神经元对痛阈降低,使疼痛的强度和持续时间增加,难以治疗。长期的疼痛易造成患者心理与行为的改变。对疼痛尽早干预是重要的。

4. 平衡镇痛和多模式互补镇痛　尽量减少阿片类药物的使用及其副作用。

5. 双方理解和谅解疼痛治疗的目标　理想疼痛治疗目标是使疼痛完全缓解,但临床实际情况各异,如果不能,应将疼痛控制在可以忍受或相对舒适的水平。

6. 区分神经病理性疼痛　神经病理性疼痛是急性疼痛中治疗较差的疼痛,常需要合并使用抗癫痫药和三环类抗抑郁药。

7. 规范疼痛治疗的记录、管理和组织。

(二) 慢性疼痛

1. 减缓疼痛　采用综合的方法控制疼痛。

2. 改善功能状态　包括身体状态、精神状态和家庭社会关系等。

3. 防止阿片类药物的成瘾与滥用　有效的药物使用采取的是"4A 原则",即 analgesia(有效镇痛)、activity of daily living(日常生活能力:心理和生理)、adverse events(防止可能的不良事件)、aberrant(异常觅药行为的评估)。

4. 心理干预与行为调整。

第二节　康　复　评　定

临床上对疼痛进行评定的主要目的就是要了解疼痛的性质、部位、程度,疼痛的发作情况和时间进程以及诱发原因与伴随症状等,协助对疼痛的病因进行诊断,以便确定最有效的疼痛控制方法。

疼痛评定方法分为两种。①直接法,即依据刺激 - 反应的原则,直接给患者以某种致痛性刺激所测得的痛阈。包括压痛评定法、肢体缺血性痛测定法、激光测痛法、电测痛法、温度痛阈评定法等。②间接法,即让患者自己描述或评定他现有疼痛的性质和程度的方法。包括视觉模拟评分法、口述分级评分法、问卷法、行为评定法等。

临床上多以间接法评定为主。常用的疼痛评定方法如下:

一、视觉模拟评分法

视觉模拟评分法(Visual Analogue Scale,VAS)也称为目测类比评分法,是在白纸上画一条长 10cm 的线段,线段左端表示无痛(0),右端表示极痛(10)。目测后让患者根据自己所感受的疼痛程度,在线段上用手指出疼痛位置。从起点至记号处的距离长度也就是疼痛的强度(图 36-1)。一般重复两次,取两次的平均值。VAS 是用来测定疼痛的幅度或强度,此法简单、快速、精确、易操作,具有较高的信度和效度,在临床上广泛应用于评价治疗的效果。缺点是不能做患者之间的比较,而只能对患者治疗前后做评价。

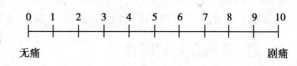

图 36-1　视觉模拟评分法

应用视觉模拟评分法的关键是医生或检查人员在使用前需要对受检者进行详细的解释工作,让患者理解该方法的操作以及此法测痛与真正疼痛的关系,然后让患者在直线上相应的部位标出自己疼痛的强度。对那些理解能力差的人士会有困难。

二、口述分级评分法

口述分级评分法(Verbal Rating Scale,VRS)是另一种评价疼痛强度和变化的方法。特点是列举一系列从轻到重依次排列的关于疼痛的描述性词语,让患者从中选择最适合于形容自身疼痛程度的词语。VRS 是由简单的形容疼痛的字词组成,所以能迅速被医生和患者双方所接受。

口述分级评分法包括 4 级评分、5 级评分、6 级评分、12 级评分和 15 级评分,这些词通常按从疼痛最轻到最强的顺序排列(表 36-1)。最轻程度疼痛的描述常被评估为 0 分,以后每增加 1 级即增加 1 分,因此每个描述疼痛的形容词都有相应的评分,以便定量分析疼痛。这样,患者的总疼痛程度评分就是最适合其疼痛水平有关的形容词所代表的数字。

此方法简单,适用于临床简单的定量评测疼痛强度以及观察疗效的指标。由于缺乏精确性、灵敏度,不适于科学研究。

表 36-1 口述分级评分法

4级评定法	5级评定法	6级评定法	12级评定法	15级评定法
1 无痛	1 无痛	1 无痛	1 不引人注意的痛	1 无痛
2 轻度痛	2 轻度痛	2 轻度痛	2 刚刚注意到的疼痛	2 极弱的痛
3 中度痛	3 中度痛	3 中度痛	3 很弱的痛	3 刚刚注意到的疼痛
4 严重痛	4 严重痛	4 严重痛	4 弱痛	4 很弱的痛
	5 剧烈痛	5 剧烈痛	5 轻度痛	5 弱痛
		6 难以忍受的痛	6 中度痛	6 轻度痛
			7 强痛	7 中度痛
			8 剧烈痛	8 不适性痛
			9 很强烈的痛	9 强痛
			10 严重痛	10 剧烈痛
			11 极剧烈痛	11 很强烈的痛
			12 难以忍受的痛	12 极剧烈的痛
				13 很剧烈的痛
				14 不可忍受的痛
				15 难以忍受的痛

三、数字疼痛评分法

数字疼痛评分法（Numerical Pain Rating Scale，NPRS）是用数字计量评测疼痛的幅度或强度。数字范围是0~10。0代表无痛，10代表最痛，请患者选择一个数字来代表他自觉感受的痛。数字疼痛评分法临床上因效度较高，常用于评测下腰痛、类风湿关节炎及癌痛。

四、麦吉尔疼痛问卷

McGill 疼痛问卷（McGill Pain Questionnaire，MPQ）是由 Melzack 和 Torgerson 在 1971 年提出，该问卷除患者一般情况外，共列出 78 个描述疼痛性质的形容词，分为 4 类 20 组，每组 2~6 个词。1~10 组为感觉（sensory）类，即对身体疼痛的感觉；11~15 组为情感（affective）类，即是主观的感觉；16 组为评价（evaluation）类，即对疼痛的程度的评价；17~20 组为其他相关类，即对多方面因素进行的评定。此外，还设有疼痛与时间的关系、影响因素、痛对生活的影响等栏目。目前多数学者认为，此方法敏感性强，结果可靠，不仅能顾及疼痛体验的多个方面，而且对疼痛的治疗效果和不同诊断亦十分灵敏，是目前英语国家最为广泛应用的测痛工具，多应用于科研。

但由于 McGill 疼痛问卷（MPQ）过于烦琐、费时，临床上应用不便，1987 年 Melzack 在此基础上提出简化 McGill 疼痛问卷（Short-Form of McGill Pain Questionnaire，SF-MPQ），称为简式 MPQ。由 11 个感觉类和 4 个情感类对疼痛的描述词以及视觉模拟评分法（VAS）和现时疼痛强度（PPI）三部分组成。简化的 McGill 疼痛问卷内容如表 36-2。

进行表 36-2 中的 I 项时，由检查者逐项提问，患者可根据个人感受选择"无痛""轻度痛""中度痛""重度痛"，检查者根据患者的回答将相应的级别（0、1、2、3）做上记号；进行表中 II 项时，让患者用笔根据自己的疼痛程度在 10cm 长的线段上画出相应的点，不求十分准确，以能反映患者自觉地疼痛程度为准；进行表中 III 项时，根据患者主观感受，在相应分值上做上记号。

总平时 PRI 感觉项和情感项总分越高，表示疼痛越严重；VAS 的点越靠近 10，表示疼痛越严重；同样 PPI 分值越高，表示疼痛越严重。

表 36-2　简式 McGill 疼痛问卷

Ⅰ 疼痛分级指数(pain rating index,PRI)评定				
疼痛性质		疼痛程度		
A 感觉项	无	轻	中	重
1. 跳痛	0	1	2	3
2. 刺痛	0	1	2	3
3. 刀割痛	0	1	2	3
4. 锐痛	0	1	2	3
5. 痉挛牵扯痛	0	1	2	3
6. 绞痛	0	1	2	3
7. 烧灼痛	0	1	2	3
8. 持续固定痛	0	1	2	3
9. 胀痛	0	1	2	3
10. 触痛	0	1	2	3
11. 撕裂痛	0	1	2	3
B 情感项				
1. 软弱无力	0	1	2	3
2. 厌烦	0	1	2	3
3. 害怕	0	1	2	3
4. 受罪、惩罚感	0	1	2	3

感觉项评分(S): _____　　　　情感项评分(A): _____
疼痛总分(T=S+A): _____

Ⅱ　视觉模拟评分法(VAS)

无痛(0) ├────────────────────────────────┤ 剧痛(10)

Ⅲ　现时疼痛强度(present pain intensity,PPI)评定

0　无痛	3　痛苦
1　轻痛	4　可怕
2　不适	5　极痛

总评:　　S=_____;A=_____;T=_____;VAS=_____;PPI=_____

五、人体表面积评分法

人体表面积评分法又被称为 45 区人体评分法(45 Body Areas Rating Scale,BARS-45),人体表面积评分法是由人体正、反两面直观图组成,因而可以应用于有交流障碍的患者。医生或患者均可在人体图上画出疼痛的位置,因而可以直接提供患者疼痛的较为准确的位置和疼痛范围。人体表面积评分法常在临床上用于急慢性腰背痛、颈痛及四肢的疼痛,作为临床诊断、制订治疗计划及其疗效比较的方法。人体表面积评分法用于疼痛评定记分的组内信度、组间信度、效度很高。

1. 评定方法　采用 45 区体表面积图等疼痛示意图及颜色笔等。45 区体表面积图将人体表面分为 45 个区域(前 22,后 23),每一区域有该区号码。让患者用不同颜色或符号将相应疼痛部位在图中标出(图 36-2)。

2. 评分标准　涂盖一区(即便为局部)为 1 分(每一区不论大小均为 1 分,即便只涂盖了局部一个

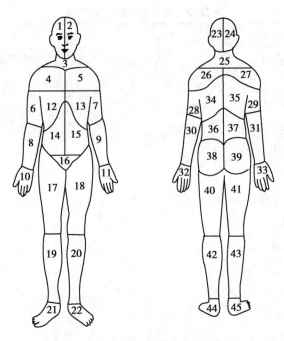

图 36-2　45 区体表面积评分法

区的一小部分也评 1 分),未涂处为 0 分,总评分反映疼痛区域。不同颜色或不同符号表示疼痛强度,如用无色、黄色、红色和黑色(或 "一""○""□""△")分别表示无痛、轻度疼痛、中度疼痛和重度疼痛。最后根据各疼痛区域占整个体表面积的百分比计算患者疼痛占体表面积的百分比。

六、压力测痛法

压力测痛法用于需要对疼痛的强度(如痛阈、耐痛阈)进行评定的患者,特别适用于肌肉骨骼系统疼痛的评定。存在末梢神经炎的糖尿病患者、凝血系统疾病、易发生出血倾向的患者则禁用。

1. 评定方法　采用压力测痛计进行评定。使用压力测痛计在患者手指关节等处逐渐施加压力,并听取患者反应。然后记录诱发疼痛出现所需的压力强度(单位:N 或 kg/cm^2),此值为痛阈(即刚出现疼痛所需的压力强度)。继续施加压力至不可耐受时,记录最高疼痛耐受限度所需的压力强度(单位:N 或 kg/cm^2),此值为耐痛阈。

2. 注意事项　①测量记录应从压力测痛计加压开始;②施加的压力在整个实验中应保持不变;③测定内脏痛时结果不可靠。

第三节　康 复 治 疗

一、康复治疗目标

慢性疼痛患者康复治疗的目标是消除疼痛行为的强化因素、缓解或控制疼痛反应、提高功能水平和日常生活活动的能力、减少药物使用、防止慢性症状的复发、提高生活质量。

在疼痛的急性期即应强调预防性干预,一旦发现慢性疼痛的危险因素要及时治疗。在慢性疼痛的治疗中,康复医生首要的职责就是要确实证明患者的疼痛是良性的,没有进行性的破坏性疾病存在。然后根据全面评估的结果,针对存在的问题,确定治疗目标,为患者制订和实施合理的治疗方案。由于慢性疼痛是一个复杂的问题,是由多因素造成的,因此其治疗应该是从多方面入手,采用综合的康复治疗计划。

二、药物治疗

药物治疗是疼痛治疗中较为基本的、常用的方法。目的是使疼痛尽快缓解,有利于患者尽早恢复或获得功能性活动。镇痛药是主要作用于中枢神经系统、选择性抑制痛觉的药物,一般分为三类。

1. 非阿片类药物　主要为非皮质类固醇消炎镇痛药物、皮质类固醇类药物。前者是临床首选的镇痛药物,具有解热、镇痛、抗炎、抗风湿的作用,对慢性疼痛有较好的镇痛效果,包括对乙酰氨基酚、柳酸盐(阿司匹林等)、丙酸类(布洛芬等)等。该类药物口服易于吸收,但可致胃肠不适,有消化性溃疡病与肾功能低下者不宜使用。后者的不良反应相对较多,应用时应谨慎。

2. 阿片类药物　镇痛作用强,常用于治疗顽固性疼痛,特别是癌痛的主要手段,包括吗啡、哌替啶、可待因、芬太尼等。此类药物具有成瘾性,应尽量避免用于慢性疼痛患者。

3. 辅助性镇痛药物　慢性疼痛患者常伴有的焦虑、抑郁、烦躁、失眠等症状,需联合使用辅助药物治疗,包括抗抑郁药(丙米嗪、阿米替林、氟西汀、舍曲林等)、抗惊厥药(苯妥英钠、卡马西平等)、抗痉挛药(地西泮、巴氯芬等)等。

三、物理因子治疗

在慢性疼痛患者功能恢复中具有重要作用。物理因子治疗可协助缓解疼痛、提高痛阈、缓解痉挛、减少疼痛介质的释放等。可根据患者的具体情况选择其中的2~3种治疗方法。

1. 电疗法　首选经皮神经电刺激疗法。其他可选用经皮脊髓电刺激疗法、间动电疗法、干扰电疗法、感应电疗法、音频电疗法、调制中频电疗法、高频电疗法、直流电药物离子导入疗法等。

2. 热疗和冷疗　热疗包括电热垫、电光浴、热水袋、热水浴、中药熏蒸等,可以抑制疼痛反射,提高痛阈;可使肌梭兴奋性下降,减轻肌肉痉挛;可改善血液循环,促进炎症吸收。冷疗包括冷敷、冷喷、冰按摩、冰水浴等,可以降低肌张力,减慢肌肉内神经传导速度,从而减轻肌肉痉挛。根据病情可选取单一方法或热疗和冷疗交替使用。

3. 光疗法　包括红外线、红外偏振光、激光、紫外线等。

4. 超声波疗法　特别适合神经肌肉、骨骼系统所引起的疼痛。

5. 生物反馈疗法　常采用肌电生物反馈疗法、手指皮肤温度生物反馈疗法,帮助患者体会紧张和放松的感觉,学会对疼痛的自我调节和控制。经过训练,有些患者可以达到无需仪器帮助就可自行放松肌肉和对疼痛进行调控的效果。

6. 其他　磁疗法、石蜡疗法等。

视频:超声波疗法

四、运动疗法

一些骨骼肌肉疾病的慢性疼痛的发生主要由长期处于某一不良姿势或反复进行某一活动造成局部慢性劳损,以致骨骼肌肉的力量关系不平衡所致。运动疗法主要是通过促进骨骼肌肉正常生物力学关系的恢复,改善运动组织的血液循环和代谢,恢复肌肉的正常张力、肌力和关节的正常活动范围,增加柔韧性,纠正功能障碍,达到止痛的目的。同时可以产生良好的心理效应,消除或减轻疼痛。主要包括被动运动、主动 - 助力运动、主动运动、牵伸运动、放松训练、牵引、按摩、关节活动度训练、肌力训练、关节松动术、PNF 技术等。

五、传统康复疗法

包括针灸、推拿、按摩、拔罐等。有人认为针灸治疗能刺激粗的感觉神经纤维,抑制痛觉;针灸还可以激活神经元的活动,从而释放出 5- 羟色胺、诱导内源性阿片样物质的产生等加强了镇痛作用。对关节或肌肉进行推拿、按摩治疗,有助于肌肉的放松,改善异常收缩,纠正关节的紊乱,减轻活动时的疼痛。拔罐可以逐寒祛湿、疏通经络、促进局部血液循环,达到消肿止痛、恢复功能的目的。小针刀是一种介于手术和非手术疗法之间的闭合性松解术,在治疗部位刺入深部到病变处进行切割、剥离等不同刺激以达到止痛祛病的目的,其适应证主要是软组织损伤性病变和骨关节病变。

六、局部神经阻滞

应用局部麻醉剂如利多卡因等注射于周围神经干、神经根或神经节以阻断疼痛向中枢传导的方法称为神经阻滞疗法,是中、重度疼痛的有效治疗方法之一。神经阻滞疗法的机制是通过阻断痛觉的神经传导通路,阻断疼痛的恶性循环,达到镇痛目的。也可采用100%乙醇、苯酚等神经破坏性药物进行神经阻滞,产生长期止痛效果。

临床上也可选用麻醉剂、激素、维生素等注射于疼痛点,或在腱鞘内、关节内、骶管内等处行局部注射以缓解疼痛。

随疼痛部位不同而宜选用的神经阻滞方法如表36-3。

表36-3　康复治疗中较常用的神经阻滞

神经	治疗目的
三叉神经	三叉神经痛
星状神经节	肩手综合征(反射性交感神经营养不良)、灼性神经痛
肋间神经	肋间神经痛
腹腔神经丛	腹腔内脏痛
腰交感神经节	下肢灼痛、幻肢痛、下肢周围血管病
上肢肌皮神经	脑卒中、颅脑损伤等引起上肢偏瘫时的屈肘痉挛及痛
正中神经	脑卒中、颅脑损伤等引起的屈腕、指痉挛及痛
尺神经	脑卒中、颅脑损伤等引起的屈指痉挛及痛
闭孔神经	截瘫、脑瘫等引起的内收肌痉挛及痛
胫神经	偏瘫、截瘫、脑瘫等引起的足跖屈痉挛及痛

七、行为疗法

50%~70%的慢性疼痛患者均伴有认知行为和精神心理的改变,从而进一步加重疼痛,不进行干预,易形成恶性循环。对于慢性疼痛患者,其重要的一个治疗目标是降低心理不良应激,控制病态行为(如减少用药量和就诊次数),改善生活习惯以获得良好的适应行为,改变对人、对己、对事物的错误思想观念,从而改善个人与生活环境的关系,强化健康行为(如增加体能锻炼及日常活动、逐步恢复工作等)。为此,必须阻断伤害性刺激的输入,缓解紧张和压抑,引导患者重新安排和强化新的健康行为。认知行为疗法是针对慢性疼痛患者的综合性、多方面的治疗,可采用的治疗方法有生物反馈疗法、认知行为矫正、放松训练、疼痛想象转移、注意力训练等。

八、心理治疗

慢性疼痛常伴有精神、心理的改变,大部分患者表现为抑郁或焦虑状态。利用宣传板、宣传册、健康讲座、媒体等对患者进行宣传教育,增强患者对疼痛的正确认识。可采用心理支持疗法、理性情绪疗法、集体心理疗法、认知行为疗法等方法进行心理治疗。学会控制自己的不良情绪及对压力的反应,适当宣泄。多从事一些休闲性活动如园艺活动、户外散步、观赏风景、听轻音乐等,以分散大脑对疼痛的注意力。要劳逸结合,确保睡眠的时间和质量,保持充沛的精力。热爱生活,充分享受生活的乐趣,使自己拥有愉快的心境。

九、手术治疗

严重的、且经保守治疗无效的顽痛,可考虑用手术方法破坏神经通路达到止痛的目的。但手术除痛方法需慎重选择,因理想的手术要求是:①只切断痛觉纤维,不损伤其他感觉纤维或运动纤维;②手术对周围正常组织无侵袭;③术后无疼痛复发。然而,到目前为止,尚无一种手术能同时满足上述三条要求。目前较常用的有交感神经切断术、脊神经后根切断术、脊髓前外侧柱切断术等。还可以进行外科冷冻神经、手术置入刺激器治疗慢性疼痛。

十、健康教育

慢性疼痛是困扰患者最常见的症状之一,缓解疼痛是提高患者生存质量的关键。疼痛治疗的最低要求是达到无痛睡眠。利用口头宣教、宣传册等,将专业知识改编成简单易懂、图文并茂、生活化的语言,有效预防疼痛及其并发症的再发生。口头宣教时应个体化,针对不同患者进行针对性的健康教育。如腰背痛的患者需要了解如何弯腰,如何抬重物,应保持怎样的坐姿和站姿才不会使疼痛加重。

本章小结

疼痛是临床常见的病症,尤其是持续 6 个月以上的疼痛会对患者生活产生多方面影响,严重影响生活质量,因此在临床上应重视慢性疼痛的康复评定和治疗。疼痛牵涉的内容非常广泛,此节仅就与疾病康复学有密切关系的内容进行了介绍。疼痛的评定需要采用一些专门的评定方法,应根据需要有所选择,康复临床中最常用的是目测类比法(VAS)、简化 Mcgill 疼痛问卷和压力测痛法。由于慢性疼痛是一个复杂的问题,是由多因素造成的,因此其治疗应该是从多方面入手,综合应用药物治疗、物理因子治疗、运动疗法、传统康复疗法、行为疗法、局部神经阻滞、手术治疗及心理治疗。

（郭　慧）

思考题

1. 什么是疼痛? 如何界定慢性疼痛?
2. 疼痛常用的评定方法有哪些?
3. 慢性疼痛常用的治疗方法有哪些?

扫一扫,测一测

思路解析

第三十七章 痉挛康复

第一节 概　述

一、基本概念

痉挛(spasticity)是一种因牵张反射兴奋性增高所致的以速度依赖性肌肉张力增高为特征的运动障碍,且伴随有腱反射的亢进,是肌张力增高的一种形式。在临床检查中,被动牵拉患者肢体时阻力增加,且随着牵拉速度的增快而增大。2005年Pandyan等将其修改为由于上运动神经元损伤导致的感觉运动控制障碍,表现为肌肉的间断性或持续性的不自主运动。临床多表现为患者姿势异常和运动模式异常,日常生活活动障碍。严重的痉挛不仅导致运动功能的障碍,且易引发一系列并发障碍,包括疼痛、压疮及长期的活动受限将出现骨质疏松和挛缩,以及由此产生的关节畸形。因此,认识痉挛的发生、发展及其临床表现特点,合理处理痉挛是康复医疗中需重点解决的问题之一。

二、病因和分类

(一) 病因

引发痉挛的病因是多方面的,主要见于脑卒中、颅脑损伤、小儿脑性瘫痪、脊髓损伤、多发性硬化症等中枢神经性病损过程中。

1. 脑卒中　在脑血管意外发生后,常因缺血或出血使病灶周围脑组织损伤,引起病灶对侧肢体瘫痪。随着疾病的恢复瘫痪肢体出现对牵张反射兴奋性增高而形成痉挛性瘫痪。

2. 颅脑损伤　颅脑损伤常因脑损伤部位、范围和程度的不同会导致不同程度和各种类型的肌张力障碍。严重的颅脑损伤后痉挛会不确定地持续存在。

3. 小儿脑性瘫痪　主要见于痉挛型小儿脑性瘫痪,因病灶部位和范围不同,有单肢痉挛型瘫、双肢痉挛型瘫、三肢痉挛型瘫、截瘫和四肢痉挛型瘫。

4. 脊髓损伤　脊髓损伤患者主要为神经损伤平面以下脊髓所支配的骨骼肌发生痉挛性瘫痪。

5. 多发性硬化　多发性硬化是中枢神经系统白质脱髓鞘病变,导致一系列综合性中枢神经功能障碍的同时引发阵挛、痉挛等障碍,且以下肢痉挛性瘫痪为多见。

(二) 分类

根据病变部位不同进行分类,分为脑源性痉挛、脊髓源性痉挛、混合性痉挛,它们的生理差异在于外周传入信息中枢处理的不同。

1. 脑源性痉挛　是指因脑部的各种疾病造成脑组织损伤从而引发的痉挛。当病变损害到皮质、基底核、脑干及其下行运动通路的任何部位,均可出现瘫痪肢体的痉挛。

2. 脊髓源性痉挛　脊髓损伤可波及上运动神经元和与之形成突触的中间神经元,以及下运动神经元。中间神经元损伤,可引起损伤平面以下的肢体痉挛。

3. 混合性痉挛　多发性硬化常累及脑白质和脊髓的轴突,从而出现运动通路不同水平的病变而导致痉挛的症状和体征。

图片:脑源性痉挛

三、痉挛对人体的影响

(一) 不利影响

1. 运动功能　运动功能受到影响后,出现异常的运动模式,使随意运动减慢,选择性运动控制丧失,患者可出现姿势异常、行走困难、平衡障碍、吃饭、穿衣困难等问题。随着时间的推移,进一步产生肌肉、骨骼、皮肤和其他软组织的不良后果,出现皮肤损伤、压疮、骨折、脱位、异位骨化、骨质疏松、关节挛缩及由此产生的关节畸形。

2. 患者的外观和心理状态　痉挛使患者形象、自尊心受损,可能使患者隔离社会,慢性疼痛可致抑郁。

图片:ICF 模型描述痉挛的不利影响

(二) 有利影响

不是所有的痉挛对患者都有害,有时痉挛是有利的。下肢伸肌痉挛患者可以依靠增高的肌张力来保持姿势、帮助其站立或行走;在负重下预防失用。此外,痉挛能维持骨的矿化、保持肌肉的质量;痉挛可使瘫痪肢体的下垂性水肿减轻;痉挛可使肌肉对静脉发挥泵的作用,从而减少深静脉血栓形成的危险。

四、病理生理基础

痉挛的病理生理机制仍不十分清楚,目前认为可能与下列因素有关:

1. 运动神经元兴奋性增强　包括兴奋性的输入增强,节段性输入增加,中间神经元的兴奋性增加(局部)以及下行通路(前庭脊髓束)的兴奋性增加。

2. 牵伸诱发的运动神经元突触兴奋性增强　如兴奋性中间神经元对肌肉牵拉的传入更敏感。兴奋阈降低(低于正常的刺激)和增益增大(阈值不变,反射强度增大)。

3. 抑制性突触的兴奋性降低　如 Renshaw 细胞募集受抑制,Ia 抑制性中间神经元兴奋性降低或 Ib 纤维传入减少。

笔记

4. 脊髓上兴奋性改变 包括前庭脊髓束、网状脊髓束节段性反射功能改变,下行通路(如网状脊髓束)对接受皮肤和肌肉传入的中间神经元的抑制作用减弱或丧失。

第二节 康复评定

痉挛是在多种神经系统病损过程中出现的,且为一种动态性的现象,评定过程中应注意痉挛的出现、痉挛的程度与其发病的时间、体位变化、功能训练、用药情况、患者情绪状况以及原发疾病的其他障碍因素影响,综合考虑评定选项和分析评定结果。

一、主观评定

(一) 观察法

由于痉挛常表现出刻板的运动模式和各种持续存在的静态姿势,临床观察可以发现躯体和肢体姿势的异常。

视频:痉挛引起异常运动模式

(二) 被动运动检查

被动运动检查可发现肌肉对牵张刺激的反应。肌张力正常时肢体很容易被移动,评定者感到的是很容易改变患者肢体的运动方向和运动速度;存在痉挛时,评定者会感到患者的肢体僵硬,难于改变速度,肢体有抵抗。

(三) 摆动检查

摆动检查是功能评定常用的方法,采用对肢体以一个关节作为中心,被动地摆动使其主动肌和拮抗肌交互快速收缩。快速摆动,观察摆动幅度的大小以评定其痉挛的程度。肌张力低下时,摆动振幅增大;肌张力增高时,摆动振幅减小。

(四) 反射检查

主要检查各种肌腱反射,观察是否存在反射亢进。

(五) 痉挛评定量表

1. 改良 Ashworth 量表(MAS) 改良 Ashworth 量表是目前临床上应用最多的痉挛评定量表,用于上肢痉挛评定的信度优于下肢的评定。该表将肌张力分为 0~4 级,使痉挛评定由定性转为定量(表37-1)。

表 37-1 改良 Ashworth 分级量表

级别	评定标准
0 级	肌张力不增加,被动活动患侧肢体在整个范围内均无阻力
1 级	肌张力稍增加,被动活动患侧肢体到终末端时有轻微的阻力
1+ 级	肌张力稍增加,被动活动患侧肢体时在前 1/2ROM 中有轻微的"卡住"感觉,在后 1/2ROM 中有轻微阻力
2 级	肌张力轻度增加,被动活动患侧肢体在大部分 ROM 内均有阻力,但仍可以活动
3 级	肌张力中度增加,被动活动患侧肢体在整个 ROM 内均有阻力,活动比较困难
4 级	肌张力重度增加,患侧肢体僵硬,阻力很大,被动活动困难

2. 综合痉挛量表(CSS) 加拿大学者根据临床的实际应用提出了一个评定痉挛程度的量表,包括腱反射、肌张力及阵挛三个方面。目前主要应用于脑损伤和脊髓损伤后下肢痉挛的评定。若用于踝关节,评定内容则包括跟腱反射、小腿三头肌的肌张力、踝阵挛。

(1) 腱反射:无反射 0 分;反射减弱 1 分;反射正常 2 分;反射活跃 3 分;反射亢进 4 分。

(2) 肌张力:无阻力 0 分;阻力降低 2 分;正常阻力 4 分;阻力轻到中度增加 6 分;阻力重度增加 8 分。

(3) 阵挛:无阵挛 1 分;阵挛 1~2 次 2 分;阵挛 2 次以上 3 分;阵挛持续超过 30s 4 分。

结果判断:0~6 分无痉挛;7~9 分轻度痉挛;10~12 分中度痉挛;13~16 分重度痉挛。

3. Penn 分级法 主要用于对脊髓损伤患者的双下肢肌肉痉挛程度和频率进行测定(表37-2)。

表 37-2 Penn 分级法评分标准

级别	评定标准	级别	评定标准
0 级	无痉挛	3 级	痉挛经常发作,>1 次 /h
1 级	刺激肢体时,诱发轻、中度痉挛	4 级	痉挛频繁发作,>10 次 /h
2 级	痉挛偶有发作,<1 次 /h		

4. Clonus 分级法 以踝阵挛持续时间长短分级评价痉挛程度(表 37-3)。

表 37-3 Clonus 分级法标准

级别	评定标准	级别	评定标准
0 级	无踝阵挛	3 级	踝阵挛持续 10~14s
1 级	踝阵挛持续 1~4s	4 级	踝阵挛持续 ≥15s
2 级	踝阵挛持续 5~9s		

视频:踝阵挛

5. 髋内收肌群肌张力评定 共 5 个等级,分别为 0~4 级(表 37-4)。

表 37-4 髋内收肌群肌张力评定

等级	标准	等级	标准
0 级	肌张力不增加	3 级	一人需用较大力才可使髋关节外展到 45°
1 级	肌张力增加,一人可轻易使髋关节外展到 45°	4 级	需两人才能使髋关节外展到 45°
2 级	肌张力增加,一人轻微用力即可使髋关节外展到 45°		

对痉挛采用量表评定时应遵循各量表的检查条件和检查程序,结合患者病情和功能障碍的综合因素,避免呆板套用。

Tardieu 量表

Tardieu 量表对每个肌群进行评定,按特定的牵拉速度牵拉肌肉,用肌肉反应的质量(X)和肌肉发生反应时角度(Y)两个指标评定其反应。最初是为了评估脑瘫儿童制定的,Mehrholz 等(2005 年)在脑卒中后肢体肌痉挛的成年人中评估了这个量表,发现这个量表比 MAS 可靠。但是 Tardieu 量表的主要问题是费时,需要有经验的医务人员使用,这影响了其日常临床工作的实用以及可信度。

二、客观评定

主要依靠测量仪器从肌肉的电生理、机械特性、反射特性等方面,客观定量测试患者痉挛情况。

1. 电生理评定 H 反射是电生理检查中很重要的一个检测指标,H_{max}/M_{max} 指数可作为评价肢体痉挛程度的敏感性指标。表面肌电图在患者进行主动、被动或皮肤刺激时可以记录各相关肌肉的收缩情况,以反映拮抗肌与协同肌的收缩时相、强度和协调性,并依此分析患者的痉挛与功能情况。

2. 便携式测力计 对于长期痉挛的患者可采用此法评定。通过不同速度下的被动运动,记录达到被动运动终点时便携式测力计的读数,来表达痉挛的程度。

3. 等速装置评定 可分别用等速摆动试验和等速被动测试。主要对痉挛的速度依赖性做出评定。

4. 超声评定 肌肉收缩能力与肌纤维长度有关,肌纤维厚度反映了肌纤维垂直力矩,而肌肉羽状角度则呈现了肌肉后轴向力矩与肌纤维走向力矩的关系。借助超声不仅可对肌肉结构参数进行评定,还能评估肌肉痉挛的机械性因素。

三、功能评定

痉挛常对患者的功能活动造成不同程度的影响,因此对于痉挛患者尚需评估其运动功能如床上活动、体位转移、平衡能力与步态以及日常生活活动(ADL)自理能力等。常可选择应用徒手肌力检查、关节活动范围(ROM)的测量、Brunnstrom 运动功能、Fugl-Meyer 量表、Barthel 指数(BI)或功能独立性评定(FIM)、Berg 平衡量表、Holden 步行功能评定、步态分析等,以全面了解痉挛对功能活动各方面的影响。

第三节 康复治疗

一、康复治疗目标

痉挛的表现在不同患者之间差异很大,治疗方案必须个体化。治疗计划应清晰可见,而且患者及家属必须能够接受。常见治疗目标包括改善活动能力,ADL、个人卫生;减轻疼痛、痉挛;增加关节活动度、扩大关节活动范围;增加矫形器配戴的合适程度,改善矫形位置,提高耐力;改变强迫体位、改善在床或椅上体位摆放,让患者自觉舒适;预防或减轻与肌张力异常有关的并发症如挛缩,延迟或避免外科手术;消除有害的刺激因素,预防压疮发生或促进更快愈合,使护理更容易;最终提高患者及其照顾者生存质量。

二、康复治疗方法

临床上对于不同疾病和损害而引发的痉挛,治疗方案应从最简单、最保守和不良反应最小的方法开始,逐渐到多学科和多途径的综合措施。

(一)减少伤害性刺激

痉挛的出现和变化除了神经系统损害外同时受多种因素的影响,而一些因素的存在会诱发痉挛的出现或加重痉挛的程度,包括精神紧张、情绪激动、疼痛、泌尿系感染、泌尿系结石、尿潴留、便秘、异位骨化、压疮或气温下降等。特别对于截瘫患者,往往大、小便的潴留,皮肤轻度的刺激都会引发明显的痉挛出现。因此在痉挛康复治疗中,要尽量避免各种诱发因素。

(二)运动疗法

1. 神经生理疗法

(1) Rood 技术:具体的有挤压法、牵拉法等。①挤压法,如对因为肩带肌的痉挛引发的肩胛后缩、肩关节内收、外旋、疼痛时,可采用挤压盂肱关节的手法使肌群张力降低,疼痛缓解;对于痉挛型脑瘫的小儿可用轻压背部的骶棘肌的手法以放松全身肌张力;对脑外伤、脑卒中或脊髓损伤等所致的四肢肌痉挛,均可应用肌腱加压法,在相应痉挛肌的腱部垂直持续加压可引起肌肉的放松。②牵拉法,持续牵拉或将已经延长的肌肉保持在被延长的位置上数分钟、数天甚至数周(应用系列夹板)以抑制或减轻痉挛。如对偏瘫患者上肢屈曲痉挛所致的手伸展障碍可用系列手伸展夹板予以缓慢牵拉使其缓解。

(2) Bobath 技术:对于痉挛的治疗采用控制关键点和反射性抑制模式等治疗技术使痉挛缓解、肌张力降低。①控制关键点:通过在关键点的手法操作来抑制异常的姿势反射和肢体的肌张力。如对偏瘫患者躯干肌肉的痉挛,可通过对胸骨柄的控制来缓解肌张力;对于上肢屈肌张力高的患者,治疗师可以通过控制拇指(远端关键点)来缓解痉挛;当患侧下肢肌张力较高时,治疗师可将患者的踝关节背屈和外翻作为远端关键点进行控制,将缓解下肢较强的伸肌痉挛,包括踝关节的跖屈、内翻。②反射性抑制模式:应用反射抑制性模式来抗痉挛以缓解肢体的肌张力。如对偏瘫患者患侧上肢处于外展、外旋,伸肘,前臂旋后,伸腕、伸指,拇指外展的位置,可对抗上肢的屈曲痉挛模式;患侧下肢轻度屈髋、屈膝、内收、内旋下肢,背屈踝、趾,可对抗下肢的伸肌痉挛模式。

(3) Brunnstrom 技术:Brunnstrom 将因高位中枢损害引发的运动障碍的恢复分为六个阶段,痉挛的发生和发展相当于 Brunnstrom 的 II~ IV 阶段,其降低痉挛的治疗方法是应用紧张性颈反射,紧张性迷路反射和联合反应等抑制偏瘫侧肢体的痉挛。

(4) PNF 技术:PNF 技术是以正常的运动模式和运动发展为基础,采用肢体和躯干的螺旋形和对角线主动、被动、抗阻力运动,类似于日常生活中的功能活动,并通过手的接触、语言命令、视觉引导影响运动模式。它不仅能有效地抑制痉挛,且能更好地促进正常运动的产生。

2. 牵伸技术和按摩 对痉挛的肢体采用温和、缓慢、持续的牵拉,不但可降低肌张力,而且还可以维持关节的活动范围,只是维持的时间较短。此外可配合中医的按摩手法,深入且较长时间的肌肉按摩对缓解痉挛有一定的帮助,如推法、按揉法、擦法和挤压法等进行综合应用以降低肌痉挛。

视频:持续被动牵伸(关节活动训练)

(三) 物理因子疗法

1. 温热疗法 温热疗法除止痛及扩张末梢循环外,且有抑制痉挛的作用。常用的有温水浴、蜡疗、中药热敷、红外线及超短波等。

2. 冷疗法 冷疗能够抑制肌梭的活动,使神经传导及传导速度降低。如将手放在冰水中浸泡 10s 左右取出,反复多次,可以缓解手的屈曲痉挛;用冰敷小腿三头肌,可以缓解足的跖屈痉挛。

3. 生物反馈疗法 应用相应的声、光仪器仪表的反馈信号系统,让患者直观看到自身瘫痪肢体的痉挛问题并使其尝试放松痉挛的肌群,努力根据反馈指示进行主动活动。

4. 振动疗法 是一种促进主动肌的手段,将振动理疗仪设置在频率 100Hz 左右、振幅 0.5~3.5mm 的位置上,施于拮抗肌的肌腱上或腱腹处,持续 10~15min,因反射性的交互抑制原理使痉挛减轻。

5. 功能性电刺激治疗 功能性电刺激能够促进上运动神经元瘫痪的主动肌运动和抑制主动肌痉挛。常采用对痉挛肌的拮抗肌群进行电刺激,通过神经的交互支配反射性地降低痉挛肌的张力。功能性电刺激配合肉毒杆菌毒素药物的治疗比单纯用肉毒杆菌毒素效果更佳。近来研究显示,下肢功能性电刺激具有活化中枢神经的作用。

6. 重复经颅磁刺激治疗 重复经颅磁刺激是一种非侵入性的作用于大脑的电生理疗法,近些年国内外研究证实其对肢体痉挛有改善作用,具体作用机制还有待研究,可能是通过改变患者大脑运动皮层和脊髓的运动神经元的兴奋性来降低痉挛。

(四) 矫形器的使用

在肌肉痉挛情况下,矫形器能在一定程度上通过对痉挛肌的持续牵伸,骨骼、关节的固定,达到减缓肌痉挛、疼痛,预防和 / 或矫正畸形,防止关节挛缩,促进正常运动模式建立的作用。如用于内收肌痉挛的外展支架、用于屈肘肌痉挛的充气压力夹板。针对手指屈曲、腕掌屈痉挛的分指板,能够固定腕关节背屈、拇指伸展、手指保持外展和指关节伸展位;踝足矫形器,对纠正足的跖屈内翻有效。

组图:踝足矫形器

(五) 肌内效贴扎治疗

肌内效贴扎技术作为一种感觉输入的手段,可以把治疗师对患者的口令和手法"贴"在患者身上,增加作用时间,持续管理患者上肢痉挛。肌内效贴能形成对患者持续性方向牵引,通过放松肌肉和增加本体感觉输入,改善肌肉痉挛。

组图:肌肉痉挛的贴扎治疗

(六) 药物治疗

药物治疗包括口服的全身性药物,也包括局部应用的药物。

1. 口服全身性抗痉挛药物

(1) 氯苯氨丁酸(巴氯芬):氯苯氨丁酸是一种肌肉松弛剂,可抑制脊髓单突触和多突触神经元之间的传递,从而达到缓解痉挛的目的。多用于脊髓损伤、多发性硬化、脑瘫、脑卒中及脑外伤后肢体痉挛等。对痉挛严重、不能耐受其不良反应或其他治疗效果不理想的患者,可以考虑采用巴氯芬鞘内注射,鞘内给药时所需剂量仅为口服药的 1%。

(2) 盐酸替扎尼定:为中枢性肌肉松弛药,主要作用部位在脊髓。通过抑制神经末梢兴奋性氨基酸的释放,以抑制引起肌张力过高的多突触反射,达到缓解痉挛的作用。

(3) 苯二氮䓬类:在脊髓水平对输入增加突触前抑制,减少单突触和多突触的反射传导,如地西泮、氯硝西泮、氯氮草等。

(4) 丹曲林:由于抑制钙从肌质网中释放,影响收缩肌肉的联系,因而是作用在骨骼肌,适用于所有原因引起的上运动神经元综合征,特别是阵挛。

2. **药物神经阻滞术** 药物神经阻滞术发展迅速,已成为缓解肌肉痉挛的主要方法之一,最适合解决局部痉挛,对全身的影响最小,常用的包括神经溶解技术和化学神经阻断技术。神经溶解技术指神经干或肌肉运动点进行酚或者无水酒精注射技术;化学神经阻断技术是采用 A 型肉毒毒素(BTX)进行神经肌肉接头注射技术。其中 A 型肉毒毒素作为局部痉挛治疗的首选药物,在治疗脑和脊髓损伤后所导致的肢体痉挛已取得较好的临床疗效,且无明显不良反应。主要作用于神经肌肉接头处(运动终板),以抑制突触前膜对神经递质的释放,使痉挛的骨骼肌松弛。

(七)手术治疗

当痉挛的严重状态不能通过药物和以上各种治疗缓解,肌肉挛缩的患者,可选用手术治疗。可用的手术治疗有:选择性脊神经后根切断术(SPR)、肌腱切断术、肌腱延长术、周围神经切断术、脊髓切断术等。其中 SPR 目前被认为是一种有效的作用于中枢神经系统的治疗方法,新近采用的微创经皮射频神经根切断术可取代 SPR,且创伤小。针对痉挛引起的肌肉肌腱挛缩最常见的矫形术是跟腱延长术,可缓解跟腱固定挛缩畸形。内收肌腱切断术有时对严重的内收痉挛有效。

三、康复教育

在中枢神经疾病所致的痉挛性瘫痪方面,常因上运动神经元损害导致肢体骨骼肌呈长期高张力状态,极易引发和/或加重痉挛。因此,对患者要进行如何有效预防痉挛发生和减缓痉挛程度基本知识教育。包括:

1. 使患者清楚痉挛的可防性和可控性,减轻患者的精神压力和思想负担。

2. 教会患者日常生活中常需掌握的防护知识,如需要合理的卧位、坐位姿势,可将 Bobath 技术的各种抗痉挛体位、反射性抑制体位应用到日常生活活动中,能够良好地自我控制痉挛;指导患者学会自我观察易受挤压部位的皮肤,防止出现压疮。

3. 学会自我护理,如对有尿潴留、习惯性大便秘结者,能够自我导尿和物理手段排解粪便,及时做好个人皮肤卫生清理以减少诱因的存在。

4. 主动积极地配合康复治疗。通过宣教使患者能够认识到康复治疗和康复训练的重要性,增强战胜功能障碍的信心和改善、提高生存质量的欲望。树立长期康复的信念,坚定其意志,实现全面康复的理想。

本章小结

痉挛是在多种中枢神经系统疾病的过程中出现的,更多见于脑卒中、颅脑损伤、脑瘫、脊髓损伤、多发性硬化等。痉挛的发生和长期存在给患者的基本生活和日常活动带来许多不利的影响,并会继发更多的障碍。痉挛的处理是综合性的,以康复治疗和药物为主,最大限度地改善异常的姿势,纠正异常运动模式,恢复患者的运动能力,增强患者日常生活活动自理能力,提高患者的生存质量。

(周蜜娟)

思考题

1. 简述常用的痉挛评定量表。
2. 对于痉挛可应用哪些康复技术进行治疗?

扫一扫,测一测

思路解析

笔记

第三十八章 挛缩康复

38章 PPT

学习目标

1. 掌握 挛缩的基本概念、主要功能障碍、康复评定、康复治疗。
2. 熟悉 挛缩的分类、病因。
3. 了解 挛缩的手术治疗。
4. 具有基本临床康复思维与素养,能根据病史判断有无挛缩,能进行挛缩分类,能熟练进行挛缩的评定,熟练使用 CPM 和各种矫形器,正确选择治疗方法;具有指导患者康复训练及评估康复疗效的能力,能对患者在治疗或训练过程中出现的简单问题进行处理。
5. 能与患者及家属进行良好沟通,开展健康教育;能与相关医务人员进行专业交流与团结协作开展康复治疗工作。

病例导学

患者,女性,56 岁,外伤后左肘关节活动障碍 5 个月余。患者 5 个月前外伤致左肱骨下段粉碎性骨折,左桡骨下段粉碎性骨折,一周后行肱、桡骨骨折内固定术,术后用支具行外固定45d,后自行在家锻炼,近日因关节疼痛、活动受限,影响日常生活活动来就诊。查体:左上肢肩关节疼痛,VAS 评分:7 分;左上肢肢体围度较右侧变小;肘关节和腕关节处可见手术切口瘢痕挛缩;肘、腕关节僵硬,主被动活动受限,ROM 测量:肩关节 AROM:前屈 0°~90°,后伸 0°~20°,外展 0°~70°,内旋 0°~60°,外旋 45°;肩关节 PROM:前屈 0°~110°,后伸 0°~30°,外展 0°~90°,内旋 0°~70°,外旋 60°;肘关节 AROM:屈曲 30°~80°,旋前 0°~50°;腕关节 AROM:背伸 –20°,掌屈 20°~30°;肘、腕关节 PROM 角度无变化。肩关节屈/伸、内收/外展、内旋/外旋肌力均为 4 级;上臂周径:左:27.5cm,右:30cm;前臂周径:左 24cm,右:27cm;ADL 评分(Barthel 指数):80 分。

问题与思考:

1. 该患者左上肢有否挛缩? 哪个关节? 属于什么类型挛缩?
2. 如何制订康复治疗方案?

第一节　概　　述

一、基本概念

(一) 概念

挛缩(contracture)是外伤、手术或疾病等各种原因需长期制动所导致的关节周围的软组织、肌肉、韧带和关节囊等失去原有弹性,引起关节粘连、僵硬、主动和被动活动范围受限。常见于骨骼、关节和肌肉系统损伤及疾病后,各种类型的神经瘫痪,烧伤,长期坐轮椅或卧床以及老年患者。

(二) 发病机制

限制关节活动导致肌纤维间结缔组织、胶原纤维增生,疏松结缔组织变为致密结缔组织,肌肉、韧带纤维化,肌纤维纵向挛缩;关节滑液分泌减少,关节软骨变薄,骨小梁吸收,纤维结缔组织和软骨面之间发生粘连,关节囊内和关节周围结缔组织重构;使关节周围及关节囊软组织短缩,关节囊硬化,弹性下降,活动范围减少,关节变得僵硬,甚至强直畸形,严重者关节可能完全不能活动。

(三) 临床表现及预后

1. 临床表现　关节僵硬、畸形、活动度差、肌肉萎缩、肌张力高。

2. 预后　其临床疗效不十分理想,常常后遗关节活动功能降低或消失,不仅影响疾病的康复,还可造成患者日常生活的严重障碍,影响患者的生活质量。制动时间越长,关节挛缩越难以治愈。

二、对机体的主要影响

挛缩对机体的主要危害为影响机体的运动功能和完成日常生活活动的能力降低。包括以下几个方面。①关节活动范围受限:关节处于限制性体位状态,达不到正常关节活动范围,使关节的活动能力下降,功能减退。②肌力下降:肌肉出现失用性萎缩和肌力下降,肌肉能量代谢障碍。③日常生活活动能力降低:因运动功能下降,导致完成日常生活自理、处理家务、户外活动的能力减退,使患者的社会参与程度降低。

三、病因与分类

(一) 病因

关节挛缩的形成不仅与骨关节病损后肢体长期制动造成韧带与关节囊长度缩短、软组织与周围结构粘连及烧伤后瘢痕的形成有关,也与肢体瘫痪、痉挛及重力的影响使肢体长期处于不适当的强制肢位有关。

1. 关节病损　关节病患或损伤导致挛缩的原因包括:

(1) 韧带与关节囊长度缩短:创伤或手术后早期常要求患肢制动,关节、肌肉、韧带与关节囊等软组织长期被固定在短缩的状态,得不到充分的运动,血液循环缓慢,关节液分泌减少,制动结束后软组织已经发生顺应性的挛缩,不具备完成正常关节活动范围的长度与弹性,限制关节活动。

(2) 软组织与周围结构粘连:关节在正常运动时骨、关节囊、韧带、肌肉和肌腱间都是相互滑动的,关节创伤后局部组织液渗出、水肿、血肿纤维化及肌肉损伤后的瘢痕化,均可造成关节周围韧带纤维化、结缔组织胶原纤维增生、软组织结构破坏、关节间隙出现骨桥,瘢痕逐渐形成,产生关节粘连、挛缩。

(3) 瘢痕组织的无序排列形成:骨折、软组织损伤、手术切口等愈合过程中都会产生瘢痕,如果早期没有及时引导关节做安全范围内循序渐进的活动训练,瘢痕组织重建时得不到一定方向的应力刺激,瘢痕组织易呈无序排列,导致延展性下降,瘢痕塑形完后,关节的弹性下降,活动度减少。

常见疾病有骨折、关节病变及损伤、滑膜及腱鞘疾病、骨性关节病等。

2. 深度烧伤　烧伤的创面必须通过肉芽组织的形成来进行修复,而肉芽组织内存在有丰富的成纤维细胞和细胞外基质成分,其中胶原纤维增生,排序紊乱,产生大量瘢痕,导致皮肤挛缩,延展性下降;瘢痕挛缩的力量呈渐增性,又可使关节结构破坏,引起更多的纤维组织的损伤与修复,使瘢痕粘连广泛、致密,加重关节挛缩。

3. 肌肉痉挛 各种原因所致的中枢神经系统瘫痪,因原始反射的释放可引起肌肉痉挛,原动肌和拮抗肌之间的动态平衡被破坏,使关节长期固定于痉挛特有的体位,肌肉间结缔组织胶原纤维增生,导致静态下肌纤维长度缩短,产生制动效果;加上肢体血液循环不良及活动性下降,致使肌肉的失用性及营养不良性萎缩。常见疾病有脑卒中、脑外伤、脊髓损伤、脑瘫等。

4. 肌肉无力 肌肉的创伤、感染、退行性变等可引起肌肉结构和肌筋膜结构的改变,使肌膜弹性下降、硬化,整块肌肉的延展性丧失,导致内在性肌肉挛缩;周围神经病损等可因肌肉失神经支配导致弛缓性瘫痪,产生肌肉萎缩,肌肉横断面积减少,肌纤维挛缩。

5. 长期卧床 指因长期患病和伤残而导致卧床不起的状态。患者因肌肉长期的收缩活动减少,或长时间维持某一种体位(如四肢瘫患者两腿屈曲、双上肢交叉置于胸前、颈前屈、躯干屈曲等),很容易造成肌肉的失用性萎缩,关节软骨退行性变或骨萎缩,关节周围软组织的失用性缩短等,均可使关节运动受到限制、僵硬,导致失用性挛缩。

(二) 分类

1. 关节源性挛缩 挛缩直接由构成关节的软骨、滑膜和关节囊等本身的病变引起。如关节创伤、制动、炎症、感染或退行性变等。上肢挛缩以肘、腕关节和手指畸形多见,下肢挛缩以膝、踝关节多见。

2. 软组织性挛缩 软组织性挛缩为关节周围软组织、肌腱、韧带、皮肤及皮下组织病患引起。如跨越关节的烧伤后瘢痕形成和瘢痕挛缩、腱鞘及滑膜炎、韧带的撕裂伤等。

3. 肌肉性挛缩 肌肉性挛缩是由肌肉本身的疾病或外在的病变引起肌肉结构的改变,导致内在性肌肉挛缩。如先天性的肌肉挛缩、注射性臀肌挛缩、小儿三角肌挛缩等。而外在性肌肉挛缩多继发于神经功能障碍、制动等因素。如偏瘫等继发的小腿三头肌挛缩。

四、主要功能障碍

(一) 运动功能障碍

人体正常活动能力的维持与关节、肌肉、韧带的灵活性与柔韧性密切相关,其很好地维持了关节和软组织的运动功能,挛缩导致这些组织结构发生了病理性改变,造成运动功能障碍。共包含以下几个方面:

1. 关节活动度障碍 挛缩使肢体或关节固定于某种姿势状态下,关节囊的柔韧度和弹性减低或消失,关节不能完成正常的生理运动和多个方向的活动,主动和被动运动范围均达不到正常值,终末端抵抗感明显,甚至不能活动。

2. 肌力减退 挛缩导致患侧关节活动范围受限显著,由此关节难以产生理想的摆动,导致关节附近肌群长期处于收缩不充分的状态,肌萎缩明显,肌容积减少,肢体周径变小,关节的稳定性下降,不能完成抗重力和/或抗阻力的运动。

3. 痉挛 挛缩使痉挛的程度加重,使关节长期受限于痉挛导致的特有的体位,只能以少数的姿势与固定的运动模式进行活动(如上肢挎篮、下肢划圈的步行姿势),限制了日常生活中关节的自然活动。

4. 加重瘫痪肢体功能障碍 神经瘫痪后所导致的肌无力和肌痉挛状态,均可使肢体随意运动控制能力降低,关节缺乏运动,引起挛缩形成;挛缩又使肢体运动更加不灵活,不能完成功能性动作,平衡和协调能力障碍,导致步态异常、不稳和运动协调性降低,从而加重瘫痪肢体的功能障碍。

(二) 日常生活活动能力障碍

影响挛缩可严重的影响日常生活活动能力,涉及上肢会影响到患者的个人卫生、穿衣、进食、写字、烹饪等日常生活及工作;涉及下肢会影响患者的行走、上下楼梯、如厕、乘坐交通工具等日常生活中所要频繁产生的动作和功能活动。

(三) 疼痛

原发病及挛缩均可致肢体疼痛,疼痛可为持续性,也可能为活动时加重,休息后减轻,使患者更不愿活动患肢而影响其功能的恢复。

(四) 心理障碍

挛缩所导致的以上功能障碍均会对患者造成不同程度的心理影响,再加上原发病、长期的肌肉肌

图片:肘关节挛缩

腱以及关节的局部病理性改变所致的痛苦,烧伤瘢痕、关节功能障碍等也会不同程度地影响个人形象,加重患者的心理负担。治疗进展缓慢的患者往往会放弃康复治疗,在治疗期间需注意给予心理疏导,使患者增强战胜疾病的信心,主动配合治疗,提高生活质量。

第二节 康复评定

对患者进行康复评定时应详细了解关节挛缩的致病原因、发生、发展的过程以及治疗的情况;仔细检查关节周围挛缩瘢痕的情况及特点,对烧伤后的肥厚性瘢痕应注意其质地、弹性、色泽、感觉和厚度等;严重的关节挛缩和皮肤瘢痕常会导致关节脱位和畸形,应结合 X 线片,了解骨关节及挛缩周围组织的异常改变。除此之外还有运动功能、日常生活活动能力、疼痛和精神心理评定。

一、运动功能评定

1. 关节活动度评定 关节活动度是指关节活动时所通过的运动弧,被动关节活动范围检查是评定挛缩的最常用的方法。对烧伤所致关节挛缩的评价,如受累部位仅局限于单一关节,应对其关节活动度进行评价;如受累部位较多,还应该进行上肢或下肢整体功能的评价。

2. 肌力评定 常采用徒手肌力测定法,按 0~5 级肌力记录检查结果,并与健侧对比,肌力达到 3 级以上时,也可用器械测定法。

3. 痉挛评定 常采用改良 Ashworth 痉挛量表进行评定。

二、日常生活活动能力评定

日常生活活动能力(ADL)评定包括躯体的日常生活活动能力(PADL)和工具性日常生活活动能力(IADL)。PADL 评定常选用改良 Barthel 指数量表,称为 MBI(Modified Barthel Index),不仅可以评定功能,还可以判断预后。IADL 常采用修订后的功能活动问卷(FAQ),需要全面评定 PADL 和 IADL 时,常采用功能独立性评定(FIM)量表。

三、疼痛评定

常采用视觉模拟评分法(Visual Analogue Scale,VAS)、数字评分法(Numeric Rating Scale,NRS)和口述分级法(Verbal Rating Scale,VRS)进行评定。

四、精神心理评定

常采用简易智能精神状态检查量表(MMSE)评定认知功能,采用汉密尔顿焦虑量表(HAMA)和汉密尔顿抑郁量表(HAMD)评定患者的心理状态。

痉挛与挛缩的区别

痉挛(spasticity)是一种由牵张反射高兴奋性所致的、以速度依赖的紧张性牵张反射增强、伴腱反射亢进为特征的运动障碍,是肌张力增高的一种形式。

挛缩(contracture)是外伤或疾病等各种原因需长期制动所导致的关节周围的软组织、肌肉、韧带和关节囊等失去原有弹性,引起关节的主、被动活动范围受限,关节粘连或僵硬。

1. 病因 痉挛是由于上运动神经元损伤后,脊髓和脑干的原始反射释放,而使肢体肌张力增高和腱反射亢进。

挛缩是由于各种原因需长期制动,造成肌肉、肌腱等软组织发生变性、纤维增生、解剖长度缩短,而致相应关节强直畸形。

2. 治疗 痉挛经过被动手法治疗易缓解,痉挛肌肉收缩时肌电图可检测到肌电信号,综合康复训练治疗效果好。

挛缩被动手法治疗不易缓解,挛缩肌肉收缩时肌电图不能检测到肌电信号,综合康复训练治疗效果不理想时常需外科矫形手术治疗。

3. 鉴别 关节活动度评定中如发现关节活动范围减小且终末端阻力大,应注意鉴别是挛缩还是痉挛,或是两者兼而有之。可应用神经干阻滞法进行鉴别:如需要鉴别小腿三头肌是痉挛还是挛缩可用2%利多卡因15~20ml,行胫后神经阻滞,0.5~1.5h后测量踝背屈的关节活动范围,如关节活动范围改善则为痉挛,反之则为挛缩。

第三节 康 复 治 疗

一、关节挛缩的预防

挛缩多因关节活动受限或肢体长期固定于一种体位等造成,挛缩一旦形成后治疗效果不理想,且病程长,造成的功能障碍多。患者需承受很大的痛苦。如果从早期即开始注意减少导致挛缩形成的病因,应用体位摆放技术和关节活动度维持训练技术,即可达到预防或减少挛缩的出现、完全或部分改善挛缩的目的。因此,预防关节挛缩出现要比发生挛缩后的治疗省时、省力而且简单得多,是保证运动功能的重要措施。

(一)体位摆放

体位摆放是防止不正确体位导致肌肉、韧带等长期处于短缩状态,失去伸缩性和弹性所采取的预防措施。在早期卧床阶段,为了预防挛缩形成,或者减轻挛缩的后果,必须保持关节于正确的体位,使肌肉萎缩和关节囊的挛缩粘连处于最低限度,而且必须是24h连续进行,可以借助于枕头、毛毯等软性织物保持关节的位置。根据导致挛缩形成的疾病的性质不同,正确的体位摆放可分为功能位、良肢位和烧伤抗挛缩体位三种,功能位与良肢位的区别见表35-1。

1. 功能位 功能位是从功能需要的角度出发而设计的可长期保持的永久性体位,即使出现了关节的挛缩或强直也可以发挥肢体的最佳功能状态。多用于骨关节系统病变或外伤、手术后,周围神经系统病变或损伤后,烧伤和长期卧床患者。上肢各关节的功能位以便于完成个人卫生、进食等日常自理活动为目标,下肢各关节的功能位以便于行走为目标。

2. 良肢位 良肢位是为了防止或对抗中枢神经系统损伤后痉挛模式的出现,早期诱发随意运动而设计的一种临时性治疗性体位,患者运动功能达到分离运动阶段后即可不必再进行良肢位摆放。多用于中枢神经系统损伤的患者,如脑梗死、脑出血、脑外伤等脑部病变或脊髓病变的患者。

表 35-1 功能位与良肢位的区别

关节	功能位	良肢位
肩关节	外展 45°、屈曲 20°、内旋 25° 位	仰卧保持前伸位,侧卧保持屈曲 90° 位
肘关节	屈曲 100° 位	伸展位
腕关节	背伸 10°~30° 位	背伸 10°~30° 位
手指	对掌位	伸展位
髋关节	屈曲 20°、外展 10°、外旋 10° 位	仰卧保持伸展位,侧卧保持屈曲位
膝关节	屈曲 20° 位	屈曲 10° 位
踝关节	跖屈 10° 或 0° 位	背屈位

(二)关节活动度维持训练

关节活动度维持训练是防止关节发生活动受限所采取的预防措施,其目的是确保肌肉和构成关节的软组织的柔韧性,维持关节的正常活动范围,防止因关节长期制动而导致挛缩形成。根据关节的解剖特点和生理运动范围,进行各个轴位,全关节范围的活动;每天必须把所有受累肢体未制动的关节都活动一遍,每一关节重复活动 10 次,要耐心而轻柔地进行,且控制在无痛范围内。注意保存重要关节的活动范围:如肩关节屈 / 伸、水平外展与外旋;肘关节屈 / 伸;腕关节掌屈 / 背伸;手指的屈曲及拇指的外展;髋、膝关节屈 / 伸;踝关节与足趾关节的屈 / 伸等。

(三) 健康教育

因挛缩防重于治,所以在损伤或手术早期就应该对患者进行健康宣教。主要目的是对患者进行关节挛缩的病因、预防与治疗相关知识的教育,使患者调整和改变思维方式,克服害怕疼痛、害怕加重损伤的心理障碍,尽量减少制动时间,在不影响骨折愈合的情况下,尽早配合治疗师进行科学训练,维持关节活动功能,维持肌肉质量和神经支配,减轻水肿,减轻肌肉萎缩,减少关节粘连和僵硬、挛缩的形成。

二、康复治疗

出现挛缩的患者在疾病早期都因为各种原因被迫制动,制动造成挛缩,挛缩又导致患者活动水平下降,被迫制动,形成恶性循环。可通过被动运动、关节松动和被动牵伸技术、关节牵引术,使关节周围软组织和关节囊松弛,恢复弹性,能使轻、中度的瘢痕组织变得柔软、有弹性,长度得到延伸。

(一) 被动运动

被动运动是矫治关节挛缩的最基本最简单的手段。主要是利用软组织的可塑性,使其产生弹性和塑性延长,防止纤维挛缩和松解粘连,既具有预防作用,也具有治疗作用。

1. 持续被动运动(continuous passive motion,CPM) 应用 CPM 治疗仪进行持续被动运动,此方法能改善局部血液、淋巴循环,促进关节软骨再生和修复,促进韧带、肌腱的修复,防治制动导致的关节挛缩。使用时注意速度由慢到快;关节活动角度可根据患者的耐受程度逐渐增加,直至最大关节活动范围;使用时间可每日持续 5~16h,也可每次连续 1h,3 次 /d;连续 2~4 周。

2. 手法治疗

(1) 关节松动:关节松动技术(joint mobilization)是治疗师在患者关节活动允许范围内完成的一种手法操作技术,是由治疗师被动完成的恢复关节的生理运动(屈 / 伸、内收 / 外展、内旋 / 外旋)和附属运动(滑动、滚动、分离等)的活动。此方法直接牵拉了关节周围的软组织,可保持或增加伸展性,改善ROM(关节活动度)能促进关节液流动,增加本体反馈肌肉张力及变化。目的是治疗关节活动受限、僵硬、挛缩等。共分Ⅳ级手法,每次治疗时一种手法可以重复 3~4 次,治疗的总时间在 15~20min,每天 1 次。

操作时手法运用的方向主要是根据关节的解剖结构和治疗目的而定,治疗师一手固定关节的一端,另一手在尽量接近关节间隙的位置松动另一端,先将近、远端关节面进行分离,然后在关节活动允许的范围内,大范围、节律性地来回推动关节,每次均接触到关节活动的终末端,并能感觉到关节周围软组织的紧张为Ⅲ级手法,适用于治疗关节僵硬患者;在关节活动的终末端,小范围、节律性地来回推动关节,每次均接触到关节活动的终末端,并能感觉到关节周围软组织的紧张为Ⅳ级手法,适用于治疗关节周围组织粘连、挛缩患者。治疗时,手法应超过关节僵硬点,且要不断询问患者的感觉,根据患者的反馈来调整手法强度。关节松动前可用热疗增加结缔组织弹性,松动后用冷疗减少水肿和出血。应用此法时应注意防止发生骨折,一般多与被动牵伸相结合以提高疗效。

(2) 被动牵伸:被动牵伸是通过外在力量拉长挛缩组织,以增加挛缩组织长度和关节活动范围的方法,目的是使组织纤维在牵伸力的作用下发生弹性延长和塑性延长。由治疗师控制牵伸方向、时间和速度,其基本原则有两点:一是每次牵伸要达到关节当时所能达到的最大活动范围,二是用力程度以患者能耐受的疼痛为限。一般每次牵伸持续 10~30s,重复 10~20 次。

因挛缩的组织弹性较小而脆性较大,故开始牵伸时速度要慢,力度要小,再逐渐增加运动量,切不可用力过大、过猛,以免造成新的损伤。牵伸力量的方向与挛缩的方向相反,在可动范围内缓慢移动肢体至关节活动受限处,并固定近端关节,活动远端关节以牵伸挛缩组织;对于有肌肉跨越两个关节的挛缩,应当同时牵伸两个联带关节(如腓肠肌跨越膝和踝关节,如果腓肠肌出现挛缩,牵伸膝关节会使踝关节更难背屈,所以最好同时牵伸膝和足跟部,使该肌全部受到牵伸,伸展性改善)。牵伸的强度视病情而定,挛缩较轻的关节每次运动只需在可动范围内反复牵伸 10 次,但每次牵伸均需在极限位置(屈或伸,外展或内收)处停留 8~10s,以牵拉肌腱,使缩短的肌腱出现弹性延长;挛缩较重时适当增加牵伸时间和次数,每次被动牵伸需连续进行 20~30min,且必须使关节活动范围尽可能达到最大,但是以不引起严重疼痛为限。对于严重的挛缩,被动牵伸前应配合蜡疗、红外线等,使组织加温到 40~43℃,以改善结缔组织的黏弹性,增加牵伸的效果。被动牵伸前进行关节松动可以增加关节活动度,避免软组织的压迫或撕裂。

(3) 关节牵引:是利用牵引的重力作用,通过牵拉关节邻近肌肉以分离关节面,产生牵张刺激,使挛缩和粘连的纤维产生更多的塑性延长,改善关节功能状态的方法。常采用滑轮、绳索、墙壁拉力器等器械,在挛缩肢体远端按需要方向施加适当重量进行牵引;一般中度挛缩可以每日牵引 2 次,每次 20~30min,严重时可以增加。牵引前可在关节囊或肌肉肌腱结合部加热。

当挛缩组织较紧,且时间较长者,常伴有一定程度的骨质疏松,牵张训练及关节松动手法应慎重。

(二) 主动运动

主动运动可改善血液循环,强化肌肉力量,促进神经支配恢复,预防挛缩形成或改善挛缩造成的功能障碍。

1. 肌力训练　从疾病急性期开始,在保证需制动关节稳定的情况下,未制动的关节即要进行主动运动,制动关节进行肌肉等长收缩训练;制动解除后,病变关节应立即开始进行关节活动训练和肌力增强训练,关节活动在每个活动平面上都要进行,每天 2~3 次,每次每个轴位活动 10~20 次。已出现挛缩的关节可先进行被动运动,再进行肌力增强训练,根据肌力情况选用主动助力运动、主动运动和抗阻运动训练,以增加关节活动范围和肌肉收缩力量。还可进行关节体操训练和日常生活活动训练,以提高肢体功能,增加耐力,提高生活自理能力。活动时间视病情而定。

2. 步态训练　因关节僵硬和挛缩、肌力减退、肢体瘫痪等原因,常可出现步态的改变和行走障碍,要将增加关节活动度、增强肌力训练和步态训练结合起来。可应用拐杖、助行架等辅助装置,增加患者站立行走的时间,纠正错误步态。

(三) 物理因子治疗

包括超短波、蜡疗、水疗和红外线等。这些方法能够促进血液循环,减轻组织水肿,增进损伤组织的修复;具有镇痛,缓解肌痉挛,软化瘢痕,松解粘连,改善胶原纤维韧性,增加挛缩组织的延展性,减少运动阻力的作用。主动或被动运动之前进行热疗,关节松动和被动牵伸后用冷疗。

(四) 矫形器应用

矫形器是矫治挛缩的较有效的方法,利用挛缩组织蠕变的原理,逐渐降低结缔组织的抵抗,增加其可塑性和关节活动范围,尤其在关节被动运动后,应用矫形器将其固定于关节活动极限位,进行持续的牵伸,以保持治疗效果。因为是以保持肢体功能为目标,故最好在制动早期即开始将矫形器作为预防手段应用,而不应在发生了关节挛缩后才采用。

1. 静态矫形器　如颈矫形器,可以预防颈部植皮后的瘢痕挛缩;膝踝足矫形器可以防止膝踝关节损伤、中枢神经系统病损或烧伤后造成的小腿三头肌的挛缩。

2. 动态矫形器　此类矫形器多有金属或塑料固定部分,附加橡胶带或弹簧牵引,其优点是既有按照需要定向持续加力的作用,又有在牵伸的同时进行主动运动的作用。

3. 低温热塑板材矫形器　特别适用于手臂等小关节挛缩。作用原理是当被动运动达到运动极限时用热塑矫形器维持活动范围,等待 2~3d 后挛缩组织已蠕变时再进行被动活动,增加关节活动范围,然后重塑矫形器,如此反复进行。应用时应防止局部压力过高,造成皮肤压伤,禁忌产生剧烈疼痛。

三、手术治疗

如果关节挛缩程度较严重,限制了关节的功能,则需要进行松解手术,正确的手术治疗效果快而可靠。可根据挛缩的具体情况采取不同的手术方式,但手术治疗前即应配合积极地康复治疗,以减小手术的规模,增加手术的效果。

1. 关节镜下松解术　通常适用于患有轻度关节僵硬或关节内粘连的患者。在关节镜下切除关节内增生的瘢痕组织,解除引起关节活动受限的关节内因素。

2. 手术松解术　常用的手术有瘢痕切除与植皮术、粘连松解术、肌腱延长术、关节周围组织切断、延长修复术等,以达到改善关节运动范围的目的。

手术后的康复非常重要,主要目的是恢复关节的功能性、无痛和主动活动范围,一般在 2~3d 后即行康复治疗,以主动运动为主,辅助被动运动训练,并且逐日增加训练时间和运动强度,防止粘连的发生,巩固手术效果。

本章小结

　　挛缩是各种原因需长期制动所导致的关节粘连、僵硬、主被动活动受限,是临床康复工作中较棘手的并发症之一。常见于骨关节和肌肉系统病损后、神经瘫痪、烧伤、长期卧床及老年患者。主要功能障碍:疼痛、运动功能障碍、ADL 能力下降、心理障碍。挛缩的康复治疗要综合地应用手法、物理治疗及手术等措施,但痛苦较大,因此提倡早期预防。针对挛缩发生的病因,早期即应在全面功能评定的前提下,制订综合性康复治疗方案,采用各种合理的康复技术和方法,最大程度地预防挛缩的形成,改善患者的功能障碍,增强 ADL 能力,提高生存质量。

(许梦雅)

思考题

1. 挛缩的概念是什么? 为什么制动是产生挛缩的最主要原因?
2. 挛缩造成的主要功能障碍有哪些? 怎样进行康复?
3. 为什么矫形器是矫治挛缩的较有效的方法? 怎么把握矫形器应用的时机?

扫一扫,测一测

思路解析

第三十九章 压疮康复

学习目标

1. 掌握　压疮的定义、好发部位、好发人群、康复评定、康复治疗方法。
2. 熟悉　压疮的原因、力学机制和预防的方法。
3. 了解　压疮手术治疗方法。
4. 具有基本临床康复思维与素养,能对压疮患者进行局部创面的物理因子治疗,能对患者在治疗或训练过程中出现的简单问题进行处理。
5. 能与患者及家属进行良好沟通,开展健康教育;能与相关医务人员进行专业交流与团结协作开展康复治疗工作。

病例导学

　　患者,男性,21 岁,从建筑物高处坠下致胸腰部疼痛及双下肢无力 2 个月。患者于 2 个月前在建筑工地约 10m 处坠下,当时即出现剧烈胸腰部疼痛,伴双下肢无力,送至当地医院诊为"胸 12、腰 1 椎体骨折并脊髓损伤",立即予胸腰椎骨折内固定手术治疗,术后予激素冲击、脱水等对症支持处理。现患者腰痛情况已明显缓解,仍有双下肢无力,伴大小便失禁,骶部及双足跟处压疮形成。体格检查:血压 106/58mmHg,身高 175cm,体重 52kg,神清语利,查体合作,翻身不能,被动体位。消瘦体型,生命体征稳定,心肺未闻明显异常。双下肢感觉、运动均消失。骶部可见一创口约 2cm×3cm 大小,可见粉红色肉芽组织生长,有少量脓性液体渗出,双足跟处可见暗黑色干痂形成,约 4cm×3.5cm 大小,无渗液,局部无波动感。辅助检查:血红蛋白 116g/L,白蛋白 31.7g/L,肌酐、尿素氮稍下降。Norton 评分 11 分。入院诊断:脊髓损伤;胸椎、腰椎骨折术后;压疮。入院后予对症药物治疗、康复训练、压疮换药等处理。

　　问题与思考:

1. 什么情况下患者容易出现压疮?
2. 应该如何预防压疮?
3. 出现压疮后应如何康复治疗?

第一节　概　　述

一、定义

压疮(pressure sores)是指局部组织长时间受压最终引起血液循环障碍,导致局部不同程度的缺血性溃疡和组织坏死。

正常人皮肤毛细血管压为 1.73~4.27kPa,实验证实,局部受到持续超过此压力的压迫作用,且持续时间超过 2h,局部皮肤、脂肪、纤维结缔组织、肌细胞即可出现不可逆的缺血性改变,主要改变是毛细血管闭塞,局部组织呈血液阻塞状态而出现代谢障碍及小血管血栓,最后导致坏死,形成临床上的压疮。

压疮轻者表现为局部红肿,重者可出现深达骨骼的溃疡,甚至出现关节炎、骨髓炎。压疮本身并不是原发性疾病,是瘫痪、昏迷、机体衰竭等长期卧床患者的主要并发症之一,一旦发生压疮不仅给患者带来痛苦,加重病情,常因压疮的存在而严重影响了主要疾病的治疗,延长疾病康复的时间,是延长患者住院时间或再次住院的常见原因之一。严重时常合并感染,如压疮感染、压疮周围窦道、压疮周围脓肿、蜂窝织炎、骨髓炎、化脓性关节炎等,还会因继发感染导致细菌入血而出现菌血症、毒血症,甚至危及生命。

二、形成压疮的原因

压疮的形成主要与局部组织持续受压、潮湿、意识障碍、感觉障碍、营养不良和长期卧床护理不当等因素有关。

(一)局部组织持续受压过久

压疮发生的主要原因是持续性压迫,压力造成局部血流障碍及缺血,超过一定时间的压力,去除之后也会并发炎症与水肿而成为压疮。常见于脊髓损伤运动和感觉障碍、脑血管意外急性期意识障碍和偏瘫、骨折后肢体固定、年老体弱、消瘦、危重病患者等。

1. 长期卧床不能自主更换体位　这类患者因长时间卧床,不改变体位,以致身体重量持续压迫骨突处皮肤的血管,使受压部位血液循环障碍而发生组织营养不良、缺血、缺氧,引起压疮的发生。

2. 石膏绷带、夹板过紧　骨折患者使用石膏绷带、夹板固定时,衬垫不当,松紧度不适宜,使局部组织受压,造成局部组织血液循环障碍、营养不良。

3. 支具或矫形器不合适　支具或矫形器存在局部过紧的情况,同时由于多数患者存在感觉障碍,不能感知受压过度,若使用或配戴进行训练时间过长,则加重局部组织血液循环障碍。

4. 长期使用轮椅　由于长时间的轮椅坐位,不良的坐姿,未定时减压,轮椅型号大小不合适等原因,容易造成坐骨结节处受压过度。

(二)局部或全身因素

压力和时间是压疮形成的主要原因,而其他的一些局部或全身因素,在压疮的形成过程中也起着一定的促进作用。

1. 局部因素　局部组织受潮湿的刺激,多由于大小便失禁、大量出汗、分泌物(血及渗出物)外溢,使得皮肤经常处于潮湿刺激中,易被剪切力、摩擦力等所伤而形成压疮。尤其是大便失禁时,由于有更多细菌及毒素,比尿失禁更危险,这种污染物浸渍诱发感染时使情况更趋恶化。

2. 全身状况　包括营养不良、衰弱、高龄、感觉丧失等。

三、形成压疮的力学机制

导致压疮形成的原因中,最重要的是力学因素。

1. 压力　长时间持续的机械压力由身体表面传送至骨面,压力呈锥形分布,锥底为受压的身体表面,骨上的组织将承受最大的压力,当压力不间断地作用达到 2h,就可导致皮肤组织发生不可逆损伤。

2. 剪切力　是指两个相互接触的物体沿相反方向平行运动时产生的力量。剪切力使皮肤的深层和浅层产生移位摩擦,导致局部组织损伤、坏死。如脊髓损伤患者仰卧位时,若抬高床头,由于身体下滑,其骶尾部就会产生剪切力,使皮肤缺血而引起剪切性溃疡。常见的原因有痉挛、坐或卧姿不良、转移时拖动而不是抬起患者等。

3. 摩擦力　若皮肤在其支撑面上移动则会产生摩擦力。主要作用于表皮,当超过一定限度,可导致皮肤擦伤甚至撕裂,损伤较重者可达真皮层。摩擦力可使由压力造成的压疮进一步加重,并使引起压疮所需的压力 - 时间阈值降低。

四、易发人群及好发部位

(一) 易发人群

从患者的精神状态、运动情况、营养状况、日常生活活动能力以及排泄状况等方面考虑,下列情况考虑为易发人群。

1. 神经系统疾患　如脑卒中、颅脑外伤、脊髓损伤、多发性硬化症、帕金森病的患者。

2. 老龄　老年人机体活动减少,皮肤老化、松弛、干燥,缺乏弹性,皮下脂肪变薄、萎缩,皮肤易受损。

3. 肥胖　机体体重过重使承受部位压力增大。

4. 身体瘦弱、营养不良　其骨突处的皮下组织很薄,受压处缺乏肌肉、脂肪组织的保护。

5. 疼痛　为避免疼痛而处于强迫体位,同时机体活动减少。

6. 使用支架或石膏固定的患者　翻身和活动受限。

7. 大小便失禁　皮肤经常受污物、潮湿的刺激,局部抵抗力下降。

8. 发热　体温升高可致排汗增多,汗液刺激皮肤。

(二) 好发部位

压疮可发生于体表软组织受压的任何部位,通常情况下多发生于骨突明显且皮肤及皮下组织压力过大的部位,包括夹板、矫形器、矫形固定物的受力部位,肢体挛缩后受压的肘窝、腘窝处等。总的来说,超过 90% 的压疮发生在骶尾部、髂嵴、足跟、股骨大转子、坐骨结节、外踝等处。上肢压疮多发于肩胛区和肘部,婴幼儿枕部压疮的发生率也较高。

由于体位不同受压点不同,好发部位亦有不同。

1. 仰卧位　好发于枕骨粗隆、肩胛骨部、肘部、骶尾部、足跟等。

2. 侧卧位　好发于耳廓、肩峰、股骨大转子、膝关节内外侧、外踝等。

3. 俯卧位　好发于前额、下颌、肩部、女性乳房、男性生殖器、髂嵴、髌骨、足背、脚趾等。

4. 坐位　好发于坐骨结节。

图片:骶尾部压疮

> **压疮的测量**
>
> 　一般使用厘米为单位的标尺,测量伤口的最长径和最宽径的垂直线,即为伤口面积。用一根无菌棉签,缓缓插入伤口的最深处,以大拇指和示指固定在棉签与创口平面平行处的点,手指不离固定处,将棉签取出,测棉签顶端至手指固定处的长度即为伤口深度。另外,还有使用方格纸测量伤口面积,用无菌薄膜和灭菌用水来测量伤口容积等方法,临床上一般使用较少。

第二节　压疮的评定

压疮发生的条件及部位可以预知,因而大体上压疮发生的风险是可以预测的,同时科学的评定压疮是制定和实施治疗措施的根本,对选择合适的治疗方案有着重要的意义。

一、危险因素评估

压疮危险因素的评定可用于临床上筛查和发现压疮的高危个体,以便及时采取措施,防止压疮的发生。

1. Hofman 压疮危险因素评定量表(表 39-1)

表 39-1　Hofman 压疮危险因素评定量表

变量	评分			
	0	1	2	3
精神状态	正常	不安、抑郁、惊恐	严重抑郁,精神淡漠	昏迷
神经学检查	正常	轻度异常 轻度无力	感觉丧失 非完全性偏瘫(评分 ×2)	偏瘫(评分 ×2) T$_5$ 以下截瘫(评分 ×3) T$_6$ 以下截瘫(评分 ×4)
运动	正常	受限,行走需帮助	几乎卧床不起	完全卧床
营养状态	良好	中等,数天未进食	差,已一周未进食	虚弱
摄食	正常、食欲好	肠胃外喂食	无食欲,进食不足	无
失禁	无	小便偶失禁	不能控制,导尿	大小便均需护理
年龄(岁)	<50	50~59	60~69	>70
体温(℃)	>35.5 <37.5	>37.4 <38.5	>38.4 <39.0	<35.6 >38.9
用药	无	皮质激素、镇静剂、抗凝剂	镇静剂、化疗、口服抗生素	经肠外给抗生素
糖尿病	无	饮食控制	饮食控制加口服药	饮食控制加胰岛素

注:若患者评分 >8 分,则表明有发生压疮的危险

2. Norton 压疮危险因素评定量表(表 39-2)　从全身状态、精神状态、运动、日常生活动作和失禁五个方面对患者进行评价。采用 4 分制:最高分为 4 分,最低分为 1 分。总分值最高分为 20 分,最低分为 5 分。当评估值:≤14 分,则有发生压疮的危险;≤12 分,高危;≤8 分极高危。当有发生压疮危险时,应主动采取预防措施。

表 39-2　Norton 压疮危险因素评定量表

评分	身体状况	精神状况	活动能力	运动能力	失禁情况
4	好	清楚	行走	完全运动	无
3	一般	淡漠	行走需要帮助	轻度受限	偶尔
2	差	混乱	依靠轮椅	严重受限	经常
1	很差	无意识	卧床不起	不能运动	完全失禁

二、压疮评估

(一)压疮的分型

1. 溃疡型　溃疡型压疮较多见。骨隆起部受压后,皮肤出现血运障碍,压疮首先累及皮肤表层,在皮肤坏死的同时,较皮肤血供更差的皮下组织,尤其是皮下脂肪呈穿通挖掘状广泛坏死,由此病变逐步向深处发展,甚至达肌层、骨面、关节腔,各层组织坏死,形成溃疡。

2. 滑囊炎型　主要发生在坐骨结节滑囊部位。早期为局部充血肿胀,可抽出黄色或血色液体,表现为滑囊炎,此时皮肤表面无明显破溃。但皮下组织呈广泛坏死,内腔较大,通过窦道与外界相通,形

成闭合性压疮。

3. 龟裂型 是一种特别难治的压疮。部位在肛门附近,易污染,呈龟裂状,较深,创面相互接触。

4. 壳皮型 发生于脊髓损伤者足趾末端,因血液循环不良而呈木乃伊化。

（二）压疮的分期

美国国家压疮咨询委员会(NPUAP)1998年根据压疮的发展过程和轻重程度,将压疮分为淤血红润期、炎性浸润期、浅度溃疡期、坏死溃疡期四期。2007年NPUAP将压疮的分期更新为六个期,增加了"可疑的深部组织损伤"和"难以分期的压疮",下面介绍2007年更新后的压疮的分期方法。

1. 可疑的深部组织损伤 此期压疮深度未知。皮下软组织受到压力或剪切力的损害,局部皮肤完整但可出现颜色改变如紫色或褐红色,或形成充血性水疱。与周围组织比较,这些受损区域的组织可能有疼痛、硬肿,有黏糊状的渗出、潮湿、发热或冰冷。深部组织损伤在肤色深的个体比较难诊断。此期也包括在黑色创面上形成的水疱,可能会发展为被一层薄的焦痂覆盖;即便接受最佳治疗,也可能快速发展成为深层组织的破溃。

2. 淤血红润期（Ⅰ期） 皮肤仍保持完整,局部皮肤受压或受到潮湿刺激后,出现暂时性血液循环障碍,受损部位与周围相邻组织比较,出现了疼痛、硬块、表面变软、发热或者冰凉中的一种或一种以上的改变。特征表现为红、肿、热、麻木或有触痛,解除压力30min后,皮肤颜色仍不能恢复正常。对于肤色较深的个体可能难以鉴别,深色皮肤可能无明显的苍白改变,但其颜色可能与周围组织不同。

3. 炎性浸润期（Ⅱ期） 红肿部位继续受压,血液循环仍得不到改善,静脉回流受阻,局部静脉淤血,此期以部分皮层丧失为特征,涉及表皮层和真皮层,真皮部分缺失,表现为一个浅的开放性溃疡,伴有粉红色的伤口床(创面),无腐肉,也可能表现为一个完整的或破裂的血清性水疱。

4. 浅度溃疡期（Ⅲ期） 表皮水疱逐渐扩大破溃,真皮创面有黄色渗出物,全层皮肤组织缺失,浅层组织坏死,溃疡形成,感染后脓液流出,可见皮下脂肪暴露,但骨头、肌腱、肌肉未外露,有腐肉存在,但组织缺失的深度不明确,可能包含有潜行和隧道。在鼻背、耳朵、枕骨、踝部因无皮下组织,压疮的深度可能是表浅溃疡,而对脂肪较多的部位此期压疮可能形成非常深的溃疡。

5. 坏死溃疡期（Ⅳ期） 全层组织缺失,伴有骨、肌腱或肌肉外露,伤口床的某些部位有腐肉或焦痂,常常有潜行或隧道。为压疮的严重期,坏死组织侵入真皮下层和肌层,坏死组织发黑,脓性分泌物增多,有臭味,感染向周围及深部扩展,可深达骨骼,若侵犯至骨质可能形成骨膜炎、骨髓炎,甚至可引起败血症。

6. 无法分期的压疮 典型特征是皮肤全层或组织全层缺损而深度未知。缺损涉及组织全层,但溃疡的实际深度完全被创面的坏死组织(黄色、棕褐色、灰色、绿色或棕色)和/或焦痂(棕褐色、棕色或黑色)所掩盖。无法确定其实际深度,除非彻底清除坏死组织、焦痂,以暴露出创面底部。这种情况可能属于Ⅲ期或Ⅳ期。但足跟部固定的焦痂(干燥、附着紧密、完整且无红肿或波动性)相当于"机体天然的遮盖物",不应该被清除。

三、压疮分级

压疮的分级通常是根据皮肤的红斑或创面深度进行的。三种常用的压疮分级标准见表39-3。

表39-3 三种常用的压疮分级标准

Yarkony-Kirk 分级	Shea 分级	美国国家压疮咨询委员会分级
1. 红斑区 ● 持续存在 >30min,但 <24h ● 持续存在 >24h	1. 损害涉及表皮,包括表皮红斑或脱落	第Ⅰ阶段:皮肤完整,有不消褪的红斑,为皮肤溃疡损伤的前兆
2. 表皮和/或真皮溃损,但看不到皮下脂肪组织	2. 损害涉及皮肤全层及与皮下脂肪交界的组织	第Ⅱ阶段:皮肤部分受损、累及表皮和/或真皮,表浅溃疡在临床表现为擦伤、水疱或浅的凹陷

组图:压疮分级

续表

Yarkony-Kirk 分级	Shea 分级	美国国家压疮咨询委员会分级
3. 可见到皮下脂肪,但见不到肌肉 4. 可见肌肉/筋膜,但未及骨骼	3. 损害涉及皮下脂肪和深筋膜	第Ⅲ阶段:皮肤全层损伤,有皮下组织坏死或受损,深达但未穿透筋膜,临床上表现为较深的坑状伤口,可有或没有穿通至邻近组织
5. 深及骨骼,但未波及关节 6. 累及关节	4. 损害涉及肌肉或深及骨骼 5. 损害涉及关节或体腔,形成瘘道	第Ⅳ阶段:皮肤全层受损、广泛损伤组织坏死,可伤及肌肉、骨骼或支撑性结构(如肌腱、关节、关节囊)

第三节 康复治疗

减压是治疗压疮最主要的措施,同时也要针对患者的全身状况和压疮创面进行处理。压疮治疗的目标是解除对压疮区域的压迫,全面处理可能的压疮诱发因素;积极控制和治疗原发病,开展适度的康复功能训练;清洁创面,防治感染,促进组织愈合。

一、全身治疗

1. 改善营养状况,纠正贫血或低蛋白血症 脊髓损伤患者往往处于负氮平衡状态,这对于压疮的恢复极为不利。因此对有压疮的患者,应给予高蛋白、高热量及高维生素饮食,适时适量地应用丙睾酮,使损伤组织蛋白合成加速。必要时可静脉输入人体蛋白、脂肪乳及全血等。可以服用维生素 C、锌制剂和复合维生素片等。

2. 控制感染 当患者出现高热、全身严重感染、败血症、骨髓炎、脓肿等时,需根据全身症状和细菌培养结果,考虑全身应用敏感抗生素控制感染。

3. 积极治疗原发病 如控制糖尿病、消除水肿、治疗和处理脊髓损伤等。

4. 解除肌肉痉挛 根据患者情况,通过手法或药物等合理方法缓解痉挛。

二、局部治疗

Ⅰ期压疮的处理主要是加强翻身,定时减压,局部禁止按摩;Ⅱ期压疮原则上是保护创面和预防创面感染;Ⅲ期和Ⅳ期压疮原则上是清洁创面,彻底清创,促进肉芽生长。

(一) 根据患者创面选择合适的敷料

目前应用"湿性愈合环境理论"指导实践中使用各种湿性敷料促进坏死组织软化、溶解、清除和营造用有利于愈合的微环境,效果较好,湿润的创面有助于表皮在创面迅速播散性生长。敷料的选择要在全面评估创面情况的基础上,针对不同的创面和不同的时期应用相应的敷料,以控制创面的微环境。要根据渗出液的情况,每日更换敷料 2~5 次,每次更换纱布时要清拭周围皮肤并使之干燥,敷料上不要放塑料等不透气物质。

(二) 根据创面情况选择清创的方法

由于感染性分泌物或坏死组织的存在阻碍伤口的愈合,因此在换药时应尽可能彻底清除感染性分泌物或坏死组织。所以,清创是伤口愈合的第一步,其目的是去除坏死组织,促进健康组织生长。

1. 感染性创面的处理 可用过氧化氢、敏感抗生素或广谱抗生素液彻底清洗,随后伤口施以抗生素,如磺胺嘧啶或三联抗生素软膏。感染性分泌物较多时,应及时更换敷料。

2. 坏死性创面的处理 如果创面有湿性坏死组织或干痂下有波动、周边有脓性分泌物,都应该将坏死组织尽量彻底清除。作为一个例外,足跟溃疡表面具有保护性的稳定焦痂不必除掉。在处理坏死创面时,可采取以下方法:

(1) 自溶性清创:其原理是使用水活性敷料湿敷于伤口,通过软化、水解、自溶过程,去除失活或坏死组织,达到清创目的。常用敷料为水凝胶、水胶体或藻酸盐敷料。

（2）加压冲洗法：可用一个大号注射器，用力将普通生理盐水冲击创面以清除坏死组织碎屑，此法受患者体位的限制。

（3）保守尖锐性清创：使用刀、剪等利器将界限清楚的坏死组织彻底清创。应避免损伤正常肉芽组织，影响上皮组织生长或引起感染扩散。

需要指出的是没有一种清创方法适合于所有的伤口，须根据患者情况和操作者的经验作出选择，建议使用联合清创，以确保安全、成功移除失去活力的组织。近年来也有使用高能量红外激光刀进行清创术，此法既可有效去除坏死组织，又可灭菌，并对肉芽生长具有一定的刺激作用。

（三）感染的治疗

预防污染，减少细菌滋生，控制感染的主要方法是加强局部的护理，勤更换敷料，保持创口引流良好。如果压疮创面局部感染，可使用银离子敷料。如有全身感染或有骨髓炎及蜂窝织炎的临床征象，应全身使用抗生素治疗，多采用口服或静脉途径全身给药。

（四）物理因子治疗

物理因子疗法早已被广泛用于压疮治疗，大量研究证实物理因子疗法可明显促进伤口愈合。常用的物理因子有光疗、超声和电刺激等。

1. 光疗　红外线、紫外线和低能量激光均在临床治疗压疮中取得了较好的疗效，但在治疗不同的压疮时应有所选择，以达到最佳效果。Ⅰ期压疮和新鲜创面的Ⅱ期压疮适合使用红外线照射治疗，最简单的方法是在换药时局部照射 20~30min，每日 1 次，直至伤口愈合。注意照射不可过热，局部有温热感为宜，可先在感觉正常区域感受照射强度。清洁新鲜的创口也可采用小剂量的紫外线照射。感染性或坏死性创面可用紫外线中心重叠法照射，感染及坏死区给予强红斑量或超强红斑量照射，周边给予弱红斑量或中红斑量照射，此法能有效杀灭细菌，并能促进坏死组织液化利于清除，同时能有效控制周围炎症及刺激上皮生长，治疗时应采用中波紫外线。对于创面较清洁但长期不愈的压疮，可用弱红斑量紫外线或低能量 He-Ne 激光照射治疗，以刺激肉芽和上皮生长。

2. 超声波　治疗性超声波可增强炎性反应期，从而更早进入增生期来加速创口的愈合。3MHz 超声用于治疗浅表创面，1MHz 超声用于治疗深部创面。对急性感染性伤口或伴发有骨髓炎时，应慎用或禁用超声。

3. 电刺激　用于治疗压疮的电刺激有低强度直流电、高压脉冲电流和单相脉冲电流。电刺激的可刺激内源性生物电系统、促进局部血液供应、改善局部供氧、促进蛋白合成，还有杀菌作用，促进慢性伤口愈合。目前很少单独使用直流电治疗伤口，一般根据创面有无感染、肉芽是否新鲜来选用抗生素或各种促生长因子（如成纤维细胞生长因子）等作为药物离子进行直流电导入治疗。可用于常规治疗无效的Ⅲ度和Ⅳ度压疮以及难治的Ⅱ度压疮。

（五）手术治疗

Ⅲ~Ⅳ期压疮通过保守治疗也能治愈，但对于保守治疗不易愈合、创面肉芽老化、边缘有瘢痕组织形成、合并有骨关节感染或深部窦道形成的压疮，应采用手术治疗。手术可使创口早期闭合，减少体液和营养物质的流失，避免重复感染，改善患者的全身状况，并使患者早日活动及缩短住院日，从而不需长期卧床并受制动并发症的威胁。压疮的手术方法包括直接闭合、皮肤移植、皮瓣、肌皮瓣和游离瓣，其复杂性逐渐增加。

视频：紫外线
生物剂量测
量

第四节　压疮的预防

压疮是可以预防的，目的在于避免机械外力对皮肤的损害作用，消除与压疮形成有关的各种危险因素。具体的预防措施包括：

一、避免局部长期受压

（一）体位变换或定时翻身

这是预防压疮的基本方法，以尽可能减少卧位时局部的压迫强度和受压时间为原则。体位变换初期要在医生指导下进行,而后根据患者的情况逐渐由护理人员来实施。卧床患者日间应每 2h 翻身一次,必要时 1h 翻身一次,要考虑到进食、排泄时间,决定体位变换的时间;夜间每 3~4h 一次,要使患者养成按时醒来的习惯。改变体位后,按摩受压的皮肤,帮助改善循环。若局部皮肤受压后持续发红,则禁止按摩。体位变换要求操作规范熟练,并注意协助患者翻身时应动作轻柔,避免拖拽,以免皮肤和床面摩擦形成摩擦力而损伤皮肤。翻身后在身体空隙处放置足够的软枕以分散压力,体位固定后告知患者,最后轻轻将手伸入患者身下,确认床单无褶皱,确认点滴管、导尿管的位置。

1. 颈髓损伤患者(急性期全辅助下)体位变换的操作　①将床单卷起,至患者体侧;②一人固定住患者头部,听号令一起将患者移向预翻身侧的对侧床面,将翻向侧上肢外展;③听号令一起将患者翻向一侧,在背后、头、双上肢、下肢间垫上枕头。

2. 胸腰髓损伤患者(急性期全辅助下)体位变换的操作　①将厚床单横铺在患者躯干及臀部下方;②将床单从两端向患者身边卷起,在统一口令下,一人向前拉,另一人从后边送,将患者移向预翻身侧的对侧床面;③拉起一侧床单,另一个人协助,使患者呈侧卧位;④一人以床单支撑患者,另一人在背后放置长枕并固定,两膝间放置海绵枕头。

3. 变换侧卧位后的护理　①清拭压疮好发部位;②轻叩、按摩背部和臀部,整理头后部头发;③整理睡衣、床单被罩,拉平床单,勿使产生褶皱,如有污染或潮湿要更换。

(二) 轮椅坐位训练及减压训练

乘坐轮椅时要坐直,"懒散"乘坐会使骨盆呈后倾位,尾骨部受压,易发生压疮,也容易引起脊柱变形。同时注意膝部不要过高,过高时体重将集中于坐骨部。乘坐轮椅患者每 30min 支撑减压一次,每次持续 15s,如双手无力,可先向一侧倾斜上身,让对侧臀部离开椅面,再向另一侧倾斜。要求护理人员利用一切机会提醒患者,养成每半小时对坐骨部减压一次的习惯。

(三) 正确使用石膏、夹板和绷带固定及配戴矫形器

骨科患者使用石膏、夹板、牵引时,衬垫要平整、松软适度,要仔细观察局部皮肤颜色和温度的变化,尤其注意骨骼突起部位,认真听取患者反映,给予适当调节。注意应用假肢、矫形器、支具、拐杖时,若使用不当均可使皮肤受压过度而造成压疮,特别是感觉障碍患者。因此,在开始使用时需多次观察,以确认安全使用的时间,每次使用完毕后要检查是否有局部受压皮肤发红,存在问题要及时处理。

二、选择良好的床或床垫、坐垫

理想的床垫和坐垫能使承重面积尽量增大,能给皮肤提供良好的理化环境(散热、温度等)。近年来,国内外应用的各种充气垫、电动压力轮替床垫、集成电路控制的防压疮装置、脊髓损伤的特殊专用床等均可使压力均匀分布,避免局部持续受压,尤其是降低骨性突起部位局部受压程度。

(一) 大块海绵组合床

适用于胸腰髓损伤患者压疮的预防与治疗。用松紧织物包裹 4 块大海绵,铺在床上,再铺上棉布床单,用大而厚的海绵块将易受损部位架空。如侧卧位时,在头部、肋腹部、股中部、小腿中部放大海绵块,使肩胛、股骨大转子、膝外侧髁、外踝等易发生压疮的区域悬空。

(二) 弹坑垫及床垫

弹坑垫为表面凹凸不平的海绵制品,由突起部分支撑体重,可减压去湿,同时突起部分接触皮肤,有按摩作用,可促进血液循环。

(三) 翻身床和体位变换床

这类床有较多种,如 Striker 翻身床、电动式横转床、圆形电动旋转床,原理是利用机械翻转,将固定在床上的患者与床一同翻转,实现体位变换;沙床(空气流动床)、电脑控制空气床是通过改变床面与患者身体接触面的压力来实现轮替减压。但大多费用昂贵,较实用的是 Roto Rest 床,此床为每日侧方倾斜 60°交替 300 次以上的电动床,也可前后倾斜,用与身体形状相合的垫来保持稳定,患者在床上可以连续旋转,只在进食、清洁、物理治疗、呼吸治疗、神经功能检查及放射检查时才停止。对于急性期脊柱不稳定的患者,这种可活动的装置,使其活动身体任何部位而不影响脊柱的稳定性,是安全的,可

防止压疮的发生。有观察背部的观察孔和排泄用孔,可明显减少呼吸和泌尿系统感染的发生,可以减少护理工作量。

三、保持皮肤清洁干燥

(一) 洗浴与清拭

注意保持皮肤清洁卫生,经常洗浴可改善全身血液循环。大小便失禁、出汗及分泌物过多的患者应在排泄后、出汗后、换纱布、体位转换时进行部分清拭,及时擦洗干净以免皮肤受刺激,每天至少清拭 1 次。清拭后要使皮肤干燥,好发压疮部位要按摩,并注意保暖。床铺要经常保持清洁干燥,平整无残渣,被褥污染要及时更换。

(二) 按摩

高龄、衰弱、营养不良者在早期皮肤完整时,可采用轻的按摩,例如背部按摩和受压局部按摩,以促进血液循环。脊髓损伤患者注意保持脊柱的稳定性。

背部按摩时,首先协助患者俯卧或侧卧,露出背部,先用温水进行擦洗后盖上大毛巾,按摩者斜站于患者背侧,将 50% 乙醇少许倒入掌心擦匀,打开毛巾以手掌大小鱼际肌部分紧贴皮肤,从患者臀部上方开始,沿脊柱旁向上做压力均匀的按摩,至肩部时手法稍轻,转向下至腰部止,如此反复有节奏地按摩数次后,再用拇指指腹由骶尾部开始沿脊柱按摩至第 7 颈椎处。如有局部压红,用大拇指由内向外在压红部位周围进行环形按摩,皮肤变红处则不宜进行皮肤按摩,可悬空压红部位,一般解除压力 30~40min 后皮肤颜色可恢复正常。皮肤持续发红、发绀、更不宜按摩以免加重损伤。

四、加强营养

了解患者营养状况,及时通过饮食或其他途径补充蛋白质、维生素和微量元素等营养成分。改善全身营养状况,纠正贫血,有助于提高皮肤对缺血的耐受,增强机体抵抗力和组织修复能力。要向患者说明加强营养的重要性,为患者提供膳食指导,使其达到平衡膳食。

五、坚持运动

鼓励患者离床进行积极的功能训练,适当的康复运动可增加患者的活动能力,改善血液循环,增强体质。

六、保护肢体

缺乏神经支配或营养不良时即使是很轻的皮肤损伤,也会发生感染,演变成与压疮相似的创面,故要加强对肢体的保护,避免过冷、过热、摩擦与碰撞。避免皮肤潮湿或过于干燥,局部皮肤可涂凡士林软膏。寒冷时注意皮肤保暖,以改善皮肤代谢。康复训练中注意防止外伤。

七、康复教育

利用日常诊疗、护理机会,由治疗师和护士向患者及其家属反复讲解有关压疮的预防知识,使患者及其家属了解各项预防措施的重要意义,学会简单易行的减压方法,掌握预防压疮的各项措施。

1. 每日至少一次观察全身皮肤,使之成为习惯,特别是压疮的好发部位。患者本人使用镜子检查或用手摸,注意是否有组织受损征象,如发红、水疱、擦伤、肿胀等,并及时给予处理;若为脊髓损伤四肢瘫患者指导其家属进行检查。

2. 确认患者可能范围内的减压手段,并指导其养成减压习惯。

3. 勤更换衣物,衣服在坐骨、骶部不要有接缝,铺的床单不要有褶皱。

4. 确认患者对按摩、轻叩法的理解程度,指导清拭、按摩、轻叩正确方法。

5. 说明训练、瘫痪、偏食与压疮的相互关系,说明出院后压疮发生的危险性有可能增加。

6. 有必要向家属说明,出院后环境的改造。

本章小结

本章主要对压疮的定义、原因、分期、评定、预防和治疗等内容进行了介绍。需要强调压疮是可防可控的,应重视预防,正确地评估患者情况是预防压疮的前提条件。通过本节内容的学习,要了解压疮给患者带来的痛苦和伤害,重视对压疮的预防和治疗。同时要积极学习相关专业领域的新观点、新理论和新方法,善于发现和解决问题,不断提高防治压疮技术水平。

(郭 慧)

思考题

1. 压疮的好发部位有哪些?
2. 如何对患者进行压疮的评估?
3. 如何预防压疮?
4. 压疮的康复治疗方法有哪些?

扫一扫,测一测

思路解析

第四十章 神经源性膀胱和直肠功能障碍康复

40章 PPT

学习目标

1. 掌握 神经源性膀胱功能障碍分类及特点、康复治疗方法；掌握神经源性直肠功能障碍的康复治疗方法。

2. 熟悉 膀胱的神经支配、神经源性膀胱的病因；熟悉肠道的解剖、排便机制。

3. 了解 神经源性膀胱的评定方法、神经源性膀胱的合并症；了解神经源性直肠功能障碍的评定方法及肠道病变的表现。

4. 具有良好的临床思维能力、分析解决问题的能力，能选择适当的神经源性膀胱功能障碍的评定方法和康复治疗方法。

5. 能与患者及家属进行良好沟通，开展康复教育；能与相关医务人员进行专业交流与团结协作开展康复治疗工作。

病例导学

患者,男性,45 岁,胸椎骨折术后双下肢瘫痪伴大小便障碍半年。半年前因车祸致 T_{10} 椎体骨折伴脊髓损伤,于当地医院行 T_{10} 椎体骨折切开复位及内固定术。术后经康复治疗,患者可独立驱动轮椅及转移,日常生活活动基本独立。但患者大便困难,5~6d/ 次,需用开塞露及手指抠出,粪便成块、硬;小便不能控制,漏尿 10 余次 /d,压腹下可排尿量 150~200ml,每天排尿 5~6 次,尿液混浊,呈乳白色,可见残渣。主要专科查体:T 37.0℃,P 87 次 /min,R 15 次 /min,BP 120/70mmHg。全身皮肤完整,无压疮。心肺听诊未见明显异常,腹部膨隆,腹软,左下腹可触及团块状硬结。T_{11} 平面以下针刺觉及触觉完全丧失(包括骶部感觉),双下肢关键肌肌力徒手肌力测定为 0 级,双侧踝跖屈、伸膝、髋内收肌群改良 Ashworth 肌张力为 1~2 级。肛门无主动收缩,球 - 肛门反射阳性,双侧膝反射、踝反射亢进,巴宾斯基征阳性。大便常规未见隐血、无脓细胞;尿常规白细胞 +++,尿蛋白 +,细菌。膀胱 B 超未见肾盂积水,无膀胱结石,膀胱容量 250ml,排尿后复查 B 超残余尿量为 120ml。尿流动力学检查示膀胱容量 280ml,膀胱内最大压力 40ml,残余尿量 150ml。

问题与思考:

1. 大小便障碍主要有哪些问题?

2. 大小便的处理有哪些不当之处?

3. 如何确定治疗方案?

第一节　神经源性膀胱功能障碍的康复

一、神经源性膀胱定义

神经病变或损害引起的膀胱和/或尿道功能障碍,称为神经源性膀胱(neurogenic bladder),但这类疾病同时伴有尿道功能障碍和膀胱尿道功能的协调性异常,因此有人将其称为神经源性膀胱尿道功能障碍。

二、下尿道的解剖与生理

(一)下尿道解剖

下尿道排尿与排尿控制的外周部分主要由膀胱逼尿肌、尿道括约肌、后尿道平滑肌、盆腔与尿道周围横纹肌组成。膀胱逼尿肌由内纵、中环和外纵三层平滑肌纤维相互交错排列而成。尿道括约肌包括功能性内括约肌和解剖学外括约肌,内括约肌含可塌陷的近端尿道和膀胱颈。随膀胱储尿量增加,内括约肌不断增高压力,从而使近端尿道压力高于膀胱内压力。膀胱收缩时,膀胱颈和近端尿道括约肌向上向外牵拉,使其扁平结构转变为圆形结构,阻力下降。外括约肌属横纹肌,随意志控制,收缩使尿道阻断。

(二)下尿道神经支配

膀胱储尿和排尿是在外周交感、副交感和躯体神经以及中枢控制下相互协调完成。

1. 副交感神经　副交感节前纤维自脊髓 S_{2-4} 节段发出随盆神经至膀胱丛,与膀胱壁的器官旁神经节或壁内神经节交换神经元,发出节后纤维支配逼尿肌。逼尿肌具有胆碱能受体,副交感神经分泌乙酰胆碱与其结合,使膀胱逼尿肌收缩,尿道内括约肌舒张而排尿。

2. 交感神经　来自脊髓 T_{11}~$L_{1,2}$ 节段,发出纤维经腹下神经到达腹下神经节,交换神经元后发出节后纤维分布到平滑肌,其末梢分泌去甲肾上腺素,使以 α 肾上腺素能受体为主的膀胱颈平滑肌与尿道内括约肌收缩,而以 β 受体为主的逼尿肌松弛而抑制排尿。

3. 躯体神经　主要由第 2~4 骶神经组成阴部神经,支配尿道外括约肌,使其收缩并维持其紧张性。

(三)中枢性排尿反射

脊髓内排尿反射初级中枢接受脑干及大脑皮质高级中枢的调节。膀胱胀满感觉经薄束上行达脑干及大脑皮质。自这些中枢下行的纤维,经锥体束及锥体外系下行,调节脊髓排尿初级中枢。脑干内排尿中枢对脊髓排尿反射起促进或抑制作用。排尿开始后,膀胱感受压力的刺激已在维持排尿反射所需的阈值之下,此时,脑干的排尿中枢作用为维持和促进逼尿肌的继续收缩及尿道膜部括约肌松弛,使膀胱完全排空。

(四)正常排尿

膀胱和尿道括约肌产生两个完全相反功能。正常排尿步骤如下图(图 40-1)。

三、尿流动力学评价

尿流动力学是依据流体力学和电生理学的基本原理和方法,检测尿路各部压力、流率及生物电活动,从而了解尿路排尿功能及机制,以及排尿功能障碍性疾病的病理生理学变化。在检查前要进行必要的泌尿系常规和一些特殊检查,排空大便,并向患者解释检查的必要性,以减少心理应激。检查的主要内容有:

(一)尿流率

尿流率是指单位时间内排出的尿量。主要反映排尿过程中逼尿肌与尿道括约肌相互作用的结果,即下尿路的总体功能情况。主要参数有:最大尿流率、尿流时间及尿量等。尿流率受性别、年龄和排尿量等因素的影响。

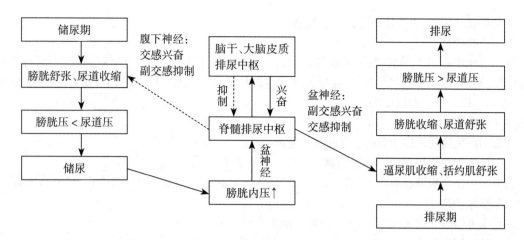

图 40-1　膀胱、括约肌神经支配及排尿过程示意图

（二）膀胱压力容积测定

包括膀胱内压、直肠内压（腹压）及逼尿肌压（膀胱压－直肠压）。正常膀胱压力容积测定为：①无残余尿。②膀胱充盈期内压维持在 0.49~1.47kPa，顺应性良好。③没有无抑制性收缩。④膀胱充盈过程中，最初出现排尿感觉时的容量为 100~200ml。⑤膀胱总容量 400~500ml。⑥排尿及终止排尿受意识控制。

（三）尿道压力分布测定

主要参数包括最大尿道闭合压（男性 4.90~12.75kPa，女性 5.88~6.87kPa）、功能性尿道长度（男性为5.4cm±0.8cm，女性为 3.7cm±0.5cm）。

（四）括约肌肌电图

可用表面电极置入肛门，测定肛门括约肌肌电活动，或用针式电极经会阴部直接插入尿道外括约肌，记录肌电活动，从而了解在逼尿肌收缩时尿道外括约肌的协调性活动。正常排尿周期中，膀胱充盈期间，尿道外括约肌呈持续活动，排尿时肌电活动突然中止，排尿完毕，肌电活动重新出现。病理情况可见：逼尿肌收缩时，括约肌肌电活动同时增强，即逼尿肌 - 括约肌协同失调；膀胱充盈过程中，突然出现括约肌肌电活动静止，患者出现不自主漏尿。

（五）尿流动力学和 B 超或 X 线同步联合检查

用稀释的碘溶液代替生理盐水充盈膀胱，在做尿流动力学检测时，同步获得尿流动力学及膀胱尿道形态等各项资料，可收集较全面的资料。

（六）膀胱容量与残余尿的简易测量方法

在社区内无法进行尿流动力学检测时，可进行简易的膀胱容量与残余尿测定，以粗略地评估膀胱功能。①残余尿测定：患者自行排尿后，立即插入导尿管，所导出的尿液容积即为残余尿量。②膀胱容量测定方法：排空膀胱后，缓慢注入生理盐水（温度 37℃），直到生理盐水不再滴入时，所灌入盐水体积即为膀胱容积；然后开通膀胱与水柱的通路，所得水柱即为膀胱压力（图 40-2）。

四、神经源性膀胱常见原因

神经源性膀胱既可是先天性的，如脊髓发育不良，也可是后天损伤或疾病所引起，常见病因如下：

（一）颅内病变

血管病变（脑血管意外）、颅内新生物、多发性硬化和帕金森病，既可影响皮质中枢，也可影响上节段的传导径路。轻症者通

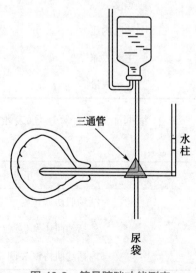

三通管

水柱

尿袋

图 40-2　简易膀胱功能测定

常引起无抑制性膀胱,重者往往导致反射性膀胱。

(二) 脊髓损害

脊髓排尿中枢以上的病变,上节段传导径路只有轻微受累时引起无抑制性膀胱。当所有至脊髓排尿中枢的传导径路均遭破坏时,引起反射性神经源性膀胱。最常见的脊髓损害是脊髓损伤、脊髓新生物、椎间盘疾病和多发性硬化。

(三) 马尾损害

外伤和新生物使马尾受累时引起膀胱功能障碍,通常为自主性膀胱。

(四) 后根和脊髓感觉传导径路损害

该损害往往导致低反射或无反射性膀胱,造成大容量膀胱。常见原因为糖尿病、脊髓结核病等。

(五) 前角损害

这些损害引起非收缩性膀胱,多为脊髓灰质炎所致。

(六) 药物不良反应

各种不同药物对自主神经系统作用不同,可导致膀胱功能障碍。三环抗抑郁剂、抗组胺药和苯妥英钠均可引起排空不全。

五、神经源性膀胱分类

神经源性膀胱尿道功能障碍的分类繁多,但各有优缺点。理想的分类法应概括下列内容:原发病部位;能表示膀胱尿道功能障碍的发病机制;可提示膀胱尿道功能障碍的特征;能为临床治疗提供直接依据。迄今为止,各种分类法均有顾此失彼的缺点。

(一) 传统的神经源性膀胱的分类

包括感觉麻痹性膀胱、运动麻痹性膀胱、自主性膀胱、反射性膀胱、无抑制性膀胱。

(二) 尿流动力学结合膀胱和尿道功能障碍类型的分类方法

1. 根据膀胱功能的分类法 可分为逼尿肌反射亢进和逼尿肌无反射两大类(表 40-1)。

表 40-1 按膀胱功能的分类

	逼尿肌反射亢进	逼尿肌无反射
膀胱容量	<300ml	>300~400ml
顺应性	低	增高
稳定性	不稳定	稳定
	有无抑制性收缩	没有无抑制性收缩
感觉	无或过敏	无
膀胱内压	高	无
主动收缩	无或不持久	无
残余尿量	无或 <150ml	300~400ml（更多）

2. 根据尿流动力学分类(表 40-2)

表 40-2 按尿流动力学分类

逼尿肌反射亢进	逼尿肌无反射
括约肌协调正常	括约肌协调正常
外括约肌协调失调	外括约肌痉挛
内括约肌协调失调	内括约肌痉挛,外括约肌失神经

3. 根据尿流动力学和功能分类（表 40-3）

表 40-3　尿流动力学和功能分类

失禁	由膀胱引起	潴留	由膀胱引起
	无抑制性收缩		逼尿肌反射消失
	容量减少		容量大 / 顺应性高
	顺应性低		正常（因认知、运动等问题引起）
	正常（因认知、运动等问题所引起）		由流出道引起
	由流出道引起		高排出压，伴低尿流率
	膀胱颈压下降		内括约肌协调不良
	外括约肌压下降		外括约肌协调不良
			括约肌过度活跃（括约肌或假性括约肌协调不良）
潴留和失禁	由膀胱引起，无抑制性收缩合并逼尿肌活动下降		

六、神经源性膀胱、尿道功能障碍的康复治疗

神经源性膀胱所致排尿障碍最终治疗目的为控制或消除感染，保持或改善上泌尿系状况，使膀胱贮尿期保持低压并适当排空，同时尽量不使用导尿管和造瘘，以避免异物体内结石形成造成膀胱内部防御机制下降，能更好地适应社会生活并尽可能满足职业需要。但并非所有以上目标均能达到。

（一）失禁型障碍治疗

此型相当于传统分类的无抑制性膀胱、部分反射膀胱，尿流动力学分类中逼尿肌反射亢进、括约肌协同失调，逼尿肌无反射，外括约肌失神经。其主要治疗原则为促进膀胱贮尿。

1. 抑制膀胱收缩、减少感觉传入与增加膀胱容量

（1）药物治疗：抗胆碱能制剂以减少膀胱收缩能力，如羟丁酸 10~15mg/d。青光眼、肠梗阻、妊娠禁用。

（2）神经阻断或选择性骶神经根切断。

（3）行为治疗：用于认知障碍患者，制订排尿方案同时进行必要的膀胱训练，即定时排尿，每隔 2~5d 排尿间隔时间增加 5~10min，直至合理的间隔时间为止。

2. 增加膀胱出口阻力

（1）药物治疗：在于增加尿道压力，使用 α 肾上腺素能药物和 β 受体阻滞剂。如麻黄碱 25~100mg/d，丙米嗪儿童 25mg 睡前，成人 100~200mg/d。高血压病、心绞痛、甲状腺功能亢进禁用。

（2）手术治疗：如人工括约肌植入，需在发病后半年至一年后确定括约肌功能不能恢复患者才能使用。

（3）生物反馈、有规律排尿刺激等行为治疗。

3. 抗利尿激素应用、外部集尿器、间歇和持续性导尿以及尿流改道术等。

（二）潴留型障碍的治疗

该型相当于传统分类的感觉及运动麻痹性膀胱、自主性膀胱及部分反射性膀胱，尿流动力学分类中逼尿肌无反射、外括约肌痉挛、逼尿肌反射亢进，合并内、外括约肌协同失调或痉挛，其治疗原则在于促进膀胱排空。

1. 增加膀胱内压与促进膀胱收缩

（1）行为治疗：目的为保持规律的排尿；减少残余尿量（小于 100ml）；维护膀胱输尿管的瓣膜功能、避免反流；减少泌尿系感染。有 Crede 手法治疗，用拳头由脐部深按压向耻骨方向滚动，以避免耻骨上加压尿液反流引起肾盂积水。另外，屏气（Valsave 法）可增加腹压达 $50cmH_2O$ 以上。为促进或引发反射性收缩，寻找触发点，如牵张、叩击耻骨上、会阴区、大腿内侧，挤压阴茎，肛门刺激后诱发排尿等。手法中以坐位、站位排尿较为有利。

（2）药物治疗：胆碱能制剂氨基甲酰甲基胆碱，40~100mg/d，增加膀胱内压促进排尿。溃疡病、哮

喘、甲亢、肠梗阻禁用。

（3）支持治疗：可应用间歇或留置导尿管。

（4）电刺激：直接作用于膀胱及骶神经运动支。可采用经皮电刺激或直肠内刺激。

2. 减低膀胱出口阻力

（1）解除梗阻：如根据不同原因作前列腺切除和尿道狭窄修复或扩张术。

（2）松弛尿道内括约肌：经尿道膀胱颈切除和 YV 膀胱颈成型术，药物治疗采用 α 受体阻滞剂，如酚苄酮 10~40mg/d，小剂量起始，逐渐增量，副作用为直立性低血压。四喃咪嗪（高特灵）2mg/d，主要作用降低膀胱出口压力。

（3）松弛尿道外括约肌：尿道扩张、阴神经阻滞和尿道外括约肌切开术均有效。药物治疗可采用氯苯氨丁酸（巴氯芬），30~100mg/d。

3. 间歇性导尿　清洁间歇性导尿每 4~6h 导尿 1 次，或者根据摄入量制订，每日 2~3 次，膀胱容量最好在 400~500ml。残余尿少于 80ml 时，可停止导尿或每日 1 次导尿的方法，以帮助清除残余尿沉渣。可教育患者或其家属在医生示范指导下学习，方法为坐位下具备手功能患者肥皂洗手后，直接用清洁的手接触导尿管，导尿管外部可涂油性制剂以便顺利插入。男性患者要注意尿道口朝腹部方向以避免尿道峡部的损伤。导尿管可以浸泡在苯扎溴铵（新洁尔灭）等无黏膜刺激的消毒制剂中。也有研究认为导尿管生理盐水冲洗即可，并不增加感染发生率。

4. 保留导尿　保留导尿为术后或疾病早期常用的方法，容易引起菌尿，待病情稳定后应争取早日去除导尿管。若流出道梗阻没有解决则仍需持续导尿。一般脊髓损伤后 4~6 周，膀胱功能不稳定，采用留置导尿，并在拔除导尿管后观察 5~6h，以明确膀胱功能变化情况。此后可去除留置导尿管，以减少菌尿及感染发生。保留导尿时要注意导尿管的正常方向和固定方法，导尿管方向应朝向腹部，以防止出现耻骨前弯的压疮和突然的尿道拉伤。增加液体出入量保持足够的尿流，减少尿沉淀。集尿袋注意排空以避免尿液反流膀胱，也不能持续保持集尿袋开放使膀胱失去充盈机会而造成小膀胱。同时应注意导尿管质地和粗细，最后每周应更换导尿管。

5. 尿流改道　耻骨上造瘘或回肠代膀胱。

根据膀胱、下尿道功能障碍，尿流动力学将治疗方法总结见表 40-4。

表 40-4　神经源性下尿道功能障碍、尿流动力学参数和治疗方法的分类

神经源性膀胱和括约肌功能障碍	尿流动力学参数	治疗方法
逼尿肌、括约肌反射亢进 （上运动神经元性膀胱）	逼尿肌自主收缩 + 括约肌失协调 反射性尿失禁 残余尿	自行间断导尿 膀胱松弛药物 电刺激 触发排尿 留置导尿
逼尿肌、括约肌无反射 （下运动神经元性膀胱）	逼尿肌或括约肌无活性 压力性尿失禁 残余尿	外尿道集尿装置 膀胱按压 药物 手术治疗
逼尿肌无反射、括约肌反射亢进	充溢性尿失禁 尿潴留	自行间断导尿 留置导尿
逼尿肌反射亢进、括约肌无反射	反射性尿失禁和 压力性尿失禁	膀胱松弛药物 电刺激 外尿道集尿装置 手术治疗

七、神经源性膀胱合并症处理

（一）菌尿及脓尿

1. 菌尿　菌尿是排尿障碍患者常见的问题，尤其是脊髓损伤后长期使用间歇导尿患者。65 岁以

上 10%~25% 社区居民和 25%~40% 家庭护理患者发现存在无症状菌尿。对无症状者不需抗生素预防治疗。

2. 脓尿　有脓尿者,约 96% 伴随感染症状,显微镜观察 ≥10 个白细胞 $/mm^3$。泌尿系感染症状为尿急、尿频、尿痛,同时肢体寒战、发热和白细胞升高。由于脊髓损伤(SCI)患者膀胱感觉消失,因此,下尿道感染常表现为尿浑浊、异味、腹部和下肢痉挛,新发生尿失禁与潴留以及 T_6 以上损伤者自主神经反射障碍。

(二) 尿路感染

对有症状尿路感染,尿培养后即应开始口服抗生素,通常接受 7d 治疗程序。对有高热、脱水或自主神经反射失常者则治疗更要积极。对这些患者建议住院并接受监护、补液并给予广谱抗生素(如氨苄西林等)。

明显发热还需考虑上泌尿系感染(如肾盂肾炎),治疗热退后,仍应连续应用口服抗生素 2~3 周。由于尿路感染,应检查肾功能损害,摄腹部平片以排除尿路结石,其后作超声检查,必要时行肾盂造影。

脊髓损伤患者感觉丧失,症状表现不明显,因此注意泌尿系感染状态的正确判断。采用生理盐水 50ml,冲洗 20 次的改良膀胱冲洗法,同时冲洗后即刻和 90min 后收集尿样本进行半定量计数,比较冲洗前后细菌浓度和总数变化。既有诊断价值又有治疗价值。

(三) 其他合并症

除急性下泌尿系感染(膀胱炎)和上泌尿系感染(肾盂肾炎)外,还应注意其他潜在疾患。

1. 如因下泌尿系感染而发生副睾炎、前列腺或阴囊脓肿、败血症和上行感染。

2. 因上泌尿系感染而导致慢性肾盂肾炎、肾瘢痕形成、渐进性肾功能障碍。

3. 如感染,因分解尿素的变形杆菌还可发生肾结石、肾或后腹膜脓肿等。

4. 其他　如肾盂积水(因膀胱内高压而流出道梗阻)、膀胱输尿管反流(有报道是 SCI 后导致肾功能减退的原因之一,其治疗主要为降低膀胱内压)、肾结石(SCI 患者中 8% 的人存在,多为鹿角杆结石和磷酸铵镁结石,常进一步损害肾功能)、肾功能减退以致衰竭(SCI 患者的主要死因)都应及早予以确认、及早治疗。

第二节　神经源性直肠功能障碍的康复

一、神经源性直肠定义

神经源性直肠(neurogenic rectum)是控制直肠功能的中枢神经系统或周围神经受到损害而引起的直肠功能障碍,主要表现为便秘、大便失禁或大便排空困难。

二、肠道的解剖生理

结肠是具有顺应性的袋状结构,始于回盲瓣,止于肛门括约肌。结肠壁有两层平滑肌构成。内层呈环状,在直肠末端增厚形成肛门内括约肌(IAS),外层有三束纵行平滑肌构成结肠带,末端加入骨盆底部的肛提肌内,附着于骨盆边缘形成漏斗状,在肛门内侧形成肛门外括约肌(EAS)复合体。

大便节制是靠 IAS、EAS、盆底肌静息张力和反射性收缩维持。肛管内的静息张力由 IAS 张力性收缩维持。咳嗽或腹压增加时引起 EAS 反射性收缩使肛管向相反方向扭转,以防止粪漏。直肠扩张牵拉耻骨直肠肌,产生便意。扩张的直肠使 IAS 反射性舒张(直肠肛门抑制性反射 RAIR),将粪便推送到肛管上部,刺激肠壁感受器,EAS 收缩,关闭直肠颈,并机械地阻止 IAS 进一步舒张,从而维持大便节制。

排便是协调性活动,同排尿一样受意识控制,乙状结肠与直肠充盈、扩张引起神经冲动传至圆锥部的脊髓骶节段中枢后产生反射活动,传出冲动再从骶节段中枢发出,引起直肠收缩和 EAS 协调性舒张,引起排便反射。

三、神经源性直肠病因及分类

(一) 病因

神经源性直肠既可是先天性的,如脊髓发育不良,也可是后天损伤或疾病所引起,常见病因包括:

1. 颅内病变　血管病变(脑血管意外)、颅内新生物、多发性硬化和帕金森病,既可影响皮质中枢,也可影响上节段的传导径路。

2. 脊髓损害　脊髓排便中枢以上的病变,致脊髓排便中枢的传导径路遭到破坏。最常见的脊髓损害是脊髓损伤、脊髓新生物、椎间盘疾病和多发性硬化。

3. 马尾损害　外伤和新生物使马尾受累时引起肠道功能障碍。

4. 后根和脊髓感觉传导径路损害　该损害往往导致低反射或无反射性肠道。常见原因为糖尿病、脊髓结核病等。

5. 药物不良反应　各种不同药物对自主神经系统作用不同,可导致肠道功能障碍。

(二) 分类

临床上根据骶反射是否存在而分为上运动神经元病变导致的肠道功能障碍和下运动神经元病变导致的肠道功能障碍。

1. 上运动神经元病变导致的直肠功能障碍　脊髓与结肠之间的反射弧没有中断,保留了神经反射调节功能,形成反射性结肠。主要表现为机械性刺激结肠或直肠可诱发脊髓排便反射,但患者感受便意的能力下降;肛门括约肌的静息张力增加,直肠肛门协调性运动受损,结肠通过时间延长,常导致患者便秘和腹胀;当病变位于 L_2~L_4 节段时,排便抑制受损,肛门内、外括约肌均舒张,由结肠集团运动产生排便即大便失禁。如脊髓 S_2~S_4 以上脊髓损伤,即排便反射弧及中枢未受损的患者,因其排便反射存在,可通过反射自动排便,但缺乏自主控制能力。采用局部刺激法可排便。

2. 下运动神经元病变导致的直肠功能障碍　由支配肛门括约肌的下运动神经元或外周神经病变引起,多见于圆锥或马尾神经损伤、多发神经病、盆腔手术等。主要表现为弛缓性结肠,脊髓排便反射消失、无便意,肛门括约肌静息张力降低;结肠运转时间显著延长,从而出现排便困难;直肠肛门协调运动受损,腹压增加时会出现"漏粪"现象。如脊髓 S_2~S_4 以下的损伤(含 S_2~S_4)以及马尾损伤,破坏了排便反射弧,无排便反射。采用局部刺激法不能排便。

四、肠道功能评定

临床上肠道功能评估,主要依靠病史和对肠道功能症状描述,如腹胀、体位、排便时间与次数、饮食、肠道护理、治疗和排便功能。还应注意自主反射、腹肌痉挛、发热以及体重变化与症状的相关性。患者损伤程度、神经平面、工作能力、旅行、液体与纤维素摄入以及大便软化剂或药物的使用情况,都应详细记录,最后还要进行仔细的体格检查。

五、临床治疗和处理

神经源性直肠功能障碍的治疗应根据大便失禁、便秘及功能性活动等特定的问题采用不同方法,并且要全面考虑患者的身体状况以及他们的文化、社会背景、性别和职业。肠道的治疗方案要适合患者长期的日常生活。目标是能有效地控制结肠排泄而不出现大便失禁和并发症。主要包括:饮食控制、规律排便、手法刺激、大便软化药物、灌肠以及结肠造瘘术等。

(一) 饮食控制与规律排便

饮食控制非常重要,应增加水分和膳食纤维含量高食物的摄入,减少高脂肪、高蛋白食物的摄入。充足的饮水能使大便软化而促进其在肠道内的传输。食入膳食纤维能增加水分吸收,使粪便软化,并使大便维持一定的体积并成形,有助于神经功能完好患者的结肠传输。定时、规律排便能防止大便过分堆结和嵌塞,避免便秘。

(二) 手法刺激

上运动神经元性脊髓损伤患者可利用直结肠反射排便。手指刺激可诱发出圆锥调节的反射性直肠蠕动波。完好的直肠肛门抑制性反射（RAIR）可诱发 IAS 舒张和排便。一般人认为凡直肠具有顺应性且括约肌能反射性舒张的患者可采用手指刺激反射性排便。操作时应用手指指腹绕肛管做环状运动，动作要缓慢。

下运动神经元性脊髓损伤患者局部性的肛直肠反射不足以引起排便，使具有顺应性的直肠成为一个容纳粪便的大容器，因此要用手指抠便。

（三）软化剂及缓泻剂

适用于无大便失禁危险且需避免高度用力的患者，例如患有痔疮或自主反射异常的患者。多库酯钠等粪便软化剂能增加粪便吸收水分而体积不增大，故对结肠动力无作用，但粪便可能成液状，因此不利于大便节制，刺激性的缓泻剂可增加肠道的动力以缩短水分的再吸收时间。番泻叶可直接刺激肠肌层内神经丛，并能增加肠腔内液体量。比沙可啶也有相似的作用，常被制成栓剂刺激排便。可发生剂量依赖性的副作用，如腹绞痛、腹泻、电解质紊乱。长期使用刺激性轻泻剂，特别是番泻叶，导致进行性无反应性。渗透性轻泻剂，如乳果糖（杜秘克）能吸收水分到结肠内，使粪便更加液化，引起腹绞痛。

但对下运动神经元性脊髓损伤患者，由于肠道无反射，括约肌张力降低。随着腹压的增加，括约肌的压力增加幅度降低，大便失禁的危险性增加，从而治疗目标应为使大便保持一定的硬度，而避免使用软化剂或缓泻剂。

（四）灌肠法

当栓剂或手指刺激无效时，常采用灌肠法。长期使用能产生依赖性，并有直肠损伤和自主反射异常等副作用。

顺行性灌肠法（ACE）对治疗无效的大便失禁儿童来说是被普遍接受的一种治疗方法。即手术将阑尾开口于腹壁形成导管样通道以能定期灌洗结肠。ACE 有许多改良方法，包括不反转阑尾、各种皮瓣技术及简化的腹腔镜技术（LACE），和用于年龄较大患者的方法。此方法的并发症和致病率较低，但要求患者具有活动能力，并且手的功能良好。一般认为此方法最适合于肛门括约肌松弛的患者。

（五）结肠造瘘术

适用于进行性大便处理困难的脊髓损伤患者，能改善患者的生活质量，并适用于手功能较差的患者。但手术的危险性和并发症往往不能适用于所有 SCI 患者。

（六）神经源性直肠病变的处理

肠道有慢性中度扩张的倾向，X 线腹部平片较易发现。此类患者仍可建立良好的排便习惯。粪便宜保持正常稠度，减少不随意排便。

脊髓损伤患者腹泻可能并发肠道粪便梗阻，需行直肠镜检查，坚硬粪块需取出。若结肠粪块高位梗阻，其症状可表现为类似急腹症，且伴发自主反射障碍，出现血压升高、心动过缓，伴有出汗和头痛，临床上应极为小心。直肠镜检查和结肠触诊可发现肠梗阻。患者长期应用抗胆碱能药物则会产生巨结肠，可采用横结肠造瘘以利排便。对该类患者诊断需注意：①突发病史与体征不符；②伴自主反射障碍；③腹部紧张加剧或全身痉挛状态加重；④肠鸣音消失；⑤内脏穿孔后膈肌受刺激而引发肩痛。急诊静脉肾盂造影和血、尿检查有助于排除尿路病理改变。必要时行 CT、MRI、B 超、腹腔穿刺与剖腹探查，以明确诊断。

六、肠道排空护理

肠道护理方面要做到：及时评价肠道障碍；鼓励患者身体移动和运动，如有肠道梗阻应判断其原因；精确记录肠道排便；考虑结肠粪块是否形成；日常饮食增加膳食纤维的摄入，调节粪便稠度；采用栓剂和手指刺激定期排空肠道，但无需坚持每天排便；尽量避免口服泻药；杜绝不良饮食习惯（吸烟、脂肪、巧克力、柑橘、果汁、咖啡等）。这需要患者与医护人员密切协作下实施，四肢瘫患者还需家属帮助。

本章小结

　　中枢或周围性神经系统损害造成的神经源性膀胱与肠道功能障碍是影响患者生活质量的重要因素之一。神经源性膀胱与肠道功能障碍不仅仅是康复医生应介入的临床问题,也是康复治疗师在具体康复治疗过程中必须考虑的重要环节。因神经系统损害的水平不同,表现出的神经源性膀胱与肠道功能障碍的障碍类型和特点不尽相同。学习过程中只有熟悉膀胱与肠道的解剖生理以及排便和节制的生理机制,才能更深入地理解其功能障碍的类型和特点,并选择合理的评定方法全面判断其功能障碍情况,为选择有效康复治疗方法的基础和依据。神经源性膀胱与肠道功能障碍的康复治疗要综合地应用药物、行为治疗、物理治疗、手法、护理以及手术等措施,其中行为治疗是神经源性膀胱与肠道功能障碍的首选治疗方法。对于神经源性膀胱而言,因其神经损害水平和程度不同,其障碍类型特点多样化,其康复治疗较为复杂,要求在全面评估神经损伤水平与程度、功能障碍类型和特点基础上,制订个体化的康复治疗方案。

(王红星)

思考题

　　1. 神经源性膀胱功能障碍的类型和特点是什么?

　　2. 不同障碍类型的神经源性膀胱的康复治疗包括哪些内容?

　　3. 神经源性直肠功能障碍的康复治疗有哪些?

扫一扫,测一测

思路解析

第四十一章　盆底功能障碍性疾病康复

病例导学

患者,女性,55岁。发现咳嗽、大笑、打喷嚏时尿液出现不自主地自尿道外口流出2年,大便正常。治疗前 Glazer 评估显示快肌、慢肌和快慢肌收缩功能均明显下降。查体:腹部有一陈旧剖宫产瘢痕,改良牛津肌力分级评分:2级;压力试验(+);棉签试验(Q-tip)>30°;1h 尿垫试验漏尿量 30g。

问题与思考:

1. 该患者属于盆底功能障碍性疾病的哪一种?

2. 康复治疗的适应证是什么?

3. 如何制订康复治疗方案?

第一节　概　述

盆底功能障碍性疾病是中老年女性常见病和高发病,发病人数随年龄的增加而增多,因其不同程度影响女性日常工作和人际交往,使社会参与度降低,影响家庭和谐,现已成为威胁女性健康和生活质量的慢性病之一。目前有药物、手术等治疗方法,但痛苦大、花费高,现代康复理论和实践证明,积极开展女性盆底功能障碍性疾病的有效康复是一种无创治疗趋势,既可早期开展,预防疾病的发生,又可及时控制疾病的发展演变,促进女性身心健康。

一、定义及发病情况

盆底功能障碍性疾病(pelvic floor dysfunction,PFD)又称盆底支持组织松弛,是指盆底支持组织由于退化、损伤等原因,导致盆底支持薄弱或肌肉功能减退,使患者盆腔脏器发生移位或功能失调而出现的一系列病症。主要表现为压力性尿失禁(stress urinary incontinence,SUI)、盆腔器官脱垂(pelvic organ prolapse,POP)、性功能障碍(sexual disfunction,SD)、慢性盆腔疼痛(chronic pelvic pain,CPP)以及排便障碍等。其中以压力性尿失禁和盆腔器官脱垂较为常见。

随着中国人口的老龄化,PFD发病率明显增高,国外流行病学研究表明,女性尿失禁的患病率为11%~57%,65岁以上女性随着年龄增长有不断上升的趋势。一项针对发展中国家的盆底功能紊乱的流行病学调查研究发现,经产妇20%患盆腔器官脱垂,1/3患尿失禁,7%患大便失禁。近年国内一项多中心前瞻性队列研究显示,我国初产妇妊娠期尿失禁发病率是26.7%,其中SUI是18.6%。导致其生活质量明显下降。因女性发病显著高于男性,故本章重点讨论女性盆底功能障碍性疾病。

二、女性盆底解剖及功能

盆底又称盆膈,是由封闭骨盆出口的多层肌肉和筋膜等软组织构成的,盆底有尿道、阴道、直肠穿过的裂孔。盆底肌肉群、筋膜、韧带、神经、血管构成了复杂的盆底支持系统,其相互作用和支持,承托并保持子宫、膀胱、直肠等盆腔脏器处于正常位置。因此,这些盆腔脏器的正常生理功能直接依赖于盆底结构的完整性。

(一) 女性盆底解剖

1. 盆底骨骼 女性盆底前方为耻骨联合下缘,后方为尾骨尖,两侧为耻骨降支、坐骨升支及坐骨结节。两侧坐骨结节前缘的连线将骨盆底分为前、后两部,前部为尿生殖三角,其内有尿道和阴道通过。后部为肛门三角,肛管在此通过。

2. 盆底肌肉 盆底肌肉由外向内分为三层。(图41-1)

(1) 外层:由浅层筋膜与肌肉构成,包含一层外阴浅筋膜、一对球海绵体肌、一对坐骨海绵体肌、一对会阴浅横肌和肛门外括约肌。

(2) 中层:即会阴隔膜,以前称为泌尿生殖隔,该层由尿道阴道括约肌、会阴深横肌和上下两层坚韧的尿生殖隔筋膜组成,封闭泌尿生殖三角,有尿道和阴道通过。有加强盆底、协助承托盆腔脏器的作用。

(3) 内层:即通常所说的盆底肌,也称为盆膈,为盆底最坚韧的一层,由肛提肌和一对尾骨肌及筋膜组成。肛提肌由耻骨阴道肌(男性为前列腺提肌)、耻骨直肠肌、耻骨尾骨肌和髂骨尾骨肌组成,是盆底最重要的支持结构;其后缘与尾骨肌相邻接。尾骨肌协助肛提肌封闭骨盆底,承托盆内脏器和固定骶、尾骨位置。

(4) 盆底肌纤维:盆底肌纤维分为Ⅰ类肌纤维和Ⅱ类肌纤维,Ⅰ类肌纤维又称慢缩肌纤维,收缩速度慢,力量小,但能持久保持,不易疲劳,是一般状态和活动时的支持纤维,约占70%;Ⅱ类肌纤维又称快肌纤维,收缩速度快,暴发力强,但持久力较差,易疲劳,是咳嗽、喷嚏突然腹压增高时的收缩反射肌束,约占30%;只有快、慢肌纤维协调工作,盆底肌才能行使正常功能。

3. 盆底结缔组织 盆底结缔组织由覆盖在骨骼、肌肉和脏器表面的筋膜构成,穿行分布于肌肉之间的筋膜是覆盖整个盆腔的连续网状结构,壁层筋膜被覆盆腔的骨骼肌,形成肌肉与骨盆的连接;脏层筋膜由疏松排列的胶原质、弹性蛋白、脂肪组织组成,包绕盆腔器官使其相互独立,增厚部分则形成韧带,是维持盆内脏器正常位置,防止其向下脱垂的主要结构。

4. 盆底神经 女性盆腔神经支配包括躯体神经和自主神经。躯体神经来自腰丛和骶丛,主要分布到盆壁,支配盆部的感觉与运动;自主神经主要来自骶交感干、腹下丛和盆内脏神经,主要调节盆腔脏器的功能,如排便、排尿、性活动等。

(二) 女性盆底功能

盆底肌肉的功能包括三个方面:支持功能、括约功能和性功能。

1. 支持功能 盆底肌肉、筋膜、韧带及神经作为一个整体,彼此互相作用和支持,构成了复杂的盆

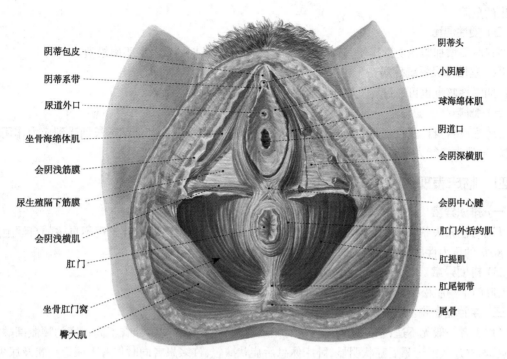

图 41-1　女会阴肌

底支持系统,封闭骨盆底,承托并维持子宫、阴道、膀胱和直肠等盆腔脏器在正常位置,维持盆腔器官排尿、排便等各项生理功能。肛提肌作为盆底肌的一部分,是盆底器官支持系统的重要组成结构,肛提肌功能正常时,盆腔器官保持在肛提肌板之上,静息状态下远离生殖裂孔;当腹腔内压力增加时,盆腔内器官被推挤向骶骨窝,肛提肌能够防止其下降。肛提肌损伤时,将会出现盆腔器官脱垂。

2. 括约功能　肛提肌的收缩能够将盆底器官向前移至耻骨联合处,将尿道挤压于耻骨联合背侧,关闭尿道,不但能协助静息状态下控尿,而且能在咳嗽等腹压增加时防止压力性尿失禁的发生。肛提肌收缩,可使肛直角变小,起到控制排便的作用;肛提肌舒张能够协助排尿及排便动作的发生。如肛提肌收缩功能发生障碍时,将会出现大小便失禁;反之,将会出现排尿、排便困难。

3. 性功能　盆底肌肉中影响女性性功能的是肛提肌和会阴部肌群。会阴部肌群随意收缩能增强性唤起和性高潮,当肌肉张力高时,出现阴道痉挛,性生活困难;肌肉松弛时,出现阴道轻度感觉丧失、性高潮障碍。

三、危险因素

盆底功能障碍性疾病的发生与很多因素有关,妊娠和阴道分娩是 PFD 最常见的危险因素,年龄增大、绝经等导致盆底支持组织薄弱,而肥胖、慢性咳嗽、重体力劳动导致腹压长期较高也会加重 PFD 的发生。

（一）妊娠和分娩

1. 机械性因素　妊娠期子宫体积和重量逐渐增大,腹压增加,使盆底肌肉处于持续受压状态,而逐渐松弛;同时脊柱向前凸过度,重力轴向改变,也不利于肛提肌的收缩和放松;分娩时盆底组织受胎头挤压,软产道及盆底组织不断拉伸、扩张,肌纤维不断拉长、延伸,特别是难产、器械助产等易引起盆底及尿道周围组织的支持组织损伤。

2. 激素因素　妊娠期孕激素增高、雌激素下降,可以影响到组织和器官中的胶原成分,导致盆底胶原纤维减少、肌力下降、结缔组织薄弱,盆底支持结构减弱,增加了盆腔器官脱垂的发生风险。

（二）年龄增大

尿失禁或子宫脱垂的女性最好发的年龄为 50~60 岁。随着年龄增大,尤其是绝经后,雌激素缺乏,女性生殖器官退化,使得胶原纤维进一步减少,对尿道及膀胱的支托力下降,影响尿控并增加盆腔脏器膨出的危险。

(三) 慢性便秘

便秘时需增加腹压协助排便,对盆底软组织造成牵拉,长期导致盆底肌肉松弛。

(四) 慢性呼吸系统疾病

长期慢性咳嗽也可通过反复增加腹压导致盆底肌肉松弛。

(五) 肥胖

肥胖患者自身体重会加重挤压盆底组织,使盆底的肌肉、神经和其他结构长期受到应力作用和慢性牵拉,导致支持能力减弱而损伤。

四、临床表现

(一) 排尿异常

以压力性尿失禁最多见,表现为腹压(咳嗽、大笑、打喷嚏)增高时尿液出现不自主的自尿道外口流出,80% 的压力性尿失禁患者同时伴有盆腔脏器脱垂。

(二) 排便异常

因肛门括约肌松弛可导致大便失禁,直肠蠕动下降导致患者长期便秘。

(三) 盆腔器官脱垂或膨出

轻症患者一般无不适,重症患者可自觉有阴道块状物脱出,伴或不伴有不同程度的腰骶部酸痛或下坠感,站立过久或劳累后症状明显,卧床休息后症状减轻,许多患者同时伴有下尿道症状及尿失禁,还可伴有排便、排尿困难。

(四) 慢性盆腔疼痛

主要有外阴痛、膀胱疼痛综合征和功能性肛门直肠痛,疼痛程度和性质表述不一,定位不准,有时疼痛可伴有向骶、腰或肛门直肠放射。

(五) 性生活质量下降

主要表现性快感和高潮质量下降或缺失,或者出现与性交有关的疼痛。导致女性性冷淡。

五、常见的盆底功能障碍性疾病

常见的盆底功能障碍性疾病主要包括尿失禁、盆腔器官脱垂、排便障碍、性功能障碍和慢性盆腔痛等。尿失禁以压力性尿失禁、急迫性尿失禁和混合型尿失禁多见。盆腔器官脱垂包括膀胱脱垂、子宫脱垂、阴道脱垂和直肠脱垂。

第二节 康复评定

一、常规检查

(一) 全面评估

详细询问病史,主要是盆底功能障碍有关症状及严重程度。包括分娩情况、有无手术器械助产、用药情况、社会和精神压力情况、是否合并慢性便秘、慢性咳嗽等容易导致 PFD 的高危因素。

(二) 会阴检查

主要检查会阴有无伤口,伤口愈合情况、会阴体弹性、长度、阴道口能否闭合、是否有盆腔脏器脱垂(如有需采用盆腔脏器脱垂定量分度法进行进一步评定,利用阴道前壁、阴道顶端、阴道后壁上的两个解剖指示点与处女膜的关系来界定盆腔器官脱垂程度)。产后女性需评估子宫位置及复旧情况。检查会阴骶神经分布区域的痛温觉,了解有无神经损伤。

二、辅助检查

可采用 B 超、磁共振成像、内镜(宫腔镜、膀胱镜)、尿动力学检查、膀胱尿道造影等。

（一）影像学检查

超声作为妇科最常用的无创性影像学检测手段,可发现盆腔的异常解剖,初步排除盆腔器质性病变,但存在视野较小、对盆腔深部软组织分辨力不足的弱点。磁共振成像既可清晰地区别盆底软组织,有助于诊断器官脱垂或膨出,也可对膀胱前间隙进行测定。

（二）尿动力学检查

尿动力学检查是尿失禁分型鉴别最重要的辅助检查,主要包括尿流量测定和膀胱内压测定,是依据流体力学和电生理学的基本原理和方法,检测尿路各部压力、流率及生物电活动,从而了解尿路排送尿液的功能和机制,以及排尿功能障碍性疾病的病理生理学变化。对于压力试验阳性而膀胱内压图无逼尿肌不稳定收缩显示时,压力性尿失禁的诊断接近 100% 的特异性和敏感性。故美国尿控协会明确规定,存在可疑排尿障碍和逼尿肌不稳定者,在决定有创手术前必须进行尿动力学检查。

三、盆底肌肉功能评估

盆底肌肉功能评估主要包括盆底肌肉徒手肌力检测和盆底表面肌电评估（Glazer 评估）等方法。

（一）盆底肌肉徒手肌力检测

检查者左手掌轻压患者腹部,右手中指及示指缓慢进入患者阴道,开始进行检测。用口令叫患者收缩阴道,采用改良牛津肌力分级评分,分为 0~5 级。0 级:表示毫无收缩;1 级:表示微有抽动;2 级:表示微弱收缩,仅感受到轻微力量,没有压迫或内缩上提的感觉;3 级:表示普通收缩,轻度压迫及内缩上提的感觉;4 级:表示收缩正常,可抗阻力,手指向下压时仍可感受到收缩;5 级表示强力收缩,强而有力的压迫手指。叮嘱患者在进行阴道收缩时,尽量不要进行腹肌收缩,把腹肌收缩与肛提肌收缩分离出来。

（二）盆底表面肌电评估

盆底表面肌电评估（surface electromyography,sEMG）又称 Glazer 评估,是用生物刺激反馈仪（阴道电极）直观、系统地反映盆底肌在静息状态和进行一系列收缩放松时的一二类纤维的肌力、稳定性、肌纤维的募集放松时间、耐力等指标。可辅助诊断或鉴别诊断盆底功能障碍性疾病;有助于了解患者盆底功能恢复进展;评价治疗效果。

Glazer 评估适用于经过盆底肌力初筛检查后,肌力 <3 级,需进行盆底肌肉康复治疗者,治疗前用阴道电极检测。将粘胶电极贴于一侧腹直肌上,参考电极贴于一侧髂前上棘,用生理盐水润湿阴道电极或在阴道电极头部涂抹少量的导电膏,动作轻柔地把阴道电极放进阴道（阴道电极圆形挡片在阴道口外）,参考电极贴于另一侧髂前上棘。

四、压力性尿失禁的特殊检查

（一）压力试验

为压力性尿失禁的诊断性试验之一。将一定量的液体（一般为 300ml）注入患者膀胱,或患者自己感觉有尿意时,嘱其在站立位或膀胱截石位下用力咳嗽 8~10 次,观察阴部有无尿液溢出。如有溢出为阳性。

（二）指压试验

检查者将示指放入患者阴道前壁的尿道两侧,指尖位于膀胱与尿道交界处,向前上抬高膀胱颈,再嘱患者用力咳嗽 8~10 次,如压力性尿失禁现象消失,则为阳性。

（三）1h 尿垫实验

尿道压力试验阴性者可行尿垫试验。要求患者先喝 500ml 水,然后穿着事先称重的无菌尿布行走、爬楼梯、用力咳嗽、跑步等活动,1h 后尿垫称重得知溢尿量。为压力性尿失禁最常用的、较客观的定量检测方法,可用来评估尿失禁的程度。通常将测定结果分为轻度,溢尿 0~2g;中度,溢尿 2~10g;重度,溢尿 10~50g;极重度,溢尿 >50g。

（四）棉签试验

患者采取仰卧位,将涂有利多卡因的棉签置入尿道膀胱交界处,分别测患者在静息状态及屏气时棉签棒与地面之间形成的角度。如两角度差 <15° 为正常;两角度差 >30°,说明盆底支持薄弱;两角度差为 15°~30° 时,结果需结合其他检查判定。

第三节　康 复 治 疗

目前盆底功能障碍性疾病的治疗主要有药物、手术和康复治疗三种。康复治疗是压力性尿失禁的一线治疗方法,其并发症少、风险较小,能不同程度地减轻尿失禁及其并发症,而且患者的依从性较好。对重度患者或年龄较大无法耐受手术者,可作为手术治疗前后的辅助治疗。

一、康复治疗基本原则

盆底功能康复的基本原则是:加强健康教育,防患于未然,强调早期预防、早期诊断和早期治疗,提高盆底肌肉收缩能力、增强盆底肌肉张力、减轻尿失禁及盆底器官脱出情况、改善性生活质量,从而预防和治疗盆底功能障碍性疾病。

二、康复治疗适应证及禁忌证

(一) 适应证

1. 产后妇女。
2. 各种尿失禁。
3. 轻、中度子宫脱垂,阴道膨出。
4. 阴道松弛、阴道痉挛、性生活不满意者。
5. 反复阴道炎、尿路感染患者非急性期。
6. 泌尿生殖修补术辅助治疗。
7. 产褥期症状(腰背痛、腹痛、术后瘢痕疼痛、尿潴留、乳胀、耻骨联合分离等)。
8. 全身运动系统肌肉功能障碍、疼痛、萎缩。
9. 下肢水肿、静脉和淋巴回流障碍。

(二) 禁忌证

1. 孕妇。
2. 产后阴道出血(如晚期产后出血或月经期)。
3. 泌尿生殖系统的急性炎症。
4. 恶性盆腔脏器肿瘤患者。
5. 手术瘢痕裂开。
6. 神经系统疾病,如痴呆或不稳定癫痫发作。

三、康复治疗方法

盆底康复治疗是预防和治疗产后盆底功能障碍性疾病最有前景的方法,目的是减少尿失禁、盆腔器官脱垂等的发生。主要包括盆底肌锻炼法、盆底肌肉电刺激治疗、盆底生物反馈治疗。

(一) 盆底肌锻炼法

1. 盆底肌肉锻炼(pelvic floor muscle training,PFME)　又称 Kegel 运动,指患者对盆底肌肉群进行自主性收缩训练,有意识地控制自身盆底肌肉(肛提肌为主)进行反复自主收缩的训练方式,通过不断地收缩放松盆底肌肉,可促进代谢、加强肌力、加强大脑中枢对盆底肌的控制,以增强盆底支持组织的张力,减轻或防止尿失禁。

(1) Kegel 锻炼的 4 个阶段指导:目的是教会患者掌握正确的盆底肌肉收缩方法,避免腹肌收缩。①治疗师通过用指诊鉴别患者耻骨尾骨肌有无收缩:当耻骨尾骨肌收缩时,治疗师能感觉到放置在阴道后壁中段的手指尖能向前向上抬举。②指导患者体会耻骨尾骨肌收缩的感觉;让患者尝试在排尿过程中中断排尿,放松后再继续排尿的训练,使患者能体会耻骨尾骨肌收缩的部位,达到具有主动控制排尿的功能。③指导患者正确地进行盆底肌收缩,避免腹肌和臀大肌的收缩。另外,训练过程强调个体化及收缩频率的调整,收缩 1~2s 后放松,逐步增加至 10s 后放松,频率调整为 1:1 或 1:2。④当症状改善后仍应坚持训练,直至完全建立场景反射为止。

(2) 根据肌纤维受损的类型进行训练:盆底肌肉锻炼包括Ⅰ类肌纤维训练和Ⅱ类肌纤维训练,Ⅰ类肌纤维是慢收缩纤维,训练主要针对肌力、耐力、稳定性这几个方面;Ⅱ类肌纤维主要是快收缩纤维,训练主要针对肌力、快速收缩和快速放松时间、稳定性这几个方面。训练时先训练Ⅰ类纤维再训练Ⅱ类纤维。Ⅰ类纤维强化训练模式采用 50% 左右的最大自主收缩强度收缩,尽可能延长维持的时间,休息时间与收缩时间相等,每次训练总时长为 10min。当Ⅰ类纤维每次持续收缩时间达到 10s,可以进行Ⅱ类纤维强化训练。Ⅱ类纤维强化训练时,每个单次收缩后休息 2s,每次训练总时长为 5min。Ⅰ类纤维和Ⅱ类纤维强化训练后,可以训练盆底肌肉协调性收缩,训练模式为在Ⅰ类纤维持续收缩的基础上进行Ⅱ类纤维的快速收缩,可分别在卧位、坐位、蹲位、立位等不同体位进行,还需训练产妇在用力咳嗽、提重物、大笑等诱发的腹内压增高过程中,有意识地主动地进行Ⅱ类纤维收缩,增大尿道闭和压,避免漏尿。

(3) 具体方法:首先应向患者解释盆底的基本解剖学知识和盆底肌肉收缩方法,指导患者做缩紧肛门的动作,每次收缩不少于 3s,然后放松。连续做 15~30min,每日进行 2~3 次;或每日做 Kegel 运动150~200 次,6~8 周为 1 个疗程。

在盆底肌锻炼时,应尽量避免腹肌和臀大肌的收缩。配合正常呼吸节律,做到快速收缩、保持住、然后快速放松,从低难度到高难度,训练时间从短到长,长期坚持训练,以便维持较好的训练效果。另外,在 Kegel 运动过程中还可通过将阴道压力计、阴道重物(如阴道哑铃)、球形导管放入阴道的方法提高触觉敏感性,增强盆底运动效果;如果肌肉收缩仍无改善,应考虑运用功能性电刺激。

2. 盆底肌肉康复器　患者可以使用盆底肌肉康复器(阴道哑铃)进行盆底肌锻炼。阴道哑铃共有5 个重量形式,标号为 1~5 重量逐渐增加,放置在阴道内,让患者用力收缩盆底肌不让其掉出阴道。先从最轻的 1 号康复器开始,训练 7~15d,待可以轻松完成训练后,选择 2 号康复器进行训练,以此类推,逐步更换至 5 号,每日锻炼 2 次,每次应维持 15min。坚持训练 2~3 个月可以达到预防或治疗尿失禁等盆底疾病的目的。

(二) 盆底肌肉电刺激治疗

盆底肌肉电刺激机制:盆底肌肉电刺激是通过放置在阴道内的电极传递不同强度的电流,通过对阴部神经和盆腔神经的反射性刺激或神经肌肉的直接刺激,来加强盆底肌肉的强度。神经肌肉电刺激提高盆底神经肌肉的兴奋性,促进神经细胞功能的恢复,诱发肌肉被动收缩,增加肌红蛋白的数量,增加耐疲劳肌纤维,促进盆底血液循环,增加盆底肌肉力量。电刺激的频率主要有两种:5~20Hz 和35~60Hz,前一种主要是抑制盆底副交感神经的兴奋,降低膀胱逼尿肌的敏感性,用于治疗膀胱过度活动和急迫性尿失禁;后一种是用于刺激阴部神经,增加盆底肌肉的收缩力度,用于压力性尿失禁和盆底肌肉松弛的治疗。

(三) 盆底生物反馈治疗

盆底生物反馈治疗通过电子生物反馈治疗仪,将其探头置入阴道或直肠内,检测盆底肌肉电信号活动,并采用模拟的声音或视觉信号把肌肉活动的信息转化并反馈给患者和治疗者,即可反映出正常或异常的盆底肌肉活动状态,以指导患者进行正确、自主的控制盆底肌的收缩和舒张,形成条件反射;又可指导治疗师通过反馈的信息了解患者的肌肉状态,教会患者如何正确收缩盆底肌,避免盲目训练和错误地收缩腹部肌肉和臀大肌,有效地控制不良的盆底肌肉收缩,帮助患者找到正确的锻炼方法,增强盆底肌肉张力和收缩力,控制膀胱过度活动,达到康复骨盆底肌肉、治疗尿失禁、盆腔器官脱垂的目的。仪器有阴道压力计、阴道哑铃、生物反馈刺激仪等。

(四) 综合个体化治疗

单纯 Kegel 锻炼、生物反馈及电刺激对于盆底康复都是有效的。但电刺激结合 Kegel 锻炼治疗盆底功能障碍性疾病,有效率达 56%~91%,并有 30% 的患者能达正常控制排尿,对年轻的女性尿失禁患者效果较好;但对于绝经期老年患者,其疗效相对较差。康复治疗师应根据患者病情,同时考虑不同患者的心理和生理特点,采用个体化方案,使盆底肌肉康复训练、电刺激及生物反馈有机地结合起来,尽可能达到理想的治疗效果。

（五）其他治疗

1. **膀胱训练** 对于存在压力性尿失禁的患者,还需配合膀胱训练。首先要求患者记录每日的排尿次数、尿量、尿失禁的次数及程度(溢尿量)、尿垫的使用、液体的摄入量;然后根据排尿记录,指导患者选择排尿间隔并有意识地使其延长,最后达 2.5~3h 排尿 1 次。最终使患者学会控制尿急,延迟排尿。

2. **药物治疗** 对压力性尿失禁患者,可选择盐酸米多君、雌激素等药物,改善控尿能力;轻度子宫脱垂或阴道膨出患者可用补中益气汤促进盆底肌张力恢复等。

3. **辅助具** 尿失禁可选择止尿器控制排尿,轻度子宫脱垂患者可使用子宫托等辅助治疗。

（六）手术治疗

对于康复治疗效果不佳的压力性尿失禁,严重子宫的脱垂、直肠脱垂及阴道前或后壁膨出,可考虑盆底重建手术治疗。手术方式包括:无张力性尿道中段悬吊术(TVT-0 吊带)、保留子宫全盆底悬吊术、Prolift TM 全盆底修复、阴道残端 - 骶骨岬固定术。对于病程 >1 个月的生殖道瘘患者,则需进行瘘修补术。

四、健康宣教

由于患者对盆底功能障碍性疾病的认识缺乏,需要采用多种形式的宣教对孕产妇以及已发生盆底功能障碍性疾病的女性进行健康教育。对于疾病做到三级预防:一级预防,防止盆底功能障碍的发生,开展"产前宣传、产前评估、产前锻炼、预防产伤"的健康教育;二级预防,防止产后盆底功能障碍的发展,早期(42d)开展盆底功能评估与锻炼;三级预防,防止盆底功能障碍恶化,正确选择合理的治疗方案(如生物反馈训练、电刺激等)恢复盆底功能,促进盆底康复,提高生活质量。

本章小结

盆底功能障碍性疾病是中老年女性常见病和高发病,主要表现为压力性尿失禁、盆腔器官脱垂、性功能障碍、慢性盆腔疼痛以及排便障碍等。其中以压力性尿失禁和盆腔器官脱垂较为常见。盆底功能障碍性疾病康复的目的是强调早期预防、早期诊断和早期治疗,提高盆底肌肉收缩能力、增强盆底肌肉张力、减轻尿失禁及盆底器官脱出情况、改善性生活质量。这些目的主要通过盆底肌锻炼法、盆底肌肉电刺激治疗、盆底生物反馈治疗等技术来实现。目前,积极有效的盆底康复治疗已经成为关爱女性身心健康的基本医疗组成部分。

（许梦雅）

思考题

1. 简述盆底功能障碍性疾病的危险因素及预防。
2. 盆底康复的适应证和禁忌证有哪些?
3. 简述盆底功能障碍性疾病的康复治疗方法。

扫一扫,测一测

思路解析

实训一　脑卒中康复

一、实训目的

1. 掌握脑卒中患者运动功能障碍和 ADL 的评定方法。
2. 掌握脑卒中患者的康复治疗方法。

二、实训器材

脑卒中运动功能障碍的评定量表（Brunnstrom 量表、Ashworth 量表等）和笔、纸；Barthel 指数量表；日常生活活动能力（ADL）训练用物品若干；各类型辅助器具若干；PT 评定床、PT 凳、平衡板、软枕、沙袋、量角器、卷尺；手和足关节矫正器、分指板、磨砂板、多功能插板、拼图板；手杖和助行架、轮椅。

三、实训时间

4 学时。

四、实训内容与步骤

（一）康复评定

1. 运动功能的评定采用 Brunnstrom 量表评定。
2. 痉挛程度的评定采用 Ashworth 量表评定。
3. 平衡功能的评定采用徒手和 Berg 量表评定。
4. 步态的评定采用目测分析法、定量分析法评定。
5. ADL 评定采用 Barthel 指数量表评定。

（二）记录评定结果并进行分析

（三）制订康复治疗目标

（四）针对康复治疗分期制订康复治疗方案

1. Brunnstrom 分期 1~2 期康复　保持正确的卧位与肢体位、改善肌张力、维持患肢关节活动度、肌肉按摩、床上活动。
2. Brunnstrom 分期 2~3 期康复　床上卧位治疗（抑制痉挛）、坐姿维持训练、坐位平衡训练、偏瘫肢体功能活动训练、卧位转移、坐位转移、站立训练、站立平衡训练、负重训练、步行分解动作训练、平衡杠内行走、室内行走、户外活动、手杖、助行架与轮椅的应用。
3. Brunnstrom 分期 4~6 期康复　肢体分离运动训练结合日常生活活动训练、上肢和手的训练、辅助器具的应用、矫形器的使用、轮椅的使用训练。

五、注意事项

1. 注意做好脑卒中康复宣教工作。
2. 在对患者评定和治疗中注意做好解释工作以取得患者的配合。
3. 在评定和治疗操作中注意安全。
4. 注意心理康复，消除患者的顾虑。

（许梦雅）

实训二　颅脑损伤康复

一、实训目的

1. 掌握颅脑损伤患者的功能障碍特点、康复评定和康复治疗方法。
2. 熟悉颅脑损伤的康复分期和不同时期的康复目标。

二、实训器材

格拉斯哥昏迷量表（GCS）、格拉斯哥结局量表（GOS）、Galveston 定向遗忘试验（GOAT）检查表、洛文斯顿作业治疗用认知评定（LOCTA）、纸、笔、录音机、各种认知功能评定用具、PT 床、直立床、减重步态训练仪、各种运动训练器械、认知功能训练用具等。

三、实训时间

2 学时。

四、实训内容和步骤

（一）康复评定

1. 严重程度评定　常采用格拉斯哥昏迷量表（Glasgow Coma Scale，GCS）、盖尔维斯顿定向力及记忆遗忘检查（Galveston Orientation and Amnesia Test，GOAT）等方法来确定颅脑损伤的严重程度。

2. 认知功能评定　主要涉及记忆、注意、思维及成套测验等。

（1）认知功能障碍严重程度的分级：可用 Rancho Los Amigos（RLA）认知功能分级。

（2）认知功能障碍的筛查：简明精神状态检查（MMSE）或认知功能筛查量表。

（3）认知障碍的成套测验：洛文斯顿作业治疗用认知评定（LOCTA）。

（4）注意功能的评定：视觉和听觉注意的评估方法有：视跟踪和辨认测试、数或词的辨认测试。

（5）记忆功能的评定：采用韦氏记忆量表（WMS）、Rivermead 行为记忆测试（RBMT）、临床记忆量表。

（6）思维的评定：可用选自认知功能成套测验中某些分测验。

（7）失认症的评定：包括单侧忽略、疾病失认、视觉失认和 Gerstmam 综合征等的评定。

（8）失用症的评定：可通过模仿动作、执行口头指令情况进行评定。

3. 情绪障碍评定　对于患者的抑郁，可用汉密尔顿抑郁量表（HAMD）进行评定，对于焦虑，可用汉密尔顿焦虑量表（HAMA）进行评定。

4. 行为障碍评定　主要依据患者的临床症状。

5. 运动功能评定　Brunnstrom 运动功能恢复评定、痉挛、平衡功能的评定。

6. 日常生活活动能力评定　可用 Barthel 指数、功能独立性评定（FIM）、社会功能活动问卷（FAQ）。

7. 言语功能评定　失语症、构音障碍的评定。

8. 颅脑损伤预后评定　可采用综合评定量表进行评估。

9. 颅脑损伤结局评定　常采用格拉斯哥结局量表（GOS）。

（二）记录评定结果并进行分析

（三）确定康复治疗目标

（四）针对康复分期制订康复治疗方案

1. 急性期康复　床上良肢位摆放；综合促醒治疗；保持呼吸道通畅；被动关节活动范围训练；尽早活动；物理治疗；夹板和矫形器的使用；高压氧治疗；支持疗法；躁动不安的康复处理。

2. 恢复期康复

（1）认知障碍的康复治疗：①注意障碍的康复训练（猜测游戏、删除作业、时间感、数目顺序）；②记忆障碍的康复治疗（内部策略和外部策略帮助记忆及环境适应）；③思维障碍的康复训练（提取信息、排列顺序、物品分类、从一般到特殊的推理、计算和预算);④失认症的康复治疗(单侧忽略、视觉失认、Gerstmam 综合征);⑤失用症的康复治疗(结构性失用、运动失用、穿衣失用、意念性失用)。

(2) 行为障碍的康复治疗:①创造适当的环境;②必要的药物;③行为治疗。

3. 后遗症期康复 包括日常生活活动能力的训练、矫形器和辅助器具的应用、认知、言语等障碍的功能训练、职业训练等。

五、注意事项

1. 注意做好颅脑损伤的常识宣教。
2. 在对患者评定和治疗中注意作好解释工作以取得患者的配合。
3. 在康复评定和康复治疗操作中注意安全。
4. 注意心理康复,消除患者的顾虑。

(郭洁梅　张体鹏)

实训三　脊髓损伤康复

一、实训目的

1. 掌握脊髓损伤的临床表现、体征检查等康复评定内容和方法。
2. 掌握脊髓损伤的程度分级及神经平面的判定。
3. 掌握脊髓损伤的康复治疗内容和治疗方案实施。
4. 熟悉常见并发症的识别与处理。

二、实训器材

美国脊髓损伤(AIS)分级量表、笔、大头针、软毛刷、棉签、叩诊锤、音叉、玻璃试管 2 只、关节角度测量器、软尺、直立床、平衡杆、PT 床、助行架、轮椅、拐杖、心率血压检测仪等。

三、实训时间

4 学时。

四、实习内容与步骤

(一) 康复评定

1. 神经损伤平面的评定 通过 28 个感觉关键点和 10 组关键肌的检查,进行运动平面、感觉平面的评定。
2. 脊髓损伤程度的评定 美国脊髓损伤学会的损伤程度分级。
3. 自主神经功能的评定 体位与血压及心率变化、体温与环境的关系。
4. 运动功能的评定 关节活动度、肌力、肌张力与痉挛、转移功能、轮椅使用、坐位及站立平衡、步行功能。
5. 日常生活活动能力的评定 改良 Barhtel 指数。
6. 膀胱及肠道功能评估 排尿及排便情况。
7. 其他方面评估 皮肤完整性、肢体循环功能、疼痛、心理及精神评估。

(二) 记录评定结果并分析

通过记录并对评定结果进行分析,确定脊髓损伤程度、损伤平面,主要的康复问题所在。

(三) 制订康复治疗目标

根据评定结果,制订针对性的康复治疗目标(短期目标、长期目标)。

(四) 制订康复治疗方案

1. 急性期康复 床上体位、床上翻身、关节被动活动与保护、呼吸训练、直立适应性训练。
2. 恢复期康复 坐位平衡训练、站立训练、转移训练、轮椅训练、步行训练、日常生活活动能力训练。

五、注意事项

1. 注意做好脊髓损伤患者进行康复的宣教工作。

2. 在对患者评定和治疗中注意作好解释工作以取得患者的配合。

3. 在评定和治疗操作中注意安全,防止皮肤碰伤,高位脊髓损伤患者进行站立训练时注意检测血压、心率变化以及患者是否有头晕、眼花等症状。

4. 在训练前要确定患者膀胱是否排空,是否存在膀胱逼尿肌过度活跃等问题。

5. 注意患者心理问题,调动患者的积极性。

(王红星)

实训四　帕金森病康复

一、实训目的

1. 掌握帕金森病的主要功能障碍、针对功能障碍进行的评定方法、制订康复治疗方案。

2. 熟悉韦氏综合评定量表、帕金森病的分期、帕金森病康复治疗方案的实施。

二、实训器材

本章的导学病例、秒表、计数器、玻璃球、盆、帕金森病韦氏综合评定量表、简明智力量表(MMSE)和笔、角度尺、PT床、体操棒、作业治疗桌、扑克牌、镜子、书籍等。

三、实训时间

0.5 学时。

四、实训内容与步骤

(一) 康复评定

1. 身体功能评定

(1) 关节活动度:关节角度尺进行测量,包括主动关节活动度(AROM)和被动关节活动度(PROM)。

(2) 肌力:徒手肌力评定。

(3) 肌张力:改良 Ashworth 量表评估。

(4) 平衡评定:不扶持下:①单足站立;②双足站立;③双足站立,且重心转移;④双膝跪立;⑤手足支撑。上述姿势保持 3s 为正常;否则就为异常。

(5) 协调评定:上肢评定 30s 内能按动计数器的次数,1min 内能从盆中取出的玻璃球数,1min 内在两线间隔 lmm 的同心圆的空隙内能画出圆圈的个数和画出线外的次数。下肢评定闭眼状态下双足跟与足尖并拢能站立的时间,睁眼状态下单足能站立的时间,睁眼状态下前进、后退、横行分别行走 10m 距离所需的时间。

(6) 步态评定:观察患者是否有起步困难、步幅变小,是否有屈曲体态。

(7) 言语评定:观察与发音有关的唇、舌、颜面、咽喉的运动是否充分。

2. 日常生活活动能力评定　可用 Barthel 指数进行评定。

3. 认知功能评定　可用简明智力量表等。

4. 帕金森病的综合评定　如帕金森病韦氏综合评定量表。

(二) 记录评定结果并总结病例中患者的主要功能障碍

1. 运动功能障碍　右上肢静止性震颤;右肢体肌张力增高;面具脸;姿势及步行障碍,屈曲体态、起步困难、步幅小、转身困难;平衡障碍;协调障碍;精细动作差。

2. 构音障碍　音量低,语调单一。

（三）针对功能障碍制订康复治疗方案

1. 肌张力障碍　主要进行放松训练、松弛及呼吸训练，可进行本体感觉神经肌肉促进疗法（PNF疗法）。

2. 平衡障碍　平衡功能训练，如右侧单足站立平衡训练、重心转移训练等。

3. 姿势及步行障碍　屈曲姿势采用相反的姿势矫正训练；起步困难可采用侧向行走，双脚前后位重心转移训练；小步子可利用视觉提示的方法，如在地上每隔50~60cm画一条鲜明的横线；患者缺乏摆臂，治疗师可呼口号提示，也可用两根体操棒各执首尾，治疗师通过体操棒推动患者摆臂。

4. 协调障碍及精细动作差　可结合作业疗法训练手的精细动作及翻转动作等。

5. 面具脸　借用镜子，进行脸部表情训练。

6. 言语障碍　可结合发声、唱歌训练改善音量低、语调单一，也可让患者高声朗读、唱歌改善构音障碍。

五、注意事项

1. 注意做好帕金森病康复宣教工作。

2. 在对患者评定和治疗中注意作好解释工作以取得患者的配合。

3. 在评定和治疗操作中注意安全，防止跌倒。

4. 注意心理康复，消除患者的顾虑。

（郭　慧）

实训五　阿尔茨海默病康复

一、实训目的

1. 掌握阿尔茨海默病的康复评定方法、制订康复治疗方案。

2. 熟悉阿尔茨海默病的临床分期、康复治疗方案的实施。

二、实训器材

简易精神状态检查量表、蒙特利尔认知评估量表、7min神经认知筛查量表、阿尔茨海默病评估量表、纸张、笔。

三、实训时间

0.5学时。

四、实训内容与步骤

（一）康复评定

1. 简易精神状态检查量表评定。

2. 蒙特利尔认知评估量表评定。

3. 7min神经认知筛查量表评定。

4. 画钟测验

（1）请患者画一个钟面，并把数字标在正确的位置上。画好后，请患者把指针标在11点10分的位置。

（2）可采用4分评分法。画好一个闭合的圆得1分；数字位置正确得1分；12个数字都没有漏洞得1分；将指针置于正确的位置得1分。

5. Alzheimer病评估量表-认知评定。

（二）记录评定结果并进行分析

（三）制订康复治疗目标

（四）针对评定结果制订康复治疗方案

1. 记忆力训练　主要包括内辅助法、外辅助法、环境适应三方面。

2. 注意力训练　包括注意广度训练、注意的维持与警觉训练、注意的选择性训练、注意的转移性训练、注意

493

的分配训练、对策训练等。

3. 思维训练　可通过读取报纸信息、排列顺序、分类、解决问题能力训练来进行。

4. 感知觉功能训练　主要包括失认症和失用症训练。

五、注意事项

1. 在对患者评定和治疗中注意作好解释工作以取得患者的配合。

2. 注意心理康复，注重对患者人格的尊重，避免使用"傻""笨"等言词。

3. 注意患者安全方面的宣教，防走失，配戴联系人信息手环等。

（郭　慧）

实训六　周围神经损伤康复

一、实训目的

1. 掌握周围神经损伤的临床表现、主要功能障碍、康复评定方法和技术、康复治疗方案的制订、注意事项。

2. 熟悉周围神经损伤程度分类、肌电图报告结果的分析、康复治疗方案的实施。

二、实训器材

深浅感觉检查用具（大头针、棉签、试管、音叉等）、叩诊锤、软尺、握力计、淀粉、2.5% 碘酒、冷热水、VAS 疼痛评定表及笔、关节角度测量器、心率血压检测仪。

三、实训时间

2 学时。

四、实训内容与步骤

（一）康复评定

1. 肢体形态学测量　肢体长度、肌肉围度等。

2. 深、浅感觉及疼痛程度评定　针刺觉、触觉、温度觉、振动觉、运动觉、位置觉。

3. 运动功能评定　肌力及肌张力、关节活动度测量、平衡、步行、转移等。

4. 自主神经功能评定　皮肤营养状况、随体位变化的心率及血压变化、发汗试验、茚三酮试验、皮肤划痕试验等。

5. ADL 评定　改良 Barthel 指数等。

（二）记录评定结果并进行分析

（三）制订康复治疗目标

1. 去除病因，减轻神经损伤程度。

2. 减轻神经损伤的炎症反应和水肿，改善血液循环。

3. 促进神经再生，预防肌肉萎缩和肌腱挛缩，防止关节畸形。

4. 促进肌力及感觉功能恢复。

5. 改善 ADL 能力和转移能力。

6. 消除心理障碍，增强患者信心。

（四）针对康复治疗分期制订康复治疗方案

1. 急性期　肢体制动避免神经损伤加重，物理因子治疗减轻炎症、水肿，肢体功能位保持，关节被动活动维持关节活动度。

2. 恢复期　神经肌肉电刺激防止肌肉萎缩，关节活动训练，肌力训练，感觉功能重建。

3. 后遗症期　辅助具或矫形器代偿和代替丧失的功能，维持残存功能，物理因子治疗减轻神经病理性疼痛。

五、注意事项

1. 注意做好周围神经损伤患者的康复宣教工作。
2. 在评定和治疗时注意做好解释工作以取得患者的配合。
3. 评定和治疗操作中注意安全，有感觉过敏或疼痛过敏者在进行感觉功能检查时要注意患者反应，防止加重患者疼痛或不愉快感。
4. 注意患者心理问题，调动患者的积极性。

（王红星）

实训七　骨折后康复

一、实训目的

1. 通过实际操作熟练掌握骨折后患者的康复问题、康复方法和常见骨折的康复流程及治疗实施。
2. 熟悉骨折愈合的过程和临床分期。

二、实训器材

握力计、捏力计、通用量角器、软尺、直尺、ADL 评定量表、感觉评定用大头针、棉签、音叉等、笔和纸等。

三、实训时间

2 学时。

四、实训内容与步骤

(一) 康复评定

1. 骨折的康复功能评定

(1) 一般情况评定：疼痛和压痛，局部肿胀，畸形与功能障碍。

(2) 运动功能评定

1) 肌力检查：了解患侧和健侧肌力情况，多用徒手肌力检查法（MMT），也可用握力计、捏力计等检查。

2) 关节活动度检查：了解关节活动有无受限和受限程度，可通过量角器测量，需双侧进行对比。

3) 步态分析：通过观察步态情况，可了解下肢功能障碍情况及步态的影响因素。

(3) 其他评定

1) 肢体长度和周径测量：两侧肢体进行对比，判断骨折后肢体长度有无改变及改变程度。

2) ADL 能力评定：骨折后影响日常生活活动的患者，应对其进行 ADL 能力评定。

3) 感觉检查：判断有无神经损伤及损伤程度。

4) 对于长期卧床的患者，特别是老年患者，应注意对心、肺等功能的检查评定。

(二) 康复治疗

1. 记录评定结果并进行分析。
2. 确定康复治疗目标。
3. 根据康复治疗目标，针对康复分期制订康复治疗方案。具体方法：

(1) 一期康复（愈合期康复）

1) 患肢的主动运动：每次各个活动轴位 10~20 次，并应逐渐增加活动范围和运动量；关节面骨折者，在固定 2~3 周后，若有可能应每天取下外固定，在保护下进行短时间的关节不负重主动运动，并逐渐增加活动范围。

2) 健肢与躯干的正常活动训练：训练内容包括健侧肢体和躯干的正常活动，鼓励患者早期起床活动。对于必须卧床的患者，则应该每天做床上保健体操，例如深呼吸和咳嗽训练、腹背肌训练、健肢的正常活动等。

3) 患肢肌肉等长收缩训练：一般在骨折复位固定后，即可开始缓慢、有节奏的等长收缩运动，尽量大力收缩,然后放松,反复训练,每天 2~3 次,每次 5~10min 或更长。

4）患肢抬高:患肢抬高有助于减轻或消除肿胀,患侧肢体应处于高于心脏低于头的体位。

5）持续被动关节活动(continuous passive motion,CPM)练习:可早期应用持续被动关节活动器(CPM)进行持续被动关节活动练习。CPM 可以缓解疼痛,防止粘连和关节僵硬,改善关节活动范围,消除手术和固定制动带来的并发症。

6）物理因子治疗:常用方法有温热疗法、低频磁疗、超声波疗法、直流电钙磷离子导入疗法、超声波疗法等。

(2) 二期康复(恢复期康复)

1）物理因子治疗:可用温热疗法、紫外线照射、超声波、音频电疗等。

2）恢复关节活动范围训练:恢复训练以主动运动为主,根据患者的病情可辅以助力运动、被动运动、关节松动术、关节功能牵引等。

3）增强肌力训练:增强肌力训练应该循序渐进,逐步增加肌肉的训练强度,肌肉的疲劳要适度。训练前要进行肌力评定,根据肌力水平选择不同的训练方法。肌力训练应和关节活动度训练同时进行。

4）日常生活活动能力训练:上肢骨折者可选择相应的作业治疗,以增进上肢的功能,改善动作技能技巧及熟练程度;下肢主要进行行走和步态训练,以恢复正常运动功能。目的是提高日常生活活动能力及工作能力,使患者早日回归家庭和社会。

五、注意事项

1. 要掌握骨折的愈合过程,康复治疗必须循序渐进,逐渐加量。
2. 严格控制不利于骨折端稳定的活动,如增加重力和旋转的活动。
3. 进行被动活动时,不应急于施行强力的牵拉和对骨折部位的按摩,任何功能练习以不引起疼痛为度。
4. 医患配合,医务人员要与患者沟通,使患者心中有数,积极主动、科学地进行功能锻炼。

(马雪真)

实训八　颈椎病康复

一、实训目的

1. 掌握颈椎病常用评定方法,如关节活动度测定、肌力测定和 JOA 颈椎评定。颈椎病常用康复治疗方法。
2. 熟悉颈椎病诊断要点,康复治疗原则,健康宣教。

二、实训器材

JOA 颈椎病判定量表和笔、纸等,量角器、直尺、诊断床、牵引椅、中频治疗仪、短波治疗仪、针灸针等。

三、实训时间

1 学时。

四、实训内容与步骤

(一) 康复评定

1. 颈椎活动范围评定　主要分为前屈、后伸、左右侧屈、旋转。
2. 肌力测定　以徒手肌力评定法对易受累的肌肉进行肌力评定,并与健侧作对比。
3. 特殊检查　椎间孔挤压试验、臂丛神经牵拉试验、椎间孔分离试验、前屈悬颈试验、低头试验、仰头试验、椎动脉扭曲试验等。
4. JOA 颈椎病评定　对运动功能、感觉功能和膀胱功能等进行评价。

(二) 记录评定结果并进行分析

(三) 制订康复治疗目标

（四）针对颈椎病分型制订康复治疗方案

1. 颈椎牵引　针对不同情况进行牵引练习。

2. 物理因子治疗　中频治疗、短波治疗。

3. 推拿及手法治疗　推拿按摩操作、关节松动术、Maitland 手法。

4. 运动疗法。

五、注意事项

1. 注意做好颈椎病康复宣教工作。

2. 在对患者评定和治疗中注意作好解释工作以取得患者的配合。

3. 在评定和治疗操作中注意安全。

4. 注意心理康复，消除患者的顾虑。

（蒋宗伦）

实训九　腰椎间盘突出症康复

一、实训目的

1. 掌握腰椎间盘突出症常用评定方法，如关节活动度测定、肌力测定和 Spengler 腰椎间盘突出症评价标准。腰椎间盘突出症常用康复治疗方法。

2. 熟悉腰椎间盘突出症康复治疗作用、康复治疗原则，健康宣教。

二、实训器材

明尼苏达多项性格调查表（MMPI）和笔、纸等，量角器、直尺、诊断床、牵引床、中频治疗仪、短波治疗仪、针灸针等。

三、实训时间

1 学时。

四、实训内容与步骤

（一）康复评定

1. Spengler 腰椎间盘突出症评价标准　主要对神经症状、坐骨神经紧张症状、性格因素、脊髓造影和计算机扫描表现等进行相关评价。

2. Tauffer 和 Coventry 腰椎间盘突出症疗效标准　分为优、良、差三个方面对疗效进行评定。

3. 肌力和耐力测定　以徒手肌力评定法对躯干屈肌、躯干伸肌、腹内外斜肌肌力、耐力易受累的肌肉进行肌力评定。

4. 特殊检查　直腿抬高及加强试验；股神经牵拉试验；屈颈试验；仰卧挺腹试验；腰部过伸试验；抬物试验；背伸试验。

（二）记录评定结果并进行分析

（三）制订康复治疗目标

（四）制订康复治疗方案

1. 腰椎牵引　针对不同情况进行牵引练习。

2. 物理因子治疗　中频治疗、短波治疗。

3. 推拿及手法治疗　推拿按摩操作、Maitland 手法、Mckenzie 技术。

4. 运动疗法。

5. 针灸疗法。

五、注意事项

1. 注意做好腰椎间盘突出症康复宣教工作。
2. 在对患者评定和治疗中注意作好解释工作以取得患者的配合。
3. 在评定和治疗操作中注意安全。
4. 康复治疗效果不好的患者,可考虑配合药物治疗或选择手术治疗。
5. 注意心理康复,消除患者的顾虑。

(蒋宗伦)

实训十　肩周炎康复

一、实训目的

1. 掌握肩周炎患者的康复评定和康复治疗方法。
2. 能为肩周炎患者制订康复治疗方案。
3. 能对患者进行健康宣教。

二、实训器材

Barthel 指数量表、常用的理疗仪器、肋木、哑铃、体操棒、PT 床、笔、纸、直尺、通用量角器等。

三、实训时间

1 学时。

四、实训内容与步骤

(一) 康复评定

1. 疼痛评定　采用视觉模拟评分法(VAS)进行评定。
2. 关节活动度评定　采用量角器测量患者肩关节屈、伸、外展、内旋及外旋等活动度,应与健侧进行对比。
3. 肌力评定　对三角肌、冈上肌、冈下肌、小圆肌、肩胛下肌、大圆肌等进行肌力测试。
4. 日常生活活动能力(ADL)评定　采用 Barthel 指数评定量表。

(二) 记录评定结果并进行分析

(三) 制订康复治疗目标

(四) 制订康复治疗方案

1. 物理因子治疗　采用超声波、红外线、超短波、中频电疗、音频电等理疗方法。
2. 运动疗法

(1) 关节松动术:进行前屈向足侧滑动、外展向足侧滑动、前后向滑动、后前向滑动、外展摆动、内旋摆动的手法操作改善关节活动度。

(2) 双手持体操棒,由健肢帮助患肢作肩各轴位的助力运动。

(3) 双手握肋木下蹲,利用躯干重心下移作牵伸肩部软组织的牵伸练习。

(4) 利用哑铃作增强肩胛带肌肉的抗阻运动。

(5) 医疗体操:进行手指爬墙、背后助拉、抱颈、旋肩、展翅运动。

3. 推拿　采用推法、拿法、揉法、滚法、弹拨法、摇法。

五、注意事项

1. 注意做好康复宣教工作。
2. 在对患者评定和治疗中注意作好解释工作以取得患者的配合。

3. 在评定和治疗操作中注意安全。

4. 注意心理康复,消除患者的顾虑。

(周蜜娟)

实训十一　关节炎康复

一、实训目的

1. 掌握骨关节炎和类风湿关节炎的临床表现和功能障碍的特点。

2. 掌握骨关节炎和类风湿关节炎的康复评定方法操作步骤。

3. 掌握骨关节炎和类风湿关节炎的康复治疗方案制订。

4. 熟悉强直性脊柱炎不同时期的康复目标和相关康复方法。

二、实训器材

握力计、拉力计、肌力测定仪、量角器、直尺、红蓝铅笔、焦虑自评量表(SAS)、抑郁自评量表(SDS)、功能病损信号(SOFI)评定量表、Barthel 指数分级量表、PT 治疗床、推拿床、电脑中频治疗仪、离子导入治疗仪、短波治疗仪、红外线治疗仪或 TDP 治疗仪等。

三、实训时间

2 学时。

四、实训内容与步骤

(一) 康复评定

1. 骨关节炎的康复功能评定

(1) 疼痛评定:采用视觉模拟评定法(VAS)来进行。

(2) 关节活动度的评定:半圆规量角器测量法和方盘量角器测量法。

(3) 肌力评定:有徒手肌力测定法(MMT)和肌力测定仪测定。

(4) 日常生活活动能力评定:Barthel 指数分级法。

2. 类风湿关节炎的康复功能评定

(1) 关节活动度的评定:检查关节活动度(ROM)需在关节运动之前操作,用角度计或量规器精确测量,左右对比,患者主动活动范围即主动 ROM 与被动(检查者外力活动关节)ROM 对比。

(2) 肌力评定:一般采用徒手肌力测定法,对手的肌力测定一般采用握力计法。

(3) 疼痛评定:采用视觉模拟评定法(VAS)来进行。

(4) 日常生活活动能力评定:采用功能病损信号评定法(SOFI)。

(5) 畸形分析:以手为例,常见的有尺偏畸形、"鹅颈"畸形、"纽扣花"畸形、"望远镜"畸形和"槌状指"畸形。

(6) 心理功能评定:可采用焦虑自评量表(SAS)和抑郁自评量表(SDS)。

(二) 记录评定结果并进行分析

(三) 制订康复治疗目标

(四) 制订康复治疗方案

1. 骨关节炎的康复方法

(1) 运动疗法:包括被动活动、主动活动、主动助力活动、肌力练习和牵伸训练等。

(2) 物理因子治疗。

(3) 传统康复方法。

(4) 支具和辅助器具的使用。

499

2. 类风湿关节炎的康复方法

(1) 合理休息。

(2) 运动疗法:包括关节被动活动、主动助力活动、关节主动活动、等长肌肉收缩、等张肌肉收缩、抗阻力活动、肌耐力训练、牵引训练等。

(3) 物理因子治疗。

(4) 传统康复方法。

(5) 作业疗法:包括进食、梳洗、更衣、写字、站立、行走、蹲下、上下楼梯等。

(6) 心理疗法:包括支持疗法、暗示疗法等。

五、注意事项

1. 在对患者问诊、评定和治疗中注意作好解释工作,以取得患者的配合。

2. 在康复评定和康复治疗操作中注意安全。

3. 强调团队协作精神。

4. 在关节炎的急性疼痛期要合理选用物理治疗方法,必要时给予药物镇痛。

5. 尤其对于类风湿关节炎和强直性脊柱炎患者。在康复治疗过程中注意心理康复,消除患者的焦虑、绝望等心理障碍。

6. 对康复治疗无效的中晚期关节炎患者,可考虑采取手术疗法。

(郭洁梅)

实训十二　关节置换术后康复

一、实训目的

1. 掌握髋、膝关节置换术患者的康复评定和康复治疗方法。

2. 掌握髋、膝关节置换术患者的日常生活注意事项。

3. 针对髋、膝关节置换术患者不同时期,能制订相应康复治疗方案。

4. 能对患者进行健康宣教。

二、实训器材

Harris 髋关节评分表、HSS 膝关节评分表、功率自行车、步行器、腋拐、手杖、轮椅、笔、PT 床、笔、通用量角器、软尺。

三、实训时间

2学时。

四、实训内容与步骤

(一) 康复评定

1. 髋关节置换术后评定　评定疼痛、髋关节关节活动度、髋关节周围肌群肌力、下肢的长度、下肢的围度、活动及转移能力、步态、Harris 髋关节评分。

2. 膝关节置换术后评定　评定膝关节活动度、下肢周径、股四头肌和腘绳肌肌力、HSS 膝关节评分。

(二) 记录评定结果并进行分析

(三) 制订康复治疗目标

(四) 制订康复治疗方案

1. 髋关节置换术后康复治疗

(1) 体位摆放:进行仰卧位和健侧卧位的体位摆放,注意侧卧位时枕头的放置,防止髋脱位。

（2）运动训练

1）呼吸训练：进行深吸气、深呼气和有效的咳嗽咳痰训练。

2）踝泵运动：患侧踝关节主动背屈与跖屈。

3）肌力训练：患侧臀大肌、臀中肌、臀小肌、股四头肌、腘绳肌肌力训练。

4）关节活动度训练：患侧髋关节屈曲、外展、后伸训练。

5）负重训练：借助步行器、双拐离床负重，练习床边站立。

6）步行训练：拄拐步行和上下楼梯训练。

7）转移能力训练：进行由卧位到坐位、坐位到站位转移训练。

（3）术后日常生活注意事项：对日常生活中的错误体位进行演示。

2. 膝关节置换术后康复治疗

（1）早期康复治疗

1）深呼吸和有效咳嗽训练：同髋关节置换术后的康复。

2）踝泵运动：同髋关节置换术后的康复。

3）按摩：对术侧下肢做缓和的按摩，从肢体远端至近端。

4）肌力训练：股四头肌和腘绳肌的等长收缩运动，不给予任何阻力。

5）体位转移训练：从卧位到坐位之间的相互转移，从坐位到立位之间的相互转移。

6）关节活动度训练：患者坐于轮椅内，术侧足触地，双手轻轻地向前方推动轮椅，使膝关节被动屈曲，然后主动抬腿伸膝。

7）行走及负重训练：采用步行器或腋拐在平地上练习行走，进行负重训练。

8）本体感觉训练：进行盲视下关节角度重复训练，各种平衡训练。

（2）中后期康复

1）继续上述运动训练项目。

2）肌力训练：进行股四头肌和腘绳肌的多角度等长运动和轻度的抗阻练习。仰卧位、俯卧位和侧卧位下的直腿抬高练习。

3）关节活动度训练：低强度的长时间牵张或收缩-放松练习以持续增加膝关节活动度，固定式自行车练习。

4）膝部稳定性和功能性控制训练：患者站立位背靠墙，缓慢屈曲髋和膝关节，使背部靠墙面下移，然后再向上移动身体。患者双足并立，然后术侧足向前小弓箭步，使膝关节微屈，再伸直膝关节，接着术侧足回到原开始位置。

5）步行训练：在平地和不同条件地面进行行走。

6）上下楼梯训练：使用手杖进行上下楼梯训练，注意动作顺序。

五、注意事项

1. 注意做好康复宣教工作。

2. 在对患者评定和治疗中注意作好解释工作以取得患者的配合。

3. 在评定和治疗操作中注意安全。

4. 注意心理康复，消除患者的顾虑。

（周蜜娟）

实训十三　截肢后康复

一、实训目的

1. 通过实际操作熟练掌握残肢的评定方法、使用假肢前的训练方法。

2. 熟悉假肢的评定、穿戴和使用训练方法。

二、实训器材

锁控式上肢假肢、下肢假肢、皮尺、笔和纸等。

三、实训时间

2学时。

四、实训内容与步骤

(一) 康复评定

1. 残肢的评定　残肢畸形、残肢外形、残肢的长度测量、关节活动度检查、肌力检查、残肢痛、幻肢痛的评定。

2. 假肢的评定　临时假肢的评定,有接受腔的评定、悬吊能力的评定、假肢的对线、穿戴假肢后残肢情况、步态等;正式假肢的评定,有上下肢假肢的评定、接受腔的评定、假肢长度、步态评定、行走能力评定。

3. 使用假肢能力的评定　全身状态的能力评定、其他肢体能力的评定、非理想残肢的能力评定。

(二) 康复治疗

1. 使用假肢前的训练　包括增强体能的运动训练、残肢训练、肌力训练、增强残肢皮肤强度的训练、使用助行器的训练、站立与步行训练。

2. 穿戴和使用假肢的训练　有穿戴临时假肢的训练和穿戴正式假肢的训练,包括假肢穿脱的训练、站立平衡训练、步行训练、上下台阶步行训练、上下坡道步行训练、跨越障碍物训练、上肢假肢训练和下肢假肢训练。

(1) 假肢穿脱的方法

1) 大腿假肢穿脱方法:穿假肢时,患者取坐位,假肢接受腔和大腿残肢要涂抹滑石粉,再用丝绸布将残肢包裹上,将接受腔阀门打开,站立位,将假肢垂直插入接受腔,将丝绸布的尾端从接受腔底部的孔内拉出,引导残肢伸入接受腔,达到与接受腔全面接触,再将丝绸布全部拉出,然后盖上阀门,拧紧。穿好后,患者平行站立,检查假肢穿着是否合适,如不合适,需要重穿一次;脱假肢时,患者取坐位,将接受腔的阀门打开取下假肢即可。

2) 小腿假肢穿脱方法:穿假肢时,残肢端先要套上一层薄的尼龙袜套,然后再套上软的接受腔,为便于穿上假肢,要在软接受腔的外面再套一层尼龙袜,然后将残肢穿入接受腔,同样要求残肢和接受腔要全面接触,站起让残肢到位即可;脱假肢时,双手握住假肢,同时用力向下拽,将残肢拉出即可。

(2) 假肢使用训练:站立平衡训练、步行训练、上下台阶步行训练、上下坡道步行训练、跨越障碍物训练等。

五、注意事项

1. 注意宣教和心理疏导,使患者接受假肢。
2. 患者保持适当的体重。
3. 防止残肢肌肉萎缩、肿胀及脂肪沉积。
4. 保持残肢皮肤和假肢接受腔的清洁。

(马雪真)

实训十四　运动损伤(半月板损伤)康复

一、实训目的

1. 掌握半月板损伤的康复评定和康复治疗方法。
2. 熟悉常见四种半月板损伤的情形、临床表现和体征、康复分期、康复治疗原理、适应证及禁忌证。

二、实训器材

VAS尺和纸笔、皮尺、量角器、焦虑自评量表、无菌棉、弹力绷带、冰袋(水袋)、石膏托、治疗床、腋拐、下肢

CPM 机、膝关节角度可调支具、沙袋等。

三、实训时间

4 学时。

四、实训内容与步骤

(一) 康复评定

1. 说出四种半月板损伤的情形、临床表现和体征。

2. VAS 法疼痛评定。

3. 膝关节 ROM 评定、肌力评定、患侧和健侧大、小腿围度测量和对比。

4. 焦虑自评量表评定。

(二) 针对康复治疗分期制订康复治疗方案并实施

1. 急性期康复

(1) PRICE 常规处置。

(2) 做疾病宣教和心理指导。

2. 模拟半月板切除及部分切除术后的康复治疗

(1) 第一阶段:踝泵练习;股四头肌、腘绳肌等长训练;直腿抬高、侧抬腿及后抬腿、负重及平衡练习;微痛状态下屈膝练习;单腿站立平衡训练、俯卧位 0°~45° 范围内屈膝练习,屈膝 90° 练习;膝关节被动屈曲 100°~110° 练习、单足站立、无拐短距离行走、抗阻无痛屈膝大于 90° 练习。

(2) 第二阶段:膝关节被动屈曲 110°~120° 练习,前后、侧向跨步练习,靠墙静蹲训练;膝关节被动屈曲 120°~130° 练习,单膝 0°~45° 范围内蹲起练习;膝关节被动屈曲逐渐与健侧趋同,坐位抗阻伸膝练习。

(3) 第三阶段:下台阶练习,双腿保护下全蹲练习,跳绳及慢跑。

(4) 体验艾灸。

(5) 体验推拿按摩。

五、注意事项

1. 注意做好半月板损伤的康复宣教工作。

2. 在对患者评定和治疗中注意作好解释工作以取得患者的配合。

3. 在评定和治疗操作中注意安全。

(马洪朝)

实训十五　手外伤康复

一、实训目的

1. 掌握手外伤患者的康复评定及康复治疗方法。

2. 熟悉手的休息位、手的功能位概念。

二、实训器材

量角器、握力计、卷尺、冷水、温水、棉签、铅笔橡皮头、音叉、量杯、手容积测量仪、调制电脑中频、微波、手夹板、滑轮、弹力带、橡皮泥、手指锻炼器、九孔插板、螺母、回形针、硬币、别针、尖头螺丝、钥匙、铁垫圈、5cm × 2.5cm 的双层绒布块、直径为 2.5cm 左右的绒布制棋子、纸和笔等。

三、实训时间

3 学时。

四、实训内容与步骤

(一) 康复功能评定

1. 一般检查

(1) 望诊：检查皮肤的营养情况、色泽、纹理，有无瘢痕，有无伤口，皮肤有无红肿、溃疡及窦道，手的姿势及有无畸形等。

(2) 触诊：可以感觉皮肤的温度、弹性、软组织质地，以及检查皮肤毛细血管反应。

(3) 叩诊：用手指轻叩击损伤处，看有无叩痛和远端麻痛。

(4) 动诊：检查手部关节主动和被动活动度。

(5) 量诊：测定肢体周径、肢体长度和容积等。

2. 手功能评定

(1) 关节活动度

(2) 手指肌腱功能评定

(3) 肌力

(4) 感觉

(5) 灵巧性和协调性

(二) 记录评定结果并进行分析

(三) 制订康复治疗目标

(四) 针对康复治疗分期制订康复治疗方案

1. 伤后或术后 3 周内，可行理疗、功能位固定、轻柔的辅助主动活动和主动活动等。

2. 伤后或术后 3~6 周，应尽早活动，并进行感觉再训练。

3. 伤后或术后 6~12 周，可循序渐进地进行抗阻活动，继续进行感觉再训练。

4. 伤后或术后 12 周后，可考虑重建或二期修补术。如恢复效果良好，可进入功能训练和职能训练。

五、注意事项

1. 注意做好手外伤的常识宣教。

2. 在对手外伤患者评定和治疗中注意作好解释工作以取得患者的配合。

3. 在手外伤患者的康复评定和康复治疗操作中注意安全。

4. 注意手外伤患者的心理康复，消除患者的顾虑。

（蒋竞杭）

实训十六 脊柱侧凸康复

一、实训目的

1. 掌握脊柱侧凸的身体形态检查、Cobb 角测量、姿势训练、矫正体操、体操训练、电刺激疗法。

2. 熟悉脊柱侧凸矫形器的使用、康复治疗方案的实施。

二、实训器材

铅锤线、量角器、脊柱侧凸 X 线片、中频电、插座、肋木。

三、实训时间

1学时。

四、实训内容与步骤

(一) 康复评定

1. 身体形态检查

(1) 正面观察：双侧肩关节、骨盆是否等高，腰腹部是否有皱褶，是否有漏斗胸、鸡胸。

(2) 后面观察：双侧肩关节、肩胛骨、骨盆是否等高，躯干前屈是否出现剃刀背，棘突是否在一条直线上，测量侧凸角度最大的棘突偏离中线的距离。

(3) 侧面观察：有无颈椎和腰椎前凸、胸椎后凸。

2. Cobb 角测量　根据 X 线片找出顶椎、端椎，并进行 Cobb 角的测量。

(二) 记录评定结果并进行分析

(三) 制订康复治疗目标

(四) 康复治疗方法

1. 运动疗法

(1) 姿势训练：骨盆倾斜训练、姿势对称性训练。

(2) 矫正体操。

(3) 成套体操：①前后爬行或匍匐环行；②左、右偏坐；③头顶触壁；④双臂平伸或单侧"燕飞"；⑤仰卧起坐；⑥下肢后伸；⑦双腿上举或单腿上举；⑧深吸慢呼；⑨挺立站立。

(4) 其他姿势与力量训练：①转体动作；②手扶肋木体侧屈；③悬垂体侧摆；④单杠单臂悬垂运动；⑤单臂牵拉橡皮筋；⑥单臂上举哑铃运动；⑦普拉提训练及一些瑜伽动作。

(5) 改善呼吸运动训练。

2. 矫形器穿戴。

3. 电刺激疗法　电极板的放置、刺激模式的选择。

五、注意事项

1. 注意做好脊柱侧凸的康复宣教工作。

2. 在对患者评定和治疗中注意作好解释工作以取得患者的配合。

3. 在评定和治疗操作中注意安全。

4. 注意心理康复，消除患者的顾虑。

（陶　萍）

实训十七　高血压病康复

一、实训目的

1. 掌握高血压病的康复评定方法、制订康复治疗方案、注意事项。

2. 熟悉高血压病康复治疗原理、康复治疗方案的实施。

二、实训器材

血压计、听诊器。

三、实训时间

1 学时。

四、实训内容与步骤

(一) 康复评定

1. 测量血压,并根据病历中各项检查报告将患者进行高血压分级、分期。

2. 主要脏器功能评定。

(二) 记录评定结果进行分析

(三) 制订康复治疗目标

(四) 针对康复治疗目标制订康复治疗方案

1. 纠正危险因素 ①生活指导:生活规律,坚持戒烟,限制饮酒;②低盐、低脂饮食;③降低体重;④控制情绪;⑤避免使用激素、避孕药等升压药物。

2. 运动疗法 ①运动处方制订(运动强度确定、运动方法选择、运动时间确定等);②运动处方实施;③运动处方调整。

五、注意事项

1. 在对患者评定和治疗中注意作好解释工作以取得患者的配合。

2. 血压测量时应注意 ①环境安静;②被测量者测量前安静休息 5min;③被测量者取坐位,裸露右上臂,肘部与心脏同一水平;④袖带紧贴被测者上臂,袖带下缘应在肘弯上 2.5cm,听诊器的体件置于肘窝肱动脉处。

3. 指导患者训练要持之以恒,如停止训练,训练效果可以在 2 周内完全消失。

4. 不要停、撤降压药物,运动治疗只是作为药物治疗的辅助方法,特别是Ⅱ期以上患者。

(刘　瑾)

实训十八　冠心病康复

一、实训目的

1. 掌握冠心病的康复分期、适应证及禁忌证、心电运动试验、制订康复治疗方案、注意事项。

2. 熟悉冠心病康复治疗原理、康复治疗方案的实施。

二、实训器材

健康状况调查问卷中文版(SF-36)和笔等、活动平板、功率自行车、手摇车、必要的等长收缩运动器械、12 导联运动心电图仪、血压计。

三、实训时间

1 学时。

四、实训内容与步骤

(一) 康复评定

1. 心电运动试验

(1) 症状限制性运动试验:以运动诱发呼吸或循环不良的症状和体征、心电图异常及心血管运动反应异常作为运动终点的试验方法。

(2) 低水平运动试验:常以特定心率、血压和症状为终止指标。

(3) 常用试验方案

1) 活动平板运动试验:最常用改良 Bruce 方案。

2) 踏车运动试验:运动负荷为男性 300kg·m/min 起始,每 3min 增加 300kg·m/min;女性 200kg·m/min 起始,每 3min 增加 200kg·m/min。

3）手摇车试验：用于下肢功能障碍者。运动起始负荷 150~200kg·m/min,每级负荷增量 100~150kg·m/min,时间 3~6min。

4）等长收缩试验：一般采用握力试验。常以最大收缩力的 30%~50% 作为运动强度,持续收缩 2~3min。还可采用定滑车重量法,即通过一个滑轮将重力(重锤)引向患者的手或腿,受试者进行抗阻屈肘或伸膝,并始终保持关节角度不变。测试的重力负荷可以从 2.5kg 开始,每级持续 2~3min,负荷增加 2.5kg,直至受试者不能继续保持关节角度为止。

2. 生存质量评定　采用生存质量评定量表评定,如健康状况调查问卷(SF-36)。

（二）记录评定结果并进行分析

（三）制订康复治疗目标

（四）针对康复治疗分期制订康复治疗方案

1. Ⅰ期康复　床上活动、呼吸训练、坐位训练、步行训练、保持大便通畅、走楼梯、心理康复与常识宣教。

2. Ⅱ期康复　散步、医疗体操、气功、家庭卫生、厨房活动、园艺活动、邻近区域购物等。

3. Ⅲ期康复　有氧训练(制订有氧训练运动处方)、循环抗阻训练、柔韧性训练、医疗体操、作业训练、放松性训练、行为治疗、心理治疗等。

五、注意事项

1. 注意做好冠心病康复宣教工作。
2. 在对患者评定和治疗中注意作好解释工作以取得患者的配合。
3. 在评定和治疗操作中注意安全。
4. 注意心理康复,消除患者的顾虑。

（张绍岚）

实训十九　慢性充血性心力衰竭康复

一、实训目的

1. 掌握慢性充血性心力衰竭的康复评定方法。
2. 熟悉 CHF 患者的康复治疗方案的制订。

二、实训器材

病床、椅子等。

三、实训时间

1 学时。

四、实训内容与步骤

（一）康复评定

CHF 患者的康复功能评定:对病例患者进行呼吸气分析报告分析,并根据病例中其他检查报告将病例患者进行分级、分期及运动危险分层。

（二）记录评定结果并进行分析

（三）制订康复治疗目标

（四）针对康复治疗目标制订康复治疗方案

1. 呼吸肌训练　①主动过度呼吸;②吸气阻力负荷呼吸。

2. 运动疗法　①运动处方制订(运动强度确定、运动方法选择、运动时间确定等);②运动处方实施;③运动处方调整。

五、注意事项

1. 在对患者评定和治疗中注意作好解释工作以取得患者的配合。

2. 严格掌握运动治疗的适应证和禁忌证,特别注意排除不稳定的心衰患者。

3. 康复治疗的方案强调个体化,制订运动处方时应充分考虑 CHF 患者的心脏储备能力十分有限,避免加重心脏负担,造成心功能失代偿。

4. 训练应循序渐进,并考虑气温、适度、场地、衣着等因素对运动量的影响,避免在温度过冷或过热的场地训练。避免情绪性高的活动项目,如有一定竞赛性质的运动。

5. 运动时应有一定的医疗监护,出现疲劳、心悸、呼吸困难或其他任何不适,应暂停运动病查明原因。

6. 运动只能作为综合治疗的一部分,不应排斥其他治疗。

(刘　瑾)

实训二十　慢性阻塞性肺疾病康复

一、实训目的

1. 掌握肺部听诊的部位、干湿啰音及哮鸣音的特点。
2. 掌握慢性阻塞性肺疾病的运动能力评定、康复治疗方法。
3. 掌握慢性阻塞性肺疾病患者康复治疗方案。
4. 掌握慢性阻塞性肺疾病患者健康宣教的要点。

二、实训器材

皮尺、秒表、手指血氧仪、沙袋、枕头、椅子(带靠背)、听诊器、血压仪、活动平板、自认疲劳程度 RPE。

三、实训时间

1 学时。

四、实训内容与步骤

(一) 慢性阻塞性肺疾病的康复评定

1. 肺部听诊

2. 运动能力的评定

(1) 活动平板试验:场地布置、操作流程、终止试验的指征及注意事项等。

(2) 6min 步行试验:场地布置、操作流程及注意事项等。

(二) 记录评定结果并进行分析

(三) 制订康复治疗目标

(四) 制订康复治疗方案

1. 呼吸训练

(1) 放松体位:前倾依靠位、椅后依靠位、前倾站位。

(2) 缩唇呼气法。

(3) 暗示呼吸法。

(4) 缓慢呼吸。

2. 排痰训练

(1) 体位引流:5 种基本体位及适用情况。

(2) 手法排痰:叩击法、震动法、挤压法。

(3) 咳嗽训练:有效咳嗽的方法及步骤。

(4) 主动呼吸循环技术:呼吸控制、胸廓扩张运动、用力呼气技术。

(5) 物理因子治疗:超短波等理疗设备的选择、模式、强度、时间等参数的设定、操作步骤及注意事项。

3. 运动训练

(1) 下肢运动训练:慢性阻塞性肺疾病患者下肢力量训练及下肢耐力训练的模式、强度、方案、时间及频率。

(2) 上肢运动训练:慢性阻塞性肺疾病患者上肢力量训练及上肢耐力训练的模式、强度、方案、时间及频率。

(3) 柔韧性和牵拉(伸展)运动:柔韧性训练、牵拉(伸展)运动。

(4) 呼吸肌训练:吸气肌训练、呼气肌训练。

(5) 平衡训练。

五、注意事项

1. 注意做好常识宣教。

2. 在对患者评定和治疗中注意作好解释工作以取得患者的配合。

3. 在评定和治疗操作中注意安全。

4. 注意心理康复,消除患者的顾虑。

(陶　萍)

实训二十一　糖尿病康复

一、实训目的

1. 掌握糖尿病的生化指标、糖尿病足的评估。

2. 掌握糖尿病患者每日摄入的总热量、营养素的热量分配等。

3. 掌握糖尿病患者的运动方式、运动强度、运动时间、运动频率及运动注意事项。

4. 掌握糖尿病足下肢循环的康复治疗方法。

二、实训器材

棉签、单丝、音叉、秒表、血压仪、运动平板或功率自行车、糖尿病生化检查报告单、自认疲劳程度 RPE。

三、实训时间

1 学时。

四、实训内容与步骤

(一) 糖尿病的康复评定

1. 糖尿病生化指标判定　空腹血糖、餐后 2h 血糖值。

2. 糖尿病患者运动耐力评估。

3. 糖尿病足康复评定　SWME 检测、痛觉检查以及振动觉检查。

(二) 记录评定结果并进行分析

(三) 制订康复治疗目标

(四) 制订康复治疗方案

1. 糖尿病患者饮食疗法　糖尿病患者每日摄入的总热量、营养素的热量分配、一周食谱制订等。

2. 糖尿病患者运动治疗　糖尿病患者合适的运动方式、运动强度、运动时间、运动频率及运动注意事项。

3. 糖尿病足康复治疗　改善糖尿病患者下肢循环的康复治疗方法,包括按摩治疗、运动治疗、正负压治疗等。

五、注意事项

1. 注意做好常识宣教。

2. 在对患者评定和治疗中注意作好解释工作以取得患者的配合。

3. 在评定和治疗操作中注意安全。

4. 注意心理康复,消除患者的顾虑。

(陶　萍)

实训二十二　肥胖症康复

一、实训目的

1. 掌握肥胖症体重指数(BMI)的评定。

2. 掌握肥胖症患者康复治疗方案。

二、实训器材

食物热量表、体重计、身高测量仪。

三、实训时间

1学时。

四、实训内容与步骤

(一) 肥胖症的康复评定

1. 标准体重的测定及肥胖度的评估。

2. BMI的计算及结果判定。

3. 腰围、臀围的测量及腰臀比的计算。

4. 用皮脂厚度计测量皮下脂肪厚度。

(二) 记录评定结果并进行分析

(三) 制订康复治疗目标

(四) 制订康复治疗方案

1. 饮食治疗　①饮食限制疗法;②低热量饮食疗法;③超低热量饮食疗法;④绝食疗法。要求为患者制订一周食谱。

2. 运动疗法　①运动方式;②运动强度;③运动时间;④运动频率。要求为患者制订具体的运动治疗方案。

3. 行为方式干预　要求为患者制订具体的干预方案。

五、注意事项

1. 注意做好肥胖症的常识宣教。

2. 在对患者评定和治疗中注意作好解释工作以取得患者的配合。

3. 在评定和治疗操作中注意安全。

4. 注意心理康复,消除患者的顾虑。

(陶　萍)

实训二十三　外科急性感染康复

一、实训目的

1. 掌握外科感染的康复评定、康复治疗方法。

2. 熟悉几种常见外科急性感染的诊断要点及康复治疗。

二、实训器材

卷尺、体温计、50%硫酸镁或75%乙醇纱布、超短波、微波、紫外线等物理因子治疗设备、纸和笔等。

三、实训时间

1学时。

四、实训内容与步骤

(一) 痈的康复评定和康复治疗

在进行角色扮演者的颈部用彩笔画一个近似圆形的病变部位表示"痈",治疗师从下述几个方面获取其诊断依据。

1. 望诊 检查"痈"的大致形态、范围,周围皮肤色泽及有无红肿、溃疡及窦道等。
2. 触诊 感知"痈"周围皮肤的温度,有无压痛,周围有无硬结及波动感、周围淋巴结肿大等。
3. 动诊 检查颈部活动时是否有疼痛。
4. 量诊 体温计测量体温、卷尺测"痈"的大小。
5. 实验室检查 口述。

(二) 针对上述诊断制订康复治疗方案

1. 50%硫酸镁或70%乙醇纱布外敷。
2. 物理因子治疗
(1) 紫外线:局部强红斑量。
(2) 超短波:对置,微热量。
(3) 微波:圆形辐射器照射病变处,无热量,距皮肤5~10cm。
(4) 直流电:抗生素离子导入疗法(庆大霉素)。
3. 药物治疗 口述并书写使用的抗生素。

五、注意事项

1. 注意做好外科急性感染的常识宣教。
2. 在对外科急性感染患者诊断和康复治疗中注意作好解释工作以取得患者的配合。
3. 在外科急性感染患者的康复治疗操作中注意安全和无菌操作。
4. 注意外科急性感染患者的心理康复,消除患者的顾虑。

(蒋竞杭)

实训二十四　下肢深静脉血栓形成康复

一、实训目的

1. 掌握下肢深静脉血栓形成的疼痛VAS法评定、肢体围度测量、康复治疗方案的制订和实施。
2. 熟悉下肢深静脉血栓形成的康复分期、康复治疗原理、适应证及禁忌证。

二、实训器材

VAS尺和纸笔、皮尺、焦虑自评量表、治疗床、弹力袜、弹力绷带、艾条、打火机、拐杖、轮椅等。

三、实训时间

1学时。

四、实训内容与步骤

(一) 康复评定

1. 说出"股青肿"三种类型的临床典型特征,行 Homan 征(直腿伸踝试验)。
2. VAS 法疼痛评定。
3. 肢体围度测量,进行患侧和健侧大、小腿围度测量和对比。
4. 焦虑自评量表评定。
5. 记录评定结果并进行分析。

(二) 针对康复分期制订康复治疗方案并予以实施

1. 急性期康复

(1) 卧床休息、垫高床脚 20~25cm 使下肢高于心脏平面。
(2) 嘱多饮温开水、康复宣教(特别是禁止强烈的热疗、按摩等以防血栓脱落造成栓塞)和心理指导。

2. 周围型及发病 3d 以上的中央型和混合型康复

(1) 穿着弹力袜,或使用弹力绷带压力治疗,从踝部始建立压力支撑,直至髂股部并说出不同部位的使用期限以及下肢缺血者慎用的原理。
(2) 说出相应的物理因子治疗程序。
(3) 卧位患肢等长和等张收缩每次 10~20min,扶拐或坐轮椅下床活动。
(4) 体验艾灸。
(5) 体验推拿按摩。

五、注意事项

1. 注意做好周围血管和淋巴疾病的康复宣教工作。
2. 在对患者评定和治疗中注意作好解释工作以取得患者的配合。
3. 在评定和治疗操作中注意安全。

(马洪朝)

实训二十五　烧伤后康复

一、实训目的

1. 掌握烧伤患者的康复评定方法、康复治疗分期及各期康复治疗方案的制订。
2. 熟悉烧伤患者的康复治疗方法。

二、实训器材

1. 材料　辅助用具、日常生活活动训练用具、作业治疗训练用品、弹力绷带、烧伤压力衣、Barthel 指数量表、"Micro-Tower"量表、汉密尔顿抑郁量表和焦虑自评量表等。

2. 仪器设备　PT 床、常用的理疗仪器、常用运动训练器械(手功能训练器械、关节活动度训练器械、肋木、拉力器、跑步机、划船器、握力器、哑铃等)、矫形器、通用量角器等。

三、实训时间

2 学时。

四、实训内容与步骤

(一) 康复评定

1. 烧伤面积的评定　采用中国九分法和手掌法计算烧伤面积。

2. 烧伤深度的评定　采用三度四分法。

3. 烧伤严重程度的评定　按烧伤面积和烧伤深度两项指标,将烧伤分为轻度、中度、重度和特重。

4. 肥厚性瘢痕的评定　评定瘢痕的部位、大小、厚度、弹性、成熟程度及与周围组织(器官)的关系等。

5. 关节活动度的评定　对各主要关节的活动范围进行测量。

6. 日常生活活动能力评定　采用 Barthel 指数分级法。

7. 职业能力评定　采用"Micro-Tower"方法,即"微塔法"。

8. 心理功能评定　可使用国际通用的汉密尔顿抑郁量表和焦虑自评量表进行评定。

(二) 康复治疗

1. 康复治疗分期　可分为三个时期,即早期或急性期、制动期和后期(愈合成熟期)。

2. 康复治疗目标。

3. 康复治疗方法

(1) 早期康复治疗

1) 理疗:常用的理疗方法有紫外线照射、红外线照射、电光浴、超短波、冷疗法、水疗、高压氧治疗等。

2) 运动疗法:宜少量多次进行,常用被动关节活动、主动关节活动和助力关节活动、牵引等。

3) 体位摆放:体位摆放的总原则就是采取伸展位,配合经常性的主动活动和定时的体位变换。体位摆放要根据患者的需要而个别拟定。

4) 矫形器应用:在患者不能自觉地维持正确的功能体位时,矫形器是固定体位的有效措施。

5) 心理康复。

(2) 制动期康复治疗

1) 体位摆放。

2) 制动:制动植皮区域及其远端与近端的关节,制动期一般为 5~7d。

3) 理疗和运动疗法。

4) 辅助用具:提供适应性辅助用具,以提高患者自我照顾的能力。

5) 自我料理:鼓励患者独立完成洗头、洗漱、进食等自理性活动。

6) 心理康复。

(3) 后期康复治疗

1) 压力治疗:主要有弹力绷带、烧伤压力衣等方法。每天除洗涤、进食、涂润滑剂外,必须持续加压治疗 23~24h,持续 6~18 个月,直至瘢痕成熟。

2) 理疗:采用超声波、音频、直流电离子导入等理疗方法。

3) 运动疗法:可采用徒手操和棍棒操、器械训练、被动关节活动、瘢痕牵张与按摩等方法。

4) 作业疗法:进行日常生活活动能力训练、功能性作业疗法训练、工作能力的训练等。

5) 康复宣教:对患者及家属进行康复宣教。

6) 心理康复。

五、注意事项

1. 在对烧伤患者评定和治疗中注意作好解释工作以取得患者的配合。

2. 在评定和治疗操作中注意安全。

(张绍岚)

实训二十六　儿童脑性瘫痪康复

一、实训目的

1. 熟悉脑性瘫痪儿童的运动功能评定方法和神经发育综合评定方法。

2. 掌握不同类型脑性瘫痪儿童的康复治疗方法。

二、实训器材

1. 材料　体积不同的儿童玩具若干、70cm 左右长布娃娃,脑瘫儿童粗大运动功能评估量表、肌张力评定分类表、改良 Ashworth 分级量表,笔、纸等。

2. 仪器设备　PT 床、皮尺、三角尺、量角器、叩诊锤、平衡板、Bobath 球、站立架、平行杆、助行器。

三、实训时间

3 学时。

四、内容与步骤

(一) 康复评定

1. 运动功能评定方法　包括对儿童粗大运动功能、肌力、肌张力、关节活动度的评定,掌握患儿的运动功能情况。

2. 神经发育综合评定方法　包括对脊髓水平、脑干水平、中脑及大脑皮质水平反射的评定,掌握神经发育情况。

(二) 康复治疗

1. 控制关键点　①头部关键点的控制;②肩胛带及上肢关键点的控制;③躯干(脊柱)关键点的控制;④骨盆带及下肢关键点的控制。

2. 头部控制训练。

3. 翻身活动训练。

4. 坐位平衡训练。

5. 爬行训练。

6. 站立训练。

7. 行走训练　①平行杠中训练;②学步车训练。

五、注意事项

1. 注意做好宣教。

2. 在对患儿评定和治疗中,注意做好沟通工作以取得患儿和家长的配合。

3. 在评定和治疗操作中注意安全。

4. 注意心理康复,消除患儿和家长的顾虑。

(王　颖)

实训二十七　儿童发育、精神与行为障碍疾病康复

一、实训目的

1. 掌握儿童发育、精神与行为障碍的评定方法。

2. 熟悉儿童发育、精神与行为障碍的常用康复治疗方法。

二、实训器材

1. 材料　Conner 儿童行为评定量表、儿童孤独症评定量表、韦克斯勒儿童智力量表,笔、纸等。

2. 仪器设备　感统训练设备、图片、玩具等。

三、实训时间

2 学时。

四、实训内容与步骤

（一）康复评定

1. Conner 儿童行为评定量表

2. 儿童孤独症评定量表

3. 韦克斯勒儿童智力量表

（二）康复治疗

1. 儿童注意缺陷多动症障碍

（1）行为矫正治疗。

（2）学习技能训练。

（3）感觉统合训练。

2. 孤独症

（1）语言康复治疗。

（2）社会交往能力训练。

3. 智力低下

（1）感觉统合训练。

（2）语言交往能力训练。

五、注意事项

1. 注意做好宣教。

2. 在对患儿评定和治疗中,注意做好沟通工作以取得患儿和家长的配合。

3. 在评定和治疗操作中注意安全。

4. 注意心理康复,消除患儿和家长的顾虑。

（王　颖）

实训二十八　儿童进行性肌营养不良康复

一、实训目的

1. 熟悉儿童进行性肌营养不良的康复评定方法。

2. 掌握儿童进行性肌营养不良康复治疗方案的制订及康复治疗方法。

二、实训器材

生活用品若干、肌营养不良下肢功能障碍评定量表和笔、纸等、皮尺、三角尺、量角器、秒表等。

三、实训时间

1学时。

四、实训内容与步骤

（一）康复评定

1. 肌力检查　徒手肌力检查。

2. 关节活动度检查　①髋关节屈曲挛缩;②阔筋膜张肌挛缩;③膝关节屈曲挛缩角度;④踝关节跖屈挛缩;⑤肘关节屈曲挛缩。

3. 功能检查　主要是假肥大型营养不良下肢功能障碍的分级(Vignos)。

4. ADL 能力评价。

5. 呼吸功能评定。

（二）康复治疗

1. 牵伸各关节　①髋关节（屈肌群、阔筋膜张肌、股直肌的伸展）；②膝关节（股二头肌的伸展）；③踝关节（腓肠肌的伸展）；④肩关节（肩胛带及肩关节周围肌群的伸展）；⑤肘关节（肱二头肌及上臂肌群的伸展）；⑥腕关节（手指、腕关节及手指肌群的伸展）；⑦躯干。

2. 肌力增强训练　可进行起立、行走、蹲起、上下楼梯等项目的运动训练。不能行走期做床上动作，如肢体的基本姿势转换，翻身、坐起、四足跪爬行训练，及肢体的伸展屈曲，举肩展臂，脊柱的运动等。

3. 物理因子疗法　红外线疗法、神经肌肉电刺激疗法、干扰电疗法、超短波疗法、超声波疗法、石蜡疗法。

4. 矫形器的使用　①下肢矫形器（金属支条式膝踝足矫形器、塑料和金属支条混合型膝踝足矫形器）；②脊柱矫形器。

5. 呼吸功能训练　临床上根据患者的状态选择不同的训练方法。具体方法有：①深呼吸训练；②排痰训练；③徒手胸廓扩张法（肋骨扭转转手法、躯干扭转手法、背部过伸展手法、徒手胸廓压迫法、舌咽呼吸法、人工呼吸器的应用）。

6. 其他　作业治疗、心理康复、教育康复、家庭护理。

五、注意事项

1. 实训前必须预习，操作要规范、准确、牢记动作要领。
2. 在对患者评定和治疗中注意做好解释工作以取得患儿及其家属的配合。
3. 在评定和治疗操作中注意安全。
4. 注意心理康复，消除患者的顾虑。

（王　颖）

实训二十九　恶性肿瘤康复

一、实训目的

1. 掌握恶性肿瘤的常用康复评定方法。
2. 熟悉常见恶性肿瘤术后的康复治疗。

二、实训器材

材料：汉密尔顿抑郁量表、汉密尔顿焦虑量表、艾森克人格问卷、目测类比测痛标尺（VAS）、McGill 疼痛问卷、Barthel 指数、功能独立性评测（FIM 量表）、Karnofsky 患者活动状况评定量表及 Raven 生活质量分级量表等。

仪器设备：经皮电神经刺激疗法（TENS）、皮尺、三角尺、量角器、秒表、关节活动训练器、肩梯、PT 床等。

三、实训时间

2 学时。

四、实训内容与步骤

（一）康复评定

1. 心理评定

（1）恶性肿瘤患者的心理反应：恶性肿瘤患者通常要经过否认期、愤恨期、妥协期、抑郁期和接受期 5 个阶段。

（2）心理评定方法：常采用汉密尔顿抑郁量表、汉密尔顿焦虑量表和艾森克人格问卷。

2. 疼痛评定　采用目测类比测痛法（VAS）、McGill 疼痛问卷法；根据患者应用镇痛药物的种类和方式，将疼痛分为 0~4 级五级。

3. 躯体功能评定　如关节活动度评定、肌力评定、步行能力评定、肢体围度测量、骨折等；中枢神经功能、周围神经功能、心肺功能等评定。躯体功能评定的原则和方法与一般伤病的功能评定相同。

4. 活动功能评定　日常生活活动能力评定可采用 Barthel 指数、功能独立性评测（FIM 量表）等方法评定；Karnofsky 患者活动状况评定。

5. 生存质量评定　采用 Raven 生活质量分级，也可生存质量评定量表评定，如健康状况调查问卷（SF-36）。

（二）记录评定结果并进行分析

（三）制订康复治疗目标

（四）制订康复治疗方案

1. 心理康复　针对处于不同阶段患者的心理特点进行有针对性的心理干预。

2. 躯体康复　推荐低强度有氧运动以增强肌力，保持或改善关节活动范围，提高心肺功能与耐力。患者可进行适合自己体力的运动和功能锻炼。

3. 疼痛康复　药物治疗、物理治疗（热敷、冷敷、经皮电神经刺激疗法等）、放射治疗、神经阻断等。

4. 康复教育。

五、注意事项

1. 注意做好常识宣教。

2. 在对患者评定和治疗中注意作好解释工作以取得患者的配合。

3. 在评定和治疗操作中注意安全。

4. 注意心理康复，消除患者的顾虑。

（刘红旗）

实训三十　慢性疼痛康复

一、实训目的

1. 掌握疼痛的常用评定方法。

2. 学会设计慢性疼痛的康复治疗方案。

3. 运用康复治疗技术实施常见慢性疼痛综合征的康复治疗。

二、实训器材

白纸、直尺、口述分级评分法量表、简式 McGill 疼痛问卷，各种物理因子治疗设备、运动疗法设备，针灸针、罐等。

三、实训时间

1 学时。

四、实训内容与步骤

（一）实训方法

1. 教师引入 2~3 个常见慢性疼痛的典型病例（如肌筋膜性疼痛、腰痛、癌性疼痛），学生每 4~6 人一组，在提供的病例中各选一种，由教师指导进行分析讨论，对所选病患的疼痛进行康复评定。

2. 根据临床病例康复评定结果，以小组形式讨论并设计该患者的康复治疗方案。

3. 根据设计的方案，采用角色扮演法，一人扮演患者，另一人扮演治疗师，练习并演示康复方案中的治疗方法，要求能够熟练操作。

4. 对实践课学生存在的问题进行总结分析；要求学生记录实训内容、步骤、要点，写出实训体会。

（二）康复评定

1. 视觉模拟评分法　在白纸上画一 10cm 长的线段，线段左端表示无痛（0），右端表示极痛（10）。目测后让患者根据自己所感受的疼痛程度,在线段上用手指出疼痛位置。

2. 口述分级评分法　包括 4 级评分、5 级评分、6 级评分、12 级评分和 15 级评分。

3. 简式 McGill 疼痛问卷　此问卷包括 I 疼痛分级指数评定、II 视觉模拟评分法、III 现时疼痛强度评定三部分。

（三）记录评定结果并进行分析

（四）制订疼痛康复目标

（五）针对不同疾病导致的慢性疼痛制订康复治疗方案

1. 物理因子治疗　可根据患者的具体情况选择其中的 2~3 种治疗方法。

（1）电疗法:首选经皮神经电刺激疗法。

（2）热疗和冷疗:热疗包括电热垫、电光浴、热水袋、热水浴、中药熏蒸等。根据病情可选取单一方法或热疗和冷疗交替使用。

（3）光疗法:包括红外线、红外偏振光、激光、紫外线等。

（4）超声波疗法:特别适合神经肌肉、骨骼系统所引起的疼痛。

（5）生物反馈疗法:常采用肌电生物反馈疗法、手指皮肤温度生物反馈疗法,帮助患者体会紧张和放松的感觉,学会对疼痛的自我调节和控制。经过训练,有些患者可以达到无需仪器帮助就可自行放松肌肉和对疼痛进行调控的效果。

（6）其他:磁疗法、石蜡疗法等。

2. 运动疗法　对一些骨骼肌肉疾病的慢性疼痛的发生主要由长期处于某一不良姿势或反复进行某一活动造成局部慢性劳损,以致骨骼肌肉的力量关系不平衡所致。主要包括被动运动、主动 - 助力运动、主动运动、牵伸运动、放松训练、牵引、按摩、关节活动度训练、肌力训练、关节松动术、PNF 技术等。

五、注意事项

1. 在对患者进行评定时,注意作好解释工作以取得患者的配合。

2. 使用物理因子治疗设备时,掌握好操作规范,注意安全。

3. 注重心理康复治疗,作好宣教工作。

（郭　慧）

实训三十一　痉挛康复

一、实训目的

1. 掌握痉挛患者的康复评定和康复治疗方法。

2. 能为痉挛患者制订康复治疗方案。

3. 能对患者进行健康宣教。

二、实训器材

痉挛的评定量表、常用的理疗仪器、冰块、分指板、踝足矫形器、叩诊锤、PT 床、笔、秒表。

三、实训时间

1 学时。

四、实训内容与步骤

（一）康复评定

1. 观察法　观察躯体和肢体的静态姿势和动态姿势。

2. 被动运动检查　检查肌肉对牵张刺激的反应,肢体的运动方向和运动速度。

3. 反射检查　用叩诊锤进行肱二头肌反射、肱三头肌反射、桡骨膜反射、膝腱反射、踝反射的检查,并进行双侧对比。

4. 痉挛评定量表　采用改良 Ashworth 量表、综合痉挛量表、Penn 分级法、Clonus 分级法、髋内收肌群肌张力评定法对上肢或下肢进行评定,遵循各量表的检查条件和检查程序。

（二）记录评定结果并进行分析

（三）制订康复治疗目标

（四）制订康复治疗方案

1. 运动疗法

（1）神经电生理疗法:采用 Rood 技术、Bobath 技术、Brunnstrom 技术、PNF 技术。

（2）牵伸技术和按摩。

2. 物理因子疗法　采用红外线、超短波、功能性电刺激仪、冰块等进行治疗,对理疗设备的治疗模式、强度、时间等参数进行设定,执行正确操作。

3. 矫形器的使用　使用分指板、踝足矫形器固定,保持手指和踝关节处于正确位置。

五、注意事项

1. 注意做好康复宣教工作。
2. 在对患者评定和治疗中注意作好解释工作以取得患者的配合。
3. 在评定和治疗操作中注意安全。
4. 注意心理康复,消除患者的顾虑。

（周蜜娟）

实训三十二　挛　缩　康　复

一、实训目的

1. 掌握挛缩的分类、主要功能障碍、康复评定、康复治疗的方法与注意事项。
2. 熟悉挛缩的病因、分类与健康教育。

二、实训器材

运动功能、疼痛、日常生活活动评定等所需的量表（Ashworth 量表、Barthel 指数量表、MMSE 量表、HAMA 量表、HAMD 量表等）和笔、纸等,角度尺,肌力评定器械,CPM 治疗仪,关节牵引设备,各种矫形器。

三、实训时间

1 学时。

四、实训内容与步骤

（一）康复评定

1. 运动功能评定

（1）关节活动度评定:用角度尺进行挛缩关节 ROM 测量;如受累部位较多,还应该进行上肢或下肢整体功能的评价。

（2）肌力评定:采用徒手和 / 或器械测定法评定肌力,并与健侧对比。

（3）痉挛评定:采用改良 Ashworth 痉挛量表进行评定。

2. 日常生活活动能力评定　采用 Barthel 指数量表进行评定。

3. 疼痛评定　采用 VAS 评分法进行评定。

4. 精神心理评定　采用 MMSE 量表、HAMA 量表、HAMD 量表进行评定。

（二）记录评定结果并进行分析

（三）制订康复治疗目标

（四）制订康复治疗方案

1. 关节挛缩的预防　体位摆放、关节活动度维持训练、健康教育。

2. 挛缩的康复治疗　CPM 治疗、关节松动、被动牵伸、关节牵引、肌力训练、步态训练、矫形器应用。

五、注意事项

1. 注意做好挛缩康复宣教工作。

2. 在对患者评定和治疗中注意作好解释工作以取得患者的配合。

3. 在评定和治疗操作中注意安全。

4. 注意心理康复,消除患者的顾虑。

（许梦雅）

实训三十三　压疮康复

一、实训目的

1. 学会压疮的康复评定和康复治疗方法。

2. 能正确实施预防压疮的各项措施。

二、实训器材

材料:压疮危险因素评定量表、压疮护理模型、海绵、酒精、脸盆和大毛巾、病床及床单枕头、笔和纸等。

仪器设备:紫外线等理疗设备、轮椅、夹板和绷带、矫形器。

三、实训时间

1 学时。

四、实训内容与步骤

（一）康复评定

1. 压疮好发因素的评定　评估有无局部组织持续受压、压疮局部因素及全身因素。

2. 压疮风险评估　Hofman 压疮危险因素评定量表,若患者评分 >8 分,则表明有发生压疮的危险;Norton 压疮危险因素评定量表,合计在 14 分以下者为高危患者,应采取预防措施。

3. 压疮分级　根据美国国家压疮咨询委员会分期,对压疮进行压疮分级。

（二）记录评定结果并进行分析

（三）针对不同分期的压疮制订康复治疗方案

1. 全身治疗　包括纠正贫血或低蛋白血症、控制感染、积极治疗原发病、解除肌肉痉挛。

2. 局部治疗　根据患者创面选择合适的敷料、根据创面情况选择清创的方法、感染的治疗、物理因子治疗、手术治疗。

（四）制订预防措施

1. 避免局部长期受压　对于长期卧床患者,每 2h 进行体位变换或定时翻身 1 次。体位变化的方法要正规熟练,乘坐轮椅者进行轮椅坐位训练及减压训练,正确使用夹板和绷带固定及配戴矫形器。要求掌握颈髓损伤、胸髓损伤患者体位变换操作技术,变换侧卧位后的护理要做到:①轻拭压疮好发部位;②轻叩、按摩背部和臀部,整理后头部头发;③整理睡衣、床单、被罩,拉平床单,勿使产生褶皱,如有污染或潮湿要更换。

2. 选择良好的床或床垫、坐垫　可供选择的床主要有大块海绵组合床、弹坑垫及床垫、翻身床和体位变换床。

3. 保持皮肤清洁干燥,做好皮肤护理　做到经常洗浴与清拭,并进行按摩。

4. 加强营养。

5. 坚持运动。

6. 保护肢体,避免外伤。

7. 对患者及家属进行预防压疮的教育。

五、注意事项

1. 注意做好压疮预防的宣教工作。

2. 在对患者评定和治疗中注意作好解释工作以取得患者的配合。

3. 在评定和治疗操作中注意医疗安全。

4. 注意心理康复,消除患者的顾虑。

（郭　慧）

实训三十四　神经源性膀胱和直肠功能障碍康复

一、实训目的

1. 通过实践学习,掌握膀胱功能简易评定方法、清洁间歇导尿方法。

2. 学会神经源性膀胱与直肠的手法刺激技术。

3. 掌握制订神经源性膀胱与直肠的行为治疗方案。

二、实训器材

一次性无菌导尿管、尿袋、无菌生理盐水、记录本、笔、膀胱功能记录表、简易膀胱功能评定设备。

三、实训时间

1学时。

四、实习内容与步骤

(一) 康复评定内容

1. 排尿、排便情况的询问　排尿次数、排尿方式、24h 出入量、排便次数、粪便形状、饮食情况、营养状况。

2. 导尿及简易膀胱功能检测技术　能够正确插入导尿管,并测定膀胱容量、残余尿量、膀胱内压力(包括安静、咳嗽、增加腹压时)。

3. 体格检查及实验室检查　尿常规、大便常规、腹部触诊、腹部听诊、泌尿系 B 超、尿道口及肛门检查等。

(二) 记录评定结果并分析

通过记录并对评定结果进行分析,确定神经源性膀胱类型、神经源性肠的障碍特点以及其他影响康复治疗的临床问题,如感染、泌尿系结石等。

(三) 制订康复治疗目标

根据评定结果,制订针对性的康复治疗目标(短期目标、长期目标)。

(四) 制订康复治疗方案

1. 神经源性膀胱　确定神经源性膀胱的处理方式和需要进一步检测和评定的内容。

2. 神经源性肠　确定神经源性肠的临床方式和需要进一步观察的内容。

五、注意事项

1. 注意做好患者进行康复的宣教工作。

2. 在对患者评定和治疗中注意做好解释工作以取得患者的配合。

3. 在评定和治疗操作中注意安全,做到无菌操作,在插导尿管或做肛门指检时要取得患者配合,避免紧张,杜绝暴力操作,防止损伤尿道或直肠。

4. 注意患者心理问题,调动患者的积极性。

(王红星)

实训三十五　盆底功能障碍性疾病康复

一、实训目的

1. 掌握女性盆底解剖及功能、盆底肌肉功能徒手肌力检查、Kegel 锻炼、健康宣教。
2. 熟悉盆底功能障碍性疾病的康复治疗基本原则、适应证及禁忌证。

二、实训器材

女性盆底模型、改良牛津肌力分级评分量表、无菌手套、盆底肌肉康复器、生物反馈刺激仪等。

三、实训时间

1 学时。

四、实训内容与步骤

(一) 康复评定

1. 盆底肌肉功能徒手肌力检查　检查者左手掌轻压患者腹部,右手中指及示指缓慢进入患者阴道,开始进行检测。用口令叫患者收缩阴道,采用改良牛津肌力分级评分量表记录。注意把腹肌收缩与肛提肌收缩分离出来。

2. 指压试验　检查者将示指放入患者阴道前壁的尿道两侧,指尖位于膀胱与尿道交界处,向前上抬高膀胱颈,再嘱患者用力咳嗽 8~10 次,如压力性尿失禁现象消失,则为阳性。

(二) 记录评定结果并进行分析

(三) 针对不同的功能障碍制订康复治疗方案

盆底肌肉锻炼

(1) Kegel 锻炼:指导学生正确地进行盆底肌收缩,应尽量避免腹肌和臀大肌的收缩。配合正常呼吸节律,做到快速收缩、保持住,然后快速放松,从低难度到高难度,训练时间从短到长。

(2) 盆底肌肉康复器:指导学生正确选择及更换康复器。

(3) 生物反馈刺激仪:指导学生正确选择治疗方案及操作仪器。

五、注意事项

1. 注意做好盆底功能障碍性疾病的康复宣教工作。
2. 在对患者评定和治疗中注意作好解释工作以取得患者的配合。
3. 在评定和治疗操作中注意安全。
4. 注意心理康复,消除患者的顾虑。

(许梦雅)

参 考 文 献

1. Walter R.Frontera，Alan M.Jette，Gregory T.Carter，等 .DeLisa 物理医学与康复医学理论与实践 .5 版 .励建安，毕胜，黄晓琳，译 .北京：人民卫生出版社，2013.

2. 燕铁斌，黄晓琳 .康复医学 .北京：人民卫生出版社，2013.

3. 何成奇 .内外科疾病康复学 .北京：人民卫生出版社，2013.

4. Paolo Capodaglio，Joel Faintuch，Antonio Liuzzi. 肥胖症功能障碍康复与治疗 .励建安，译 .北京：人民军医出版社，2016.

5. 王玉龙，张秀花 .康复评定技术 .2 版 .北京：人民卫生出版社，2014.

6. 张绍岚，何小花 .疾病康复 .2 版 .北京：人民卫生出版社，2014.

7. 章稼，王晓臣 .运动治疗技术 .2 版 .北京：人民卫生出版社，2014.

8. 张通 .神经康复治疗学 .北京：人民卫生出版社，2011.

9. 赵玉沛，陈孝平 .外科学 .3 版 .北京：人民卫生出版社，2015.

10. 张延龄，吴肇汉 .实用外科学 .3 版 .北京：人民卫生出版社，2012.

11. 全国卫生专业技术资格考试专家委员 .全国卫生专业技术资格考试指导 - 康复医学与治疗技术 .北京：人民卫生出版社，2018.

12. 倪朝民 .神经康复学 .2 版 .北京：人民卫生出版社，2013.

13. 窦祖林，欧海宁 .痉挛肉毒毒素定位注射技术 .北京：人民卫生出版社，2012.

14. 张长杰 .肌肉骨骼康复学 .2 版 .北京：人民卫生出版社，2013.

15. 葛均波，徐永建 .内科学 .8 版 .北京：人民卫生出版社，2013.

16. 杨述华 .骨科学教程 .北京：人民卫生出版社，2014.

17. Scott W.Wolfe，Robert N.Hotchkiss，William C.Pederson，等 .格林手外科手术学 .6 版 .田光磊，蒋协远，陈山林，译 .北京：人民军医出版社，2012.

18. 胡军 .作业治疗学 .北京：人民卫生出版社，2012.

19. 侯树勋，邱贵兴 .中华骨科学·骨科总论卷 .北京：人民卫生出版社，2017.

20. 何小花 .疾病指导与学习指导 .北京：人民卫生出版社，2014.

21. 唐强，张安仁 .临床康复学 .北京：人民卫生出版社，2012.

22. 王玉龙 .康复功能评定学 .2 版 .北京：人民卫生出版社，2013.

23. 王卫平，毛萌 .儿科学 .8 版 .北京：人民卫生出版社，2013.

24. 张晓阳 .骨科术后康复指南 .2 版 .北京：人民军医出版社，2015.

25. 励建安，江钟立 .康复医学 .3 版 .北京：科学出版社，2016.

26. Courtney M.Townsend，Jr.，R.Daniel Beanchamp，B.Mark Evers.克氏外科 .19 版 .彭吉润，王杉，译 .北京：北京大学出版社，2015.

27. 古剑雄，燕铁斌 .临床康复医学 .案例版 .北京：科学出版社，2015.

28. 杨蓉娅，戴耕武，潘宁 .皮肤外科学 .2 版 .北京：科学出版社，2015.

29. 黄学英 .常见疾病康复学 .北京：中国中医药出版社，2015.

30. 关骅，张光铂 .中国骨科康复学 .北京：人民军医出版社，2011

31. 燕铁斌 .骨科康复评定与治疗技术 .北京：人民军医出版社，2011

32. Janet B.Cahill，John T.Cavanaugh，JeMe Cioppa-Mosca，等 .骨科术后康复指南手册 .周谋望，叶伟胜，董立平，等译 .天津：天津科技翻译出版公司，2011.

33. S.Terry Canale，James H.Beaty. 坎贝尔骨科手术学（第 7 卷手外科）. 12 版 .王岩，译 .北京：人民军医出版社，2013.

34. 陈生弟，中华医学会神经病学分会帕金森病及运动障碍学组 .中国帕金森病治疗指南 .3 版 .中华神经科杂志，2014.47：428-432.

35. 邱贵兴 .脊柱侧凸邱贵兴 2016 观点 .北京：科学技术文献出版社，2016.

36. 励建安，许光旭 .实用脊髓损伤康复学 .北京：人民军医出版社，2013.

37. 南小峰.脊柱侧弯的保守治疗.杭州:浙江工商大学出版社,2017.

38. 罗宾·麦肯基,克雷格·库贝.麦肯基疗法——7步告别颈椎腰椎烦恼.王小亮,译.北京:金城出版社,2011.

39. 孙燕.临床肿瘤学高级教程.北京:人民军医出版社,2011.

40. 邓清华,马胜林.现代肿瘤诊治进展800问.北京:中国时代经济出版社,2013.

41. 恽晓平.康复疗法评定学.北京:华夏出版社,2012.

42. 郭铁成,黄晓琳,尤春景.康复医学临床指南.3版.北京:科学出版社,2013.

43. 刘学兰,李艳月.自闭症儿童的教育与干预.广州:暨南大学出版社,2012.

44. 郝春霞,李建军,周红俊,等.外伤性与非外伤性脊髓损伤发病与康复特点.中国康复理论与实践,2012,18(3):250-253.

45. 中华医学会骨质疏松和骨矿盐疾病分会.原发性骨质疏松症诊治指南(2017年).中华骨质疏松和骨矿盐疾病杂志,2017,10:413-443.

46. 中国康复医学会.肉毒毒素治疗成人肢体痉挛状态中国指南(2015).中国康复医学杂志,2017,30(1):81-96.

47. 赵宇星,朱惠娟,王林杰.2016年美国临床内分泌医师学会/美国内分泌学会肥胖症综合管理临床实践指南解读.中国糖尿病杂志,2017,25(1):10-13.

48. 陈亚红.2017年GOLD慢性阻塞性肺疾病诊断、治疗及预防的全球策略解读.中国医学前沿杂志(电子版),2017,9(1):37-47.

49. McAlindon TE,Bannuru RR,Sullivan MC,et al.OARSI guidelines for the non-surgical management of knee osteoarthritis. Osteoarthritis Cartilage,2014,22(3):363-388.

50. Singh JA,Saag KG,Bridges SJ,et al. 2015 American College of Rheumatology Guideline for the Treatment of Rheumatoid Arthritis.Arthritis Rheumatol,2016,68(1):1-26.

中英文名词对照索引